U0521467

普通高等教育"十一五"国家级规划教材
北京高等教育精品教材

网络支付与结算
Internet Payment
（第3版）

柯新生　王晓佳　编著

电子工业出版社
Publishing House of Electronics Industry
北京·BEIJING

内 容 简 介

资金流是电子商务业务流程的重要环节,服务于电子商务资金流的网络支付与结算已经成为电子商务各方关注的焦点。本书在分析电子商务的发展需求和金融电子化进程的基础上,全面介绍了网络支付与结算的整体理论与应用体系,强调了相关知识的完整性、时效性与发展性。

全书内容共8章,以典型B2C型网络支付方式、典型B2B型网络支付方式、网络银行服务为核心,系统叙述了它们的背景、概念、支持技术、应用模式与业务流程、应用特点及应用状况,详细描述了移动支付与微支付等最新业务,并且在充分结合中国国情的同时辅以大量事例、案例穿插说明,力求实用。本书语言平实,图文结合,通俗易懂,方便教学与自学。

本书既可作为高等学校电子商务、信息管理、财务管理、工商管理等专业高年级本科生及研究生的教材,也可作为政府部门、企事业单位管理与技术人员的参考用书。

未经许可,不得以任何方式复制或抄袭本书之部分或全部内容。
版权所有,侵权必究。

图书在版编目(CIP)数据

网络支付与结算 / 柯新生,王晓佳编著. —3版. —北京:电子工业出版社,2016.1
ISBN 978-7-121-28119-8

Ⅰ. ①网⋯ Ⅱ. ①柯⋯ ②王⋯ Ⅲ. ①互联网络-应用-银行业务-高等学校-教材 Ⅳ. ①F830.49

中国版本图书馆 CIP 数据核字(2016)第 024297 号

策划编辑:刘宪兰
责任编辑:高 平   特约编辑:刘宪兰
印　　刷:北京盛通商印快线网络科技有限公司
装　　订:北京盛通商印快线网络科技有限公司
出版发行:电子工业出版社
　　　　　北京市海淀区万寿路173信箱　邮编　100036
开　　本:787×1092　1/16　印张:23　字数:574千字
版　　次:2004年3月第1版
　　　　　2010年1月第2版
　　　　　2016年1月第3版
印　　次:2023年2月第11次印刷
定　　价:48.00元

凡所购买电子工业出版社图书有缺损问题,请向购买书店调换。若书店售缺,请与本社发行部联系,联系及邮购电话:(010)88254888。
质量投诉请发邮件至 zlts@phei.com.cn,盗版侵权举报请发邮件至 dbqq@phei.com.cn。
服务热线:(010)88258888。

第 3 版前言

《网络支付与结算》自 2004 年 3 月由电子工业出版社出版发行后，以其全面、系统、实用，以及内容与中国发展同步等特点，得到了高校教师与学生、金融行业技术与业务人员的普遍欢迎。2005 年 1 月，《网络支付与结算》被评为北京市高等教育精品教材，至 2009 年 7 月已重印 14 次。修订后的《网络支付与结算（第 2 版）》自 2010 年 1 月出版后，至今重印已超过 4 次，同时被列为普通高等教育"十一五"国家级规划教材。《网络支付与结算》和《网络支付与结算（第 2 版）》，被国内众多高等学校、职业学校选为相关课程的教材，是国内同类教材中应用面最广、影响力最大的教材，有力支持了我国相关专业人才的培养。这既是对自己多年来兢兢业业教书育人工作的肯定，也增强了自己以后不断完善教材内容做成精品教材的信心。

近几年来，随着 3G、4G 移动通信网络先后在我国正式进入规模化商用及智能手机的普及，我国互联网与电子商务发展进入了新的阶段，移动商务、移动支付等新兴服务方式成为发展的热点，"互联网+"的发展战略已经确立并开始实施。基于互联网新技术、新工具、新模式和新业态的出现，以及与时俱进的理念，本教材的部分内容也需要进行修订完善。但由于工作任务繁重，我特别邀请了合肥工业大学管理学院王晓佳副教授和我一起调研了近 3 年来相关业务的新进展，共同努力对该教材进行修订，争取以较高质量完成这次修订任务。

与第 2 版比较，第 3 版在如下 3 个主要方面进行了调整和补充：

（1）结合至 2015 年 6 月电子商务、网络银行、网络支付与结算等方面、技术、政策数据的状况，全面更新相关内容，让读者了解国内外的新进展与实例；

（2）重点完善第 8 章"移动支付与微支付"的内容，增加了新的移动支付方式（如微信支付）与相应案例；

（3）进一步丰富了网络银行业务的内容，增加了网络金融业务处理的实例。

虽然我们尽了努力，但毕竟时间、水平有限，第 3 版内容一定还会有许多不足，欢迎读者继续提出宝贵意见。在此，感谢教育部、读者、相关专家、刘宪兰编辑与电子工业出版社以及家人的支持与帮助！

柯新生
2015 年 8 月

第 2 版前言

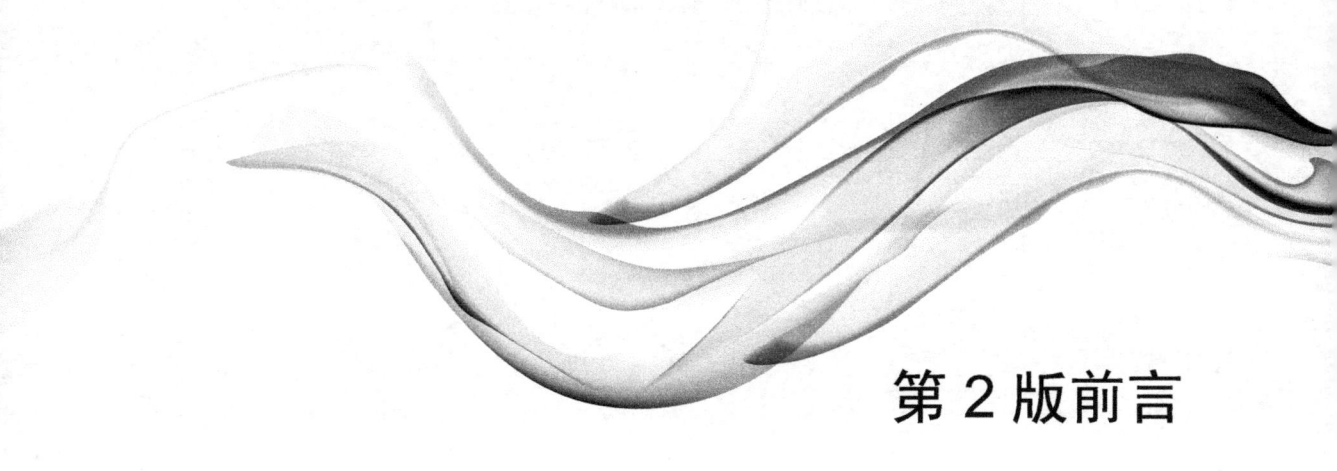

《网络支付与结算》自 2004 年 3 月由电子工业出版社出版发行后，以其全面、系统、实用及内容与中国发展同步等特点，得到了高校教师与学生、金融行业技术与业务人员的普遍欢迎，至 2009 年 1 月已重印 13 次，累计印刷数超过 6 万册，被国内众多高等学校、职业学校选为相关课程的教材，是国内同类教材中应用面最广、影响力最大的教材。2005 年，《网络支付与结算》被评为北京市高等教育精品教材。作者在 2003 年于本书中提出的有关网络支付的概念、分类、支付流程及网络银行架构等一些核心内容已被众多学者在同类教材或学术文献中直接引用。

我很高兴自己认真、努力创作的成果得到了社会的承认，也对自己的成果能够为中国电子商务的发展、为高校人才的培养做出一点贡献感到欣慰。这正是让我进一步完成《网络支付与结算（第 2 版）》的动力，也是应对中国 2004 年后电子商务快速发展、网络银行业务迅速普及的相关知识的需要。第 2 版于 2007 年被评为普通高等教育"十一五"国家级规划教材后，为完成这次修订，我在近 3 年的时间内认真查阅了相关国内外资料，调研了我国网络银行业务的进展，争取以较高质量完成这次修订任务。

与原版比较，第 2 版在如下 5 个主要方面进行了修订：

（1）结合至 2009 年电子商务、网络银行、网络支付与结算等方面的技术、政策数据状况，全面更新了相关内容，让读者进一步了解国内外的最新进展；

（2）增加应用普及的"支付宝"等第三方支付工具的内容；

（3）针对企业网络银行业务、个人网络银行业务的丰富内容，增加了网络金融业务处理的实例；

（4）注意在内容上与作者编著的《网络支付与结算模拟实验教程》（2007 年，电子工业出版社出版）的协同；

（5）关注 3G 网络运营的移动网络支付结算、网络银行业务的法律与标准制定等新情况。

第 2 版内容一定还会有许多不足，欢迎读者继续提出宝贵意见，为完成一本高质量的教材而共同努力。感谢读者、教育部、相关专家、刘宪兰编辑与电子工业出版社及家人的支持与帮助！

柯新生
2009 年 9 月

第 1 版前言

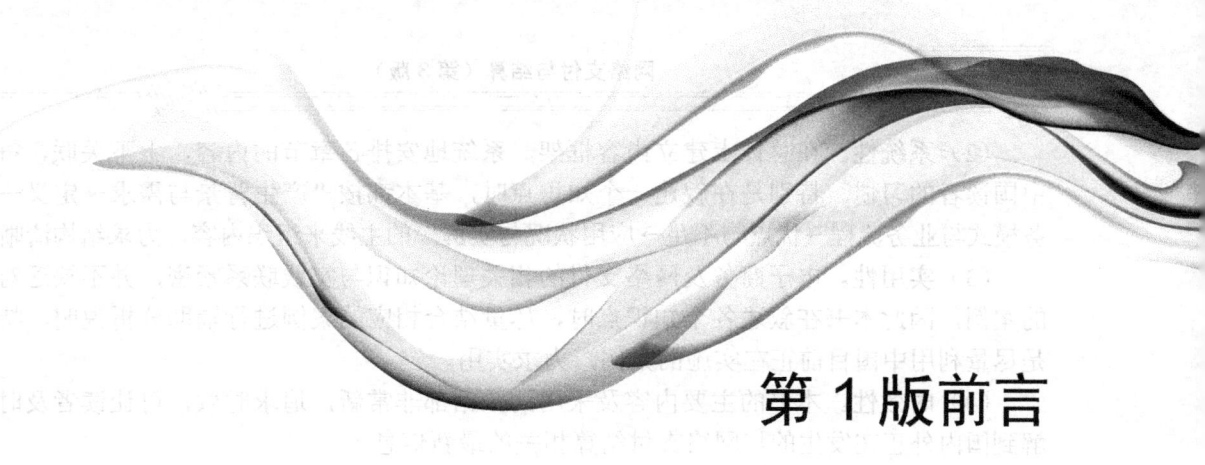

电子商务，这种主要基于 Internet 平台开展的新型商务处理方式，不仅是一种工具，而且是一种力量，一种网络时代里的生产力。它所带来的一场商业革命，将彻底改变传统的商贸方式和规则，改造人们的商务观念。电子商务将不仅赋予生产和商务活动更高的效率，而且也给技术进步和经济增长带来无数新的机会，它是 21 世纪企业信息化的核心内容。

资金流的处理是传统商务也是电子商务的重要环节。在如今经济日益全球化与社会日益信息化的大趋势下，资金流的处理手段必须借助现代信息网络技术加以变革，以支持商务特别是电子商务的跨区域高效率拓展。Internet 以其方便易用、即时互动且结合多媒体应用的特点，为电子商务的信息流、商流、物流信息的高效率处理提供了很好的技术支撑，但要以整体上体现电子商务的低成本、跨区域、高效率与个性化特征，还需要使资金流也能得到快捷、安全的网上处理，即体现在网络支付与结算的实现。

在中国，由于相关网络支付与结算知识的缺乏，以及传统观念的影响等原因，众多政府部门、企业组织与个人还是喜欢并且习惯于"一手交钱，一手交货"等支付结算方式，这与高水平的电子商务的发展需求并不适应，增加了企业开展电子商务的难度与成本。结果，在信息流、资金流、物流信息等基本可在网上进行方便、快捷的传递与处理的情况下，资金流的处理成了电子商务业务流程中的难点，并成为中国电子商务发展的瓶颈之一。同时，中国高等学校为应对来自社会的电子商务人才需求，正纷纷建立电子商务专业，但相关全面叙述网络支付与结算内容的专业教材却非常缺乏。此外，政府部门为开展电子政务、企业为开展电子商务工作，同样需要网络支付与结算方面的指导书籍作为参考，信息化时代的财务管理与会计人员也需要了解快速拓展的网络金融业务的处理方法与处理工具。然而，目前中国图书市场上能够全面地、专门地介绍网络支付结算与网络银行业务的教材几乎没有，最多是把相关网络支付的内容编成一章或一节放在有关电子商务安全或技术类书籍中，叙述简单，有很大局限性。

基于上述情况与需求，在北京市教委等多方支持下，我编著了这本《网络支付与结算》。作为大学高年级学生的专业课教材，本书内容的技术性与理论性都较强，而且需要前驱课程的支持。为了使读者容易学习与理解书中的内容，并方便教师的教学，本书确定以下 6 个方面的着力点，也是本书的特色。

（1）**全面性**。充分调研分析，结合各种流行的电子支付与结算方式，使读者能在金融电子化与信息化的高度总体了解支持全球各类电子商务开展的网络支付与结算方式。

（2）**系统性**。在总体上建立内容框架，系统地安排各章节的内容，上下关联，符合中国读者的习惯。特别是在叙述一个知识点时，基本都按"产生背景与需求→定义→业务模式与业务流程→优点与不足→应用状况与实例"的主线来组织内容，力求结构清晰。

（3）**实用性**。电子商务及网络支付的相关理论知识与实践联系紧密，并不缺乏对应的案例，因此本书在叙述各个知识点时，尽量结合相应的案例进行辅助分析说明，特别是尽量利用中国目前正在实施的案例，力求实用。

（4）**时效性**。本书的主要内容及采用的数据都非常新，追求时效，可让读者及时了解到国内外正在发生的与网络支付结算相关的最新信息。

（5）**发展性**。网络支付与结算是新生事物，其中的很多技术与工具正在发展中，如同金融电子化与信息化正在不断建设中一样，并不太成熟、规范，应用上也没有普及。本书在全面地、逻辑地描述相关内容的基础上，明确指出不成熟或正在发展完善的地方，说明作者的观点以供参考，并在正文或习题中鼓励读者独立思考，调研分析与探讨相关问题，以发展的目光关注网络支付与结算。

（6）**易懂性**。在案例分析的基础上，本书采用的叙述语言尽量通俗、平实，充分结合图形和图像来辅助描述，以求易于理解，满足各类读者的需要。

全书共分 8 章。第 1 章从 Internet 的应用、电子商务的运作与发展角度切入，分析并且阐述网络支付与结算方式的兴起；第 2 章主要叙述电子货币的基本知识与电子银行的体系结构，以及相应的国内外银行电子化与信息化进程；第 3 章比较系统地阐述了以 Internet 为主要平台的网络支付与结算的理论和应用体系，并从国外与国内两个方面介绍了网络支付与结算的发展和应用情况；第 4 章在阐述网络支付的安全需求和安全策略的基础上，叙述了保证网络支付与结算安全的具体方法，并且从网络支付的角度去具体描述众多电子商务安全技术，如防火墙、数字摘要、数字签名、SSL 安全协议等；第 5 章以信用卡网络支付方式为重点，对几种典型的 B2C 型网络支付方式，如信用卡、智能卡、电子钱包、电子现金、第三方支付工具及个人网络银行等进行了介绍，并叙述了每种方式的应用特点与业务流程；第 6 章对几种典型的 B2B 型网络支付方式，如电子支票、电子汇兑系统、SWIFT 与 CHIPS、中国国家现代化支付系统、金融 EDI 及企业网络银行进行了介绍，叙述了相关的应用特点、业务流程与实例；第 7 章结合中国的实际发展情况，详细介绍了网络银行这个新兴网络金融商务形式的概念、特征与分类，网络银行的构成体系，网络银行的网络支付模式和国内外网络银行的发展状况与实例；第 8 章结合移动商务的良好发展前景，分别对移动支付与微支付的相关内容进行了简述，特别对基于无线局域网络与无线广域网络平台的移动支付发展状况予以关注。

本书系"北京市高等教育精品教材立项项目"暨"电子商务专业系列教材"的核心书目，既可作为高等学校电子商务、信息管理、财务管理、工商管理等专业高年级本科生及研究生的教材，也可作为政府部门、企事业单位的高级管理与技术人员的参考用书。

本书全部章节由柯新生执笔。在编著过程中，得到了陈景艳、李学伟、王稼琼、关忠良、屈波、张铎、张真继、刘世峰、姚家奕、苟娟琼等专家或学者的热心指导与帮助，也得到了北京市教委、北京交大教务处、北京交大经管学院的大力协助，李静、谢祥、杜爽等同学帮助进行了本书的一些文档整理工作，在此一并表示感谢。

第1版前言

  本书成稿历经近两年时间，这期间作者投入了巨大的心血，调研了大量国内外资料，直接进行了一些网络支付的实践，以分析、验证、规范和描述相关内容，力求一丝不苟。由于已经出版的相关专业资料极少，国内网络金融业务的发展水平不高且应用范围不广，很多相关知识点很新也没有标准规范，加上作者水平有限，本书中不妥之处难免，敬请读者提出宝贵意见，以期不断改进。

柯新生

2004 年 1 月

目 录

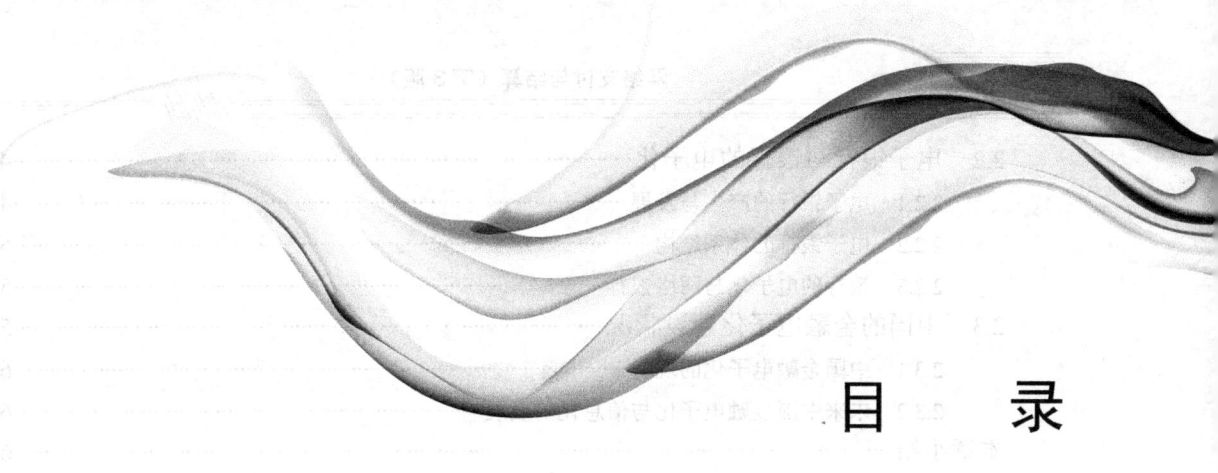

第1章 电子商务和网络支付 ··········1

1.1 Internet 简介 ··········2
- 1.1.1 Internet 的产生 ··········3
- 1.1.2 Internet 的特点 ··········4
- 1.1.3 Internet 的网络应用模式 ··········5
- 1.1.4 Internet 提供的基本服务 ··········6
- 1.1.5 中国 Internet 发展状况 ··········8

1.2 电子商务简介 ··········9
- 1.2.1 电子商务的定义 ··········9
- 1.2.2 电子商务的分类 ··········10
- 1.2.3 电子商务的特点 ··········15
- 1.2.4 电子商务的运作模式和流程 ··········18

1.3 支付与电子商务发展的关联 ··········23
- 1.3.1 传统支付结算的发展和方式 ··········23
- 1.3.2 传统支付结算方式的局限性 ··········26
- 1.3.3 支付是电子商务发展的瓶颈之一 ··········27

1.4 网络支付与结算的兴起 ··········28
- 1.4.1 网络支付与结算方式 ··········29
- 1.4.2 网络支付与结算面临的挑战 ··········30

本章小结 ··········31
复习思考题 ··········32

第2章 电子货币与电子银行 ··········33

2.1 电子货币 ··········33
- 2.1.1 电子货币概述 ··········33
- 2.1.2 电子货币的分类 ··········39
- 2.1.3 电子货币发展中的一些问题 ··········41
- 2.1.4 电子货币的发展现状 ··········43
- 2.1.5 中国电子货币的应用实例介绍 ··········44

2.2 电子银行与银行的电子化 ····· 47
2.2.1 电子银行的产生与发展 ····· 48
2.2.2 电子银行的体系结构 ····· 51
2.2.3 银行的电子化与网络银行 ····· 55
2.3 中国的金融电子化建设状况 ····· 59
2.3.1 中国金融电子化的现状 ····· 60
2.3.2 未来中国金融电子化与信息化的发展 ····· 63
本章小结 ····· 65
复习思考题 ····· 66

第3章 网络支付基础 ····· 67
3.1 网络支付的基本理论 ····· 67
3.1.1 网络支付的产生与定义 ····· 68
3.1.2 网络支付体系的基本构成 ····· 68
3.1.3 网络支付的基本功能 ····· 71
3.1.4 网络支付的特征 ····· 72
3.2 网络支付的支撑网络平台 ····· 73
3.2.1 早期的传统网络平台 ····· 74
3.2.2 专用成熟的EDI网络平台 ····· 75
3.2.3 大众化网络平台Internet ····· 76
3.3 网络支付的基本流程和基本模式 ····· 77
3.3.1 网络支付的基本流程 ····· 77
3.3.2 网络支付的基本系统模式 ····· 78
3.4 网络支付方式的分类 ····· 81
3.4.1 按开展电子商务的实体性质分类 ····· 81
3.4.2 按支付数据流的内容性质分类 ····· 82
3.4.3 按网络支付金额的规模分类 ····· 83
3.5 国内外网络支付发展情况 ····· 84
3.5.1 国外网络支付发展情况 ····· 85
3.5.2 中国网络支付结算的发展现状 ····· 88
3.5.3 中国网络支付发展所面临的问题及发展思路 ····· 91
3.6 网络支付系统的开发 ····· 92
本章小结 ····· 92
复习思考题 ····· 93

第4章 网络支付的安全解决方法 ····· 95
4.1 网络支付的安全问题与需求 ····· 96
4.1.1 网络支付面临的安全问题 ····· 96
4.1.2 网络支付的安全需求 ····· 99
4.2 网络支付的安全策略及解决方法 ····· 100

        4.2.1 网络支付安全策略制定的目的、含义和原则 …………………………… 101
        4.2.2 网络支付安全策略的主要内容 …………………………………………… 102
        4.2.3 保证网络支付安全的解决方法 …………………………………………… 104
    4.3 网络支付平台的安全及防火墙技术 ………………………………………………… 105
        4.3.1 网络平台系统的构成及其主要安全威胁 ………………………………… 105
        4.3.2 Internet 网络平台系统的安全措施 ……………………………………… 106
        4.3.3 防火墙技术与应用 ………………………………………………………… 108
    4.4 数据机密性技术 …………………………………………………………………… 117
        4.4.1 私有密钥加密法 …………………………………………………………… 118
        4.4.2 公开密钥加密法 …………………………………………………………… 120
        4.4.3 私有密钥加密法与公开密钥加密法的比较 ……………………………… 125
        4.4.4 数字信封 …………………………………………………………………… 125
    4.5 数据完整性技术 …………………………………………………………………… 128
        4.5.1 数字摘要技术 ……………………………………………………………… 128
        4.5.2 数字签名技术 ……………………………………………………………… 130
        4.5.3 双重签名 …………………………………………………………………… 134
    4.6 数字证书与认证中心 CA …………………………………………………………… 135
        4.6.1 数字证书 …………………………………………………………………… 136
        4.6.2 认证中心 CA ……………………………………………………………… 140
    4.7 安全网络支付的 SSL 与 SET 协议机制 …………………………………………… 146
        4.7.1 基于 SSL 协议的安全网络支付机制 …………………………………… 146
        4.7.2 基于 SET 协议的安全网络支付机制 …………………………………… 150
        4.7.3 SET 协议与 SSL 协议的比较 …………………………………………… 156
    本章小结 ………………………………………………………………………………… 157
    复习思考题 ……………………………………………………………………………… 157
第 5 章 典型 B2C 型网络支付方式述解 ……………………………………………………… 159
    5.1 信用卡网络支付方式 ……………………………………………………………… 159
        5.1.1 信用卡简介 ………………………………………………………………… 160
        5.1.2 信用卡的网络支付模式及应用特点 ……………………………………… 163
        5.1.3 信用卡网络支付实例及应用情况 ………………………………………… 170
    5.2 电子钱包网络支付方式 …………………………………………………………… 174
        5.2.1 电子钱包简介 ……………………………………………………………… 174
        5.2.2 电子钱包的网络支付模式 ………………………………………………… 176
        5.2.3 电子钱包网络支付的特点 ………………………………………………… 178
        5.2.4 电子钱包网络支付的解决方案与应用情况 ……………………………… 180
    5.3 智能卡网络支付方式 ……………………………………………………………… 180
        5.3.1 智能卡简介 ………………………………………………………………… 181
        5.3.2 智能卡的网络支付模式 …………………………………………………… 183
        5.3.3 智能卡的应用特点 ………………………………………………………… 185

5.3.4 智能卡网络支付的应用情况 186
5.4 支付宝、贝宝与安付通第三方支付工具 187
 5.4.1 支付宝 187
 5.4.2 贝宝 188
 5.4.3 安付通 190
5.5 个人网络银行支付方式 190
 5.5.1 个人网络银行简介 190
 5.5.2 个人网络银行支付模式 191
 5.5.3 个人网络银行的应用情况 193
本章小结 193
复习思考题 193

第 6 章 典型 B2B 型网络支付方式述解 195

6.1 电子支票网络支付模式 195
 6.1.1 电子支票简介 196
 6.1.2 电子支票的网络支付模式 200
 6.1.3 电子支票网络支付的特点 202
 6.1.4 电子支票的应用情况 203
6.2 电子汇兑系统 205
 6.2.1 电子汇兑系统简介 206
 6.2.2 电子汇兑系统的运作模式 207
 6.2.3 电子汇兑系统的应用情况 209
6.3 国际电子支付系统 SWIFT 和 CHIPS 212
 6.3.1 SWIFT 212
 6.3.2 CHIPS 222
 6.3.3 国际资金电子支付的运作模式 224
6.4 中国国家现代化支付系统 226
 6.4.1 中国国家金融通信网 CNFN 226
 6.4.2 中国国家现代化支付系统 CNAPS 230
6.5 电子数据交换 EDI 237
 6.5.1 EDI 简介 238
 6.5.2 EDI 的技术要素 241
 6.5.3 EDI 与 FEDI 的应用模式 245
 6.5.4 EDI 的优势和效益 247
 6.5.5 从 VAN 式 EDI 到 Internet 式 EDI 249
 6.5.6 EDI 在中国的应用 251
本章小结 252
复习思考题 252

第7章 网络银行及其支付 ... 253

7.1 网络银行概述 ... 253
7.1.1 网络银行的概念 ... 254
7.1.2 网络银行的产生与发展 ... 254
7.1.3 网络银行的特征 ... 258
7.1.4 网络银行的分类 ... 259
7.1.5 网络银行的发展模式与策略 ... 262

7.2 网络银行的系统建设与系统结构 ... 264
7.2.1 网络银行系统的总体建设目标与建设原则 ... 265
7.2.2 网络银行的系统结构 ... 265
7.2.3 网络银行的建立过程及注意事项 ... 270

7.3 网络银行的金融业务与网络银行支付 ... 272
7.3.1 网络银行的金融业务 ... 272
7.3.2 网络银行的业务申请程序 ... 274
7.3.3 网络银行的网络支付模式 ... 276

7.4 网络银行与传统银行的比较 ... 281
7.4.1 网络银行对传统银行的影响 ... 281
7.4.2 网络银行的优势 ... 283
7.4.3 网络银行的法律、标准等问题 ... 285
7.4.4 中国网络银行发展的问题与有利条件 ... 288

7.5 网络银行开展实例 ... 291
7.5.1 美国安全第一网络银行 SFNB 的系统实施 ... 291
7.5.2 中国招商银行的"一网通"服务 ... 292
7.5.3 阿里和腾讯的网络银行 ... 299

本章小结 ... 301
复习思考题 ... 302

第8章 移动支付与微支付 ... 303

8.1 移动商务 ... 303
8.1.1 移动商务的背景 ... 304
8.1.2 移动商务的含义 ... 306
8.1.3 移动商务的特点 ... 306
8.1.4 移动商务技术 ... 307
8.1.5 移动商务的发展 ... 317

8.2 移动支付 ... 318
8.2.1 移动支付的定义与应用 ... 318
8.2.2 移动支付的应用模式 ... 320
8.2.3 移动支付的应用类别 ... 320
8.2.4 移动支付的商业模式 ... 322

8.2.5　移动支付的发展展望 ································· 325
8.3　微支付 ··· 328
　　　8.3.1　微支付简介 ··· 329
　　　8.3.2　IBM微支付系统及应用模式 ··· 330
　　　8.3.3　中国的微支付发展现状 ·· 331
　　　8.3.4　微支付市场面临的问题 ·· 332
8.4　移动支付开展实例 ·· 333
　　　8.4.1　支付宝 ··· 333
　　　8.4.2　微信支付 ·· 343
本章小结 ·· 347
复习思考题 ·· 347

参考文献 ··· 349

第1章 电子商务和网络支付

20世纪90年代Internet的爆炸性发展与应用，使其成为全球最大的、最具发展前途的通信媒介和交换共享信息的新媒体。Internet不仅是全球最大的信息库和最大的互联网，还开辟了一种崭新的商业交易方式，即电子商务（E-Commerce，EC）。电子商务，这种借助Internet开展的网上商务处理方式正在带来一场商业革命，将彻底改变传统的商贸方式和规则，且将改造甚至重构传统的企业生产和管理模式。它不仅赋予生产和商务活动更高的效率，而且也给技术进步和经济增长带来无数新的机会。通过开展电子商务，一个企业，不用花太大的代价，就能借助Internet把产品和形象推介给全世界。目前，在信息网络技术与应用最发达的美国，企业近70%的业务行为是在Internet上完成的，欧洲与日本的企业也有近50%的业务行为借助Internet。在中国，越来越多的企业已经在实际的经历中体会到了网络销售的力量，网上销售的"网货"正日益崛起和壮大。根据中国电子商务研究中心的统计数据，近年来中国网络零售市场交易规模一直保持着极高的增长势头。截至2014年12月，中国网络零售市场交易规模已达到28 211亿元，较2013年的18 851亿元同比增长了49.7%，占到社会消费品零售总额的10.6%。而仅2014上半年这项交易规模就已达10 856亿元，相较2013年上半年的7 542亿元同比增长43.9%。其中阿里巴巴在2013年11月11日仅"双11"一天的交易额便达到了350亿，在2014年更是达到了571亿，其发展之迅猛让人难以想象，从中也可以看到中国网络销售市场的巨大潜力。

可以说，电子商务引发的是一场全球性的商务革命和经营革命，正在开创的是一个崭新的数字经济和网络经济时代，其正有力地推进全球经济一体化和全球金融一体化的进程。

资金流的处理是传统商务也是电子商务的重要环节，因此电子商务的开展必然涉及网络支付与银行的网上金融服务，需要银行的积极参与和推动；反过来，电子商务的推广应用，不仅推动网络支付和网上金融服务的发展，还使金融电子化建设进入一个全新的发展阶段。本章主要叙述电子商务的发展与网络支付结算方式的兴起，以及二者之间的关联。

1.1　Internet 简介

在中文里，人们用各种名称来称呼 Internet，如因特网、互联网或互联网络、交互网络、国际网等。在国内较为流行和规范的称呼是其音译"因特网"、"互联网"或"国际互联网"，本书在后面的叙述部分，英文用"Internet"，中文用"互联网"名称。实际上，Internet 是由世界范围内众多的计算机网络相互连接而成的一个逻辑网络，并非某个具有独立结构的新网络，可以理解为由多个计算机网络汇集而成的一个网络集合体。

发展到现在，Internet 是世界上规模最大、用户最多、影响最大的计算机互联网络。以 Internet 为代表的信息网络技术在全世界范围的普及应用，明显加快了各国信息化的进程，在 Internet 的带动下信息社会正逐步取代工业社会，今天的世界越来越是一个网络化社会、一个知识化社会、一种不同于传统经济社会的新经济社会。从 Internet 最早的雏形开始，40 多年来全球互联网用户数快速增长，到 2014 年年底，全球互联网用户已达 30 亿，占全球人口的 40%，其中 2/3 的使用者生活在发展中国家。在 Internet 快速发展的中国，2014 年更是不同寻常的一年。在这一年里，中国互联网用户人数上升到了 6.3 亿，拥有了全球 1/5 以上的互联网用户，其中有 5.27 亿通过移动端上网的用户，12 亿手机用户，5 亿微博、微信用户。中国政府对于发展互联网给予了大量的资金支持，并于 2014 年 11 月 19 日在浙江乌镇举办了第一届世界互联网大会，这是中国举办的规模最大、层次最高的互联网大会，也是世界互联网领域一次盛况空前的高峰会议，表明着中国互联网国际地位的提升。如今，几乎没有人怀疑，经历了泡沫、低谷的中国互联网正疾速前行，与 21 世纪以来的中国经济同步快速壮大。以新浪网（Sina）为例，下述的诸多数据正体现了中国互联网的发展速度与前景。

在 2001 年的"9·11"事件中，新浪网成为国内最早报道该恐怖袭击事件的媒体。事件发生后 10min（20:55），新浪网就发布了第 1 条消息；而"美国遭遇恐怖主义袭击"专题在随后的 24h 内共发布 590 余条信息。2003 年 10 月 15 日，新浪网大量报道中国首次发射载人航天飞船圆满成功，当天访问量即超过 1 亿人次。同时，新浪网在快速性、内容丰富性和形式创新性等方面也有所突破，不仅第 1 时间在网站上发布消息，发布的文章数量超过 3 000 条，而且还领先其他网站向 20 多万条短信新闻用户实时发布了载人航天飞船发射和航天员返回的头条新闻短信，且从载人航天飞船发射开始进行了长达 18h 的视频和图文直播，制作了 20 段视频和 35 个 Flash 动画，组织了近 20 次与航天专家和前方记者的在线访谈和电话连线。北京时间 2008 年 9 月 27 日 16:59，神舟七号飞船航天员翟志刚成功返回轨道舱，中国人历史上第一次在太空行走成功的消息以多媒体的形式实时、直观地借助 Internet 展现在亿万观众面前。2014 年 9 月 19 日晚，阿里巴巴于纽交所挂牌上市，当天上午新浪网就发布了该消息，并对本次 IPO 事件进行了全程的视频直播，随后有关该事件的消息纷纷跟进发布，多条相关新闻占据了新浪当日热门新闻点击量排行榜前 20 名，其中评论数最多的新闻当天评论数达到 6 148 条。

这说明，人们获取信息的方式和价值取向产生了重大改变，人们已经由被动接收信息向主动获取信息进行转变。传统媒体受时间、空间等各方面的限制，无法满足读者的多种需求。同时，Internet 也是一个交流与商务平台，网民可在 Internet 上与他人分享个人见解，对许多公众关心的话题开展讨论，而商家也可借助 Internet 开展有价值的增值服务如收费的手机短信服务，在如此众多的眼球关注中推销自己的产品与服务。

1.1.1 Internet 的产生

Internet 的前身，是美国国防部（DOD）于 1969 年创办的 ARPAnet，研发之初主要用于连接美国的重要军事基地和研究场所。ARPA 是美国国防部建立的高级研究项目组织的英文名称 Advanced Research Projects Agency 的简写。美国国防部创建 ARPAnet 的目的，是使美国一旦受到核袭击时，仍能借助这个计算机网络，保持良好的指挥和通信能力。在 ARPAnet 发展初期只有 4 台主机，分布在美国加州大学洛杉矶分校（UCLA）、加州大学圣巴巴拉分校（UCSB）、斯坦福研究学院（SRI）和美国犹他大学（UTAH）。

为使不同基地和场所的不同类型的计算机进行安全通信，ARPA 开发了一种通用网络通信协议，也就是 Internet 现在使用的 TCP/IP 协议（Transmission Control Protocol / Internet Protocol）。借助 TCP/IP 协议，不同机种的计算机可以方便、准确地共享和交换信息，同时使用一种确保安全的路由方法，即动态调整路由方法，代替易被发现和跟踪的固定路由的传输方法，保证网络的安全正常应用。

美国国家科学基金会（NSF）在 20 世纪 80 年代初，准备在美国国内基于 ARPAnet 建立五个用于科研的超大型计算机中心，将它们提供给教育和科研机构共享。由于种种技术和政治上的原因，利用 ARPAnet 的计划没有成功，于是 NSF 于 20 世纪 80 年代后期建立了速度更快的 NSFnet，以期连接这些超大型计算机中心，且用它把美国所有地区的网络连接起来。NSF 首先在美国全国建立按地区划分的计算机广域网，然后将这些广域网与超级计算机中心相连，最终使美国各个超级计算机中心互连起来。连接各区域广域网上主通信结点计算机的高速数据专线构成了 NSFnet 的通信主干网，重要的是，NSFnet 直接采用了 ARPAnet 的技术和协议，即 TCP/IP 协议，建成后就逐步取代 ARPAnet，成为遍布美国全国的一个高速骨干网络。由于 NSFnet 逐步在世界范围内与其他 TCP / IP 网络相连，具有较好的开放性并允许公众参与，遂被称为 Internet。

1993 年以前，Internet 在美国由 NSF 操纵，主要服务于教育和科学研究部门。1993 年后随着 WWW 应用的发展，互联网迅速扩展到金融和商业部门。由于网络规模的大幅扩大，美国政府无法提供巨资资助 Internet 主干网，因此到 1995 年 NSFnet 完成其历史使命，不再作为 Internet 的主干网，代替它的是由若干商业公司建立的主干网，例如，美国在线（AOL）、CompuServe、微软网（MSN）和奇迹网（Prodigy）等。Internet 在产品与服务营销、大众沟通、信息共享传播和网络贸易上的价值，逐渐被越来越多的公司所认识，因此基于 Internet 的商业应用发展迅速。短短几年，Internet 便获得爆炸性的增长，在全球刮起了 Internet 旋风，号称 Internet 应用浪潮。

自从 20 世纪 90 年代以来，Internet 不仅在美国得到迅猛发展，同时通过卫星和其他传播媒体向全世界扩展，特别随着光纤技术的发展和大量应用，更加快了 Internet 扩展的速度和质量。目前包括中国在内，世界上几乎所有国家都已经接入 Internet，并正在实施下一代互联网。

1.1.2　Internet 的特点

Internet 之所以发展如此迅速，应用如此之快，且被称为 20 世纪末最伟大的发明与应用，是因为 Internet 从一开始就具有开放、自由、平等、合作和免费的特点所推动的。正是这些特点，使得 Internet 称为 21 世纪的商业"聚宝盆"。

1）开放

Internet 可以说是世界上最开放的计算机网络，任何一台计算机只要支持 TCP/IP 协议就可以连接到 Internet 上，十分方便，实现网上信息等资源的共享。

2）自由

Internet 是一个无国界的虚拟自由王国，一直保持着信息的流动自由、用户的言论自由、用户的使用自由。当然，鉴于目前 Internet 对国家政治、经济与人们生活的影响日益加强，几乎所有国家多多少少开始在 Internet 上增加了一些控制与安全措施，保证 Internet 上业务的可靠开展，所以自由也应是相对的。例如，2003 年 3—7 月中国特别是北京在 SARS 肆虐期间，Internet 既成为当时人们了解抗"非典"的主要信息渠道和隔离期间娱乐的主要工具，同时也成为一些不道德的人散布谣言的主要场所。

3）平等

Internet 上的结点是不分等级而平等的。也就是说，Internet 上一台计算机与网上任何其他一台的计算机地位平等，不管计算机本身的速度与大小有什么区别，更体现不出网上的哪一个人比其他人更好。在 Internet 上，你是怎样的人仅仅取决于你通过键盘操作而表现出来的你，比如你说的话听起来像一个聪明而有趣的人说的，那么你在网上就可能被认为就是这样一个人。你是老是少，长得如何，或者是否是学生、商界管理人士还是建筑工人等都没有关系。个人、企业、政府组织部门等各类实体在 Internet 上也是平等的、无等级的。

特别指出的是，Internet 平等的特点将支持中小型企业、社会上相对弱势实体获得与大型企业、相对强势实体一样的商业机会与话语权，这对支持中小型企业产品与服务创新及公民社会的建设是比较有利的。

4）免费

绝大多数的 Internet 服务都是免费提供的。当然，随着 Internet 越来越介入商业活动，网络上很多资源开始收费，如网络图书馆、网络大学与网上娱乐等服务，这正是网络经济发展的体现。

5）合作

Internet 是一个没有中心的自主式的开放组织，强调资源共享和多赢发展的发展模式，因此涉及世界上国家间网络的相互合作与自律。

6）互动

Internet 作为平等、自由的信息沟通平台，信息的流动和交互是双向而且即时的。这种即时互动的特点特别有利于企业商家与客户之间的快速沟通，有利于网上交易与服务的发展。例如，海尔集团的客户现在不管在世界什么地方，只要能连接上网，就可以借助网络与海尔进行实时的互动，建立海尔与客户之间的良好关系。

7）虚拟

Internet 一个重要特点是它通过对信息的数字化处理，通过信息的流动来代替传统的实物流动。这使得 Internet 通过虚拟技术具有许多传统现实中具有的功能。比如，网络银行的出现及其提供的网络支付与结算功能就是一种虚拟现实，网上拖拉机、网上军棋等娱乐游戏也是人与人之间借助网络媒介的游戏，好像人与人坐在同一张桌子上玩一样，玩的过程与效果几乎没有什么区别。

8）个性化

Internet 可以鲜明地突出商家、个人和产品服务的特色。当然也只有有特色的信息和服务，才可能在 Internet 上不被信息的海洋所淹没，所以 Internet 引导的是个性化的时代，也为企业提供个性化的产品与服务提供了运作平台与创新空间。例如，网络大学就是一个高等教育个性化的网上产品，它能一年 365 天、一天 24 小时为学员提供在线服务，学员可在办公室或家里根据自己的时间、兴趣选择不同的课件学习，满足个性化的需求（见北京交大网络教育网站 http://nec.bjtu.edu.cn）；消费者可以根据自己的偏好借助 Internet 定制 Dell 计算机（见www.dell.com.cn），在内存大小、硬盘容量、显示器类型大小、CPU 类型、颜色等配置上均可进行个性化的定制，从而很方便地满足自己的个性化要求。

9）全球性

Internet 从一开始商业化运作，就表现出无国界性，跨区域并且跨时间。因此，Internet 从一诞生就是全球性的产物，当然在全球化的同时并不排除本地化，如 Internet 上主流语言是英语，但中国人习惯的还是汉语，所以存在大量的中文网站，也出现了中文域名。比如 www.yahoo.com.cn 上的内容就是中文的，但 www.yahoo.com 上的内容就是英文的。

10）持续性

Internet 是一个飞速旋转的涡轮，它的发展是持续的。今天的发展给用户带来价值，推动着用户寻求进一步发展带来更多价值。Intel 公司前总裁安德鲁夫就称 Internet 为"十倍速力量"。目前新一代宽带 Internet 及无线宽带 Internet 正在全世界发展，其支撑多媒体业务开展的特征必然又会大大促进网络业务的持续发展。

总之，开放、互动、自由、平等、易用、互连是 Internet 最大的特点，但是事物往往有其两面性，其开放性也给网络的安全带来不利的影响。Internet 的安全性问题是这一代 Internet 最致命的缺点，比如层出不穷的黑客（Hacker）攻击，但新一代的 Internet 及其新一代互联网络通信协议 IPv6 正在完善且应用拓展中。

1.1.3 Internet 的网络应用模式

计算机网络技术的发展与应用大体上经历了四个阶段，一是以 Mainframe 为中心的集中处理式网络，即主机/终端模式（Host/Terminal）；二是以单台计算机为中心辅以文件集中管理的局域网络系统，即文件/服务器模式，简称 F/S 模式（File/Server）；三是以注重客户端与服务器应用配合的分布式计算处理网络系统，即客户/服务器模式，简称 C/S 模式（Client/Server）；四是目前正在兴起的以 Web 浏览器与服务器为中心的 Internet 模式，即浏览器/服务器模式，简称 B/S 模式（Browser/Server）。

主机/终端模式由于硬件选择有限，硬件投资得不到保证，已被逐步淘汰。

F/S 模式由于服务器基本只起一个文件柜的作用，计算服务功能太弱，因此在 1994

年以前的局域网中应用较广,但目前也被逐步淘汰。

C/S 模式兴起于 1995 年左右,由微软(Microsoft)公司所推动,特别是其产品 Windows NT Server 是典型的 C/S 模式产品。C/S 模式主要由客户应用程序(Client)、服务器管理程序(Server)和中间件(Middle Ware)三个部件组成。Client/Server 模式相比较于主机/终端模式与 F/S 模式而言,更加清晰并且均衡了客户端与服务器的作用,优化了网络的事务处理效率。但要求使用者对网络和计算机系统有一定的了解,而且不同的网络服务要求客户端使用不同的专用客户端软件,还会有不同的用户界面,这给客户的使用和整个网络应用系统的维护带来很大的困难和不便。

B/S 模式严格说是 C/S 模式的拓展,或者说是采用客户端浏览器标准软件的以 Web 服务器为中心的特殊 C/S 模式。目前流行的 B/S 模式是把传统 C/S 模式中的服务器部分分解为一个数据库服务器与一个或多个应用服务器(Web 服务器),从而构成一个三层结构的客户/服务器体系。第一层客户机是用户与整个网络应用系统的接口,客户的应用程序精简到只需一个通用的浏览器软件,如 Netscape Navigator、Internet Explorer 等。虽然 B/S 模式和 C/S 模式都是基于客户请求/服务器远程响应这个道理,但 B/S 模式具有客户端简化、系统的开发与维护简便、操作简单、适用于大范围的网上公共信息发布与处理等优点,是 Internet 的核心应用模式。电子商务本质上就是借助这种网络应用模式进行网上的事务处理。

1.1.4 Internet 提供的基本服务

目前的 Internet 是一个比较可靠与快速的、易管理且能支持多种业务的新型网络,能跨区域支持多种网上服务。发展到现在,Internet 提供的主要服务包括八个方面。

1. 万维网服务 WWW

万维网,英文全称为 World Wide Web,简称 WWW,是 Internet 上集文本、声音、图像、动画、视频等多媒体信息于一身的全球信息资源网络。浏览器是用户通向 WWW 的桥梁和获取 WWW 信息的窗口,通过浏览器,用户可在浩瀚的 Internet 信息海洋中漫游、搜索和浏览自己感兴趣的所有信息,并与远程服务方实现信息交互。

2. 电子邮件 E-mail

电子邮件,英文为 E-mail,是 Internet 上另外一个使用最广泛的服务。用户只要能与 Internet 连接并知晓对方的 E-mail 地址,借用 E-mail 专用收发程序或 Web 式 E-mail 页面,就可以与 Internet 上具有 E-mail 地址的所有用户方便、快速、经济地交换电子邮件,可在两个用户间交换,也可以向多个用户发送同一封邮件,或将收到的邮件转发给其他用户。电子邮件中除文本外,还可包含声音、图像、应用程序等各类计算机文件作为附件。用户还可用邮件方式在网上订阅电子杂志、获取所需文件、参与有关的公告和讨论组、与商家交互,甚至还可浏览 WWW 资源。

3. 文件传送协议 FTP

文件传送协议,英文为 File Transfer Protocol,简称 FTP 协议,是 Internet 上进行跨

区域文件传送的基础。FTP 文件传送服务允许 Internet 上的用户将一台计算机上的文件传输到另一台上，几乎所有类型的文件，包括文本文件、二进制可执行文件、声音文件、图像文件、数据压缩文件等，都可以用 FTP 传送。目前网上的"下载"与"上传"应用多数就是 FTP 应用的体现，比如在网上下载电影观赏。FTP 应用上可采用客户端软件服务方式，也可采用 Web 页面服务方式。

4．新闻组 Newsgroups

新闻组，英文为 Newsgroups，其服务为对某个问题感兴趣的各 Internet 用户进行新闻、评论和其他信息交流提供一个场所。Newsgroups 的成员使用一种称为 Newsreader 的专用程序，访问 Newsgroups、显示当前的信息列表、选择阅读信息以及传送就其他信息所给出的评论、访问和答复。

5．专门讨论的 Usenet 或公告板系统 BBS

Usenet 是一个由众多趣味相投的用户共同组织起来的各种专题讨论组的集合，通常也称全球性的电子公告板系统，即 BBS（Bullet Board System）。Usenet 或 BBS 用于发布公告、新闻、评论及各种文章供网上用户使用和讨论，讨论内容按不同的专题分类组织，每一类为一个专题组，称为新闻组，其内部还可分出更多的子专题，是大学生们学习并发布自己见解的好地方。

6．远程登录服务 Telnet

Telnet 是 Internet 远程登录服务的一个协议，该协议定义了远程登录用户与服务器交互的方式。Telnet 允许用户在一台连网的计算机上登录到一个远程分时系统中，然后像使用自己的计算机一样使用该远程系统。如果有了 Telnet 这种工具，便可检索各个大学图书馆和公共图书馆中的目录卡等。

7．网络电话 IP

网络电话又称 IP 电话，即 Internet Phone，狭义上指通过 Internet 打电话，广义上则包括语音、传真、视频传输等多项 Internet 电信业务。IP 电话采用"存储转发"的方式传输数据，传输数据过程中通信双方并不独占电路，且对语音信号进行大比例的压缩处理，所以，网络电话所占用的通信资源大大减少，节省长途通信费用。由于多个用户同时共享一条线路，不像普通 PSDN 电话中的独占线路，所以 IP 电话的通信质量上比 PSDN 电话要差一些。

8．Web 模式的发展

目前关于 Web 模式的理论架构虽已经到了 Web 6.0 模式，但实际应用上才只到 Web 3.0 模式，应用最多的仍是 Web 2.0 模式。Web 3.0 模式的应用前景很好，但目前还只是在推广阶段。Web 2.0 模式和 Web 3.0 模式本身都没有明确的定义，只是一些技术与应用的合称。

Web 3.0 模式是业内人士制造出来的概念词，相对 Web 2.0 模式而言，Web 3.0 模式不仅仅是一种技术上的创新，更是思想上的创新，是以统一的通信协议，通过更加简洁的方式为用户提供更为个性化的互联网信息资讯定制的一种技术整合方案。由以技术创新为主的 Web 2.0 模式走向以用户理念创新为主的 Web 3.0 模式将是未来互联网模式的主要发展趋势。

目前，Web 2.0 模式的应用比较广泛，主要包括 Blog（博客）、P2P（对等网络）、RSS（简易信息聚合）等方面的应用。而关于 Web 3.0 模式，其应用较成功的领域主要在网络通信结合、精准营销及个性化信息订阅服务等方面。

1.1.5 中国 Internet 发展状况

1989 年，国家计委决定利用世界银行贷款筹建北京中关村地区计算机网络 NCFC（the National Computing and Network Facility of China），该网由北京大学、清华大学和中国科学院三个子网互连构成。1994 年 5 月 NCFC 作为中国第一个互联网与世界 Internet 连通，使得中国成为第 71 个加入 Internet 的国家。中国互联网经过 21 年的快速发展，已经建立了相当规模的国内互联网络，网民数量与网络规模都已经跃居全球前列，网络应用趋于多样化、大众化。

下面是截至 2014 年年底，来自 2015 年 2 月中国互联网络信息中心 CNNIC 发布的第 35 次中国互联网络发展状况统计报告（数据不包括香港、澳门和台湾地区在内）的数据。

1）总体网民规模

中国网民规模达到 6.49 亿人，较 2013 年新增了 3 117 万人，互联网普及率达到 47.9%，较 2013 年年底提高了 2.1 个百分点，高于全球平均水平（40 %）。其中中国手机网民规模达 5.57 亿人，较 2013 年增加了 5 672 万人。网民中使用手机上网的人群占比由 2013 年的 81.0%提升至 85.8%。

2）域名总量

中国的域名总量达到 2 060 万个，较 2013 年增长 11.7%，增长速度有所放缓。中国域名规模的增长，主要受益于国家顶级域名.CN 的增长。2005 年，中国的国家顶级域名.CN 在中国只有 42.3%的份额，少于类别顶级域名.COM（占中国域名市场的 46.4%），经过几年的发展，到 2014 年年底，.CN 的市场份额已经达到 53.8%，超过了类别顶级域名.COM（占有中国域名市场的 38.6%）在中国所占份额，占据了中国域名市场的龙头地位。

3）国际出口带宽

中国网络国际出口带宽达到 4 118 663 Mb/s，较 2013 年增长 20.9%，增速超过了网民增速，中国网民访问国外网站的速度有所提升，使用体验进一步优化。

4）IP 地址总数

IP 地址分为 IPv4 和 IPv6 两种，其中全球 IPv4 地址数已于 2011 年 2 月分配完毕，自 2011 年开始，中国 IPv4 地址总数基本维持不变，至 2014 年 12 月底止，共计有 33 199 万个。中国 IPv6 地址数量逐年增加，至 2014 年 12 月底止，已达 18 797 块，较 2013 年增长 12.8%。

5）网站与网页数

中国的网站数，即域名注册者在中国境内的网站数（包括在境内接入和境外接入）达到 335 万个，较 2013 年增长 4.6%。网页是互联网内容资源的直接载体，网页的规模在一定程度上反映了互联网的内容丰富程度。自 2008 年开始，中国的网页规模增长率持续下降，网页规模缓慢上升，到 2014 年年底，中国网页总数达 1 899 亿个，较 2013 年增长 26.6%，网页的增长速度大于网站的增长速度。

6）网民网络应用

网民基于互联网的各种应用大致分为交流沟通、信息获取、商务交易和网络娱乐四类。以网络娱乐为例，2014 年网络娱乐用户规模继续保持增长态势，其中网络游戏用户规模达到 3.66 亿人，使用率从 2013 年年底的 54.7%升至 56.4%，增长规模达 2 782 万人，这主要受益于网络游戏产品内容及形式的丰富；网络文学自出现以来，以其低门槛和内容的非传统性，迅速获得了广大网民的认同并蓬勃发展，至 2014 年 12 月底止，中国网络文学用户规模为 2.94 亿人，较 2013 年年底增长 1944 万人，增长率为 7.1%，使用率达到 45.3%，较 2013 年年底增长了 0.9 个百分点；相对而言，网络视频的增速明显放缓，中国网络视频用户规模达 4.33 亿人，较 2013 年年底增加 478 万人，用户使用率为 66.7%，比 2013 年年底略降。网络视频用户整体规模虽然在增长，但使用率略有下降，手机视频的用户规模和使用率虽仍保持增长态势，但增速已明显放缓，网络视频行业正步入平稳发展期。

从对上面数据的分析可以看出，中国的互联网络发展速度很快，特别是北京、上海、深圳等发达城市的互联网设施水平国内领先，与国际发达水平相差无几，相信随着政府和社会各界的推动，各项基础设施的不断完善，网络应用服务的不断多样化、实用化与个性化，中国的互联网络必将发展得更为合理，且在规模上、应用上和质量上均走在世界前列。

1.2 电子商务简介

Internet 的快速发展，特别是 Web 服务的广泛应用，不仅使它具有通信和交换信息的功能，还开辟了一种新的商业交易方式即在网上进行商业交易，实现网络化交易处理。

1.2.1 电子商务的定义

人们通常把基于 Internet 平台进行的商务活动统称电子商务，英文为 Electronic Commerce，简写为 E-Commerce 或 EC。1997 年 11 月 6—7 日，国际商会在法国首都巴黎举行了世界电子商务会议，从商业角度提出了电子商务的概念，即电子商务是指实现整个商业贸易活动的电子化。这里的电子化主要是指应用 Internet 作为商务平台。电子商务从涵盖范围方面可以认为指交易各方以电子交易方式，而不是通过当面交换或直接面谈方式进行的任何形式的商业交易；从技术方面可以说是一种多技术的集合体，包括交换数据（如电子数据交换 EDI、WWW 应用、E-mail）、获得数据（如共享数据库、BBS）以及自动捕获数据（如条形码）等。电子商务的流程主要包括商务信息交换、售前售后服务、网络销售、网络支付、商品配送等。

在国际电子商务的实践中，人们通常是从狭义和广义两个层面上来理解电子商务的。从狭义上理解，电子商务就是企业通过业务流程的数字化、电子化与网络化实现产品交易的手段。它意味着通过 Internet 上的"虚拟商店"所从事的在线商品和劳务的买卖活动，交易内容可以是有形商品和劳务，如鲜花、书籍、日用消费品、在线医疗咨询、远程网络教育等；也可以是一些无形商品，如新闻、音像产品、数据库、软件及其他类型的知识产权产品。从广义上理解，电子商务泛指基于 Internet 的一切与数字化处理有关的商务活动。因此，它不仅仅是通过网络进行的商品或劳务买卖活动，还涉及传统市场的方方面面。除了在网络上寻求消费者，企业还通过计算机网络与供应商、财会人员、结算服务机构、政府机构建立业务联系。这样，电子商务会使整个商务活动，包括产品生产、商品促销、交易撮合、合同订立、商品分拨、商品零售、消费者的商品选购，以及货款结算、售后服务等产生革命性的变化。

1.2.2 电子商务的分类

电子商务发展到现在日益成熟，体现在其理论体系、支撑技术、运作模式及类型均已有了较明确的定义。当然随着 Internet 应用的进一步普及，电子商务各方面还会继续完善。这里所讲的电子商务的类别也在不断发展中。电子商务的分类方式也比较多，如下是几种主要的分类方式。

1. 按照使用网络类型分类

根据支撑商务开展的网络类型不同，电子商务可以分为三种主要形式：第一种形式是 EDI（Electronic Data Interchange，电子数据交换）商务，第二种形式是 Internet 商务，第三种形式是 Intranet 商务。这三种电子商务的关系及发展也基本反映了电子商务的发展史。

1）基于 EDI 的电子商务（20 世纪 60～90 年代）

从技术的角度来看，人类利用电子通信的方式进行贸易活动已有几十年的历史了。早在 20 世纪 60 年代，人们就开始用电报报文发送商务文件的工作；在 20 世纪 70 年代人们又普遍采用方便、快捷的传真机来替代电报。由于传真文件是通过纸面影像拷贝传递信息的，不能将信息直接转入信息系统中，因此人们开始采用 EDI 作为企业间商务活动的辅助手段，这也形成了电子商务的雏形。EDI 在 20 世纪 60 年代末期产生于美国，是按照同一规定的一套通用标准格式，将标准的经济信息，通过通信网络传输，在贸易伙伴的电子计算机系统之间进行数据交换和自动处理。由于使用 EDI 能有效减少直到最终消除贸易过程中的纸面单证，因而 EDI 也被俗称为"无纸交易"，是一种利用计算机进行商务处理的新方法。EDI 将贸易、运输、保险、银行和海关等行业的信息，用一种国际公认的标准格式，通过计算机通信网络，使各有关部门、公司与企业之间进行数据交换与处理，并完成以贸易为中心的全部业务过程。

相对于传统的订货和付款方式来说，EDI 大大节约了时间和费用，较好地解决了安全保障问题。但是，由于 EDI 必须租用专线，即通过购买增值网服务才能实现，费用较高；也由于需要有专业的 EDI 操作人员，需要贸易伙伴也使用 EDI，因而阻碍了中小企业使用 EDI，长期以来一直只有一些跨国公司或大企业用得起，被称为"企业的高消费"。因此，EDI 虽然已经存在了 20 多年，但至今仍未广泛普及。近年来，随着计算机不断降价，Internet 的迅速普及，借助 Internet 成本低廉、简单易用的特点，基于 Internet

平台、使用可扩展置标语言 XML（Extensible Mark Language）的 EDI，即 Web-EDI 正在逐步取代传统的 EDI。这体现出 EDI 与 Internet 之间互相融合的趋势，Web-EDI 其实就是后面所述的 B2B 电子商务。

2）基于 Internet 的电子商务（20 世纪 90 年代以来）

20 世纪 90 年代以来，Internet 迅速走向普及化，逐步地从大学、科研机构走向企业和百姓家庭，其功能也从单纯的信息共享演变为一种大众化的信息传播工具与商业服务传递方式。从 1991 年起，一直排斥在 Internet 之外的商业贸易活动正式进入这个王国，因而使电子商务成为互联网应用的最大热点。

基于 Internet 的电子商务已经成为国际现代商业的最新形式。由于 Internet 的快速发展与大规模普及应用，目前所说的电子商务就是指这种形式的电子商务：它以计算机、通信、多媒体、数据库技术为基础，借助 Internet，在网上实现营销、购物与有偿娱乐等服务；从企业角度来讲，可以借助 Internet 这个崭新的媒体，跨时空并且方便快捷地收集到客户的反馈信息，把企业的产品与服务直接送到客户面前。

基于 Internet 电子商务的发展初期，企业在互联网上建立静态网站，向客户了解企业的一些商品服务信息。自 1997 年后，一些创新的公司将其网站前端（信息发布浏览器主页和商品目录、价格、网上订单等）与后端订单管理和存货控制系统相连接，使客户能够直接从一个公司的网站废除和追踪订单，这就大大降低了交易费用，使客户能够更多地控制订购过程，成为目前的电子商务的典型方式。1996 年 6 月联合国提出电子商务示范法，1997 年 7 月美国发布《全球电子商务市场框架》，同年 12 月美国与欧盟发布电子商务联合宣言。这一系列激励电子商务发展的措施，使得西方发达国家的电子商务系统迅速达到实用化程度。例如，以直接面对消费者的网络直销模式而闻名的美国戴尔（Dell）公司，1998 年 5 月的在线销售额高达 500 万美元，该公司在 2000 年就基本实现 Internet 上的在线收入能占总销售收入的一半。另一个网络新贵亚马逊（Amazon）网上书店的营业收入从 1996 年的 1 580 万美元猛增到 1998 年的 4 亿美元，2002 年的几十亿美元。

与此同时，其他国家和地区的商务电子化的步伐也紧紧跟随发达国家。IDC 报告显示：2014 年，中国电子商务总体交易规模达到 12.3 万亿元人民币，比 2013 年的 10.1 万亿元增长了 21.3%，其中网络购物增长 48.7%，在社会消费品零售总额渗透率年度首次突破 10%，成为推动电子商务市场发展的重要力量。另外，在线旅游增长 27.1%，本地生活服务 O2O 增长 42.8%，这些共同促进了电子商务市场整体的快速增长。从电子商务市场细分行业结构中看，中小企业 B2B 电子商务占比一半，B2B 电子商务合计占比超过七成，显然 B2B 电子商务仍然是电子商务的主体；网络购物交易规模市场份额达到 22.9%，比 2013 年提升 4.2 个百分点；在线旅游交易规模与本地生活服务 O2O 市场占比与 2013 年相比均有不同程度的提升。以淘宝和天猫为例，2014 年淘宝网年交易额为 1.172 万亿人民币，与 2013 年的 1.1 万亿元比较，增长趋势有所放缓，天猫的增长势头相对要强劲很多，2014 年天猫总成交额达 5050 亿人民币，相比 2013 年的 4410 亿增长了 14.51%，保持了行业领先水平。两者合计约占全国社会消费品零售总额 6.45%，这相当于 2014 年每一天发生在淘宝和天猫上的交易额为 45.95 亿元。随着信息化进程的加快，特别是经历过 2003 年 SARS 危机后，面对传统商务模式的弊端，政府、企业与普通消费者均充分认识到包含电子商务在内的网上事务处理的优越性，不但"SARS"期间网上交易额大幅增长，基于 Internet 的电子商务，包括网上购物、网上娱乐、网上教学、网上证券成为当时人们应用的热点。人们经过这次网上事务的体验，对电子商务、网上支付、网络银行等有了进一步的认识，认识到发展电子商务这种"非接触经济"提高抗风险的必要性，这为电子商务的快速顺利拓展创造了良好条件。

3）基于 Intranet 的电子商务

Intranet 是在 Internet 基础上发展起来的企业内部网，或称内联网。企业借助 Internet 的技术与应用模式来构建企业的内部网络，并且附加一些特定的安全监控软件，将企业内部网络与外面的 Internet 连接起来，这样的网络就叫 Intranet。Intranet 与 Internet 之间的最主要的区别在于 Intranet 内的敏感或享有产权的信息受到企业防火墙安全网点的保护，它只允许有授权者介入内部 Web 网点，外部人员只有在许可条件下才可进入企业的 Intranet，内部的敏感信息也只有经过许可才可出去。Intranet 将大中型企业分布在各地的分支机构及企业内部有关部门和各种信息通过网络予以连通，使企业各级管理人员能够通过网络方便读取自己所需的信息，利用网上在线事务的处理代替纸张贸易和内部流通，从而有效地降低了交易成本，提高了经营效益。

基于 Internet 的电子商务、基于 EDI 的电子商务和基于 Intranet 的电子商务的关系可用图 1-1 表示。图中 Extranet 为企业外联网。

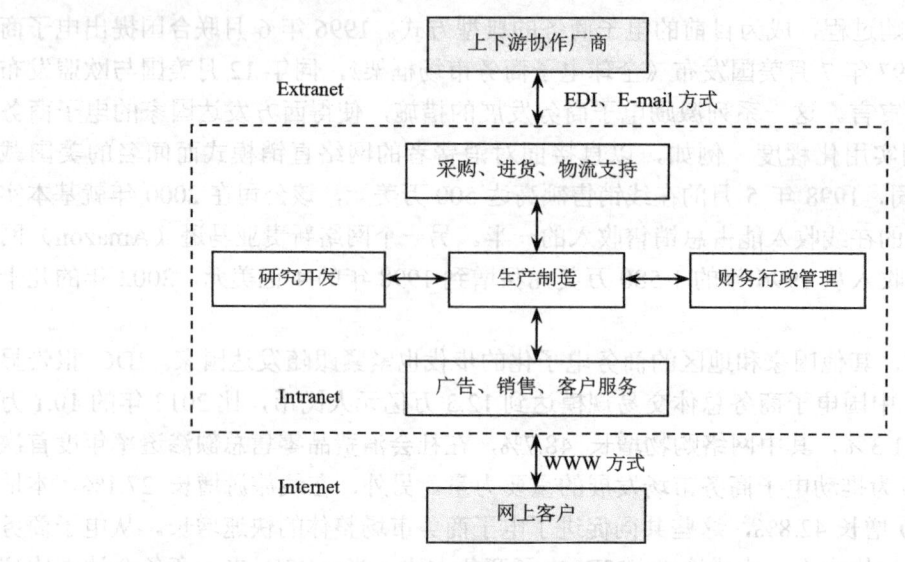

图 1-1 不同网络类型的电子商务关系图

2. 按照商务交易对象的性质分类

商务交易对象的性质是不同的，可能是企业、政府行政部门，也可能是普通的个体消费者。因此根据商务交易对象的性质不同，电子商务可分为如下五种形式。

1）企业与企业的电子商务

企业与企业，英文为 Business to Business，简称 B2B，故 B2B 电子商务，指的就是企业与企业之间进行的电子商务活动。例如，生产企业利用 Internet 或 Extranet 向它的供应商采购，或利用计算机网络付款，或在网上向经销商批量销售商品等。这一类电子商务，特别是企业之间通过 VAN 采用 EDI 方式所进行的商务活动，已经存在多年；从未来的发展看，基于 Internet 平台的 B2B 电子商务仍会是电子商务发展的主流。例如，海尔集团使用 B2B 的电子商务模式成功实现了业务的网上拓展。

值得注意的是，B2B 电子商务与传统贸易的较大区别是它需要与电信业、银行业等其他市场相结合，才能获得生存机会。也就是说，如果没有较好的互联网络设施与网络支付工具，怎么才能体现电子商务的快捷、方便与效率呢？所以，B2B 电子商务的解决方案，应该重构企业的整个业务流程，从内部数据处理、企业策略、物流、人事管理到与客户关系管理等方面，提供端到端的全面服务，这是企业未来的发展方向。

2）企业与消费者的电子商务

企业与消费者，英文为 Business to Consumer，简称 B2C，故 B2C 电子商务，指的就是企业与消费者之间进行的电子商务活动。这类电子商务主要借助 Internet 所开展的直接面向消费者的在线销售与服务活动。从技术角度来看，企业商务面对广大的消费者，并不要求双方使用统一标准的单据传输，在线式的零售和支付行为通常只涉及银行卡或其他电子货币，Internet 所提供的搜索功能和多媒体界面使消费者更容易查找适合自己需要的商品，并且能对商品有更深入的了解。因此，开展企业对消费者的电子商务，障碍较少，潜力巨大。

事实也说明了这一点。最近几年随着 Internet 的发展，由于消费者数量庞大，这类电子商务的发展异军突起，特别在中国，大家熟悉的均是这种电子商务，以至于许多人错误地认为电子商务就只有这样一种模式，像天猫、京东等商城早已名扬中国。

3）企业与政府行政部门间的电子商务

企业与政府行政部门，英文为 Business to Government，简称 B to G 或 G to B，故 B to G 电子商务指的就是企业与政府行政部门之间进行的电子商务或事务合作活动，包含面向企业的电子政务。这类电子商务主要是在政府部门与企业之间借助于 Internet 开展事务合作或商业交易，比如企业网上纳税、网上事务审批、政府部门网上招标采购等。这种方式虽然在中国还处于初期的发展阶段，但发展会非常快，因为 B to G 电子商务不但可以帮助政府行政部门树立公正廉洁并且有效率的政府形象，透明运作，产生示范作用，促进整个社会电子商务的发展；另外，借助 B to G 电子商务，企业可以直接采取更有效率、更加方便的信息方式与政府部门进行事务合作，既节省人力也节省物力，而且企业可以及时地查阅政府部门的信息公告，与政府部门即时交互，大大改善了政府部门与企业之间的关系。

鉴于 B to G 电子商务在整个社会的示范作用，目前世界各国政府都在大力促进与政府事务相关的 B to G 电子商务与下面第四类 G to C 电子商务的发展。在美国，1995 年后，前克林顿政府已决定对 70%的联邦政府的公共采购实施电子化与网络化；在瑞典，到 1999 年便已经至少有 90%的政府采购在网上公开进行。中国这方面的发展十分迅速，特别是北京市在这类电子商务（或叫电子政务）发展达到一定的水平，比如自 2003 年起北京市的一些公共事务政府部门如工商局、税务局、公安局、北京市科委等开始面对企业与个人进行网上办公与事务合作、网上招标采购等，到 2005 年就已基本建成一个完全网上运作的"北京电子政府"，实现了"数字北京"的宏愿（见 http://eservice.beijing.gov.cn）。如今，其电子政务发展已相对成熟，服务形式和内容经过不断创新和丰富，现已开展了政府信息公开、政民互动服务、面向个人办事的电子政务服务、面向企业办事的电子政务服务和人文北京等多项在线服务。

4）消费者与政府行政部门间的电子商务

个人消费者与政府行政部门，英文为 Consumer to Government，简称 C to G 或 G to C，故 C to G 电子商务，指的就是消费者与政府行政部门之间进行的电子商务或事务合作活动，包含政府面向个人消费者的电子政务。这类电子商务或事务合作主要是在政府部门与个人之间借助于 Internet 开展事务合作或商业交易，比如个人网上纳税、网上事务审批、个人身份证办理、社会福利金的支付等。这方面更多地体现为政府的电子政务。随着网络应用的普及，特别是个人消费者对 Internet 的熟悉，网民越来越多，政府部门网上办公的意识加强，这种 C to G 电子商务成为当前世界各国的一个发展热点。在发达国家，如在美国、澳大利亚等，政府的税务机构已经通过网络来为个人报税。在中国，这种面向个人的电子政务也逐渐发展起来，如北京市公安局自 2003 年开始的网上身份证办理、网上护照办理、网上个人所得税申报等，经过十多年的发展已相对成熟，这种政务处理模式以其简便、易用、省时省力的特点得到了广大市民的欢迎。

5）消费者与消费者的电子商务

消费者与消费者，英文为 Consumer to Consumer，简称 C to C，故 C to C 电子商务，指的就是消费者与消费者之间进行的电子商务或网上事务合作活动。这类电子商务或网上事务合作主要借助一些特殊的网站在个人与个人之间开展事务合作或商业交易，比如网上物品拍卖、个人网上事务合作、网上跳蚤市场等。注意，这里所指的个人可以是自然人也可以是商家的商务代表。现代社会中的自然人或者由自然人组成的家庭集合中蕴藏着丰富的资源，不仅有物资资源而且有更多的知识资源，包括科技、文化、教育、艺术、医药和专门技能等资源。C to C 的电子商务能够实现家庭或个人的消费物资再调配、个人脑力资源和专门技能的充分利用，从而最大限度地减少人类对自然资源和脑力资源的浪费。换句话讲，借助 C to C 电子商务，个人借助网络满足自己的个性化机会大大增加了，社会各类资源包括物资资源与智力资源也能得到更广泛与更充分的使用。

这类电子商务模式近年来在国内得到了很大的发展，这也是家庭网络普及率提高的结果。国外的电子湾 eBay、国内的淘宝网都是网上这类电子商务的成功代表。

3. 按照商务活动的内容分类

按照商务活动的内容分类，电子商务主要包括如下两类商业活动。

1）间接电子商务

其体现为有形货物的网上交易，网上进行商务信息的交互，但仍然需要利用传统渠道如邮政快递、物流配送等辅助完成，例如联想集团的网上计算机销售、北京莎啦啦公司的网上鲜花定制，都需要网上网下配合，电子与传统手段相互支撑，特别在物流环节上需要强大的现代物流支持。

2）直接电子商务

其体现为网上无形的货物和服务，特别是一些知识产权产品，如计算机软件、电子书籍 eBook、娱乐内容的联机网上订购、网上传送（即文件或信息下载），或者是全球规模的有偿信息服务，如知名网上娱乐公司联众游戏的网上棋牌服务、北京交大的网上大学教育，还有网上证券等。这些商品共同的特点是无形的，直接借助网络就可快速方便地完成传递交付过程。同一个公司由于直接和间接电子商务均提供特有的机会,所以很多往往是二者兼营,比如北京图书大厦、Amazon 等既进行有形商品的电子商务,如传统的纸质书本、光盘 DVD 等,又进行 eBook 及计算机软件直接下载销售。

由于间接电子商务要依靠一些外部要素的辅助,如运输系统,所以其开展还受到大环境的制约,这正是目前大力开展现代物流的原因。而直接电子商务能使双方借助 Internet 越过地理界线一天 24 小时地进行网上交易,成本低廉并且更加充分地利用了网络的优点,让企业更能充分地挖掘全球市场的潜力,所以这种直接的电子商务成为目前电子商务最为亮丽的风景线。例如,哈佛大学的网上教育遍布全球,不但为哈佛大学带来巨大的经济效益,而且跨区域地传播这所世界名校的思想并带来更广泛的声誉。

1.2.3 电子商务的特点

基于 Internet 与 Web 技术的电子商务与传统商务活动相比具有许多明显的优点,它对企业具有更大的吸引力,其主要表现在以下四个方面。

1. 运作费用低廉,可以降低交易成本,获得较高利润

由于 Internet 是国际上的开放性网络,规模巨大,所以它的使用费用很便宜,一般来说,其费用不到专用增值网络 VAN 的 1/4。这一优势使得许多企业尤其是中小企业对电子商务的开展非常热心,因为传统的商务形式对中国大多数中小企业来讲如租用专用网络、电视广告、连锁店营销等还是相当昂贵的。借助电子商务,中小企业第一次与大企业一样,比较公平地直接出现在客户面前,传统的媒介沟通的鸿沟差别已不明显。

基于网络的电子商务运作模式,通过以信息流代替物流、减少中间渠道、网络广告、以无穷量的网站代替实物商店、无纸化业务处理等手段,使得买卖双方的交易成本大大降低。这在规模巨大的跨国公司表现得更加明显,IBM、Dell、华为等企业业务的网络化处理,每年节省各种办公费用 1000 万~3 亿美元。这种情况在非常时期更加体现出即时、方便、低成本性。例如,在 2003 年 3—7 月,北京交通大学是北京 SARS 灾害重灾区,这期间绝大多数学生回家,学校停课,老师停止出差甚至有些被隔离观察,可是毕业生 7 月前要完成毕业设计,新一期的研究生必须招收,回家的学生必须继续学习,怎么办呢?面对这种情况,学校基于 Internet 与 Intranet 网络的远程教育发挥了巨大作用,特别是基于 Web 应用的北京交大经济管理学院的网络办公信息系统(jingguan.bjtu.edu.cn),如图 1-2 所示,借助其上的网上公告、网上讨论园地、老师个人网上办公室、院长及各业务科室办公室等功能频道,把院领导、业务科长、教师与全国各地在家的学生等紧密、即时、方便地联系在一起,整个一个"网上经管学院"有条不紊地进行工作,受到老师与学生们的称赞,并且节省了大量费用。

2. 交易虚拟化,可以简化交易步骤,提高交易效率,为多方提供了方便

电子商务利用快捷、便利的 Internet 作为通信手段,在更广阔的时空里实现商品流通信息的咨询、交换,以至直接开展网上交易。在这里,Internet 用一条前所未有的纽带把全世界的商品供需双方联系在一起。对商家而言,可到网络管理机构申请域名,制作自己的主页,组织产品信息上网。WWW、E-mail 等技术发展与应用,使客户能够根据自己的需求选择商品或进行网上定制,且将信息反馈给商家,这样客户在不与商家碰面的情况下即可完成意向洽谈、看样订货、网上合同签订,以及完全的网上支付货款的交易全过程(也可配合一定的传统支付手段),从而实现整个交易的完全虚拟化或绝大部分虚拟化。

图 1-2 基于 Web 应用的北京交大经济管理学院网络办公信息系统页面

电子商务的出现,还取代了商品流通中大量的中间行为,商品代理制、分销商、层层叠叠的批发,以及展览会、展销会等都有可能随着电子商务这种新型销售方式的崛起而变得不再那么重要、那么必须了。此外,由于电子商务中使用的商业报文采用统一的标准,特别在 B2B 的电子商务方式下积极与 EDI 相互融合,因此商业报文能在世界各地瞬间完成传递且由计算机自动处理,而原料采购、产品生产、需求与销售、银行汇兑、保险、货物托运及申报等过程,无须人员干预在最短的时间内完成。总之,电子商务的发展极大地简化了商品的流通环节,缩短交易时间,提高交易的效率。

Dell 公司全球网上直销、Haier 全球网上直接采购的巨大成功正说明了这一点。

3. 覆盖面广、运作时间长、跨时空的鲜明特点大大增加了企业的商业机会

电子商务利用 Internet 的优点成为实现跨地区、跨国界交易的更有效途径。利用多媒体及与此相应的软件编程技术,商家能在网络上构筑销售其产品的"虚拟展厅",以生动逼真的视频图像和动画技术,辅以文字、声音等复合信息,对产品进行全方位的描述和介绍,使企业客户或消费者远在万里之遥也同样能够收到身临其境的现场效果,足不出户便可实现商务意愿。在网络构筑的"世界大展厅"里,还能"货比三家"择其所爱。

由于 Internet 几乎遍及全球的各个角落,任何客户都可通过各种普通上网方式方便地与商业贸易伙伴进行网上交易,或者在网上向全球宣传自己。例如,2003 年 10 月 15—16 日对中国人民及全世界的华人来讲都是一个值得骄傲的日子,中国首艘载人宇宙飞船"神舟五号"的太空之旅圆满成功,杨利伟成为"中国的加加林",中国是世界上

继俄罗斯、美国之后第三个独立地用自己的运载工具把自己的航天员送上太空的国家，实现了中国人憧憬已久的飞天之梦。这次事件是如此重大，不但吸引了全球的目光，特别是来自网民的目光，而且也带来了重大商机，因此，一些网站利用这个机会集合一些企业发布网上祝贺广告的形式来进行营销，借助 Internet 的即时、跨时空、多媒体特征，取得了很好的效果。图 1-3 所示是新加坡《联合早报》网络版上的一次网络祝贺广告。

电子商务是 24 小时不分时区运作的，它可以使用户得到 24 小时的信息查询和订货服务，可使商家进行 24 小时的产品宣传和接收订单，方便了用户，提高了效率，同时降低了商家的运营成本。统计表明，网上商场的利用率为 21.40%，比传统商家 7.5%的利用率高出 200%。这在网络银行、网上娱乐、网上教育与培训、网上图书馆、网络广告表现得更加明显，大大满足了不同地域的人们在不同时间段的个性化需要。

图 1-3　新加坡《联合早报》网络版的网络祝贺广告页面

4．开创数字经济时代

电子商务正逐步成为 21 世纪一种主要的商务方式，全球经济将因此从传统经济快速向数字经济过渡。对人类来说，这种转变是一次深刻的革命性变革，将开辟一个崭新的经济时代，即数字经济时代，它以信息与网络经济社会为基本特征。

数字经济是一种全新的经济，这里仅从技术角度出发，讨论数字经济的某些重要特点，以便说明数字经济给世界各国带来的机遇和挑战。人类在传统经济活动中，产生了大量的数据，经过加工处理，即成为信息。电子商务的兴起，不仅将物质产品数字化，还将企业与人们的所有活动都数字化了。这样，在各种各样的数据库和数据仓库系统中，存储了大量的数据。人们可从存储的大量数据中，提取所需的成分，产生所需的信息，从信息中产生知识，再将知识转化为生产力和竞争优势。因此，人类所积累的数据和从电子商务中开发出来的所有数据，对人类特别对企业来讲无疑是一种非常宝贵的资源。从某种意义上说，这些数字资源同地球上的自然资源相比，是一种更为重要、更为有用的资源。数字资源是取之不尽、用之不竭的资源，这是传统经济所依赖的自然资源所不具备的；数字资源还可以为不同目的反复利用，数字资源可以再生和重复利用的这种特性，也是自然资源所无法比拟的。例如，数字图书馆的电子书籍只需一个版本文件就可为成千上万的读者同时跨区域服务。

Internet 的出现，犹如传统经济时代由于蒸汽机的发明而产生相应的火车头一样，给数字经济的起飞奠定了可靠的基础，网络技术的更新换代，必然引起数字经济的巨大变革。数字经济和传统经济并不是完全对立的，可以说是相互支持的。两者的结合，能有效地改造和发展传统经济，使人类的经济活动达到一个新的高度。

前面四个方面主要叙述了电子商务的优点，但也有一些不完善的地方，甚至可以说是缺点，如基于 IPv4 协议的这一代 Internet 平台的电子商务也有难以控制和被不法分子利用的地方。特别是，目前对电子商务运营的基础 Internet 还没有严格的国际司法保障，安全可靠的网上交易手段和权威认证机制尚未完全建立。在 Internet 上开展业务，不免收到来自黑客和计算机病毒等的侵袭，交易双方还不能无后顾之忧。另外，网上交易一定程度上减少了人们之间直接面对面交流，一些购物过程的快乐与亲近交流消失了，这种"商务体验"快乐的减少或消失让很多的客户特别是普通消费者有些失落感，而面对面的沟通情感正是这个高速发展的社会需要寻觅的。这些问题均一定程度上限制或阻碍了电子商务的快速发展，在发展中国家更是如此。特别像中国这样具有悠久文化历史的国家，改变人们几千年的商务观念并不容易。只有尽快解决这些问题，电子商务才能真正能够规模地健康发展。

总的来说，电子商务的优点远大于缺点，是商务的发展趋势，这并不以政府部门、企业或个人的意志为转移。只有积极应对并且加以充分利用，才是最佳策略。

1.2.4　电子商务的运作模式和流程

电子商务虽是一种崭新的商务形式，但其核心是商务，电子是其实施手段。因此，电子商务在组成要素、运作模式及业务流程上必然遵守商务的普遍规律，很多方面与传统商务类似，只要了解对应的传统商务的运作模式与业务流程，电子商务的运作模式与流程也就不难理解。当然电子商务还是有其区别传统商务的地方，至少其运作工具更多地采用的是电子与网络手段，那么运作模式与流程上就要符合电子手段的特点，比如在商务支付上，支持电子商务发展的网络支付和结算与传统商务的传统纸质支付在安全认证上就有不同的流程。为了更好地理解后面叙述的网络支付与结算在电子商务中的作用与定位，弄清楚电子商务的运作模式与流程是必需的。这些方面在相关的课程与书籍中已经做了较详细的介绍，这里结合支付环节再做简要说明。

1. 电子商务的运作模式

电子商务中的任何一笔交易，像传统的商务交易一样，都包含着几种基本的流形态，即信息流、商流、资金流、物流。其中信息流既包括商品信息的提供、促销行销、技术支持、售后服务等内容信息的流动与交换，诸如询价单、报价单、信用信息咨询等；商流是指商品在购、销双方之间进行交易并且伴随商品所有权转移的运动过程，具体是指商品交易的一系列活动，比如合同的准备、传递、修改，直至签订；资金流主要是在购、销双方之间相关资金的转移过程，包括付款通知单、支付转账、发票传递等过程；物流作为四流中最为特殊的一种，是指物质实体（商品或货品）的时间和空间转移过程，具体包含物资转移过程中包装、运输、存储、配送、装卸、保管、物流信息管理等各种生产活动。

需要特殊注意的是，在电子商务中，存在大量的知识产权产品（如电子书籍、电子课件、软件包、电影与歌曲文件、其他电子数据文件等电子出版物）与商业服务传递（如网上游戏服务、网上证券服务、网上咨询服务、网上广告等）。这类特殊的网上产品与服务无须传统的物流工具如汽车、飞机等运作，可以直接通过网络传输的方式进行配送，所以体现出来的并不是看得见的物流，而是一种"电子流"，也可以说是一种特殊的无形物流。当然，对电子商务中大多数商品和服务来说，物流仍要经由物理方式来运作，所以现代物流同样是电子商务的重要支持部分。

因此，在电子商务的研究中，像传统商务一样，必须对信息流、商流、资金流和物流进行有机的整合，统筹考虑，协调发展，才能保证电子商务的顺利实施。从前面的理解可以看出，信息流、商流、资金流都可以借助计算机和网络通信设备实现，发挥 Internet 的优势，体现电子商务的高效率与低成本运作；物流部分，知识产权类电子产品与商业服务也可非常方便地借助 Internet 来传输，而像汽车、电视机、VCD 盘、鲜花、纸质书本、计算机等有形物质产品，还有赖于传统物流工具如汽车、货车、飞机、船舶、仓库等辅助实现，但物流信息可以借助计算机与网络进行准确与及时的处理，以体现现代物流信息化的特点。这正说明传统商务与电子商务并不是非此即彼的对立关系，而是互相支持的，其遵循一般商务规律的性质是一致的，只不过实施工具有所不同。随着社会的全面进步，信息类、电子类产品与服务越来越多，比重越来越大，直接体现为电子商务的份额越来越大，是商务发展的趋势。在 2013 年的 H7N9 型禽流感暴发期间，政府部门、企业与社会大众的各类需求的电子化与网络化处理趋势就非常明显。

除了上述的信息流、商流、资金流、物流四种业务流之外，在电子商务下，与传统商务类似，还涉及电子商务实体即 EC 实体、交易事务、电子市场三个要素，一起构成电子商务的运作模式，如图 1-4 所示。

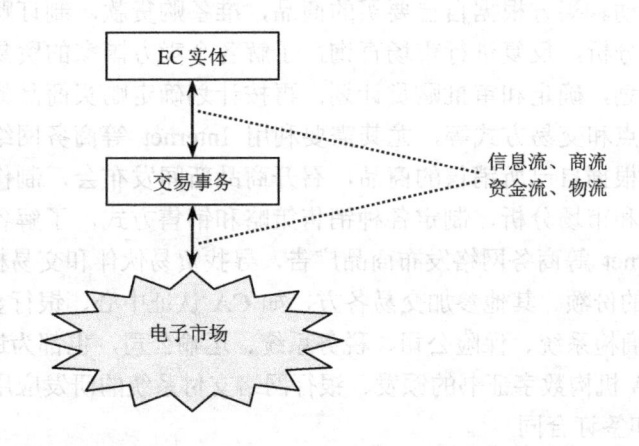

图 1-4　电子商务的运作模式示意图

所谓 EC 实体是指开展电子商务的实体，如政府部门、企业或个人等，即"谁"在做；交易事务是指电子商务的内容，比如冰箱贸易还是鲜花贸易等，即做"什么"；电子市场指电子商务的开展地点，比如企业的电子商务网站，即在"哪里"做；而信息流、商流、资金流、物流这四大流的流动正体现为电子商务的业务处理流程，由商务参与各方在时机、内容、交货等方面协商决定并且严格执行，即"如何"做。因此，在电子商务的模型构架上与传统商务运作模型并没有太大区别，只是相关的商务处理地点与工具不同罢了，更多地由电子与网络化工具代替了原来的传统商务处理工具。

当然，电子商务运作模式与传统商业运作模式在运作目标上存在本质的不同，体现为电子商务运作模式将传统商业运作模式的以物流驱动资金流和信息流的价值交换模式转变为以信息流引导物流和资金流，从而实现价值交换的新模式。电子商务运作模式的本质是利用电子方式在客户、供应商和合作伙伴之间实现在线交易、相互协作和价值交换，其核心是通过对信息流的控制实现整个商业活动，以及对涉及的交易数据流、商流、资金流、物流等多种信息流的处理、安全监控和管理。

在上述电子商务的运作模式中，本书主要叙述的核心内容就是四大流之一的资金流相关控制与处理问题，具体来说就是网络支付与结算。由于资金的流动与处理是企业最关注的核心问题之一，特别敏感，必须保证安全可靠，具有一定的支付效率。因此，保证电子商务的安全、快速、大规模开展，就必须重点解决交易参与各方关心的资金流问题，即如何保证安全并且方便、快捷的网络支付与结算处理，否则电子商务也体现不出其效率与优点。当然，网络支付与结算涉及银行的参与与支持，即金融的信息化问题，还涉及与信息流、商流甚至物流信息的关联互动，四流之间的流动控制与处理必须遵循一定的规律，相互制约，相互支持。这些均是了解网络支付与结算需要学习的地方。

2. 电子商务的基本交易流程

一般来说，电子商务的基本交易过程大致可以分为以下四个阶段，它与传统商务的交易流程相似。

1）交易前的准备

这个阶段主要是指买卖双方和参加交易各方在签约前的准备活动，是交易各方的网上商务信息交互活动。买方根据自己要买的商品，准备购货款，制订购货计划，进行货源市场调查和市场分析，反复进行市场查询，了解各个卖方国家的贸易政策，反复修改购货计划和进货计划，确定和审批购货计划；再按计划确定购买商品的种类、数量、规格、价格、购货地点和交易方式等，尤其需要利用 Internet 等商务网络寻找自己满意的商品和商家。卖方根据自己所销售的商品，召开商品新闻发布会，制作广告进行宣传，全面进行市场调查和市场分析，制定各种销售策略和销售方式，了解各个买方国家的贸易政策，利用 Internet 等商务网络发布商品广告，寻找贸易伙伴和交易机会，扩大贸易范围和商品所占市场的份额。其他参加交易各方，如 CA 认证中心、银行金融机构、信用卡公司、海关系统、商检系统、保险公司、税务系统、运输公司，也都为进行电子商务交易做好准备，例如 CA 机构数字证书的颁发、银行网络支付系统的研发应用等。

2）交易谈判和签订合同

这个阶段主要是指买卖双方借助网络等手段，对所有交易细节进行谈判，将双方磋商的结果以电子文件的形式确定下来，即主要或完全以电子文件形式通过网络签订贸易合同。电子商务的特点是可以签订电子商务贸易合同，交易双方利用以 Internet 为代表的网络技术手段，将双方在交易中的权利、所承担的义务，以及对所购买商品的种类、数量、价格、付款方式、交货地点、交货期、运输方式、违约和索赔等合同条款，全部由电子交易合同做出全面、详细的规定，合同双方可以利用 Internet 结合数字签名等安全认证技术手段或成熟的 EDI 方式进行签约。

3）办理交易进行前的手续

这个阶段主要是指买卖双方签订合同后到合同开始履行之前办理各种手续的过程，也是双方贸易前的交易准备过程，其实就是进行资金流处理与物流处理的准备。

4）交易合同的履行和索赔

这个阶段是从买卖双方办完所有各种手续之后开始的，卖方要备货、组货，同时进行报关、保险、取证、信用等，然后将商品交付给运输公司包装、起运、发货，买卖双方可以通过电子商务服务器跟踪发出的货物，银行和金融机构也按照合同处理双方收付款，进行支付结算，出具相应的银行单据等，直到买方收到自己所购商品，就完成了整个交易过程。索赔是在买卖双方交易过程中出现违约时，需要进行违约处理的工作，受损方要向违约方索赔。

3．电子商务的交易模式

不同类型的电子商务交易，虽然都包括上述四个阶段，即基本交易流程相同，但具体的交易模式是不同的。对基于 Internet 的电子商务来讲，大致可以归纳为两种基本的交易模式，即网络商品直销的交易模式和网络商品中介交易的交易模式。

1）网络商品直销的交易模式

网络商品直销，是指消费者和厂家或者需求方和供应方，直接利用网络形式所开展的商品或服务买卖活动。B2C 型电子商务大多数属于网络商品直销的范畴，例如 Dell 公司的网络直销、联众公司的网络游戏、人民大学的网络远程教育等。这种交易模式的最大特点是供需者直接在网络上"见面"，厂家或商家直接在网上面对消费者或客户，环节少或几乎没有中介环节，交易速度快，费用较低。

企业与企业间基于网络进行的直接交易，属于 B2B 电子商务，也可看做网络商品直销的交易模式。企业与企业间基于网络特别是 Internet 进行的直接交易目前是电子商务发展的热点之一，也是比较成功的地方，特别是一些大型企业借助技术、资金、人才与信息化等多方面的优势，开展得比较积极，效果也不错。比如，海尔（Haier）公司，借助网络采购平台，与九百多家物品供应商进行网上的直接交易，不但大大减少了海尔公司采购的中间环节，保证海尔公司迅速高效地直接与供应商进行信息交互，减少商务的不确定性，而且大大降低中间采购的相关费用，提高了效益，为海尔公司实现"一流三网"的订单式运作提供了很好的支撑。同样是著名的 Dell 公司，在销售端面对普通消费者进行网络直销的同时，在供应端与 IBM、Sony 等全球范围的优秀供应商开展直接的网上采购，借助 Dell 公司网络与供应商网络的互连，信息流、商流、资金流与物流信息等方便快捷并且合理地在 Dell 公司与众多供应商之间流动，特别在资金上的网络结算处理与物流上的零库存运作，使 Dell 公司的运作成本大幅度降低，是这种模式在供与需、买与卖方面的成功典范。

网络商品直销还能够有效地减少售后服务的技术支持费用，保证服务的标准与一致性。许多使用中经常出现的问题，客户或消费者都可通过查阅从厂家的网络主页中找到答案，或者通过电子邮件与厂家技术人员直接交流。这样，厂家可以大大减少技术服务人员的数量，减少技术服务人员出差的频率，从而降低企业的经营成本。借助网络上企业提供的统一服务，可以统一全球的服务标准，保证一致的服务质量，减少因中间环节不到位而带来的不确定性。

网络商品直销也存在一些不足之处，主要表现在两个方面。

（1）购买者只能从网络广告上判断商品的型号、性能、样式和质量，对实物没有直接的感知，在很多情况下可能产生错误的判断；在电子商务发展初期某些生产者也可能利用网络广告对自己的产品进行不实的宣传，甚至打出虚假广告欺骗顾客。

（2）双方在网络上直接交易，还存在技术上的一些不安全因素，例如购买者利用信用卡进行网络交易，不可避免地要将自己的密码输入计算机，犯罪分子可能利用各种高新科技的作案手段窃取密码，进而盗窃用户的钱款，这种情况不论在国外还是在国内，均时有发生，因此电子商务双方直接交易发展到目前是存在一定风险的。

2）网络商品中介交易的交易模式

网络商品中介交易，是指交易实体即卖方与买方通过专业的网络商品交易中心，即通过虚拟网络市场进行的商品交易，而非交易双方直接沟通的交易。相对于第一种交易模式，可以说这是一种间接的网上商品或服务交易模式，一些 B2B 型电子商务、B2C 型电子商务、C to C 型电子商务均属于这种电子商务交易模式。在这种交易过程中，网络商品交易中心以 Internet 为基础，利用先进的信息网络技术，将商品销售方、购买方和银行、认证中心等第三方服务部门紧密地联系起来，为客户提供市场信息、商品交易、仓储配送、货款结算等全方位的服务。

这种中介交易模式应用非常普及，特别是一些中小型企业、个体消费者等常常采用这种方式，以简化网络上业务的开展，而一些著名的门户网站常常成为这种交易模式的中介交易中心。例如，国内著名的 Alibaba（阿里巴巴）电子商务模式就属于这种交易模式。阿里巴巴网站是大量中小企业开展 B2B 电子商务的中介交易平台，目前业务发展迅速，大量的国内外企业成为该交易网站的签约客户，成为中国企业走向世界的一个很好的网上统一商品交易窗口；美国的 eBay 已经成为世界上最大、最著名的网上专业拍卖平台；国内的天猫商城与京东商城就是大量中小型企业借助统一的商城交易平台，面向消费者开展电子商务的地方。

网络商品中介交易的电子商务交易模式存在如下的特点，其中许多正是这种交易模式的长处。2003 年 SARS 期间阿里巴巴网上交易场的成功运作，说明这种模式比较适合中国企业的需求，同时企业抗风险能力也得到了加强。

（1）网络商品中介交易为买卖双方展现一个巨大的世界市场，网络的跨区域性及对商务的促进在这里淋漓尽致地表现出来。

（2）网络商品交易中心这种有效中介方式可以有效地解决传统交易中"拿钱不给货"和"拿货不给钱"的两大难题，降低企业的经营风险。

（3）在支付结算方式上，网络商品交易中心一般采用统一集中的支付结算模式，即在指定的商业银行开设统一的结算账户，对结算资金实行统一管理，有效地避免了多形式、多层次的资金截留、占用和挪用，提高了资金的风险防范能力。

（4）对大多数中小型企业来讲，可以快速方便地直接借用网络商品交易中心来与世界范围内的客户进行交易，不用自己费时、费力、费钱地构建一套自己的网络交易平台，不但简化了网上业务开展的复杂度，而且进入快，大大节省企业网上业务开展初期投入与经营成本。

（5）借助网络商品交易中心的这种中介交易模式仍然存在一些问题需要解决，如目前的合同文本大多数还在使用买卖双方签字交换的方式，如何过渡到电子合同，发挥电子商务的效率，尚需解决有关技术和法律问题。

1.3 支付与电子商务发展的关联

从前面所述的电子商务运作模型与业务流程知道，只要有交易的发生，必然引起四大流之一的资金流流动，而资金流的流动具体体现为商务伙伴间的支付与结算活动，因此支付是电子商务流程中最为关键的组成部分。在传统经济社会里，经过多年的发展，目前存在很多支付结算方式，如现金、支票、邮汇、电汇等，都是目前人们比较熟悉与流行的。随着经济全球化的深入与信息社会里客户不断增长的个性化需要，这些支付结算方式在效率、安全、方便、跨时空等方面存在诸多局限性与弊端，成为目前电子商务发展的瓶颈之一，限制了高水平电子商务的大规模拓展，在中国尤其如此。

本节通过对传统的多种支付结算方式的介绍及其相应的弊端分析，表明支付与结算方式上的局限性已经成为电子商务发展的瓶颈。为了促进电子商务在各行各业的大规模拓展，新的支付结算方式正在发展与完善中。

1.3.1 传统支付结算的发展和方式

支付是为了清偿商务伙伴间由于商品交换和劳务活动引起的债权、债务关系，由银行所提供的金融服务业务，而这种结清债权和债务关系的经济行为就称为结算。因此，支付与结算含义基本相同，支付与结算可以直接理解为支付结算或支付。在中国《票据法》和《支付结算办法》中规定，支付结算的含义是指单位、个人在社会经济活动中使用票据、信用卡和汇兑，托收承付、委托收款等结算方式时进行货币级支付及资金结算的行为。通俗点说，就是一方得到另一方的货物与服务后所给予的货币补偿，以保证双方的平衡。

由以上定义，不难理解支付结算的如下四个特征。

（1）支付结算必须通过中央银行批准的金融机构进行。这与一般的货币给付及资金清算行为明显不同。

（2）支付结算是一种必须使用一定法律形式而进行的行为。

（3）支付结算的发生取决于委托人的意志。

（4）支付结算实行统一和分级管理相结合的管理体制。中央银行负责制定统一的支付结算制度，组织、协调、管理和监督所发生的支付结算工作。

支付结算活动是随着商品社会及商品经济的发展而发展的，简述如下。

1. 物物交换的支付结算方式

在货币产生以前的以物易物的社会中，物物交换既是一种原始的商品交换行为，也是一种结清债权、债务的行为，可以从广义上把这种行为称为最原始意义上的结算。其中采用的支付手段是"以物易物"，如图1-5所示。比如原始社会里以马换食品的物物交换。

2. 货币支付结算方式

物物交换的支付结算方式受到物的很大限制，因为并不是一方就一定具有对方所愿意接受的东西，物的活动范围也有限制，也不容易做到等值交换，造成交易的不活跃，范围与规模均很小。人们开始需求一个等价的中间物，作为交换的媒介。

当货币作为交换的媒介物出现后，这种用货币支付来交换物品的行为才能算做具有现代意义的货币结算。货币依次采取过实物货币（如牛羊）、贵金属货币（如金银）、纸币（如人民币、美元、欧元）等不同的形式，在交易时采用"一手交钱，一手交货"的即时支付结算方式，因此称为货币即时结算，是商品经济社会较低阶段的低级结算方式，如图 1-6 所示。其中采用的常用结算手段就是目前人们最熟悉最热爱的"现金"支付，即纸币支付结算，这正说明中国在商品支付结算方面直到现在还是比较落后的。

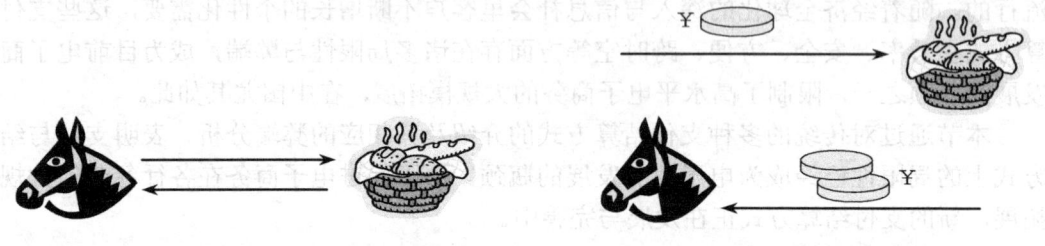

图 1-5 物物交换的支付结算方式示意图　　图 1-6 货币支付结算方式示意图

现金支付是"一手交钱，一手交货"的典型体现，最大的特点就是简单易用、便携、直观。但现金也有缺点，一是流通中的磨损；二是易失、易盗、易伪造等；三是不安全，比如在 2003 年 SARS 肆虐北京期间，现金是最危险的病毒携带物之一，给人们的生命健康带来很大威胁。不管怎么说，现金支付这种方式比较简单，常用于企业或个体对个体消费者的商品零售过程，在传统历史深厚的中国应用比较普遍。

物物交换与货币交换的支付方式存在一个共同的特点就是交易与支付环节在时间与空间上不可分离，虽然直接，但限制了商务活动的规模和区域，不利于交易的繁荣发展。在商品经济快速发展的需求背景下，出现了以银行为中介的支付结算方式。

3. 银行转账支付结算方式

随着近代商品经济的继续繁荣，特别是西方产业革命以来，工业经济发展迅速，各类结算方式先后产生，使原本融为一体的交易环节与支付环节能够在时间上和空间上分离开来，进一步促进了交易的繁荣。是什么使交易环节与支付环节能够很好地分离而又保证贸易的顺利安全可靠进行呢？作为支付结算中介的银行因此诞生。这种以银行信用为基础，借助银行为支付结算中介的货币给付行为（即分离出来的支付环节），称为银行转账支付结算方式，如图 1-7 所示。其中，信用维护着市场中井井有条的交易秩序，可见支付与信用的关系十分

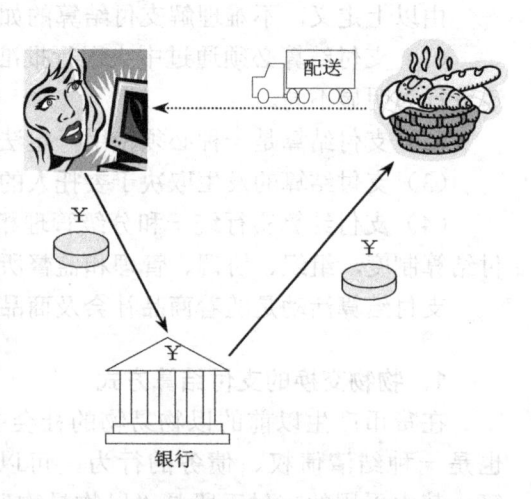

图 1-7 银行转账支付结算方式示意图

密切，正是由于商业信用与银行信用的产生，才促进了交易环节与支付环节的分离，才产生了以银行为中介的支付结算体系，也是商品经济社会的基础。此时的货币不仅包括现金还包括存款等，而其中采用的支付手段就更加丰富，包括现金、支票、本票、汇票、汇兑、委托收付、信用卡、信用证等。其中又可分为两类：一类是支付人发起的结算，如现金支付、汇兑等；另一类是接收人发起的结算，这种方式下付款人的确认就有了决定性的意义，于是要求有一些确认的手段，如支票、商业汇票、银行汇票等。这个阶段世界经济发展迅速，已逐步跨入工业经济社会，而通过银行的转账支付结算方式则成为商务活动中最主要的支付手段，一直到现在。比如，目前中国企业与企业之间主要应用借助银行的纸质单据进行支付结算。

这种通过银行的转账支付结算方式，也称为非现金结算方式或票据结算。如果贸易双方在银行都开设了资金账号，那么支付者就没有必要把钱先从银行取出，再支付给接收者，而接收者再把钱存到银行。比如，支付者提供一张支票，向银行说明接收者及要支付的款额，接收者可持支票直接去银行兑换现金，或者把支票交给银行，由银行直接把需要支付的款额从支付者的账号转到接收者的账号上。这样，减少了中间许多的无效劳动与费用，提高了资金流通的效率并且节省了成本。通过银行的资金转账支付结算是目前国际上最主要的资金支付结算方式，其类型主要可以归结为五类，下面分别简要介绍。

1）信用卡支付结算

用户到银行开设资金账号，在账号里存钱并且提供一定的信用证明后，便可收到银行发行的信用卡。当用户利用信用卡通过银行专线网络进行商务支付时，资金便通过银行中介从信用卡对应的资金账号中划拨到对方的银行资金账号上，完成付款。这种方式应用比较普及，常见于个人的商务资金结算中。

2）资金汇兑

通常称资金汇兑为企业间的汇款，也可用于个人，主要通过银行作为中介进行，是指企业（或汇款客户）委托银行将其款项支付给收款人的结算方式，故也称为银行汇款。这种方式便于汇款客户向异地的收款人主动付款，适用范围十分广泛。资金汇兑一般分为信汇和电汇两种，信汇是以邮寄方式将汇款凭证转给外地收款人指定的汇入行；而电汇则是以电报方式将汇款凭证转发给收款人指定的汇入行。一般来讲，电汇的速度要比信汇的速度快，但收费稍贵一点。例如，A 企业想通过资金汇兑方式向 B 企业付款，其业务流程示意图如图 1-8 所示。这种资金汇兑方式，在进行业务处理时，支付者的开户行在向接收者的开户行转账前，首先看他的账号下有没有可供支付的款额，因此避免纸质支票支付时不能兑现的可能性，降低了不确定性与风险。

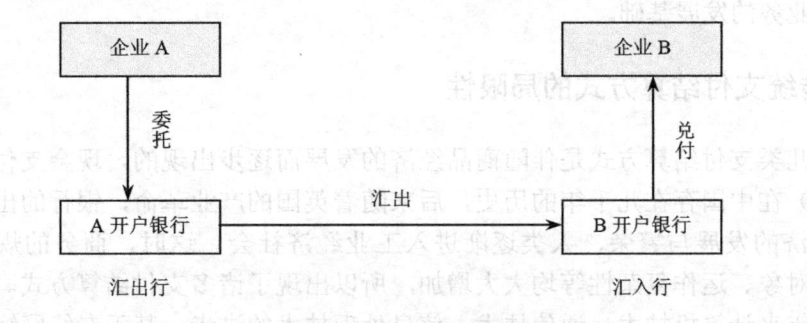

图 1-8 资金汇兑业务流程示意图

3）支票支付结算

支票支付结算主要是指纸质支票的支付结算，是目前中国企业与企业间比较常用的支付结算方式，本质上就是银行提供的一种特殊纸质的基于特殊格式与使用规则的支付结算工具。其基本应用过程为，支付者从资金开户行领取支票，支付者给接收者开出支票；接收者将支票存入自己的开户银行，银行给接收者上账且把支票交给支付者的开户银行要求清算；支付者的开户银行验证支票没有问题后给支付者下账，若有问题，则把支票退回接收者的开户银行。支票用起来很方便，可以处理较大金额的支付；最大缺点是涉及面广，加大了各银行和交易部门的开支，而且存在纸质支票支付有时不能兑现的可能性，有一定风险，如空头支票等。例如，企业 A 向企业 B 使用支票支付结算，其支票支付结算业务流程如图 1-9 所示。

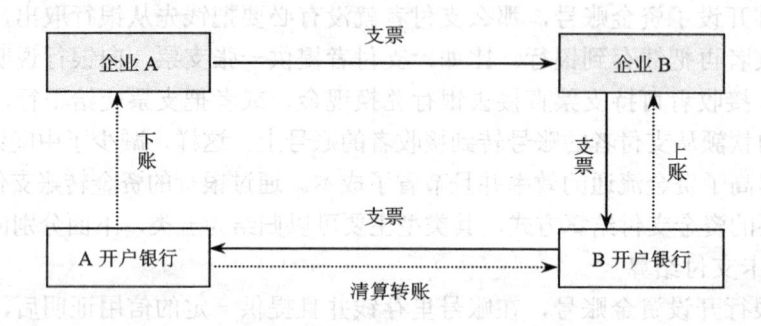

图 1-9 支票支付结算业务流程示意图

4）自动清算所 ACH（Automatic Clearing House）支付

ACH 系统的运作类似于支票支付，区别在于其支付结算指令均为电子形式的，常用于同城银行之间的支付结算。

5）电子资金转账 EFT（Electronic Funds Transfer）

邮政汇兑与 ACH 系统对于中小额的支付比较理想，但对于企业间或银行间的大额支付结算的安全性则不够高，还需要增加其他辅助过程，对支付结算过程进行仔细检查，而支票支付结算的效率、成本也不太理想。结合计算机、通信网络与专业软件的应用，金融电子化逐步实施，电子资金转账 EFT 被研发并且逐步完善应用，以电子信息代替传统的纸质介质，大大提高了支付结算的效率，降低了各参与方的运作成本。

ACH 与 EFT 应用已逐渐脱离了传统的支付结算性质，并逐渐具备现代支付结算方式电子化、自动化、网络化处理的特点，这正是后面章节介绍的网络支付、电子银行与网络银行业务的发展基础。

1.3.2 传统支付结算方式的局限性

上述几类支付结算方式是伴随商品经济的发展而逐步出现的，现金支付结算（如金子、银子）在中国存在几千年的历史，后来随着英国的产业革命，银行的出现大大促进了商品经济的发展与繁荣，人类逐渐进入工业经济社会。这时，商务的规模、覆盖范围、涉及对象、运作复杂性等均大大增加，所以出现了诸多支付结算方式。特别是，伴随近 60 年来计算机技术、通信技术、信息处理技术的进步，基于专线网络的金融电子化工具逐步在银行业得到应用,信用卡支付、电汇、EFT 等支付结算方式的出现,一定程度上提高了银行业务处理的自动化程度与效率。随着人类进入 21 世纪,跨入信息网络时代,电子商务逐渐成为企业信息化与网络经济的核心,这些工业经济时代里的传统支付结算方式在处理效率、方便易用、安全可靠、运作成本等多方面存在诸多局限性。

(1) 运作速度与处理效率比较低。大多数传统支付与结算方式涉及人员、部门等众多因素,牵扯许多中间环节,并且基于手工处理,造成支付结算效率的低下。

(2) 大多数传统支付结算方式在支付安全上问题较多,伪币、空头支票等现象造成支付结算的不确定性和商务风险增加,特别是跨区域远距离的支付结算。一些传统支付结算方式,如现金、支票,有时还带来人身安全的威胁,比如纸质现金与支票等均是病毒的热点携带者。

(3) 绝大多数传统支付结算方式应用起来并不方便,各类支付介质五花八门,发行者众多,使用的辅助工具、处理流程与应用规则和规范也均不相同,这些给用户的应用造成了困难。即使信用卡、电汇、EFT 等电子支付结算方式,由于基于不同银行各自的金融专业网络,使用上有的还需要有专业人士才会用的专业应用软件,所以在开始普及应用上就存在很大的局限性。

(4) 传统的支付结算方式由于涉及较多的业务部门、人员、设备与较为复杂的业务处理流程,运作成本较高。特别像邮政汇兑、支票等方式,不但需要设置专业柜台和人员处理,而且浪费资源。

(5) 传统的支付结算方式,包括目前一些电子支付方式在内,为用户提供全天候、跨区域的支付结算服务并不容易,或很难做到。随着社会的进步和商品经济的发达,人们对随时随地地支付结算、个性化信息服务需求日益强烈,比如随时查阅支付结算信息、资金余额信息等。

(6) 传统的支付结算方式并不是一种即时的结算,企业资金的回笼有一定的滞后期,增加了企业的运作资金规模;现金的过多应用给企业的整体财务控制造成一定的困难,同样对国家控制金融风险不利,且给偷税漏税、违法交易提供了方便。

1.3.3 支付是电子商务发展的瓶颈之一

进入 21 世纪,商品经济更加发达,规模巨大,经济全球化的深入把企业或个人的商务触角伸展到巨大的范围,全世界均成了商业的战场。在这种背景下,高效准确、快捷安全、全天候、跨区域的商务是人们追求的目标。从前面的叙述知道,资金流是商务运作模式的核心环节,是政府、商家、客户最为关心的对象,其运作的好坏直接影响到商务处理的效果,因此政府、企业以及家庭个人对解决资金流的运行效率和服务质量的要求也越来越高。在这种背景下,特别是信息网络技术的进步,促使完成资金流的支付结算系统不断从手工操作走向电子化、网络化与信息化。

从前面电子商务的运作模型叙述知道,作为四大流之一的资金流是决定电子商务能否安全顺利、方便快捷、低成本开展的关键环节,其流动与处理的效率、成本高低直接关系到电子商务的开展效果,这就对支撑电子商务资金流流动的支付结算方式提出了更高的要求。

由于电子商务主要基于 Internet 开展,Internet 的特点就是随时随地、方便易用、即时互动并且结合多媒体传递，这些为电子商务的信息流、商流（如电子合同）、物流信息的交互与共享、全天候、跨区域与低成本处理提供了很好的技术支撑；但要整体上体现电子商务的低成本、高效率与个性化，还要使其资金流也能得到快速的自动化的网上处理。从前面传统支付结算方式的局限性分析知道，传统的支付结算方式并不能充分满足高水平的电子商务的发展需求，现金、纸质支票等不但应用范围有限，结算速度较慢，而且不太安全，即使一些已有较为现代化的电子支付结算方式，如信用卡支付、EFT 等，目前也均是应用在专用金融网络上，不但应用上不太方便，而且由于商务交易系统与支付系统的分离，给商务实体的运作特别是企业增加了很多不确定性与经营风险，影响效率，增加了企业与银行的支付结算成本，所以也不能很好地应用到电子商务的支付结算中。除了这些原因之外，像现金等支付结算方式还带有太多的传统习惯，人们喜欢并且习惯于"一手交钱，一手交货"，这与崭新的电子商务的发展需求并不适应，增加了企业开展电子商务的难度与成本。结果，在信息流、资金流、物流信息等基本可在网上进行方便快捷的传递、处理的情况下，资金流的处理成了电子商务业务流程中的难点，也就是说，进行资金流处理的支付与结算问题已经成为电子商务发展的瓶颈之一。

　　不管怎样，电子商务是网络经济的核心内容，是发展趋势，基于网络特别是 Internet 的网络支付结算方式的发展与应用也是必然的发展趋势。当然，这并不意味着以手工作业为主的传统支付结算体系中应用的各种支付结算手段会被很快淘汰，特别是在中国这样具有悠久历史的发展中国家，因为这些支付结算工具都各有利弊，在某个阶段也分别适用于不同的领域，满足了不同的用户需求。像现金支付，具有面对面、简单灵活的特点，对偏远地区及网络基础设施不健全的地区，还较为适合。

　　因此，当电子商务作为一种新型的贸易方式兴起时，支付与结算也必须适应网络环境的特点加以变革与更新；目前存在的这些传统支付结算手段都是支付结算长期发展的选择，在一定范围内都有其生命力，不能立即放弃目前的支付手段而只顾创新；可行的方式是在现阶段把电子商务与传统的支付结算进行有效的创新结合，即"鼠标＋水泥"的实施模式。过分追求一步到位的全自动化与网络化资金支付结算并不一定得到用户的肯定，在中国更是如此，如天猫、京东等网上商城提供的支付结算方式很多，有网上的也有传统的，也是这个道理。读者应能观察到，这些电子商务网站中，网络支付方式的种类越来越多，网络支付结算的份额越来越大，正体现出支付网络化的发展趋势。

　　可以说，SARS 之后人们对以电子商务为代表的非接触经济运作模式的肯定与重视，当然也包括以网络支付方式为代表的非接触支付模式的渴望。

1.4　网络支付与结算的兴起

　　在网络经济时代里，企业和客户等多方对更有效率、更快捷安全、成本更低的支付结算方式的迫切需求，以及 Internet 的普及应用，均直接导致网络支付与结算方式的兴起。电子商务伙伴间的支付结算活动若采取以 Internet 为平台的支付结算方式，可以充分发挥电子商务的高效率与低成本运作等特点，也可以说，网络支付与结算是电子商务业务流程中最为关键的组成部分。

　　本节叙述了诸多原因导致网络支付结算方式的兴起，并对这些方式进行了简要叙述，同时也说明网络支付结算方式发展与应用过程中还存在一些挑战。

1.4.1 网络支付与结算方式

1. 网络支付结算的兴起

结合 1.3 节的分析，传统的网络支付结算方式包括一些电子支付方式在内，很大程度上不能满足随时随地、低成本、易用自助、个性化与大量的即时在线支付等特征。特别是在 B2C 电子商务中不能实现即时在线支付，意味着商务交易环节与支付结算环节脱离，很多时候增加了商务的运作成本与不确定性，这在面对人数众多的普通消费者时更是如此。借助 Internet，目前电子商务中的信息流、商流、物流信息的交互与共享，全天候、跨区域与低成本处理有了很好的技术平台支撑，但是若要整体上体现电子商务的低成本、高效率、随时随地与个性化的优势，基于与前面信息流、商流等同样的技术平台的资金流处理是一个良好的策略，因为这样做，效率与效益体现出来了，商务的不确定性也减少了。这个技术平台主要就是 Internet，使电子商务中的资金流能够得到即时、快捷的网上处理，当然在后台还需要银行专用金融网络的支持。

所谓网络支付与结算，可以理解为电子支付（Electronic Payment）的高级方式。它以电子商务为商业基础，以商业银行为主体，使用安全的主要基于 Internet 平台的运作平台，通过网络进行的、为交易的客户间提供货币支付或资金流转等的现代化支付结算手段。基于 Internet 的即时网络支付是电子商务的关键环节，高水平电子商务发展的需求直接导致网络支付结算的兴起。

信用卡等网络支付工具既具有纸质现金的价值特征，又能在网络上方便传送支付指令，还满足现代人们的高效率、快节奏的商务需求，所以随着电子商务的深入发展，网络支付将是一个极有潜力的发展点。反过来，网络支付工具的进一步成熟与丰富，将开辟更加广阔的网上市场和应用服务。

正如现在人们常说的一句话，"过去的穷人口袋里没钱，现在富人口袋里没钱，今后大家口袋里都没有钱，因为各种各样的电子货币及其他网络支付工具将引起货币形式的又一场革命"。

2. 网络支付结算的简况

网络支付与结算的运作是一个体系运作，网络支付与结算系统一般包括计算机网络系统（Internet）、网络支付工具、安全控制机制等。近 20 年来，随着电子商务的开展与不断完善，特别是信息安全技术的进步，网络支付结算方式也在不断发展与完善中，类型也越来越多，它主要包括信用卡网络支付、智能卡、电子现金、电子支票、电子钱包、电子汇兑、网络银行等方式。这些网络支付结算工具的共同特点，都是将现金或货币无纸化、电子化和数字化，应用以 Internet 为主的网络进行资金信息的传输、支付和结算，辅以网络银行，实现完全的网络支付。有关这些网络支付方式更加具体的叙述见后面章节。

为适应电子商务的发展，西方发达国家与一些新兴工业化国家在网络支付结算工具的研发与应用中日趋积极，以通过电子货币进行即时的网络支付结算为特点的网上金融服务已在世界范围内开展。例如，网上消费、网络银行、个人理财、网上投资交易、网上炒股等网络金融服务逐步成为人们熟悉的新兴领域。1994 年，由荷兰 Digicash 发行的电子现金开始上线试用；1995 年，Mondex 电子货币开始尝试在英格兰流通。1997 年 5 月，芬兰银行在欧洲率先进行网络购物、网络支付结算的试验。2009 年，花旗银行、汇丰银行等开发应用电子货币系统，使消费者及企业可在全球各地通过 Internet 支付账款。2003 年，Philips 半导体和 Sony 公司发布近距离无线通信（NFC）技术，促成了目前利用移动终端设备进行近场支付的火热发展。在全球推动商业自动化的计划中，商家与厂商间通过电子订货网络联系，用电子货币来支付各种款项。

网络支付结算工具在中国的应用也日趋积极广泛，特别经过 2003 年 SARS 后，政府管理机构、企业与消费者更加认识到建设以网络支付结算工具为代表的电子化货币支付结算体系的迫切性。经过多年的努力，中国国家现代化支付系统（CNAPS）成功建成，目前已实施第二代支付系统，国有商业银行也建设了各自的信用卡网络支付系统与网络银行系统。全国银行卡信息交换网络建设基本完成，以各发卡行的行内授权系统为基础，银行卡信息交换总中心和城市银行卡中心的建立为银行卡跨行交易创造了条件，带"银联"标志的信用卡已经普及应用。所有这些都为中国电子商务的发展提供了必要的条件。

1.4.2 网络支付与结算面临的挑战

在电子商务业务处理中实现完全的网络支付，需要采用得到银行支持的网络支付工具的支持，还要通过银行专用支付清算网络和支付系统才能完成。比如，信用卡网络支付以其普及面广、方便、快捷、安全等优点成为人们网上消费支付的重要手段，由此形成完善的全球性信用卡计算机网络支付与结算系统，使"一卡在手，走遍全球"成为可能。

然而，目前在应用网络支付与结算工具时出现了一些新的情况，特别是在发展中的中国，网络支付结算方式还面临许多挑战。

（1）信用不足、相关知识缺乏，致使企业与客户对网络支付结算的安全性、方便性还持有一定的怀疑态度，对采用网络支付方式持谨慎心态、甚至消极状态。

在中国，长期以来信用体系发育程度低，失信现象普遍，造成了目前的信用失灵。例如，企业间的三角债务目前依然呈逐年增长势头，据估计已占到贸易额的 5%以上，在最近的几次全国性商品交易会上，甚至出现很多国内企业宁可放弃大量的订单和客户，也不愿采用信用结算的交易方式，而电子商务与网络支付结算则建立在信用的基础上。这一现象说明，目前的中国个人信用体系、企业信用体系还需进一步成熟，改变大家的"无商不奸"的传统观念。在欧美国家，企业间的信用支付方式已达 80%以上，纯粹的现金交易越来越少，在个人信用方面，信用卡普遍成了储蓄卡。国内个人信贷规模比例还不高，人们对电子商务，特别是网络支付的相关知识如运作模式、业务流程、安全控制机制等缺乏较深入的了解，致使目前客户对网络支付结算的安全性、方便性还持谨慎心态。因此，加强企业与消费者对网络支付与结算的了解是发展电子商务的首要任务之一，这正是本书的任务之一。

（2）网络支付与结算改变了电子商务双方支付结算处理的方式，需要改变过去的传统支付结算习惯，很多商家、客户难以适应和接受，进而抵制电子商务。

人本质上是抵制自身的变化的，对于中国这样具有悠久历史与深厚传统习惯的国家，更是如此。这方面需要在观念与实践上加强引导，善于利用某些事件来改变人们的观念。比如，2003 年北京与广州 SARS 期间，由于对纸质货币作为病毒携带者的恐惧，对人员密集场所如商场、银行、图书大厦等交叉感染的惧怕，人们迫切需要电子商务与网络支付结算，这是一个很好的利用机会，事实上这期间北京与广州网上交易额与网络支付结算次数的大幅增加也说明了这一点。

（3）网络支付与结算需要一个完善的技术平台和管理机制，中间应用了很多高科技技术，目前很多银行的技术与管理控制能力还不足以支撑网络支付结算的可靠运转。这包含许多影响因素，主要包括网络建设的问题、带宽不够问题、传输过程中数据安全问题、法律与标准问题和其他国家管理机制问题等。当然随着技术的进步与业务发展的需要，银行的技术与管理控制能力正大大加强，上述存在的问题均会得到妥善的解决。

（4）电子商务中网络支付与结算采用的方式是否真能做到低成本、快捷方便、安全可靠，还有待观察。特别在国内，国内银行研发的网络支付结算工具如信用卡支付结算等各自为战，难以联合，每个银行都有自己的银行卡。这些自成体系的银行卡纷纷设法与网站联盟推出网络支付结算业务，客观上造成什么网就用什么卡，大大制约了网络支付结算业务的发展，也给用户带来不便。这方面需要一个发展过程，例如，中国银行上海分行与交通银行上海分行签订互相代理对方的信用卡业务，就是国内银行卡向理想的通用方向迈进的一个信号，"银联"的成立与推广应用加速了这个进程。为适应网络经济中电子商务的发展要求，要么 Internet 商务公司接纳多家银行卡，要么多家银行卡可以统一结算，而后者给用户带来了方便，也节省了企业的运营成本，是理想的方式。

总之，资金流是电子商务的核心流程与关键环节，基于网络支付与结算的资金流运转不畅将直接影响电子商务的发展水平与发展规模，这是目前电子商务发展的瓶颈之一，在中国尤其如此。Internet 的推广，中国比美国晚了 4 年，而对于电子商务的拓展，中国比美国仅仅晚了 2 年零 8 个月，但发展到现在，中国电子商务发展情况比美国仍然有较大差距，究其原因，网络支付与结算方式应用上的滞后是中国电子商务发展滞后的最大的瓶颈，也使电子商务高效率、低成本的优点得不到充分发挥。为了改善这种状况，包括中国在内的许多国家开始重视网络支付与结算方式，这也是学习、研发、推广应用网络支付与结算方式的必要性所在。

本章小结

Internet 与电子商务均是新生事物。Internet 可以说是目前最流行的新技术，已经普及到各类办公桌面上，走入千家万户，并且继续在技术与应用两个层面上迅速拓展。电子商务（包括电子政务）是主要基于 Internet 平台的新型事务应用，借助 Internet 的诸多优点，成为政府部门、企业与普通网民关注的主要内容。Internet 与电子商务两者交织发展、互相促进，直接导致一个网络经济时代的到来。

本章首先介绍了当前 Internet 的一些基本知识点，以及支持电子商务应用的 B/S 网络应用模式，然后叙述了电子商务的主要运作模式及其业务流程，涉及信息流、商流、资金流与物流四个阶段，并且说明了商流的基本含义。其中，资金流的流动具体体现为商务伙伴间的支付与结算活动，因此支付是电子商务业务流程中最为关键的组成部分，也是本书的核心内容。以此为切入点，本章重点叙述了支付与电子商务发展的关联，主要包括传统支付结算方式的介绍及其局限性分析，并且结合电子商务的特点，说明支付是目前电子商务发展的瓶颈之一。

为了充分发挥电子商务的优势，体现电子商务的运作效率，网络支付与结算的兴起是必然的趋势，这在 1.4 节中进行了相关分析，同时结合中国的实际情况，阐明网络支付结算方式的广泛应用还面临许多挑战。

复习思考题

1. B/S 网络应用模式的优点是什么？简述其与电子商务快速发展的联系。
2. 比较阅读 CNNIC 发布的 2012 年、2013 年、2014 年各次的《中国互联网络发展状况统计报告》，分析中国 Internet 的发展特点。
3. 阐述电子商务的运作模式。
4. 如果你在 Internet 上在线观赏一部 mpeg 电影并且在线支付，解析这次小小的网上商务的业务流程。在线支付关键吗？涉及物流流程吗？
5. 如何理解支付是目前电子商务发展的瓶颈之一？
6. 简述目前网络支付与结算兴起的主要原因，除了电子商务的因素外，还有没有别的因素？

第 2 章 电子货币与电子银行

电子货币是随着电子信息技术的进步，为了满足信息与网络经济的需要而产生出来的，本质上电子货币的支付结算过程可以理解为网络上特殊的电子信息流的流动。基于 Internet 平台的电子商务的快速开展，则进一步推动了电子货币的发展。可以这样说，电子商务中的网络支付结算的业务处理过程就是电子货币的流动过程，电子货币是网络支付结算的运作主体与对象。

不管是金融电子化、电子货币还是网络支付结算，都离不开银行的参与，准确地说，都需要银行的电子化与信息化建设来支撑。银行电子化与信息化建设的结果，直接导致了电子银行和网络银行的出现。目前，中国各大商业银行都已经建立了较为完善的电子银行体系，并积极拓展其他业务种类和创新产品，网络银行业务得到了飞跃式的发展。2013 年 7 月，艾瑞咨询发布的 2012—2013 年中国网络银行年度监测报告显示：2012 年中国网络银行交易规模为 820 万亿元，较上一年增长 17.1%。

为了深入理解网络支付与结算，有必要先学习相关的电子货币与电子银行的基础知识。本章主要叙述电子货币的基本知识与电子银行的体系结构，以及相应的银行电子化与信息化进程，最后以中国为例阐述其金融电子化建设状况。

2.1 电子货币

网络支付与结算是电子商务的核心流程，因为网络支付与结算的过程其实就是电子货币在计算机网络上特别是 Internet 的流动与处理的过程，因此电子货币应用的深度和广度将直接影响网络支付与结算的效果，进而影响电子商务的发展。

本节将叙述电子货币的概念、运作形态、功能特点、分类、发展状况及应用实例，以帮助大家对电子货币的整体进行理解。

2.1.1 电子货币概述

下面将从电子货币的概念、电子货币的运作形态、电子货币的特征、电子货币蕴含的货币职能、电子货币在网络支付结算中的优势五个方面来进行电子货币相关知识概述。

1. 电子货币的概念

所谓电子货币,简单来说就是在通信网络或金融网络中流通的"金钱",有可能是"金钱"的电子形式的代币,也有可能是控制"金钱"流向的指令。相对于现实世界中看得见、摸得着的实物金钱,如大家十分喜欢的金子、银子或纸币等,电子货币是一种无形的价值等量信息。它是计算机介入货币流通领域后产生的,是现代商品经济高度发展,要求资金快速流通且基于成熟的计算机与通信技术应用的产物。多年来,电子货币利用银行的电子存款系统和各种电子清算系统进行金融资金转移服务,它使得纸币和金属货币在整个货币供应量所占的比例越来越小。大家都能亲身感受到这种变化,从 20 世纪初大学生用纸质现金交学费到今天 21 世纪初大学生普遍采用的信用卡支付或银行电汇,交款过程中已越来越少见到纸币的影子,这就是电子货币带来的变革,也反映了时代的进步。

电子货币本质上就是一种使用电子数据信息表达、通过计算机及通信网络进行金融交易的货币,这种货币在形式上已经与纸币等实物形式无关,而体现为一串串的特殊电子数据。随着 20 世纪末 Internet 在全球的普及应用,电子货币越发体现出"网络货币"的特点,即以 Internet 为基础,以计算机技术和通信技术为手段,以电子数据形式存储在计算机中,并且通过计算机网络系统传递,实现其流通和支付功能。

电子货币与传统的实物货币比较,优点是明显的。电子货币的使用和流通更加方便与快捷,而且安全、成本低,尤其是商务实体间远距离的大笔资金流动。发展到现在,电子货币已和人们的生活密切相关,银行的存款、贷款、汇款等柜台服务大都借助于计算机网络系统实现,代发工资、代收费、储蓄通存通兑、银行卡、电子支票、电子现金等多种银行业务就是电子货币的各种表现形式。电子货币的出现彻底改变了银行传统的手工记账、手工算账、邮寄纸质凭证等烦琐复杂的操作方式,同时,电子货币的广泛使用也给普通消费者在交通、购物、饮食、旅游和娱乐等方面的付款带来了更多的便利,如金卡工程中对各类 IC 卡的开发生产与应用,目前已广泛用于金融、电信、交通、商贸、旅游、社会保险、计划生育、企业管理、税收征管、组织机构代码、医疗保险、银行账户管理及公共事业收费管理等领域,极大地便利了人们的生活。电子货币,可以说是货币史上的一次重大变革,这个变革直接由以计算机为代表的电子信息技术在近几十年的巨大进步所发动。

2. 电子货币的运作形态

所谓电子货币的运作形态,是指电子货币的一般应用方式,即用一定金额的现金或存款从电子货币发行机构的营业柜台兑换,并获得代表相同金额的特殊电子数据,通过使用某些电子化方法将该特殊数据直接转移给支付对象,从而实现债务清偿。这里的特殊电子数据本身即称为电子货币。

图 2-1 反映电子货币的基本运作形态。电子货币发行和运行的基本运作流程分为三个步骤,即发行、流通和回收。

步骤①,发行。电子货币的使用者 X 向电子货币的发行者 A(银行、信用卡公司等)提供一定金额的现金或存款并请求发行电子货币,A 接收来自 X 的有关信息之后,将相当于一定金额电子货币的数据对 X 授信，即可以使用了。

现金或存款流：┈┈┈▶

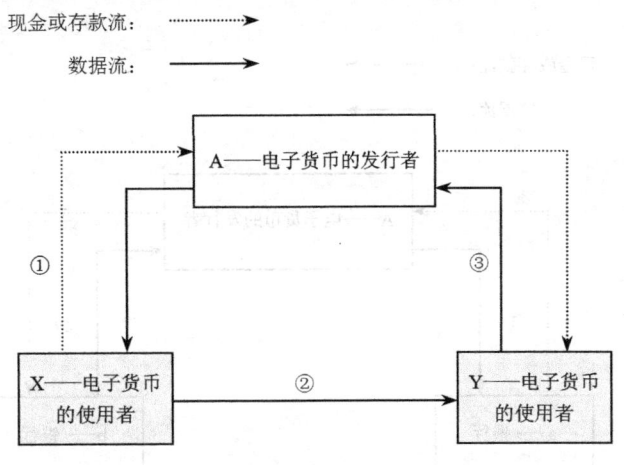

数据流：━━━▶

图 2-1　电子货币的基本运作形态

步骤②，流通。电子货币的使用者 X 接收来自 A 的电子货币，为了清偿对电子货币的另一使用者 Y 的债务，将电子货币的数据对 Y 授信。即 Y 收到 X 传过来的相应电子货币的数据。

步骤③，回收。Y 把收到的相应电子货币数据传给发行者 A，要求兑换支付。A 根据 Y 的支付请求，将电子货币兑换成现金支付给 Y 或者存入 Y 的存款账户。

还有另一种较典型的电子货币运作应用体系，即在电子货币发行者与使用者之间有中介机构介入的运作体系。

例如，除在图 2-1 所示的电子货币基本形态中的 A、X、Y 三个当事者之外，A 和 X 之间介入了银行 a、A 和 Y 之间介入了银行 b，这时的电子货币发行与运行的运作流程又有什么变化呢？

图 2-2 所示反映了有中介介入的电子货币运作形态。有中介机构介入电子货币发行和运行的运作流程分为五个步骤，涉及五个当事者。

步骤①，A 根据 a 银行的请求，进行现金或存款交换，发行电子货币。

步骤②，X 对 a 提供现金或存款，请求得到电子货币，a 将电子货币向 X 授信。

步骤③，X 将由 a 接收到的电子货币用于清偿债务，授信给 Y。

步骤④，Y 的开户银行 b 根据 Y 的请求，将电子货币兑换成现金支付给 Y（或存入 Y 的存款账户）。

步骤⑤，A 根据从 Y 处接收了电子货币的银行 b 的请求，将电子货币兑换成现金支付给 b（或存入 b 的存款账户），并从相应的 a 银行存款账号扣除。

这种带中介（可有多个中介）的电子货币运作体系在现代社会里应用更广，特别在不同地区不同国家的贸易中。其实企业间商务利用纸质支票进行的支付结算大多数应用也符合这种形态，正是基于这种应用现实，电子支票就诞生了。

值得注意的是，在这种五个当事者型的电子货币体系或运作流程中，在法律上所处的地位应如何确定是目前关注的问题之一。对于基本形态的 A、X、Y 三个当事者之间的法律关系已经明确的前提下，应用到五个当事者型电子货币体系的根据可以说也是充分的。例如，图 2-2 中的 a 和 b 是 A 的代理人，因此，可以按 A、X、Y 的体系构成三者之间的法律关系,以及可以按 aXY、bXY 体系和 Aab 体系分别构成三者之间的法律关系。

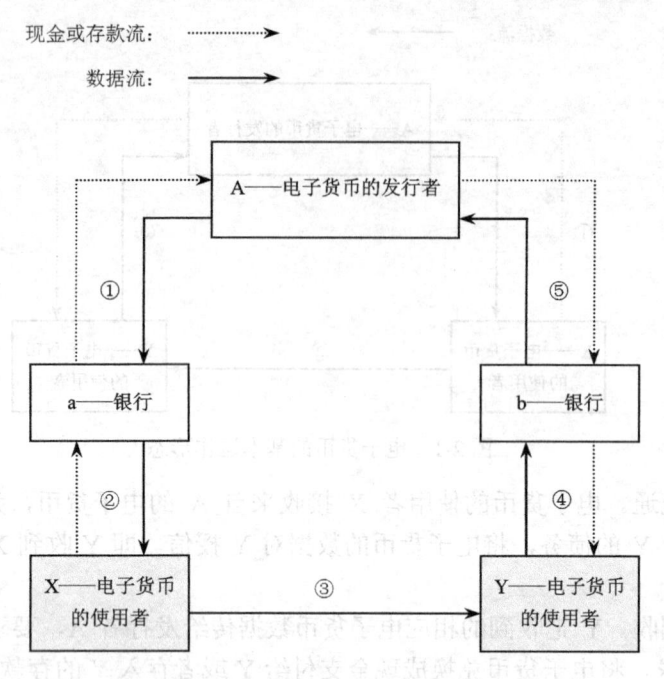

图 2-2 有中介介入的电子货币运作形态

3．电子货币的特征

电子货币除了具备上面所述的两种运作形态特征外,不同类型的电子货币还有以下五个特征。

1) 形式方面的特征

传统货币以贵金属、纸币等实物形式存在,而且形式比较单一。电子货币则不同,它是一种电子符号或电子指令,其存在形式随处理的媒体而不断变化,如在磁盘上存储时是磁介质,在网络中传播时是电磁波或光波。电子货币的每个单位都有一个不同的独特的编号,这和纸币是相同的。比如,Internet 上有一种很流行的电子货币叫比特币(电子现金的一种),是一种点对点形式的数字货币。与传统货币不同,比特币不依靠特定货币机构发行,它依据特定算法,通过大量的计算产生。比特币使用整个 P2P 网络中众多节点构成的分布式数据库来确认并记录所有的交易行为,并使用密码学的设计来确保货币流通各个环节的安全性。P2P 的去中心化特性与算法本身可以确保无法通过大量制造比特币进行人为操控币值,基于密码学的设计可以使比特币只能被真实的拥有者转移或支付,确保了货币所有权与流通交易的匿名性。比特币可以用来兑现,可以兑换成大多数国家的货币。使用者可以用比特币购买一些虚拟物品,比如网络游戏当中的衣服、帽子和装备等,只要有人接受,也可以使用比特币购买现实生活当中的物品。

2) 技术方面的特征

电子货币使用电子化方法并且采用了安全对策。电子货币的发行、流通、回收的过程是用电子化的方法进行的。为了防止对电子货币的伪造、复制、非正当使用等,电子货币不是依靠普通的防伪技术,而是通过用户密码、软硬件加/解密系统(如数字水印)以及路由器等安全保护技术,构成高度的安全保密对策。传统货币完全依靠防伪技术,保证货币的安全性,比如,新版百元人民币就具有十大防伪特征,包括固定人像水印、隐形面额数字、雕刻凹版印刷等。依赖尖端科技的电子货币的防伪技术比传统的纸币防伪要强得多,应用起来相对安全一些。

3)结算方式的特征

电子货币按支付结算中资金的应用状况表现为预付型、即付型、后付型三种方式。

预付型结算是指具有下述基本形态的电子货币,当 A 银行向 X 商户发行电子货币时,X 要先向 A 提供资金作为交换;从 X 的立场看,用电子货币对 Y 商户支付之前,预先向 A 支付了资金,所以是预付型(储值型)的结算。例如,目前使用的广义信用卡(Debit Card,借记卡)、交通"一卡通"等,其特征是"先存款,后支用"。

即付型结算是指购买商品时从银行账户即时自动转账支付,例如,目前使用 ATM 或银行 POS 进行商务结算时的现金卡。

后付型结算则是目前国际通行的真正的信用卡(Credit Card,贷记卡,也是狭义信用卡)的结算方式,由发行者提供消费信用,其特点是"先消费,后付款",例如,中国工商银行发行的牡丹信用卡在网上或 POS 上的透支消费。

4)流通规律的特征

电子货币中有的只允许一次换手,即只能使用一次支付就得返回发行者处的流通形式,如电子支票;也有的可多次换手即多次辗转流通的形式,并不一定要求马上返回发行者处,如电子现金。无论居于第几次换手的电子货币持有者,均有权向发行者如银行提出对资金的兑换请求。

5)电子化方法的特征

按电子货币电子化方法的不同,电子货币应用形式上表现出不同的特征,可以分为"支付手段的电子化"和"支付方法的电子化"。

"支付手段的电子化"是对货币价值本身进行电子化,电子货币即电磁记录本身是保有"价值"的,可以理解为"电子等价物"。例如,以代替现金支付为目的开发的电子货币项目"Mondex"和"e 现金"等均属这类结算,上面的比特币也是这种。

"支付方法的电子化"是指支付结算中,并不是真正的"等价物"本身在网上传递,而是使用电子化的方法将"等价物"转移的电子指令传递给支付结算服务提供者(如银行)以完成支付结算,如 ATM 转账结算、银行 POS 的信用卡结算,以及通过 Internet 的银行转账与结算(即后面的网络银行支付结算方式)、电子支票等均属这类支付结算。"支付方法的电子化"是目前应用较广、比较成熟的电子货币电子化方法,本质上传递的是支付结算的指令,而非"等价物"本身。

4. 电子货币蕴含的货币职能

目前,应用的大多数电子货币是为了传递既有的货币而使用的新方法,即前面所讲的"支付方法的电子化"式电子货币,并不是新形式的货币(等价物)。也就是说,被称为电子货币的新事物的出现,对既有的商业银行业务或中央银行控制货币供应量的职能,并不会突然产生很大的影响。虽然现在试验或实施的电子货币项目中,一些类型的电子货币如"电子现金"确实蕴含着可以执行货币职能的特征与潜力,但目前其应用状况基本上还不能视为通货,因为还缺乏"通"的应用特征。也就是说,目前电子货币蕴含着货币作为普遍等价物的货币的功能,但由于人们传统的应用和思维习惯及电子货币本身摸不着的虚无缥缈特征,应用范围上还存在局限性,人们心理上还没有把它看成像美元、人民币一样的一般等价物,它仍然需要依赖于在银行中的实体货币(现金或存款)来发挥作用,因此很难说这些特殊的"电子数据"在单独执行货币的支付职能。

随着时代的发展,特别是电子商务的大规模普及,是可能出现如下情况的,即人们在网络上接收现金模拟型的电子货币如电子现金之后,心理上完全没有要兑换成实体货币如人民币的打算,或者认为没有必要兑换成实体货币,可以原封不动保存在身边准备用于下一次的商务支付。这样的人多到达到一定的规模,那么这种现金模拟型电子货币就可能成为与通货地位(如人民币)同等的支付手段了,是名副其实的货币,即一般等价物。随着网络经济的深入与人们观念的改变,这种情况在可预期的将来一定会出现,到那时必将给现有的银行业务以及金融政策带来较大的影响。

5. 电子货币在网络支付结算中的优势

在电子商务业务流程中,支付结算方式不是说不可以使用传统的货币,如纸质现金、纸质支票等进行支付结算,而是当利用电子货币进行网上交易时,有着这些传统货币不可替代的许多优势,特别是效率高、成本低,真正从整体上体现电子商务的优势。电子货币在网络支付结算中的主要优势简述如下。

(1)快捷方便。在以 Internet 为代表的网络上进行商务交易,无论买卖双方的地理位置相隔多么遥远,只要双方谈妥生意,采用如一份加密的 E-mail 附带买方的电子货币就可以在几秒钟内到达卖方的信箱,卖方得到确认后即可将货送出,整个交易便基本完成。支付结算的高效率正是如此,而且可以随时随地应用,十分方便商务双方或多方。

(2)处理简单。相对于传统纸币,电子货币一旦被商务伙伴确认,便完成货币的交换过程,基本上是即时的,也无须另外进行怎么处理。而纸币呢?单是英国每年都要花费 25 亿英镑将纸质现金在银行间转移或销毁,全世界每年的美元纸币转移花费就更大了。对纸质支票等票据支付系统,仅美国每年填写的支票就超过 400 亿张,这在人力、资源等方面是严重的浪费。因此,借助无形的基于电子数据的电子货币,在传递、处理、保存的开销成本上均具有传统纸质货币不可比拟的优势。

(3)简化国际汇兑。由于 Internet 是一个大同世界,理论上可以一个形成符合互联网标准的单一电子货币(如现在国际贸易支付结算常用的美元电子支票),无论身在哪个国家,其持有的这种电子货币在网上的相对价值应该是不变的。通过推广应用这种基于网络的电子货币,可以大大简化传统货币在国际汇兑时的复杂手续。其实,近年来国际贸易的 EDI 就采用电子方式在专用网络上进行支付结算,大大促进了国际贸易的快速发展壮大,本质上就是一种符合联合国 EDI 标准的电子货币支付结算。

(4)安全性。比较现实世界的犯罪行为,网络上包括 Internet 上的计算机犯罪应该说是少了很多,只不过人们更加关注这种计算机网络带有高科技的不安全性事件而已。所以电子信息化的电子货币的存放和使用较比实物的纸币,在防伪、防盗以及持币人人身安全上均安全得多。

(5)汇总统计容易,方便财务管理。基于信息网络的电子货币运作模式表现为一串串的数据流在网络上的传递和在计算机上的存储,借助计算机与数据库等技术可以十分方便地跟踪、保存、分类、统计、查询与分析整个财务的具体情况，从而帮助国家、企业与个人管理自己的资金运用，这对降低金融风险、提高资金运用收益率是非常有用的。

总之，电子货币是目前世界上金融电子化与信息化的重要内容，研究电子货币无论在理论上还是在应用上都有着重要的意义，特别对网络经济时代电子商务的发展、网络支付结算的进行均有较大影响。

2.1.2 电子货币的分类

电子货币自诞生以来发展很快，种类也很多，可以根据不同的特点来分类。前面阐述的电子货币的特征中，其实已经有了一些分类方式，如"支付手段的电子化"与"支付方法的电子化"等，就是两种不同的电子货币。下面再介绍两种常用的分类。

1. 按电子货币的支付方式分类

1）"储值卡型"电子货币

"储值卡型"电子货币是指功能得到进一步提高并由银行发行的储值卡。储值卡的一般原理是，使用者先在卡中存入一定数量的现金，将卡插入一个特殊阅读器，其金额便能以电子化的方式传递，并从卡上减去相应的金额，然后金额的接收者就能在将来的某一时间从它的付款人那里真正收到这个数目的资金。典型的"储值卡型"电子货币就是金融 IC 卡，即所谓智能卡、电信公司发行的 IC 电话卡等，是在塑料卡上安装嵌入式微型控制器芯片的 IC（集成电路）卡，它由摩托罗拉和 BullHN 公司共同于 1997 年研制成功。由于使用了 IC 芯片，不但难以伪造，安全性好，而且信息容量大，还可用自助的方式通过 ATM 增加卡内的余额，使得 IC 卡重复使用。

目前使用的金融 IC 卡大致有三种：用完即弃的 IC 卡、可重复使用的 IC 卡和与用户银行信用卡相结合的 IC 卡。

2）"信用卡应用型"电子货币

"信用卡应用型"电子货币是指实现了网络结算的广义信用卡（能透支或不能透支），是目前最早实现能在 Internet 上进行支付结算的电子货币。由于当前信用卡在商务特别是个体商务的应用普及，所以"信用卡应用型"电子货币也是目前世界上应用积极性最高、发展速度最快、最普及的网络支付工具，其普及应用使人们的支付结算方式、消费模式和消费观念发生了根本性的改变。例如，中国工商银行的牡丹信用卡与牡丹灵通卡、中国银行的长城信用卡、建设银行的龙卡、交通银行的太平洋信用卡等，目前均广泛用于电子商务中的网络支付结算，像天猫、京东等电子商城中均接受这些信用卡的网络支付与结算，用起来非常方便。

信用卡本质上是银行或专门的发行公司发给消费者使用的一种信用凭证，是一种把支付与信贷两项银行基本功能融为一体的金融业务，其在网络支付结算中的方便应用加快了信用卡的普及。信用卡 1915 年起源于美国，至今已有 100 年的历史，是市场经济与电子通信技术相结合的产物，是由附有信用证明和防伪标志的特殊塑料制成的卡片。信用卡本身是有国际统一标准的，长 85.72mm、宽 53.975mm、厚 0.762mm，实物图如图 2-3 所示。

图 2-3　中国工商银行发行的带银联标志的信用卡实物图

3)"存款利用型"电子货币

"存款利用型"电子货币是指用做一种电子化的支付方法在计算机网络包括 Internet 上被传递的存款货币。其支付结算原理是，用户先在银行开设一存款账号并存入一定资金，以后用户在进行网上商务时通过特殊的取款与支付结算电子信息指令（即这类型的电子货币），可以利用银行对应存款账号里的钱进行转账等支付结算，表现出支付指令的网上传递。最典型的"存款利用型"电子货币是模拟纸质支票的电子支票，个人与企业网络银行也具有这种电子货币的支付特征。

4)"现金模拟型"电子货币

"现金模拟型"电子货币就是利用信息技术完全模仿当前的纸币，是一种能够进行网上即时支付的电子货币。这种电子货币最能体现出货币的一般特征，属于"支付手段的电子化"。电子现金就是典型的"现金模拟型"电子货币。

电子现金，英文为 E-Cash，又称为数字现金，是一种以电子数据形式流通的货币，它是一种隐形货币，表现为由现金数值转换而来的一系列加密序列数，通过这些序列数来表示现实中各种金额的币值，如￥100、￥50、￥20、￥10、￥1 等。电子现金是由荷兰的大为·乔姆（David Chaum）最先开发出来的，可以认为是 Internet 上的网络货币，特别适合在 Internet 上进行小额支付结算，适合个体消费者与个体消费者之间的网上交易。

电子现金的应用需要用户先在开展电子现金业务的银行如花旗银行（CiTi Bank）开设账户且在账户内存钱后，通过网络直接收到银行兑换的电子现金，之后就可以在接收电子现金的网上商店购物消费了。

2．按电子货币的流通形态分类

在诸如储值卡型或现金模拟型的电子货币应用中，是在 IC 卡或微机中存储电子货币的余额信息，通过将余额信息传递给对方以完成支付结算。因此，存在一个电子货币余额信息的流向控制问题，是马上流回发行者还是流向下一个用户呢？

根据电子货币余额信息的流向控制和中介机构的介入机制不一样，即根据电子货币的流通形态不同，电子货币可以分为"开环型"电子货币和"闭环型"电子货币两类。

1)"开环型"电子货币

"开环型"电子货币是指货币的余额信息在个人或企业之间可以辗转不断地流通下去，信息的流通路径没有限定的终点，不构成固定的流通闭合环路，其流通形态类似于日常生活中的现金，可以无数次换手，如图 2-4 所示。目前开发应用的这类电子货币比较少，其实质是进行一次支付结算时，"开环型"电子货币并不需要发行者如银行的中介，它类似现金纸币流通的形式。

2）"闭环型"电子货币

"闭环型"电子货币是指用于电子货币进行支付后，一次支付的余额信息必须返回发行主体（如银行）进行结算。这种类型的电子货币，表现出用于支付的金额信息在"发行主体—顾客—商店—发行主体"这样的闭合环路中流动的特征，如图 2-5 所示。几乎除电子现金外的电子货币如电子支票、IC 卡型储值卡型电子货币、网络银行存款账号等均属于这种"闭环型"电子货币。在进行一次支付结算时，"闭环型"电子货币需要发行者如银行进行中介，所以应用成本上相比较较高一些，目前企业间的贸易结算就常用这一种。

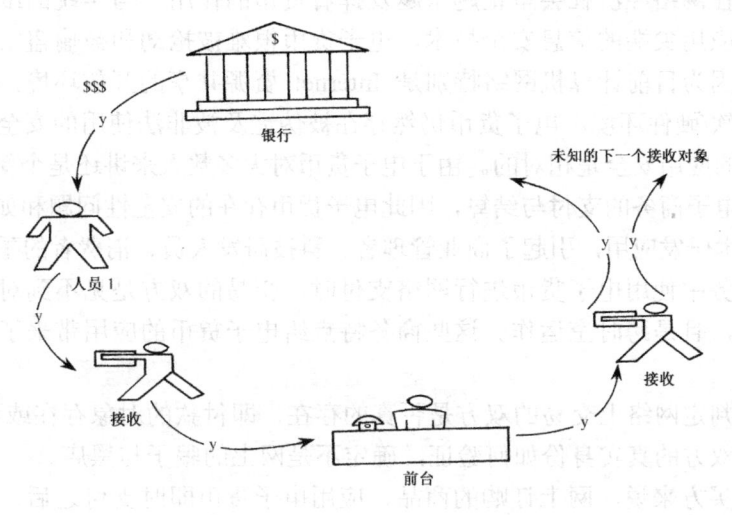

图 2-4 "开环型"电子货币应用示意图

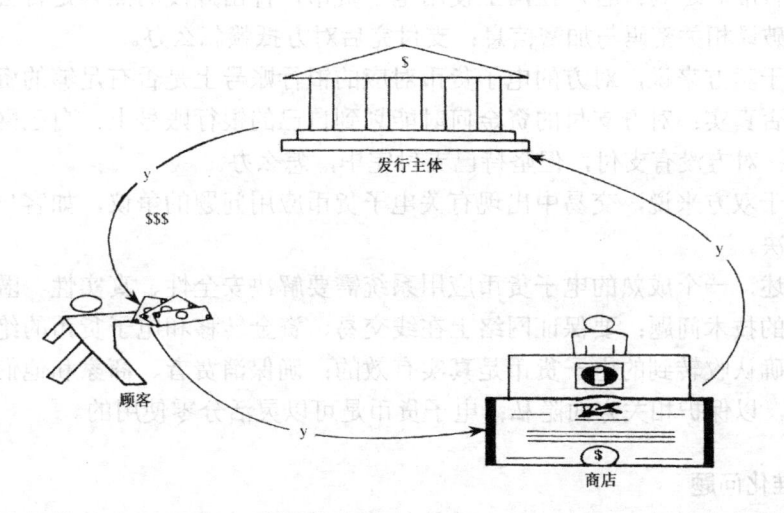

图 2-5 "闭环型"电子货币应用示意图

2.1.3 电子货币发展中的一些问题

随着信息网络社会的到来，以信息网络为平台的电子商务将日益成为社会经济与生活的一部分，由于电子货币的诸多优势，人们逐渐在观念上与实际行动上支持电子货币的普及应用。这是发展趋势，正如后面阐述的金融电子化与信息化的发展趋势一样。就目前电子货币的发展情况来说，电子货币在安全性、标准化、法律纠纷和审计问题等许多方面仍然存在一些问题，需要进一步完善。

1．安全性问题

只要是货币，就必然存在一些安全性问题。从来就没有绝对安全可靠的货币，"安全可靠"本身就是一个相对的概念。但是，保证货币的安全可靠的确是货币能在商务中发挥支付与流通作用的最本质的需求，对传统货币与电子货币均是这样。

电子货币在网络经济社会里正越来越发挥着货币的作用。与传统的纸质货币、支票等相比，通过应用尖端的信息安全技术，电子货币很难被抢劫和被偷盗，也更不容易被冒领和盗用。因为目前计算机网络特别是 Internet 资源共享的开放环境，以及尚存在一定安全漏洞的软/硬件环境，电子货币仍然存在被伪造及被非法使用的安全性问题。这也说明电子货币的应用安全是相对的。由于电子货币对大多数人来讲还是个新兴货币，它越来越多应用于电子商务的支付与结算，因此电子货币存在的安全性问题和如何提高电子货币的安全性技术研发应用，引起了商业管理者、科技研发人员、消费者的重点关注。

在电子商务中使用电子货币进行网络支付时，交易的双方是见不到对方的，甚至不在同一个国家，且是跨时空运作。这些商务特点给电子货币的应用带来了如下五个主要安全问题。

（1）如何判定网络上交易的双方是否真的存在，即付款的对象存在或不存在。

（2）交易双方的真实身份如何验证，确定不是网上的骗子与黑店。

（3）对于买方来说，网上订购的商品，应用电子货币即时支付之后，对方是否一定会送货，能否准时送到；客户在网上使用电子货币，神出鬼没的黑客是否会盗窃自己的电子货币或破译相关密码与加密信息；支付完后对方抵赖怎么办。

（4）对于卖方来说，对方的电子货币对应的银行账号上是否有足够的资金；支付的电子货币是否真实；对方支付的资金何时能划到自己的银行账号上；自己网上收款的账号是否安全；对方没有支付，但坚持已支付完毕，怎么办。

（5）对于双方来说，交易中出现有关电子货币应用问题的争议，如客户隐私问题，又该怎样解决。

综上所述，一个成熟的电子货币应用系统需要解决安全性、真实性、匿名性和可分性四个关键的技术问题：要保证网络上在线交易、资金转移和电子货币的绝对安全；买卖双方能够确认收转到的电子货币是真实有效的；确保消费者、商家和他们之间的交易都是匿名的，以保护相关方面隐私；电子货币是可以灵活分零使用的。

2．标准化问题

计算机网络特别是 Internet 是全球性的跨区域网络，基于其上的电子商务开展也是国际性的，特别是面对当今经济全球化的进一步深入，服务于电子商务的电子货币最好就是国际化的，这样才能更好地促进电子商务的大规模跨区域发展。因此，包括 Internet 在内的计算机网络上流通的电子货币若要真正实现国际化，就必须依靠世界银行和国际货币组织，甚至联合国相关机构等联合各个国家对电子货币的概念、运作模式、安全机制等进行标准化的定义，使其与各国的货币进行汇率上挂钩。甚至在同一个国家内，如像中国、美国这样的大国家，也需要对电子货币的运用有一个统一的国家标准，国家标准最好符合国际标准。只有电子货币的管理机构、发行单位、商家与客户等各方均对电子货币的使用有了参照标准和把握，才能减少运作的复杂性与成本。

3．法律纠纷

人们在送货途中可能会迷路甚至突然死亡，电子邮件、电子信息的交流也有可能因为故障而出错甚而丢失，Internet 有时也会因突发不可抗拒事件，如太平洋海底电缆断裂等问题而局部瘫痪。所以，不管传统商务还是电子商务，不管应用传统货币还是应用电子货币，均可能遇到某些突发事件的困扰而造成损失。Internet 链路上的计算机、路由器、网络通信电缆、数据库系统等，像所有的电子信息技术设备一样，出现故障是不可避免的。特别是 Internet，现在国际上只是实现各区间的区域局部管理，并没有一个总的责任机构，那么，电子货币在这个网络流通过程中因出现的差错而导致的损失将由谁来负责其经济、法律责任呢？目前在相关 Internet 的电子货币使用上，国际上没有一些大家均认可的相关法律来加强对电子货币的监管与责任细分，增加了进行电子货币网络支付结算的企业或商家甚至个人的商务风险。

如何制定相关法律，加强对电子货币的监管，以便在危险特别是不可抗拒的突发事件发生后明确网上商务各方当事人的法律责任，已经成为电子货币发展的当务之急，直接影响到网络支付结算的应用效果。

4．审计问题

在 Internet 上，网络资源是共享的，但用户有其绝对的隐私权，利用电子货币易于跨区域地隐蔽转移资金也带来很多问题。比如各种经济犯罪，以权谋私、贪污、出卖商业机密等问题在电子货币普及应用的时候更难以管理；还有如何处理企业为了偷漏税收而利用网络转移资金，黑社会分子利用网络洗黑钱等问题。这种电子货币审计上的问题将是电子货币应用给政府相关管理部门带来的难题之一。

虽然电子货币还存在上述问题，但是不能因噎废食。世界上没有完美的东西，只有在研究问题、解决问题的过程中，电子货币系统才能完善起来。例如，电子货币虽然应用起来比较隐蔽，但也有好处，就是借助计算机网络系统，可以非常方便地记录、保存下来每笔资金的运用情况，只要国际上各个国家有较好的信息沟通与协调机制，或一个国家内部有很好的信息协调监控机制，上述问题也是可以大大降低其发生概率的。

总之，电子货币目前正处在快速发展阶段，电子货币各方面的日益完善，将实现全球整个金融体系的电子化、信息化与网络化，促进电子商务的快速发展。

2.1.4 电子货币的发展现状

美、日等发达国家于 20 世纪 80 年代已经普及信用卡的应用，人均拥有数张银行卡，银行卡的结算交易额占总销售额的 70%以上，而运行成本不及柜员操作成本的 1/4。这些西方国家还建成了覆盖全国或欧美日联通的电子金融结算网络，如信用卡 POS 结算网络、美国的 FEDWIRE、国际上的 SWIFT 与 CHIPS 资金支付结算网络等，为电子货币的运用提供了良好的社会支撑，企业间的资金支付结算也多采用电子货币来进行。发展到现在，西方发达国家电子货币的运用基本普及到个人、企业与政府机构，完成了金融电子化阶段而进入信息化阶段，为信息网络时代电子商务的发展奠定了良好的基础，也占得了先机。

自 20 世纪 90 年代以来，通过"三金工程"的积极实施，中国的金融电子化水平有了很大提高，其中之一就是以信用卡、IC 卡、电子转账单等为主的电子货币的逐步普及应用，发展很快。尽管"电子货币"的概念尚未深入每个人的心中，但电子货币确确实实渗透到人们的日常生活中，特别在城市。如今，各种 IC 电话卡比比皆是，其他行业也在逐步效仿，在北京、上海、广州、深圳等大城市的市民乘公共汽车、地铁等交通工具可用 IC 卡，税收征管中有用于纳税申报的 IC 卡和用于增值税发票购买的 IC 卡，在大学与机关食堂早就用上了就餐卡，甚至连交过桥费、过路费也用上了 IC 卡。

自 1985 年 3 月中国银行珠海分行发行第一张银行信用卡"中银卡"以来，银行信用卡开始成为各商业银行竞争的新式武器。中国银行有"长城卡"，工商银行有"牡丹卡"，建设银行有"龙卡"，农业银行有"金穗卡"等。据中国人民银行发布的 2014 年支付体系运行情况报告显示，截至 2014 年年末，全国累计发行银行卡 49.36 亿张，较 2013 年年末增长 17.13%。其中，借记卡累计发卡 44.81 亿张，信用卡 4.55 亿张。银行卡跨行支付系统连网商户 1 203.40 万户，连网 POS 机 1 593.50 万台，ATM 61.49 万台，较 2013 年年末分别增加 439.93 万户、530.29 万台和 9.49 万台。2014 年全国共发生银行卡业务 595.73 亿笔，金额为 449.90 万亿元，占社会消费品零售总额的比重持续增长，从 2002 年的 4.7%提高至 2014 年的 47.7%，对便民便商、拉动内需、扩大消费、促进就业和经济发展发挥了重要作用。

当然，中国作为发展中国家，与西方发达国家比较，电子货币的普及应用率、应用水平还有一定差距，但发展前景光明。

2.1.5 中国电子货币的应用实例介绍

在中国发行的包括信用卡、储蓄卡、IC 卡在内的银行卡中，中国建设银行发行的"龙卡系列银行卡"就是一个很好的电子货币研发、实施和应用实例。

龙卡是中国建设银行向社会推出的银行卡产品，在大规模用于基于银行专线网络的 POS 支付结算与 ATM 自助银行应用时，也可用于基于 Internet 上电子商务的网络支付与结算。从 1990 年 5 月发卡至今，已有 25 年的发展历史。25 年来，龙卡以服务为宗旨，以满足客户的最大需求为目标，以科技为先导，坚持以人为本的经营理念，使龙卡业务蓬勃发展，成为国内同业中知名的服务品牌，已经赢得客户的广泛认同和赞誉。

这里主要以"龙卡系列"电子货币产品为例叙述。建行在龙卡系列产品开发方面，从满足不同客户需求出发，开发了一系列产品，并不断完善功能。目前已向社会推出的产品有龙卡信用卡（金卡、普通卡）、龙卡借记卡（储蓄卡、转账卡、专用卡）、IC 卡，等等。建行还与学校、机关团体、企事业单位等联合发行了联名卡、认同卡。龙卡的服务领域涉及商业、旅游服务、交通运输、邮电通信、医疗卫生、保险等社会经济的诸多方面，并且随着客户需求的变化而不断完善，龙卡自 2014 年后还不断推出新产品，服务领域已向更深、更高的层次延伸。

1. 龙卡信用普通卡

龙卡信用普通卡是中国建设银行对在建设银行具有普通信用额度等级的客户发行的信用卡，材料上还属于磁卡。龙卡信用普通卡包括 VISA 信用卡和 Master 信用卡两种，如图 2-6 所示。

图 2-6 两种龙卡信用普通卡 VISA 和 Master 卡

龙卡普通信用卡主要具备消费结算、通存通兑、ATM 取款、消费信贷、电话与网络银行等多种功能。年满 18 周岁、具有完全民事能力、收入较为稳定且信誉良好的个人及合法经营的在建行开设账号的企业均可以申领龙卡信用普通卡，龙卡信用普通卡分别设个人卡与单位卡。

2. 龙卡信用金卡

龙卡信用金卡是建设银行对具有较高信用额度等级客户发行的信用卡。龙卡信用金卡除具有普通信用卡的全部功能外，持金卡用户可享受比信用普通卡持卡用户更多的优惠和更好的服务。龙卡的金卡申领规定及手续比龙卡信用普通卡要严格一些，主要选择一些价值较大而信誉很好的客户，并且定位为建行的主要价值客户，借助龙卡金卡为这些数量并不很多的价值客户提供更好、更优惠的服务。

像龙卡信用普通卡一样，龙卡信用金卡也包括 VISA 信用金卡和 Master 信用金卡两种，如图 2-7 所示。

图 2-7 两种龙卡信用金卡 VISA 和 Master 卡

龙卡金卡与普通卡的主要区别是，由于建设银行认为金卡持有用户的信誉更好，所以在持卡消费信贷额度上，龙卡金卡持有用户可高得多，得到的信息服务也更详细些。

3. 龙卡信用 IC 卡

IC 卡，也称芯片卡或集成电路卡，有时也叫智能卡。IC 卡与磁条卡的区别在于信息载体的不同，它应用的是集成电路芯片来记忆信息，其特点是相比较于传统的磁卡，交易速度更快、信息容量更大，本身具有存储信息和逻辑计算功能。建行发行的龙卡 IC 卡既可当做类似信用卡、储值卡的电子货币使用，还可当做一些安全控制卡使用。建行发行的龙卡信用 IC 卡如图 2-8 所示。

图 2-8　建行发行的龙卡信用 IC 卡

龙卡 IC 卡的一些申领与使用规定与龙卡信用普通卡差不多，但龙卡 IC 卡应用的是全新的更先进的技术，更加安全，且具备一些独自的应用特点。例如，龙卡 IC 卡对结算网络依赖程度不高，可脱机使用，灵活性更强。又由于信息记录在特殊的芯片里，更加安全，因此很适用于身份识别，如网上交易安全识别、门禁管理，以及企业网络银行的账号与密码媒介等。

4．龙卡储值卡与转账卡

龙卡储值卡是建设银行根据持卡人要求，将其资金转账到储值卡内储存，在商务交易需要时直接从卡内扣款的预付钱包式借记卡。储值卡只能用于传统或网上消费、购物时的支付结算，但与信用卡相比，不能透支消费。而龙卡转账卡也是龙卡借记卡的一种，主要面向单位客户进行资金的支付结算或转账。向个人发放的转账卡功能与储蓄卡相同。建行发行的龙卡储值卡与转账卡如图 2-9 所示。

图 2-9　建行发行的龙卡储值卡与转账卡

5．龙卡国际借记卡

龙卡国际借记卡是建设银行为满足中国境内居民出境用卡支付结算的需求而发行的龙卡系列产品之一，它是以指定外币（美元、港币）存款，具有在境外特约商户消费的支付结算、ATM 取现等功能的电子货币与信用支付工具。目前，龙卡国际借记卡发行的品牌主要有 VISA 和 MasterCard 两种，如图 2-10 所示。总体上说，龙卡国际借记卡具有申办简便、安全好用、不用担保等优点，是居民与商务人士出境使用的便利支付结算工具，满足了跨区域的商务与旅行的支付结算需要。

图 2-10　建行发行的龙卡国际借记卡

6. 龙卡个性化电子货币产品

建设银行在推出上述龙卡系列产品的同时，为了体现银行的一定社会责任感，满足客户个性化需求且出自银行自身的发展需要，特别推出一些极具个性化的龙卡个性化电子货币产品，如关心孩子成长的龙卡生肖储蓄卡，与社会上信誉和经济状况良好的大型企业（集团）或单位联名发行的龙卡联名卡，与学校、社会公益团体（组织）、慈善机构等非营利性单位联合发行的龙卡认同卡等。

其中，建设银行推出的龙卡生肖储蓄卡是比较成功的，而且年年随着十二生肖的轮回改变，给中国数目巨大的家长以强烈的传统文化感受，更体现了对孩子们的爱心。如图 2-11 所示。

图 2-11　建行发行的龙卡生肖储蓄卡

2.2　电子银行与银行的电子化

在 20 世纪 90 年代电子商务问世不久，世界银行业依据电子商务的发展需要，很快就为电子商务提供了安全的资金流服务，即借助安全的网络支付与结算工具为电子商务的各方服务。可以说，银行是电子商务的排头兵，它有力地推动了全球电子商务的发展。

今天的银行之所以能快速适应电子商务的需要，推出电子商务要求的安全网络支付结算服务，与银行业半个多世纪来一直致力于银行电子化建设且建立了一套比较完整的电子银行体系结构密切相关。早在 20 世纪 60 年代初，结合计算机与现代通信技术的应用，西方发达国家的银行就开始为客户提供电子支付与结算服务。自 20 世纪 70 年代起，世界经济的发展开始全球金融一体化的进程，全球的金融机构通过 SWIFT 系统实现全球范围互连互通，使银行能为客户提供远距离、跨区域的全球电子支付与结算服务。

进入 20 世纪 90 年代后，伴随 Internet 的爆炸性应用浪潮与电子商务的蓬勃兴起，银行及时将自己的电子银行服务向 Internet 平台延伸，使银行在较短的时间内通过已有的电子银行体系，以较小的革新成本向 Internet 的广大用户提供网络支付结算服务和网络银行业务服务。可以说，网络银行系统是建立在已有的电子银行基础之上的，是电子银行的发展，并且成为电子银行的重要组成部分。因此，若要深入了解网络支付结算机制和网络银行服务，还必须先了解银行的电子化和电子银行体系。

本节通过介绍世界银行电子化与信息化的进程，叙述电子银行的概念及其体系结构，并从电子银行的发展历程中阐述网络银行服务的兴起。

2.2.1 电子银行的产生与发展

半个多世纪以来，银行业通过将计算机和通信技术（简称 C&C 技术，即 Computer & Communication）引入银行，使银行的传统业务处理实现电子化，从此开始了革命性的变革。接着，银行为充分发挥电子化处理的效率，开发大量新型的自助银行服务项目。在实现支付结算服务电子化的基础上，又积极将信息技术（即 IT 技术）融入到银行业务中去；银行从交易数据中，提取有用的成分，开始向客户提供金融信息增值服务，强化银行的经营管理，完善银行的电子监控体系，从而使传统银行进入电子银行即 e-Bank 时代。

下面从电子支付结算的需求角度叙述电子银行的产生与发展。

1. 电子支付系统的建立需求与发展

任何买卖活动都伴随着资金的往来。交易双方的资金往来，称为支付。在发达的现代商品经济社会里，特别是在企业与企业、企业与政府机构之间的资金支付与结算业务中，绝大多数商品交易中有关支付结算部分活动的完成都离不开银行的中介参与。由于银行的"信用"中介作用，商品交易双方的收付活动，扩展为交易双方开户银行之间的资金收付活动；而银行之间的资金收付交易，又必须经过政府授权的中央银行进行资金清算，才能最终完成商品交易双方的资金往来。因此，商品交易中进行支付结算活动的复杂度、效率等直接与银行的业务处理方式和工具有关。高效率的银行中介自然能够大大提高商务支付结算的效率，从而促进商品经济的发展，反映出"商品经济发展要求→方便快捷的支付结算→银行业务处理方式的不断变革"的过程。

支票的支付结算最能反映银行的中介作用。一个典型的以支票为支付结算工具的商品交易的支付过程，即以银行为中介的商品交易支付过程如图 2-12 所示，其他的支付结算工具运用与图 2-12 差不多，甚至更简单一些。如果客户甲和客户乙在不同的商业银行开户，客户甲向客户乙购买商品，用支票进行支付结算，那么由于甲乙双方进行的商品交易而引发的支付全过程，将在两个层次上进行。底层是面向客户的，银行与客户（包括商业银行甲与其客户甲，商业银行乙与其客户乙）之间的支付与结算；高层是面向往来银行的，中央银行与各商业银行之间的支付与清算。在图 2-12 所示的支付系统里，整个支付过程始于从客户乙接收客户甲的支票票据后，经商业银行乙和中央银行，到商业银行甲的支票流，然后，商业银行甲将客户甲的资金经反向拨付到客户乙在商业银行乙的户头上，才能最后完成该笔商品交易的资金支付。在上述的资金流动过程中，往来银行之间的资金流动，必须经过中央银行的资金清算才能实现。整个支付过程将各个经济交往的双方和银行维系在一起，组成一个复杂的整体，银行与客户之间的支付与结算是银行向客户提供的一种金融服务，是支付系统的基础；中央银行与商业银行之间的支付与结算，使商品交易中的支付活动得以最终完成。

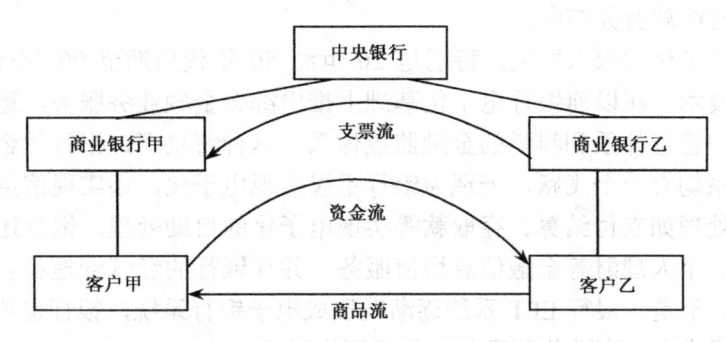

图 2-12 以银行为中介的商品交易支付过程示意图

在现代商品经济高度发展的市场经济社会里，传统的纸币和票据的流动速度已经不能满足急速发展的商品生产和流通的要求，这就促使银行研制开发新的支付结算工具和新的处理方法。有远见的银行战略家清醒地认识到，单靠增加人力和银行营业的物理柜台，是不能从根本上解决银行进行支付结算的困境的。根本的出路在于采用最新技术，引进人类发明的 C&C 技术，改造传统的银行支付结算服务。C&C 技术的引进，开始了银行电子化的发展进程，即用计算机来处理银行业务，在网络上传输数据，使银行界结束人工处理业务的历史，开始长期的革命性变革进程，建立一个基于 C&C 技术基础上的电子支付系统是现实的需求，如各种银行信用卡与电子销售点 POS 的推出，电子资金转账 EFT（Electronic Funds Transfer）等系统的建立和推广应用，使商务中资金支付活动的各方真正有机地联系在一起，形成各种电子支付结算系统。

在电子支付系统中，存在着频繁流动的两种反向的信号流，即资金流和与之相关的支付指令信息流（可以说就是前面所说的电子货币流）。图 2-12 就很明确地说明了这两种流的流动过程，只不过在这里，传统的票据流由支付指令信息流所代替。在电子支付系统里，支付指令信息流和资金流在本质上均表现为电子流。这样，不管支付系统多么复杂，一笔支付活动，瞬间通过现代化的通信网络就可完成，大大加快了资金的流动速度。

2. 电子银行的产生与概念

电子银行并不是在银行电子化的一开始就出现的，它是在银行电子化发展到一定阶段，形成一个比较成熟的电子处理体系后，为了满足进一步的方便快捷的货币流动需求而产生的。

在基于电子支付结算的银行电子化初期，不少 EFT 系统是由世界上各大银行自行开发和使用的专有金融系统，中小银行则受到资金和人才的限制，只能走联合开发共享的 EFT 系统的策略。为了能为客户提供更好的服务，从 20 世纪 80 年代中期开始，工业化发达国家的许多 EFT 网络，逐步互连成各种地区性、全国性的庞大的金融共享网，即将这些银行的各种 EFT 系统进行集成，使各个 EFT 系统共用一个账务系统，促使各种 EFT 系统进行联动处理，银行因而能为客户提供综合业务服务，大大方便了客户。此外，银行能从统一的账务处理系统中掌握客户全部的业务活动，为银行提供信息增值服务打下了重要的基础。这个阶段主要实现各个银行以 EFT 为基础的电子化业务处理系统的互通互连、综合集成，使银行跨行、跨区域地能为客户提供方便快捷的基础金融业务，包括支付与结算业务在内。

随着银行电子化的深入发展，特别是 20 世纪 80 年代后期至 90 年代初期，银行业积极采用 IT 技术，在以前银行电子化基础上推出综合金融业务服务，逐步建立起"以客户为中心"的管理体系和科学的金融监控体系。这种背景下，银行的金融服务内容、形式与管理体系均有一个飞跃，表现为银行不仅实现电子化，还实现信息化；不仅使银行的基本业务处理如支付结算、存取款等实现电子化的自助处理，银行还能对客户提供诸如投资咨询、个人理财等金融信息增值服务，并使银行的经营管理和安全监控实现数字化和现代化。于是，银行 EFT 系统逐渐发展成电子银行系统，银行也从手工操作的传统银行逐步发展成高度自动化和现代化的电子银行。

所谓电子银行，英文为 Electronic Bank，一般简称为 e-Bank，简单来讲就是电子化和信息化了的高效率、低运行成本的银行。具体来说，电子银行借助各种电子业务系统，通过网上电子传输的办法，向其客户提供全方位、全天候、高品质又安全的银行服务；不仅提供综合支付结算服务，还提供与之相关的金融信息增值服务；不仅使业务处理电子化，还使银行的经营管理和安全监控实现信息化。

可以说，电子银行从根本上改变了传统银行的业务模式、管理模式和管理旧体制，建立了以信息为基础的自动化业务处理和以客户关系管理为核心的科学管理新模式。

3. 电子银行的发展

电子银行的出现，反映银行业进入一个以网络为平台的新银行时代。电子银行在很多方面改变了传统银行的运作模式，有传统银行不可比拟的优势。传统银行一般只进行金融交易，因此，传统银行只起信用中介作用；电子银行则表现为进行金融交易和金融信息交换两个主要方面。前者是基础，后者是从前者派生出来的。因此，现代化的电子银行系统，一般具有支付结算服务和金融信息增值服务两种功能，或者说电子银行的产品，包含支付结算产品和信息增值服务两大类产品。这样，电子银行不仅大大增强了传统银行所起的信用中介作用，即除了发挥资金、货币流通的介质和导体作用外，电子银行还起着全新的社会经济信息收集、加工处理和服务中心的作用，既为客户提供更好的个性化的金融服务，同时也为银行寻求到新的利润来源。

从 20 世纪 90 年代中期开始，Internet 在全世界社会经济活动中得到大力发展与普及应用，基于 Internet 平台的电子商务也蓬勃兴起，全球经济从传统经济迅速向以网络特别是 Internet 为平台特征的数字经济过渡。这既给现代的电子银行体系带来全新的挑战，又同时为电子银行的进一步发展，特别是服务方式与内容的拓展，开辟了又一个广阔的发展空间。电子银行通过与 Internet 的 Web 应用技术结合，推出网络银行（Internet-Bank）服务，并逐渐开始从实体银行向虚拟的网络银行发展。网络银行服务将以面向个性化内容和信息增值服务为主的运营方式发展，极大地丰富了银行的产品，方便了客户。网络银行可以说是电子银行发展到目前为止的最高层次。

目前西方发达国家的银行业已经具有了很高的电子化与信息化水平，网络银行的发展也已较为普遍和成熟，而中国的银行业才完成电子化不久，信息化建设还停留在初步阶段，与发达国家银行相比差距是明显的，但中国银行也紧紧盯住 Internet 带来的机遇，积极开展基于 Internet 的银行综合业务，以期实现跨越式发展。例如，中国招商银行近年积极开展网络银行服务，其企业网络银行与个人网络银行业务均开展得不错，基本达到世界银行业的先进水平，为中国其他银行的发展提供了很好的借鉴作用。

2.2.2 电子银行的体系结构

经过半个多世纪的努力，全球银行界推出各种电子银行系统，这些电子银行系统构成了完整的电子银行体系。随着新技术的不断应用与银行业务的拓展，电子银行的体系结构逐渐从较为简单的形式演变为较为复杂的体系，并不断地发展完善。

1. 电子银行的系统构成

电子银行是由 EFT 系统发展起来的，因此其基本结构也与 EFT 系统类似。图 2-13 为 EFT 系统的业务架构。

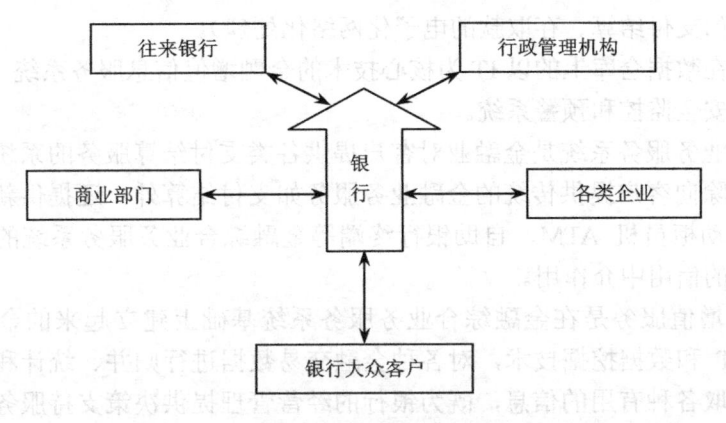

图 2-13 EFT 系统的业务架构

EFT 系统是银行与下述主要五种客户之间进行数据通信的一种电子系统。这五种客户分别为国内外的行政管理机构，国内外的往来银行和其他金融机构，包括制造业和服务业在内的各类企业，零售业和批发业的商业部门，消费者的银行大众客户。EFT 系统主要用于传输与金融交易有关的电子货币和相关的指令信息，并且借助网络为客户提供支付结算服务。

采用 EFT 系统及银行信用卡系统后，银行如果想为客户进行资金转账或将客户的资金从一个地方转汇到另一个地方，只需采用电子处理方法，而不必用传统的纸币和票证就可以完成。比如，应用结算 POS 系统，人们可以方便地采用信用卡在商场当地付账消费,POS 就像银行的柜台一样。由于 EFT 系统能为客户提供优质服务,一经推出,它就以极快的速度获得发展。随着银行电子化和信息化的发展,EFT 系统正逐步发展完善成既能提供电子资金转账又能提供信息增值服务的电子银行系统。

在面临全球金融一体化的环境里,银行业内的竞争及银行业与其他行业的竞争也日益加剧。银行为加强竞争能力,在积极进行银行电子化建设的同时,也不断地拓展自身的业务领域,以构筑现代的电子银行体系。结合对发达国家现代银行体系的综合分析,电子银行一般应该具备如图 2-14 所示的金融信息和交易体系。

该体系的核心是客户,第二层是会计结算,第三层是包含支付结算在内的交易服务,最外层是金融信息服务。银行借助先进的信息网络技术,将银行的这四层金融业务充分集成在一起,可把涉及四个方面业务的所有数据全部存于联机的集中式(或分布式)业务数据库和数据仓库里,通过设置尖端的软、硬件进行数据的安全保护,由所有经授权的各方进行存取。

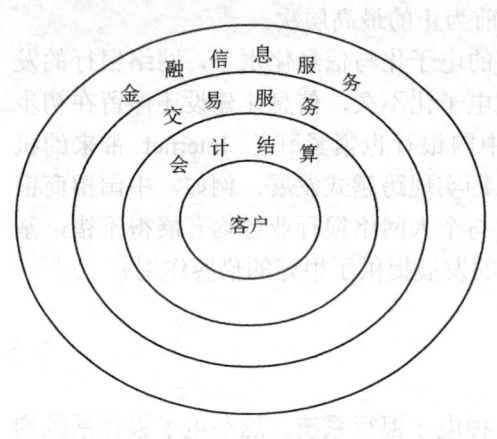

图 2-14 电子银行的金融信息和交易体系

为保证上述金融业务的良好运行,现代电子银行体系里,必须包含如下三类系统。

(1)建立在联机的集中式(或分布式)业务数据库上的金融综合业务服务系统(即银行传统业务如支付结算、存取款的电子化网络化处理)。

(2)建立在数据仓库上的以 IT 为核心技术的金融增值信息服务系统。

(3)金融安全监控和预警系统。

金融综合业务服务系统是金融业对客户提供各类支付结算服务的系统,是其他两类系统的基础。除向客户提供传统的金融业务服务如支付结算外,还提供新的自助银行劳务服务,如自动柜员机 ATM,自助银行终端等金融综合业务服务系统的推广应用,极大加强了银行的信用中介作用。

金融信息增值服务是在金融综合业务服务系统基础上建立起来的金融信息服务系统。它采用 IT 和数据挖掘技术,对各种金融交易数据进行归并、统计和分析,从金融交易数据中提取各种有用的信息,既为银行的经营管理提供决策支持服务,同时向客户提供各种帮助客户理财的信息增值与个性化服务。

金融安全监控和预警系统是保障上述两类系统安全、正常运行的独立安全保障系统。电子银行系统的信息传输和处理过程,伴随资金转移,数据处理必须保证正确、完整、安全与即时,整个操作和处理过程都必须在严格的监控下进行。随着银行应用的电子信息设备越来越多,越来说复杂,银行工作人员与客户均对这些电子信息设备越来越依赖,因为网络的瘫痪或电子辅助工具的故障,常常带来几乎整个银行业务系统的瘫痪,因此银行建立金融安全监控和预警系统显得日益重要与必要。

2. 电子银行的金融综合业务服务系统体系结构设计

电子银行的金融综合业务服务系统是银行对各类客户提供包括支付结算服务在内的

各种传统金融业务的系统,是其他两类系统的基础,是电子银行最重要的组成部分之一,也是目前国内商业银行正在建设完善的内容。在不同的国家,根据经济规模、经济发展水平及公民文化素质等诸多不同,可以采用不同的综合业务服务系统体系架构。

图 2-15 所示是目前国际银行业普遍采用的一种典型的电子银行金融综合业务服务系统的体系结构解决方案,可为中国的银行目前正进行的电子化建设提供很好的借鉴作用。

电子银行的综合业务服务系统主要分成面向客户、面向往来银行、网络银行和银行内部管理四大类业务系统。

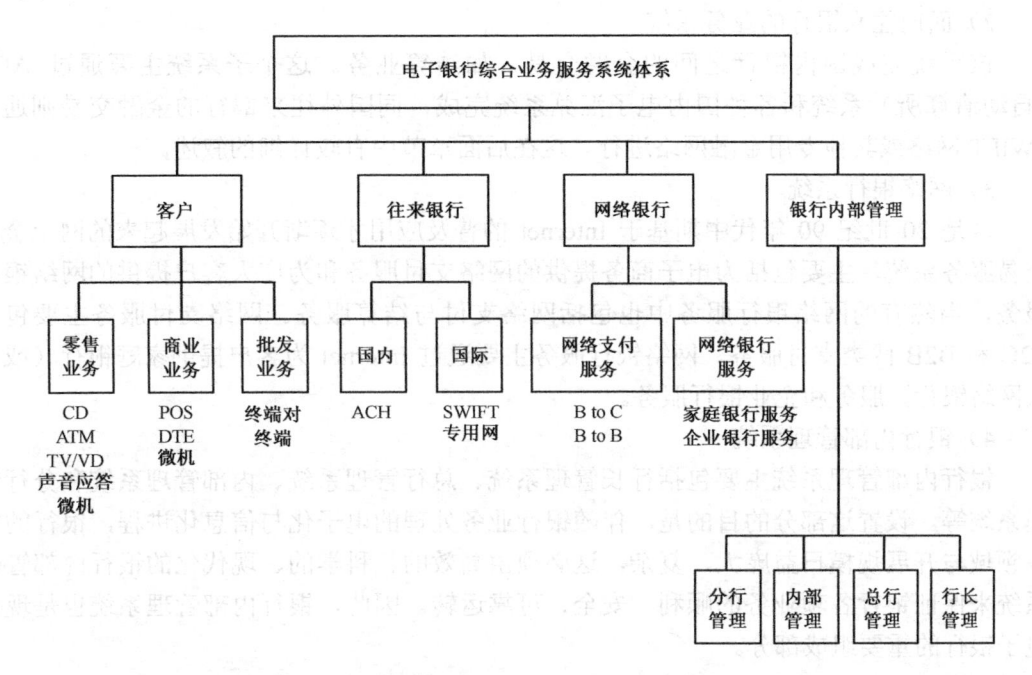

图 2-15 电子银行金融综合业务服务系统的体系结构

1) 面向客户的业务系统

面向客户的业务系统负责银行的传统业务开展,又可细分为零售业务系统、商业业务系统和批发业务系统三类。

零售业务系统包括联机柜员系统、自动取款机(CD)/自动柜员机(ATM)系统和家庭银行系统。银行客户可到银行柜台通过联机柜员系统进行金融交易,也可通过街头的 CD 和 ATM 系统进行存取款和转账交易,也可以在家里或办公室用电话和微机通过家庭银行系统进行金融交易。例如,中国人民大学、北京交大校园内工商银行的 ATM 系统就属于这类银行业务。

商业业务系统主要表现为销售点电子资金转账(EFT-POS)系统。消费者在特约商店和其他消费场所的消费和购物,可以通过系统中的 POS 终端、数据终端或微机等设备,在销售点处实现电子转账,完成商务的支付与结算。例如,北京双安商场与当代商城的中国银行 POS 终端、工商银行 POS 终端与建行 POS 终端等,极大地方便了消费者的消费。

批发业务系统,主要是指有较大资金业务的企事业单位与银行联机的企业银行系统,相当于银行在企业的财务办公室里专门设置了银行办事处。企事业单位通过专门的财务连网终端对终端方式或企业的财务服务器与银行主机联机的方式进行金融交易业务处理，完成资金的转账及查询业务。例如，北京交大每年甚至每天均有大量的科研资金入账、出账、工资及各种经费拨付、学生学费收付等金融业务，因此工商银行北京分行新街口分理处与北京交大协商，在交大思源主楼的财务处办公室设置了专门的财务业务处理终端，运行专业软件，通过专线与工商银行的主机联机，进行交易业务处理。

通过上述三种面向客户的电子银行系统，银行借助通信网络可把对客户的支付结算服务和金融信息增值服务从银行柜台延伸到各个企事业单位、商店、消费处所和家庭。

2）面向往来银行的业务系统

该系统完成国内银行之间的金融交易，如结算业务。这个子系统主要通过 ACH（自动清算所）系统和各种国内电子汇兑系统完成，同国外往来银行的金融交易则通过 SWIFT 网络或其他专用金融网络进行。这在后面章节中有较详细的叙述。

3）网络银行系统

这是 20 世纪 90 年代中期基于 Internet 的普及应用才逐渐开始发展起来的网上金融交易服务系统，主要包括为电子商务提供的网络支付服务和为广大客户提供的网络银行服务，当然有的网络银行服务中也包括网络支付与结算服务。网络支付服务主要包含 B2C 和 B2B 两类支付服务。网络银行服务主要通过 Internet 为客户提供家庭银行（或个人网络银行）服务和企业银行服务。

4）银行内部管理系统

银行内部管理系统主要包括行长管理系统、总行管理系统、内部管理系统和分行管理系统等。设置这部分的目的是，伴随银行业务处理的电子化与信息化进程，银行的业务领域与开展规模日益庞大、复杂，这必须由高效的、科学的、现代化的银行内部管理系统来保证银行各项业务的顺利、安全、可靠运转。因此，银行内部管理系统也是现代电子银行的重要组成部分。

3. 电子银行的发展实例

发展到现在，以美国为代表的发达国家的银行均已建成现代的电子银行系统，不但全面实现日常业务系统的电子化与自动化处理，大大提高业务处理效率并且节省大量开销，都在有效的统一的安全监控下运作；在此基础上，都能以向银行客户、银行业务与管理人员提供全天候（每周 7 天，每天 24 小时）的服务和有辅助决策的专家系统支持为特色。因此，这些发达国家的电子银行系统除了具有支付结算功能外，还都包含相应的金融信息增值服务功能，且正积极开展基于 Internet 平台的网络金融业务。

这方面美国与瑞士的电子银行体系发展水平是世界领先的，例如美国花旗银行、美洲银行等。下面介绍美国的电子银行体系的发展状况，主要包括如下三个方面的内容。

（1）面向客户的业务系统：

CD（Cash Dispensers）

ATM（Automated Teller Machine）

ET（Electronic Tellers）

POS（Point of Sale Equipment）

Check Guarantee Services

Telephone Bill Payment

Home Banking

Cash Management（Home office Banking）

（2）面向往来银行的系统：

ACH（Automated Clearing Houses，自动清算所）

FEDWIRE（联邦储备银行全国网）

BANKWIRE（由一些成员银行拥有的一条全国网）

CHIPS（Clearing House Interbank Payment System，是设在纽约的一个国际清算支付系统）

SWIFT（Society of Worldwide Interbank Financial Telecommunication，是一条国际资金调拨专用通信网）

MARTY、MARS、HEMLIK 等（由一些大银行拥有的专业国际金融网络）

（3）美国的各大银行基本上均借助银行内部信息与金融网络的支持，通过 Internet 为企业、个人等客户提供网络金融交易服务，并根据各自的银行发展策略，研发专业的金融安全控制与预警系统、专家系统，保证电子银行的可靠运转与提高服务水平。

中国也在加紧进行现代电子银行的体系建设。从 1992 年起，中国人民银行引入世界银行的技术援助，着手中国国家金融通信网（CNFN）和中国现代化支付系统（CNAPS）的研究和建设。2000 年 10 月，中国人民银行做出"调整定位，以我为主，自主开发，边建边用，加快 CNAPS 建设"的决策。2002 年 7 月，CNAPS 在武汉和北京两地开始在线测试运行。2002 年 10 月，大额支付系统在北京和武汉两个城市试运行，至此，中国现代化支付系统已建成了包括第一代人民币跨行大额实时支付系统、小额批量支付系统、支票影像交换系统和境内外币支付系统、电子商业汇票系统及中央银行会计集中核算系统，形成了比较完整的跨行支付清算服务体系。不过，随着中国社会经济的快速发展，支付方式不断创新，2009 年人民银行又着手建设了更加统一、安全、高效的第二代支付系统和中央银行会计核算数据集中系统（ACS 系统），并于 2011 年 1 月完成了全国推广，从而有效满足了社会经济的支付需求，促进了金融机构改善经营管理，使中国经济金融又好又快发展。

2.2.3 银行的电子化与网络银行

银行的电子化进程应该说于 20 世纪 50 年代中期应用计算机开始。银行的电子化进程到现在为止已经经历了几十年，大约可分为四个明显的发展阶段，并且随着电子商务的发展需求，网络银行将成为传统银行发展的必然选择。

1．银行电子化的四个发展阶段

根据 IT 技术与银行业务处理方式的不同特点，银行的电子化大约经历了将手工操作转为计算机处理、提供自助银行服务、提供金融信息服务和提供网络银行服务四个发展阶段。

1）银行的传统业务处理实现电子化阶段

银行的传统业务一般是处理存款与取款、发放贷款、办理汇款、处理支付结算、资金信息查询等，这些交易处理是最平常、量最大、面最广的银行传统业务操作，是主要的票据源、费用源和可能的错误源。这些日常银行业务主要是在银行的分理处和储蓄所里进行的。在银行电子化过程中,这些交易领域最早采用 C&C 技术实现数据通信与辅助处理,从而建立柜员联机电子系统。柜员联机电子系统的建设目标,是尽量减少手工操作,既要提高劳动生产率,又要减少人为错误并且改善对客户的服务水平,还要降低银行的运行成本。

具体来说,柜员联机系统应能实现提高银行业务操作的效率、增加银行金融业务的市场占有率、有效地降低银行运行成本三个主要目标。

早期的柜员联机系统,是简单地将传统的银行业务由手工操作转为电子化处理,或者说就是一种简单的模拟。因此,银行的业务处理流程、标准规范和组织机构等,基本沿用手工的做法,关键是各个电子柜台只能办理单一品种的业务,结果是当一个用户需要处理存款与取款两项不同的业务时,还要转两个柜台,效率比较人工方式没有提高多少,费时费劲。随着市场竞争的日益激烈,客户日益增长的需求以及技术的进步,早期的这种单一功能的柜员联机系统逐步向综合柜台业务系统发展。中国在 20 世纪 90 年代前期的银行柜台大多属于这种单一的柜员联机系统。

银行的综合柜台业务系统是以客户为中心,能向客户提供综合柜台业务服务的电子业务系统。借助该系统,同一个柜员能够处理客户所需的各种不同品种的金融业务,既可处理对公业务,也可处理储蓄业务;既可处理活期存取款,也可处理定期存取款;既可处理人民币业务,也可处理外币业务;既可处理存取款业务,也可处理贷款业务等。这种综合柜台业务服务系统,相当于为银行业务人员提供一个集成的业务处理环境,使得业务服务人员无须在多个系统之间进行切换,就能根据客户的需求,为客户提供全面、快速和高质量的银行业务服务,大大方便了客户。

2)提供自助银行服务阶段

银行柜员联机系统的建立,为银行开发一系列新型的自助银行服务打下了良好的物质与技术基础。自助银行服务项目,一般以银行卡为介质,提供 ATM 服务、POS 服务和 HB(Home Bank,家庭银行)服务。这些自助银行服务项目由客户自己在需要时随时随地启动交易,然后数据流通过电子传输和计算机处理,产生适当的借、贷和控制信息,银行后台业务系统自动完成对客户的服务。自助银行交易,一般无须银行柜员进行人工干预。因此,自助银行服务是完全依赖于 C&C 等现代科技发展起来的全新服务项目,是传统银行没有的服务项目,其运营成本更低。中国各大城市的银行都已提供自助银行服务,常常见于繁华的街头与大学校园里。

自助银行能处理大量的日常金融交易,它相当于一个小小的无人值守的银行办事处。客户可用这些终端机,查询账户余额,进行存取款、付账和转账交易,持卡消费,进行股票交易等。在西方发达国家更高层次的自助银行系统中,还含有信息技术和专家系统等其他资源支持,这时的自助银行就相当于一个较大银行分行的作用,能为客户提供各种增值的金融信息服务。通常,自助银行提供每天 24 小时的全天候服务,是不知"疲倦"的,服务质量总能保持一致。

ATM 服务、POS 服务和 HB 服务,是自助银行发展到现在的三种主要形式。

3)提供信息增值服务阶段

银行除向客户提供传统的金融交易服务如存取款、贷款、支付结算等,以及前述的新的自助银行服务外，现代电子银行还能借助 IT 技术，如数据库、数据仓库与专家系统等，从各种金融交易数据中提取、挖掘有用的信息，将信息转化成知识，再将知识应用到业务实践活动中而转化为竞争优势。这表现为向各类客户提供具有高附加值的金融信息增值服务，如个性化的投资咨询、代客理财、用于各种辅助决策支持的信息咨询等。

统计结果表明，目前全球的金融联机信息销售额约占整个信息销售市场的 3/4，因此金融信息服务在整个信息服务产业中的地位不言而喻。但是，目前银行的金融信息服务的发展现状并不尽如人意，很多方面落后于其他金融信息服务提供者，主要有如下两个原因。

（1）银行的金融信息服务主要面向工商业客户和政府部门，而不是个人消费者，工商业客户只有购买了金融信息产品，才能存取金融机构数据库中的数据；而消费者虽然也需要金融信息，但并不想为之付费，所以家庭银行服务在相当一段时间未能发展起来。

（2）银行战略家在金融信息服务领域缺乏战略眼光。在银行实现综合业务处理后，银行战略家受传统观念的束缚，没能审时度势适时引入 IT 和跨入全新的金融信息服务领域，从而在金融信息服务市场，将本是属于自己的优势拱手让给了新兴的 IT 产业。因此，在金融信息服务市场上依靠提供金融信息服务挣大钱的大多数企业都不是来自银行等金融机构。例如，世界上最早提供信息服务的最出名的三家大企业 Reuters、Telerate 和 Quotron，都不是金融机构创办的。

在信息社会里，信息能增值，这已经为更多的人所认识。在如今剧烈的竞争环境里，各个商业公司越来越愿意以高昂价格购买能使它们占据竞争优势的、具有战略意义的重要金融信息。因此，在 20 世纪 80 年代中后期以后，世界上的大银行也越来越重视金融信息服务。1986 年，Citicorp（花旗公司）用 6.20 亿美元收购了世界上最早提供信息服务的最出名的三家大企业之一的 Quotron。之后，花旗公司对 Quotron 系统进行了技术改造，增加了它所能提供的金融信息产品，并且将其推向国际市场。从 20 世纪 90 年代中期开始，花旗公司的主要盈利已经来自信息出售。

目前，中国金融电子化建设的重点，是进行并且完善包括支付结算、自助银行业务在内的电子系统建设。随着中国金融电子化的发展，中国的金融界也开始重视信息化建设，研发出各种金融信息服务系统和信息管理系统，以向客户和为银行自身提供各种能够增值的金融信息服务，提高银行的竞争能力。例如，越来越多的国内银行正借助各种信息优势为客户提供个性化的投资组合、代客理财等金融信息增值服务。中国招商银行正借助信息化的优势，从多种金融信息服务中盈利。

4）提供网络银行服务阶段

从 20 世纪 90 年代中期开始，随着 Internet 和其他数据网络的爆炸性增长，正在引发全球性的商务革命和经营革命。电子商务涵盖企业、商户、金融和政府有关部门和网络服务商，涉及面非常广。每项网上电子交易都要经过资金的支付与结算才能完成，因此，作为资金流的负载者银行的参与是至关重要的。另外，在电子商务快速发展的新形势下，银行为了开发新的市场，争取新的客户，获得新的收入源，能对市场做出更迅速的反应，减低成本，也需要借助廉价的、跨区域的、互动的 Internet 力量，使之与银行采用的现有计算机与通信技术、信息技术结合起来。这种"C&C+IT+Web"技术集成模式与金融核心业务相结合的基础结构，使银行能将 Internet、IT，包括支付服务和信息服务的核心业务和客户信息数据库连接在一起，形成一种崭新的业务模式和管理模式，这就是最新的网络银行服务模式。

近年来，包括中国各大商业银行在内的世界上各大商业银行纷纷推出网络银行服务，已经成为商业银行竞争手段的新热点。可以说，网络银行服务无疑是 21 世纪银行电子化和信息化建设的主要发展方向，是电子银行的高级发展阶段。

简而言之，上述四个阶段银行的电子化与信息化反映了电子银行的发展过程，先从柜员级开始，再到分行办事处，最终联机到商业、企事业单位办公室和家庭；银行的电子服务既能提供支付结算等传统服务，还能提供金融信息增值服务；银行正从纯物理的实体银行向电子化的实体银行、再向网络的虚拟银行发展。

2．网络银行正在成为传统银行发展的必然选择

作为社会资金的中枢部门，传统银行业在 Internet 时代里遇到电子商务的快速拓展而带来的巨大挑战，同时获得巨大的发展机遇。这些机遇具体表现在如下四个方面。

（1）电子商务带来巨大的网上市场，并且遵循全新的商务竞争规则。所有银行无论过去实力雄厚还是规模较小，但在 Internet 为代表的网络上则一律平等，跨国、跨区域的经营不再是大银行的专利，银行竞争优势的确立基于先进科技所增加的竞争力。中国招商银行的发展正说明了这一点。

（2）可以锻造基于网络的全新服务模式。借助网络，银行突破传统的经营和服务模式，以此实现"以客户为中心"，提供超越时空的 AAA 服务模式。

（3）可以锻造基于网络的全新业务运作模式。随着以网络与通信技术为代表的高科技的迅猛发展与快速应用，银行的业务运作模式越来越趋向虚拟化、智能化，并基于网上处理与自助服务。

（4）基于网络特别是 Internet 的运作与服务可以显著地降低银行运作成本和客户开销，提高效率。

当然，电子商务在对银行业产生全面而深刻的影响并且带来上述机遇的同时，也对传统商业银行提出严峻挑战。这些挑战要求传统银行必须实现网络化，积极发展网络银行，使网络银行成为信息网络经济时代里传统银行发展的必然选择。

这些新时代里对传统银行带来的挑战，或者说新的要求，主要描述为下面四个方面。

（1）电子商务的发展要求商业银行实现多渠道管理，为 e 时代里越来越多的"e 客户"提供"一站式"的全方位、综合性、多样化金融业务，而以 Internet 平台为主的网络银行所具有的资源共享和多渠道营销的特点使之成为可能。一方面，网络银行为传统银行的金融产品销售增加了新渠道、新方式、新手段，网络银行不仅提供普通负债业务和转账支付结算、信息查询服务，而且提供小额抵押贷款、汽车贷款、租赁等资产业务；另一方面，网络银行业务内容借助多媒体技术应用变得全面而丰富，在营销方面颇具特色，多样而不单调，可以通过包括电台、区域推广项目、直接邮寄、户外广告、网上广告等方式向其客户和潜在客户推销网络银行产品。同时，在产品开发方面，网络银行能够及时跟踪技术的发展和市场的需要，协调银行各业务部门的参与与协作，对市场做出快速的适度反应，使银行可以实现较高的整体效益。

（2）信息技术和电子商务的发展对传统银行业造成新的"脱媒"（Disintermediation），

迫使传统银行对管理和业务体系重新构造，而网络银行战略是银行再造战略的重要部分。金融机构的所谓"脱媒"趋势，主要是指金融服务从传统的银行业转向非银行中介机构和其他商业机构，如基金业、保险业、证券业等。20 世纪 70 年代后期，世界金融自由化浪潮兴起，传统的商业银行开始面临前所未有的竞争局面，基金业、证券业等非银行金融机构的迅速崛起和发展带来的"脱媒"开始吞噬商业银行的市场份额。今天，随着新经济时代的来临，银行面临的竞争更加激烈。除传统的机构"脱媒"因素外，由于新技术的发展和运用，即新工具的应用而带来的"脱媒"也正在发生，原因是 Internet 和电子商务的开放性突破了传统时间、空间和信息交流的限制，金融业的竞争门槛已经大为降低，一些 IT 企业、甚至一些 IT 创新企业凭借风险资本的支持，也开始渗入金融服务业。基于网络金融服务带来的便利、高效，客户只需轻轻单击鼠标，就可在一瞬间轻松地将其网络账户里的资金转移至竞争对手。在网络时代里，客户改变所选择的银行无须多少额外成本，客户忠诚度已大大降低。因此，在网络经济和电子商务的大背景下，为争取客户与保持市场份额，传统银行必须调整经营管理构架，借助网络银行服务，实施银行自身再造，为客户提供包括银行、保险、证券经纪和基金等多样化、个性化、跨时空业务。

(3) 电子商务的发展凸现了"客户中心主义"在商业银行经营发展中的重要性，以 Internet 为代表的网络技术和其他新技术的普及应用为"客户中心主义"的实施提供了新机会，银行业正经历从"产品中心"向"客户中心"型组织的转变。传统商业银行的经营模式是一种着眼于银行自身的"产品中心主义"的被动型模式，而网络经济条件下的商业银行经营模式则是一种着眼于市场或客户的"客户中心主义"的主动型模式。若要完成向"客户为中心"的转变，商业银行必须将客户关系管理（CRM）放在重要位置上。这样，商业银行面临的巨大挑战首先是如何了解客户需求的信息，然后根据客户的需求设计新的金融产品，而不是被动等待或想当然地出击。信息技术和网络技术的发展，特别是 Internet 的普及应用，不仅使银行可以非常方便地获得和分析来自不同渠道的客户信息，形成集成的客户信息体系，借助数据挖掘（DM）等新兴技术，发现和预测客户的需求信息，而且，可以通过新技术设计和创造出适合于客户需求的新产品。

(4) 电子商务的开展对传统银行的支付结算体系的功能提出了新的要求，实现基于 Internet 的在线支付结算是传统商业银行网络化的首要工作。电子商务是通过无形的网络在虚拟化的空间中采用 B2B、B2C、C to C、B to G 等方式进行的，与这些崭新的交易方式相适应，支付结算体系必须跳出"银行对银行"的传统业务处理框架，借助 Internet 将银行支付结算系统的接口延伸到企业、个人、政府部门的计算机终端上。电子商务具有的实时交易特征也要求高效率的支付结算服务，甚至实现零时差的即时资金清算。电子商务的开展已经超越时间与空间的限制，活动的空间遍布世界每个角落，活动的时间可以是任何时刻，因此资金支付的速度和清算能力将成为主要的"瓶颈"。安全、方便快捷、跨时空、低成本的网络银行的出现与网络银行服务的开展是应对这些挑战的良好策略。

2.3 中国的金融电子化建设状况

随着中国社会主义市场经济体制的建立和发展，特别是在网络时代电子商务的实践中，银行业在社会生活中的作用越来越显著。中国的金融电子化建设，经过 30 多年的努力，已经取得了重大的进展，特别是"三金"即金桥、金卡和金关工程的提出和发展，以及 1995 年前后提出的第四金"金网"工程的实施，加速了中国金融电子化与信息化的发展进程。但是，与发达国家的电子银行相比，还存在很多差距，还不能满足中国国民经济快速发展的要求，用数字经济时代的需求衡量则差距更大。中国已于 2001 年正式加入世界贸易组织 WTO，这意味着需要面对高度电子化和信息化的外国银行的直接竞争，这种挑战是严重的。因此，进入 21 世纪的中国金融界，面对日新月异发展的高科技，为适应由电子商务引发的网络支付结算与数字经济发展需求，只能加快金融电子化建设的步伐，尽快建立现代化的电子银行体系，开展网络银行服务，提高金融电子化和信息化水平，才能在激烈的国际竞争中处于不败之地。

2.3.1　中国金融电子化的现状

中国金融电子化相对西方国家虽然起步较晚，但其金融电子化建设进展神速，总体遵循"六五"做准备、"七五"打基础、"八五"上规模、"九五"电子化、"十五"、"十一五"、"十二五"信息化与 e 化的发展思路，在金融通信网络和金融业务处理等方面已发生了根本性变化，已建成的电子化金融系统对加强金融宏观调控、防范化解金融风险、加速资金周转、降低经营成本和提高金融服务质量发挥了重要作用，推进了中国国民经济快速、健康和稳定的发展。从"七五"开始，中国就将金融电子化列入国家重点发展的重大应用系统工程项目和国家重点科技攻关项目，特别是"三金"工程的提出和发展，加速了中国金融电子化的发展进程。

1. 中国金融电子化的发展阶段

中国金融电子化大致可分为四个阶段。

第一阶段约是 1970—1980 年，银行的储蓄、对公等业务以计算机处理代替手工操作。

第二阶段约是 1980—1996 年，银行逐步完成了其业务的连网处理。

第三阶段约是 1996—2000 年，实现了全国范围的银行计算机处理连网及互连互通。

第四阶段，从 2000 年开始，隔行开始进行业务的集中处理，利用互联网技术与环境，加快金融创新，逐步开拓网上金融服务，包括网络银行、网络支付和手机银行等。全国银行营业网点业务处理实现计算机化、网络化。据不完全统计，全国金融行业拥有大中型计算机 700 多台（套）、小型机 6000 多台（套），PC 及服务器 50 多万台，电子化营业网点覆盖率达到 95%以上。截至 2013 年年底，金融业务除农村信用社极少数偏远网点外，已全部实现了运营业务的计算机连网处理。中国金融数据通信骨干网运用卫星、微波、光纤、电缆等通信技术，已覆盖全国近 300 个地级市以上城市，提供语音、数据、图像等多种信息传输和多种通信协议服务。各银行内部已基本建成连接行内各分支机构的计算机网络，全面支持银行从柜面客户服务、交易信息处理、业务经营管理到办公自动化等多领域的应用。同时，银行系统还在全国近 300 个城市建立了城市网络，提供储蓄与对公业务的通存通兑、银行卡信息交换、同城资金清算、管理信息等服务。

图 2-16 为招商银行的一网通服务主页面，图 2-17 为中国银行的电子银行服务主页面。

图 2-16　招商银行的一网通服务主页面

图 2-17　中国银行的电子银行服务主页面

为促进电子商务的发展，由中国人民银行牵头，联合中国工商银行、中国农业银行、中国银行、中国建设银行、交通银行、中信实业银行、光大银行、招商银行、华夏银行、广东发展银行、深圳发展银行、民生银行、福建兴业银行、上海浦东发展银行 14 家全国性商业银行共同建立的国家级权威金融认证机构——中国金融认证中心 CFCA（China Financial Certification Authority）于 2000 年 6 月 29 日挂牌成立，是面向 Internet 服务的重要国家金融信息安全基础设施，http://www.cfca.com.cn 为其服务网站（见图 2-18）。CFCA 是目前国内能够全面支持电子商务安全支付结算业务的第三方网上专业信任服务机构，也是 2005 年《中华人民共和国电子签名法》颁布后国内首批获得电子认证服务许可的 CA（Certificate Authority）之一，采用基于 PKI（公钥基础设施）技术的双密钥机制,在保证核心加密模块国产化的前提下,通过国际招标建立了具有世界先进水平的认证系统,并且通过了国家信息安全产品测评认证中心的安全评测。CFCA 认证系统具有完善的证书管理功能,提供数字证书申请、审核、生成、颁发、存储、查询、废止等全程自动审计服务。目前 CFCA 具有覆盖全国的认证服务体系,认证业务已覆盖网络银行、证券、保险、税务、电子商务、电子政务、企业集团等多个领域。作为金融领域唯一合法的第三方安全认证机构,国内绝大部分网络银行都已采用 CFCA 提供的信息安全服务,纳入统一的金融安全认证体系。

图 2-18 中国金融认证中心 CFCA 主页面

2. 中国金融电子化的问题分析

当然,国内金融企业在实施电子化建设的过程中还存在不少问题,主要表现在以下五个方面:

第一,金融电子化缺乏战略性规划。由于中国计算机硬件平台和软件发展较晚,在国有商业银行全面实施国家金融信息化标准前,许多银行都已经建立了自己的体系,如各银行机型、系统平台、计算机接口及数据标准不统一,银行系统重复开发,各有自己的体系和应用系统,差异较大。体系不统一,造成人力、物力的高投入,维护成本高。而且正在运行的很多系统相互独立,难以完成系统之间的动态交互和信息共享,系统整合比较困难,标准化难以实施。

第二,全国性支付清算体系建设面临很多困难。金融电子化建设中,金融企业之间的互连互通问题难以得到解决。例如,国内众多的银行卡之间要实现互连互通,似乎需要经过一番长途跋涉。因为银行卡的连通意味着小银行可以分享到大银行的资源,大银行当然不愿意。因此,金融企业的互连互通,必须找到一种市场驱动机制下的利益平衡点。

第三,服务产品的开发和管理信息应用滞后于信息基础设施的建设和业务的快速发展。目前国内金融企业的计算机应用系统偏重于柜面、核算业务处理,难以满足个性化金融增值业务的需要。同时，缺乏对大量管理信息、客户信息、产业信息的收集、储存、挖掘、分析和利用，信息技术在金融企业管理领域的应用层次较低，许多业务领域的管理和控制还处在半电子化阶段。

第四，网上金融企业的认证中心建设速度相对缓慢。目前，中国各金融企业的客户很多，都是网上的潜在客户，然而由于国内金融企业在建设认证中心的意见上难以统一，使得网上金融的认证标准没有统一。而外资金融企业对此业务又虎视眈眈，一旦外资进入，美国标准、日本标准将在中国大行其道。分析人士认为，网上认证中心问题不解决，网上金融将不能成为真正意义上的网上金融。

第五，金融信息安全建设水平在很大程度上仍滞后于电子化水平。信息安全问题日益突出，新型网络金融服务拓展了金融服务的外延和范围，其安全性面临新的考验，并且信息技术本身的新发展，引发了新的、更多形式的安全威胁手段和途径，要求不断采取新的、更高强度的安全防护措施。

2.3.2 未来中国金融电子化与信息化的发展

进入 21 世纪后，全球经济一体化和金融一体化的进程明显加快，人类逐渐步入数字经济新时代与网络经济时代。这是一个空前发展、变革的时代，也是一个充满机遇和挑战的时代。经济的发展，社会的进步，特别是电子商务的发展，对银行提出越来越高的要求，全球的金融业都将因此面临新的挑战。加入 WTO 后的中国金融业将面临掌握先进技术的外资银行的激烈竞争，因此，中国金融业必须不断提高电子化和信息化水平，以迎接各种挑战。为了积极地应对这种竞争，以银行为代表的中国金融业必须有高度的忧患意识，进一步深化金融改革，加快金融电子化和信息化建设的步伐。

下面就未来中国金融电子化与信息化的发展方向、发展策略与发展目标做简单探讨，供读者参考。

1. 坚持以 Internet 为代表的网络技术和传统金融业务紧密结合的发展方向

目前，不同金融机构如银行所提供的金融产品和服务的差异性将日益缩小，它体现了现代社会的"产品同质化"趋势特点，而客户的"注意力"将成为银行争夺的目标。抓住客户的"眼球"，提高客户的忠诚度，金融品牌将是主导因素。未来的金融业可以提供的服务产品将涵盖金融与非金融领域，几乎可以满足客户所有的需求，以客户需求为主导将是金融企业设计开发产品的原则。以 Internet 为代表的网络最大特点就是可以十分方便、快捷、跨区域地交互传递各种电子信息，而金融产品又多表现为金融信息形式，这在技术应用上使金融业成为最适应网络时代的产业之一。随着网络经济的深化，经济金融的网络依存度将越来越高，货币、资金、金融机构正朝虚拟化方向大步迈进。未来金融业的发展将与信息技术的发展紧密结合，以 Internet 为代表的网络将成为金融业实现多渠道营销和改善内部管理的工具，对信息技术的掌握和运用程度将是决定金融企业生存与发展的关键。

虽然网络将成为银行等金融企业效率最高、成本最低的营销渠道，但是长期以来客户对"面对面"式的亲切、互动的服务方式需求决定了物理网络将仍然存在。因此，金融虚拟化的程度虽然将进一步加深，但是完全虚拟是不现实的，并不是所有客户均会喜欢电子化服务，物理网点仍将发挥重要的支撑作用，这在中国这样有悠久的传统商务习惯的国家尤其如此。当然，物理网点的数量将会逐渐减少，分布将有调整，服务方式也应发生改变，做到"鼠标"与"水泥"方式的有效结合。

中国招商银行由于近年确立了比较实用的发展方向，在进行银行电子化的过程中坚定不移地走把网络技术与传统银行紧密结合，走用网络技术和电子商务去改造传统银行的路子，已经取得显著的经济效益。截至 2014 年年底，招商银行信用卡累计发卡 5 981 万张，流通卡数 3 164 万张，其中招商银行信用卡流通户数为 2 607 万户，较 2013 年年末增长 22.68%，即招商银行信用卡用户人均 2.29 张。招商银行信用卡在 2014 年累计实现信用卡交易额突破 10 000 亿元，达到 13 313 亿元，同比增长 41.58%，流通每卡月均交易额 3 913 元。招商银行"一网通"网络银行的技术性能和柜面替代率，一直在同业中保持领先，其"金葵花"服务体系在高收入人群中受到广泛欢迎。招商银行的实践证明，传统商业银行的数字化、网络化是加快发展的正确选择，而"鼠标＋水泥"是传统银行信息化发展的基本模式与方向，传统银行应该构造的是具有以金融品牌为主导、以全面服务为内涵、以 Internet 为依托、以物理网络为基础的综合化、全球化、电子化、集团化、虚拟化的网络银行。

2. 确立与网络经济、电子商务相适应的发展策略

发展才是硬道理，金融信息化的根本目的是为了推动金融业的发展。银行等传统金融业应及时把握网络经济时代里电子商务的发展而带来的巨大机遇，在日益激烈的市场中重新给自己定位，重塑与客户的良好关系，采取积极措施，实施业务流程重构（BPR），在进一步巩固和强化传统优势的同时，借助于信息科技以崭新的功能和形态在网络经济时代实现稳健发展，再创辉煌。面对新形势，银行等传统金融业需要从外部环境和内部业务处理两个方面进行革新与努力，才能适应电子商务时代的要求，推进金融电子化更上一层楼。

就外部努力而言，一个重要的发展策略是积极游说国家相关管理部门进一步健全规范的电子商务游戏规则，完善电子商务标准与法律法规的制定及相应的网络基础设施与安全机制建设，为银行等网络业务的开展争取良好的环境。

就银行等金融业内部努力上，主要应采取如下四点对策。

1）制定与网络经济相适应的发展战略

金融企业应当按照网络经济时代的新游戏规则，重新评价自己，在新的市场环境中重新确立自己的定位。一是要确定银行的发展目标，在网络经济迅速发展的时代，金融企业应当根据自身的实际情况，明确所追求的近期目标是什么，中长期发展目标是什么；二是要明确自己的市场定位和客户定位，把握市场和客户的现实及潜在需求，明确自己的客户群体、业务领域，明确自己的竞争对手和合作伙伴等；三是要确立具体的战略实施对应策略与措施，明确什么时候采取什么方式去实现既定的发展目标；四是要动态地调整发展战略，网络经济瞬息万变，与网络经济相适应的银行发展战略也应该是动态的。

2）重建信息系统，满足网络金融业务不断发展的需要

网络经济是以 Internet 技术平台为基础的信息化经济。金融业通过发展网上金融，参与网络经济竞争，必须拥有适应网络经济发展的先进金融电子化信息网络系统。所

以，金融企业必须尽快建设自己的信息网络系统，尽快将现有系统改造成以网络为基础，集经营管理、业务处理和客户服务为一体的高度集成化的电子化信息网络系统，使得客户的各种业务和服务需求能够通过网络金融系统方便快捷地实现。

3）完善与网络经济发展相适应的科技创新机制

中国金融业要想通过提升电子化水平、开发网络金融服务来参与网络经济竞争，光靠学习别人的业务模式并不能在竞争中取得优势，重要的是，要对 Internet 与电子商务带来的平等机遇积极研发新的有特色产品，在企业内部建立并且完善与网络经济发展相适应的科技创新机制。例如，积极研究并且建立与客户交流、沟通的机制，不断为客户提供网上整套业务解决方案。

4）再造金融体系，积极进行 BPR

银行等传统金融业的市场营销是"以产品为中心"的，而在网络经济模式下，金融市场营销将是以"以客户为中心"的多渠道营销模式。建立"以客户为中心"的市场营销体系，不仅要求金融企业借助呼叫中心（Call Center）等现代技术手段全面了解客户的习惯、行为、生活和工作方式，建立统一的客户档案、客户资料，进行有针对性的"一对一"营销，从金融服务价值链中获取价值并构筑良好的客户关系，同时要求金融企业对其内部管理体制进行改造，建立和完善一个将市场信息和管理决策迅速而准确地在市场人员和管理部门间互相传递的机制，将"以客户为中心"融入金融业经营的全过程，并且在企业精神、企业文化中得到充分体现。

3. 制定有效解决电子商务中的网络支付等核心问题的发展目标

电子商务发展的核心问题之一是如何安全、快捷、可靠地解决网络支付问题，而良好的网络支付结算手段的大规模应用完全取决于银行的电子化和信息化程度。因此，"十二五"、"十三五"期间中国的银行业必须加大数字化、信息化建设的力度，建立健全现代化的网络支付清算体系，全面推动电子商务、网络银行、网上证券、网上保险等网络金融服务的发展，努力进行内容创新来提高信息增值服务水平，缩小与发达国家金融业在信息技术应用上的差距，这将为网络时代里中国电子商务的快速发展起到决定性作用。

中国各商业银行将依托 IT 和 Web 技术应用，推动银行业务流程、功能和经营管理模式的再造，从而全面提高服务水平、经营管理水平、业务运行效率和虚拟化程度，并且降低运行成本。中国人民银行作为中国的中央银行，将在 Intranet 和 Extranet 建设的基础上，建立统一的数据采集系统和集中的金融信息数据库，采用相关信息技术全面提高中央银行的统计、会计、稽核和监管水平，提高全国甚至国际网络支付结算的能力、金融风险检测、预警和防范能力，提高清算服务、货币政策的决策和实施能力。这些目标的实现，特别是良好的网络支付与结算工具的完善，将极大地推进中国电子商务的发展，也为中国银行等金融业带来显著的经济与社会效益。

本章小结

电子货币的出现与发展，体现了近年来国际上金融的电子化与信息化进程。金融电子化、电子货币和网络支付与结算都离不开银行的参与，准确地说，都需要银行的电子化与信息化建设来支撑。可以说，银行电子化与信息化建设的结果直接导致电子银行和网络银行的出现，网络支付结算方式的应用与电子货币技术息息相关。

本章首先介绍了电子货币的基本概念，简单来说就是在通信网络或金融网络中流通的"金钱"代币或控制"金钱"流向的指令；在此基础上对电子货币的应用方式，即运作形态、功能特点、分类、发展状况做了较详细的叙述；最后以中国建设银行的"龙卡系列"电子货币产品作为应用实例，以帮助读者对电子货币有一个整体理解。

进入 20 世纪 90 年代后，伴随着 Internet 的爆炸性应用浪潮与电子商务的蓬勃兴起，银行及时将自己的电子银行服务向 Internet 平台延伸，使银行在较短的时间内能够通过已有的电子银行体系，以较小的革新成本向 Internet 的广大用户提供网络支付结算服务和网络银行业务服务。可以说，网络银行系统是建立在已有的电子银行基础之上的，是电子银行的继续，并且成为电子银行的重要组成部分。因此，2.2 节详细介绍了目前由 POS、CD、ATM 等构建的电子银行体系，以及银行的电子化历程。基于电子银行的发展，分析了在 Internet 和电子商务快速发展的新形势下，银行为了开发新的市场，争取新的客户，获得新的收入源，对市场变化做出更迅速的反应，进一步降低成本，正积极采用"C&C+IT+Web"技术集成模式与金融核心业务相结合的基础结构，形成网络银行服务这种崭新的业务模式和管理模式。

2.3 节则具体叙述了中国金融电子化建设的现状，展望了未来中国金融电子化与信息化的发展方向、发展策略与发展目标，说明网络支付与网络银行服务是重点发展趋势。

复习思考题

1. 简述电子货币和传统货币的区别，并调研分析身边的电子货币应用。
2. 说一说电子货币与支付结算的关联及对电子商务发展的影响。
3. 常见的电子支付工具有哪些？简述它们的支付流程。
4. 分析中国招商银行的电子银行与网络银行体系，并且提出相应改进建议。
5. 调研工商银行、建设银行、招商银行的网站并进行特点分析。
6. 简述中国金融电子化与信息化的建设需求与进程。

第 3 章 网络支付基础

在目前声势浩大的电子商务浪潮中，作为电子商务关键环节的网络支付与结算，愈发显示其重要性。正如第 2 章所述，它是当前金融电子化中电子银行构建的核心问题。

基于以 Internet 为代表平台的网络支付与结算方式是伴随 Internet 应用的普及、电子商务的开展而逐渐研发出来的，应该说与电子商务一样，是个新生事物，它依赖于国家电子银行系统的建设与应用水平。近 10 年来，世界上基于 Internet 平台的网络支付与结算方式可以说正在大力发展、应用并且日趋完善，尤其是非金融机构网络支付，更是"异军突起"，其中有些支付手段已比较成熟，如银行卡网络支付、支付宝结算；有些还在实验应用阶段，如刷脸支付、虹膜支付等。随着技术的进步和日益迫切的电子商务的需求及人们传统观念的革新，越来越多更加安全、可靠、方便、快捷的网络支付工具正不断研发出来并且投入实践。

本章通过对网络支付基本理论、网络支付的支撑网络平台、网络支付的基本流程和基本模式及网络支付方式的分类等内容的介绍，比较系统而全面地阐述了以 Internet 为主要平台的网络支付结算的理论与应用体系，并从国外、国内两个方面介绍了网络支付与结算的发展和应用情况。

3.1 网络支付的基本理论

网络支付是基于电子支付的基础发展起来的，它是电子支付的一个最新发展阶段，或者说，网络支付是基于 Internet 并且适合电子商务发展的电子支付。网络支付比流行的信用卡 ATM 存/取款、POS 支付结算等这些基于专线金融网络的电子支付方式更新、更方便一些，是 21 世纪支撑电子商务发展的主要支付手段。

以 Internet 为主要平台的网络支付方式虽说是个新生事物，但在发达国家与中国均已逐渐投入实用，应用面越来越广，且形成的较规范的理论与应用体系，正在不断发展完善中。本节主要从理论角度比较完整地叙述网络支付与结算的产生与定义、基本构成、基本功能及基本特征等。

3.1.1 网络支付的产生与定义

自从出现作为一般等价物的货币,人类社会进入了具有现代意义的货币结算支付方式的时代,才可以说是真正的有规模的商品经济的开始。第 1 章描述过,现代支付是为了清偿商务伙伴间由于商品交换和劳务活动引起的债权、债务关系,由银行所提供的中介金融服务业务,而这种结清债权和债务关系的经济行为称为结算。因此,支付与结算的基本含义类似,支付与结算可以直接理解为支付结算或支付。简单地说,支付结算就是最终实现将现金的实体从发款人传送到收款人的商务过程。本书中有时称为支付与结算,有时直接称为支付或支付结算。

在很长一段时间内,银行作为金融业务的中介,通过自己创造的信用流通工具为商人与商家办理转账与结算,主要利用传统的各种纸质媒介进行资金转账,比如通过纸质现金或纸质单据等方式,称为传统支付。现金是由本国政府发行的纸币和硬币形式供应的,支付的纸质单据主要指银行汇票、银行支票或国家邮政部门等公认机构所签发的邮政汇票等。在 20 世纪 70 年代,计算机和网络通信技术得到普及和应用,银行的业务开始以电子数据的形式通过电子信息网络进行办理,诸如信用卡、电子汇兑等一些电子支付方式开始投入使用,这是应用电子信息技术手段用于商务支付结算的开始,一直发展到现在,出现了很多电子支付与结算方式。

电子支付,也称电子支付与结算,英文一般描述为 Electronic Payment,或简称 e-Payment,它是通过电子信息化的手段实现交易中的价值与使用价值的交换过程,即完成支付结算的过程。信用卡专线支付结算方式在 20 世纪 70 年代就开始了,因此电子支付与结算方式的出现要早于现在的 Internet。随着 20 世纪 90 年代全球范围内 Internet 的普及和应用,电子商务的深入发展标志着信息网络经济时代的到来,一些电子支付结算方式逐渐采用费用更低、应用更为方便的公用计算机网络,特别是 Internet 作为运行平台,网络支付与结算方式就应运而生了。

网络支付,也称网络支付与结算,英文一般描述为 Net Payment 或 Internet Payment,它指以金融电子化网络为基础,以商用电子化工具和各类交易卡为媒介,采用现代计算机技术和通信技术作为手段,通过计算机网络系统特别是 Internet,以电子信息传递形式来实现资金的流通和支付。可以看出,网络支付带有很强的 Internet 烙印,所以很多地方干脆称它为 Internet Payment,它也是基于 Internet 的电子商务的核心支撑流程。

3.1.2 网络支付体系的基本构成

网络支付与结算的过程涉及客户、商家、银行或其他金融机构、商务认证管理部门之间的安全商务互动,因此支撑网络支付的体系可以说是融购物流程、支付与结算工具、安全技术、认证体系、信用体系,以及现在的金融体系为一体的综合大系统。网络支付体系的基本构成如图 3-1 所示,其中,客户与商家分别代表在网上开展商务交易的双方,即买方与卖方;客户的开户银行,表示网上寻求商品服务的客户在其中有资金账号的某金融机构,它主要指银行,称为支出行或付款行;商户的开户银行表示商家在其中有账号的某金融机构,主要指银行,称为接收行;认证中心 CA 的功能,可以说是网上商务各方进行商务活动的第三方公证机构,且向商务各方发放、验证各种认证安全工具,如标示网上交易者真实身份的 X.509 数字证书及其中携带的公开密钥信息。现阶段,某些接收行为促进电子商务网上支付与结算的开展,也可能设置自己的注册机构,由注册机构向在本银行开设账户的商家发放数字证书,商家可向客户出示这个数字证书,用来说明商家是合法的。当然,认证机构和注册机构的工作应当是协调的。

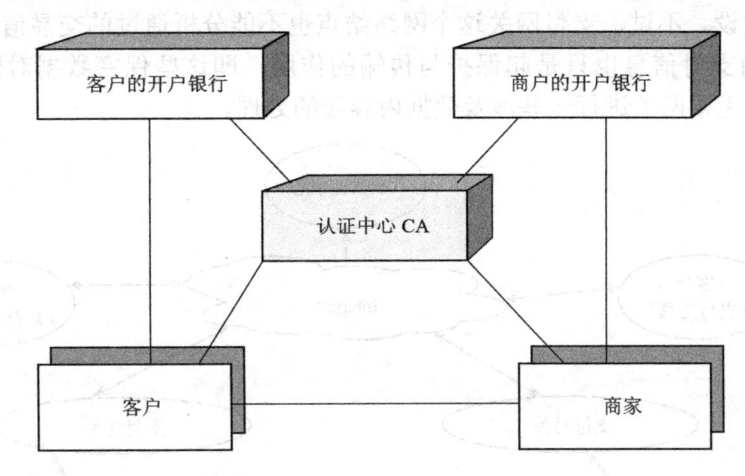

图 3-1 网络支付体系的基本组成

基于 Internet 公共网络平台的电子商务网络支付体系的基本构成如图 3-2 所示,其中主要涉及七大构成要素。

(1)"客户"是指在 Internet 上与某商家或企业有商务交易关系并且存在未清偿的债权、债务关系(一般是债务)的一方。客户用自己拥有的网络支付工具(如信用卡、电子钱包、电子支票等)发起支付,它是网络支付体系运作的原因和起点。

(2)"商家"则是拥有债权的商品交易的另一方,可以根据客户发起的支付指令向中介的金融体系请求获取货币给付,即请求结算。商家一般设置专门的后台服务器来处理这一过程,包括协助身份认证及不同网络支付工具的处理。

(3)"客户开户行"是指客户在其中拥有资金账户的银行,客户所拥有的网络支付工具主要是由开户银行提供的。客户开户行在提供网络支付工具的时候,同时提供一种银行信用,即保证支付工具是真实并可兑付的。在利用银行卡进行网络支付的体系中,客户开户行又被称为发卡行。

(4)"商家开户行"是商家在其中开设资金账户的银行,其账户是整个支付结算过程中资金流向的地方或目的地。商家将收到的客户支付指令提交其开户行后,就由开户行进行支付授权的请求,以及进行商家开户行与客户开户行之间的清算等工作。商家开户行是依据商家提供的合法账单(客户的支付指令)来工作的,因此又称为收单行或接收行。

(5)"支付网关"的英文为 Payment Gateway,它是 Internet 公用网络平台和银行内部的金融专用网络平台之间的安全接口,网络支付的电子信息必须通过支付网关进行处理后才能进入安全的银行内部支付结算系统,进而完成安全支付的授权和获取。支付网关的建设关系着整个网络支付结算的安全及银行自身的安全,关系着电子商务支付结算的安排及金融系统的风险,必须十分谨慎。相对来说,作为网络平台的 Internet 公共信息存在不安全性。在电子商务交易过程中，网络平台上同时传输两种电子信息，即交易信息与支付信息，必须保证这两种电子信息在网络传输过程中不能被无关的第三者阅读，包括商家也不能看到其中客户的支付信息（如客户信用卡号、授权密码等），而银行不能看到商务二者其中的交易信息（如商品种类、商品总价等），以保护客户及商家商业交易的隐私。这就要求支付网关必须由商家以外的第三方银行或其委托的信用卡发行机构来建设。不过，支付网关这个网络结点也不能分析通过的交易信息。支付网关对送来的双向支付信息也只是起保护与传输的作用，即这些保密数据对网关而言是"透明"的，而无须网关进行一些涉及数据内容级的处理。

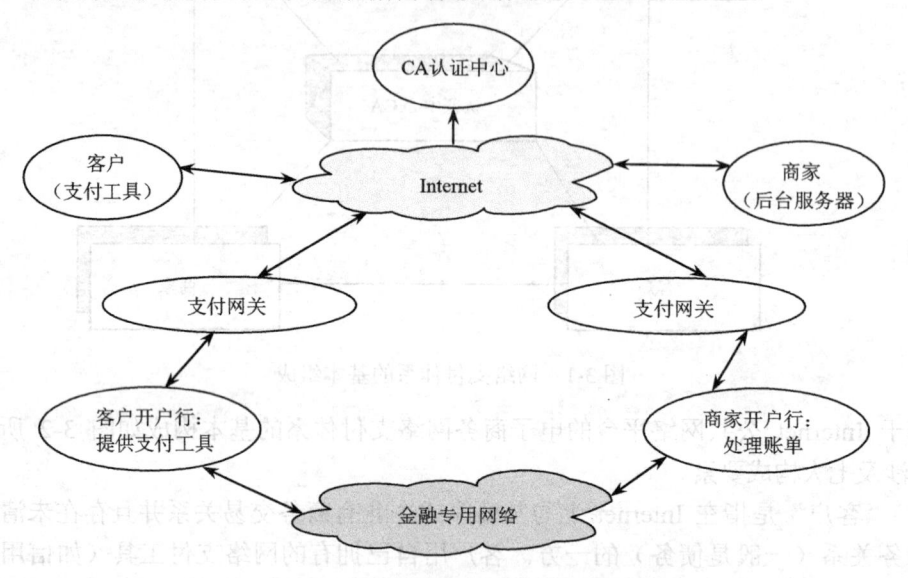

图 3-2 电子商务网络支付体系的基本构成

（6）"金融专用网络"则是银行内部及银行间进行通信的专用网络，它不对外开放，因此具有很高的安全性。如前面提过的中国国家金融通信网，其上运行着中国国家现代化支付系统、工商银行电子汇兑系统、银行卡授权系统等。目前中国传统商务中的电子支付与结算应用如信用卡 POS 支付结算、ATM 资金存取、电话银行、专业 EFT 系统等，均运行在金融专用网上。银行的金融专用网发展迅速，虽然不能直接为基于 Internet 平台的电子商务进行直接的支付与结算，但是它为逐步开展电子商务提供了必要的条件。归根结底，金融专用网络是电子商务网络支付 Internet 平台的一部分。

（7）"CA 认证中心"应该说是网上商务的准入者和市场的规范者，它与传统商务中工商局的作用有点类似，是个第三方的公正机构。它主要负责为 Internet 上参与网上电子商务活动的各方（包括客户、商家、支付网关、银行）发放与维护数字证书，以确认各方的真实身份，也发放公共密钥及提供数字签名服务的支持等，保证电子商务支付结算的安全与有序进行。

除以上七大构成要素外，在电子商务网络支付系统的构成中还应该包括在网络支付时使用的网络支付工具及遵循的支付通信协议，即电子货币的应用过程。其中经常被提及的网络支付工具有银行卡、电子现金、电子支票等。支付通信协议主要指支付的安全通信与控制模式，如 SSL 模式与 SET 模式等，本书第 4 章会结合网络支付进行较详细的叙述。

综上所述，电子商务网络支付体系的基本构成即为电子商务活动参与各方与网络支付工具、支付通信协议的结合体。

3.1.3 网络支付的基本功能

虽然网络支付体系的基本构成和方式在不同的环境不尽相同，但安全、有效、方便、快捷是所有网络支付方式或工具追求的共同目标。对于一个实用的网络支付与结算系统而言（可能专门针对一种网络支付方式，也可能兼容几种网络支付方式），它至少应该具有以下七种基本功能。

（1）能够使用数字签名和数字证书等实现对网上商务各方的认证，以防止支付欺诈。为实现网上交易与支付的安全性，对参与网上贸易的各方身份的有效性进行认证，通过认证机构或注册机构向参与各方发放数字证书，以证实其身份的合法性。例如，防止一些网上黑店利用 Internet 的漏洞来骗钱，最近就有不法分子利用工商银行的名义在网上骗取用户资金账号的使用密码。

（2）能够使用较为尖端的加密技术，对相关支付信息流进行加密。可以采用单密钥体制或双密钥体制进行信息的加密和解密，可采用数字信封、数字签名等技术加强数据传输的保密性与完整性，防止未被授权的第三者获取信息的真正含义。例如，防止网上信用卡密码被黑客破译窃取。

（3）能够使用数字摘要（即数字指纹）算法确认支付电子信息的真伪性，防止伪造假冒等欺骗行为。为了保护数据不被未授权者建立、嵌入、删除、篡改、重放等，完整无缺地到达接收者一方，可以采用数据杂凑技术（Hash 技术）。比如，世界市场石油的价格波动很厉害，美国"2001-09-11"事件（简称"9·11"事件）后更加明显，一些商家为了片面追求自身的利益而在网上伪造、修改双方确认的支付与结算条款信息。

（4）当网上交易双方出现纠纷，特别是有关支付结算的纠纷时，系统能够保证对相关行为或业务的不可否认性。网络支付系统必须在交易的过程中生成或提供足够充分的证据来迅速辨别纠纷中的是非，可以用数字签名等技术来实现。例如，当客户运用信用卡在本月 10 号支付完毕，可是商家因为自身的某些原因而故意认为本月 20 号才收到货款而延迟发货，甚至根本否认收到客户的网上支付款项，从而产生纠纷。

（5）能够处理网上贸易业务的多边支付问题。由图 3-2 的网络支付体系的基本构成可知，支付结算牵涉客户、商家和银行等多方，传送的购货信息与支付指令信息还必须连接在一起，因为商家只有确认了某些支付信息后才会继续交易，银行也只有确认支付指令后才会提供支付。为保证安全，商家不能读取客户的支付指令，银行不能读取商家的购货信息，这种多边支付的关系能够借用系统提供的诸如通过双重数字签名等技术来实现。

（6）整个网络支付结算过程对网上贸易各方，特别对客户来讲，应该是方便易用的，手续与过程不能太烦琐，大多数支付过程对客户与商家来讲应是透明的。

（7）能够保证网络支付结算的速度，即应该让商家与客户感到快捷，这样才能体现电子商务的效率，发挥网络支付结算的优点。否则，就像一位小伙子在情人节当天早上从网上购买鲜花，整个网上填入信用卡号码与密码并提交支付表单的过程均挺快，可是以银行为基础的网络支付体系迟迟不能与商家进行结算，导致商家在第二天才收到货款而发货，这样送出去的鲜花就失去了应有的作用。所以，网上支付结算处理太慢是会误事的，甚至引起很多纠纷。当然，在保证网络支付结算快捷的同时，应注意稳定性，不能一时行，一时又不行，由此触及客户的敏感神经。

3.1.4 网络支付的特征

相比于传统支付结算时普遍使用的"一现三票一卡"（即现金、发票、本票、汇票和信用卡）方式，以 Internet 为主要平台的网络支付结算方式表现出更多的优点和特征如下。

（1）网络支付主要在开放的公共网络系统中，通过看不见但先进准确的数字流，完成相关支付信息传输，即采用数字化的方式完成款项支付结算。可见，传统支付结算方式是通过纸质现金的流转、纸质票据的转让和银行的汇兑等物理实体的流转来完成款项支付，需要在较为封闭的系统中运行，大多需要面对面处理。而网络支付的工作是基于一个开放的系统平台如 Internet 平台的，其 Internet 应用的特点就是兼容性强，对软、硬件设施要求并不很高，连网与应用均十分简便。例如，首都在线 263 拨号上网，只需简单地设置拨号电话如 95963，用户名与密码均为 263，就可拨号上网了，有的甚至连用户名与密码均不需要，很方便。

（2）网络支付具有方便、快捷、高效、经济的优势。用户只要拥有一台上网的 PC，便可足不出户，在很短的时间内完成整个支付与结算过程。支付费用仅相当于传统支付的几十分之一，甚至几百分之一。传统的支付方式，由于票据传递迟缓和手工处理的手段落后，形成大量在途资金，无法做到银行间当天结算，因而交易双方的资金周转速度很慢。网络支付系统可以直接将钱打到收费者的银行账号上，这比通过邮寄或第三方转款大大缩短了付款时间，提高了资金的周转率和周转速度，既方便了客户，又提高了商家的资金运作效率，也方便了银行的处理。例如，据咨询公司 Booz 所做的调查，在美国，一桩通过 Internet 完成的网络支付结算成本仅为 1 美分，而通过 POS 专线支付或营业员柜台操作完成结算的成本分别高达 27 美分与 1.07 美元。

（3）网络支付具有轻便性和低成本性。与电子货币相比，一些传统的货币如纸质货币和硬币则愈发显示出其奢侈性。在美国，每年搬运有形货币的费用高达 60 亿美元，英国则需要 2 亿英镑，中国由于电子支付比例小，费用也非常庞大，而世界银行体系之间的货币结算和搬运费用占到其全部管理费的 5%。而采用网络支付方式，由于电子信息系统的建立和维护开销都很小，且 Internet 的应用费用很低，接入非常简便，使得普通消费者与小公司也有机会使用网络支付系统，无论小公司还是大企业都可从中受益。

（4）网络支付与结算具有较高的安全性和一致性。支付的安全性是保护买卖双方不会被非法支付和抵赖，一致性是保护买卖双方不被冒名顶替。网络支付系统和现实的交易情况基本一致，而网络支付协议充分借用了尖端加密与认证技术，其设计细致、安全、可靠，读者在本书第 4 章的内容学习中可以知晓相关细节。所以，网络支付远比传统的支付结算更安全可靠。

（5）网络支付可以提高开展电子商务的企业资金管理水平，但也增大了管理的复杂性。银行和商家发现通过 Web 页面或 E-mail 向客户散发宣传资料是一条很好的促销渠道，可以通过书面形式详尽地描述所提供的产品、服务及收费标准。采用网络支付方式以后，不仅可以做原有的网络广告宣传，而且能够十分方便地利用收集的客户信息建立相关决策支持系统，比如进行账单分析、估测市场趋势、预算新举措费用等，为企业进行科学的决策、降低经营风险等提供有力支持。同时，网络支付系统的高效率，可使企业很快地进行资金处理和结算，有效地防止拖欠的发生，这对于提高资金管理和利用水平有很大的帮助。由于网络支付工具和支付过程具有无形化、电子化的特点，它将传统支付方式中面对面的信用关系虚拟化，因此对网络支付工具的安全管理不能依靠普通的防伪技术，而是通过用户密码、软硬件加密和解密系统及防火墙等网络安全设备的安全保护功能实现。为了保证网络支付工具的通用性，还要制定一系列标准与规则。因此，网络支付使得企业资金管理的复杂性在开始时增大，但随着网上各种资金监测系统的研发应用与电子商务发展得更加成熟，系统的自动处理能力越来越强，复杂性将逐渐降低。

（6）银行提供网络支付结算的支持使客户的满意度与忠诚度上升，这为银行与开展电子商务的商家实现良好的客户关系管理提供了支持。例如，美国花旗银行自开展网络银行与网络支付业务以来，由于网络支付的便利，通过对客户的抽样调查，客户的满意度提高了，反映在具体的数据上是客户账户的资金余额增加了，客户流失率降低了。

当然，就目前的技术水平而言，网络支付作为新兴方式，还存在一定的安全性以及支付环境、管理规范不完善等问题，但这些问题在传统支付结算中也存在。伴随电子商务的蓬勃发展，电子货币和网络支付的发展已经呈现加速趋势。网络支付和电子货币的出现使得在全球范围内统一货币成为可能，货币的统一将进一步推动全球经济的一体化进程，货币交换速度的提高也将加快社会经济的增长速度。

3.2 网络支付的支撑网络平台

包括网络支付在内的电子支付是一种通信频次大、数据量不定、实时性要求较高、分布面很广的电子通信行为，因此电子支付的网络平台通常是交换型的、通信时间较短的、安全保密好的且稳定可靠的通信平台，它必须面向全社会，对所有公众开放。

电子支付的常见网络平台有电话交换网 PSTN，公用数据网，专用数据网，EDI 专用网络平台以及近年发展起来的 Internet 等。最早的电子支付网络平台主要有 PSTN、X.25 和 X.400 网络等，后来出现了 X.435、X.500 等网络平台。随着网络时代的到来，这些网络的普及面及速度都明显跟不上当前业务发展的需要，特别是不能支撑以 Internet 为平台的电子商务下网络支付结算的需要。

目前，网络支付的支撑网络平台主要有两类平台，一类是传统成熟的 EDI 专用网络支付平台，另一类是大众化网络平台 Internet，它们各有优缺点和应用环境，随着 Internet 在全社会各行各业的大规模普及及应用，加上其方便快捷、多媒体、互动性强以及经济的应用特点，大众化网络平台 Internet 已成为网络支付平台的发展趋势。EDI 正从专用网络逐渐向 Internet 转移，如 Web_EDI 的发展就是支付平台的关注热点，也体现出上述两个平台的融合趋势。所以本书的叙述重点是 Internet 平台。

3.2.1 早期的传统网络平台

1. 电话交换网 PSTN

在中国，电话普及率几乎达到 100%，电话交换网 PSTN 的网络规模非常庞大，这为开展以 PSTN 为平台的电话支付结算业务提供了支持。发达国家的许多银行早在 20 世纪 70 年代就开展了这种电话转账、查询业务。近几年在中国各地，包括转账、支付、查询在内的电话银行业务也逐渐开展起来。由于基于 PSTN 网络平台，用户入网比较方便灵活，相关技术比较成熟。随着电子支付用户的大量增多和交易量的大幅度增加，基于模拟电话网的电子支付业务便暴露了一些问题，如直观性差、交易时间长、"重拨"现象明显、接通率低、可靠性较低、保密性较差、误码率高等，使电话银行的业务受到影响，更不能满足电子商务的需求。因此现代化大容量的电子支付与电子商务下的网路支付需要数字化、安全、可靠、快捷的网络平台来支撑。

当然，现在移动电话（手机）已经非常普及并且处理事务方便，基于无线通信网络的移动电话支付是非常有发展潜力的，特别对小额的个体消费支付。比较高级的移动支付实质上已经不是语音服务了，而是数据服务，它主要借助无线网络来处理数据业务，如现在的 WAP 服务就为手机上网后进行支付提供了支持，它实际上也是基于 Internet 的支付，只不过是无线的 Internet 平台。

2. 分组交换数据网

分组交换数据网主要有 X.25、X.400、X.435、X.500 网络等，以 X.25 网络为典型代表，也就是"计算机网络原理"课程中的包交换（Package Exchange）或帧交换网络，网络通信协议遵循 ISO 的 OSI 七层模型，非常规范。分组交换数据网应用上有很多特点，本身非常适合于业务量较小的异步数据传输。比如，虚拟电路的灵活设置适用于多台终端同时与银行主机通信，且使扩容变得非常容易；带宽的统计复用消除了原来因中继线争用带来的通信不畅；通信协议的多层纠错功能保障误码率比电话交换网低很多，基本能使商务伙伴间支付结算等交易数据准确无误地被传递；组网模式也可以与原有的 PSTN 模式兼容，以便分别发挥各自的优势，如电话交换网对散点终端入网较为适用，分组交换数据网则对较为集中的大商场更能显示其优势。目前中国已经形成覆盖全国的公用分组交换等数据网络设施，这为实现全国范围内的电子支付网络打下了物理基础。

分组交换数据网络在电子支付领域具有固有的安全性能，这不仅仅体现在数据网本身良好的网络拓扑结构和网络管理能力上，VPN（虚拟专用网）、CUG（闭合用户群）、Firewall（防火墙）等技术的广泛应用也为数据网上电子支付的应用提供了有力保障，有效防止了非法用户的侵入。例如，借助 VPN，银行利用公用数据网的条件组成专用的虚拟金融支付网络，可由自己来管理 VPN 资源。由于是专用线路专用网络，VPN 比较安全可靠。

用户应用分组交换数据网络毕竟是专网租用，比较昂贵，而且在应用人群的普及面上还比较窄，与支持电子商务开展的 Internet 技术上还有不同。这些都不能满足电子商务中即时、经济、方便、快捷的网络支付与结算需要。现在银行的金融专用网还采用分组交换数据网络技术或专线 DDN 技术，支持 POS 支付、ATM 服务、HB 服务等。

3.2.2 专用成熟的 EDI 网络平台

EDI 是 Electronic Data Interchange 的缩写,中文译为"电子数据交换"。EDI 业务出现在美国 20 世纪 70 年代初,发展多年,最早应用于物流企业的贸易服务,现已成为国际贸易的主要模式之一,广泛应用于各行各业。EDI 是一种在贸易企业之间借助通信网络,以标准格式传输订货单、发货通知单、运货单、装箱单、收据发票、保险单、进出口申报单、报税单、缴款单等贸易作业文件的电子文本,可以快速交换贸易双方或多方之间的商务信息,从而保证商务快速、准确、有序并且安全进行。可以说,EDI 是一种以网络为平台的基于电子处理的商务形式,它被称为企业间的"无纸贸易"。EDI 业务代表了电子商务真正的开端,只不过网络平台是 EDI 专用通信网,而非 Internet。

在 EDI 系统中交易的信息需要根据国际标准协议进行格式化,形成标准电子版本,通过计算机通信网络对这些数据进行交换和自动化处理,从而有机地将商业贸易过程的各个环节(包括海关、运输、银行、商检、税务等部门)连接起来,实现包括电子支付在内的全部业务,在效率上较传统手工或传真商务有很大的优越性。EDI 系统具有一整套的成熟的安全技术体系,能够有效防止信息的丢失、泄密、篡改、假冒、商务抵赖和拒绝服务等。

由于整个 EDI 业务系统的开展是建立在一个遍布全球的 EDI 通信专用平台上,所以 EDI 的支付结算业务也是应用这个专用网络平台开展的,发展多年,技术相当成熟,现已成为 WTO 推荐其成员国之间采用的主要国际贸易形式。随着经济全球化的进一步深入,以及中国在 2001 年年底正式加入 WTO,EDI 商务形式正在包括中国在内的国家中大力拓展。但 EDI 通信网络平台毕竟是专用的,且只用于企业和企业间的贸易信息交换,应用条件较为苛刻、专业而且昂贵,所以发展到现在用户面比较窄,特别是在中国这样的发展中国家,目前还主要用于较大企业之间的国际贸易,在中小企业间尚未普及。

从广义上讲,EDI 业务属于 B2B 电子商务的范畴,所以 EDI 专用网络平台是现在很多企业开展这种 EDI 式电子商务的成熟平台。但是,毕竟目前的 EDI 专用网络平台与 Internet 不一样,不能有效支持所有出现的电子商务拓展领域,如网上大学、网络图书馆、个人网上购物、网络收费游戏、网络银行等,所以 EDI 专用网络平台作为电子商务的依托平台是有局限性的。

随着 Internet 的进一步发展,目前 EDI 与 Internet 有相互结合的发展趋势,即 Web_EDI 的出现。所谓 Web_EDI,就是把 EDI 系统建立在 Internet 平台上,而不是原来的专用网络,而 EDI 运作规则与标准基本不变。这样,Web_EDI 就能大大减少中小企业实现 EDI 的费用,允许中小企业只需要通过 Web 浏览器和 Internet 连接来执行 EDI 信息交换,大大拓展了 EDI 的应用范围。这里,Web 是 EDI 报文的接口,一般情况下,其中一个参与者是比较大的企业,针对每个 EDI 报文开发或购买相应的 Web 表单,改造成适合自己的译文,然后把它们放在 Web 站点上,Web 表单就成为 EDI 系统的接口;另外一个参与者是较小的公司,它登录到 Web 站点,选择所感兴趣的 Web 表单填写,填写结果递交 Web 服务器后,通过服务器端程序进行合法性检查,把它变成通常的 EDI 报文,报文的处理就与传统的 EDI 报文处理一样,为了保证报文信息从 Web 站点返回它的参与者,报文还能转变成 Web 表单或 E-mail 的形式通知贸易双方。

因此,对所有的交易,EDI 相关的费用转换只发生一次,对所有的参与者来说都发生在 Web 站点上,应用起来非常简单方便。Web_EDI 在商务运作上是不对称的,商务的一方 A 主要实现了 Web 式 EDI 的信息交换，承担几乎所有实现 EDI 的费用，在自身的 Web 站点处理，从而也享受 EDI 带来的绝大多数好处；另外一方 B 借助 A 的 Web 站点，与 A 进行 Web 式 EDI 交换开展贸易，不需要任何翻译或者转换，能够享受与 A 开展贸易快捷、成本低廉的好处，特别是在 A 与 B 之间贸易量较大时更为明显。

3.2.3 大众化网络平台 Internet

在传统通信网和专用网络上开展网络支付结算业务，由于终端和网络本身的技术难以适应电子商务业务量的急剧上涨等一些局限性因素，使用户面很难扩大，且使用户、商家和银行承受昂贵的通信费用。因此，寻求一种物美价廉、易用的且对大中小型企业与普通消费者都能适用的大众化平台，成了当务之急。全球拥有超过 30 亿用户并且飞速发展的 Internet 就顺其自然地成为焦点。与此同时，与网络支付结算相关的技术、标准和实际应用系统也不断涌现，使得基于 Internet 上进行网络支付已经成为现代化支付系统特别是支撑电子商务支付结算的发展趋势。

Internet 网络支付平台并不只包括 Internet 部分，从图 3-2 可以知道，大众化 Internet 网络支付平台主要由 Internet、支付网关、银行内部专用业务网络三个部分组成，其网络结构如图 3-3 所示。支付网关的作用是特殊而重要的，在前面网络支付体系构成中介绍过。它是位于 Internet 和传统的银行专用网之间，用于连接银行专用网络与 Internet 的一组专用服务器。设置支付网关的主要目的是安全地连接 Internet 和银行专用网，完成两者之间的通信、通信协议转换和进行相关支付数据的加密、解密，将目前不安全的开放的 Internet 上的交易信息传给内部封闭的安全的银行专网，起到隔离和保护银行内部网络的作用。正是有了支付网关，整个 Internet 网络支付平台才是一个安全可靠的平台，大大方便了商家与客户对网络支付系统的应用，因为支付网关的运作对商家与客户来讲均是"透明"的，它由第三方或银行来研发运作。

支付网关的主要应用过程简略描述如下。

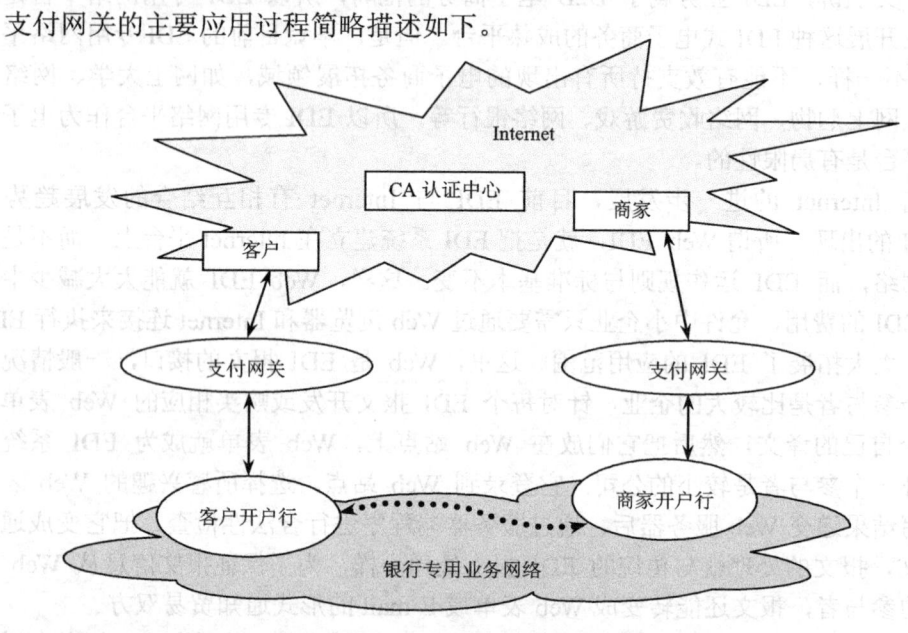

图 3-3 Internet 网络支付平台结构

（1）将从 Internet 传来的相关支付数据包进行解密，按照银行系统内部的通信协议将数据重新打包，完成协议转换，发送银行内部业务处理服务器。

（2）接收从银行内部业务处理服务器传回的响应或反馈消息，将此数据转换为外面 Internet 网络使用的数据格式（即 TCP/IP 包），对其进行加密，防止失密。

（3）支付网关将经过加密的 Internet 数据包转发相关的商家或客户，这样一次支付结算的信息处理流程结束。后面继续这个处理流程，直至客户的一次网上支付结算业务处理完毕。

在 Internet 这个大众化的网络支付平台中，CA 认证中心也是一个很重要的角色，它是安全支付的控制与管理中心。在完成网络支付结算时，客户、商家、支付网关甚至银行服务器均需频繁地与 CA 认证中心进行信息交互，如数字证书的验证、数字签名的辅助运作等，因此可以说是保证安全可靠的网络支付结算的核心。CA 认证中心的作用在 SET 协议安全机制中表现得更为明显，"电子商务安全"课程已有介绍，本书在后面相关章节中还会具体叙述 CA 认证中心怎样帮助实现安全的网络支付。

3.3 网络支付的基本流程和基本模式

本节以 3.2 节介绍的大众化网络平台 Internet 为基础，叙述众多网络支付与结算方式的基本流程；结合电子货币的支付流程，分类描述当前网络支付与结算的基本模式。

3.3.1 网络支付的基本流程

在处理网络支付时借鉴了很多传统支付方式的应用机制与过程，只不过流动的媒介不同，一个是传统纸质货币与票据，大多手工作业；一个是电子货币且网上作业。可以说，基于 Internet 平台的网络支付结算流程与传统的支付结算过程是类似的。如果熟悉传统的支付结算方式，如纸质现金、支票、POS 用信用卡等方式的支付结算过程，将有助于对网络支付结算流程的理解。例如，用户通过 Internet 进行网络支付的过程与目前商店中的销售点系统（即 POS 信用卡支付结算系统）的处理过程非常相似，其主要不同在于网络支付的客户是通过 PC、Internet、Web 服务器作为操作和通信工具，而 POS 信用卡支付结算使用专用刷卡机、专用终端、专线通信等。

基于 Internet 平台的网络支付一般流程如图 3-4 所示。

（1）客户连接 Internet，用 Web 浏览器进行商品的浏览、选择与订购，填写网络订单，选择应用的网络支付结算工具，并且得到银行的授权使用，如信用卡、电子钱包、电子现金、电子支票或网络银行账号等。

（2）客户机对相关订单信息，如支付信息进行加密，在网上提交订单。

（3）商家服务器对客户的订购信息进行检查、确认，并把相关的、经过加密的客户支付信息等转发给支付网关，直至银行专用网络的银行后台业务服务器确认，以期从银行等电子货币发行机构验证得到支付资金的授权。

（4）银行验证确认后，通过建立起来的经由支付网关的加密通信通道，给商家服务器回送确认及支付结算信息，为进一步的安全给客户回送支付授权请求（也可没有）。

（5）银行得到客户传来的进一步授权结算信息后，把资金从客户账号转拨至开展电子商务的商家银行账号上,借助金融专用网进行结算,并分别给商家、客户发送支付结算成功信息。

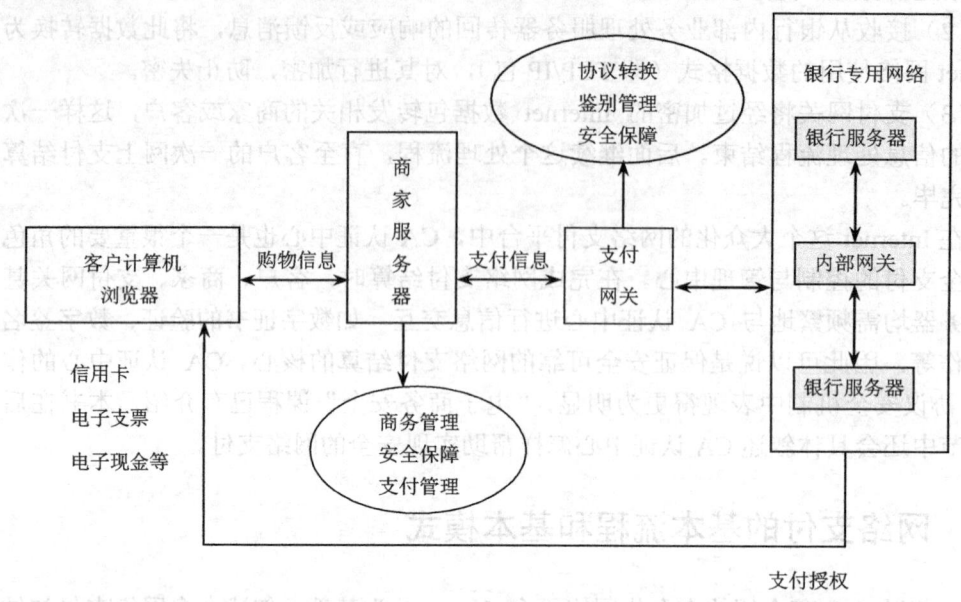

图 3-4 基于 Internet 平台的网络支付一般流程

（6）商家服务器收到银行发来的结算成功信息后,给客户发送网络付款成功信息和发货通知。至此,一次典型的网络支付结算流程结束。商家和客户可以分别借助网络查询自己的资金余额信息,以进一步核对。

图 3-4 所示的网络支付一般流程只是对目前各种网络支付结算方式的应用流程的普遍归纳,并不表示各种网络支付方式的应用流程与图 3-4 所示是一模一样的,或不同网络支付结算工具的应用流程是一样的。其实在实际应用中,这些网络支付方式的应用流程由于技术上、资金数量上、管理机制上的不同还是有所区别的,但大致遵守该图示流程,而像信用卡、电子现金、网络银行账号的网络支付结算流程就有差别。这在本书第5、6章中会有详细叙述。

图 3-4 所示网络支付流程还有一个特点,即实现的是资金的立即支付,它适用于数目众多的较小额度金额的电子商务业务,对客户与商家来讲都是方便的。对较大金额的资金支付结算,如大企业与大企业间的电子商务,实现 Internet 上的立即支付并不现实。这时,传统上采用独立于商务交易环节的金融 EDI 或银行专业 EFT 系统是目前比较普遍采用的支付结算方式。随着网络银行业务,特别是企业网络银行转账业务的成熟与开展,也可基于 Internet 平台在电子商务交易与支付环节分离时进行较大额度资金的网络支付结算。

3.3.2 网络支付的基本系统模式

网络支付结算的应用流程,其实就是电子货币的流动过程。不同的电子货币,其应用流程还是有区别的。

根据电子货币的支付流程的差别,可把网络支付的基本系统模式大体分为"类支票电子货币支付系统模式"和"类现金电子货币支付系统模式"两种。

1. 类支票电子货币支付系统模式

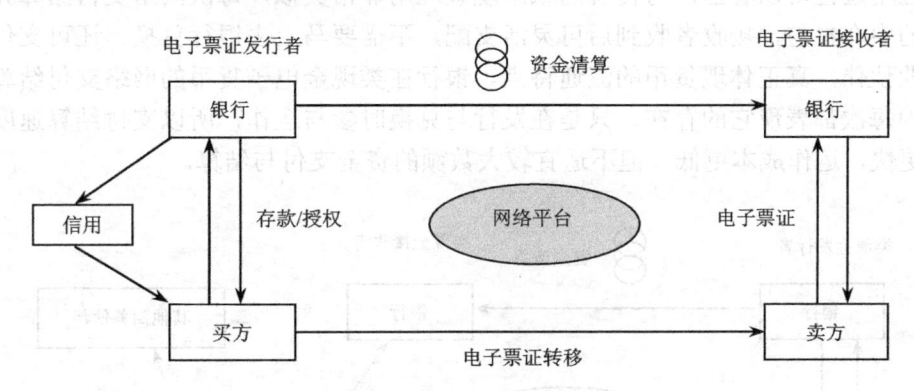

类支票电子货币支付系统模式是典型的基于电子支票、电子票证汇兑、信用卡、网络银行账号等方式的网络支付系统模型,它支持大、中、小额度的资金支付与结算。

顾名思义,类支票电子货币支付系统模式就是类似传统的纸质支票应用系统模式,原理上差不多。它主要涉及三个当事实体,即买方、卖方和各自的开户银行。银行可为同一个,也可以为不同银行。当然,在网络平台上还涉及 CA 认证中心。

类支票的基本应用过程可简要描述为:

(1)电子商务买卖双方都在银行拥有账户,而买方应在开户行有一定的存款;

(2)在买卖双方开始交易以前,买方先从银行得到电子支付票证,即授权的电子货币;

(3)买方把授权的电子货币交给卖方,卖方验证此电子票证的有效性后,继续交易过程;

(4)卖方将收到的电子票证转给自己的开户银行,要求资金兑付;

(5)银行收到卖方的电子票证,验证确认后进行后台的资金清算工作,且给买卖双方回送支付结算成功消息。至此,这次网络支付完毕。

图 3-5 所示即为类支票电子货币支付系统模式的运作示意图,它反映了上述五个步骤。其中,作为电子货币载体的电子票证如电子支票、信用卡号、网络银行账号等就是网络支付工具,由银行发行与管理,代表着一种信用,而且其发出和传输、信用的运用几乎是立刻发生的。如果买卖双方不在同一银行,那么在银行之间就要应用一些标准的清算中心体系,这通常由国家中央银行(对国内交易)或一个第三国银行(对国际贸易,且第三国中央银行有良好的信用)协调。

图 3-5 类支票电子货币支付系统模式运作示意图

2. 类现金电子货币支付系统模式

类支票电子货币支付,包括信用卡网络支付过程在内,虽然减少了材料费用、运输费用等,并且应用快捷方便,但每次支付结算都需要银行的支持与中介,时间上与成本上均存在一定的开销,而且都是不匿名的,交易双方的身份不能被保护,这是其弱点。所以,它用于微小数额的支付还是有些不方便。传统的纸质现金作为目前人们日常生活中最常用的一种支付结算工具，使用方便直观，支付成本很低，且是匿名使用和不可追踪的。这可保证买卖双方的自由不受干涉，一定程度上保护了客户的隐私。正是借助纸质现金的这些优点，一些企业与研究机构推出类现金电子货币支付系统模式，以满足电子商务下网络支付结算的个性化需要。

类现金电子货币支付系统模式是一种新的网络支付模式。其主要的网络支付工具是类现金电子货币，较有代表性的是电子现金。顾名思义，类现金就是类似传统的纸质现金。所以，类现金电子货币的网络支付系统模式与传统纸币的支付模式基本类似，原理上差不多，只是在货币表现形式上有所不同。类现金电子货币表现为经过特殊加密的电子信息串，用户可像纸币一样用类现金在网络平台上进行日常买卖。

类现金同样主要涉及三个当事实体，即买方、卖方和各自的开户银行。银行可为同一个，也可以为不同银行。当然，在网络平台上还要涉及CA认证中心。

类现金的基本应用过程可简要描述为：

（1）电子商务中的买方先在开户银行中有一定的存款，且对应其类现金账号；

（2）在买卖双方开始交易以前，买方先从银行通过银行存款请求兑换类现金，就像上银行从资金账号中提取纸质现金一样；

（3）银行根据买方的请求把相应的类现金发送至买方的计算机中，即可随便使用；

（4）买方根据付款数额把相应数目的类现金发送给卖方的计算机，卖方验证此类现金的有效性后，继续交易过程；

（5）卖方可把收到的类现金暂时存储起来，也可发送相应银行，银行清算后增加卖方账号的对应资金数额，卖方还可以把收到的那份现金发送给自己的另一个商务伙伴，如供应商进行网络支付。至此，这次类现金的网络支付过程完毕。

图 3-6 就是类现金电子货币支付系统模式的运作示意图，它反映了上述五个步骤。从支付应用过程可以看出，与传统的纸质现金应用非常类似，每次网络支付结算并不需要银行的中介参与，接收者收到后可灵活支配，不需要马上去银行兑换，还可支付给其他的商业伙伴，真正体现货币的流通特点。银行在类现金电子货币的网络支付结算过程中，无须每次都表现它的存在，只是在发行与兑换时参与运作，所以支付结算速度比较类支票更快，运作成本更低，但不适宜较大数额的资金支付与结算。

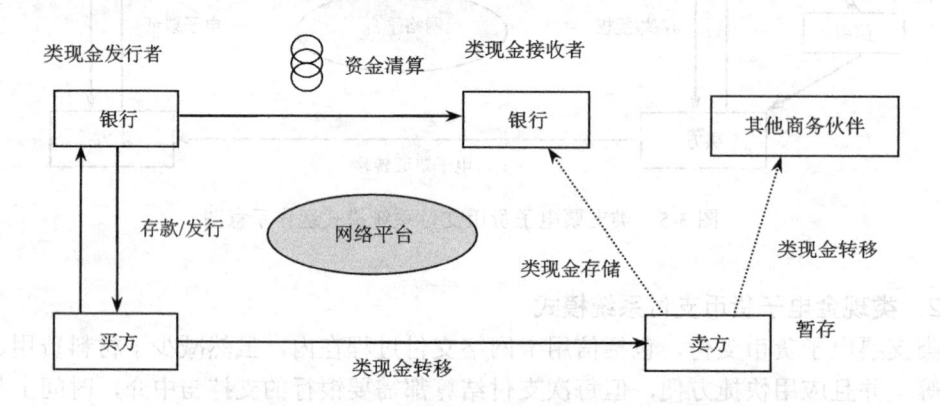

图3-6 类现金电子货币支付系统模式运作示意图

3.4 网络支付方式的分类

基于电子货币的分类基础和常见的电子支付类别，发展中的以 Internet 为主要运作平台的网络支付方式也有多种分类标准，而且随着电子商务的发展与技术上的进步，更多更新的网络支付工具被不断地研发出来并且投入应用，又会产生新的分类。

通过对目前国内外正在实用中与实验中的网络支付方式的调研与分析，本书主要叙述如下电子商务下网络支付方式的三种分类。

3.4.1 按开展电子商务的实体性质分类

电子商务的主流分类方式就是按照开展电子商务的实体性质分类的，即分为 B2B、B2C、C to C、B to G、G to G 等类型的电子商务。目前，客户在进行电子商务交易时通常会按照开展的电子商务类型不同，选择使用不同的网络支付与结算方式。正如企业在进行传统商务时，对一般小金额的消费直接就用信用卡与现金进行支付，以图方便；而购买像计算机、数字摄像机、汽车等贵重设备时，由于涉及较大金额付款，常用支票结算，而大批量订货时就用银行电子汇票。

考虑到这些不同类型的电子商务实体的实力、商务的资金流通量大小、一般支付结算习惯等因素，可以按开展电子商务的实体性质把当前的网络支付方式分为 B2C 型网络支付方式和 B2B 型网络支付方式两类。这也是目前较为主流的网络支付结算分类方式。就是说，个体消费者有自己习惯的支付方式，而企业与政府单位也有适合的网络支付方式。当然，有一些支付工具如支付宝等对 B2C 和 B2B 电子商务均可以予以支持。

1. B2C 型网络支付方式

这是企业与个人、政府部门与个人、个人与个人进行网络交易时采用的网络支付方式，比如电子货币中介绍的信用卡网络支付、IC 卡网络支付、电子现金支付、电子钱包支付及个人网络银行支付等。这些方式的特点就是适用于不是很大金额的网络交易支付结算，应用起来较为方便灵活，实施也较为简单，风险也不大。

2. B2B 型网络支付方式

这是企业与企业、企业与政府部门进行网络交易时采用的网络支付方式，比如电子货币中介绍的电子支票网络支付、电子汇兑系统、国际电子支付系统 SWIFT 与 CHIPS、中国国家现代化支付系统 CNAPS、金融 EDI 以及企业网络银行服务等。这种支付方式的特点就是适用于较大金额的网络交易支付结算。

本书把一些基于专用金融通信网络平台的电子支付结算方式，如电子汇兑系统、SWIFT 与 CHIPS、CNAPS、金融 EDI 等，都归结为 B2B 型网络支付方式，主要有如下三个原因。

（1）因为它们的确可为 B2B 类电子商务进行支付结算，只不过现在是交易事务（在 Internet 平台进行）与支付结算事务（在金融专用网进行）发生了分离。

（2）从前面对网络支付结算平台的介绍知道，银行金融专用网本来也是大众化的

Internet 支付平台的一部分，随着新一代 Internet 如 IPv6 的实用，银行金融专用网、EDI 网与 Internet 有融合的趋势。

（3）银行等金融机构基于企业与企业、企业与政府部门之间电子商务的快速拓展，正在逐渐改进这些传统的企业间电子支付方式，以支持基于 Internet 平台的电子商务的支付与结算。值得欣慰的是，最新的网络银行服务包括转账、理财、股票、缴费和收费等业务的开展正逐渐融合电子汇兑、金融 EDI、国际电子支付等 EFT 业务于 Internet 平台上。

上述 B2C 型网络支付方式和 B2B 型网络支付方式之间的界限也是模糊的，并不绝对。比如，信用卡虽多用于个人网络支付，但用于企业间的小额支付结算也可以，西方国家电子支票也可用于个人之间、个人与企业间的支付结算。所以，不要把一些问题看绝对了，应着重关注其主要应用层面。

3.4.2　按支付数据流的内容性质分类

从电子货币的特征知道，进行网络支付时，用电子支票与用电子现金支付时在网络平台上传输的数据流的内容性质是有区别的，正如用纸质现金支付与用纸质支票支付传递的信息性质不同一样，收到 100 万元的纸质现金给人的感觉是收到了真的 100 万元"金钱"，而收到 100 万元纸质支票只是收到了可以得到 100 万元"金钱"的指令一样。

因此，根据电子商务流程中用于网络支付结算的支付数据流内容性质不同，即传递的是指令还是具有一般等价物性质的电子货币本身，可将网络支付方式分为如下两类。

1. 指令传递型网络支付方式

支付指令是指启动支付与结算的口头或书面命令，网络支付的支付指令是指启动支付与结算的电子化命令，即一串指令数据流。支付指令的用户从不真正地拥有货币，而是由他指示银行等金融中介机构替他转拨货币，完成转账业务。指令传递型网络支付系统是现有电子支付基础设施和手段（如 ACH 系统和信用卡支付等）的改进和加强。

指令传递型网络支付方式主要有银行网络转拨指令方式（EFT、CHIPS 与 SWIFT，电子支票，网络银行，金融电子数据交换 FEDI 等），信用卡支付方式等。其中，FEDI 是一种以标准化的格式在银行与银行计算机之间，银行与银行的企业客户计算机之间交换金融信息的方式。因此，FEDI 可以较好地应用在 B2B 电子商务交易的支付结算中。

2. 电子现金传递型网络支付方式

电子现金传递型网络支付是指客户进行网络支付时在网络平台上传递的是具有等价物性质的电子货币本身，即电子现金的支付结算机制。其主要原理是，用户可从银行账户中提取一定数量的电子现金，且把电子资金保存在一张卡（比如智能卡）或者用户计算机中的某部分（如一台 PC 或个人数字助理 PDA 的电子钱包）。这时，消费者拥有真正的电子"货币"，他就能在 Internet 上直接把这些电子现金按相应支付数额转拨给另一方，如消费者、银行或供应商。

可将这样的网络支付方式再划分为两类：一类是依靠智能卡或电子钱包提供安全和其他特征的系统，以及严格基于软件的电子现金系统；一类是对款额特别小的电子商务交易（如用户浏览一个收费网页），需要一种特殊的成本很低的网络支付策略，这就是所谓的微支付方式。

微支付即 Micro Payment，是指对于那些款额特别小的电子商务交易，如浏览一个收费网页、在线收听一首歌曲、上网发送一条手机短信息等，应用一般信息卡支付时每次运作成本也许还超过支付的数额本身，显得成本相对较高，所以类似零钱应用的微支付应用就有了很大的需求空间。目前的电子零钱系统是实现微支付的方式之一，如 Millicent 钱包用的是能够在 Web 上使用的一种叫做 Script 的电子令牌或电子零钱。Script 可被安全地保存在用户的 PC 硬盘上，且用口令对其保护，可像电子现金一样实现在线的灵活支付。

IBM 公司也为电子商务中这种微额支付提供了较为成熟的微支付解决方案，有兴趣的读者可以登录 IBM 电子商务服务网站浏览相关内容。其实，手机短消息支付就是微支付，一般每条 SMS 费用为人民币 0.1 元左右，若每次均用信用卡进行支付是不是觉得有点大材小用、费钱费力呢？

3.4.3 按网络支付金额的规模分类

电子商务由于基于 Internet 平台进行，运作成本较低，对大中小型企业、政府机构以及个体消费者均比较适用。不同规模的企业及个体消费者的消费能力、网络上商品与服务的价格也是不同的，大到有几十万元的汽车，小到几角钱的一条短消息服务，因此同一个商务实体针对这些不同规模的资金支付，也可能采用不同的支付结算方式。

根据电子商务中进行网络支付金额的规模大小来划分，可以将网络支付方式分为如下三类方式。注意下面的支付金额是按照近几年人们的收入与物价水平统计的，是相对的，未来经济持续发展下收入与物价水平相应提高，三类支付方式的支付金额门槛也需要相应调整。

1. 微支付

微支付是指那些款额特别小的电子商务交易。按美国标准发生的支付金额一般在 10 美元以下，中国相应为 10 元人民币左右，如浏览一个收费网页、在线收听一首歌曲、上网发送一条手机短信息等，英国一些网络企业正在应用的电子零钱支付方式就属于这种微支付。由于 Internet 的快速普及，这类小额的资金支付还经常发生。因此，企业与银行业发展一个良好的微支付体系将大大有利于数目众多的小额网络服务的开展，特别是在普通大众中进行电子商务业务的推广。

中国移动推出的手机短消息收费策略为每次短消息费用从手机费直接扣除，手机的 SIM IC 卡就像一个装满了电子零钱的钱包一样，支付起来很方便，对企业结算也方便，这正是短消息应用推广很快的原因之一。如果换成每次面对面进行支付结算，那么，短消息虽好，谁又愿意这么麻烦呢？如果这样结算，中国移动的短消息运作成本也会很高，估计中国移动也不会开展。

2. 消费者级网络支付

消费者级网络支付指满足个体消费者和商业（包括企业）或政府部门在经济交往中

的一般性支付需要的网络支付服务系统,亦称小额零售支付系统。这种网络支付方式,按美国标准发生的支付金额一般在 10~3 000 美元之间的网络业务支付,中国相应为 10~5 000 元人民币。由于金额不大不小的一般性网络支付业务在日常事务是最多的,一般占全社会总支付业务数量的 80%~90%。所以,这类系统必须具有极大的处理能力,才能支持经济社会中发生的大量支付交易。例如,去买一本书、买一束鲜花、下载一个收费软件及企业批发一些办公用品等,因此支持这种档次消费的网络支付工具也发展得最成熟与最普及,常用的有信用卡、电子现金、小额电子支票、个人网络银行账号等。

3. 商业级网络支付

商业级网络支付指满足一般商业(包括企业、政府)部门之间的电子商务业务支付需要的网络支付服务系统,亦称中大额资金转账系统。这种网络支付方式,按美国标准发生的支付金额一般在 3 000 美元以上,中国相应为 5 000 元人民币以上的网络支付。例如,在支付宝和一些银行中就规定单笔交易金额不能超过 5 000 元,即反映出这种特点。中大额资金转账系统,虽然发生次数远远不如一般的消费者级支付,但其支付结算的金额规模占整个社会支付金额总和的 80%以上,因此是一个国家网络支付系统的主动脉。

一般来说,跨银行间、银行与企业间、企业与企业间、证券公司与银行间等发生的支付,金额较大,安全可靠性要求高,这些支付属于中大额支付系统处理的业务。常见的商业级网络支付方式主要有金融 EDI(FEDI)、电子汇兑系统、电子支票、CNAPS、企业网络银行服务等。

3.5 国内外网络支付发展情况

随着 20 世纪 90 年代 Internet 的广泛应用与电子商务的快速发展,在国内或国外,以电子支付与电子货币建设为基础,服务于电子商务与金融电子化的网络支付结算方式发展迅猛。网络支付结算方式有着传统支付不可比拟的优势,至今,国内外许多网络支付结算方式已经投入实际应用,很多新的、更好的网络支付结算方式正在研发中。

当然,电子商务是个新生事物。电子商务下的网络支付结算虽然有基于专用金融网的电子支付发展基础,但仍然是个新生事物。一方面,很多网络支付结算的方式在全世界还在探索应用中,其支付机制、技术、应用安全体系、全球标准等还有待成熟和完善,连最普及的信用卡网络支付也在完善中;另一方面,在中国这样一个有着深厚传统文化与习惯的国家,特别是传统的纸质货币在商务支付中所占比例如此之大,人们对于诸如电子货币网络支付时安全可靠性问题的怀疑和不信任是不可避免的。因此,包括政府部门与企业在内,人们对于网络支付结算方式的接受与应用还需要一个过程,人们需要在实践中去感受,慢慢加速这个过程。

2003 年 3—7 月的 SARS 灾难、2009 年发生的甲型 H1N1 流感、2013 年暴发的 H7N9 型禽流感促使人们充分认识电子支付、网络支付与电子商务的好处,很多企业、很多消费者利用这个特殊的机会进行了网上办公、网上购物、网络支付、网上资金查询、网上炒股、网上学习,这种真实的实践感受将极大地改变全社会对电子商务以及相应的网络支付结算的偏见，它预示着中国电子商务与网络支付结算的美好发展前景。

3.5.1 国外网络支付发展情况

由于美国、日本、瑞士、英国等西方发达国家的金融电子化与信息化水平比较高，电子商务开展水平高，因此，网络支付与结算方式在这些国家也发展得比较成熟，具有较高的应用普及率。最关键的是，这些西方发达国家的商务实体如政府部门、企业与个人在观念上基本接受电子商务与网络支付结算的理念，对它们持一种积极的态度，因而为其网络经济的快速发展并且继续保持全球领先水平创造了条件。

1．小额网络支付方式的发展

自从 1951 年第一张银行信用卡在美国的富兰克林国际银行诞生以来，在短短的几十年时间里它已经得到迅速的发展，几乎遍及全球各个国家。信用卡是由银行等发卡机构签发的，证明持有人信誉良好，能为其提供信用消费的信用凭证。信用卡的发行突破了传统的现金支付方式，为银行建立先进的自动化服务系统创造了条件，成为自动服务系统中的重要组成部分，并且为电子货币、电子支付及网络支付结算时代的来临奠定了基础。以美、日为代表的西方发达国家在 20 世纪 80 年代已经基本普及信用卡，由于 ATM、POS、CD 等的应用，人均拥有数张银行卡，银行卡的交易额已占总销售额的 70%以上，自助银行服务也已普及。这些电子支付方式的运行成本不及柜员操作成本的 1/4，大大节约了社会总成本。关键是随着这些小额电子支付工具的运用，人们已经接受并且乐意运用信用卡、CD、自助银行等服务方式，接受电子货币的观念，构成西方国家金融电子化和信息化的最普遍基础。伴随 Internet 的应用和电子商务的发展，人们乐于把原来基于专用金融网络的电子支付工具转移至更加方便、花费更低的 Internet 平台上应用，发展成今天的信用卡、电子支票、网络银行服务等网络支付结算方式。因此，基于最普及的信用卡电子支付基础，信用卡网络支付方式也是西方国家应用最广的。

信用卡这些小额的网络支付结算方式的普及应用，有力地促进了这些国家电子商务的发展，这里 VISA 品牌功不可没。VISA 被称为"世界上最佳的支付工具"，是一个由全球 21 000 家金融机构所组成和拥有的非股份、非营利性的国际银行卡组织。凭借其领先的信息技术和业务处理系统，VISA 成为世界上为消费者、企业和政府机构提供服务的最大的金融处理机构。VISA 卡可在世界各地 2 900 多万个商户交易点受理，并能够在 180 万台自动提款机提取现金，十分便捷。目前，全球流通的 VISA 卡超过 18.5 亿张，足以证明 VISA 是最受欢迎的支付品牌。

现已投入实际应用的有信用卡系统（如 Cyber Cash、First Virtual Holding）和电子现金系统（Mondex、Net Cash、Digicash）等。有资料统计，2012 年，美国个人购物的 80%左右是在网络上进行的，而这些网络交易销售额的 80%又是经过信用卡进行网络支付结算的。在其他西方国家的情况与美国也差不多，特别是在瑞士等银行业发达的国家。另外，一些新兴国家，如韩国、新加坡的小额网络支付结算方发展得也不错。

2．中、大额网络支付发展

在中、大额网络支付发展方面主要表现为西方国家网络化的电子支付体系的构建及应用，这是西方国家金融电子化的主干部分。典型的代表如各类电子汇兑系统，金融 EDI、SWIFT 和 CHIPS 的广泛应用，并且越来越多地应用于辅助电子商务的中、大额支付结算。现已投入实际应用的电子支票系统（如 E-check、NetBill、Net Cheque）将为电子商务下中、大额度的资金支付与结算提供强有力的支持。电子支票与网络银行服务的融合，将大大提高电子支票的网络支付、方便应用程度与应用水平。

以美国为例，各大商业银行建有自己较高水平的电子银行体系，其中包含一些安全可靠的电子资金转账系统。除应用电子支票外，用于跨行的中、大额电子资金转账的汇兑系统主要有如下四个。

（1）FEDWIRE，即联邦储备通信系统。它由美国联邦储备系统（Federal Reserve System）所有和控制管理的美国国家级支付与结算系统，它能实时地处理美国国内中、大额资金的划拨业务，逐笔清算资金。

（2）BANKWIRE。它是一个非营利性的私营的电子汇兑系统，主要用于成员银行之间的电子资金转账。该系统向联邦提供每天的最终清算余额财务报表，用成员行在联邦的资金以实现最终的资金清算。这样，通过该系统转账的资金当天就可用，大大加快了企业的资金周转速度。

（3）CHIPS。CHIPS 是最重要的国际资金调拨系统，常与 SWIFT 配合起来使用。

（4）SWIFT。该系统是最重要的金融信息通信系统，主要为国际商务的支付结算信息提供通信传输服务，即专为其成员金融机构传送各种与资金汇兑有关的信息。成员行接收这种信息后，若同意处理，则将其转送到相应的资金调拨系统或清算系统（如包括 CHIPS 在内的前述三种电子汇兑系统）内，然后再由后者进行各种必要的账务处理。

通过这四个系统的应用，结合面向终端用户的支付平台如信用卡、电子支票等，整个美国已经形成一个广泛的应用普及的高度自动化的现代网络支付结算体系。如果支持这些支付结算系统开展的网络通信平台与 Internet 平台进行融合（目前也有此发展趋势），将更加方便电子商务的跨区域、大规模发展。

3. 网络银行支付结算业务的发展

网络银行是个新生事务，它基于 Internet 的应用且以成熟的电子银行体系为基础。目前世界上网络银行服务主要分为企业网络银行服务与个人网络银行服务两种。其中，企业网络银行的转账服务可以实现电子商务下较大金额的资金支付与结算业务，而个人网络银行的转账服务可以实现电子商务下较小金额的资金支付与结算业务。可以看出，网络银行的资金服务是非常全面而且非常方便的，融电子汇兑、电子支票、金融 EDI 等业务于一身，用户界面直接在 Internet 平台上进行，不但成本低，而且使用方便，受到广大客户的热烈欢迎，有巨大的发展潜力。

西方国家具有网络支付结算功能的网络银行业务发展势头迅猛，尤以美国为最。在美国，在 Internet 上设立网站的银行数量从 1995 年的 130 家发展到 2001 年的 4 000 多家，占所有联邦保险的储蓄机构和商业银行总数的 40%左右。到 2006 年年底，80%的美国银行在互联网络上建立了自己的网站，超过 20%的美国家庭使用网络银行服务，总数超过 2000 万户，较 1998 年的约 380 万户增长近 3 倍，网络银行业务量占银行总业务量超过 10%。现今，移动银行在美国迅速发展，截至 2014 年年底，拥有一部智能手机的美国成年人中有超过 50%的人都在使用移动银行服务，移动银行服务在全美所有成年人群中的渗透率从 2013 年的 20%上升到了 2014 年的 34%，同比涨幅达 14%。其中，诞生于

1995 年 10 月的美国安全第一网络银行是世界上第一家开展网络银行业务的银行，它的出现代表着一种全新的业务模式和未来的发展方向。这家银行没有建筑物，没有地址，只有网址，营业厅就是网页画面，所有交易都通过 Internet 进行，员工的主要工作是对网络进行维护和管理。它的员工只有 10 人，但其 1996 年存款余额却高达 1 400 万美元，1997 年便翻了好几倍。

图 3-7 为美洲银行（Bank of America）的网络转账服务示意图。图 3-8 为美洲银行的网络支付服务示意图。

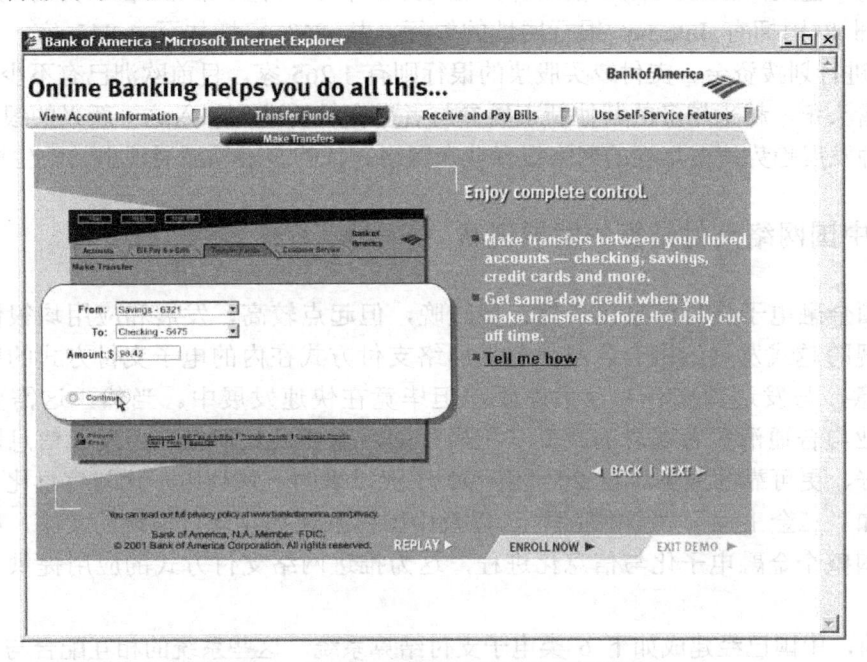

图 3-7　美洲银行的网络转账服务示意图

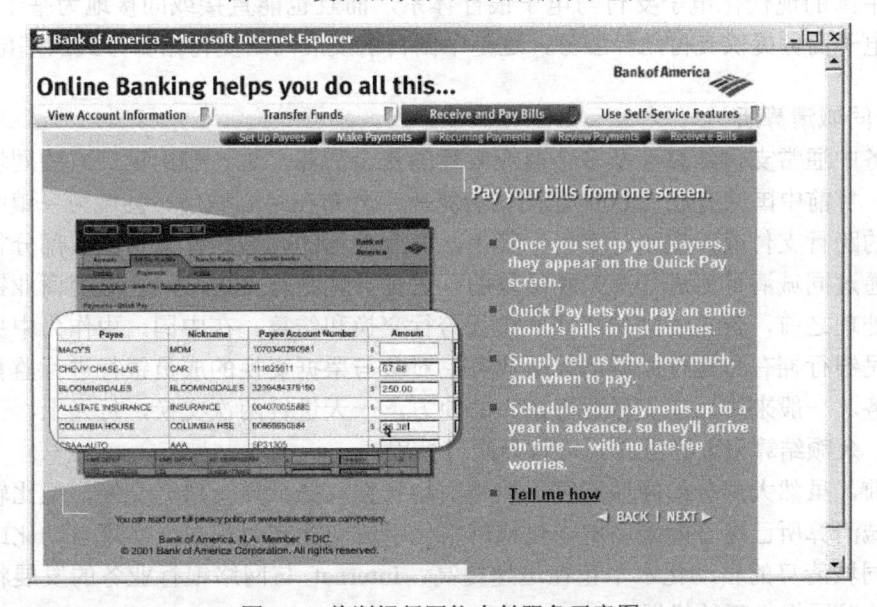

图 3-8　美洲银行网络支付服务示意图

加拿大帝国商业银行（Canada Imperial Bank of Commerce）是加拿大主要大银行之一，成立于 1867 年，北美最大金融机构之一。在《环球金融》杂志评出的 2012 年全球 50 家最安全银行榜单中加拿大帝国商业银行排名第 6 位，全球排名第 26 位。它提供的服务主要是个人网络银行业务，具体项目有个人资金转账业务、小企业银行业务、投资信息、投资管理、CIBC 旅行、医疗保险旅行、医疗保险等。

欧洲的网络银行业务虽然起步较晚，但发展十分迅速，根据巴黎一家国际市场研究咨询机构"蓝天"（Blue Sky）的统计，在 1998 年 11 月至 1999 年 6 月的几个月时间内，欧洲 8 国拥有 Internet 银行网址的银行，从 863 家增加至 1 845 家；而能通过 Internet 进行划拨资金、支付或买股票的银行则有 1 265 家。目前欧洲已有不少网络银行开始崭露头角，越来越多的其他新市场参与者也在纷纷准备加入这一新兴的银行服务行业，这种发展趋势使得年轻的网络银行业在网络时代的金融领域展现出勃勃生机。

3.5.2 中国网络支付结算的发展现状

中国金融电子化与信息化虽然起步较晚，但起点较高，发展和应用均很快，并且存在实现跨越式发展的机会。虽然包括网络支付方式在内的电子支付方式的应用还不尽如人意，与发达国家存在巨大差距，但毕竟在快速发展中。当然，这需要政府部门、企业与普通消费者观念的改变与积极行动，需要银行积极应用现代信息网络技术提供更好、更可靠的服务。自 20 世纪 90 年代以来的一系列电子化与信息化工程的实施，比如"三金工程"、"金网工程"，以及中国国家现代化支付系统的实施，极大地促进了中国整个金融电子化与信息化进程，这为推进网络支付方式的应用提供了很好的基础。

目前，中国已经建成如下 6 类电子支付结算系统。这些系统的相互配合与应用不但形成了中国的现代化电子支付与电子银行体系，而且也能直接或间接地为基于 Internet 平台的电子商务提供支付结算服务，这是中国目前发展网络支付结算方式的基础。

1. 同城清算所

商务中通常支付结算涉及多个商业银行的资金清算，这一般由第三方的同城清算所来处理。目前中国共有近 3 000 家同城清算所，分布在中心城市、县城与乡镇中，以完成同城的跨行支付或异地跨行支付。其中，商业银行的同城跨行支付和大部分行内支付交易是通过同城清算所进行交换和结算的；进行异地跨行支付时，在送交商业银行内联行系统处理之前，首先经同城清算所进行跨行交换和结算。在中国，由作为中央银行的中国人民银行拥有和运行同城清算所业务，对参与票据交换的成员银行进行监督和提供结算服务。一般来讲，在支付业务量大的地方，一天进行两次交换，每天上、下午均交换一次。余额结算采取净额方式，资金次日抵用。

目前，虽然大部分的同城清算仍然是实物票据（如纸质支票）交换，但比较发达的城市同城清算所已经开始采用电子化或网络化手段交换支付信息，实现自动化或网络化处理，同城清算的自动化水平正在迅速提高。Internet 与网络银行业务的发展将为同城清算所的发展提供新的机遇。

2. 电子汇兑系统

电子汇兑系统主要是商业银行面向行内机构采用电子化方式进行资金汇兑业务处理的系统。自 1996 年年底起，工商银行、农业银行、中国银行、建设银行都用电子资金汇兑系统逐步取代了原来的手工联行业务，目前 2/3 以上的银行异地支付业务是由这些电子资金汇兑系统处理的。

各商业银行的电子资金汇兑系统具有大致相同的框架结构，业务处理流程也基本相同。当然，在网络结构、技术平台等方面各系统不尽相同。与原来的手工联行系统相比，电子支付指令经各级处理中心进行交换，取代了在发起行和接收行之间直接交换纸票据的环节，因而支付清算速度大大加快。净额资金结算依然和手工联行时一样，定期经人民银行系统办理。显然，这是因为商业银行分/支行的清算账户开设在人民银行分/支行的缘故。

电子汇兑系统具有多级结构。一般情况下，该系统有全国处理中心、几十个省级处理中心、数百个城市处理中心和上千个县级处理中心。一家分行必须在每级处理中心开设单独的账户，各级分行接受纸凭证支付项目，将纸票据截留后以电子方式发往相应的处理中心，处理中心在当天或第二天营业前将净额结算头寸通告分支机构。电子汇兑系统除了提供支付清算服务之外，还要被用来收集有关信息，以加强银行管理。

在电子汇兑系统的各级处理中心，一般都安装大型计算机系统，以加快处理速度；通信网络大都采用 X.25 公共数据网、帧中继网络或租用专线。这些商业银行电子汇兑系统的建立，为实现中国商业级的网络支付提供了基础。

3. 银行卡支付系统

银行卡，包括信用卡、储蓄卡、借记卡等，正迅速深入中国社会生活的各个层面。银行卡支付系统的实施与应用，是"金卡工程"的主要内容，也是中国电子银行体系的重要组成部分，大大促进了中国金融电子化的发展。目前，中国的商业银行，均先后建立了各自的地区性和全国性的银行卡授权和支付系统。为促进银行卡的跨行信息交换网络的建立，推动跨行和跨地区的 ATM 交易和 POS 交易，从 1993 年起，全国"金卡工程" 12 个试点城市开始跨行的银行卡信息交换中心建设，并于 1997 年 9 月全部开通运行，全国银行卡信息交换中心也于 1998 年年底投入运行。

2002 年 3 月，总部设在上海的中国银联股份公司的创立标志着在中国实现银行卡跨区域的完全互通互连有了统一的标准，中国现有的银行卡迈上跨行连网的台阶。由中国人民银行规定、加印"银联"标志的各商业银行卡符合中国人民银行规定的统一业务规范和技术标准，与 VISA 具有一样的业务规范和技术标准，为中国银行卡应用的国际化提供支持。"银联"标志推出的主要目的是为各种自动柜员机 ATM 和销售点终端机 POS、受理各商业银行发行的银行卡提供一种统一的识别标志，以便不同银行发行的银行卡能够在带有"银联"标志的 ATM 和 POS 上通用，即实现互连互通，为广大持卡消费者提供方便、快捷、安全的金融服务。截至 2012 年年底，全国累计发行银行卡 35.34 亿张，其中统一标志的银联卡累计发卡量达 30.1 亿张，市场占比达 85.2%。除了占据国内市场外，银联卡境外受理网络也已延伸到 150 个国家和地区，受理规模全球第三。目前银联卡发行量累计超过 50 亿张，是全球发卡量最大的银行卡品牌，从全球交易规模来看，银联已跃居第二，仅次于 VISA。

银行卡在中国不但品种多样，而且功能也多，现在正以较大规模用于基于 Internet 平台的网络支付与结算。截至 2014 年年底，中国的银行卡累计发卡量已达 49.36 亿张，随着中国社会进入网络时代，各银行发行的银行卡的功能正趋向多功能化，如可以进行 POS 支付、网络支付、存/取款、代发工资及理财服务等。发展到现在，以四大国有商业银行为代表的银行发行的银行卡系列均已开通支持电子商务的网络支付功能，这也是中国目前所有的基于个人或小额支付的网络支付手段里应用最普及的。

与发达国家相比，中国的人均银行卡数量还相对较少，还有很大的发展空间。不管怎么说，目前庞大的银行卡电子网络与中国银联的成立都为推进银行卡网络支付在中国的进一步发展，提供了很好的条件。

4. 邮政储蓄和汇兑系统

像许多国家一样，中国邮政支付系统在个人消费者支付汇款中也起到了一定的作用。邮政局提供信汇和电报汇款，主要面向消费者个人客户。中国邮政的电子汇兑系统总体上还是挺方便的，这是由于多年的国情，普通个人特别是农村对邮政汇兑比较熟悉。通常，汇款人携带现金到附近邮局办理汇款手续，收款邮局通知收款人到指定邮局领取。邮政局也开办了邮政储蓄业务，消费者可以从其邮政储蓄账户汇出或汇入资金。各邮局之间的资金结算是通过开设在人民银行的特殊账户实现的。

5. 中国国家现代化支付系统

中国国家现代化支付系统，英文为 CNAPS（China National Advanced Payment System），它是中国人民银行总行建设与推广的，集金融支付服务、资金清算服务、金融经营管理和货币政策职能于一体的现代化支付清算系统。它将中国各商业银行为客户提供金融服务的下层支付服务系统与中央银行为商业银行提供支付资金清算服务的上层服务系统通过中国国家金融网络 CNFN（China National Financial Network）有机地结合在一起。应该说，CNAPS 包括中国金融电子化与信息化现阶段建设的核心内容，是借鉴了其他发达国家的先进经验，为适应如今的信息网络社会和中国国情的、综合的、安全的金融服务系统，是中国全面实现金融电子化的奠基石。

CNAPS 试点工程自 1997 年 6 月启动以来，在各方面已取得了重大的进展，至 2007 年在功能上已经比较完善，目前已经发展到了第二代 CNAPS，并于 2011 年 1 月份完成了全国推广，2013 年 10 月 6 日在全国正式投产运行，现已投入大规模应用。

CNAPS 的建设是从中国金融电子化与信息化的国情与需求出发的，它借鉴了其他发达国家的先进经验，它的建立为中国实现跨区域、大规模的电子商务下的网络支付提供了强有力的应用平台。

6. 各商业银行的网络银行系统

20 世纪 90 年代中后期，随着 Internet 的快速发展和电子商务的兴起，中国的银行在原有电子银行体系基础上开始建设网络银行系统，为客户提供基于 Internet 平台的网络支付结算和其他网络银行服务。银行通过 Internet 将客户的计算机终端接至银行，借助 Web 页面访问机制实现将银行服务功能直接提供到客户办公室或客户家中的计算机上。目前，网络银行除了可向客户提供开户、销户、资金查询、对账、行内转账、跨行转账、信贷、网上证券、投资理财等传统服务项目外，还可提供电子商务下网络支付结算服务。

网络银行系统拉近了客户和银行的距离，突破空间和实物媒介的限制，使客户不再受限于银行的地理位置、上班时间，可以足不出户享受全天候的个性化网上金融服务。这是传统的手工银行或电子银行很不容易做到的，可以说，网络银行代表了银行业全新的业务模式和未来的发展方向。所以，利用网络银行进行支付结算是到目前为止最新的、也可能是最有发展潜力的网络支付方式。中国的各个商业银行在这方面与发达国家银行基本是保持同步的，这正说明中国的银行业完全可以利用 Internet 与电子商务带来的发展机遇实现跨越式发展。

"十二五"期间，中国网络银行的用户数量一直保持快速增长，截至 2014 年年底，中国网络银行个人客户数达到 9.09 亿户，同比增加 19.71%；企业网络银行比例为 68%，同比增长 7%，两项指标均表现出指数型增长的趋势。

图 3-9 为应用招商银行网络银行服务"一网通"的商城页面。

图 3-9 应用招商银行网络银行服务"一网通"的商城页面

3.5.3 中国网络支付发展所面临的问题及发展思路

总的看来，目前中国服务于电子商务的网络支付结算方式尚处于快速发展阶段，还存在着一些问题。这些问题主要表现为，很多银行还无法提供完全全国连网的网络支付服务；在实现传统支付系统到网络支付系统的改造过程中，银行间缺乏合作，各自为政，未形成大型的支付网关，网络支付结算体系覆盖面相对较小；网络支付业务的标准性差，数据传输和处理标准不统一；网络银行技术、应用与法律框架亟待健全；很多地方的基础网络通信设施还不是很发达，很多企业的信息化程度较低等，这方面因素也制约了网络支付体系的发展与应用。

中国网络支付体系的发展还受到来自社会信用制度等因素的限制，但这并不是电子商务带来的新问题。讲诚信，即讲信用，是市场经济下传统商务与电子商务发展的关键。从中国目前的信用制度现状看，社会整体信用制度不够健全，从商家到普通消费者很多时候不讲诚信，这严重影响了市场主体对电子商务安全性的认知程度的提升，所以人们对这种远程借助 Internet 的网络支付结算服务还存在一些疑惑。可以说，很多时候借助高科技技术手段的应用，现有的网络与信息安全技术可以保证电子商务及其网络支付结算的安全。抵赖、欺骗及不履行合同等情况一样存在于传统商务中，这单靠技术是不能完全解决的，没有讲诚信的良好氛围与相关法律上的威慑，电子商务及网络支付结算的发展还会遇到与传统商务一样的困扰。

目前，中国一些政府部门、企业与个人对电子商务、网络支付结算的相关应用知识还比较缺乏，过多相信一些传言，有些人对应用网络支付结算的态度比较消极。同时，几千年来人们形成的"一手交钱，一手交货"的支付结算习惯，也需要一定的时间和营销策略去改变。

为了促进中国电子商务的大规模开展，让中国的企业在 21 世纪前 20 年的信息与知识经济时代里抓住跨越的机遇，建立一个安全可靠、快捷方便的遍布全国的网络支付结算系统体系是必需的。借鉴发达国家的成功经验，结合中国的国情与经济的发展趋向，仍有必要在银行间网络互连互通与即时结算、社会信用体系、网络支付结算机制的规范化与标准化方面加快实施进程。中国人民银行作为中央银行，应积极与国家立法机构一起推动和规范网络支付业务、网络银行业务的发展，制定相应的管理办法。

总之，网络支付结算体系在一个畅通无阻的快捷的网络中，在一个健全的社会信用体系下，在各种政策、法规、标准、安全手段的保护下，一定能够发挥最大的作用，极大促进中国电子商务的发展及金融的电子化与信息化水平，为中国经济在 21 世纪的可持续快速发展、建立"以人为本"的社会做出最大的贡献。

3.6　网络支付系统的开发

网络支付系统的开发涉及信息网络技术、商务管理与财务管理等多方面的知识，需要各领域相关业务管理人员与程序开发人员的密切配合。具体到信息网络技术上，涉及 Internet/Intranet 技术、加/解密技术、数据库技术、Web 应用技术、ASP/JSP 程序设计工具、Flash 动画设计等，焦点在于 Servlet/JSP 的实现，还可结合 XML 技术。这些内容已经在电子商务前驱课程讲过，可以参考相关的电子商务开发技术书籍。

在东南大学电子商务论坛中的电子商务应用实例 HBA0 就是一个网络银行系统的具体开发实例，对网络支付系统的开发是很好的参考。网站地址为 http://cse.seu.edu.cn/ebiz/demo.html。

网络支付系统是一个复杂的系统工程，应该遵照管理信息系统 MIS（Management Information System）的开发方法来实施。在开发策略上，根据企业自身的情况，可以选择自主开发方式或完全外包方式或部分外包方式。

本章小结

作为电子商务关键环节的网络支付与结算，在电子商务的快速发展中愈发显示其重要性，这也是当前金融电子化中电子银行构建的核心问题。网络化的支付结算方式相比于传统的支付结算方式更加快捷、成本更加低廉，而且实现了对网上交易者来说更加方便的随时随地支付，它是金融电子化的发展趋势。

目前，世界上基于 Internet 平台的网络支付与结算方式正在大力发展中，有些技术手段已比较成熟，如信用卡网络支付，有的还在实验阶段，如电子现金、电子支票等。随着技术的进步、日益迫切的电子商务发展需求及人们传统观念的革新，越来越多的更加安全、可靠、方便、快捷的网络支付手段正不断研发出来并且投入应用实践。

本章比较完整地介绍了网络支付的基本理论，给出了网络支付的定义、功能与特征，重点详细描述了支持电子商务发展的网络支付运作体系结构。结合对支撑网络支付的大众化网络平台的叙述，细致描述了网络支付的基本流程，以及相应的"类支票电子货币支付系统模式"和"类现金电子货币支付系统模式"。通过对目前国内外正在实用中与实验中的网络支付方式的调研与分析，本章主要从开展电子商务的实体性质不同、支付数据流的内容性质不同、支付金额的规模大小不同三个方面叙述了目前网络支付方式的分类，以辅助读者从不同角度了解电子商务下的网络支付方式。最后，从国外与国内两个方面介绍了最新网络支付与结算的发展与应用情况，以实例说明网络支付的发展前景。

当然网络支付方式毕竟是新生事物，目前普及应用还面临政策、法律、标准、社会信用体系以及技术等多方面的问题，本章最后还结合中国的情况进行了网络支付发展思路的探讨。

复习思考题

1. 叙述电子支付与网络支付的关联。
2. 在支撑网络支付服务中，未来 Internet 会完全取代 EDI 网络平台吗？说说理由。
3. 调研分析中国现代化支付系统的体系结构与主要功能。
4. 分析本章中网络支付方式分类方法的科学性。发展到现在，还有没有新的分类方法？
5. 举例说明中国已经在实际应用的网络支付方式和存在的问题。

第4章 网络支付的安全解决方法

网络支付与结算是电子商务业务流程的一个重要环节，快捷、方便、可靠的网络支付方式的普及应用正是体现电子商务魅力的地方。因此，保证网络支付过程中的快捷、方便、可靠与安全，是电子商务能被广泛接受且能顺利完成的根本保证。

由于电子商务的远距离网络操作性而非传统的面对面方式，安全问题已成为大家关注电子商务运行的首要问题。完成电子商务中资金流的网络支付与结算因涉及商务实体最敏感的资金流动，所以是最需要保证安全的，也是最容易出现安全问题的地方，如信用卡密码被盗、支付金额被篡改、收款抵赖等。因此，保证电子商务的安全其实很大部分就是保证电子商务过程中网络支付结算流程的安全，这正是银行与商家，特别是客户关心的焦点问题。在目前中国社会信用体系不太完善而且商务诚信较差的情况下，更是如此。

本章首先介绍网络支付面临的安全问题，分析电子商务实体各方对网络支付的安全需求，提出有针对性的网络支付安全策略；在此基础上，阐述发展到现在并且行之有效的保证网络支付安全的具体方法，如防火墙技术、数据加/解密技术、数据完整性技术以及数字证书与 CA 认证中心等作用；最后介绍应用这些技术而保证网络支付安全的目前流行的 SSL 协议机制与 SET 协议机制。

安全技术是信息网络技术中较为尖端的技术，只要运用得当，配合相应的安全管理措施，是能够保证电子商务中网络支付的安全的。或者说，应用这些安全技术的网络支付是非常安全的，其安全性不比传统支付的手段差，一般情况下还要好一些。当然，安全是个相对的概念，世界上任何事务从来就没有绝对的安全，包括人身与设施的安全，当今号称世界第一强国和技术最先进的美国也无法避免"9·11"事件的发生，如今费了九牛二虎之力，恐怖袭击事件还不断发生，也说明安全是相对的概念。因此，先进的安全技术应用与安全策略实施也只能保证网络支付相对安全，但不是 100%的绝对安全，电子商务中偶尔出现信用卡密码被盗、收款抵赖等情况也不足为奇，正如这些类似情况也发生在传统支付中的现金被盗、收款抵赖一样，很多传统支付中不能完全解决的问题，如诚信问题在网络支付中也会存在。总的来说，应用先进技术的网络支付方式是很安全可靠的，而且随着相关网络与信息安全技术的进步与相应的管理、信用机制及技术标准的完善，它会越来越安全，这也是支付与结算的发展趋势。

虽然本章的很多内容在"电子商务安全"课程中有比较全面、详细的介绍，但本章是从网络支付的角度去具体叙述安全技术的，因此更有针对性，更能联系实际。通过学习，既能更好地理解相关安全理论知识及应用，也能更深入地理解网络支付的处理流程。

4.1 网络支付的安全问题与需求

基于 IPv4 协议的 Internet 崇尚开放与互连，世界上没有统一的专业管理组织来管理控制它，因此从技术设计上（通信协议）就存在根本的缺陷，这样主要基于 Internet 平台的电子商务肯定会有这样或那样的安全问题。当然，随着全球 Internet 正从 IPv4 协议向更加安全的 IPv6 协议迁移，电子商务与网络支付遇到的众多安全问题将得到解决。在使用 IPv6 网络中用户可以对网络层的数据进行加密并对 IP 报文进行校验，在 IPv6 中的加密与鉴别选项提供了分组的保密性与完整性，极大地增强了网络的安全性。本节通过对目前电子商务安全问题的总结，列出网络支付的主要安全问题，结合目前电子商务的开展状况与需求，阐述网络支付的安全需求。

4.1.1 网络支付面临的安全问题

众所周知，Internet 是一个完全开放的网络，任何一台计算机、任何一个网络都可与之连接。借助 Internet 发布信息，获取与共享各种网站的信息资源，发送 E-mail 与开展网络办公，进行各种网上商务活动，即电子商务，这些都极大地方便了政府、企业与个人的现代事务处理，直接带动了一个网络经济时代的到来。同时，有很多别有用心的组织、个人或黑客（Hacker）经常在 Internet 上四处活动，寻求机会窃取别人的各种机密如信用卡密码，或妨碍或毁坏别人的网络系统。

据报道，美国国土安全部高级官员于 2007 年 6 月向美国国会承认，从 2005 年到 2006 年，该机构遭到黑客入侵、计算机病毒暴发和其他计算机安全问题的骚扰高达 800 次以上。2010 年 1 月 12 日 7:00 开始，全球最大中文搜索引擎"百度"遭到黑客攻击，长时间无法正常访问。主要表现为跳转到一雅虎出错页面，出现伊朗网军图片及"天外符号"等，范围涉及四川、福建、江苏、吉林、浙江、北京、广东等国内绝大部分省市。这次攻击"百度"的黑客疑似来自境外，利用了 DNS 记录篡改的方式。这是自"百度"建立以来，所遭遇的持续时间最长、影响最严重的黑客攻击，网民访问"百度"时，会被定向到一个位于荷兰的 IP 地址，"百度"旗下所有子域名均无法正常访问。

这些案例充分说明了 Internet 上这类不道德活动或非法活动的猖狂。在这种情况下，如果没有严格的安全保证，商家和客户就极有可能担心网上的安全问题而放弃电子商务，因而阻碍了电子商务的发展。信息的安全、资金的安全、商务系统的安全都会直接影响到电子商务能否顺利进行。因此保证电子商务的安全是电子商务的核心问题，也是难点。

1. 电子商务的主要安全隐患

电子商务面临的主要安全隐患有如下五个方面。

1）系统的中断与瘫痪

网络故障、操作错误、应用程序错误、硬件故障、系统软件错误以及计算机病毒都能导致系统不能正常工作。因而要对此所产生的潜在威胁加以控制和预防，以保证贸易数据在确定的时刻、确定的地点是有效的。

2）信息被窃听

电子商务作为贸易的一种手段，其信息直接代表个人、企业或国家部门的商业机密。维护商业机密是电子商务全面推广应用的重要保障。传统的纸面贸易都是通过邮寄封装的信件或通过可靠的通信渠道发送商业报文，达到保守机密的目的的，如外交邮件有专门的外交信使。而 Internet 崇尚开放与互连，它使电子商务建立在一个较为开放的网络环境上，因此，需要预防通过搭线和电磁泄露等手段造成信息泄露，或对业务流量进行分析，从而获取有价值的商业情报等一切损害系统机密的行为。

3）信息被篡改

电子商务简化了贸易过程，减少了人为的干预，同时也带来维护贸易各方商业信息如电子支票的完整、统一问题。因此，保持贸易各方信息的完整性是电子商务应用的基础。信息被篡改有多种情况，例如，由于数据输入时的意外差错或欺诈行为，可能导致贸易各方信息的差异；数据传输过程中信息的丢失、信息重复或信息传送的次序差异也会影响贸易各方的交易和经营策略，等等。因此，要预防对信息的未经允许的随意生成、修改和删除。同时，要防止数据在传送过程中的丢失和重复，保证信息传送次序的统一。

4）信息被伪造

在电子商务方式中，准确确定网上的远程交易方的身份，是贸易方所期望的。它也是保证电子商务顺利进行的关键。在传统的纸面贸易中，贸易双方通过在交易合同、契约或支付单据等书面文件上手写签名或使用印章来鉴别贸易伙伴，确定合同、契约、支付单据的可靠性并且预防抵赖行为的发生，这也就是人们常说的"白纸黑字"。在无纸化的电子商务方式下，通过手写签名和使用印章进行贸易方的鉴别已是不可能的。因此，需要在交易信息的传输过程中为参与交易的个人、企业或国家组织等电子商务实体提供可靠的标识。

5）对交易行为进行抵赖

当贸易一方发现交易行为对自己不利时，或当利益刺激到一定程度时，就有可能否认电子交易行为。例如，某股民在网上以每股 12 元购买 10 000 股后，行情发生了变化，每股价格降到 6 元，于是该股民就有可能借助自己"坚韧不拔的精神"，否认以前的购买行为。这就要求网上交易系统具备审查能力，以使交易的任何一方不能抵赖已经发生的交易行为。

2. 网络支付的主要安全隐患

在网络支付与结算中，资金支付结算体系问题是电子商务中主要的安全隐患发生点。基于 Internet 平台的电子商务必然涉及客户、商家、银行及相关管理认证部门等多方机构，以及它们之间可能的资金划拨，使得客户和商家必须充分考虑支付体系是否安全。因此，保证安全是推广应用网络支付与结算方式的根本基础。

前述电子商务的安全隐患都可能出现在网络支付的流程中。具体来说，目前电子商务下网络支付结算流程中面临的主要安全问题有以下五个方面。

1）支付账号和密码等隐私支付信息在网络传送过程中被窃取或盗用

支付信息在网络传输过程中的安全性是网络支付面临的最大安全问题，它造成的后果是非常严重的。例如，当一个客户的银行卡号码和密码在网上被窃取后，盗用者就可以利用客户的信用卡信息伪造出一张新的信用卡，然后轻轻松松地从任何一个 ATM 或 POS 中取出客户的资金，给客户造成极大的损失。同时客户由于银行卡和存折都没有丢失，并不能及时发现，只有当信用卡内资金不明不白地大量减少时，才有可能发觉被人盗用。伪造银行卡的案件在全世界各个国家都屡见不鲜。

2）支付金额被更改

利用网络支付系统进行支付时，由于系统设备错误而发生多支付或少支付的问题时有发生。例如，本来总支付额为 25 欧元，结果支付命令在网上发出后，由于不知哪一方的原因从支付方账号中划去了 2500 欧元，这就给网上交易一方造成了困惑。虽然这种问题事后解决并不困难，但是给交易双方也添加了不少麻烦或误会。

3）无法有效验证收款方的身份

支付方不知商家到底是谁，商家不能清晰确定信用卡等网络支付工具是否真实，以及资金何时入账等。一些不法商家或个人利用网络贸易的非面对面性，以及 Internet 上站点的开放性和不确定性进行欺诈活动。在一些拍卖电子商务网站上进行拍卖欺诈就是目前最主要的网络欺诈手段。根据美国网络欺诈投诉中心的年度报告，2001 年美国商业由于网络欺诈而带来的损失高达 1 780 万美元，其中 42.8%的欺诈案件是和网络拍卖有关的。

4）对支付行为或支付的信息内容进行抵赖、修改和否认

交易的某方为了自己的利益，随意否认支付行为的发生或发生金额，或更改发生金额。例如，支付方当日并没有支付 250 美元货款却坚持说已经支付完毕；收款方已经收到 10 000 美元货款而矢口否认，或者本来交易额只有 1 000 美元，却坚持认为发生了 2 000 美元，等等。这些行为发展下去，将会给网络支付的信用体系造成毁灭性的打击。

5）网络支付系统突然非人为性中断瘫痪或故意被攻击或使网络支付被故意延迟

由于客户的电子货币信息存放在相应的银行后台服务器中，当银行网络遭到非人为的损害或黑客的故意攻击而导致银行后台服务器出现错误、运行中断或瘫痪时，客户肯定无法使用其电子货币；或者导致正在进行的网络支付进程中断，这必定影响客户的支付行为。此外，网络支付需要通过 Internet 进行支付信息的传输，但是当网络病毒造成网络堵塞时，网络支付结算过程将拖延，这也可能造成交易双方的损失或客户的流失。

随着社会的进步，人类在进步，技术也在进步，黑客的大脑与工具也在进步，所以在电子商务网络支付中也会不断出现新的安全问题形式，同时，新的防护技术与工具也在不断诞生中，这就是矛与盾的较量，而正义最终会战胜邪恶。借用中共中央总书记、国家主席、中央军委主席习近平在 2013 年 4 月 23 日召开的关于部署四川芦山地震抗震救灾工作的中共中央政治局常务委员会会议上的一句话，即"我们的前进道路不可能一帆风顺，一定会遇到这样或那样的风险和挑战，只要我们有准备，团结一心，共同应对，就完全能够从容应对征途上的各种复杂局面，战胜各种可能出现的艰难险阻"，网

络支付中的安全事件必然促进技术的不断革新而带来更大效益。

4.1.2 网络支付的安全需求

针对在网络支付结算过程中可能发生的安全问题，为了保证网络支付流程的安全、可靠，结合电子商务系统的安全，考虑网络支付结算过程中涉及的客户、商家、银行、CA 认证中心等商务各自的安全需要，网络支付的安全需求可以总结为如下六点。

1) 保证网络上资金流数据的保密性

因为网上交易是交易双方的事，交易双方并不想让第三方知道他们之间进行交易的具体情况，特别是一些隐私信息，包括资金账号、客户密码、支付金额、支付期限等网络支付信息。而在 Internet 上传送明文信息是很容易被别人窃取的，所以必须对传送的数据特别是敏感的资金流数据进行加密。

所谓加密是把在网上传送的数据如信用卡号及密码"加工"（运算）成为一些谁也看不懂的数据，然后通过特定的解密方法对这些数据进行解密才能看到数据的原文，即由消息发送者加密的消息只有消息接收者才能够解密得到，别人无法得到，而且，这些加密的方法必须是很难破解的。实际上，没有一种加密方法是无法破解的，只是有一个保持的时间问题。理论上，只要有足够的时间，任何加密方法都是可以破解的。如果某个加密方法的破解需要几年甚至几十年的时间，而花了 10 年时间得到一笔交易的信用卡卡号又有什么用呢？所以对加密的要求达到难以破解就可以了，现在的技术条件已经足够。比如，招商银行应用"一卡通"在网络支付过程中传输支付信息时加密用的 1 024 位密钥目前就很难破解，还是相当安全的。

2) 保证网络上资金流数据不被随意篡改，即保证相关网络支付信息的完整性

数据在传送过程中不仅要求不被别人窃取，还要求数据在传送过程中不被篡改，保持数据的完整。具体到支付结算时，就是相关支付数据流如支付金额、收款账号等信息在网上传输过程中不能随意被篡改。例如，华为公司的李小芳女士在某网络商城里在线订购了一件家具，本来填写的支付金额为 250 元，最后发现被划去 1 250 元或者被划到另外一个账号，这就会引起纠纷，让客户、企业双方均很别扭。因此，在通过 Internet 进行网络支付结算时，信息接收方收到信息后，必定会考虑收到的信息是否就是信息发送者发送的，在传送过程中数据是否发生了改变。在支付数据传送过程中，可能因为各种通信网络的故障，如雷电造成部分数据遗失，也可能因人为因素如有人故意破坏，造成传送数据的非允许改变。一些加密方法或手段可以用来解决数据的完整性问题，如数字指纹的应用等。

3) 保证网络上资金结算双方身份的认定

在实际商店里买东西，商店营业员与顾客面对面进行交易，营业员要检查持卡人的信用卡或者顾客的纸质现金是否真实，是否上了黑名单，信用卡是不是持卡人本人的，还要核对持卡人的签名、持卡人的身份证等，以证实持卡人的身份；持卡人亲自来到商店，看到商店和商品真实存在，且是合法经营的。这一切让顾客与商家都踏实多了。

在网上进行交易，交易双方一般互不见面且是远程交易，持卡人只知道商店的网址，不知道这个商店开在哪里。当客户上网浏览时，只要按一下鼠标，刚才还在上海的一家家电商店，一下子就到了美国纽约的一家百货商场。在网上没有方向，没有距离，

也没有国界。有可能你在网上看到的一家大规模的商场，实际上只是两个年轻人用一两台计算机制造的一场骗局，所以网络的非面对面、远距离、虚拟性等特征，让犯罪分子有机可乘。

客户要与网上商店进行网上交易，需先确定商店是否真实存在，是否合法，付了钱是否能拿到东西。反过来，商家和银行担心上网购物的信用卡应用客户是否就是持卡人本人，否则，扣了张三的款，却将货送给李四，结果持卡人上门来说"没买过东西为什么扣我的钱"，而商家却已经将货物送走了。所以在电子商务中，参加交易的各方，包括商家、持卡人和银行必须采取如 CA 认证中心颁发的数字证书等措施来认定对方的身份，正如传统商务中有工商部门颁发营业执照一样。

4）保证网络上有关资金的支付结算行为发生的事实及发生内容的不可抵赖性

在传统现金交易中，交易双方一手交钱，一手交货，不见兔子不撒鹰，买卖双方可借助自己的特殊手段来保护自己的利益，即便是在商店里用信用卡付款，也必须有持卡人签名，方能取走货物。

在网上交易中，客户与商店通过网上传送电子信息来完成交易，同样需要有交易双方对每笔交易都认可而不能随便抵赖的方法。否则，持卡人购物后，商家将货送到他家里，他却说自己没有在网上下过订单；银行扣了持卡人的购物款，持卡人却不认账。反过来，持卡人已经付款，商家却坚持说没有收到货款，或者说，没有在大家认可的日期收到资金，而故意延迟或否认物品的及时配送，造成客户的损失，等等。

所以，必须为网络支付结算提供一种使交易双方在支付过程中无法抵赖的手段，使电子商务正常开展下去，如数字签名、数字时间戳等手段。

5）保证网络支付系统运行的稳定可靠和快捷

做好数据备份与灾难恢复功能，并且保证快捷的支付结算速度。

实时在线的网络支付行为对网络支付系统的性能要求很高，如电子钱包软件与信用卡网络支付系统等。网络支付的支撑网络需有较好的安全防护能力，如防火墙系统的配置，网络通道速度的检测，管理机制的制定与确立等。光有高尖的技术手段是不够的，还需要建立良好的管理机制，这样的安全机制才是有效的。否则，客户随意放置自己的信用卡号码与密码，纵使银行应用最尖端的加密技术，又有什么用呢？

6）建立共同的网络支付行为规范和进行相关立法

建立共同的网络支付行为规范和进行相关立法以强制手段要求网络支付相关各方严格遵守。

到任何时候，人的道德水平也不可能都是高尚的，总有一些人或企业想方设法地伤害他方的利益，制定针对性的规范与法律，可用于震慑网络支付业务中的图谋不轨者，既有预防作用，也有惩戒作用。2005 年 4 月 1 日，中国开始实施的《电子签名法》；2008 年 4 月 24 日，国家商务部起草的《电子商务模式范》和《网络购物服务规范》；2010 年 6 月，国家工商总局出台的《网络商品交易及有关服务行为管理办法》，就是为应对这种需求而提出的。

4.2 网络支付的安全策略及解决方法

本节主要介绍应对网络支付结算的安全需求而采取的安全策略，而不同的企业其安全策略也会不同。在介绍安全策略的基础上,叙述为实施相应的安全策略而采取的常用安全技术、方法或手段。

4.2.1 网络支付安全策略制定的目的、含义和原则

电子商务中的网络支付结算体系应该是融购物流程、支付工具、安全技术、认证体系、信用体系,以及现在的电子银行体系为一体的综合大系统。本书第 3 章图 3-3 也说明了这一点。由此可以看出,网络支付安全体系的建立不是一蹴而就的,它受多种因素的影响,且与这些因素相互促进,动态地发展,共同走向成熟,因此,应从系统的角度来考虑其安全体系的建立。在目前各方面的条件还不完全成熟的情况下,坐等时机的到来不现实,也不符合事物发展的规律,而承担一定风险,推动网络支付系统的发展,以期与其他因素相互作用、相互促进,才是信息网络社会中的一种新方法或新思维。

针对网络支付结算的相关安全需求,开展电子商务的商家和后台的支撑银行必须相互配合,建立一套相应的安全策略,在实践中完善,以保证电子商务下网络支付结算的顺利进行。

所谓电子商务的安全策略,是一个组织机构在从事电子商务事务中关于安全方面的纲要性条例。它用书面形式明确描述所需保护的资产、保护的原因、谁负责进行保护、哪些行为可接受、哪些行为不可接受、依照的法律法规、各种安全防护方法与工具的应用等。为了保护以网络支付系统等为代表的电子商务(包括电子政务)资产,所有组织,包括企业与政府部门,都要有一个明确的安全策略。

网络支付的安全策略,是整个电子商务安全策略最重要的一个子集。

1. 制定网络支付安全策略的目的

制定网络支付安全策略的目的是为了保障相关支付结算信息的机密性、完整性、认证性、不可否认性、不可拒绝性和访问控制性不被破坏;能够有序地、方便地鉴别和测试网络支付系统的安全状态;能够对网络支付可能的风险做出基本的评估;制定措施,用于网络支付系统的安全被破坏后的恢复工作;应用相应法律法规来保护安全利益。

2. 网络支付安全策略的含义

电子商务系统的安全策略一般要陈述物理安全、网络安全、访问授权、病毒保护、灾难恢复等内容,而且这个策略会随时间的变化而变化,此系统中负责安全的人员必须定期地对安全策略进行修改,网络支付系统也基本类似。网络支付安全策略必须包含对网络支付涉及的安全问题多方面的考虑因素,因此网络支付安全策略一般包含认证机制、访问控制机制、保密机制、数据完整性机制及审计机制、法律法规等内容。

3. 制定网络支付安全策略的基本原则

(1)预防为主。为了掌握主动权,必须有齐全的预防措施,使网络支付系统得到有效的保护,这样损失会最小。

(2)必须根据网络支付结算的安全需求和目标制定安全策略,并且不同组织应根据其实际情况与实际需求采用适应的安全策略。在制定安全策略之前,先要确定保护的内容;再确定谁有权访问系统的哪些部分,不能访问哪些部分;然后确定有哪些手段可用

来保护这些资产。应当估计和分析风险。

（3）根据掌握的实际信息进行分析。例如，可以根据业务服务器运行记录中收到的每一次链接和访问记录进行分析，这些记录通常包括 IP 地址和主机名及用户名，可能还有用户在逗留期间填写的表格。该表格中所有变量的值都会被记录在案，如请求的状态、传递数据的大小、用户 E-mail 地址等都会被记录下来。这些数据记录对于分析服务器的性能，发现和跟踪黑客袭击是很有用的。总之，需要了解实际的与安全有关的各种信息，特别对资金流敏感数据进行分析。做到以科技的手段来限制、反击入侵。

4.2.2 网络支付安全策略的主要内容

一般来说，一个相对成熟有效的网络支付安全策略内容包括需要定义保护的资源，定义保护的风险，需要吃透、遵循、利用有关电子商务安全与网络支付安全的法律法规，最后建立一套网络支付安全防护机制。在网络支付体系中涉及商务的相关多方，每方都必须制定一个安全策略以满足自身的安全需要。

网络支付安全策略的主要内容包含如下四个方面。

1）定义实现安全的网络支付所需要保护的资源

定义需要保护的资源是安全策略的第一步。各个组织机构定义需要被保护的资源是与本机构的具体身份、任务、性质有关的，即使同一机构在不同的经营期对资源的定义也是不同的。网络支付体系是以 Internet 为信息交换通道，由 CA 认证中心、银行、发卡机构、商家和用户组成的，这些机构是实现安全网络支付结算的基础。

一个安全的网络支付系统组成如图 4-1 所示，可以看出，网络支付涉及多方的配合，包括交易方 A、交易方 B、金融机构（如银行、发卡机构）、公正第三方（认证机构、时戳服务机构、仲裁者）、政府机构（税务机构、海关）等，每个机构应该根据自身的性质和在网络支付中发挥的作用定义自己需要保护的资源。

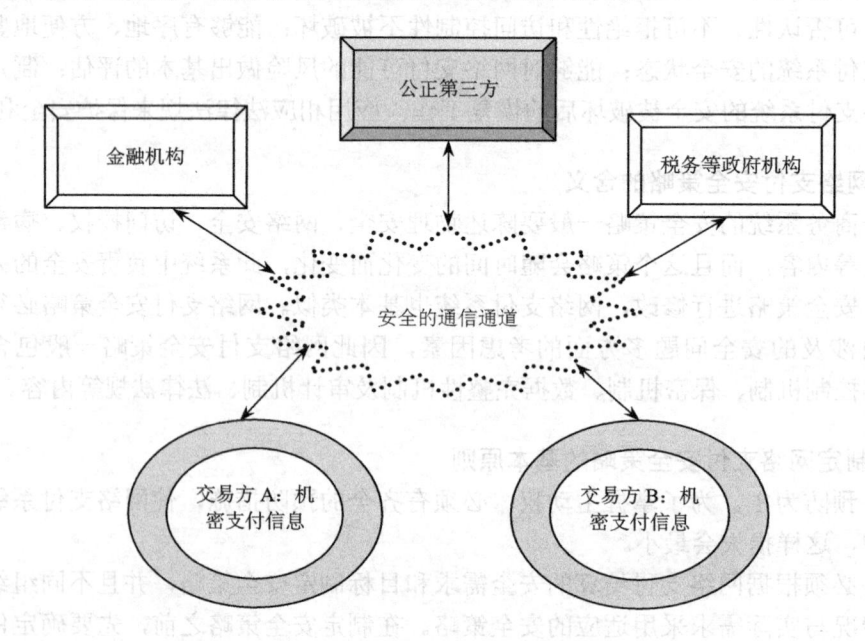

图 4-1 安全的网络支付系统组成示意图

2）定义保护的风险

每种新的网络支付方式的推出与应用，均有一定的应用风险，存在或多或少的安全隐患，因为绝对安全的支付手段是没有的，风险意味着损失的程度。也有很多方法防止安全隐患，但是使用这些防护是需要代价的。代价既包括实施防护的经济成本，还包括支付方式所受到的影响。因为安全防护手段越严密，就导致用户应用越不方便。正如 2003 年 3—7 月防范 SARS 期间，北京不少大学如北京交大、中央财经大学等在校门、教学楼门、图书馆门、住宿楼门均设有测温查证等层层防护机制，投入的人力、物力、财力相当可观，但的确防护有效，同时使老师、学生都感到教学与学习十分不便，就是这个道理。因此任何一个网络支付安全策略必须进行风险分析，在选取风险和保卫安全措施的代价之间进行折中，充分考虑网络支付工具使用的安全性与使用的便利、快捷性之间的辩证关系。

3）完全理解、遵循和利用有关电子商务安全与网络支付安全的法律法规

虽然到目前为止，电子商务安全及网络支付安全的法律法规还在发展完善中，但完全理解已有的电子商务安全的相关法律法规是必须要做的。例如，中国人民银行制定的《金融 IC 卡应用的安全机制规范》及北京和上海的《电子商务发展规范草案》等。《金融 IC 卡应用的安全机制规范》规定："在一张卡中的不同应用之间要相互独立，应用之间要提供防火墙安全控制措施，杜绝跨应用的非法访问，"因此安全策略中就必须建立防火墙。《规范》还规定："要确保卡内存储的特定功能的加密/解密密钥不能被其他功能所使用，以及用来产生、派生和传输这些密钥的密钥都要具备专用性，"因此安全策略中就必须对这些密钥的流通和使用做出严密的管理。自 2001 年开始，中国政府及地方政府陆续颁布实施了一些与电子商务、网络支付相关的法律和条例，支持电子商务、网络支付的健康发展，进一步规范网络交易的行为。

只有完全理解了相关法律法规，才会遵循并且有效利用它，这不但可以有效满足系统的安全需求，而且在可能的纠纷中占据有利地位，减少不必要的损失。

4）建立相关的网络支付安全策略，确定一套安全防护机制

网络支付安全策略中最后一条是：要根据定义的保护资源、定义的保护风险、电子商务安全和网络支付安全的法律法规，结合本企业各方面的实际情况进行分析，制定一套适合本企业电子商务发展的网络支付安全策略，并且确定一套安全机制。网络支付安全策略是由个人或组织针对网络支付结算安全全面制定的，而网络支付安全机制是实现网络支付安全策略的手段或技术、整套规则和决策。

例如，有一个 AAA 大公司的电子商务网站，通过 Extranet 与 100 多家公司有供应链上的交易业务活动，即订货、合同签订、供货、发货、网络支付，等等。对 AAA 企业而言，关键的资源就是服务器上的相关支付信息文档与商务合同等。这些文档不但密切关系本公司的重大经济利益，而且涉及其他许多公司的经济信息。如果这些信息泄露，有可能对 AAA 公司造成重大损失。因此，这些关键资源（如支付信息资源）的风险极大，保证网络支付这些关键资源的安全非常重要，但有关对应的法律法规并不多。基于这些情况，可以如下制定 AAA 公司相应的安全策略，基本规则为（仅供参考）：

（1）对每一次网上交易支付结算需要机密性、完整性和认证性防护；

（2）对不可否认性的要求严格，如支付确认、合同签收等；

（3）对不可拒绝性的要求一般，如价格查询等；

（4）对访问控制性的要求极严格，注意隔绝外部对有关支付结算信息文档的访问，严格控制内部人员对支付结算文档的访问，如对客户信用卡密码、网络银行密码等的访问控制。

根据 AAA 公司的上述安全策略，可针对性地建立对应的安全防护机制，简述如下（仅供参考）：

（1）应用密钥加/解密、数字指纹与数字签名、数字证书等安全技术，保证每一次网上交易需要的机密性、完整性和认证性，制定严格的密钥管理制度；

（2）为了实现对不可否认性的严格要求的情况，对有关不可否认性的认证文件，必须建立严格的备份、归档制度，如电子备份与纸质备份并用等；

（3）针对不可拒绝性的要求是一般性要求的情况，对客户的硬件设施等不提出特殊要求；

（4）因为要求隔绝外部对网络支付结算整体信息文档的访问，必须设置良好的防火墙等内部网络防护措施；

（5）因为要求严格控制内部人员对与网络支付有关的重要文档的访问，一方面从技术上使用一切预防和监查手段，如网络监控与追踪软件；另一方面制定内部人员对整体信息文档的访问机密守则和监督制度；

（6）为了协调上述措施的实施，通常在组织机构内部还需建立保证网络支付结算安全的应急小组，以便统筹决策与及时处理各种问题；

（7）安全问题应当通过相关法律加以保护，必须保证电子合同和数字签名的法律地位、签约双方对电子合同的认可及对电子合同的不可否认，确保电子合同能够得以实施。

4.2.3　保证网络支付安全的解决方法

为满足商务各方网络支付的安全需求，以及遵循制定的安全策略与安全机制的内容，具体到网络支付结算，可以有针对性地采用如下主要七个方面的解决方法。

1）对支付流程中涉及各方身份的认证

如采用建立第三方公正的 CA 认证中心，使用 X.509 数字签名和数字证书，实现对交易各方的认证，证实其身份的合法性、真实性等。

2）保证网络支付数据流内容的保密性

使用相关的加密算法对资金流数据进行加密，防止未被授权的非法第三者获取数据的真正含义。如采用 DES 私有密钥加密法、RSA 公开密钥加密法、数字信封等保密手段。

3）保证网络支付数据流内容的完整性

如使用数字指纹算法，以确认资金流信息（如支付指令）的完整性。

4）保证对网络支付行为和内容的不可否认性

当交易双方因网络支付出现异议或纠纷时，采用某种技术手段提供足够充分的证据，迅速辨别纠纷中的是非。例如，采用数字签名、数字指纹、数字时间戳等技术并配合 CA 中心，以实现其不可否认性。

5）处理多方贸易业务中的多边支付问题

这种多边支付的关系可以通过双联数字签名等技术来实现，如采用 SET 安全支付机制。

6）保证网络支付系统应用软件与支撑网络平台的正常运行

保证网络支付专有应用软件的可靠运行、支撑网络平台和支付网关的畅通无阻和正常运行，防止网络病毒和黑客的攻击，防止支付的故意延缓，防止网络通道的故意堵塞等是实现安全网络支付结算的基础，也是安全电子商务的基础。例如，采用网络防火墙技术、用户与资源分级控制管理机制、网络通道流量监控软件及网络防病毒软件等方法。

7）政府支持相关管理机构的建立和电子商务法律的制定

建立第三方的公正的管理和认证机构，尽快完成相关电子商务的法律制定，让法律这把"达摩之剑"起到威慑作用，保证安全电子商务及网络支付结算的进行。

本章下面的内容就分别叙述了上述方法与解决手段的原理与应用，并具体结合网络支付流程作为应用实例。

4.3 网络支付平台的安全及防火墙技术

保证网络支付结算的安全首先就要保证支撑网络支付结算的网络平台的安全，这个平台包括客户端网络环境、商家 Intranet 网络环境、银行内部网络以及把三者联系在一起的 Internet。通常，把这个平台称为大众 Internet 网络平台系统。

本节将通过对支撑网络支付的大众 Internet 网络平台系统的安全需求进行分析，总结保护 Internet 网络平台系统的各个举措，并且重点介绍网络平台最重要的安全措施——即防火墙技术的应用。

4.3.1 网络平台系统的构成及其主要安全威胁

1. 网络平台系统的构成

由网络支付体系可知，支持网络支付的 Internet 网络平台系统组成如图 4-2 所示。

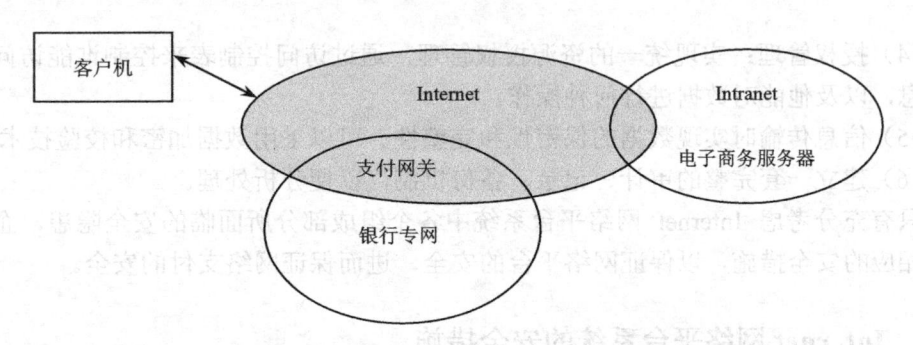

图 4-2 支持网络支付的 Internet 网络平台系统组成示意图

（1）客户机：客户端硬件、操作系统、Web 浏览器以及可能的客户端网络，也可能是个 Intranet，与商家的 Intranet 构成 Extranet。

（2）Internet：公共通信通道。

（3）Intranet：商家 Intranet 网络及电子商务服务器、数据库服务器。

（4）银行专网：银行网络及其与 Internet 相连的支付网关。

上述各个组成环节，均有可能给网络支付带来安全问题。支付网关与银行后台的专用网络的安全已经由银行系统或专门的第三方提供安全保证，这里不用考虑。在这里主要考虑作为公共通信通道的 Internet、客户端以及商家 Intranet 中存在的安全威胁。

2．公共通信通道 Internet 的安全威胁

具体结合网络支付流程，对作为公共通信通道的 Internet 网络的攻击或安全威胁主要有以下四种类型。

（1）截断堵塞：破坏客户的所需网络支付服务，截断相关支付信息的流动，如切断通信线路、毁坏硬件、病毒瘫痪软件系统、冗余信息堵塞支付网关通道等。

（2）伪造：伪造客户或商家的相关支付信息，假冒身份以骗取财物。

（3）篡改：为达到某种目的的某方对相关网络支付信息进行未经许可的篡改。

（4）介入：利用特殊软件工具提取 Internet 上通信的资金流数据，以期破解信息；或者进行信息流量分析，对信息的流动情况进行分析，如信息传送的方向、发送地点等，得到间接情报，为其他目的服务；或者非法进入系统或数据库，进行破坏或非法复制等。

在 Internet 网络平台系统中作为结点的 Intranet 网络所面临的安全威胁与 Internet 网络略有不同，这主要是因为 Intranet 有一个边界确定、结构严谨、控制严格的环境，并且可在企业（商家等）中实现强制性的集中的安全控制。在 Intranet 中的用户都是已知的，可事先定义每个用户和用户组的操作权限。

3．Intranet 的最基本安全需求

（1）网络边界的安全：由于 Intranet 和 Internet 是相连的，要保证 Intranet 的边界安全，防止来自内外的黑客和病毒的攻击，从而保证内部网络的安全。

（2）内部网络的安全：不仅是保证网络系统安全，还要保证企业数据安全。

（3）身份验证：建立通行的身份识别系统，实现企业内各地跨区域用户的统一集中管理。

（4）授权管理：实现统一的资源授权管理，通过访问控制表来控制谁能访问网络上的信息，以及他能对数据进行何种操作。

（5）信息传输时实现数据的保密性和完整性。可以采用数据加密和校验技术实现。

（6）建立一套完整的审计、记录、备份机制，以便分析处理。

只有充分考虑 Internet 网络平台系统中各个组成部分所面临的安全隐患，企业才能制定相应的安全措施，以保证网络平台的安全，进而保证网络支付的安全。

4.3.2　Internet 网络平台系统的安全措施

Internet 网络平台上的安全措施主要从保护网络安全、保护应用服务安全和保护系统安全三个方面来叙述，各个方面都要结合考虑安全防护的物理安全、防火墙、信息包安全、Web 安全、媒体安全等方面，以满足网络支付安全策略所包含的各种要求。由于目前 Internet 本身使用的 TCP/IP 协议（IPv4）的缺陷，使得其天生就没有很强的安全性，这是因为设计时为了开放与自由简化了它的安全性能，并且具有传输路径的冗余，这种设计上的缺陷是造成 Internet 安全问题的根本原因。

综上所述，最根本的解决办法只有重新设计 TCP/IP 协议，现在正研发的新一代 Internet 网络通信协议即 IPv6 协议，就是解决此网络平台安全问题的根本办法。目前，中国、日本、韩国正在考虑 IPv6 协议的联合开发与应用。

1．保护网络安全

网络安全是为保护商务各方网络端系统（包括代理服务器和服务器系统）之间通信过程的安全性。保证机密性、完整性、认证性和访问控制性是网络安全的重要因素，目前网络安全采用的主要措施如下。

1）全面规划网络平台的安全策略

电子商务参与各方都必须制定一个安全策略以满足自身的安全需求。

2）制定网络安全的管理措施

积极建立网络安全的管理机制；提高网络系统的自我防范能力，并对网络中的各级用户及有关人员进行职业道德教育及技术培训。

3）使用防火墙

使用防火墙是最主要的防护措施之一，这将在下文中重点介绍该项技术及其应用的相关内容。

4）尽可能记录网络上的一切活动

为了了解、防护和恢复未经授权的访问，在网络上的一切活动都应记录下来，并且处理这些记录的信息，根据这些信息定位和分析非法入侵行为。目前已有这方面的专业软件。

5）注意对网络设备的物理保护

电缆、路由器、用户计算机、网络服务器等硬件可能受到物理攻击，为此，在规划网络安装时，要使潜在的安全危害尽可能地减小，如采取锁上存放网络服务器和路由器的柜子等措施。网络连线规划时，也应考虑减少搭线的可能。

6）检验网络平台系统的脆弱性

可从系统外部和系统内部两个方面检查其脆弱性。例如，外部的侵入通常是试图登录，如应用侵入口令字，利用系统软件的已知缺陷和使用给客户的扩充特权等，所以外部安全检查要特别检查这些方面；内部安全检查主要检验文件和系统访问的权限是否符合安全规定，检查可疑的文件，如是否有特洛伊木马等隐藏病毒。一旦发现脆弱性漏洞，即可采取行动，防止对系统的安全造成实际危害。

7）建立可靠的识别和鉴别机制

网络中的用户和系统必须可靠地识别自身，以确保关键数据和资源的完整性；具备相应的控制手段，使用户或系统只能访问他们需要或有权使用的资源。网络系统所具有的这种能力必须是不容易被破坏的。目前识别和鉴别的方法通常有使用口令字，限制网络中最大用户数和会话数，限制每个用户的访问日期和时间，限定用户的访问按预先排定的时间表进行，限制用户登录失败的次数，在定义的非活动时间关闭会话等。

2. 保护应用的安全

所谓应用安全，主要是针对特定应用（如 Web 服务器、网络支付专用软件系统）所建立的安全防护措施，它独立于网络的任何其他安全防护措施。虽然有些防护措施可能是网络安全业务的一种替代或重叠，如 Web 浏览器和 Web 服务器在应用层上对网络支付结算信息包的加密，都通过 IP 层加密，但是许多应用还有自己的特定安全要求。例如，网络支付协议就很复杂，它涉及购货人、商家和银行之间的转账，不同参与者之间的通信需要不同水平的保护，需要在应用层上处理。由于电子商务中的应用层对安全的要求最严格、最复杂，因此更倾向于在应用层而不是在网络层采取各种安全措施。

虽然网络层上的安全仍有其特定地位，但是人们不能完全依靠它来解决电子商务应用的安全性。应用层上的安全业务可以涉及认证、访问控制、机密性、数据完整性、不可否认性、Web 安全性、EDI 和网络支付等应用的安全性。

3. 保护系统安全

所谓系统安全，是指从整体电子商务系统或网络支付系统的角度进行安全防护，它与网络系统硬件平台、操作系统、各种应用软件等互相关联。涉及网络支付结算的系统安全包含下述一些措施。

（1）在安装的软件中，如浏览器软件、电子钱包软件、支付网关软件等，检查和确认未知的安全漏洞，如各种病毒与特洛伊木马等；

（2）技术与管理相结合使系统具有最小穿透风险性，如通过诸多认证才允许连通，对所有接入数据必须进行审计，对系统用户进行严格安全管理；

（3）对入侵进行检测、审计、追踪。

4.3.3 防火墙技术与应用

从对支撑网络支付的 Internet 网络平台的安全策略规划及相应安全措施的叙述中可以看出，防火墙的应用是安全措施中的一个主要手段，是保证整个电子商务与网络支付平台安全的第一道保护，也是比较关键的安全防护环节。借助防火墙这一防护层次，可把外来的非法入侵减少到最小限度。

1. 防火墙的定义

防火墙，英文为 Firewall，是一个借用词，其本意是"网络门"，好像两个网络之间的一道安全门，就像大学校门、国境线上检查站一样，只让符合规定的实体通过，而阻止"非法"实体的流通。它的学术定义是，防火墙是一种由计算机软件和硬件组成的隔离系统设备，在安全的企业内部网 Intranet 和大众的不安全的国际互联网之间构筑一道防护屏障，能按预先设置的条件对进出信息进行区分监控，实现内外有别。其主要目标是保护 Intranet 中的信息、资源等不受来自 Internet 中非法用户的侵犯，控制 Intranet 与 Internet 之间的所有数据流量，控制和防止 Intranet 中有价值数据如每个客户的资金账号及金额等数据流入 Internet，也控制和防止来自 Internet 的无用垃圾和有害数据。

确切地说，防火墙就是在可信安全的 Intranet 和不可信、不安全的 Internet 之间设置的安全系统，可以提供访问控制策略，干预这两个网彼此之间的信息传送，决定一个数据组、一种连接或一个用户能否通过它。

根据防火墙的定义与目标，防火墙的应用示意如图 4-3 所示。

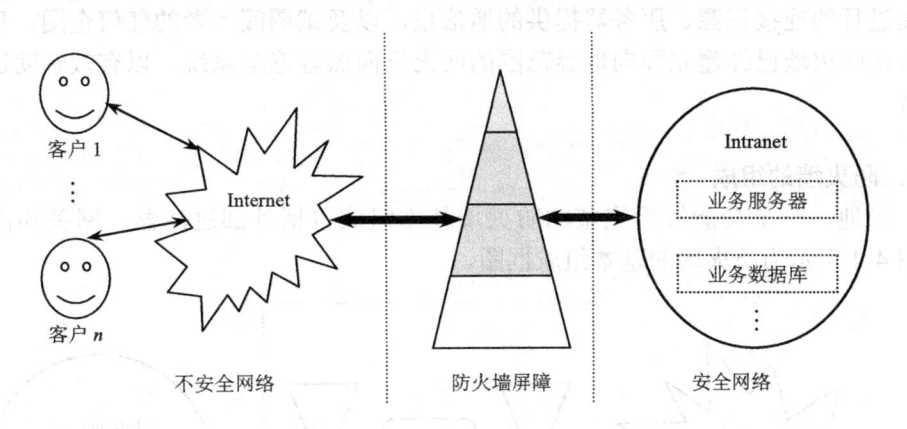

图 4-3 防火墙的应用示意图

防火墙总的安全保护思想不是对企业内部网内的每台计算机分别进行保护，而是让所有外部对内部网计算机的信息访问都通过某个点。防火墙就保护这个点，实现内部网络的整体防护。这样防火墙主机本身的安全将是这一系列安全的关键点，防火墙系统本身必须建立在"安全的"操作系统所提供的安全环境中，安全操作系统可以保护防火墙的代码和文件免遭攻击。这些防火墙的代码只允许在给定主机系统上执行，由此可以减少非法穿越防火墙的可能性。

各企业能够根据业务需求的不同，制定的安全策略也各有不同，反映在防火墙的设置上就是，有的防火墙仅允许电子邮件数据通过它，而保护其他的所有网络服务；有的防火墙提供相对不严格的保护机制，仅阻止发现有问题的服务；有的防火墙系统禁止外部数据传向内部，但允许内部用户随意地与外部通信，等等。如果一个企业有几个 Internet 网站，那么每个与 Internet 的连接处都要有防火墙，这样才能保证整个机构有一个安全边界，而且每个防火墙都得遵守同样的安全策略。如果一个防火墙允许一种交易进入而另一个防火墙不允许进入，结果就会造成非法访问进入该机构的整个网络，使得前功尽弃。在银行后台网络中，由于网络支付方式众多，为了安全完成网络支付业务，有时配置很多防火墙，但要注意上述策略的运用。

2．防火墙的功能

防火墙通常有"门"和"闸"两部分。前者的功能是在网络之间移动数据，体现信息传输的功能；后者则将未授权的数据移动进行过滤，以保证网络的安全，体现管理控制的功能，正如配置了警卫的物理围墙一样。

具体地说，作为防火墙的系统设备具有以下功能。

（1）由内部安全的 Intranet 到外部不安全的 Internet 的访问和由外到内的访问都必须通过防火墙监控，体现双向功能；

（2）设置用户认证等安全控制机制，只有本地安全策略所定义的合法访问才被允许通过防火墙；

（3）防火墙本身无法被穿透；

（4）明确 Intranet 的边界。

防火墙能够保护站点不被任意连接，甚至建立反向跟踪工具，帮助总结并且记录有关正在进行的连接资源、服务器提供的通信量，以及试图闯入者的任何企图。目前，美国军方在防火墙已经建立面向世界范围的网上反向黑客追踪系统，以有效辅助追捕非法入侵者。

3．防火墙的组成

一般地，一个功能较为完整的防火墙基本组成包括外部过滤器、网关和内部过滤器。图 4-4 所示为防火墙的基本组成框图。

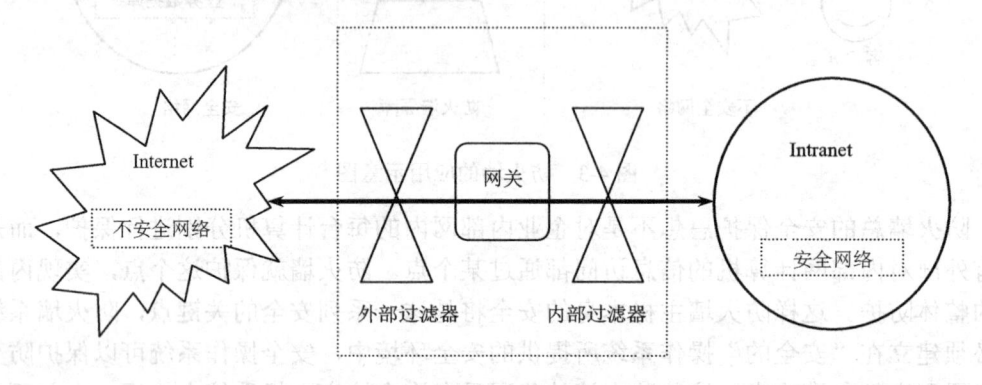

图 4-4 防火墙的基本组成框图

（1）过滤器即 filter，有内部过滤器和外部过滤器之分。它主要用于阻断某些类型信息的通过。通常，外部过滤器用于保护网关免受来自 Internet 的攻击，而当网关一旦遭到来自 Internet 的攻击而受到破坏时，内部过滤器用于对付网关受破坏后的后果。外部过滤器和内部过滤器都可保护 Intranet，防火墙要对 Intranet 和 Internet 之间传递的每个数据组进行干涉。过滤器执行由防火墙管理机构制定的一组规则，检验各数据组是否允许放行，这些过滤规则按 IP 地址、端口号码和各类应用等参数确定。单纯靠 IP 地址的过滤规则是非常不安全的，因为一个主机可以用改变 IP 源地址的方法来蒙骗过关。

（2）网关即 Gateway，它提供中继服务，以补偿过滤器的影响，辅助过滤器控制业务信息流。网关往往是一台或一组机器。一个暴露在外面的网关计算机通常叫做"堡垒机"。

当然，上述组成也不是固定的，实际上不同企业按安全需求的不同可以改变配置，比如银行内部网的防火墙配置方案肯定比一个普通的大学内部网防火墙配置方案要好一些。有的防火墙还包括域名服务和 E-mail 过滤处理模块等，以辅助过滤器控制多种不同的业务信息流，如电子商务中客户访问银行网络，可能是 E-mail 信息流也可能是 http 或 https 服务信息流。

4．电子商务中防火墙与 Web 服务器的配置方式

在电子商务业务活动中，包括网络支付与结算业务在内，商家、银行与客户均需在网络进行互动、实时的信息交换，例如，商品信息的查询、订单的填写、支付方式的选择与支付表单的提交、确认支付等，这些主要基于 WWW 方式进行，所以商家与银行必

然需要设置对应的业务 Web 服务器，面对客户提供网络服务。为了保证包括网络支付在内的网络业务的安全顺利进行，防火墙与这些业务 Web 服务器之间就要进行必要的关联配置，以便商家或银行既能利用业务 Web 服务器对外提供网络业务服务，又能借助防火墙保证内部网的安全。

一个简单防火墙本身的配置可按下面配置步骤就可完成：
（1）选择一台具有路由能力的 PC；
（2）加上两块网络接口卡，如以太网卡或串行卡等；
（3）禁止 IP 转发；
（4）打开一个网卡通向外面的 Internet；
（5）打开另一个网卡通向银行或商家的内部网 Intranet。

具体到网络支付等电子商务业务活动中，根据需要，可按照防火墙和相应的业务 Web 服务器所处的位置，有如下两种配置方式。

1）业务 Web 服务器设置在防火墙之内

业务 Web 服务器放在防火墙之内的配置如图 4-5 所示。将业务 Web 服务器装在防火墙内的好处是它可得到安全保护，不容易被外界攻击，但 Web 服务器本身不易被外界应用，这种防火墙是创建一个"内部网络站点"，它仅能由内部网中的用户访问。由于电子商务中业务 Web 站点主要向外界提供信息，所以这种配置不适合目前绝大多数电子商务业务的需要，仅用于企业面向职员网络服务（有人称 B to E 电子商务）的专门站点中。因此，在电子商务中业务 Web 服务器将主要设置在防火墙外。

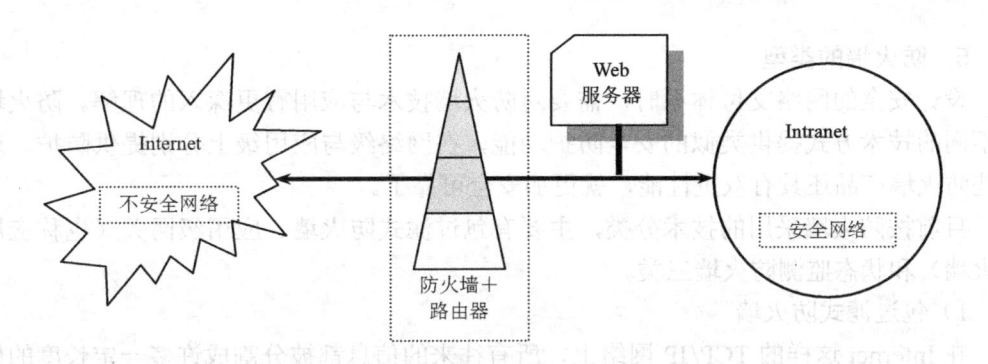

图 4-5 业务 Web 服务器放在防火墙之内的配置图

2）业务 Web 服务器设置在防火墙之外

如果要让 Internet 上的所有用户都可以访问本业务 Web 服务器，要将业务 Web 服务器放到防火墙外面。业务 Web 服务器放在防火墙外的配置如图 4-6 所示。这种配置方式主要为了保证内部网的安全，虽然 Web 服务器不受保护，但内部网则处于良好保护之下，即使外部攻击者闯进了该 Web 站点，而内部网络仍然是安全的。这时 Web 服务器为了保护内部网络要做出一定的牺牲，可能成为"殉难的羔羊"。虽然在这种配置中，防火墙对业务 Web 站点的保护几乎不起作用，但现在 Web 服务器系统软件结合安全的操作系统也有自身的病毒监测与安全控制功能，如运行在 XP 操作系统的 Microsoft IIS 上。

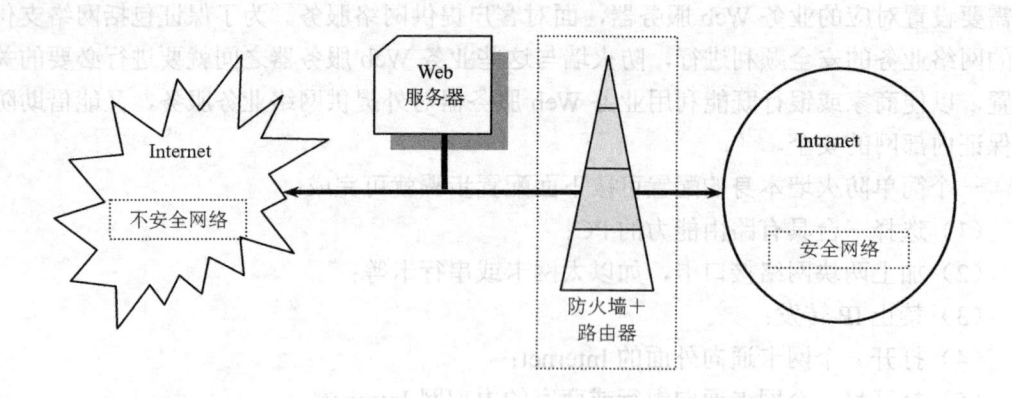

图 4-6　业务 Web 服务器放在防火墙之外的配置图

对安全有较高要求的企业还可能设置两个防火墙，一内一外。外防火墙是可打通的，允许防火墙传递对端口 80 的请求，访问请求或被限制到 Web 站点或从 Web 站点返回；或在一个"双宿主网关"类型的防火墙上安装代理服务器，这样来自 Web 服务器的所有访问请求在被代理服务器截获之后才传给服务器。内防火墙则采取严格的隔离措施，把 Web 服务器严格地隔离在内部网之外。

有的企业还在防火墙上运行 Web 服务器，以此增强 Web 站点的安全性。这种配置虽然提高了 Web 服务器的安全，但是一旦 Web 服务器有点漏洞，整个 Web 站点和内部网就全部处于危险之中，对支撑网络支付的银行来讲有点得不偿失。

5. 防火墙的类型

设计安全的网络支付体系时，需要对防火墙技术与应用有更深入的理解。防火墙应用不同的技术方式提供类似的安全防护功能，在网络级与应用级上分别提供防护。现在有些防火墙产品还具有双重性能，就更加安全可靠了。

目前按防火墙采用的技术分类，主要有包过滤式防火墙、应用级网关（也称应用级防火墙）和状态监测防火墙三类。

1）包过滤式防火墙

在 Internet 这样的 TCP/IP 网络上，所有往来的信息都被分割成许多一定长度的信息包，信息包中包含发送者的 IP 地址和接收者的 IP 地址信息。当这些信息包被送上 Internet 时，路由器读取接收者的 IP 地址并且选择一条合适的物理线路发送出去，信息包可能经由不同的路线抵达目的地，当所有的包抵达目的地后重新组装还原。

所谓包过滤式的防火墙，就是在信息包传输过程中检查所有通过的信息包中的 IP 地址，按照系统管理员给定的许多过滤规则进行过滤，这属于网络级防护。例如，若防火墙设定某个 IP 地址如（211.71.68.163）的站点不适宜访问的话，那么从这个地址来的所有信息都会被防火墙屏蔽掉。清华大学的许多图书馆电子资源只对具有清华大学校园网 IP 地址的主机开放，而武汉大学师生的 PC 就不能连通访问，就是这个包过滤道理。

包过滤式的防火墙应用原理如图 4-7 所示。具体的过滤规则和设置步骤请参见相关防火墙专业书籍。

第 4 章　网络支付的安全解决方法

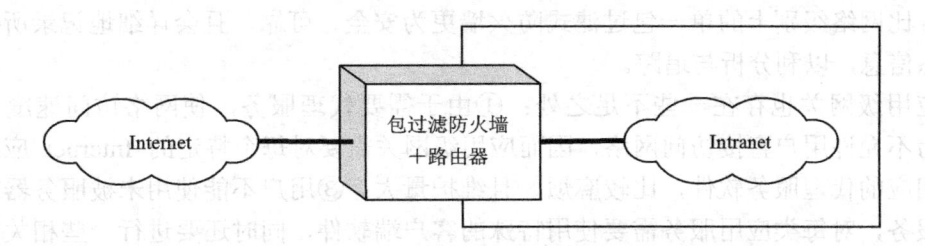

图 4-7　包过滤式的防火墙应用原理示意图

包过滤式防火墙的优点主要是在应用上，它对用户来说是透明的，并没有让用户明显感觉到有什么不便，处理速度快而且易于维护，通常作为第一道网络安全防线，进行网络级防护。包过滤式防火墙也存在明显的不足，它虽能阻挡别人进入内部网络，但不告诉用户何人进入了自己的系统，或者谁又从内部网络中进入了 Internet；不能在用户应用级别上进行过滤，即不能鉴别不同的用户和防止 IP 地址盗用，所以黑客常常利用"IP 地址欺骗"和"同步风暴"等方式攻击或欺骗包过滤防火墙。另外，包过滤式防火墙还具有配置烦琐的缺点。因此，单纯的包过滤式防火墙提供的安全防护功能很有限。

2）应用级网关（应用级防火墙）

所谓应用级网关，也就是通常提到的代理服务器，它运行着专业的代理服务软件即应用级防火墙，在应用级别上提供安全防护服务。应用级网关适用于特定的 Internet 服务，如电子商务活动中主要采用的 http 及 ftp 服务等。代理服务器通常运行在两个网络之间，它对于客户来说像一台真的服务器，而对于 Web 服务器来说，它又是一台客户机。

代理服务器（即应用级网关）的应用原理是，当其接收用户对自己代理的某 Web 站点的访问请求后，就检查该请求是否符合规定；如果规则允许用户访问该站点时，代理服务器代理客户去那个站点取回所需要的信息，再转发给客户，体现"应用代理"的角色。应用级网关（应用级防火墙）的应用原理如图 4-8 所示。

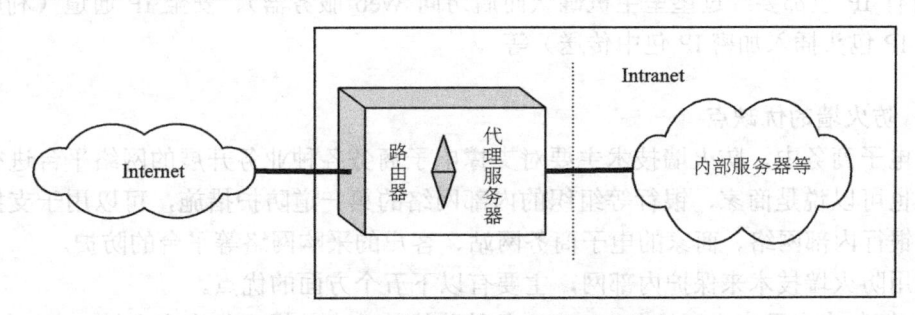

图 4-8　应用级网关的应用原理示意图

配置两块网卡的双宿主机代理服务器就是应用级防火墙的典型示例。两块网卡各自配置 IP 地址，分别与内外网络连接。

作为应用级网关的代理服务器像"一堵墙"一样，挡在内部网和外界网络之间。从外部网络只能看到该代理服务器而无法知晓内部网的任何内部资源信息，诸如用户的真实 IP 地址等；访问业务都由"守规矩"的代理服务器代劳，这样大大减少了安全事件发生的机会与概率。因此，应用代理服务技术的应用级网关提供的是应用层次上的安全防护，比网络级别上的单一包过滤式防火墙更为安全、可靠，且会详细地记录所有的访问状态信息，以利分析与追踪。

应用级网关也存在一些不足之处：①由于需要代理服务，使网络访问速度变慢；②因为不允许用户直接访问网络，因而应用级网关需要对每个特定的 Internet 应用服务安装相应的代理服务软件，比较麻烦，且维护量大；③用户不能使用未被服务器支持的网络服务，对每类应用服务需要使用特殊的客户端软件，同时还要进行一些相关设置，透明性较差。

3）状态监测防火墙

所谓状态监测防火墙，就是使用一个在网关上执行网络安全策略的软件模块，称为监测引擎，它是最新一代即第三代防火墙技术。状态监测防火墙的应用原理是用监测引擎软件在不影响网络正常运行的前提下，采用抽取有关数据的方法对网络通信的各层实施监测，抽取状态信息，并动态地保存起来，作为执行安全策略的参考。当用户访问请求到达网关的操作系统前时，由状态监视器抽取有关数据进行分析，然后结合网络的安全配置和安全规定做出接纳、拒绝、身份认证、报警或给该通信加密等处理动作。一旦某个网络访问违反安全规定，它就会拒绝该访问，并且报告有关状态并做日志记录。

由于状态监测防火墙的监测引擎支持多种协议和应用程序，且可很容易地实现应用和服务的扩充，因此这种防火墙具有非常好的安全特性。状态监测防火墙的另一个优点是它会监测无连接状态的远程过程调用（RPC）和用户数据报（UDP）之类的端口信息，而包过滤防火墙和应用级网关都不支持此类应用。

状态监测防火墙也会降低网络访问的速度，而且配置比较复杂。有关防火墙厂商已经注意到这一问题，最新的防火墙产品的安全策略规则是通过面向对象的图形界面（GUI）定义，以简化配置过程。

目前，很多防火墙产品为适应实际需求，往往混合采取上述多种技术。另外，防火墙形式还有其他一些形式，如堡垒主机（通常是一台放在 Web 服务器与 Internet 之间的 PC，所有 IP 包都要经过堡垒主机确认而后访问 Web 服务器）、安全 IP 通道（利用压缩方式将 IP 包头插入加密 IP 包中传送）等。

6．防火墙的优缺点

在电子商务中，防火墙技术主要对支撑电子商务各种业务开展的网络平台进行安全防护，也可以说是商家、银行等组织的内部网络的第一道防护措施，可以用于支撑网络支付的银行内部网络、商家的电子商务网站、客户的采购网络等平台的防护。

利用防火墙技术来保护内部网，主要有以下五个方面的优点。

1）扼制来自不安全网络如 Internet 各种路线的攻击，提高集中安全性

防火墙允许网络管理员定义一个中心"扼制点"，防止非法用户进入内部网络。它能够简化安全管理，使整个网络的安全性在防火墙系统上得到加固，而不是分布在内部网络的所有主机上，增加整个网络安全管理的复杂性。还可以把一些附加的安全防护措施（如口令系统或其他的身份认证软件等）集中放在防火墙系统中，以使防火墙的保护范围相对集中，安全成本也相对便宜。

2）借助网络服务选择，保护网络中脆弱的、易受攻击的服务

防火墙通过过滤存在安全缺陷的网络服务，降低内部网遭受攻击的威胁，这样也保

护了网络中脆弱的、易受攻击的服务。例如，防火墙可以禁止某些易受攻击的服务（如 NFS 等）进入或离开内部网，防止这些服务被外部攻击者利用。

3）可以很方便地监视整个网络的安全性，且反应及时，具有报警提醒功能

对一个内部网络连接到 Internet 上的机构（如银行）来说，重要的问题并不是网络是否受到攻击，而是需及时知晓受到的攻击，以便即时应对，减少损失。网络管理员必须审计并且记录所有通过防火墙的重要信息。如果网络管理员不能及时响应报警并且审查常规记录，防火墙就形同虚设。在这种情况下，网络管理员永远不会知道防火墙是否受到攻击。

4）可以作为部署 NAT 的逻辑地址

如在应用级防火墙中借助 NAT（Network Address Translation，网络地址转换）服务，缓解地址空间短缺的问题，也可隐藏内部网络的拓扑结构。

5）增强内部网中资源的保密性，强化私有权

在网络支付系统应用中，对银行内部网络结点而言，保密性是非常重要的，因为，某些看似不重要的信息外露往往会成为攻击者攻击的开始。使用防火墙系统，网络结点可以阻塞 Finger 及 DNS 域名服务，使得外部网络主机无法获取这些有利于攻击或有用的信息。

防火墙的目的只是加强网络安全性，其应用也只是许多安全防护手段的一种。虽然具有上述许多优点，但并不能完全、绝对保证企业内部网络（比如银行网络银行系统）的安全。因为防火墙仍然存在许多缺陷和不足，而且有些缺陷是目前根本无法解决的。

目前防火墙的主要缺陷有下面四个方面。

（1）限制了一些有用的网络服务的使用，降低了网络性能，如快捷、方便等。

防火墙为了提高被保护网络的安全性，限制或关闭了很多有用的、但存在安全缺陷的网络服务。对于一些网络服务而言，相当于为了安全而放弃不用，损失可能更大，正如害怕核武器而放弃使用核能源一样。

（2）只能限制内部用户对外的访问，无法防护来自内部网络用户的攻击。

防火墙无法禁止变节者或公司内部存在的间谍将敏感数据复制到软盘或 USB 盘上，而将其带出公司。对来自内部网络用户的攻击只能依靠内部网络主机系统的安全性，正如"外贼易躲，家贼难防"一样。企业必须对雇员进行信息安全教育，让他们了解网络攻击的各种类型，懂得保护自己的用户口令和周期性变换口令的必要性。防火墙的这种不足表明防火墙对内部网络用户来讲形同虚设，目前尚无好的解决办法，只有采用多层防火墙系统进行一定的补救。

（3）防火墙不能完全防止传送感染病毒的软件或文件，特别是一些数据驱动型的攻击数据。

因为病毒的类型太多，且操作系统各异，编码与压缩二进制文件的方法各不相同，所以，不能期望防火墙去对每个文件进行的扫描都能查出潜在的病毒，特别是看似无害的数据一旦执行就开始攻击。补救的办法是对病毒特别"敏感"的机构，如在网络银行后台，应在每个桌面部署防病毒软件，防止病毒从软盘或其他途径进入网络银行系统或部署代理服务器。

（4）被动防守，不能防备新的网络安全问题。

防火墙是一种被动式的安全防护手段，它只能对已知的网络威胁起作用。随着网络攻击手段的不断更新和一些新的网络应用服务的出现，靠一次性的防火墙设置解决永远的网络安全问题是不可能的，只有不断研发与升级，才能起到应有的作用。

总之，防火墙是保证内部网络整体安全的有效手段，但不是绝对的手段。防火墙的目的只是加强安全性，而不是绝对保证被保护的网络（如网络银行系统）的安全。因此，在防火墙应用的选择上，需要建立一个符合需要的防火墙，要根据自身的安全需求程度制定一个符合实际需要的安全防护策略，在安全性能、防护成本、用户应用性能等几方面综合权衡，经常地组合几种技术，如包过滤、代理服务、状态监测等。例如，在电子商务网络支付活动中，防火墙不仅要为银行后台网络提供各种安全保护功能，也要具有足够的透明性和网络性能，保证正常支付结算业务的即时处理。否则，客户上网购物半天也无法支付，银行网络再安全又有什么用呢？

7．市场上常见的防火墙软件介绍

随着网络的普及应用，市场需求越来越大，这为防火墙技术的迅速发展与防火墙产品的研制提供了很好的机遇。但是，目前市场上生产防火墙产品的厂商多，彼此兼容性差，使不同的防火墙产品互连产生困难。为此，国际社会目前提出如下两个防火墙软件标准。

（1）Secure/WAN（S/WAN）标准。该标准由 RSA 数据安全公司、Sun Microsystems 公司、Checkpoint 公司、TIS 公司及一些 FTP 公司类的 TCP/IP 协议主要开发商共同制定推出。这个标准主要能使不同厂家生产的防火墙在 TCP/IP 协议的 IP 层上具有互操作性，从而解决建立虚拟网（VPN）的一个主要障碍。此标准包含两大部分，一是防火墙中采用的信息加密技术的一致性，即加密算法、安全协议一致，使得遵循此标准生产的防火墙产品能够实现无缝互连，但又不失去加密功能；二是安全控制策略的规范性、逻辑上的正确合理性，避免防火墙厂商推出的产品由于安全策略上的漏洞而对整个内部保护网络产生危害。

（2）美国防火墙测试标准。该标准由美国国家计算机安全协会 NCSA（National Computer Security Association）成立的防火墙开发商 FWPD（Firewall Product Developer）联盟制定。此标准使得参加此联盟的防火墙厂商能按统一的标准生产。

目前，基于上述两个标准的防火墙产品大量推出。防火墙产品的用户主要分成个人用户、企业用户和政府用户，这在电子商务活动中都能涉及。

一般来说，电子商务中个人用户的安全需求基本局限于防止网络病毒和"邮件炸弹"，它由一般的单机防火墙就能满足需求；而商家、银行、CA 认证中心以及政府部门是网络安全产品最重要的应用对象，需要防火墙产品提供强大的安全防护功能。

下面介绍目前中国市场上的主流防火墙产品。

1）华为防火墙

据 IDC 最新发布的《中国 IT 安全硬件市场 2015—2019 年预测与分析（2014 年下半年）》报告显示：华为公司在中国防火墙市场以 18.9%的市场份额排在第一位。在安全硬件市场占比总和超过六成的防火墙和 UTM（United Threat Management，统一威胁管理）两个领域，2014 年市场占有率之和继续保持第一。

华为公司始终保持在网络安全领域的耕耘投入和建设。自 2003 年推出首款防火墙产品以来，10余年间持续投入，不断提升产品的竞争力，2013年发布了第一代UTM产品，2014年发布了下一代防火墙产品，近期又发布了基于大数据分析的APT（Advanced Persistent Threat，高级持续性威胁）安全解决方案，与安全网关产品结合，进一步提升客户网络对于未知威胁的防护能力。截至目前，华为公司已建立起超过600人的安全研发团队，推出包括下一代防火墙、入侵防御、Anti-DDoS、APT防护等全系列的安全产品，服务于全球40多个国家、地区的1 000多个企业及运营商用户。

2）思科（CISCO）防火墙

思科公司是全球领先的网络解决方案供应商，其提供的解决方案是世界各地成千上万的公司、大学、企业和政府部门建立互联网的基础，用户遍及电信、金融、服务、零售等行业及政府部门和教育机构等。

思科公司推出的Cisco ASA 5500-X系列FirePOWER服务下一代防火墙可提供完整的环境认知和动态控制功能，支持自动评估威胁、关联情报和优化防御功能，以保护所有网络，从而将能够全面改变企业抵御复杂威胁的方式。在该款防火墙中，思科公司集成了业经证明、具备应用控制功能的Cisco ASA 5500系列防火墙及来自Sourcefire的行业领先的下一代入侵防御系统（NGIPS）和高性能恶意软件防护（AMP）功能，能够在攻击前、攻击进行中和攻击后的整个过程，为企业提供全面的威胁防御支持。

3）Juniper防火墙

Juniper网络公司（中文名：瞻博网络）致力于实现网络商务模式的转型。作为全球领先的连网和安全性解决方案供应商，Juniper网络公司对依赖网络获得战略性收益的客户一直给予密切关注。该公司的客户来自全球各行各业，包括主要的网络运营商、企业、政府机构及研究和教育机构等。Juniper网络公司推出的一系列连网解决方案，提供所需的安全性和性能来支持全球最大型、最复杂、要求最严格的关键网络。

Juniper网络公司推出的Juniper SSG-550M-SH是一个专用、模块化安全平台，提供超过1 Gb/s的防火墙流量和500 Mb/s IPsec VPN，适用于大型分支办事处、地区办事处和各类企业进行网络安全防护。

4.4 数据机密性技术

在电子商务网络支付业务活动中，4.3节介绍的防火墙技术只能比较静态地保护网络支付涉及的客户端网络、商家网络、银行后台网络等安全，相当于这些网络的第一道防护门，但仍然存在一些问题，例如，在网络支付中银行内部用户窃取服务器或数据库中的用户信用卡密码等隐私数据怎么办？客户在与银行通信过程中相关支付信息在Internet中途被盗怎么办？这些都涉及网络支付时一些数据的机密性问题，需要防火墙之外的其他技术或手段来协助解决。

电子商务中网络支付时数据的机密性问题，其实主要是数据的保密性问题，即为了保证电子商务中数据、特别是与支付相关的一些隐私数据的保密性、真实性，实现应用服务与信息资源的管理控制，以及对数据进行有效加密。实现应用服务与信息资源的管理控制主要由安全的服务器操作系统来完成，UNIX与Windows XP Server等都提供了很强的安全控制功能。对数据进行有效加密与解密，称为密码技术，则是更为有效的方法，也是本节叙述的主要内容。

加密包括两个元素，加密算法和密钥。加密算法是将普通的文本（或者可以理解的信息）与一串字符串即密钥相结合，产生不可理解的密文的步骤。密钥，英文为Keyword，它是在计算机上实现的数据加密，其加密或解密变换是由密钥控制实现的。密钥是借助一种数学算法生成的，它通常是一个随机字符串，是控制明文和密文变换的唯一关键参数。密钥和加密算法对加密同等重要。若加密算法是可逆的，这时利用与加密一样或不一样的密钥就可对密文进行解密。

本节结合网络支付的流程与安全需求，介绍目前电子商务通信中常用的私有（对称）密钥加密法和公开（非对称）密钥加密法两种。在此基础上，对私有密钥加密法和公开密钥加密法的优缺点分别进行了比较，并且结合网络支付中密码传输的需要，叙述了综合私有密钥加密法和公开密钥加密法优点的数字信封技术。

4.4.1 私有密钥加密法

1. 私有密钥加密法的定义与应用原理

所谓私有密钥加密，英文为Secret key Cryptography，就是指在计算机网络甲、乙两用户之间通信时，发送方甲为了保护传输的明文信息不被第三方窃取，采用密钥A对信息进行加密而形成密文M并且发送接收方乙，接收方乙用同样的一把密钥A对收到的密文M进行解密，得到明文信息，从而完成密文通信目的的方法。这种信息加密传输方式就称为私有密钥加密法。由于密文M在网络传输过程中谁也看不懂，就算在网络中途被窃或被复制也由于没有密钥A而非常难以破译，这样就保证了在甲、乙之间信息传输的安全。

私有密钥加密法的一个最大特点是信息发送方与信息接收方均需采用同样的密钥，具有对称性，所以私有密钥加密也称对称密钥加密。这种加密方式在应用上很方便，但一旦这把密钥A被盗或被人知道，那么发送方甲与接收方乙之间原来交换的所有信息都有可能被破译，给双方带来巨大的风险，所以必须保证密钥A的绝对安全与保密。甲、乙双方谁也不能把密钥A给其他人知道和共享的，必须小心地藏在自己的安全地方，为自己私有，所以这把密钥A也称私有密钥，上述加密法也就叫做私有密钥加密法。

由于加密和解密所用的算法是完全公开的，关键是加密和解密所用的密钥。密钥不同，生成的密文也就不同，用哪一个密钥加密，就必须用哪一个密钥解密。信息发送方用一个密钥对要发送的数据进行加密，信息的接收方能用同样的密钥解密，且只能用这个密钥解密。只要将密钥保护好，使密钥只有通信的双方知道，任何第三方都得不到密钥，也就无法窃取这些通信双方所传送的信息内容。

2. 私有密钥加密法的使用过程

具体到电子商务的网络支付与结算，很多环节要用到私有密钥加密法，例如，在两个商务实体或两个银行之间进行资金的支付结算时，涉及大量的资金流信息的传输与交换。

这里以发送方甲银行与接收方乙银行的一次资金信息传输为例，描述应用私有密钥加密法的使用过程。

图4-9所示为私有密钥加密法的应用过程示意图，其过程简述如下：

（1）银行甲借助专业私有密钥加密算法生成私有密钥 A，并且复制一份密钥 A 借助一个安全可靠通道（如采用后面的数字信封）秘密传递给银行乙；

（2）银行甲在本地利用密钥 A 把信息明文加密成信息密文；

（3）银行甲把信息密文借助网络通道传输给银行乙；

（4）银行乙接收信息密文；

（5）银行乙在本地利用一样的密钥 A 把信息密文解密成信息明文。这样银行乙就知道银行甲的资金转账通知单的内容，结束通信。

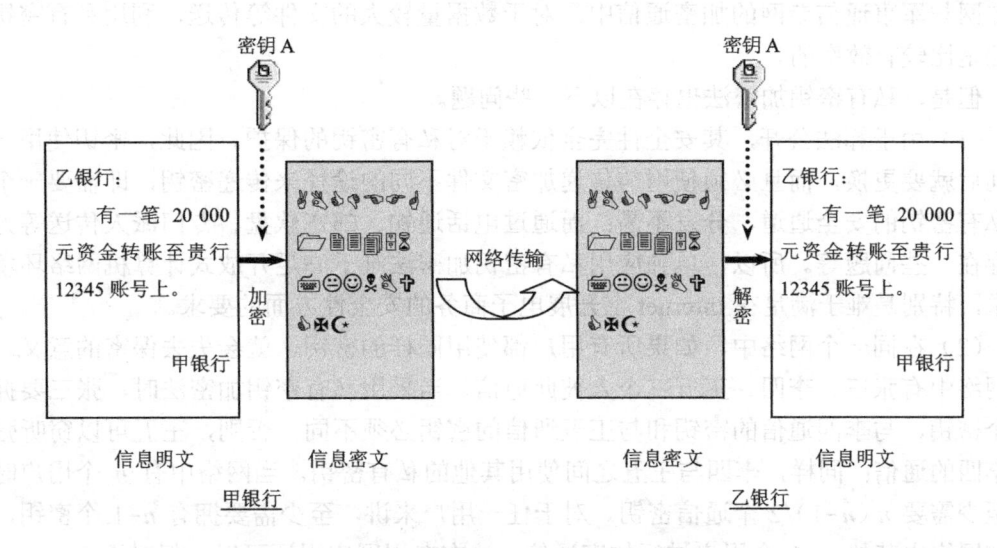

图 4-9 私有密钥加密法的应用过程示意图

3．私有密钥加密法的常用算法

发展到现在，世界上一些专业组织机构研发了许多种私有密钥加密算法，比较著名的私有密钥加密算法有 DES 算法及其各种变形、国际数据加密算法 IDEA 以及 RC4、RC5 等。

DES 算法（Data Encryption Standard，数据加密标准）由美国国家标准局提出，1977 年公布实施，是目前广泛采用的私有密钥加密算法之一，它主要应用于银行业中的电子资金转账、军事定点通信等领域，比如电子支票的加密传送。在 DES 算法中，密钥长度为 56 位，要加密的明文按 64 位大小的块进行分组，通过替代和置换对数据进行变换，将密钥分解成 16 个子密钥，每个子密钥控制一次变换过程，共进行 16 次变换，生成密文。解密与加密的密钥和流程完全相同，只是所用密钥次序相反。三重 DES 是 DES 的一种变形，这种方法使用两个独立的 56 位密钥对交换的信息（如 EDI 金融数据）进行三次加密，从而使其有效密钥长度达到 112 位，更加安全。当然经过 20 多年的使用，已经发现 DES 有很多不足之处。随着计算机技术的进步，对 DES 的破解方法也日趋有效，所以更安全的高级加密标准 AES 将会替代 DES 成为新一代加密标准。

RC4 方法是 RSA 数据安全公司的私有密钥加密专利算法。RC4 不同于 DES，它们采用可变密钥长度的算法。通过规定不同的密钥长度，RC4 能够按不同需求动态提高或降低安全的程度。目前，一些电子邮件产品（如 IBM 的 Lotus Notes 和 Apple 的 Open

Collaboration Environment）已采用了这些算法。

国际数据加密算法 IDEA 比 DES 的加密性好，且对计算机功能要求也没有那么高，在欧洲应用较多。IDEA 加密标准由 PGP（Pretty Good Privacy）系统使用。

4．私有密钥加密法的优缺点

私有密钥加密法的主要优点是加密和解密速度快。由于加/解密应用同一把密钥，而且应用简单，在专用网络中通信各方相对固定，所以应用效果较好。例如，在金融通信专网与军事通信专网的加密通信中。对于数据量较大的文件等传送，利用私有密钥加密法是比较有效率的。

但是，私有密钥加密法也存在以下一些问题。

（1）由于算法公开，其安全性完全依赖于对私有密钥的保护。因此，密钥使用一段时间后就要更换，而且必须使用与传递加密文件不同的途径来传递密钥，即需要一个传递私有密钥的安全通道，分发不易；而通过电话通知、邮寄软盘、专门派人传送等方式均存在一些问题等。所以，单独应用私有密钥加密法难于满足开放式计算机网络环境的需求，特别是难于满足在 Internet 上开展电子商务的安全性方面的要求。

（2）在同一个网络中，如果所有用户都使用同样的密钥，就会失去保密的意义。假设网络中有张三、李四、王五三个人彼此通信，当采用私有密钥加密法时，张三要拥有两个密钥，与李四通信的密钥和与王五通信的密钥必须不同，否则，王五可以窃听张三与李四的通信；同样，李四与王五之间使用其他的私有密钥。当网络中有 n 个用户时，将至少需要 $n(n-1)/2$ 个通信密钥。对于任一用户来讲，至少需要拥有 $n-1$ 个密钥，才能与网络内其他 $n-1$ 个用户进行加密通信。这在专用网应用还可以，但对于 Internet 这样的大型、公众网络来说，用户群几乎无限，分布很广，密钥量将是一个无穷数，如进行网络支付业务活动时，密钥的分配和保存就成了大问题，其代价高昂。

（3）难以进行用户身份的认定。采用私有密钥加密法实现信息传输，只是解决了数据的机密性问题，不能认证信息发送者的身份，因此有可能存在欺骗。特别是在网络支付中，就可能出现冒用别人的名义发送资金转账指令的问题。

上述不足和电子商务的发展需求，促使公开密钥加密法在网络支付服务中的应用更快速的发展。

4.4.2 公开密钥加密法

1．公开密钥加密法的定义与应用原理

所谓公开密钥加密，英文为 Public key Cryptography，是指在计算机网络甲、乙两用户之间进行通信时，发送方甲为了保护传输的明文信息不被第三方窃取，采用密钥 A 对信息进行加密，形成密文 M 并且发送给接收方乙，接收方乙用另一把密钥 B 对收到的密文 M 进行解密，得到明文信息，完成密文通信目的的方法。由于密钥 A 和密钥 B 这两把密钥中，其中一把为用户私有，另一把对网络上的大众用户是公开的，所以这种信息加密传输方式就称为公开密钥加密法。

与私有（对称）密钥加密法的加密和解密用同一把密钥的原理不同，公开密钥加密法的加密和解密所用的密钥是不同的，不对称，所以公开密钥加密法又称为非对称密钥加密法。

公开密钥加密法的应用原理是，借助密钥生成程序生成密钥 A 与密钥 B，这两把密钥在数学上相关，被称做密钥对。当用密钥对其中任何一个密钥加密时，可用另一个密钥解密，而且只能用此密钥对中的另一个密钥解密，而自己不能解密，这就是所说的数学相关关系。在实际应用中，某商家可把生成的密钥 A 与密钥 B 做一个约定，将其中一把密钥如密钥 A 保存好，只能商家用户自己知道与使用，不与别人共享，叫做私人密钥（Private Key），也称私钥；而将另一个密钥即密钥 B 通过网络公开散发出去（借助后面讲的数字证书渠道），谁都可以获取一把且能应用，属于公开的共享密钥，叫做公开密钥（Public Key），也称公钥。这时就存在下面两种应用情况。

（1）任何一个收到商家公开密钥 B 的客户，都可用此公开密钥 B 加密信息，发送给这个商家，那么这些加密信息就只能被这个商家的私人密钥 A 解密，而拥有公开密钥 B 的众多用户是不能解密的。这样，由于解密的私人密钥 A 只有商家拥有，只要商家没有将私人密钥 A 泄露给别人，就能保证发送的信息只能被这位商家收到，实现"定向通信"。

（2）商家利用自己的私人密钥 A 对要发送的信息进行加密，形成密文信息，发送给商业合作伙伴，那么这个加密信息就只能被公开密钥 B 解密，而拥有公开密钥 B 具有众多用户。这样，由于只能应用公开密钥 B 进行解密，根据数学相关关系，可以断定密文的形成一定是应用了私人密钥 A 进行加密的结果，而私人密钥 A 只有商家拥有，由此可以断定，网上收到的密文一定是拥有私人密钥 A 的商家发送的，实现"不可抵赖"。

上述两种情况均可以应用到网络支付结算活动中。例如，当网络银行客户要给银行业务部门发送"支付通知"时，既要保密又要保证"支付通知"密文只能是银行业务部门能够收到并解密，这时可以参照上述公开密钥加密法的第一种应用情况进行；而当客户通过银行网络支付成功后，要求银行业务部门回送"确认通知"，这时要求客户收到网络上传来的"确认通知"时判定这个"确认通知"只能是对应的银行业务部门发来的，不能抵赖，也不是别人假冒的，这时可以参照上述公开密钥加密法的第二种应用情况进行。

公开密钥加密法的加密/解密算法是公开的，但是算法是不可逆的，因此加密的关键是密钥，用户只要保存好自己的私人密钥，就不怕泄密。

2．公开密钥加密法的使用过程

具体到电子商务的网络支付与结算，很多环节用到公开密钥加密法。例如，在网络银行客户与银行进行资金的支付结算操作时，涉及大量的资金流信息的安全传输与交换。

这里以客户甲与网络银行乙的资金信息传输为例，描述公开密钥加密法在两种情况下的使用过程。

预备工作是，网络银行乙通过公开密钥加密法的密钥生产程序，生成自己的私人密钥 A 与公开密钥 B 并数学相关，私人密钥 A 由网络银行乙自己独自保存，而公开密钥 B 已经通过网络某种应用形式（如数字证书）分发给网络银行的众多客户，当然客户甲也拥有一把网络银行乙的公开密钥 B。

（1）客户甲传送一"支付通知"给网络银行乙，要求"支付通知"在传送中是密文，并且只能由网络银行乙解密知晓，从而实现了定点保密通信。

为实现上述应用目的,应用公开密钥加密法的过程示意图 1 如图 4-10 所示。

① 客户甲利用获得的公开密钥 B 在本地对"支付通知"明文进行加密,形成"支付通知"密文,通过网络将密文传输给网络银行乙。

② 网络银行乙收到"支付通知"密文后,发现只能用自己的私人密钥 A 进行解密形成"支付通知"明文,断定只有自己知晓"支付通知"的内容,的确是发给自己的。

(2) 网络银行乙在按照收到的"支付通知"指令完成支付转账服务后,必须回送客户甲"支付确认",客户甲在收到"支付确认"后,断定只能是网络银行乙发来的,而不是别人假冒的,将来可作支付凭证,从而实现对网络银行业务行为的认证,网络银行不能随意否认或抵赖。

为实现上述应用目的,应用公开密钥加密法的过程示意图 2 如图 4-11 所示。

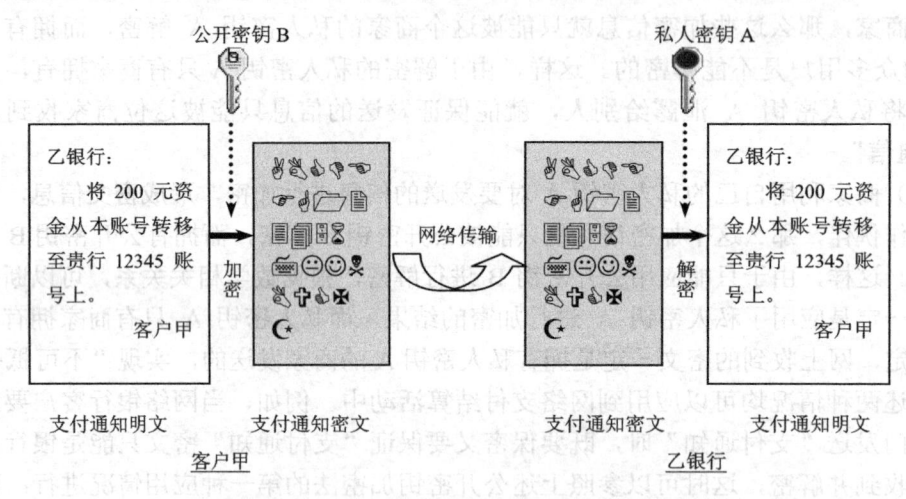

图 4-10　应用公开密钥加密法的过程示意图 1

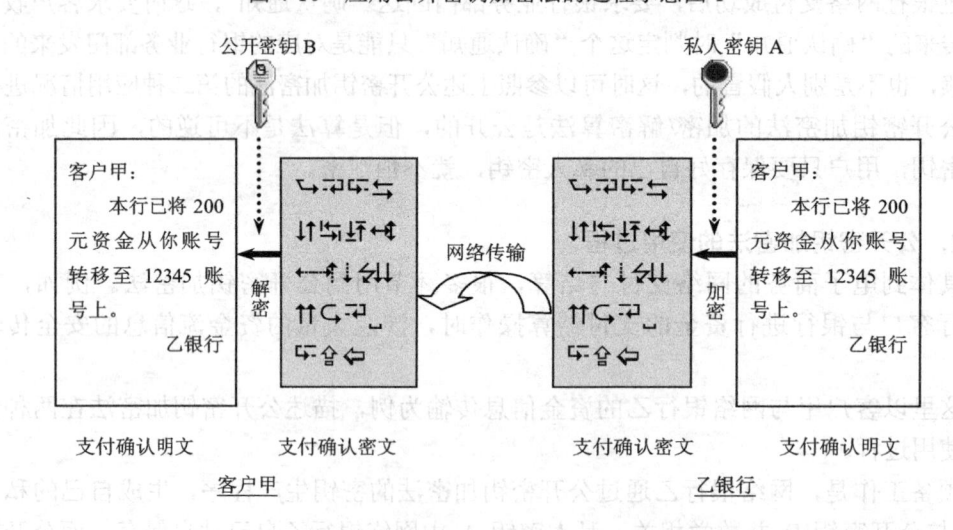

图 4-11　应用公开密钥加密法的过程示意图 2

(1) 网络银行乙在按照客户甲的要求完成相关资金转账后,准备一个"支付确认"明文,在本地利用自己的私人密钥 A 对"支付确认"明文进行加密,形成"支付确认"密文,通过网络将密文传输给客户甲。

（2）客户甲收到"支付确认"密文后，虽然自己拥有许多密钥，有自己的，也有别人的，却发现只能用获得的网络银行乙的公开密钥 B 进行解密，形成"支付确认"明文，由于公开密钥 B 只能解密由私人密钥 A 加密的密文，而私人密钥 A 只有网络银行乙所有，因此客户甲断定这个"支付确认"只能是网络银行乙发来的，不是别人假冒的，可作为支付完成的凭证。

公开密钥加密法在上述（1）与（2）两种应用中，基本保证电子商务中一些网络支付方式的安全可靠进行。当然，在第一种情况下，为了方便银行确认"支付通知"只能是由客户甲发来的，不是假冒的，客户甲可以在"支付通知"密文的基础上再用自己的私人密钥加密，就可以认证自己的真实身份，只是过程更加复杂了。读者可以思考一下，如何才能让这个支付结算过程更安全可靠而又较为快捷？

由于公开密钥加密法的上述第二种应用用途可以保证信息发送方不可抵赖其发送行为，类似于传统商务中个人的手工签名功能，从而解决了在电子商务网络支付结算中"防抵赖"和"支付行为的认证"等问题，因此，公开密钥加密法是后面要讲的数字签名的支持技术之一。

3. 公开密钥加密法的常用算法

自公开密钥加密法问世以来，学者们提出了多种加密算法，它们的安全性都是基于复杂的数学难题。根据所基于的数学难题来分类，可分为大整数因子分解系统（代表性的有 RSA 算法）、椭圆曲线离散对数系统（ECC 算法）和离散对数系统（代表性的有 DSA 算法）三类系统。三类系统目前都被认为是安全和有效的。

当前最著名、应用最广泛的公开密钥系统（即公开密钥加密法应用系统）是 RSA 算法。RSA 算法名称取自它的三位创始人的名字 Rivest、Shamir、Adelman 的第一个字母，它的安全性是基于大整数因子分解的困难性，而大整数因子分解问题是数学上的著名难题，至今没有有效的方法予以解决，因此可以确保 RSA 算法的安全性。目前电子商务中大多数使用公开密钥加密法进行加密、解密和数字签名的产品和标准使用的都是 RSA 算法。

RSA 算法中的密钥长度从 40～2 048b 可变，加密时也把明文分成块，块的大小可变，但不能超过密钥的长度，RSA 算法把每块明文转化为与密钥长度相同的密文块。密钥位数越长，加密效果越好，但密钥长度的增加导致其加/解密的速度大为降低，硬件实现也变得越来越难以忍受，这给 RSA 算法的应用带来很重的负担。所以要在安全与性能之间折中考虑，一般加密应用的密钥位数用 64b 较合适，但特殊的如网络支付中的密码传送业务等密钥位数又可能较长。

RSA 算法的一个比较知名的应用是 IE 浏览器上内置的 SSL 安全通信协议。在美国和加拿大 SSL 用 128b RSA 算法，由于出口限制，在其他地区（包括中国）通用的则是 40b 版本，现在也可升级至 128b。另一个知名的应用是信用卡网络支付安全的 SET 协议，使用的密钥长度为 1 024b 和 2 048b，可以说是特别安全的。据专家测算，应用最强大的计算机系统，攻破 512b 密钥的 RSA 算法大约需要 8 个月时间，而一个 768b 密钥的 RSA 算法在 2005 年之前是无法攻破的。现在，在技术上还无法预测攻破具有 2 048b 密钥的 RSA 加密算法需要多少时间。美国 IBM 公司曾悬赏 1 亿美元，奖励能破译其 Lotus Domino 产品中 1 024b 密钥的 RSA 算法的人。中国招商银行网络银行体系中就应用了 RSA 的公钥系统的 1 024b 密钥（PKI 机制），如图 4-12 所示。

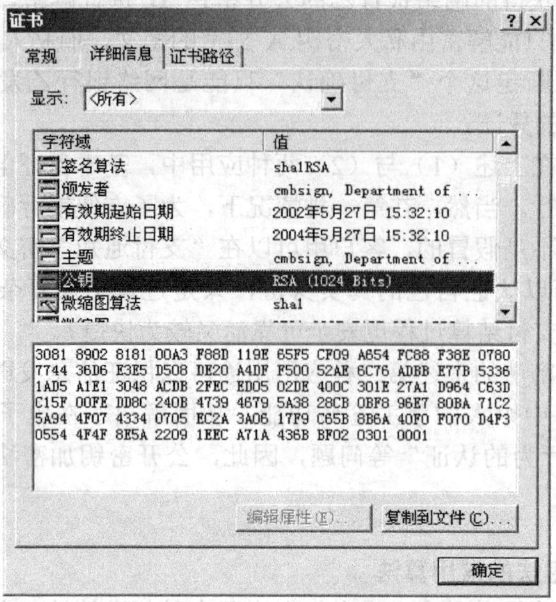

图 4-12　招商银行应用 RSA 公钥系统的 1 024 b 密钥

人们一直努力在其他困难问题上建立公开密钥加密体制，以期一旦与 RSA 相关的数学难题被解决以后，不至于没有可用的密码算法。所以最近几年，出现了大量的公开密钥加密算法，包括 DSA 算法、POHLIG-Hellman 算法、Rabin 算法、ElGamal 算法、SCHNORR 算法、ESIGN 算法、McEliece 算法和 OKAMOTO 算法等。其中 DSA 只适合做数字签名，且安全强度和速度都不如 RSA 算法。ECC 算法的安全强度依赖于曲线的选择和体制，它可以达到更高的安全强度。

4．公开密钥加密法的优缺点

1）公开密钥加密法的优点

（1）身份认证较为方便。也许你并不认识某个商务实体，但只要你的服务器认为该实体的带公钥的数字证书是可靠的，就可以进行安全通信，这正是 Web 商务业务所要求的。例如，使用信用卡进行网络支付购物。

（2）密钥分配简单。公开密钥可以像电话号码一样，告诉每个网络成员与商业伙伴，需要好好保管的只是一个私人密钥。可见，密钥的保存量比私有密钥加密少得多，密钥管理也比较方便，可像收集电话号码一样收集所有成员的公钥。

（3）公开密钥加密法能够很好地支持完成对传输信息的数字签名，解决数据的否认与抵赖问题。

2）公开密钥加密法的缺点

单独应用公开密钥加密法也有局限性，其最大缺陷就在于它的加/解密速度。由于进行的都是大数计算，所以无论用软件还是用硬件实现，RSA 算法最快的情况也比 DES 慢两个数量级，难以满足电子商务中特别是网络支付时的即时支付结算的需要。所以，就要采取后面要讲的私有、公开密钥加密法联合应用的数字信封技术。

一般来说，公开密钥加密法只适用于少量数据加密，如向客户传送信用卡或网络银行的密码。此外，在公开密钥加密法应用中，生成较长密钥的技术属于尖端高科技，美国在这种技术方面一直对中国进行封锁，所以中国暂时还没有比较完善的生成较长密钥的技术。

4.4.3 私有密钥加密法与公开密钥加密法的比较

下面将通过私有密钥加密法的代表 DES 算法与公开密钥加密法的代表 RSA 算法的比较，说明私有密钥加密法与公开密钥加密法的优劣与用途。

1）加密、解密的处理效率

DES 算法在效率上明显优于 RSA 算法，即 DES 算法快得多。因为 DES 密钥的长度通常只有 56b，可以利用软件和硬件实现高速处理；而 RSA 算法密钥较长，需要进行诸如 200b 整数的乘幂和求模等多倍字长的处理，处理速度明显慢于 DES 算法。

2）密钥的分发与管理

在密钥分发与管理上，RSA 算法比 DES 算法更加优越。因为 RSA 算法可以采用公开形式分配加密密钥，对加密密钥的更新也很容易，且对不同的通信对象，只需对自己的私人密钥保密好即可；而 DES 算法要求通信前对密钥进行秘密分配传递，使密钥的变更或更换困难，对不同的通信对象，DES 需要产生和保管巨量的不同的密钥。比如对于具有 n 个用户的网络，需要 $n(n-1)/2$ 个密钥，在用户群不是很大的情况下还可以，但是对于大型网络如 Internet，当用户群很大、分布很广时，密钥的分配和保存就成了大问题。而 RSA 系统中，公开密钥和私人密钥是不同的，密钥的分配和管理就很简单，比如对于具有 n 个用户的网络，仅需要 $2n$ 个密钥。

3）安全性

只要密钥够长，如 112b 密钥的 DES 算法和 1 024b 的 RSA 算法的安全性就很好，目前还没找到在可预见的时间内破译它们的有效方法。

4）数字签名和认证

DES 算法从原理上不可能实现数字签名和身份认证，但 RSA 算法能够方便地进行数字签名和身份认证，这对加强电子商务的安全性，特别是加强网络支付的安全性具有重大意义和实际用途。

基于以上比较的结果可以看出，私有密钥加密法与公开密钥加密法各有短长，公开密钥加密在签名认证方面功能强大，而私有密钥加密在加/解密速度方面具有很大优势。所以，可以设计一种综合私有密钥加密法和公开密钥加密法的优点，同时避免它们各自的不足的加/解密方案，这就是数字信封技术。

4.4.4 数字信封

为了充分发挥私有密钥加密法和公开密钥加密法的作用，在电子商务的一些通信服务如 SET 安全协议中，对信息的加密采用融合上述两种算法优点的数字信封技术。

1. 数字信封的定义与应用原理

数字信封，英文为 Digital Envelope，其应用原理描述如下。

（1）对需要传送的较长信息（如电子合同、支付通知单）文件的加密采用速度较快的私有密钥加密法（私有密钥 P 不先由双方约定，而是在加密前由发送方随机产生，并用私有密钥 P 对要传送的信息明文进行加密）形成信息密文 M，然后传送给接收方。

（2）借用公开密钥加密法利用接收方的公开密钥将刚才生成的较短的私有密钥 P 进行加密，形成私有密钥 P 密文，定点发送给接收方，可以断定只有接收方才能解密。

（3）接收方收到发送方传输来的私有密钥 P 的密文后，用自己的私人密钥解密，取出私有密钥 P。

（4）接收方把刚才取得的私有密钥 P 对原先收到的信息密文 M 进行解密，得到信息明文（如电子合同、支付通知单）的内容。完成这次加密通信。

在上述流程中利用接收方公开密钥对加密信息原文的私有密钥 P 进行加密后再定点传送，这就好比用一个安全的"信封"把私有密钥 P 封装起来，所以称做数字信封。因为数字信封是用消息接收方的公开密钥加密的，只能用接收方的私人密钥解密打开，别人无法得到信封中的私有密钥 P，而只有接收方打开数字信封取出私有密钥 P 才行，这样既保证了信息传递的安全，又提高了速度。

采用公开密钥加密法的数字信封，实质上是一个能分发、传播私有密钥加密法中私有密钥的安全通道。

2. 数字信封在网络支付中的应用示例

数字信封不仅用于装入与传递私有密钥，对一些重要的短小信息，如网络银行账号、账号密码等都可以采取数字信封方式传送。

具体到电子商务的网络支付过程中数字信封的应用，可以客户甲与银行乙之间的一次通信为例，即客户甲通过数字信封方式给银行乙发送一个较长的"支付通知"，其基本应用过程与上面的数字信封应用原理差不多。

客户甲采用数字信封方式向银行乙发送"支付通知"信息，共有如下所述的六个步骤，其中包括两次信息传送、两次信息加密、两次信息解密。数字信封在网络支付中的应用示意图如图 4-13 所示。

（1）客户甲在本地利用算法随机产生一个私有密钥加密法用的私有密钥 P，如 DES 密钥。

（2）客户甲在本地利用银行乙的公开密钥 B 对刚才生成的私有密钥 P 进行加密，形成私有密钥 P 密文，即把私有密钥 P 装进了数字信封。

（3）客户甲把装有私有密钥 P 的数字信封（即私有密钥 P 密文）通过网络发送给银行乙，完成第一次传送，即网络传送 1。

（4）客户甲在本地利用私有密钥 P 对"支付通知"明文进行加密，形成"支付通知"密文，并把"支付通知"密文通过网络发送给银行乙，完成第二次传送，即网络传送 2。

（5）银行乙利用自己的私人密钥 A 打开收到的数字信封，取出私有密钥 P（即解密收到的私有密钥 P）。

（6）银行乙利用刚取得的私有密钥 P 对收到的"支付通知"密文进行解密，得到"支付通知"明文，知晓其中内容，这次通信完成。

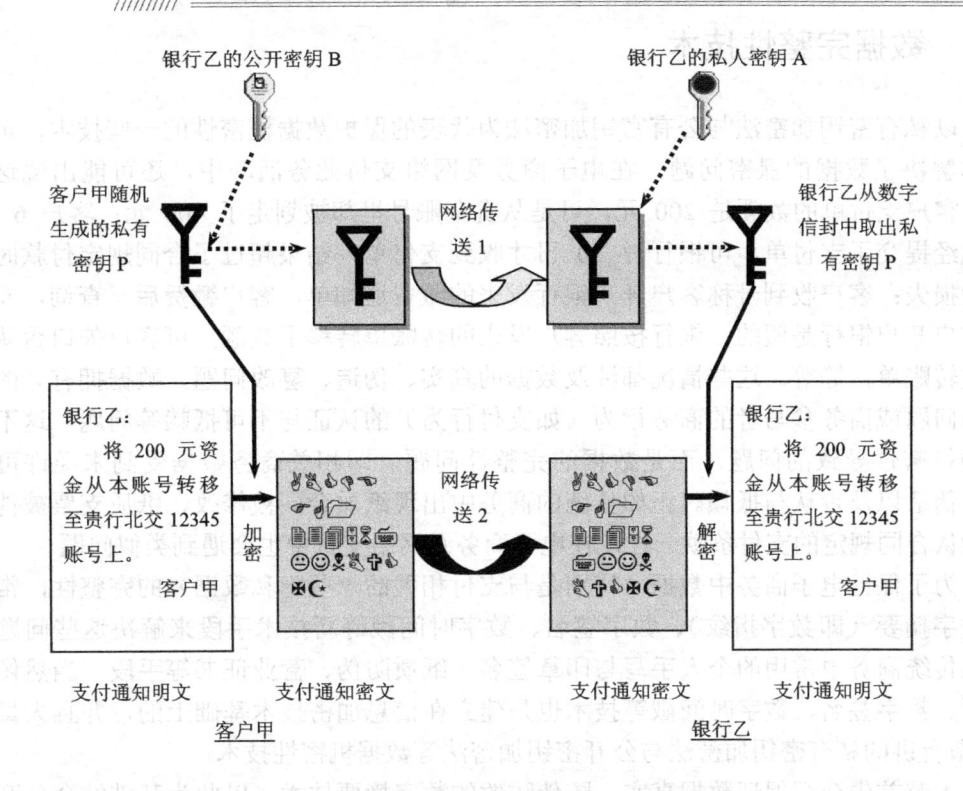

图 4-13　数字信封在网络支付中的应用示意图

3．数字信封的优点

数字信封技术结合了公开密钥加密技术和私有密钥加密技术的长处，而又避免了各自的不足，其优点可以总结为如下五个方面。

（1）加密和解密速度较快，可以满足实用特别是网络支付中的即时处理需要。因为较长的信息明文是采用私有密钥加密法如 DES 算法加密和解密的，而只有对签名信息和 DES 密钥这样很短的信息才采用公开密钥加密法如 RSA 算法，所以加密和解密的速度快，接近 DES 算法的速度。

（2）通信双方在传输的密文中携带用 RSA 公钥加密的 DES 密钥，不用为交换 DES 密钥而费尽周折，减小了 DES 密钥在传输过程中泄密的风险。

（3）具有数字签名和认证的功能。由于采用 RSA 算法，通信双方可将自己的数字签名信息互相发给对方，供保留和认证。

（4）密钥管理方便。虽然采用了 DES 算法，由于解决了交换 DES 密钥的问题，并不要为每次通信都保密管理相应的 DES 密钥，只需保密管理自己的 RSA 私人密钥就行了。因为 RSA 公开密钥可以任意公开，而 DES 密钥可以在通信之前随机产生，不必事先约定；通信结束后，删除相应的 DES 密钥。SSL 安全机制就是这种情况。

（5）保证通信的安全。信息发送方使用随机 DES 密码对信息明文进行加密，保证了只有具有 DES 密钥规定的收信人借助解密才能阅读信的内容。而采用数字信封技术后，即使加密文件在网络上传送时被他人非法截获，因为截获者无法得到发送方的 DES 密钥，也不可能对文件进行解密。

4.5 数据完整性技术

以私有密钥加密法与公有密钥加密法为代表的保护数据机密性的一些技术，可以说基本解决了数据的保密问题。在电子商务及网络支付业务活动中，还可能出现这些情况：客户支付单的数额是 200 元，可是从资金账号里却被划走了 400 元；客户 6 月 10 日已经提交了支付单，可银行说 20 日才收到支付单，结果超过了合同规定付款时间而蒙受损失；客户收到号称客户开户银行发来的缴费通知单，客户缴费后一查询，发觉那个客户开户银行是假的；银行按照客户发来的转账单转移了数额，可客户矢口否认发过相关转账单，等等。这些情况都涉及数据的真实、伪造、篡改问题，数据拥有者的真实身份问题或商务参与者的商务行为（如支付行为）的认证与不可抵赖等问题。这不是数据的机密性导致的问题，而是数据的完整性问题，即相关商务数据受到未经许可的修改、伪造以及否认与抵赖。正如传统的商务中出现纸质合同被修改、纸质支票被伪造、不承认合同规定的支付条款一样，在电子商务及网络支付中也会遇到类似问题。

为了保证电子商务中数据（特别是与支付相关的一些隐私数据）的完整性，常常采用数字摘要（即数字指纹）、数字签名、数字时间戳等新技术手段来解决这些问题，这类似传统商务中常用的个人手写与印章签名、纸质防伪、营业证书等手段。当然像数字摘要、数字签名、数字时间戳等技术也是建立在信息加密技术基础上的，并且大量用到 4.4 节所讲的私有密钥加密法与公开密钥加密法等数据机密性技术。

本节首先介绍保证数据真实、防伪防改的数字摘要技术，以此为基础结合公开密钥加密法的应用，描述数字签名技术。为了满足电子商务以及网络支付的安全需要，还要叙述应用数字签名技术的双重签名形式。

4.5.1 数字摘要技术

电子商务中通信双方在互相传送如电子合同、电子支票等数据信息时，不仅要对相关数据进行保密，不让第三者知道，还要知道数据在传输过程中有没有被别人改变，也就是要保证数据的完整性，其中一个有效手段就是采用数字摘要技术。

1. 数字摘要的定义与应用原理

所谓数字摘要，英文为 Digital Digest，是发送者对被传送的一个信息报文（比如支付通知单）根据某种数学算法算出一个信息报文的摘要值，并将此摘要值与原始信息报文一起通过网络传送给接收者，接收者应用此摘要值检验信息报文在网络传送过程中有没有发生改变，以此判断信息报文的真实与否。

这个摘要值本质上是由原始信息报文通过某个加密算法产生的一个特殊的数字信息串，比较短，它与原始信息报文之间有一一对应的关系。也就是说，每个信息报文按照某种加密算法都会产生一个自己特定的数字摘要，就像每个人都有自己独特的指纹一样，所以，数字摘要又称数字指纹或数字手印（Digital Thumbprint）。根据这种应用原理，可以通过数字摘要来确定所代表的信息报文的真实性与完整性，就像人类可以通过指纹来确定某人的真实身份一样。

数字摘要是由哈希（Hash）算法计算得到的，所以也称哈希值。哈希算法是一个单向的不可逆的数学算法,信息报文经此算法处理后,能产生一数字摘要,但不可能由此数字摘要再用任何办法或算法来还原原来的信息报文,这样就保护了信息报文的机密性。

哈希算法是公开的。接收者收到信息报文和数字摘要后,可用同样的哈希算法处理收到的信息报文,然后得到新的数字摘要;只要比较两条数字摘要是否相同,就可确定收到的信息报文在传送过程中是否被改变或是否是真实的。不同的信息原文将产生不同的数字摘要,对原文数据哪怕改变一位数据,数字摘要将会产生很大变化。这正如检查纸质合同上总经理签名的真实性一样。

2. 数字摘要的产生示例

这里以数字摘要在网络支付业务过程中的应用为例,其数字摘要产生示意如图 4-14 所示。该图中客户小麦给银行乙发送"支付通知"单,这时只要获得较好的产生数字摘要的 Hash 算法,产生数字摘要就比较容易,类似数学公式即

$$数字摘要 i = Hash(信息报文 i)$$

这里 Hash 函数是单向的不可逆的——对应函数。

虽然 Hash 算法是公开的,但算法精度上还是有区别的,即产生的数字摘要的长度。数字摘要长度太短,容易重复(即两个不同的信息报文产生的数字摘要一样),失去防伪的意义;数字摘要长度太长了,对算法要求高,产生时间长,而传播时间也长,开销大。所以数字摘要的长度只要基本保证不重复就可以了,当然也不能绝对保证绝不重复,像指纹一样概率几乎无限小即可。

数字摘要是数字签名的另一个支持技术,主要解决信息防伪的问题,通常与公开密钥加密法一起联合应用,构成数字签名。中国很多单位目前正在积极地应用数字摘要技术。

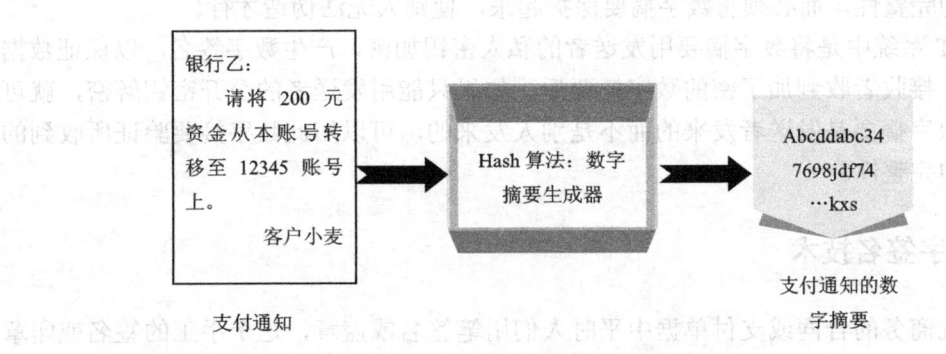

图 4-14 数字摘要产生示意图

3. 常用的 Hash 算法

目前使用的数字摘要的常用算法如 RSA 公司提出的 MD5 和 SHA1 等,都是以 Hash 函数算法为基础的,所以这些算法也称 Hash 编码法。MD5 算法中数字摘要长度为 128b,由 Ron.Rivest 教授设计,该编码法采用单向 Hash 函数将需加密的明文"摘要"成一串 128b 的数字指纹。

中国招商银行采用的是美国国家安全局开发的 SHA1 算法,其数字摘要长度为

160b，很安全，称为缩略图。招商银行的 SHA1 应用示意如图 4-15 所示。

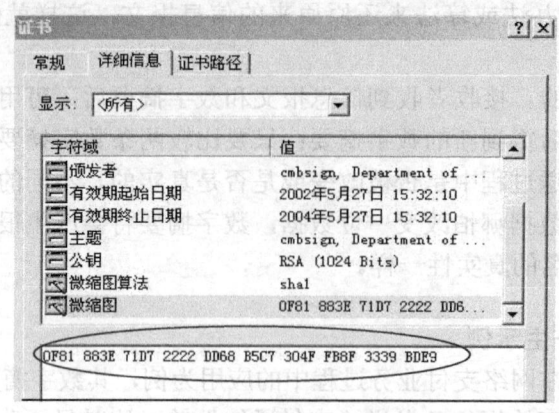

图 4-15 招商银行的 SHA1 应用示意图

SET 安全协议中采用的 Hash 算法产生的也是 160b 的数字摘要，在 160b 长的情况下，两条不同的信息原文产生同一数字摘要的机会为 $1/10^{48}$，比人的指纹的几百万分之一可靠得多，所以说，这串数据在统计学意义上是唯一的，是数字"指纹"。

4．数字摘要的优缺点

数字摘要可以保证信息原文的真实性，可在一定程度上防伪、防篡改，类似于签名的真实性检验，所以数字摘要也是数字签名技术之一。

数字摘要技术（如哈希算法）本身并不能保证数据的完整性，还必须与其他密钥加密技术结合起来使用才行。因为哈希算法是公开的，如果某人改变了传送的信息报文的明文，可以很容易地同时改变由哈希算法生成的数字摘要。所以单用数字摘要显然无法保证数据的完整性，而必须将数字摘要保护起来，使别人无法伪造才行。

在 SET 系统中是将数字摘要用发送者的私人密钥加密，产生数字签名，以保证数据的完整性。接收者收到加了密的数字摘要后，如果只能用发送者的公开密钥解密，就可确信这个数字摘要是发送者发来的而不是别人发来的，可以用此数字摘要验证所收到的信息报文的完整性。

4.5.2 数字签名技术

在传统商务的合同或支付单据中平时人们用笔签名或盖章，这个手工的签名或印章通常有两个作用：一是证明支付单据是由签名者发送并认可的，不可抵赖，负有法律责任；二是保证信件的真实性，不是伪造的，非经签名者许可不许修改。而在电子商务中，为了保证电子合同以及网络支付电子单据的真实性和不可否认性，即完整性，可以使用类似手工签名功能的数字签名，比如在电子支票上的签名认证等。

1．数字签名的定义与应用原理

所谓数字签名，英文为 Digital Signature，也叫电子签名，指在利用电子信息加密技术实现在网络传送信息报文时，附加一个特殊的唯一代表发送者个人身份的标记，起到传统上手书签名或印章的作用，表示确认、负责、经手、真实等。或者说，数字签名就是在要发送的信息报文上附加一小段只有信息发送者才能产生而别人无法伪造的特殊个人数据标记（数字标签），而且这个特殊的个人数据标记是原信息报文数据加密转换生成的，用来证明信息报文是由发送者发来的。

当然，也可采用将整条信息采用公开密钥加密法方式，用发送方的私人密钥加密的方法，确保信息报文来自发送方，而且不可否认。由于信息报文往往很长（如电子合同），系统不得不花很长时间用于对信息加/解密，速度很慢。因此采用数字签名技术更具效率。

数字签名技术在应用原理上是利用公开密钥加密法和数字摘要技术，分别解决电子文件或信息报文网络传送与交换后的不可否认性与真实性，通俗地讲，就是防抵赖与防伪、防篡改。发送方利用发送的信息报文 M 产生自己的数字签名，可形象地用如下数学公式与函数来描述，即

数字签名（信息报文 M）＝发送方私人密钥加密（Hash 函数（信息报文 M））

具体讲，数字签名的应用原理可以通过如下七步进行描述。

（1）发送方借助数字摘要技术，使用公开的单向 Hash 函数（如 SHA1）对信息报文 M 进行数学变换，得到信息报文的数字摘要 A。

（2）发送方借助公开密钥加密法，利用自己的私人密钥对数字摘要 A 进行加密，得到一个特殊的字符串，即数字标记（这个特殊的数字标记叫做发送者加在信息报文上的数字签名）。

（3）发送方把产生的数字标记附在信息报文 M 之后，一同通过网络发给接收方。

（4）接收方收到数字标记和信息报文 M′。注意，之所以写成信息报文 M′，主要因为信息报文可能在传输过程中被篡改，信息报文 M′ 与发送方发送的信息报文 M 可能有区别。

（5）接收方利用发送方的公开密钥对收到的数字标记进行解密，得到数字摘要 A，并且由此确定发送方的确发来了他的数字标记，认证发送方的身份，其行为不可抵赖。

（6）接收方再将得到的信息报文 M′ 利用与发送方一样的单向 Hash 函数（如 SHA1）进行数学变换，产生信息报文 M′ 的数字摘要 A′。

（7）接收方将数字摘要 A 与数字摘要 A′ 进行比较，如果相同，说明信息报文 M′ 与信息报文 M 是一致而真实的，签名有效，否则收到的信息报文 M′ 不是发送方发送的真实报文 M，签名无效。

在上述叙述中由于那个特殊的数字标记体现出发送者签名或印章的功能，可以直接称为发送方发送信息报文 M 时加上的数字签名。

2．数字签名的应用示例

在电子商务的许多网络服务中均会用到数字签名技术，如电子合同的认证、网络支付单据的认证，还有政府部门正在大力开展的电子政务中政府公文的传递等。由于电子商务的非面对面性，为了对网络上假冒、抵赖等行为的发生做到有据可循，数字签名就像传统商务中的个人手工签名或企业印章一样，保障电子商务的安全，特别是在涉及资金流的网络支付与结算中。

这里，以客户甲向银行乙发送"支付通知 M"为例，在"支付通知 M"上附带客户甲的数字签名，帮助银行乙认证客户甲的发送行为（即的确得到了客户甲的支付通

知），并且鉴别银行乙收到的"支付通知 M′"的真伪。其实这个"支付通知"就像用于网络支付的电子支票，生成的数字签名就像用于支票防伪与确认的印章一样。

图 4-16 为数字签名的应用示意图，该图描述的就是客户甲利用数字签名向银行乙发送"支付通知 M"的过程，反映数字签名的应用过程。具体的应用过程描述可参考前面所述的数字签名应用原理的七个步骤。

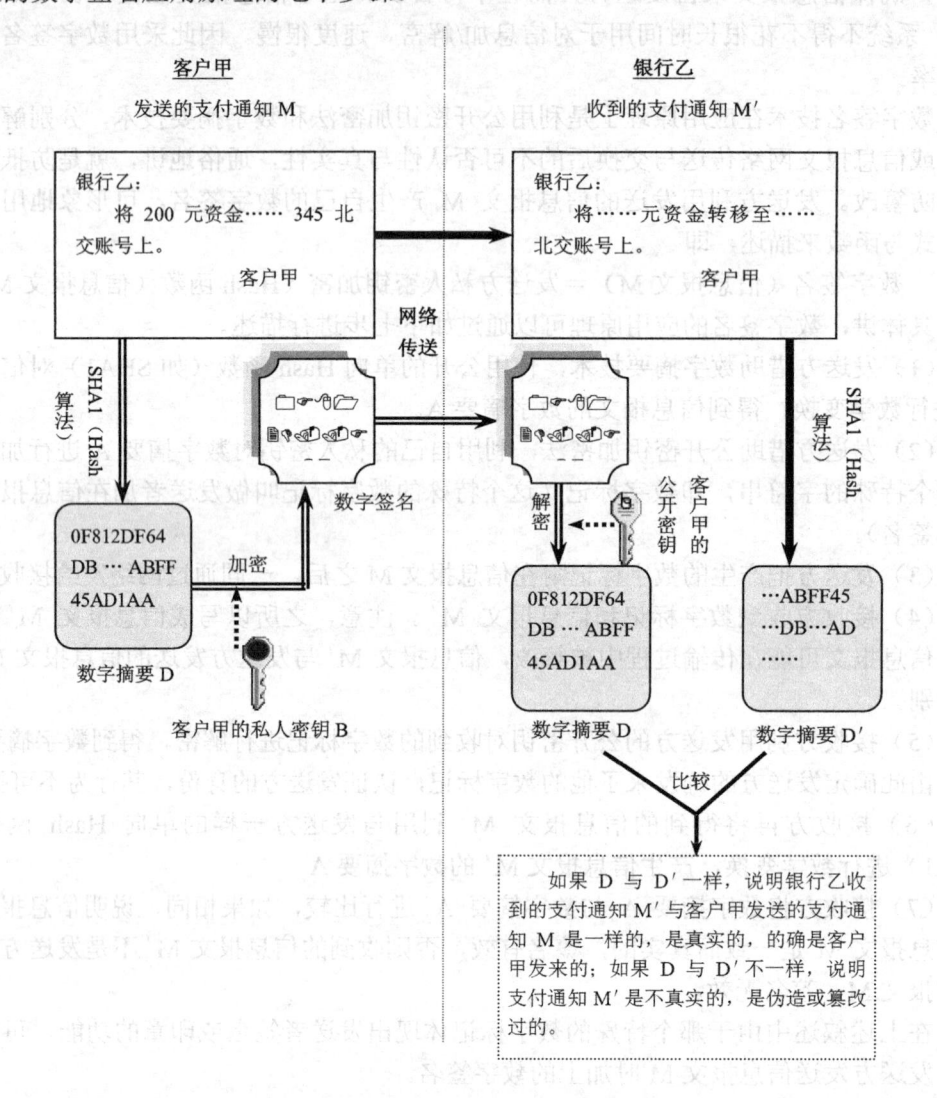

图 4-16　数字签名的应用示意图

图 4-16 中，发送方客户甲与接收方银行乙在利用"支付通知"生成数字摘要的时候要用同一个 Hash 算法，如 SHA1。银行乙可以通过公开的渠道取得客户甲的公开密钥，以认证客户甲的身份，防备其将来的抵赖行为。"支付通知"可以明文或密文发送，只需借助数字信封技术即可。

有兴趣的读者可以上网查询中国招商银行或工商银行的服务器数字证书，这些数字证书描述本银行相关业务服务器的公开密钥以及生成数字摘要的 Hash 算法等。例如，招商银行某网络银行服务器的数字证书描述的数字签名算法采用的是 RSA 与 SHA1 算法。其中，RSA 公钥为 1 024b，参见图 4-12；采用的生成数字摘要（缩略图）的算法为 SHA1，数字摘要长度为 160b，参见图 4-15。

当上述客户甲从某电子商务网站购买商品并利用银行乙进行网络支付结算时，由于网上传递的"订货单"与"支付通知"是捆绑在一起的，故一起发送给了银行。可是，客户甲并不想让银行知道"订货单"的真实内容，即不想让银行知道自己买什么商品，以保护自己的购物隐私；反过来，客户甲发给银行的"支付通知"也不想让商家知道内容。这时，单靠上面的一次对"支付通知"的数字签名是不够的，需要采取后面所述的双重签名了。这种双重签名的典型应用就是支持银行卡网络支付的 SET 安全协议机制。

3. 数字签名的作用与常见类型

数字签名和传统手工签名最大的相同点就是它们的作用是一样的，即确保消息的真实性和完整性。数字签名与手工签名的区别在于，手工签名（包括盖章）是模拟的，因人而异，即使同一个人也有细微差别，因此比较容易伪造，要区别是否伪造，往往还需要特殊专家协助；数字签名则采用 0 和 1 的数字串，极难伪造，要区别是否伪造，只需要有公正的第三方 CA 中心的支持，接收者自己就可以在线验证。

对不同的信息原文，即使是同一个人发出的，其数字签名也是不同的。这样就实现了文件内容与签名的最紧密的"捆绑"。

目前，数字签名分为确定性数字签名和随机式数字签名两种。确定性数字签名，其明文与密文一一对应，对特定信息报文的数字签名不变化，如 RSA、Rabin 等数字签名；随机式签名，则根据签名算法中的随机参数值，对同一消息的签名也有对应的变化，这样，一个信息报文可能有多个合法的不同数字签名，如 ElGamal 等签名。

数字签名广泛应用于网络上的公文传递和电子商务，具有良好的应用效果，体现出如下应用特点。

（1）数字签名是可信的。接收方用发送方的公开密钥能够解密收到的数字签名（数字标记），就可以确信是由发送方签名的。

（2）数字签名是不可伪造的。数字签名必须通过私人密钥加密产生，只有发送方知道他的私人密钥，别人没有，因此发送方的数字签名不可伪造。

（3）同一个数字签名是不可多用的。数字签名是信息报文经过数学函数变换一一对应产生的，信息报文改变，数字签名也会改变。

（4）被数字签名附带的信息报文是不可篡改的。如果信息报文有任何改变，都将导致数字签名验证通不过。

（5）数字签名是不可抵赖的。接收方不用发送方的帮助就能通过验证发送方的数字签名而认证发送方的行为。

借助数字签名的上述特点，具体到电子商务以及网络支付结算中，可以解决如下的一些安全鉴别问题。

（1）接收方伪造：接收方伪造一份文件，声称这是发送方发送的，如付款单据等。

（2）发送者或接收者否认：发送者或接收者事后不承认发送或接收过支付单据。

（3）第三方冒充：网上的第三方用户（如黑客）冒充发送或接收信息报文（如信用卡密码报文）。

（4）发送方或接收方篡改信息报文：因商情变化对信息报文中的支付金额进行改

动等。

为了防止把数字签名和带数字签名的信息报文多次重用，数字签名还常包括当时的时间标记，即数字时间戳服务 DTS（Digital Time-stamp Service），因为时间是交易文件中十分重要的信息，比如网络支付的时间等。也就是说，把日期和时间的签名附在信息报文中，并和信息中的其他部分内容一起签名，可使签名带有时效性。这样就能解决电子商务中故意的支付延迟或支付时间否认等，避免因时间问题发生纠纷的可能性。

4.5.3 双重签名

由于在开展电子商务活动中，客户在保证发给银行的网络支付信息报文如"支付通知"的机密与完整性同时，还常涉及发给商家的购买清单如"订货单"的个人隐私性。如一次购物过程中一个电子商务实体要与其他多方打交道，可是这些参与电子商务的多方之间交互的信息中可能彼此需要对一些信息保密，而且各方都不能看到所有的交易信息。这时，仅靠发送方对整个信息的一次数字签名显然是不够的，需要双重签名或多重签名。下面主要讲述双重签名的应用。

举个在一次电子商务网络支付中发生的例子来说明双重签名的需求。当客户甲从 Sina 网站购买商品时，利用银行乙进行网络支付结算。由于网上传递的"订货单"与"支付通知"两条信息报文是密切相关的，即捆绑在一起，不可分割，一起发送给商家与银行。可是，客户甲并不想让银行知道"订货单"的真实内容，即不愿意让银行知道他用这笔钱买些什么商品，以保护自己的购物隐私，而银行只应知道"支付通知"；反过来，客户甲发给银行的"支付通知"也不想让商家知道其具体内容如账号号码，只允许商家知道"订货单"内容，这时就要应用双重签名方法。目前支持银行卡网络支付的 SET 安全协议机制就是利用这种双重数字签名方法。

所谓双重签名，就是消息发送方对发给不同接收方的两条信息报文分别进行 Hash 运算，得到各自的数字摘要，然后将这两条数字摘要连接起来，再进行 Hash 运算，生成新的数字摘要，即双重数字摘要，最后用发送方的私人密钥对新的双重数字摘要加密，得到一个基于两条数字摘要基础上的数字签名。在应用上，发送方将双重签名、对应的一条信息报文（为保证机密，可以用接收方的公钥加密）和另一条信息报文的数字摘要三个部分合在一起发给对应的消息接收方；接收方将收到的信息报文（用私钥解密后）进行同样的 Hash 运算后得到一个新的数字摘要；然后将新的数字摘要与收到的另一条信息报文的数字摘要相连接，再使用 Hash 运算，最终得到一个双重数字摘要，以此与接收到的双重签名用发送方公钥解密得到的双重数字摘要相比较，如果一致，就可证实整个信息报文确实是发送方发送的，并且在传送过程中没有改变。

这里还是以上面的网络支付例子为例，具体描述在客户甲、网上商家 Sina 网站、银行乙三者之间双重签名的应用过程，看看如何实现对不同信息的对应保护，从而实现发送方的多种不同的安全需求。

（1）客户甲去 Sina 网站购物，选中相关商品后，选择基于银行乙支持的网络支付手段（如信用卡）进行支付。这时先要完成一个总体信息购物表单的填写工作，包含发给 Sina 网站的"订货单甲"与发给银行乙的"支付通知甲"两部分，并把它们看做两条发给不同方的信息报文。

（2）客户甲对"订货单甲"进行 SHA1 运算，得到"订货单甲"的数字摘要 D，然后对"支付通知甲"进行 SHA1 运算，得到"支付通知甲"的数字摘要 E。

（3）客户甲把数字摘要 D 与数字摘要 E 连接起来以形成一条信息，再对这条信息进行 SHA1 运算，得到双重数字摘要 M。

（4）客户甲借用 RSA 算法利用客户甲的私人密钥对双重数字摘要 M 进行运算，得到双重签名 K。

（5）客户甲把双重签名 K、"支付通知甲"（为保证机密，可以用银行乙的公钥加密）、"订货单甲"的数字摘要 D 合在一起，通过网络发给银行乙（也可能通过商家中转，这时对"支付通知"进行加密就有必要了）。

（6）银行乙收到相关信息后，对其中的"支付通知乙"（因为不知其真实性如何所以称为"支付通知乙"，可能要用银行乙的私人密钥解密）进行 SHA1 运算，生成"支付通知乙"的数字摘要 E′。

（7）银行乙将收到的"订货单甲"的数字摘要 D 与刚生成的"支付通知乙"的数字摘要 E′ 连接在一起形成一条信息，再对这条信息进行 SHA1 运算，得到双重数字摘要 M′。

（8）银行乙将收到的双重签名 K 利用客户甲的公开密钥进行解密，得到双重数字摘要 M。

（9）银行乙将双重数字摘要 M′ 与双重数字摘要 M 进行比较，如果一致，确认"支付通知乙"是客户甲发来的，且在网络传输过程中没有被篡改，与"支付通知甲"一样。

上述（1）~（9）步骤描述的是客户甲与银行乙之间利用双重签名完成"支付通知"传递的过程，客户甲与 Sina 网站之间完成"订货单"传递也有类似的上述（1）~（9）的步骤，只不过是将双重签名 K、"订货单甲"（为保证机密，可以用 Sina 网站的公钥加密）、"支付通知甲"的数字摘要 E 合在一起，通过网络发给网上商家 Sina 网站。

可以得知，上述双重签名技术的应用不仅能够证实商家 Sina 网站收到的信息没有被篡改，而且还能证实银行乙收到的信息也没有被篡改，并且确信是客户甲发来的，不可否认。Sina 网站与银行乙只能知晓客户甲发出的一个完整购物单据信息中只应该看到的那一部分，保证 Sina 网站和银行乙收到的信息是客户甲发出的同一条购物信息中的一部分。

双重签名这样的应用原理一样可以用于 Internet 上其他多方实体间的安全有效通信。感兴趣的读者可以画出上述例子的应用过程示意图。

4.6 数字证书与认证中心 CA

在传统商务与电子商务中，均存在对贸易伙伴身份的确定与认证问题。只有清楚贸易伙伴的真实身份，商务才有进一步开展的基础。特别是在电子商务中，由于基于网络上非面对面的交易，那么验证贸易对方的身份是非常必要的。比如在网络支付中对收款人或付款人身份的认证，若客户把钱付给了一个假冒的工商银行，自己还不知道被骗了，就会带来损失。如何在 Internet 上识别对方身份，是电子商务交易中是重要的一环，更是网络支付安全开展的首要问题。

传统商务中有相应的双方身份认证机制，如政府部门颁发的身份证、护照、公司营业证书、产品质量检验证书等。有了这些政府权威部门颁发的证书，就可保证贸易双方身份的认证和合法性的认证，在此基础上，才能保证传统商务的安全、有序与可靠进行。而在 Internet 上是没有"政府"的，因此很有必要建立一个公正的"认证中心"机构，负责颁发电子商务交易参与各方的"身份认证证书"，并检验各方"真实身份"的工作。传统的纸质认证方法显然不完全适用于电子商务的实践，需要采取基于网络平台的电子手段。因此，应尽快建立与应用全新的网上认证机制，保证电子商务的进行。

在电子商务的网络支付中，涉及大量的参与各方的身份认证。本节主要介绍电子商务环境下的身份认证工具，即数字证书及其管理发行者——认证中心的基本知识。

4.6.1 数字证书

1. 数字证书的定义与工作原理

传统的个人身份证明一般通过检验"物理物品"的有效性来确认持有者的身份。这类"物理物品"可以是身份证、护照、工作证、信用卡、驾驶执照、徽章等，其上往往含有与个人真实身份相关的易于识别的照片、指纹、视网膜等，并且具有权威机构（如公安机关）等发证机构的盖章。对于企业的身份，如在中国，则有工商局颁发的营业证书及印章等，只有通过工商局认定的企业才是合法经营者。

在电子商务中，网络业务是面向全球的，要求验证的对象数量以及区域范围也非常之大，因而增加了商务参与者身份验证的复杂性和实现的困难性。比如，在网络通信双方使用公开密钥加密之前，须先确认得到的公开密钥确实是对方的，也就是有一个身份确认的问题。最好的办法是双方面对面交换公开密钥，但这在实际中是不可行的，就像在前面的例子中，一个商家不可能和几百万个消费者都面对面地交换公开密钥。

为能确认双方的身份，必须由网络上双方都信任的第三方机构（这个机构就是后面所述的数字证书认证中心 CA）发行的一个特殊证书来认证。在电子商务中，通常是把传统的身份证书改成数字信息形式，由双方都信任的第三方机构发行和管理，以方便在网络社会上的传递与使用，进行身份认证，这就是数字证书。

所谓数字证书，英文为 Digital Certification，是指利用电子信息技术手段，确认、鉴定、认证 Internet 上信息交流参与者的身份或服务器的身份，是一个担保个人、计算机系统或者组织（企业或政府部门）的身份，并且发布加密算法类别、公开密钥及其所有权的电子文档。

可以说，数字证书是模拟传统证书（如个人身份证、企业营业证书等）的特殊数字信息文档，图 4-17 所示为世界著名专业认证中心 VeriSign 的服务器证书首页。客户的数字证书可以证实该客户拥有一个特别的公钥，服务器证书则证实某个特定的公钥属于这个服务器。

数字证书的工作原理，就是信息接收方在网上收到发送方发来的业务信息的同时，还收到发送方的数字证书，这时通过对其数字证书的验证，可以确认发送方的真实身份。在发送方与接收方交换数字证书的同时，双方得到对方的公开密钥。由于公开密钥是包含在数字证书中的，且借助证书上数字摘要（缩略图）的验证，确信收到的公开密钥肯定是对方的。通过这个公开密钥，双方就可完成数据传送中的加/解密工作。

图 4-17　世界著名专业认证中心 VeriSign 服务器证书首页

数字证书由发证机构——数字证书认证中心（CA）发行。该机构负责在发行数字证书之前，证实个人或组织身份和密钥所有权。一般情况下，证书要由社会上公认的公正的第三方的可靠组织发行。如果它签发的证书造成不恰当的信任关系，该组织就要承担责任。

在网络支付结算中，必须认证结算各方的真实身份以及行为，否则会直接带来经济上的损失，因此数字证书在其中有着关键的作用。这在后续章节中会有详细的说明。

2．数字证书的内容

数字证书的具体内容与格式遵循国际流行的 ITU-Trec.X.509 标准，其内容主要由基本数据信息和发行数据证书的 CA 签名与签名算法两部分组成。

1）数字证书的基本数据信息

（1）版本信息（Version）：用来区分 X.509 证书格式的版本。

（2）证书序列号（Serial Number）：每个由 CA 发行的数字证书必须有一个唯一的序列号，用于识别该证书。

（3）CA 使用的签名算法（Algorithm Identifier）：CA 的数字摘要与公开密钥加密体制算法。

（4）证书颁发者信息（Issuer Unique Identifier）：发此证书的 CA 信息。

（5）有效使用期限（Period of Validity）：本证书的有效期，包括起始、结束日期。

（6）证书主题或使用者（Subject）：证书与公钥的使用者的相关信息。

（7）公钥信息（Public Key Information）：公开密钥加密体制的算法名称、公钥的字符串表示（只适用于 RSA 加密体制）。

（8）其他额外的特别扩展信息：如增强型密钥用法信息、CRL 分发点信息等。

2）发行数字证书的 CA 签名与签名算法

数字证书的内容还包括发行证书的 CA 机构的数字签名和用来生成数字签名的签名

算法，即缩略图算法部分、缩略图。应用这个缩略图算法与缩略图数据，任何人收到这份数字证书后都能使用签名算法，验证数字证书是否是由该 CA 的签名密钥签署的，以保证证书的真实性与内容的真实性。

图 4-18 所示为中国工商银行个人网络银行服务器证书的内容页，不过目前它是工商银行自己发行的。

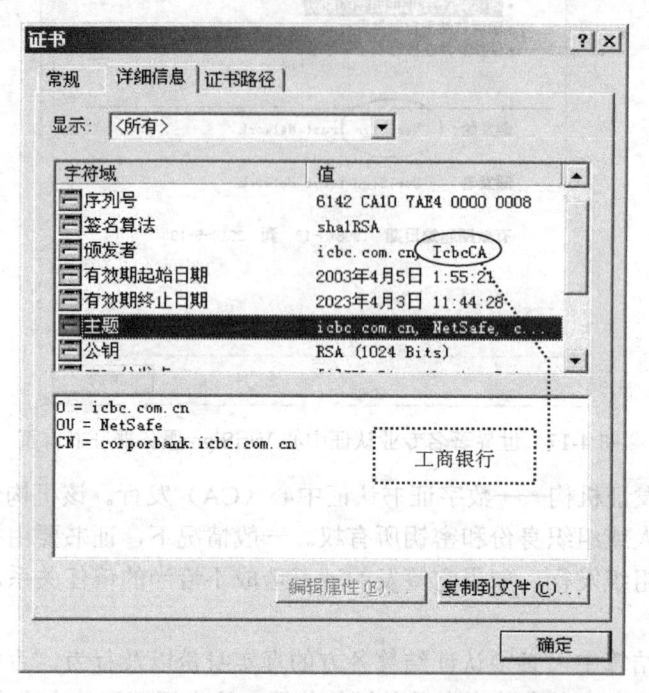

图 4-18　中国工商银行个人网络银行服务器证书的内容页

3. 与网络支付有关的数字证书的类型

数字证书颁发机构（如认证中心 CA）在检验确认申请用户的身份后，向用户（政府部门、企业、个人等）颁发数字证书，数字证书中包括上述用户基本数据信息，以及用户的公开密钥等重要信息，并由 CA 进行数字签名，以保证是真实的。

目前网络上各种业务活动很多，数字证书几乎应用在所有的网上业务领域。这与网络业务与生活越来越普及、越来越被人们接受相关，而数字证书是保证这些网络业务可以安全可靠进行的重要手段。例如，安全电子交易协议、电子邮件安全协议都是以数字证书为技术基础的。

具体在电子商务网络支付结算中，数字证书在保证网络支付安全中是不可缺少和不可替代的。像信用卡、电子支票、网络银行等这些网络支付方式的应用安全都需要数字证书的参与，在第 3 章的网络支付组成体系图中的 CA 中心的职能，就是主要通过数字证书的应用而体现出来的。下面简单介绍四种数字证书。

1) 个人证书（客户证书）

个人证书即客户证书，它主要证实客户（如一个使用 IE 浏览器进行支付的客户）的身份和密钥所有权。在网络支付时，服务器可能在建立 SSL 连接时，要求客户证书证实客户身份。为了取得客户证书，用户可向某个 CA 中心申请，CA 经过审查后决定是否向客户颁发客户证书。例如，工商银行直接向自己的网络银行客户颁发客户证书，其证书中包含客户的身份信息、公开密钥及工商银行的签名，并可以存储在软盘、硬盘、IC 卡、USB 盘中。

2）服务器证书

服务器证书即网络站点证书，它主要证实银行或商家业务服务器的身份和公开密钥。例如，网络银行服务器在与客户建立 SSL 连接时，服务器就将它的证书传送给客户。当客户收到证书后，客户检查证书是由哪家 CA 中心发行的，这家 CA 是否被客户所信任。如果客户不信任这家 CA，浏览器提示用户接受或拒绝这个证书。

在 IE 浏览器里，客户可以设置总是接受某个站点的证书，如你的开户网络银行的证书。这样，该站点的证书被存放在客户计算机的数据库里，客户可以随时查看这些证书。如图 4-18 所示。

3）支付网关证书

如果在网络支付时利用第三方的支付网关，那么这个第三方要为支付网关申请一个数字证书，以证实自己的身份。如在 SET 协议机制中，必须有支付网关的证书。

4）认证中心 CA 证书

发行数字证书的认证中心 CA 是安全网络支付的核心，如果它不可靠，那问题就严重了。所以，认证中心 CA 一样需要拥有自己的数字证书，证实其 CA 的真实身份。在 IE 浏览器里，用户可以看到浏览器所接受的 CA 证书，也可选择是否信任这些证书。在服务器端，管理员可以看到服务器所接受的 CA 证书，也可选择是否信任这些证书。图 4-17 就是世界著名专业认证中心 VeriSign 的服务器证书。

4．数字证书的有效性与使用

严格来讲，只有下列三个条件都为真时，数字证书才是有效的。

（1）证书没有过期。所有的证书都有期限，可用检查证书的期限来决定证书是否有效。

（2）密钥没有被修改。如果密钥被修改，就不应该继续使用，密钥对应的证书应被视为无效。这可通过证书上的缩略图及其算法检验。

（3）有可信任的相应的颁发机构 CA 及时管理与回收无效证书，并且发行无效证书清单。

有效的数字证书在使用前都要有经过认证的过程，即当颁发的数字证书传送给某人或某站点时，数字证书颁发机构将上面相关内容信息用自己的私人密钥加密，以使接收者能用证书里的公钥证实颁发机构的真实身份，判断证书的有效性。

数字证书通常需要写入一定的存储介质内，确保用户信息不被非法读取及篡改，如安全性较强的 IC 卡等。现在商业银行的网络银行服务，如招商银行企业网络银行及个人网络银行专业版的数字证书就采用了 IC 卡方式，它需要配置专门的读卡设备，并且另设密码控制，因而是相当安全的。

目前，由于数字证书采用高精尖的加密技术，因此非常安全。截至 2003 年，国内外银行、网络银行包括电子商务，还没有一例由于数字证书被攻破而让不法分子得逞的案例发生。

4.6.2 认证中心 CA

1. 认证中心 CA 的定义

在传统商务中，用来认证商家或客户身份的认证证书大多是被认为公正的第三方机构（如政府部门）颁发的。为了保证传统商务中每个商务实体的合法性，做到有证可循，中国工商行政管理总局作为一个政府组织部门，是商务的第三方并且是公正的，它发行并且管理着营业证书。而作为电子商务平台的 Internet 上是没有"政府"的，那由谁来管理并认证、规范 Internet 上的电子商务参与者的行为呢？这就需要在网上建立一个类似中国工商行政管理总局职能的第三方公正的认证中心机构，负责颁发数字证书和检验网上商家身份真实的工作。这个就是网上认证中心。

所谓认证中心，也称数字证书认证中心，英文为 Certification Authority，简称 CA，是基于 Internet 平台建立的一个公正的、有权威性的、独立的（第三方的）、广受信赖的组织机构，主要负责数字证书的发行、管理以及认证服务，以保证网上业务安全可靠地进行。

一个完整、安全的电子商务活动，如在网络支付结算中，必须要有 CA 的参与，这在网络支付体系构成中有所阐述。为了促进网络支付结算的发展，在社会上必须建立具有绝对权威性的认证中心 CA，由电子商务的参与各方（客户、商家、银行、政府机构等）实体上网注册加入已有的认证中心，如此，认证中心就能确保所有网络支付与结算过程以及各方的安全性，从而开展安全的网络支付。

2. 认证中心 CA 的技术基础

CA 的角色是重要的，但并不是任何一个组织想建立就能建立起来的。除了上述的第三方要求并且保持公正、具备良好信誉之外，关键是 CA 的建立与运作需要强大的技术支撑，因为涉及许多先进的密码技术。比如，CA 提供的公开密钥与数字摘要机制等必须是先进的，密钥的位数必须达到一定长度，以保证 CA 及其发行的证书的安全可靠，并且在服务质量与认证速度、管理机制上均需达到很高的水平。几年来，中国还没有建立起这样高水平的跨区域的认证中心，也是阻碍中国电子商务以及网络支付大规模普及发展的一个重要原因。虽然近些年各个地方建立了一些 CA，但规模均较小。不说技术与服务水平如何，连开展的区域都是局域性的或行业性的，没有得社会的普遍信赖。

CA 的技术基础是 PKI 体系。所谓 PKI 体系，英文为 Public Key Infrastructure，中文翻译为公开密钥体系或公开密钥基础，是一种遵循既定标准的密钥管理平台，能为所有网络应用服务提供加密和数字签名等密码服务及其必需的密钥和证书管理体系。简单来说，PKI 就是利用公钥理论和技术建立的提供网络安全服务的基础设施。PKI 技术是信息安全技术的核心，也是电子商务交易与网络支付的关键和基础技术。

PKI 的基础技术包括加密、数字签名、数字摘要、数字信封、双重数字签名等。一个完整的 PKI 系统的基本构成包括权威的认证中心 CA，数字证书库，密钥备份及恢复系统，证书作废系统，应用接口（API）等。

其中，CA 作为数字证书的签发与管理机构，公开密钥的承载者，是 PKI 的核心部分。构建密码服务系统的核心内容是如何实现密钥管理。公钥体制涉及一对密钥，私人密钥只由用户独立掌握，无须在网上传输；而公开密钥则是公开的，需要在网上传送。

故公钥体制的密钥管理主要是针对公钥的管理问题，目前较好的解决方案是数字证书这种密钥管理媒介。

PKI 的详细内容既可在"电子商务安全"相关教材中学习，也可在相关密码技术的专业书籍中查看，这是开发一个安全网络支付体系的基础。

CA 认证数字证书采用一种树形验证结构。在双方通信时，通过出示由某个 CA 签发的证书证明自己的身份。如果对签发证书的 CA 本身不信任，则可验证 CA 的真实身份，依次类推，一直到公认的权威 CA 处，才可确信证书的有效性。SET 安全交易协议中商务各方的数字证书正是通过这种信任层次逐级验证的。每个证书均与数字化签发证书的实体签名证书关联。沿着信任树直到一个公认的信任组织，就可确认该证书是有效的。例如，C 的证书是由名称为 B 的 CA 签发的，而 B 的证书又由名称为 A 的 CA 签发的，A 是权威的机构，通常称为 Root CA。验证到了 Root CA 处，就可确信 C 的证书是合法的。

3．认证中心 CA 的主要功能

CA 在整个公钥加密体制及安全的网络支付过程中的地位是至关重要的。其主要功能可以表述为如下八个方面。

1）生成密钥对及 CA 证书

CA 要向交易各方颁发证书，必须生成公钥体系中自己的密钥对，并对私钥进行有效的保护，以利于签名的使用。作为自成体系的、封闭的 CA 系统，CA 必须生成自己的根密钥对，且在此基础上生成根证书，就可以为各级 CA 以及客户生成证书，保证证书持有者有不同的密钥对。

已经建立的或正在建立的 CA 系统，很多都是自成体系的，这样的 CA 系统不仅做根 CA，还做品牌 CA、持卡人 CA、商家 CA 和网关 CA。网上交易的各方都由这一家 CA 机构颁发证书，如目前工商银行的情况。

2）验证申请人身份

网络支付的交易各方，如持卡人、商家、支付网关等，在向 CA 申请数字证书时，CA 必须对其真实的身份进行认证，防止数字证书被冒领。因此 CA 必须建立一套严密的身份认证流程。

3）颁发数字证书

CA 系统的主要任务就是向网上交易各方颁发数字证书。CA 系统必须能在 Internet 上接收交易各方的证书申请，在签名验证申请者的真实身份并且通过资格检查后，有 CA 签名的申请者的数字证书将在线发送给申请者。

证书的发放也有通过离线方式的，比如 CA 将申请者的数字证书加密后放入软盘或 IC 卡等载体，由证书申请者亲自到 CA 机构领取，再用特定的方法，将数字证书装入自己的计算机应用系统中。如招商银行企业网络银行目前采用的 IC 卡证书方式就非常不错。

4）证书以及持有者身份认证查询

借助 CA 服务器，可在线查询证书的生成情况，也可在线认证证书持有者，CA 必须保证 24（小时）×365（天）的跨区域服务，且需拥有足够的带宽，保证较快的查询速度。

5) 证书管理及更新

及时记录所有颁发的证书以及所有被吊销的证书，使得能在交易各方的证书失效以后，及时更新数字证书。

6) 吊销证书

CA 根据证书持有者的应用情况，可在数字证书有效期内使其无效，并且公布于众。CA 系统必须具有证书黑名单的生成与管理功能，证书黑名单中只包括废除的分支 CA 和网关的数字证书。这些证书黑名单和黑名单管理文件通过各级 CA 及网关，在与商家及客户交换消息时分发出去。

7) 制定相关政策

CA 的政策越公开越好，信息发布越及时越好。普通用户信任一个 CA，除了拥有先进的技术和雄厚的实力这些因素之外，另一个极为重要的因素就是 CA 的政策。CA 的政策是指 CA 必须对信任它的事务各方负责，它的责任大部分体现在政策的制定和实施上。

8) 有能力保护数字证书服务器的安全

数字证书服务器必须是十分安全的，CA 应当采取相应措施保证其安全性，如加强对系统管理员的管理，加强对防火墙保护等。否则，CA 都不安全了，由其提供的数字证书服务的安全就无从说起。

4. 认证中心 CA 的组成框架与数字证书的申请流程

证书的发放过程实际上由两大部分组成：一部分是证书的申请、制作、发放，另一部分是用户身份认证。这两部分工作实际上是由 CA 中两个不同的部门来完成的。这样，就将 CA 分成 CA（证书服务中心）和 RA（审核受理处）两部分，由 CA 完成接收证书请求及发证的工作，而由 RA 完成身份认定工作，CA 与 RA 之间一般通过专线连接。

RA 一般由能够认定用户身份的单位来担任（如持卡人 RA 由发卡银行担任，商家的 RA 由收单银行担任）。CA 收到用户的证书请求后，向 RA 要求证明用户的合法与真实性；得到证明后，CA 向用户颁发证书。也可以让用户先到 RA 当面申请填表，RA 批准后，将信息传送到 CA；CA 在收到用户的证书请求后，就能立即给以答复。

CA 还能进一步分成 RS（证书业务受理中心）与 CP（证书制作中心）两部分。由 RS 接收用户的证书申请、发放等与用户打交道的工作，CP 进行证书的制作、记录等内部工作。用户为获得数字证书，必须上网，进入 CA 网站，实际就是进入了 RS 网站，向 RS 申请证书；RS 与用户对话后，可以获得用户的申请信息，然后传送给 CP；CP 与 RA 进行联系，并从 RA 处获得用户的身份认证信息后，由 CP 为用户制作证书，交给 RS；当用户再上网要求获取证书时，RS 将制作好的证书传送给用户。

在 SET 安全网络支付中，参与的每家银行都要建立自己的 RA。面对众多的用户，光有一个 RA 是无法完成任务的。RA 下必须设立许多业务受理点，接待用户，进行申请登记工作。RA 作为身份认证与审核部门，通过专线与各业务受理点连接。各业务受理点接收用户的申请，审查用户的身份证件，通过专线与 RA 交换信息，完成用户的身份认证工作。

1) 认证中心 CA 的组成框架

基于以上的业务过程，一个功能较为完整的 CA 组成框架如图 4-19 所示。

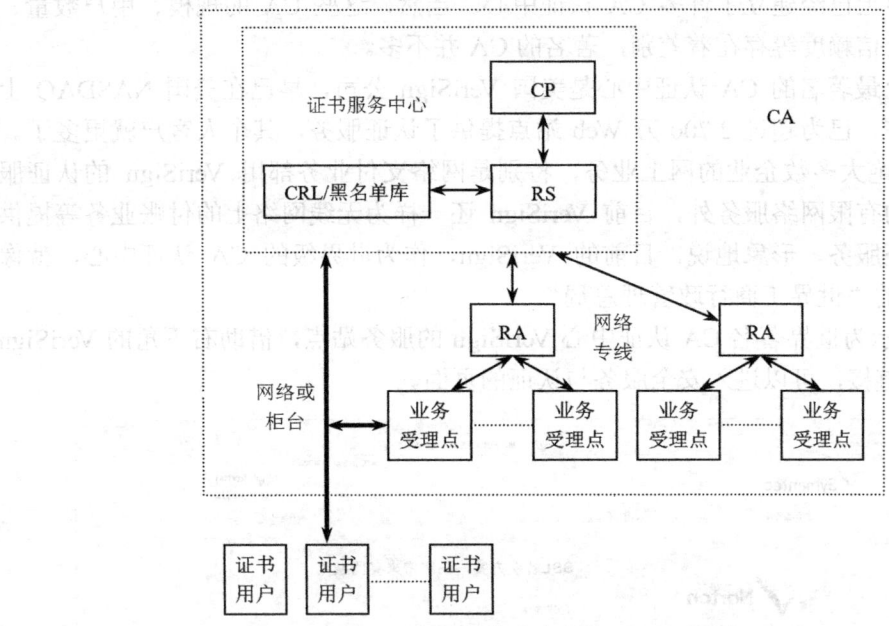

图 4-19 功能较为完整的 CA 组成框架

借助各地的业务受理点以及 Internet，CA 公司可以跨区域为用户提供数字证书服务。例如，CA 收到外地区用户的证书请求后，通过网络专线到当地的 RA 获得身份认定，就可以向申请用户颁发数字证书。

当然，CA 本身还可作为世界上更加权威的 CA 中心如 VeriSign 的分支 CA，CA 本身需要一个由上级 CA 颁发的数字证书。例如，北京天威诚信电子商务服务有限公司，作为成立于 2000 年 9 月且经信息产业部批准的第一家开展商业性 PKI/CA 服务的试点企业，其证书就是 VeriSign 颁发的数字证书，因而成为 VeriSign 在中国的业务合作伙伴。

2）数字证书的申请流程

基于上述的 CA 组成框架，一般数字证书的申请操作流程如下：

（1）用户带相关证明到证书业务受理中心 RS 申请证书；

（2）用户在线填写证书申请表格和证书申请协议书；

（3）RS 业务人员取得用户申请数据后，与 RA 中心联系，要求用户身份认证；

（4）RA 下属的业务受理点审核员通过离线方式（面对面）审核申请者的身份、能力和信誉等；

（5）审核通过后，RA 中心向 CA 中心转发证书的申请请求；

（6）CA 中心响应 RA 中心的证书请求，为该用户制作、签发证书，并且交给 RS；

（7）当用户再次上网要求获取证书时，RS 将制作好的证书传送给用户；如果证书介质是 IC 卡方式，则 RS 业务人员打印好相关密码信封传递给用户，通知用户到相关业务受理点领取；

（8）用户根据收到的用户应用指南，使用相关的证书业务。

5. 国内外主要 CA 机构

随着电子商务在全世界范围内的快速发展以及包括网络支付结算在内的各种网络业

务的增多，世界上已经建立了许多 CA 认证中心。当然，这些 CA 的规模、用户数量、技术实力、社会信赖度等存在着差别，著名的 CA 并不多。

目前世界上最著名的 CA 认证中心是美国 VeriSign 公司，早已在美国 NASDAQ 上市。发展到现在，已为超过 2 700 万 Web 站点提供了认证服务，其个人客户就更多了。世界 500 强的绝大多数企业的网上业务，特别是网络支付业务都用 VeriSign 的认证服务。除了普遍的有限网络服务外，目前 VeriSign 还一样为无线网络上的付账业务等提供安全严格的认证服务。形象地说，目前的 VeriSign，作为世界级的 CA 认证中心，就像 Internet 世界里的"世界工商行政管理总局"。

图 4-20 所示为世界著名 CA 认证中心 VeriSign 的服务站点，借助右下角的 VeriSign 安全 Web 站点链接，可以进入安全服务与认证的页面。

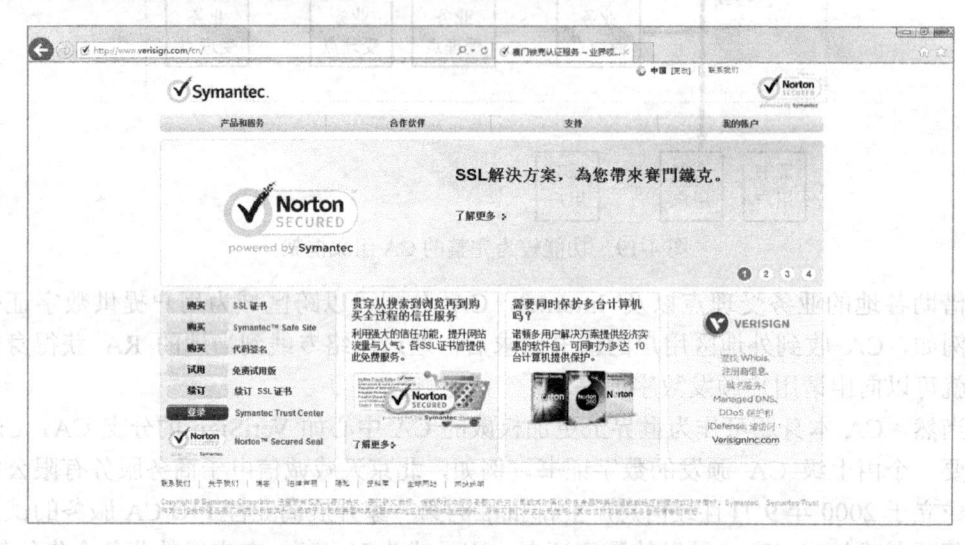

图 4-20　世界著名 CA 认证中心 VeriSign 的服务站点

中国近年来电子商务发展很快，商业银行的网络银行服务也蓬勃发展起来，信用卡网络支付、网络银行网上转账等业务被越来越多的客户接受与应用；越来越多的 CA 认证中心也在中国建立起来，正为中国电子商务与金融电子化、信息化的发展保驾护航。中国目前建立的 CA 虽然数目众多，但在规模、服务水平、用户数量、社会信赖度上与国外著名 CA 如 VeriSign 等还有相当差距，就像中国的众多的小汽车厂，没有一家具有世界水平一样。现在基本上是各个地方、各个行业都建立一个 CA，不管技术与服务水平如何，结果是每个 CA 服务都是局域性的，很难得到社会广大企业、机构与组织的普遍信赖。像中国的很多商业银行，都是自己建立的 CA 在提供服务，这其实与应由第三方 CA 提供公正服务是不吻合的。由于目前中国没有普遍值得信赖的 CA，很多企业就只好自己来建设了，也有一些是与 VeriSign 开展合作，取得 VeriSign 证书提供服务的。不管怎样，中国 CA 认证中心已经有了，特别是中国各地政府部门已经行动起来，建立了各地的 CA，为促进中国电子商务与网络支付业务的发展提供了良好的第三方支持。

下面是中国近几年出现的两个主要的 CA 认证中心。
1）北京数字证书认证中心

北京数字证书认证中心（BJCA）成立于 2001 年 2 月 6 日，是经北京市政府批准成立的数字证书认证机构，致力于为北京乃至全国的电子商务和电子政务发展提供可靠的安全保障。作为权威、公正的第三方信任机构，北京数字证书认证中心遵循国际标准，采用国内自主知识产权的高强度密码技术和其他相关安全技术，为用户提供数字证书申请、审核、生成、颁发、存储、查询、废止等服务，通过以数字证书为核心的信息安全解决方案，为电子商务交易、网络金融业务和电子政务提供安全保障。图 4-21 所示为北京数字证书认证中心的服务站点，其网站地址为 http://www.bjca.org.cn。

图 4-21　北京数字证书认证中心的服务站点

北京数字证书认证中心已于 2001 年 8 月通过 ISO 9000 体系认证。借助标准化、高质量的公正的第三方服务，已经取得众多企业与政府部门用户的信赖，特别是在电子政务领域，其中涉及大量网络支付的业务认证服务，如税务交纳等。例如，从 2001 年 7 月 1 日起，北京地方税务局网上申报第一家试点分局海淀地税局所属的纳税企业可以享受足不出户、网上轻松报税的新服务，神州数码、四通利方、翠宫饭店等企业成为第一批网上申报试点单位。其他如北京市海淀园区、北京市质量技术监督局、北京市电子政务平台等相关电子政府网站均接受由 BJCA 提供的网上安全认证服务。

2）中国金融认证中心

中国金融认证中心，英文为 China Financial Certification Authority，简称 CFCA，是由中国人民银行牵头，联合中国工商银行、中国农业银行、中国银行、中国建设银行、交通银行、中信实业银行、光大银行、招商银行、华夏银行、广东发展银行、深圳发展银行、民生银行、福建兴业银行、上海浦东发展银行 14 家全国性商业银行共同建立的国家级权威金融认证机构，是国内唯一一家能够全面支持电子商务安全网络支付业务与网络银行业务的第三方网上专业认证服务机构。图 4-22 所示为中国金融认证中心的服务站点，其网站地址为 http://www.cfca.com.cn。

CFCA 专门负责为电子商务的各种认证，特别是网络支付认证服务需求提供数字证书服务，为参与各方提供信息安全保障，建立彼此信任的机制，实现 Internet 上交易的保密性、真实性、完整性和不可否认性。同时，参与制定有关网上安全交易规则，确立相应技术规范和运作规范，提供网络支付，特别是跨行网络支付的相互认证等服务。

除上述两种 CA 认证中心外，其他的还有上海市电子商务安全认证中心、山西省电子商务安全认证中心、中国电信广东省电子商务认证中心等一些区域 CA。

图 4-22 中国金融认证中心的服务站点

4.7 安全网络支付的 SSL 与 SET 协议机制

本章前几节主要介绍了为保证安全的网络支付而研发应用的各种安全技术，如防火墙技术、私有/公开密钥加密法、数字信封、数字摘要、数字签名、数字证书及其颁发管理机构 CA 等，这些技术基本上都分别叙述了保证网络支付某个方面安全的应用手段。如何将电子商务网络支付的各参与方与这些先进的信息网络安全技术充分地结合起来，以保证安全、有序、快捷地完成网络支付流程，需要一个协议来规范各方的行为与各种技术的运用。这个协议就是安全的网上交易协议，目前国际上比较有代表性的是 SSL 与 SET 两种安全交易协议机制。

SSL 与 SET 安全网上交易协议在"电子商务安全"课程已经叙述得比较详细。本节在简单介绍这两种安全协议机制的基本工作与应用原理的基础上，主要结合具体网络支付业务来叙述 SSL 与 SET 的应用。

信用卡（银行卡）在目前国际上 B2C 与 G to C 式电子商务的支付结算中或其他网上的小额支付中应用非常普及，也与普通个人消费者的生活与工作关系紧密，是目前最普及的网络支付方式。SSL 与 SET 协议均支持信用卡的网络支付，其中 SET 机制主要解决安全的信用卡网络支付。因此，本节在叙述 SSL 与 SET 协议时会结合信用卡网络支付方式（这里的信用卡也是广义的，指银行卡）。

4.7.1 基于 SSL 协议的安全网络支付机制

1. SSL 协议简介

SSL 协议，英文为 Secure Socket Layer Protocol，中文称为安全套接层协议。它提供在 Internet 上的安全通信服务，也是目前包括网络支付在内的电子商务业务中广泛应用的安全通信协议。本质上，SSL 协议是一种在持有数字证书的客户端浏览器（如 Internet

Explorer、Netscape Navigator 等）和远程的 WWW 服务器（如 Netscape Enterprise Server，IIS 等，这里具体为电子商务服务器或银行的网络支付业务服务器）之间，构造安全通信通道并且传输数据的协议。

SSL 协议解决了目前 IPv4 版 TCP/IP 协议难以满足的网络安全通信要求，它运行在 TCP/IP 层之上而在其他高层协议（如 HTTP、FTP、SMTP、LDAP 和 IMAP 等）之下，图 4-23 所示为 SSL 协议的协议层次。

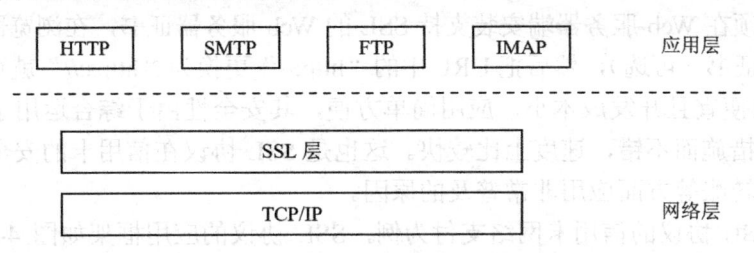

```
┌────────┐ ┌────────┐ ┌────────┐ ┌────────┐
│  HTTP  │ │  SMTP  │ │  FTP   │ │  IMAP  │    应用层
└────────┘ └────────┘ └────────┘ └────────┘
- - - - - - - - - - - - - - - - - - - - - - - -
          ┌──────────────────────┐
          │       SSL 层         │
          └──────────────────────┘
          ┌──────────────────────┐
          │       TCP/IP         │            网络层
          └──────────────────────┘
```

图 4-23　SSL 协议的协议层次

SSL 协议的优势在于它是与应用层协议独立无关的，上述高层的应用层协议能"透明"地建立在 SSL 协议之上。也就是说，SSL 协议在应用层协议通信之前已经完成加密算法、通信密钥的协商以及服务器认证工作，在此之后应用层协议所传送的数据都会被加密，从而保证通信的私密性。

SSL 协议最初是由 Internet 的应用先驱 Netscape 公司开发的，并已有 SSL2.0 版本和 SSL3.0 版本。SSL 协议包括两个子协议：SSL 记录协议和 SSL 握手协议。

（1）SSL 记录协议涉及应用程序提供的信息的分段、压缩、数据认证和加密，在 SSL3.0 版本中提供对数据认证用的 MD5 和 SHA 以及数据加密用的 R4 和 DES 等的支持，对要发送的数据加密的会话密钥可以通过 SSL 的握手协议来协商。

（2）SSL 握手协议用来交换版本号、加密算法、身份认证（可能只有服务器身份认证）并且产生交换会话密钥（用于私有密钥加密算法，如 DES 的会话密钥）。SSL 握手协议主要用来实现在客户端验证服务器证书，允许客户端和服务器选择双方都支持的数据加密算法（私有密钥加密法）并且产生会话密钥；在服务器端验证客户（可选的），用公钥加密算法与数字摘要算法安全交换会话密钥，最后建立加密的 SSL 连接等功能。

总体上说，SSL 结合私有密钥加密法、公开密钥加密法及数字摘要技术等，主要提供三方面安全服务：一是用户和服务器的合法性认证，二是加密数据以隐蔽被传送的数据，三是保护数据的完整性。

2．SSL 安全支付参与方及应用系统框架

SSL 协议具体到网络支付应用，如信用卡的 SSL 网络支付方式时，原则上涉及商务的交易各方，即客户浏览器（持卡人）、商家服务器、认证机构 CA、银行服务器，可能的话还有专门的第三方支付平台（可以看做支付网关）。

严格来讲，SSL 其实只涉及信息报文交互的通信双方和间接的 CA 机构，它起的是建立一个安全通道的作用，认证商家数字证书。对客户的身份（即客户的数字证书验证）可以验证也可以不验证，有一定的灵活性。

因此，SSL 在网络支付中的业务参与方主要涉及两个：一个是支付方的客户端浏览器等，另外一个就是银行的服务器端如 Web 服务器和应用服务器。当然，它也间接地与商家服务器、颁发数字证书的 CA 有一定关联。对客户、商家与银行都方便的是，目前一些主流浏览器，如 IE 和 IIS、Domino Go WebServer、Netscape Enterprise Server、Appache 等，Web 服务器都提供对 SSL 的支持，SSL 的加密通道建立与通信过程对客户都是透明的，并不需要用户进行太多的配置。

实现浏览器（或其他客户端应用）和 Web 服务器（或其他服务器）之间的安全 SSL 信息传输，必须在 Web 服务器端安装支持 SSL 的 Web 服务器证书，在浏览器端安装支持 SSL 的客户端证书（可选），然后把 URL 中的"http://"更换为"https://"就可以了。

SSL 协议便宜且开发成本小，应用简单方便，其安全性由于综合运用了私有与公开密钥加密法等措施而不错，速度上比较快。这也是 SSL 协议在信用卡的安全网络支付、网络银行支付转账等方面应用非常普及的原因。

以基于 SSL 协议的信用卡网络支付为例，SSL 协议的应用框架如图 4-24 所示。其中，CA 的作用是间接的，主要是为银行与商家服务器等颁发证书。当用信用卡支付时，在输入信用卡账号与密码之前，为保证账号与密码的安全，防止商家知晓，客户（持卡人）与银行之间可以直接建立 SSL 保密通信通道，进行保密信息传送，而不通过商家中转。有些网站把支付单与订货单绑在一块，通过商家中转的（图上虚线连接），虽然信息是加密的，但仍然存在安全风险，无法保证商家不看持卡人的信用卡账户等客户隐私信息。现在，一般都由客户浏览器与银行服务器直接建立 SSL 连接，并不通过商家，相对来说比较安全。

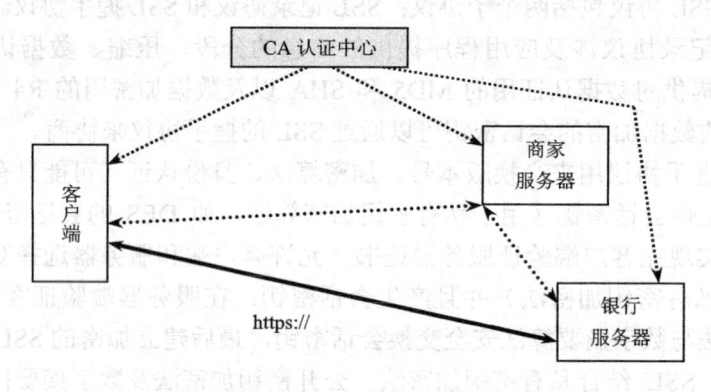

图 4-24　SSL 协议的应用框架示意图

3. SSL 的安全网络支付实践示例

以流行的信用卡网络支付为例，当采用 SSL 安全协议机制时，参照图 4-24，可描述信用卡网络支付流程中技术细节如下。

（1）客户机 IE 浏览器向银行服务器发送客户端的 SSL 版本号（如 SSL 3.0）、密码设置、随机生成的数据和需要服务器使用 SSL 协议与客户机通信等需要的其他信息（浏览器使用 https 协议向服务器申请建立 SSL 会话）。

（2）服务器向客户机发送服务器端的 SSL 版本号（如 SSL 3.0）、密码设置、随机生成的数据和客户机使用 SSL 协议与服务器通信需要的其他信息。服务器端也发送它自己的数字证书供客户认证，如果认为客户端需要身份认证则要求客户发送证书（可选）。

（3）客户端利用服务器发送信息，如数字证书认证服务器的真实身份并取得公开密钥等。若服务器不能被认证，用户被警告发生了问题，通知不能建立加密的和认证的连接。若服务器能被成功地认证，客户机继续下一步。

（4）根据与服务器协商及服务器数字证书上的相关信息，利用数字信封技术在客户端为将要进行的会话（如传递支付号码与密码）创建会话预密钥 pre-master-secret，用服务器的公钥（从服务器数字证书中得到）加密它，向服务器发送加密的会话密钥。

（5）若服务器选择客户认证，服务器就会试图去认证客户，若客户不能被认证，会话终止。若不选择用户认证或客户能被成功认证，服务器使用它的私人密钥解密得到 pre-master-secret，然后执行一系列步骤，生成真正的会话密钥 master-secret。这些步骤客户机也要执行，且从相同的 pre-master-secret 开始得到相同的会话密钥 master-secret。会话密钥 master-secret 是私有密钥（对称密钥）用于加密和解密在 SSL 会话期间交换的支付信息，并检验信息的完整性。

（6）客户机向服务器发送消息，通知从客户机来的消息将用会话密钥加密，客户机发送一条独立的（加密的）消息表明握手的客户机部分已经完成。

（7）服务器向客户机发送消息，通知从服务器来的消息将用会话密钥加密。服务器发送一条独立的（加密的）消息，表明握手的服务器部分已经完成。

（8）SSL 握手完成后，SSL 会话开始，当安全通道建立成功时，发送支付结算的相关信息，如信用卡号与密码等。客户机与服务器使用会话密钥加密和解密它们彼此发送的数据和验证数据完整性。

（9）通信完成后，一般会话密钥可能将不再可用，被丢弃，有时也可能用一段时间。

从上述步骤看出，服务器的公共密钥与服务器所持的私人密钥一起，形成 SSL 的密钥对。银行服务器端利用 SSL 密钥对与客户端软件（如浏览器）的安全 TCP/IP 连接建立通道。尽管 SSL 密钥对在建立安全连接中扮演很重要的角色，但密钥并不直接用于对真正传送的数据加密（因为速度慢），而且用随机产生的会话密钥（用于私有密钥加密的私有密钥）对真正传送的数据加密，因而效率更高。

4．SSL 协议的特点与应用

SSL 协议综合用到私有密钥加密法、公开密钥加密法、数字签名和数字证书等安全保障手段，几乎所有操作平台上的 Web 浏览器（IE、Navigator）以及流行的 Web 服务器（IIS，Netscape Enterprise Server 等）都支持 SSL 协议。这使得使用 SSL 协议既便宜，开发成本又小，应用简单（无须客户端专门软件），且安全性能相当不错。因此，国内外非常普及的信用卡网络支付、网络银行服务等也常构建在 SSL 之上。中国的招商银行、工商银行北京分行等信用卡网络支付均采用了 SSL 协议机制。

许多世界知名企业的 Intranet 和 Internet 网络产品均支持 SSL 协议。其中包括 Netscape、Microsoft、IBM、Open Market 等公司提供的支持 SSL 的客户机和服务器产品，如 IE 和 Netscape 浏览器，IIS、Domino Go Web Server、Netscape Enterprise Server 和 Appache 等。图 4-25 所示为 SSL 协议在 IE 浏览器中的配置。

读者可以试一下，若取消 SSL2.0 与 SSL3.0 选型前的小勾，当你去网站购物时，采用信用卡支付，能否成功？

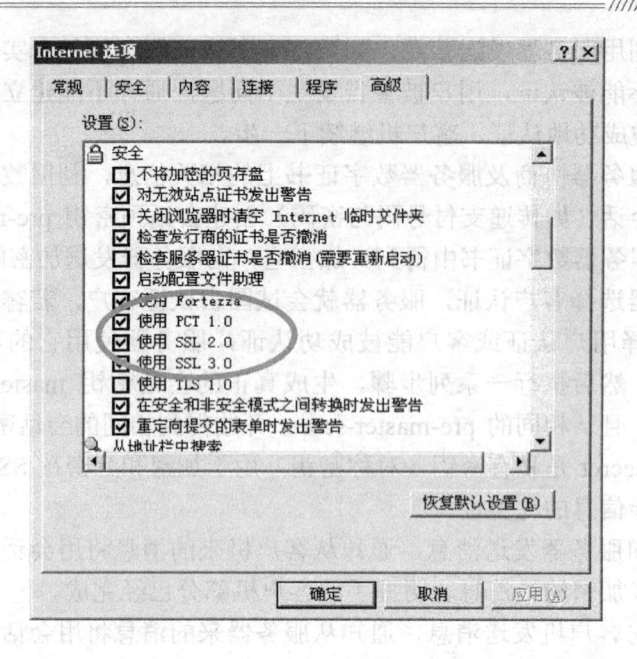

图 4-25 SSL 协议在 IE 浏览器中的配置

SSL 协议的关键是 SSL 握手协议，虽然不能保证其在所有的情况下逻辑上都是正确的，但总的来说，SSL 协议的安全性能是好的，而且随着 SSL 协议的不断改进，更好的加密算法将被采用，逻辑上的缺陷也被弥补，SSL 协议的安全性能也将会不断地加强。

但 SSL 协议毕竟是有漏洞的，还存在一定的信息泄露问题。在电子商务交易以及网络支付中，为了保护商家、客户等参与方的隐私信息以及各方的真实身份，一个更安全的网上交易协议被研发出来并被应用，这就是 SET 协议。

4.7.2 基于 SET 协议的安全网络支付机制

1. SET 协议简介

为了避免 SSL 协议应用中存在的一些安全风险，20 世纪 90 年代中期，VISA、MasterCard 等国际信用卡组织会同一些计算机供应商，开发了一个新型的更加安全可靠的网上安全交易协议，即 SET 协议，并于 1997 年 5 月 31 日正式推出 SET 协议的 1.0 版。

所谓 SET 协议，英文为 Secure Electronic Transaction，简称 SET，中文翻译为安全电子交易协议。它是为使银行卡在 Internet 上安全地进行交易提出的一整套完整的安全解决方案。此方案包括通信协议在内，主要采用数字证书方式，用数字证书证实在网上开展商务活动的确实是持卡人本人，以及向持卡人销售商品或服务并且收钱的参与各方，包括持卡人、商家、银行等的安全。可以说，SET 协议涉及整个网络支付流程的安全以及涉及各方的安全。

SET 协议 1.0 版的内容文本包括三本书，即《Book 1：Business Description》、《Book 2：Programmer's Guide》及《Book 3：Formal Protocol Definition》。目前这三本书也有汉化版，有志于相关技术开发的读者可以参考阅读。

由于 SET 协议是 VISA 与 MasterCard 两大国际信用卡组织发起研发的，所以其解决的主要目标是银行卡的安全网络支付问题。但是，SET 协议机制中围绕数字证书验证的解决思路甚至业务流程，也可以为其他的网络支付方式所采用。为了叙述上的方便，我们这里主要针对银行卡（下述以信用卡为代表）叙述 SET 协议机制。

SET 协议要达到的主要目标描述如下。

（1）机密性。保护有关支付等敏感信息在 Internet 上的安全传输，保证网上传输的数据不被网上黑客等窃听。

（2）保护隐私。对客户的订单信息和敏感的支付信息（如信用卡账号、密码等）将进行隔离。在将包括消费者支付账号信息的订单送到商家时，商家只能看到订货信息，看不到消费者的账户信息；反过来，银行只看到相关支付信息，看不到订货信息。

（3）完整性。SET 应用目前已有的密钥加密算法和产生数字摘要的 Hash 算法，借助数字信封技术，保证传输信息的完整性。

（4）多方认证性。通过客户与商家的相互认证，以确定通信双方的身份，一般由第三方 CA 机构负责为在线的通信双方提供信用担保与认证，对参与其中的支付网关也要进行认证，以防假冒。

（5）标准性。SET 协议机制的参与各方在交易流程中均有严格的标准可循，主要体现在要求软件遵循相同的协议和消息格式，加密算法的应用协商，数字证书信息和对象格式，订货信息和对象格式，认可信息和对象格式，资金划账信息和对象格式，对话实体之间消息的传输协议等。

2. SET 安全支付参与方及应用系统框架

在 Internet 上基于 SET 协议的信用卡网络支付涉及多个参与方，持卡客户、商家、支付网关通过 Internet 进行交易通信，支付网关通过网络专线与收单银行之间传递交易信息，收单银行与发卡银行通过银行后台专用网络传递支付结算信息；作为安全核心的 CA 通过 Internet 向持卡客户、商家、支付网关发放数字证书，通过专用网络与收单银行、发卡银行建立联系，进行证书发放的身份认定工作。可以看出，进行一次电子商务的网络支付，涉及的直接参与方比 SSL 多一些，也严格得多，因此其开销、流程也要复杂得多。这样安全性更好，但速度慢一些，成本也不小。

以基于 SET 协议的信用卡网络支付为例，其协议的应用框架示意如图 4-26 所示。

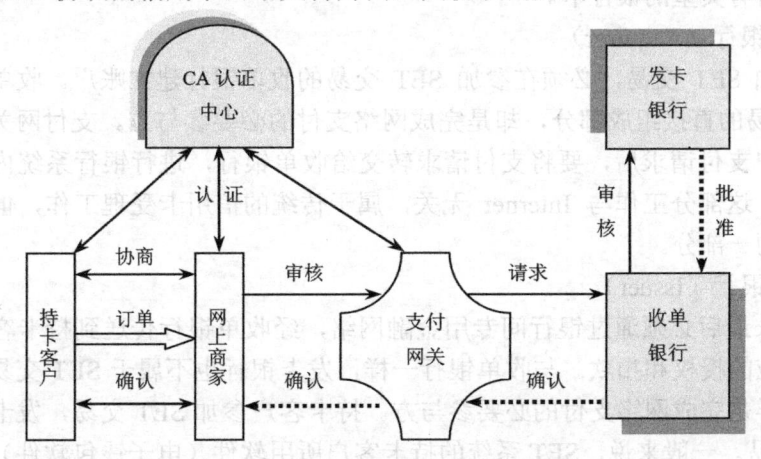

图 4-26　SET 协议的应用框架示意图

完成一次基于 SET 协议机制的信用卡安全网络支付流程，参与的各方有如下六个实体。

1）持卡客户（Card holder）

持卡客户要参加 SET 协议交易且用信用卡进行安全支付，必须先到发卡银行申请并且取得一套 SET 交易专用的持卡客户的客户端软件（这套软件一般称为电子钱包软件），并在自己连网的计算机上安装这个软件，然后向 CA 认证中心申请一张持卡客户的数字证书。有了数字证书，持卡客户就可利用安装的客户端软件安全地进行网络支付了。

2）网上商家（Merchant）

参加 SET 交易的另一方就是网上商家。网上商家在自己的电子商务网站上必须集成安装运行 SET 交易的商家服务器软件。当持卡客户在网上购物时，由网上商店提供服务；购物结束时进行网络支付，这时由 SET 交易商家服务器软件进行服务。与持卡客户一样，商家必须先到银行进行申请，但不是到发卡银行，而是到接收网络支付业务的收单银行申请设立账户。然后向 CA 证书认证中心申请一张商家服务器的数字证书。

3）支付网关（Payment Gateway）

由于 SET 交易是在 Internet 这个公开的网络上进行的，而银行端的计算机主机及银行专用金融网络是不能与各种非安全的公开网络直接相连的。为了接收从 Internet 上传来的客户支付信息，在银行与 Internet 之间必须有个专用系统，接收处理从商家传来的支付扣款信息，并且通过专线传送给银行；银行对支付信息的处理结果通过这个专用系统反馈商家。这个专用系统就称为支付网关。因商家收到持卡客户的购物请求后，要将持卡客户的账号和扣款金额等支付信息传给收单银行，所以支付网关一般由收单银行担任。由于支付网关是一个相对独立的系统，只要保证支付网关到银行之间通信的安全，就可保证银行后台网络的安全，因此银行也可委托第三方担任网上交易的支付网关。支付网关一头必须连在 Internet 上，且每天 24 小时开放，接收商家传来的扣款信息；另一头则与收单银行相连，及时将信息转送给收单银行。与持卡客户和商家一样，支付网关也必须去指定的 CA 认证中心申请一张数字证书，才能参与 SET 交易与支付结算活动。像北京的首信网上支付平台就是目前北京电子商务网站著名的第三方支付网关，几乎支持目前北京所有类型的银行卡。

4）收单银行（Acquirer）

商家参加 SET 交易，必须在参加 SET 交易的收单银行建立账户。收单银行虽然不属于 SET 交易的直接组成部分，却是完成网络支付的必要参与方。支付网关接收商家转来的持卡客户支付请求后，要将支付请求转交给收单银行，进行银行系统内部的连网支付处理工作。这部分工作与 Internet 无关，属于传统的信用卡受理工作，但也是整个网络支付流程的一部分。

5）发卡银行（Issuer）

支付请求最后必须通过银行间专用金融网络，经收单银行传送到持卡客户的发卡银行，进行相应的授权和扣款。与收单银行一样，发卡银行也不属于 SET 交易的直接组成部分，且同样是完成网络支付的必要参与方。持卡客户参加 SET 交易，发卡银行就必须参加 SET 交易。一般来说，SET 系统的持卡客户所用软件（电子钱包软件）就是从发卡银行获得的，持卡客户申请数字证书，也必须先由发卡银行审核批准，才能从 CA 认证中心得到，因为持卡客户在利用银行的信誉消费。

6）CA 认证中心

同样，CA 认证中心虽不直接参加 SET 交易，但在 SET 交易中起着非常重要的核心作用。为了保证 SET 交易的安全，SET 协议规定参与 SET 交易的直接各方，包括支付网关、网上商家、持卡客户，在参加交易前必须到 CA 认证中心申请并且安装数字证书，以向其他各方认证自己的真实身份。在数字证书到期时，还必须去 CA 认证中心进行证书更新，重新领一张新的数字证书。同时，CA 认证中心还要随时掌握哪些证书已经被废除，并要将这些证书写入证书黑名单，作为交易时验证对方证书的依据。一个 CA 认证中心，只有自己有了可信赖的数字证书，才能为商务各方颁发数字证书，并在证书上进行数字签名。

3．SET 的安全网络支付实践示例

以目前流行的信用卡网络支付为例，当采用 SET 安全协议机制时，信用卡的支付流程其实就是第 5 章要讲的电子钱包支付流程。需要进行的预备工作是持卡客户、网上商家、支付网关、收单银行、发卡银行等已经完成相应的网上交易与网上支付结算的预备手续，包括持卡客户、网上商家、支付网关的数字证书的申请以及相应软件的安装运行。这些工作做一次就可以了。

参照图 4-26，利用信用卡（其实是装在电子钱包软件里的）基于 SET 协议的安全网络支付流程描述如下。

（1）持卡客户上网浏览商家网站的商品和服务，选择自己看中的商品，并可通过多次协商后，填写订货单。这些部分 SET 均未介入。

（2）持卡客户在选好商品后选择在线网络支付（选择的是装信用卡的电子钱包方式），这时持卡客户端计算机自动激发支付软件，向商家发送初始请求。初始请求指定交易环境，包括持卡客户所使用的语言、交易 ID、使用的是何种交易卡等信息。这时 SET 开始介入。

（3）商家服务器接收持卡客户发来的初始请求，产生初始应答（如知晓其内容或 OK，不应包含机密信息），并对初始应答生成数字摘要，对此数字摘要利用自己的私人密钥进行数字签名。将产生的初始应答及其数字签名，连同商家的数字证书、支付网关证书等，一并发送持卡客户。

（4）持卡客户接收初始应答后，检查商家的数字证书和支付网关的数字证书。然后用商家公钥解开数字摘要的数字签名，用 Hash 算法生成收到的初始应答的数字摘要，将两者比较。如果相同则表示数据在途中未被篡改，否则丢弃。

（5）持卡客户通过认证商家的真实身份后，向商家发出购物请求主要信息。它包括两个部分，即发往商家的"订货单"和通过商家转发往支付网关的"支付通知"。通过双重签名技术将"订货单"与"支付通知"结合起来，生成其双重签名。持卡客户可利用随机算法生成私有密钥加密法用的私有密钥，对"支付通知"加密，再用支付网关的公钥将此私有密钥和持卡客户账号加密，形成数字信封。最后将持卡客户数字证书、"订货单"与"支付通知"加密密文、数字信封、双重签名、"订货单"与"支付通知"各自的数字摘要等发送商家，其中有的信息是通过商家转发支付网关的，而商家并不能解密。

（6）商家接收持卡客户发来的信息并且检查持卡人的购物请求后，认证持卡客户的数字证书。接着验证双重签名，查看数据在传输过程中是否被篡改。如果数据完整，则处理"订货单"信息，产生支付请求。将支付请求用 Hash 算法生成摘要，签名后发送支付网关，支付网关收到后用商家公钥解密，确认支付请求是此商家所发出的且在途中未被篡改。之后，商家生成私有密钥对支付请求加密，并用网关公钥加密形成数字信封。最后将商家数字证书、支付请求密文、商家数字签名、数字信封和持卡客户通过商家转发的双重签名、"订货单"数字摘要、持卡客户"支付通知"密文、持卡客户的数字信封、持卡客户的证书等一起发往支付网关。

（7）支付网关分别检查确认商家发来的数据和持卡人发来的数据。首先，支付网关认证商家证书，用私钥打开商家数字信封，获取商家私有密钥，解开商家发来的支付请求密文。用 Hash 算法作用于支付请求，生成数字摘要，与商家发来的支付请求摘要（解开数字签名所得）比较，如果相同则表示数据完整，否则丢弃数据。支付网关检查持卡客户数字证书，然后用私钥打开持卡客户数字信封，得到持卡客户的账号和私有密钥。用此私有密钥解开"支付通知"密文，得到"支付通知"内容。接着验证双重签名，生成支付通知的摘要，与"订货单"摘要连接，再次生成摘要，将其结果与解双重签名所得的数字摘要比较，如果相同则数据完整，如果不同则丢弃。通过审核后支付网关将信息发送往收单银行。

（8）在支付网关和收单银行之间、收单银行与发卡银行之间，通过金融专用网相连，其间的业务与传统的行间资金的支付结算一样，SET 不做规定。当银行间完成相关支付结算后，支付网关接到收单银行发来的扣款应答后，生成"支付应答"，产生"支付应答"摘要，对其进行数字签名。在支付网关方生成私有密钥后，对"支付应答"加密，并将产生的私有密钥装入数字信封。最后，将支付网关数字证书、"支付应答"的数字签名、装有私有密钥的数字信封、"支付应答"密文一起发送商家。

（9）商家接收信息后，检查支付网关发来的"支付应答"。首先，商家认证支付网关的数字证书；其次，商家用私钥打开数字信封，得到网关加密用的私有密钥，用此私有密钥解密"支付应答"，对其产生数字摘要。用网关公钥解开其数字签名，得到原始"支付应答"摘要，并与新产生的摘要比较。如果相同，则数据完整；如果不同，则丢弃。接下来，商家产生"购物应答"，对"购物应答"生成摘要，并且签名。最后，将商家证书、购物应答、数字签名一起发往持卡客户。商家收到了"支付应答"，表明交易是成功的，商家发货。

（10）持卡客户接到"购物应答"后，验证商家证书。对"购物应答"产生数字摘要，用商家公钥解开数字签名，得到原始摘要，将其与新产生的摘要比较，相同则表示数据完整，不同则丢弃。至此，交易与支付流程结束。

在 SET 开始介入后的处理过程中，对通信协议、请求信息的格式、数据类型的定义等，SET 都有明确的规定。在操作中的每一步，持卡客户、商家、支付网关都要通过 CA 认证中心验证通信主体的身份，以确保通信的对方不是冒名顶替的。仔细分析比较基于 SET 协议的信用卡网络支付与传统的基于专线的信用卡支付可以发现，SET 系统保持传统信用卡支付的基本流程，只是将支付过程搬到了更为普及、成本低廉的 Internet

上，并且加上一层基于数字证书的安全加密及数字认证系统，以保证交易的安全。

从上述流程看出，以 SET 协议为基础的支付结算的每一步都有严格与严谨的规范，并大量利用公开密钥加密法、私有密钥加密法、数字证书、数字摘要、数字签名、双重签名、数字信封等安全技术。因此，以 SET 协议支持的网络支付是非常安全的，又是非常复杂的。

4．SET 协议的特点

在 SET 协议机制中，具体使用了私有密钥加密算法、公开密钥加密算法、Hash 函数等提供数据加密、数字签名、双重签名、数字摘要、数字信封与数字证书等功能，给包括支付信息在内的信息报文在网络中的传输提供了十分可靠的安全性保证。SET 协议借助数字证书来验证商务参与各方的真实身份；通过私有密钥加密算法、公开密钥加密算法、Hash 函数的结合使用，保证了数据的一致性和完整性，并可实现防抵赖；通过数字信封、双重签名，确保用户信息的隐私性和关联性。在完成一个 SET 协议交易过程中，需要验证数字证书 9 次，验证数字签名 6 次，传递各方数字证书 7 次，进行 5 次数字签名，4 次私有加密法加密和 4 次公开加密法加密，不可谓不安全。

哲学家早就告诉我们，当节省了空间（提高了安全性）时，就必然会使时间的开销增加。SET 协议机制制定这么严密的安全策略与实施规范，在带来更强的安全性能时，使交易与支付速度变慢了，建设成本也增加了。据国外权威机构的统计，完成一个完整的 SET 协议交易过程通常需花费 1.5～2 分钟，甚至更长的时间。

目前网络条件下的 SET 协议有些复杂，使用较麻烦，成本高，速度较慢，且只适用于客户装有信用卡的电子钱包的场合。另外，SET 协议保密性好，具有不可否认性，有一套严密的认证体系，可以保证 B2C 等方式的电子商务与相关的网络支付安全顺利地进行。因此，在安全性特别讲究的网络交易支付中，可选择 SET 协议机制。

5．SET 协议机制的应用情况

SET 协议自发布以来，许多计算机软件开发商纷纷按照 SET 协议进行电子商务软件的开发。到目前为止，已有 IBM、HP/VERIFONE、Microsoft 等近 20 家知名厂商开发出符合 SET 协议标准的安全电子商务产品。随着宽带的接入应用，国外许多网络支付系统都已采用 SET 协议标准。中国内地也有好几家单位在建设遵循 SET 协议的网上安全交易系统，且有系统正式开通。例如，中国银行的借记卡网络支付系统和工商银行上海市分行的牡丹信用卡电子钱包系统等都是国内开通的 SET 系统。总的来说，由于 SET 系统的复杂性与高成本性，应用 SET 系统支持网络支付的银行与商家还是很少。

中国银行的 SET 系统目前只支持中银借记卡，即扣款卡，还不支持信用卡。但这套系统支持 VISA 国际信用卡，使国外持卡人可以在网上到国内的商店进行购物。在中国银行的官方网站 http://www.bank-of-china.com 上可以下载中国银行的电子钱包，申请用于中国银行借记卡的数字证书。持有中国银行借记卡的持卡人，在自己的计算机内安装中国银行电子钱包软件后，可登录到中国银行网站，在线申请并且获得持卡人数字证书，然后就可以在中国银行特约商家的网上商店购物，实现网络支付。

工商银行上海市分行的系统，目前只支持上海地区的牡丹信用卡，且由上海市电子商务 CA 认证中心发放数字证书。牡丹卡持卡人参加网络支付时，必须先上网，进入上海 CA 认证中心接受证书申请的网页填写申请表，进行证书预申请。由上海 CA 认证中心将持卡人数据传送给工商银行预审。审查通过后，通知持卡人到工商银行当面办理正式申请手续。持卡人从工商银行得到电子钱包软件光盘后，将软件装入自己的计算机，至此电子钱包软件向 CA 认证中心正式申请数字证书后，就可以实现网络支付了。

以上这两套系统都是由 IBM 公司开发建设的，全部采用 IBM 公司的 SET 系统软件。网关系统则是采用 IBM 的 Payment Gateway 软件，商家系统采用 IBM 的 Payment Server 软件。Payment Server 软件已经组装在 IBM 的 Net Commerce 软件里。国内的网上商店只要安装一套 IBM 的 Payment Server 软件或其他符合 SET 标准的网络支付商家软件，并与网关主机相连，就能进行安全的电子交易与网络支付了。

4.7.3 SET 协议与 SSL 协议的比较

在 SET 协议出现之前，网上交易及其支付就已经有了，所用安全措施主要是 SSL 协议。到目前为止，很多网上交易系统还是采用 SSL 协议。通过 SET 协议和 SSL 协议的比较，可以更加清楚地了解两种协议的优缺点。

SSL 与 SET 都采用公开密钥加密法、私有密钥加密法、数字摘要等加密技术与数字证书等认证手段。在支持技术上，可以说两者是一致的。对信息传输的机密性来说，两者的功能是相同的，且都能保证信息在传输过程中的保密性及保证完整性。但 SSL 与 SET 两种协议在网络中的层次不一样。SSL 是基于传输层的协议，而 SET 则是基于应用层的协议。SSL 在建立双方的安全通信通道之后，所有传输的信息都被加密，而 SET 则会有选择地加密一部分敏感信息。

SSL 协议中，商家也有数字证书，可向客户证明自己是一家真实存在的商家。有些系统也向客户发放数字证书，但这证书是发给浏览器软件的，而不是像 SET 那样，与信用卡绑在一起，这使 SET 机制更安全。SET 协议主要针对信用卡应用，而 SSL 则支持较多的网络支付手段，如网络银行服务等。

SSL 有一个很大的缺点，就是当信息经过商家中转时，不能保证商家看不到客户的信用卡账户等信息。而 SET 协议则在这方面采取了强有力的措施，用网关的公开密钥加密持卡人的敏感信息，采用双重签名方法，保证商家无法看到持卡人传送给网关的信息，也使银行看不到客户的需求商品信息，保护了客户的隐私权。

当今市场上，已有许多 SSL 相关产品及工具，而有关 SET 的相关产品却相对较少。SSL 已被大部分 Web 浏览器和 Web 服务器所内置，因而容易被接受，各方面应用也比较简单，应用过程是透明的；SET 要求在银行建立支付网关，在商家的 Web 服务器上安装服务器端软件，在客户的计算机上安装客户端（电子钱包）软件等，而且 SET 还必须向交易各方发放数字证书，既比较麻烦，成本也较高。但 SET 的高成本换来的是严密的安全防范机制，只是速度较简单的 SSL 协议机制慢一些。

总之，SET 系统给银行、商家、持卡客户带来了更多的安全，使他们在进行网上交易时更加放心，但实现复杂、成本高；而 SSL 则相应地简单快捷，但存在一定的安全漏洞。因而目前 SSL 的应用面比 SET 广泛得多。

随着 Internet 宽带接入的大规模应用，越来越多的商家追求更加安全的交易与支付手段，SET 协议机制将逐步被更多的企业、商家与客户所接受，因此仍然具有良好的应用前景。

本章小结

网络支付过程中的快捷、方便、可靠与安全，是电子商务能被广泛接受并能顺利完成的根本保证。完成电子商务中资金流的网络支付与结算由于涉及商务实体最敏感的资金流动，比如信用卡密码、支付指令等信息，因而是最需要保证安全的方面，也是最容易出现问题的地方。因此，保证电子商务的安全其实很大部分就是保证电子商务过程中网络支付结算流程的安全，这正是银行与商家，特别是客户关心的焦点。

本章主要讲述如何保证网络支付流程的安全，其中涉及众多尖端安全技术和有效的安全管理机制等。这些内容应该说在"电子商务安全"课程中叙述过，本章是从网络支付的角度去具体叙述这些安全技术的，因此更有针对性，更能联系实际。通过学习，既能借助有关安全网络支付的具体案例来更好地理解相关安全理论知识及应用，也能更深入地理解网络支付的处理流程。

本章还介绍了网络支付面临的安全问题，分析了电子商务实体各方对网络支付的安全需求，叙述了直接针对网络支付的安全策略和行之有效的保证网络支付安全的具体解决方法，如防火墙技术、数据安全技术等。结合网络支付的具体示例，阐述了保证网络支付平台安全的防火墙技术，保证数据机密性的私有/公开密钥加密法以及结合两者优点的数字信封技术，保证数据完整性的数字摘要与数字签名以及双重签名技术等系列安全技术措施。叙述了能在 Internet 上有效认证网络支付双方真实身份，安全有效传递公开密钥的数字证书的措施及其管理发行者（即 CA 认证中心）的基本知识。最后，结合支付示例，介绍了综合应用这些安全技术而保证网络支付安全的目前较流行的 SSL 协议机制与 SET 协议机制。

上述安全技术可以说是信息网络技术中较为尖端的技术，都是非常先进的技术手段，只要运用得当，配合相应的安全管理措施，基本能够保证电子商务中网络支付的安全。或者说，应用了这些安全技术的网络支付是非常安全的，但不是 100%的绝对安全，而是相对安全。随着信息网络安全技术的进步与信用机制的完善，网络支付与结算一定会越来越安全。

复习思考题

1. 叙述电子商务安全与网络支付安全的联系。
2. 结合网络支付的安全问题，说说目前中国常常出现的网络支付安全问题的特点。
3. 分析一个实际开展电子商务的企业，如华为公司、Dell 公司、京东商城、淘宝网站等保证安全网络支付的安全策略。
4. 在网络支付流程中，防火墙技术与数据加/解密技术的应用侧重点有什么不同？

5. "为了安全保存，我把我的数字签名放在我的 IC 卡中了"，这种说法对不对？说明理由。

6. 画出双重签名在一次具体的网络支付服务中的应用过程示意图。

7. 中国工商银行在网络支付服务中是如何应用数字证书工具的？由哪个 CA 认证中心提供服务？这样运作有没有问题？

8. 在基于 SSL 安全协议机制的信用卡网络支付中，是如何应用本章所述的系列安全技术的？

9. SET 协议和 SSL 协议的主要不同是什么？

10. 调研最新出现的一些可应用于网络支付服务的安全技术。

第 5 章
典型 B2C 型
网络支付方式述解

通过前 4 章的学习，读者可以基本理解了网络支付与结算的一些基础知识，以及保证安全网络支付的一些加密技术和认证手段。虽然目前这一代基于 IPv4 协议版本的 Internet 安全性较差，但基于众多实用、先进的安全技术和工具的不断出现与应用，网络支付已经具备了安全可靠的技术基础。这也是目前很多网络支付手段快速普及的原因，它有力地促进了电子商务的快速发展。

在第 3 章里曾经叙述，按照电子商务的实体属性分类这种主流的分类方法，网络支付方式可以分为 B2C 型和 B2B 型网络支付方式。本章主要对几种较主要的 B2C 型网络支付方式如信用卡、智能卡、电子钱包、第三方支付工具及个人网络银行等进行介绍，叙述每种方式应用的技术、网络支付的业务过程。在此基础上，结合国内外的发展情况，阐述它们的具体应用情况。

由于信用卡（银行卡）的传统专线支付结算在全世界都得到很好的普及，中国政府、银行、企业与普通消费者也对信用卡的应用持积极的态度，人们在小额支付结算中也越来越多地使用信用卡，这为信用卡在电子商务资金流的结算中奠定了很好的基础。使用信用卡方式一般涉及普通消费者。这种方式特别适用于 B2C 型电子商务与 C to C 型电子商务。中国电子商务中利用网络支付方式进行结算的比率越来越高，越来越多的人接受且喜欢利用信用卡方式或基于信用卡方式发展的第三方支付工具如支付宝进行网络支付。

5.1 信用卡网络支付方式

本节在对信用卡的基本特征做一简介的基础上，描述信用卡基于不同安全协议的网络支付运行模式，且以中国工商银行发行的牡丹灵通卡为例，叙述牡丹灵通卡在电子商务网站购物时进行网络支付的流程。这个流程实例也是中国目前各家银行发行的信用卡用于网络支付时的普遍形式，只是支付界面稍有不同。

注意这里信用卡是广义的信用卡，包含有透支的也有不透支的，如储值卡、借记卡等。

5.1.1 信用卡简介

1. 信用卡的定义

信用卡是银行或其他财务机构签发给资信状况良好人士的一种特制卡片，是一种特殊的信用凭证。持卡人凭卡在发卡机构指定的商户购物和消费，也可以在指定的银行机构存取现金。随着信用卡业务的发展，信用卡的种类不断增多，概括起来，一般有广义信用卡和狭义信用卡之分。

从广义上说，凡是能够为持卡人提供信用证明、持卡人可以凭卡购物消费或享受特定服务的特制卡片均可称为信用卡。广义上的信用卡包括贷记卡、准贷记卡、借记卡、储蓄卡、提款卡（ATM 卡）、支票卡及赊账卡等。

从狭义上说，国外的信用卡主要是指由银行或其他财务机构发行的贷记卡，即无须预先存款就可贷款消费的信用卡，是先消费后还款的信用卡。狭义信用卡是真正的凭借持卡人信用而获取银行资金支持进行消费的银行卡，因此称为 Credit Card。国内的信用卡主要是指贷记卡或准贷记卡（先存款后消费，允许小额、善意透支的信用卡）。

本书所介绍的信用卡主要是指广义上的信用卡。

在外形上，信用卡大小如同身份证，是由附有信用证明和防伪标志的特殊塑料制成的卡片。国际统一标准是长 85.72mm、宽 53.975mm、厚 0.762mm。信用卡正面印有特别设计的图案、发卡机构的名称、标志和名称缩写，有用凸字或平面方式印制的卡号、持有者的姓名、性别、有效期限等信息；卡片背面则有用于记录有关信息的磁条、供持卡人签字的签名条及发卡机构的说明，还可印上持卡人的彩色照片和证件号码等。例如，牡丹信用卡是中国工商银行发行的目前应用比较普及的著名信用卡，其最新外形如图 5-1 所示，带有"银联"标志。牡丹信用卡持卡人按要求需交存一定金额的备用金，当备用金账户余额不足支付时，牡丹信用卡是可在规定的信用额度内透支的准贷记卡。工商银行发行的其他银行卡与图 5-1 所示信用卡的外形差不多。

2. 信用卡的来源及信用卡组织

信用卡于 1915 年起源于美国。最早发行信用卡的机构并不是银行，而是一些百货商店、饮食业、娱乐业和汽油公司。美国的一些商店、饮食店为招徕顾客、推销商品、扩大营业额，有选择地在一定范围内发给顾客一种类似金属徽章的信用筹码，后来演变成为用塑料制成的卡片，作为客户购货消费的凭证，开展凭信用筹码在本商号、公司或汽油站购货的赊销服务业务。顾客可在这些发行筹码的商店及其分号赊购商品，约期付款。这就是信用卡的雏形。

1950 年，美国商人弗兰克·麦克纳马拉在纽约招待客人用餐，就餐后他发现自己的钱包忘记带了，所幸的是饭店允许他记账。由此麦克纳马拉产生设计一种能够证明身份及具有支付功能的卡片的想法。于是他与其商业伙伴在纽约创立了"大来俱乐部"（Diners Club），即大来信用卡公司的前身，并且发行了世界上第一张以塑料制成的信用卡"大来卡"。

1952 年，美国加利福尼亚州的富兰克林国民银行作为金融机构首先进入发行信用卡的领域，由此揭开了银行发行信用卡的序幕。此后，许多银行加入发卡银行的行列。到了 20 世纪 60 年代，信用卡很快受到社会各界的普遍欢迎，得到迅速发展，不仅在美国，而且在英国、日本、加拿大以及欧洲各国也盛行起来。从 20 世纪 70 年代开始，新加坡、马来西亚、中国香港、中国台湾等发展中国家和地区，也开始发行信用卡业务。中国内地也借助改革开放的春风，由中国银行在 1985 年发行了大陆的第一张信用卡。

目前，专业的信用卡组织在国际上主要有威士国际组织（VISA International）及万事达卡国际组织（MasterCard International）两大组织，以及美国运通国际股份有限公司（America Express）、大来信用证有限公司（Diners Club）、日本国际信用卡公司（JCB）三家专业信用卡公司。在世界各地区还有一些地区性的信用卡组织，如欧洲的 EuroPay、中国的银联以及中国台湾地区的联合信用卡中心，等等。最有代表性的是 VISA 与 MasterCard 两大组织。

VISA 卡国际组织是目前世界上最大的信用卡和旅行支票组织，其前身是美洲银行信用卡公司。1974 年，美洲银行信用卡公司与西方国家的一些商业银行合作，成立了国际信用卡服务公司，并于 1977 年正式改为 VISA 国际组织，成为全球性的信用卡联合组织。VISA 国际组织拥有 VISA、Electron、Interlink、Plus 及 VISA Cash 等品牌商标。VISA 国际组织本身并不直接发卡，VISA 品牌的信用卡是由参加 VISA 国际组织的会员（主要是银行）发行的。至 2014 年年底，其会员约 2.2 万个，发卡逾 13 亿张，商户超过 3600 多万家。例如，VISA 牡丹国际信用卡是中国工商银行发行的、给予持卡人一定信用额度，持卡人可在信用额度内先消费后还款，并在境内外通用的贷记卡，如图 5-2 所示，它也带有"银联"标志。

图 5-1　工商银行发行的牡丹信用卡图例　　图 5-2　工商银行发行的 VISA 牡丹国际信用卡图例

MasterCard 卡国际组织是全球仅次于 VISA 的第二大信用卡国际组织。1966 年美国加州的一些银行成立银行卡协会，并于 1970 年启用 Master Charge 的名称及标志，统一了各会员银行发行的信用卡名称和设计，1978 年更名为现在的 MasterCard。MasterCard 卡国际组织拥有 MasterCard、Maestro、Mondex、Cirrus 等品牌商标。MasterCard 卡国际组织本身并不直接发卡，MasterCard 品牌的信用卡是由参加万事达卡国际组织的金融机构会员发行的。目前其会员约 2 万个，拥有超过 2 100 多万家商户及 ATM 机。例如，MasterCard 牡丹国际信用卡是中国工商银行发行的、给予持卡人一定信用额度、持卡人可在信用额度内先消费后还款，并在境内外通用的贷记卡，如图 5-3 所示，它也带有"银联"标志。

20 世纪 70 年代末期，伴随改革开放的春风，在中国打开国门大胆引进外国的先进科学技术和管理经验的同时，信用卡也进入了中国，并得到较快的发展。自 1985 年 3 月中国银行珠海分行发行第一张银行信用卡"中银卡"后，银行信用卡便开始成为各商业银行竞争的新式武器。中国银行有"长城卡",工商银行有"牡丹卡",建设银行有"龙卡",农业银行有"金穗卡",招商银行有"一卡通",浦东发展银行有"东方卡"等。截至 2014 年 12 月底,中国银行卡发卡量逾 50 亿张,居全球首位,而刷卡消费额占社会消费品零售总额的比重已突破 40%,已成为中国居民个人使用最频繁的非现金支付工具,对现金在零售消费市场的主导地位形成有力替代。

图 5-3　工商银行发行的 MasterCard 牡丹国际信用卡图例

3. 信用卡的功能与优点

调研国内外信用卡的应用情况,发现信用卡的功能主要有直接消费、储蓄存款与取款、通存通兑、转账与支付结算、透支信贷等功能。使用信用卡可以大大减少现金货币的使用,简化收款手续,节约社会劳动力,提高整个社会的金融电子化与信息化程度。借助信用卡提供基于各种平台上的支付结算服务功能,可大大方便客户购物消费,增强客户的安全感,进而促进商品销售,刺激社会需求。

信用卡如今是集金融业务与计算机技术于一体的高科技产物,它已经成为当今发展最快的一项金融业务之一,在很大范围内替代了传统现金的流通。

在美国和欧洲等发达国家与地区,信用卡已经成为最普遍的电子支付方式。在基于 Internet 的电子商务迅速发展的今天,信用卡应用型电子货币作为不受地域限制而采用的电子与网络支付工具,受到人们的普遍关注。其引人注目的原因,除其支付结算体系本身的电子化处理方式易实现并且在日常工作生活中非常容易普及的优点之外,还因为信用卡比较适用于计算机网络空间即虚拟空间的操作,借助 Internet,消费者只要在 Web 页面填写信用卡号码和密码,就可实现即时的网络支付结算。

具体到电子商务来讲,利用信用卡进行网络支付还具有以下独特的优点:

(1) 在银行电子化与信息化建设的基础上,银行与特约的网上商店无须太多投入即能运行,且使用简单,持卡人只需登记一下就可以。

(2) 每天 24 小时内无论何时何地,只要连接上网即可使用,这极大方便了客户与商家,避免了传统 POS 支付结算中布点不足带来的不方便。

(3) 几乎所有的 B2C 类电子商务网站均支持信用卡的网络支付结算,因此客户对此熟悉。

(4) 相比于其他更新的网络支付方式如电子现金、电子支票等,信用卡网络支付在法律和制度方面的问题较少。

5.1.2 信用卡的网络支付模式及应用特点

信用卡支付是目前 Internet 上网络支付方式中最常用的方式。从 1995 年最初应用于 Internet 业务到现在，信用卡网络支付模式可以分为无安全措施的信用卡支付模式、借助第三方代理机构的信用卡支付模式、基于 SSL 协议机制的信用卡支付模式和基于 SET 协议机制的信用卡支付模式四种模式。

前两种信用卡网络支付模式由于安全性能不高，正处于逐渐被淘汰的境地，所以对它们只做简单的介绍。基于 SSL 协议机制的信用卡支付模式和基于 SET 协议机制的信用卡支付模式作为目前主要的信用卡支付模式，本节将结合具体支付过程予以重点叙述。

1. 无安全措施的信用卡支付模式

1）无安全措施的信用卡支付模式及其支付流程

所谓无安全措施的信用卡支付模式，是指持卡人利用信用卡进行支付结算时几乎没有采取技术上的安全措施而把信用卡号码与密码等直接传送给商家，然后由商家负责后续处理的模式。可以看出，持卡人主要依靠商家的诚信来保护自己的信用卡隐私信息，这在信用程度高度发达的国家还可以，但在中国这样信用体系刚起步的国家就会出现较多的安全问题与纠纷。

这种信用卡网络支付方式的主要业务流程可以描述为，持卡人从商家订货且把信用卡的相关信息通过电话、传真等非网上传送手段传送给商家，或者通过网络等传统手段传送给商家但是没有对数据进行加密等安全措施。商家收到信用卡信息后，与银行之间使用各自的授权，检查信用卡的合法性。无安全措施的信用卡支付模式流程示意如图 5-4 所示。

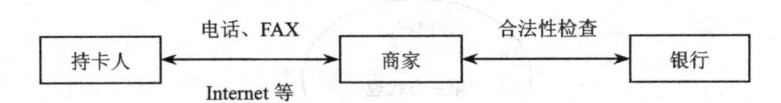

持卡人 ←电话、FAX / Internet 等→ 商家 ←合法性检查→ 银行

图 5-4 无安全措施的信用卡支付模式流程示意图

2）无安全措施的信用卡网络支付模式的特点

无安全措施的信用卡网络支付主要是在 20 世纪 90 年代初期，在电子商务各方面发展还不太成熟，特别是银行对电子商务的支持还不完善的情况下出现的，可以说是一种临时的过渡方式。其主要特点是风险由商家负责、安全性很差，持卡人的信用卡隐私信息完全被商家掌握，支付效率较低等。

2. 借助第三方代理机构的信用卡支付模式

1）借助第三方代理机构的信用卡支付模式及其支付流程

在采用无安全措施的信用卡支付模式时，由于商家完全掌握消费者的信用卡信息，存在信用卡信息在网上多次公开传输而导致信用卡信息被窃取的风险。为降低这一风险，采取在买方和卖方之间启用一个具有诚信的第三方代理机构支付的方式，这样可在一定程度上降低支付风险。

这个第三方代理人如果就是发卡银行本身，那么发卡银行只需向持卡人分发一个代替信用卡账号的注册账号在网上传递，支付时由第三方核对确认并且经持卡人确认后进行资金的转移，其信用卡的账号就没有暴露给广大的商家。这样只有发卡银行知晓持卡人信用卡的信息，相对就安全得多。

如果第三方代理机构不是发卡银行，而是社会上具有良好信誉的金融机构或中介服务机构，这时第三方代理机构同样给持卡人分发一个代替信用卡账号的注册账号并在网上传递，支付由第三方核对确认且经持卡人同意后由第三方代理机构与发卡银行、收单银行等进行专网连接，然后进行相应的资金转移。这样不但信用卡的账号没有暴露给广大的商家，而银行也不用直接与客户直接在 Internet 这样的非安全网络打交道，客户省去很多麻烦，支付事务都交给第三方来代理。这有点类似律师事务所与会计师事务所的角色。当然，第三方代理机构一样有责任为持卡客户保守秘密，而且交易商家也应该在第三方代理机构处注册账号。

借助第三方代理机构的信用卡支付模式的支付流程一般可以概括如下：

（1）持卡客户（即买方）以在线或离线方式在第三方代理机构处登记信用卡号和注册一个相应的应用账号，由代理人持有买方的信用卡号和账号；

（2）持卡客户上网用该应用账号从网上商家处进行在线订货，且把应用账号传送商家；

（3）商家将持卡客户传送来的应用账号、交易资金、支付条款等信息以离线或在线方式提供给第三方代理机构核实，第三方代理机构验证应用账号信息后，经与持卡客户协商，得到持卡客户确认，再返回给商家一个确认信息；

（4）商家在收到第三方代理机构的确认信息后，接收持卡客户的购货订单，然后给持卡客户以及第三方发出交易确认通知；

（5）第三方代理机构收到交易确认通知后，按支付条款要求办理资金转拨手续。

图 5-5 描述了借助第三方代理机构的信用卡支付的支付流程示意图。

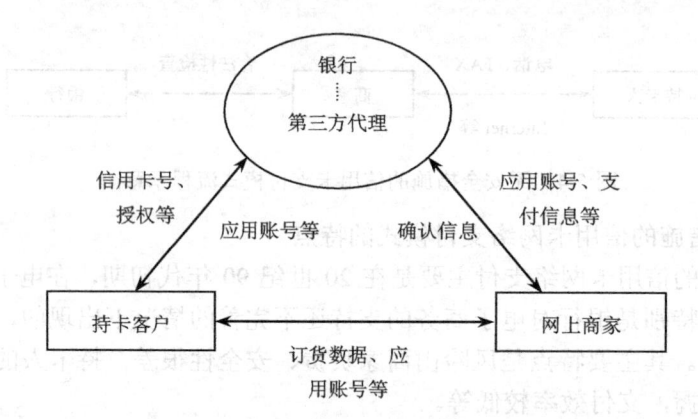

图 5-5 借助第三方代理机构的信用卡支付的支付流程示意图

2）借助第三方代理机构的信用卡支付模式的特点

使用这种方式是通过双方都信任的第三方代理机构协助完成的，由于真正的信用卡信息不在开放的网络上多次传送，因此持卡客户既没有信用卡信息被盗窃的风险，卖方也没有很高的受骗风险；这种方式对第三方代理机构的公正、信誉与操作规范有很高的要求，主要风险由第三方代理机构承担；该方式虽然提高了支付的安全性，但支付效率还是较低，成本也较高，而性能价格比在小额支付结算中并不高，它同样属于电子商务发展初期利用信用卡支付结算时的一种过渡方式。著名的 CyberCash 公司（http:

//www.cybercash.com）和 FirstVirtual 公司（http://www.firstvirtual.com）都提供了信用卡的第三方代理支付模式的服务，两种服务在具体业务上略有不同。其中 FirstVirtual 公司从 1994 年 10 月开始提供第三方代理机构支付模式的服务，到 1996 年 3 月底时，已有 166 个国家的 3 300 多个商家和 21.5 万消费者使用该系统。

在 B2B 类电子商务中，由于支付金额较大，有时商务各方出于安全、习惯等问题，反而愿意应用这种借助第三方代理机构担保的支付形式，因为这时支付成本、效率等均是次要的了。

随着银行电子化与信息化水平的提高，结合先进众多的网络与信息安全技术的应用，更有效率、更加安全的信用卡网络支付方式已经研发出来并且投入使用，这就是下面要讲的基于 SSL 协议机制的信用卡支付模式和基于 SET 协议机制的信用卡支付模式。

3．基于 SSL 协议机制的信用卡支付模式

1）基于 SSL 协议机制的信用卡支付模式简介

SSL 协议机制是一种具有较高效率、较低成本、比较安全的网上信息交互机制，它大量应用于网络支付的实施中。

所谓基于 SSL 协议机制的信用卡支付模式，就是在电子商务过程中利用信用卡进行网络支付时遵守 SSL 协议的安全通信与控制机制，通过它可以实现信用卡的即时、安全可靠的在线支付。也就是说，持卡客户在公共网络（即 Internet）上直接与银行进行相关支付信息的安全交互，即持卡人通过信用卡账号、数据的加密并且安全传递，以及与银行间相关确认信息的交互，实现快速安全支付的目的。

在这种信用卡网络支付模式中，运用了一系列先进的安全技术与手段，如私有密钥加密法、公开密钥加密法、数字摘要以及数字证书等手段，还有一个发行数字证书的 CA 协助。可以看出，前面两种信用卡支付模式基本靠其他机构的诚信，解决持卡客户的信用卡安全问题，安全是被动的；基于 SSL 协议机制的信用卡支付模式主要靠精尖的安全技术，解决持卡客户的信用卡安全问题，安全是比较主动的，因此也更加安全。

2）基于 SSL 协议机制的信用卡网络支付流程

目前，消费者客户端上的网络浏览器软件产品、商家的电子商务服务器软件等基本都内嵌对 SSL 协议的支持，绝大多数银行以及第三方的支付网关平台也都研发了大量支持 SSL 协议的应用服务与产品。这些都为持卡客户借助 SSL 协议机制，利用信用卡进行网络支付提供了方便。图 5-6 是基于 SSL 协议机制的信用卡网络支付流程示意图（技术细节的流程描述见第 4 章 SSL 协议工作流程）。

（1）持卡客户在网上或直接到发卡银行进行信用卡注册，得到发卡银行的网络支付授权，下一次网络支付就不需要再注册了。

（2）持卡客户连接上网，在商家电子商务网站选择商品或服务，填写订货信息。

（3）持卡客户确认订货单的商品与资金金额信息，在选择付款方式时选择信用卡支付方式及信用卡类别；提交后，生成一个带有信用卡类别的订货单发往商家电子商务服务器。

（4）商家服务器向持卡客户回复收到的订货单查询 ID，但并不确认发货；商家服务器生成相应订单号，加上其他支付相关信息发往发卡银行（或借助第三方网络支付平台）。

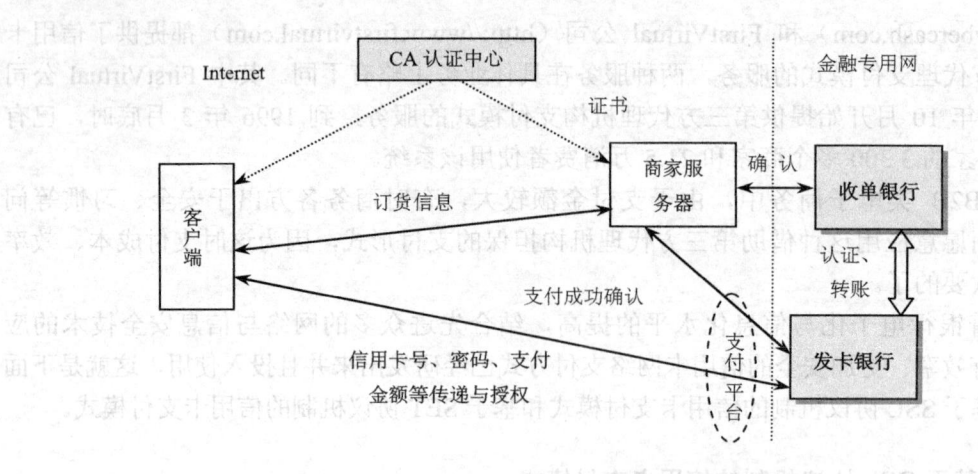

```
                    CA 认证中心
        Internet    ┌─────────┐              金融专用网
                    │         │    证书
                    └─────────┘
                         │
                         ↓
                    ┌─────────┐   确认    ┌─────────┐
         订货信息   │ 商家服  │ ←──────→ │ 收单银行│
      ┌──────────→ │ 务器    │          │         │
   ┌──┴──┐         └─────────┘          └─────────┘
   │客   │              │                    ↑
   │户   │              │                  认证、
   │端   │  支付成功确认 │                  转账
   │     │ ←────────────┤                    ↓
   └──┬──┘              │                ┌─────────┐
      │   信用卡号、密码、支付            │ 发卡银行│
      └──────────────────────────────→  │         │
          金额等传递与授权               └─────────┘
                              (支付平台)
```

图 5-6　基于 SSL 协议的信用卡网络支付流程示意图

（5）在订货单提交后（或借助第三方网络支付平台），持卡客户机浏览器弹出新窗口页面，提示即将建立与发卡银行端网络服务器的安全连接，SSL 协议机制介入开始。

（6）持卡客户端自动验证发卡银行端网络服务器的数字证书。

（7）通过验证发卡银行端网络服务器的数字证书后，SSL 握手协议完成，意味着持卡客户端浏览器与发卡银行端网络服务器的安全连接通道已经建立，进入正式加密通信，浏览器下端状态栏出现一个"闭合锁"状标志，它是 https 通信的标志。

（8）出现相应发卡银行的支付页面，显示从商家发来的相应订单号及支付金额信息，持卡客户填入自己的信用卡号以及支付密码，确认支付。这时还可取消支付，只不过原发给商家的订货单作废。

（9）支付成功后，屏幕提示将离开安全的 SSL 连接。持卡客户确认离开后，持卡客户端与银行服务器的 SSL 连接结束，SSL 介入结束。

（10）发卡银行在后台把相关资金转入商家资金账号，发送付款成功消息（如以 E-mail 方式）给商家。商家收到银行发来的付款成功消息后，发送收款确认信息给持卡客户，承诺发货。持卡客户还可根据订货单查询 ID 在线，以及电话查询该订货单的执行情况。

从上述过程看出，SSL 介入时，基本涉及持卡客户的信用卡隐私信息的传送，而且大多是持卡客户与银行服务器的直接加密通信，而不通过商家中转，这是相当安全的。当然，这种基于 SSL 协议机制的信用卡网络支付方式，在不同发卡银行以及不同商家的约定中，实施的业务流程不完全一样，但差别不大，上述 10 个步骤是目前较有代表性的流程。像招商银行"一卡通"网络支付时还专门设置一个"网络支付卡"号与"密码"，以保护"一卡通"，只不过让客户根据需要定期把资金从"一卡通"账号上通过网络自助转移至"网络支付卡"中，应该说这是招商银行的一种行内控制管理辅助措施。

为结算方便，商家收单银行与发卡银行常是同一个银行，也就是说，网上商家也在自己支持的信用卡银行开设资金账号，以更有利于电子商务资金的转账。

3）基于 SSL 协议机制的信用卡网络支付模式的特点

分析上面基于 SSL 协议机制的信用卡网络支付模式的业务流程及 SSL 协议的技术细节，可以看出这种支付模式的一些特点：①实现的是部分信息加密，以提高效率；②使用对称（私有）密钥和非对称（公开）密钥加密技术，各尽所长，相当安全，目前普遍使用 56b DES 加密和 768～1 024b RSA 公开/私人密钥对；③客户端可选对商家身份验证数字证书，提高支付效率；④由于持卡客户端进行在线购物时只需一个信用卡号和密码，无须任何其他硬件设施如 POS 机，可以说比传统的信用卡支付投入还少，所以这种支付方式给支付客户带来极大的方便，支付处理速度也比较快，整个支付过程一般大约历时 15～20 秒就能支付成功。

这种模式下，信用卡的硬件已经没有多大作用了，只需记住一个信用卡号与密码就行。这与个人的网络银行账号、存折账号性质是一样的。由于信用卡很普及，很多银行为节省成本、方便客户，干脆把个人网络银行账号与对应的信用卡账号绑定在一起，不用单设一个网络银行账号。

另外，基于 SSL 协议机制的信用卡网络支付模式的业务流程中由于需要一系列的加密、授权、认证及相关加密信息传送，还是有一定的交易成本的，所以对特别小的微额交易而言并不太实用。例如，在网上发送一个手机短消息，一首歌曲的在线播听，这在中国可能均只需 1～2 角钱，若还用 SSL 协议、银行的资源等搞一次网上支付，似乎不太值得，且银行的投入成本较高，可能采用微支付手段，像电子零钱会更合适一些。目前这类支付通常是记入手机费的消费，简单方便，成本也小，不过本质上还是网络支付结算，只不过是无线网络了，它可能泄露一点客户的隐私，如手机号码。

4）应用情况

世界上著名的 CyberCash 公司研发的安全 Internet 信用卡支付模式，是基于 SSL 协议机制的信用卡网络支付模式，应用比较广泛。作为一个第三方的网络支付平台软件产品提供商与服务商，它支持支持多种信用卡，如 Visa Card、MasterCard、American Express Card、Diners 和 Carte Blanche 等。目前授权处理 CyberCash 的系统有 Global Payment System、First Data Corporation 和 Visa Net 等。

包括"蓝色巨人"IBM 在内的国外很多著名 IT 公司，也提供这种基于 SSL 协议机制的信用卡网络支付模式的软件系统。例如，使用 IBM 电子商务系统的有 Charles Schwab 股票公司（采用该系统后一年内的收入超过前 13 年收入的总和）、L. L. Beans（全美最大的邮购公司）、日本航空公司订票系统、日本富士银行、香港 Aeon World 电子商场和瑞士铁路售票系统等。

由于基于 SSL 协议机制的信用卡网络支付模式应用方便，成本较低，安全性高，市场产品成熟，中国的几大商业银行的信用卡网络支付系统大多采用了这种技术模式，结果绝大多数的网上商家如 DangDang 书店、天猫商城、京东商城等均支持这种模式的信用卡应用。很多银行的网络银行服务也采用这种技术模式。

例如，工商银行北京分行的牡丹灵通卡、中国银行北京分行的长城信用卡、建设银行北京分行的龙卡、招商银行北京分行的"一网通"，在进行网络支付时均采用这种模式，而且北京应用普及的第三方网络支付平台即"首信支付通道"，它支持这种技术模式的实现。后面的信用卡网络支付示例，就是使用工商银行北京分行发行的牡丹灵通卡应用这种模式进行网络支付的。

4．基于 SET 协议机制的信用卡支付模式

1）基于 SET 协议机制的信用卡支付模式简介

SET 协议机制是一种具有非常安全、逻辑非常严密的网上信息交互机制，它主要针

对信用卡的网络支付应用。虽然 SET 协议机制在目前的网络基础设施与技术状况下还存在实施过程复杂、成本相对较高、支付速度较慢等一些不足，但可提供更好的网络交易与网络支付的安全性，包括银行在内的很多机构也在越来越多的相关网络服务产品中应用这种 SET 机制，因此具有良好的发展前景。

所谓基于 SET 协议机制的信用卡支付模式，是在电子商务过程中利用信用卡进行网络支付时遵守 SET 协议的安全通信与控制机制，以实现信用卡的即时、安全可靠的在线支付。也就是说，持卡客户在公共网络（即 Internet）上直接与银行进行相关支付信息的安全交互与身份认证，即持卡人与商家通过真实身份信息、信用卡账号、密码的安全传递以及与银行间相关确认信息的交互，实现可靠的安全支付目的。

在这种信用卡网络支付模式中，运用了一系列先进的安全技术与身份认证手段，如私有密钥加密法、公开密钥加密法、数字摘要、数字签名和双重签名、数字证书等手段，并且还有一个发行数字证书的公正的第三方 CA 在线协助处理。可以看出，前面三种信用卡支付模式要么靠其他机构的诚信来解决持卡客户的信用卡安全问题，要么单靠加密技术解决安全问题，但网络交易与支付各方的真实身份问题及抵赖性问题等还有待更严密的逻辑与技术工具来解决，以真正做到"万无一失"。基于 SET 协议机制的信用卡支付模式可以达到这个目标。

当利用信用卡进行网络支付且遵守 SET 机制时，需要在客户端上安装一个特殊的客户端软件配合信用卡的运用才行。这个特殊的客户端软件通常称为电子钱包客户端软件，所以基于 SET 协议机制的信用卡支付模式本质上属于电子钱包网络支付模式，这与后面叙述的电子钱包应用原理与过程是吻合的，只是这里的客户端软件里只安装了某信用卡（即电子钱包里填装了信用卡的相关信息，如类别、发卡行、卡号、持卡人，甚至卡的使用密码等）。当基于 SET 协议机制利用信用卡进行网络支付时，就像从电子钱包软件里取出相应信用卡进行支付结算一样。总之，这里讲基于 SET 协议机制的信用卡支付模式，其实就是在讲电子钱包的应用。如果这个电子钱包做成一个集成 IC 芯片的智能卡，由智能卡的内部 RAM 记录信用卡及其数字证书的相关信息，那基于 SET 协议机制的信用卡支付模式就是智能卡网络支付模式的一种，这时智能卡也叫硬件电子钱包。

请读者注意基于 SET 机制的信用卡、电子钱包、智能卡之间的密切关联。当然，电子钱包与智能卡的内涵还要广一些，因为电子钱包与智能卡里不但可装客户的一个信用卡，而且可装很多种信用卡，还可以装电子现金、电子零钱等，一样可以用来进行网络支付。当其装有电子现金进行网络支付时，它是电子现金网络支付应用模式的一种。

2）基于 SET 协议机制的信用卡网络支付流程

在 SET 协议环境下，应用信用卡进行网络支付需要在客户端下载一个客户端软件（电子钱包客户端软件），在商家服务端安装商家服务器端软件（电子钱包服务器端软件），在支付网关安装对应的网关转换软件等，并且参与的各方还要为各自下载一个证实自己真实身份的数字证书，借此获取自己的公开密钥/私人密钥对，且把公开密钥公开出去等，手续稍嫌麻烦。目前，支持 SET 信用卡应用的软件并不很多，需要银行自己研发或购买市场相关的成套软件，这是该种模式应用上不方便的地方。

图 5-7 是基于 SET 协议机制的信用卡网络支付流程示意图（有关加密认证等技术细节的流程描述见第 4 章 SET 协议工作流程）。

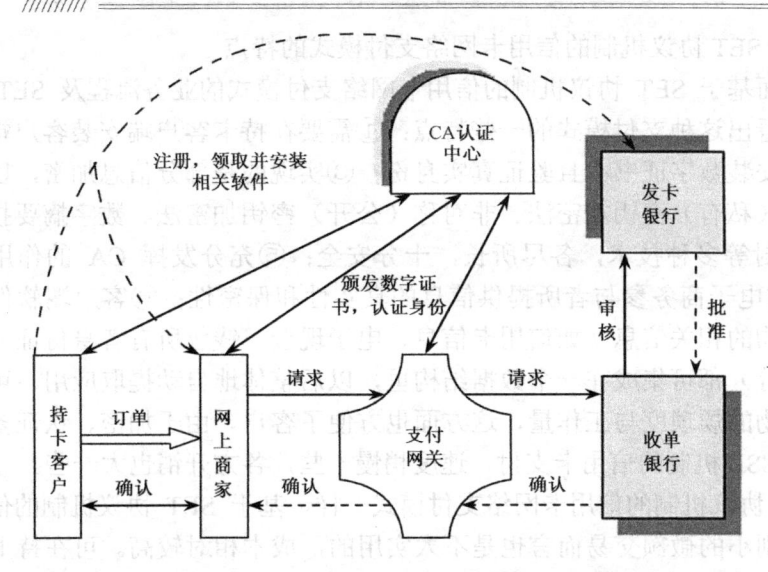

图 5-7　基于 SET 协议机制的信用卡网络支付流程示意图

（1）进行必须的预备工作（(1)～(3) 部分）。客户直接到相关发卡银行柜台，办理应用 SET 协议机制进行网络支付的信用卡（如长城借记卡）；网上商家则去银行洽谈自身网站支持这种类型信用卡的结算事宜，得到相关服务器端 SET 支持软件，并安装运行。

（2）持卡客户从银行领取或从网络下载持卡客户端软件（电子钱包软件），并且成功安装，从中可以设置应用此软件的用户名和密码，以加强保护，防止别人非法使用。

（3）持卡客户访问 CA，把信用卡相关信息如卡类别、卡号甚至卡使用密码添加进自己的客户端软件中，并且为其中的信用卡申请一张数字证书。当证书申请成功后，就可利用客户端软件进行信用卡的网络支付。同样，商家、支付网关也访问 CA，以取得相应的数字证书。

（4）持卡客户上网浏览商家网站的商品和服务，选择自己看中的商品，通过多次协商后，消费者填写订货单（上述部分 SET 均未介入）。

（5）选好商品后，持卡客户选择此类型信用卡的在线网络支付，这时持卡客户端计算机自动激活装有信用卡信息的客户端软件，输入软件用户名和应用密码（可选），取出里面的相应信用卡进行支付（这时 SET 开始介入）。

（6）客户端软件自动与商家服务器对应软件进行 SET 协议规定的信息交互与身份认证（细节见第 4 章 SET 协议工作过程），然后自动提取信用卡号码及应用密码等信息，连同订货单等一起加密发送商家。

（7）商家服务器收到持卡客户发来的相关信息，验证通过后，一边回复持卡客户，一边产生支付结算请求等，连同从客户端来的转发信息一并发给支付网关。

（8）支付网关收到相应支付信息后转入后台银行网络处理，通过各项验证审核后，支付网关收到银行端发来的支付确认信息。否则向商家回复支付不成功。

（9）支付网关向商家转发支付确认信息，商家收到后认可持卡客户的这次购物订货单，并且给持卡客户发回相关购货确认与支付确认信息。

（10）持卡客户收到商家发来的购货确认与支付确认信息后，表示这次购货与网络支付成功，客户端软件自动关闭。网络支付完毕。

3）基于 SET 协议机制的信用卡网络支付模式的特点

分析上面基于 SET 协议机制的信用卡网络支付模式的业务流程及 SET 协议的技术细节，可以看出这种支付模式的一些特点：①需要在持卡客户端安装客户端软件；②需要各方申请安装数字证书并且验证真实身份；③实现的是部分信息加密，以提高效率；④使用对称（私有）密钥加密法、非对称（公开）密钥加密法、数字摘要技术、数字签名、数字信封等多种技术，各尽所长，十分安全；⑤充分发挥 CA 的作用，以维护在 Internet 上的电子商务参与者所提供信息的真实性和保密性；⑥客户端软件功能多样，每次网上购物的相关信息（如信用卡信息、电子现金、钱包所有者身份证、所有者地址及其他信息等）都可集成在一个数据结构里，以后整体地自动提取应用，可以减少持卡客户每次购物的烦琐度与工作量，这方面也方便了客户。由于加密、认证多，支付处理速度相比于 SSL 机制的信用卡支付，速度稍慢一些，各方开销也大一些。

与 SSL 协议机制的信用卡网络支付模式一样，基于 SET 协议机制的信用卡网络支付模式对特别小的微额交易而言也是不太实用的，成本相对较高。可在持卡客户端软件里装电子零钱应用，加密与认证次数就少多了，应用起来效果不错。

4）应用情况

IBM 公司宣布其电子商务产品 Net.Commerce 支持 SET 协议机制的应用，并且率先建立了世界上第一个 Internet 环境下的 SET 支付结算系统，即丹麦 SET 付款系统。新加坡花旗银行付款系统也采用了 IBM 的 SET 付款系统。著名的 Vell Folle 公司也提供与 SET 兼容的电子商务套件（即 VWallet、VPOS、VGate），其中 VGate 已经安装到很多银行中，VPOS 也在很多 Internet 在线商家得到应用。目前应用最普及的 Microsoft 浏览器软件，即 IE4.0 以上版本已经加入兼容 SET 协议应用，包含有支持信用卡网络支付的 MS Wallet（微软电子钱包），Microsoft 还宣称要将其加入到 Windows 核心中。此外，CyberCash 公司和 Oracle 公司也宣布其电子商务产品将支持 SET 网络支付模式。总括目前的情况来说，基于 SET 协议机制的信用卡网络支付相比 SSL 机制下的信用卡网络支付，由于 SET 系统成本较高，速度偏慢，应用上还是存在许多局限性，所以应用的地方还是不多，并未真正普及。

在中国，中国银行发行的长城借记卡就是采用这种基于 SET 协议机制的网络支付模式，它也被称为中银电子钱包中借记卡支付模式。不管怎么说，基于 SET 协议机制的网络支付模式逻辑上更严密、更安全，且已获得 IETF（国际互联网工程任务组，Internet Engineering Task Force）标准的认可，随着各种条件的逐步具备，它将是电子商务安全网络支付的发展方向。

5.1.3　信用卡网络支付实例及应用情况

1. 信用卡支付实例

这里的"信用卡支付"是指网购的支付方式：买家可以在网上刷信用卡完成交易；目前包括"信用卡大额支付"、"信用卡快捷支付"、"信用卡分期支付"。对于买家来说，开通该功能后，多数商品（除个别特殊类目，如虚拟、成人类目）都可以支持信用卡付款；买家可以在开通信用卡支付功能的店铺中任意选择信用卡大额付款或信用卡快捷支付。

第 5 章 典型 B2C 型网络支付方式述解

这里以在淘宝网上购物为例，使用信用卡支付是指买家可以直接在淘宝上刷信用卡，无须通过网络银行向支付宝充值即可直接完成付款；在淘宝网使用信用卡支付同样走支付宝担保交易；买家如果使用信用卡快捷支付（在收银台选择带"快"字标记的银行卡付款），无须开通网络银行就能完成付款；使用大额信用卡通道付款，在交易进行中如果产生退款，退款成功后款项会退回原信用卡，如果退回原信用卡失败则会充值到客户的支付宝账户。

下面以在淘宝网上购物为例子，具体描述信用卡进行网络银行支付的业务流程。

步骤 1：在淘宝网上选购了一个商品，单击"立即购买"按钮进行付款。图 5-8 为淘宝网上选购商品的页面。

图 5-8 选购商品的页面

步骤 2：进入支付页面，选择登录到网络银行付款。图 5-9 为淘宝网选择支付方式的页面。

图 5-9 淘宝网选择支付方式的页面

步骤 3：输入卡号和验证码进行支付，网络银行支付不需要在购物网站支付页面输入客户的信用卡信息，而是直接登录银行官网支付，这种方式虽然麻烦，但也相对安全，适合所有网站的支付。图 5-10 为进行支付的页面。

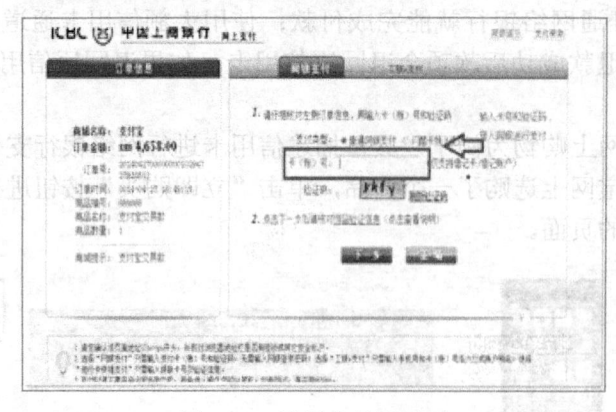

图 5-10　进行支付的页面

2．网络信用卡

2014 年 3 月 14 日，阿里巴巴公司旗下的浙江支付宝网络科技有限公司（简称支付宝公司）正式对外宣布，将于下周推出与中信银行合作的国内首张"网络信用卡"，用于所有在线消费。根据用户在淘宝和支付宝的实名制信息及信用数据，"网络信用卡"的授信额度为 200 元起步，上限根据个人网络信用决定，也可根据消费记录和信用记录，逐步提升额度。

区别于传统银行的信用卡审批发放流程，"网络信用卡"基于支付宝的实名制信息及信用数据，并配合中信银行原本的信用卡风险管理技术及征信数据，进行个人信用评级及风险管控。所以根本无须去银行申请，直接通过支付宝公司内的"中信银行"公众号即可申请。图 5-11 是"中信银行"公众号及办卡页面。

图 5-11　"中信银行"公众号及办卡页面

据支付宝公司介绍，首批"网络信用卡"发行大致在 100 万张，通过公众账号预约，可以即时申请、即时获准，申请获准后，将所获得的卡号在线开通支付宝快捷支付，即可进行网购、移动支付等各种在线消费。

与中信银行合作推出"网络信用卡"，可以看做是阿里巴巴公司对之前"信用支付"的一种妥协，通过引入第三方银行，来规避政策上的风险。但本质与"信用支付"一样，简化移动支付流程，丰富移动支付的场景，把移动支付的场景与生活服务进行融合，如打车、充话费和移动购物等。

除了支付宝公司，另外有消息称，中信银行还将与腾讯公司合作，联合发放"微信信用卡"，申请入口将放在微信"我的银行卡"界面中。据中信银行内部人士透露，"微信信用卡"最高授信额度为 5 000 元，最低额度为 50 元。

支付宝和微信信用卡都利用了网络，改变了传统信用卡递交材料等待审批的烦琐流程。支付宝可以即时申请、即时获准。微信信用卡可以做到 1min 完成信用卡审批，即时可用。其合作方还包括了众安保险，这也是信用卡首次引入保险模式，以降低客户信用风险及银行资产风险。阿里巴巴公司和腾讯公司凭借强有力的网络会员平台，凝聚了庞大的客户资源，一旦进行深度的客户开发则前景相当值得期待。

3. Apple Pay

苹果公司在 2014 年苹果秋季新品发布会上发布的基于 NFC 的手机支付功能就是 Apple Pay。在苹果发布会上，苹果公司 CEO 库克表示，调查数据显示，每年信用卡消费为 120 亿美元，每天有高达 2 亿美元的信用卡转账。但信用卡支付过程非常烦琐。

据国外媒体报道，VISA 技术主管拉贾特·塔内贾（Rajat Taneja）对于 Apple Pay 有着很高的期望，不过他所基于的理由并不是人们普遍想象的那些理由。拉贾特·塔内贾对于 Apple Pay 的出现颇为兴奋。这在情理之中，因为 VISA（以及美国运通和 MasterCard）是苹果公司新移动支付系统的主要合作伙伴之一，而且 VISA 还是 Isis/Softcard 和谷歌钱包（Google Wallet）的合作伙伴。而真正让拉贾特·塔内贾感到兴奋的是，Apple Pay 有望成为全球范围各式其他的移动支付服务的榜样。

苹果公司并没尝试绕过金融行业，也没有为信用卡交易推出专有技术或者复杂的流程。iPhone 基于 NFC（近场通信）连接的 Apple Pay 交易将会是与移动应用或者网站上的一键支付一样的基本交易。Finextra 博主丹尼尔·艾克斯坦（Daniel Eckstein）用另一种方式解释道："Apple Pay 完全基于信用卡。这意味着它不是新的支付方式。苹果公司更有可能会成为信用卡行业最大的经销商之一。他们只会促进信用卡的使用，用金融行业术语来说，苹果公司的角色就是：支付促进者。"

基于此，拉贾特·塔内贾认为 Apple Pay 有机会取得成功，做到其他无触式支付系统尚未能做到的事情，正因为此，它获得了各方的支持合作，从信用卡公司和银行，到各大实体零售商及在线支付处理商。

拉贾特·塔内贾指出，Android 和 iOS 如今采用的是相同的移动钱包技术，这将开启种种的可能性。他预计，在苹果公司展现标记化技术的功能后，将会有更多的移动钱包涌现，而不只是捆绑特定操作系统的数字支付解决方案。移动银行应用可能会替代现在的借记卡，又或者大型零售商会在它的自有应用中直接嵌入支付凭证，让客户在结账台和网上都可以付款购物。

不管人们如何看待 Apple Pay 有多大的成功概率，但不可否认，苹果公司拥有金融行业的支持。在当下的零售商业世界，这可以说是不容忽视的优势。

5.2 电子钱包网络支付方式

电子钱包是客户在电子商务网站购物时进行小额支付结算的常用工具，是近几年才研发出来的新型网络支付工具，通常与信用卡、电子现金等一起使用。目前，在其理论体系、应用规范与模式、普及应用等方面像电子现金一样均在进一步发展中。

5.2.1 电子钱包简介

1. 电子钱包的定义

随着客户网上购物次数变多，人们开始厌倦每次在填写订货单时都要重复输入送货地址、信用卡信息、个人身份等信息，费时麻烦，因为很多时候这些购物信息（包括支付工具等）均不会改变。如果能把这些购物信息统一放在一个"钱包"容器里，当购物中需要应用时，只需在网页上单击一个个人的"钱包图标"，就能把这些每次重复的个人商务信息都自动地填写在订单上，安全发送给商家网站，加快购物过程，提高购物效率，那是多好的事情。这正如用钱包集中装好、管好现金、个人信用卡、几张个人名片等个人物品的功能，用起来只需打开钱包，想用什么就拿出什么，十分方便，也比较安全，避免现金与信用卡等的随意丢失。

所谓电子钱包，英文大多描述为 E-Wallet 或 E-Purse，它是一个客户用来进行安全网络交易特别是安全网络支付并且储存交易记录的特殊计算机软件或硬件设备，就像生活中随身携带的钱包一样，能够存放客户的电子现金、信用卡号、电子零钱、个人信息等，经过授权后又可方便地有选择地取出使用的新式网络支付工具，可以说是"虚拟钱包"。

电子钱包本质上是个装载电子货币的"电子容器"，可把有关方便网上购物的信息，如信用卡信息、电子现金、钱包所有者身份证、地址及其他信息等集成在一个数据结构里，以后整体调用，需要时又能方便地辅助客户取出其中电子货币进行网络支付，是小额购物或购买小商品时常用的新式虚拟钱包。因此，在电子商务中应用电子钱包时，真正支付的不是电子钱包本身，而是它装的电子货币，就像生活中钱包本身并不能购物付款，但可以方便地打开钱包，取出钱包里的纸质现金、信用卡等来付款，看起来就像用钱包付款了。

电子钱包本身可能是个特殊的计算机软件，也可能是个特殊的硬件装置。当其形式上是软件时，常常称为电子钱包软件，如 Microsoft Wallet。当其形式上是硬件时，电子钱包常常表现为一张储值的卡，即 IC 卡，用集成电路芯片来储存电子现金、信用卡等电子货币，这就是后面所讲的智能卡。有些书籍，常常干脆把智能卡叫电子钱包，只不过是硬式的，应用方式上与软件式的电子钱包基本一样。

本节将主要以软件式的电子钱包为代表，叙述电子钱包的应用模式及其应用特点。使用电子钱包购物，通常需要在电子钱包服务系统中进行。电子商务活动中客户端电子钱包软件通常都是免费提供的，可以直接使用与自己银行账号相连接的电子商务系统服务器上的电子钱包软件，也可以从 Internet 上下载应用。

可以说，电子钱包是平常生活中钱包的电子化模拟，具有与现实钱包类似的很多优点，特别在涉及个体的、小额网上消费的电子商务活动，应用起来很方便而又具有效率。

2. 电子钱包的组成体系

使用电子钱包进行网络支付，需要在客户端、商家服务器与银行服务器建立支持电子钱包支付结算的体系。为使电子钱包可靠运作，其组成体系上一般还要包括商家与银行支持的电子钱包服务系统、客户端电子钱包软件及电子钱包管理器等构件。

1）电子钱包服务系统

使用电子钱包，要在电子钱包服务系统中进行。目前世界上最主要的三大电子钱包服务系统是 Visa Cash、Mondex 和 Proton。

Visa Cash 电子钱包服务系统主要与信用卡配合使用，其电子钱包卡主要有三种存在方式，即一次性 Visa Cash 电子钱包卡，可充值的专用 Visa Cash 电子钱包卡，或者作为一个电子钱包应用与其他应用共存于同一张银行卡上的形式存在。

Mondex 电子钱包服务系统主要与电子现金配合使用，它方便地实现资金在一张 Mondex 电子钱包卡和另外一张 Mondex 电子钱包卡之间的划拨。

Proton 电子钱包服务系统最初由比利时全国的支付系统运营商 Banksys 研发，由 Proton World 负责其发展。针对蓬勃发展的电子商务，Proton World 早在 1998 年年底就宣布基于 Proton 的电子钱包可以通过 Internet 实现安全的资金圈存。它与 Mondex 电子钱包最大的区别是每笔交易都可追踪审计，目前已有 4 000 万张 Proton 电子钱包卡在流通中。在欧洲，Proton 是目前使用最广泛的电子钱包。

除上述三大系统之外，还有 EuroPay 的 Clip 系统等。这些体系的共同特点是与智能卡应用紧密配合，不仅可以应用在 Internet 上，也可以应用在传统金融专用网络的支付结算中，而且以 IC 卡形式出现，更加安全。

2）客户端电子钱包软件

电子商务活动中的客户端电子钱包软件通常是免费提供的。许多著名信息厂商研发了许多客户端电子钱包软件，像 Microsoft 的 Microsoft Wallet、IBM 的 Consumer Wallet 和 Cyber Cash 的 Internet Wallet。这些电子钱包软件通常设计为浏览器的 Plug-In 软件，加载在 IE 或是 Netscape 的浏览器上。像 Microsoft Wallet，是以 ActiveX 固件的方式内置在 IE 浏览器中，它分为两个组件，一个是客户的个人地址信息管理组件，可让客户填写姓名、联系电话及送货地址等信息；另一个是付款信息管理组件，可填写有关电子货币等付款信息。Microsoft Wallet 主要采取支持 SET 的协议交易，其 3.0 以上版本还可支持 SSL 协议机制，它可以支持的电子货币主要有信用卡、电子现金、电子支票等。图 5-32 为在客户端 IE5 上安装的 Microsoft Wallet，它可以存放 VISA 信用卡、Master 信用卡、JCB 卡等。

3）电子钱包管理器

在电子商务服务系统中还设有电子货币和电子钱包的功能管理模块，统称为电子钱包管理器。客户可以用它来改变保密口令或保密方式，查看利用电子钱包网络支付的记录以及银行账号上收付往来的电子货币账目、清单和数据。电子商务服务系统中还包括电子交易记录器，顾客通过查询该记录器，可以了解自己都买了些什么物品，购买了多少，也可以把查询结果打印出来。

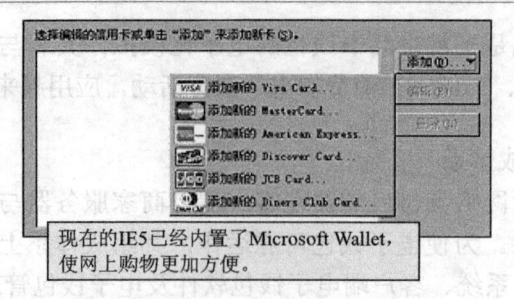

图 5-12　在客户端 IE5 上安装的 Microsoft Wallet

5.2.2　电子钱包的网络支付模式

1．电子钱包的网络支付模式简介

在国外，电子钱包并不只限于在 Internet 平台上应用。在专用网络平台上，如利用 IC 卡等硬件电子钱包，也可以像普通信用卡一样在 POS 上进行消费。这种在公共网络平台 Internet 与专用网络平台上都能应用，安全性又较强的特点，是卡式电子钱包在国外比较普及的重要原因。这里主要叙述基于 Internet 平台的电子钱包的支付与结算。

所谓电子钱包的网络支付模式，是在电子商务过程中客户利用电子钱包作为载体，选择其存放的电子货币如信用卡、电子现金等，在 Internet 平台上实现即时、安全可靠的在线支付形式。

电子钱包的网络支付模式，主要遵循 SET 安全协议机制。基于 SET 协议机制的网络支付流程中运用了一系列先进的安全技术与手段，如私有与公开密钥加密法、数字摘要、数字信封、数字签名、双重签名等技术手段以及数字证书等认证工具，因此说它是非常安全的，这也保证了电子钱包的运用是安全的。利用电子钱包里的信用卡支付时是完全遵守 SET 机制的，流程严谨而复杂；而利用电子钱包里的电子现金支付时，除了验证双方的数字证书外，基本遵守电子现金的支付模式，电子钱包软件成了电子现金客户端软件，支付处理流程比较简单，无须银行的直接中介。所以二者应用上还有些区别。

电子钱包网络支付模式的主要好处除了具有非常高的安全性外，还有许多应用上的优点，如个人购物信息集中管理与方便重用、一包存放多张信用卡、延续人们的钱包情结等。对客户、商家与银行的要求也是严格的，特别是商务各方均需安装对应的电子钱包软件，各自申请一张数字证书。对客户来讲，需要先安装专门的电子钱包客户端软件，往电子钱包中添加电子货币（如信用卡），然后申请安装数字证书等。这个先期过程还是让用户感到挺麻烦，它没有基于 SSL 机制的信用卡支付那么简便。

2．电子钱包的网络支付流程

在 Internet 这样的公共网络平台上应用电子钱包进行网络支付，需要参与各方（即客户、商家以及银行）安装相应的电子钱包服务软件，中间涉及第三方 CA 的认证与数字证书颁发事务，以支持电子钱包整个流程上的安全可靠操作。

目前，在 Internet 平台上应用电子钱包主要是取出钱包中的信用卡进行网络支付，所以这里以钱包中信用卡的网络支付为例，描述电子钱包的网络支付流程，它在技术机制上遵守 SET 安全协议机制。因此，电子钱包（其中的信用卡）的网络支付流程与第 4

第 5 章 典型 B2C 型网络支付方式述解

章中"基于 SET 协议机制的信用卡网络支付流程"的过程描述基本差不多，严谨、安全而复杂，应用多种密码技术与数字证书认证机制，涉及客户、网上商家、支付网关、发卡银行、收单银行、CA 中心等多个参与各方。

利用信用卡的电子钱包的网络支付业务处理流程一般概括为八个步骤，图 5-33 是电子钱包（用信用卡）网络支付流程示意图。

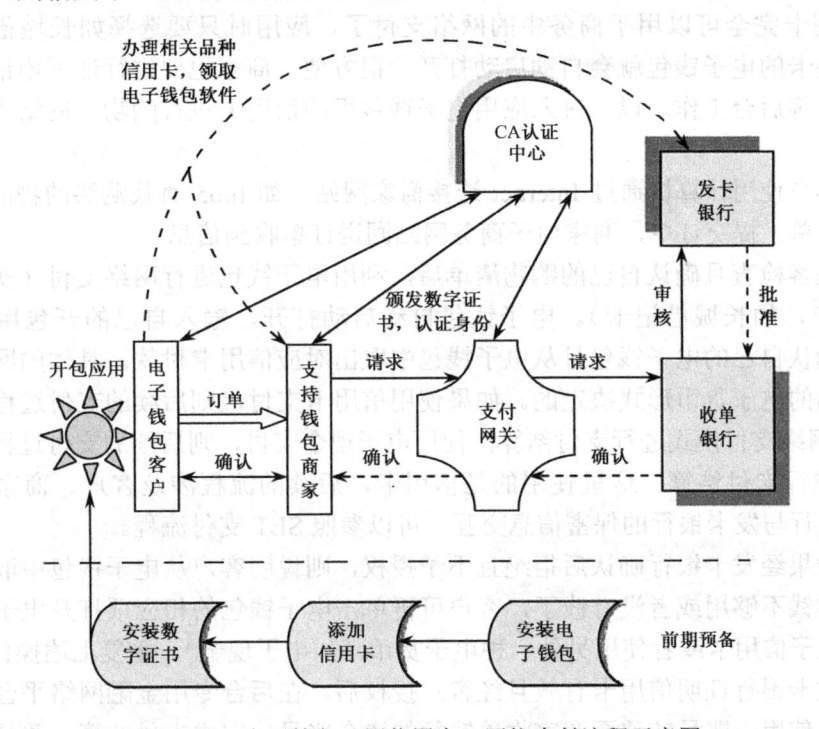

图 5-13 电子钱包（用信用卡）网络支付流程示意图

（1）预备工作 1。电子钱包的使用客户到电子钱包支持银行申请一张相应信用卡，且在银行网站通过网络下载得到对应的电子钱包软件；支持该行电子钱包的网上商家也申请并且安装对应的电子钱包服务器端软件。注意在银行柜台问清此卡必须支持电子钱包网络支付方式。比如，中国银行发行的长城电子借记卡就是支持电子钱包网络支付的品种，但其长城信用卡就不是。与长城借记卡对应的为"中银电子钱包"软件，可以直接在中国银行的网站（www.bank-of-china.com）下载得到。

（2）预备工作 2。客户在客户端成功安装下载得到的电子钱包软件，设置开包的用户名与开包密码，以保证电子钱包的授权使用。一般成功安装后会在计算机桌面上看到对应的电子钱包的图标。比如，当"中银电子钱包"软件成功安装后，会在客户的计算机桌面上看到"BOC_Ewallet 中国银行电子钱包"的图标。

（3）预备工作 3。客户往自己的电子钱包添加对应信用卡（也可以是电子现金、电子支票等其他电子货币），申请并且安装信用卡的数字证书。比如，在"中银电子钱包"里添加长城借记卡并申请数字证书的操作步骤是：客户连网访问相应 CA 认证中心，单击"获取数字证书"后，"中银电子钱包"自动打开，输入开包用户名和口令后，进入"中银电子钱包"；往电子钱包中添加借记卡账户信息以及个人相关信息，每添加完一种电子货币，电子钱包中都会出现此电子货币相对应的账户信息，只是其中

"证书状态"为"没有申请",这时还是不能用的;长城借记卡加入后,"中银电子钱包"将显示"中国银行认证中心电子证书管理规定",供客户了解其所拥有的权益和法律责任,接着填写"数字证书注册表",向 CA 中心申请为借记卡获取数字证书,直至成功。再次运行"电子钱包"时,"证书状态"将由"没有申请"变为"有效",表明借记卡的数字证书已经有效。经过这些预备工作(只在第一次要做),客户端的电子钱包及对应信用卡完全可以用于商务中的网络支付了,应用时只要选择如长城借记卡来支付,到时装卡的电子钱包就会自动启动打开,很方便。商家也要进行证书申请、与银行的支付协商等后台工作。以下进入应用电子钱包里的信用卡进行购物且网络支付的正式流程。

(4)客户使用计算机通过 Internet 连接商家网站,如 Igo5 查找购买的物品。客户在网上填写订单,提交订单,商家电子商务网站回送订单收到信息。

(5)顾客检查且确认自己的购物清单后,利用电子钱包进行网络支付(实际选择对应的信用卡,如长城借记卡)。电子钱包自动启动打开,输入自己的开包用户名与密码,客户确认自己的电子钱包且从电子钱包中取出对应信用卡付款。具体的网络支付过程是由取出的电子货币形式决定的。如果使用信用卡支付,则后续的支付过程采用信用卡的 SET 网络支付模式进行支付结算;使用电子现金支付,则后续的支付过程采用电子现金模式进行支付结算。这里使用的是信用卡,后续的流程涉及客户、商家、支付网关、收单银行与发卡银行的保密信息交互,可以参照 SET 支付流程。

(6)如果经发卡银行确认后拒绝且不予授权,则说明客户从电子钱包中取出的这张信用卡上的钱不够用或者没有钱了,客户可再单击电子钱包的相应项打开电子钱包,取出另一张电子信用卡或者使用另外一种电子货币(如电子现金),重复上述操作。

(7)发卡银行证明信用卡有效且经客户授权后,在后台专用金融网络平台上把相应资金从客户信用卡账号转移至商家收单银行的资金账号,完成支付结算,并且回复商家与客户。

(8)商家按照客户的订货单要求发货,与此同时,商家或银行服务器端将记录整个交易过程中发生往来的财务与物品数据,供客户电子钱包管理软件查询。

上面只是借助电子钱包中信用卡进行安全网络支付的一般流程,也是目前 Internet 上电子钱包应用的大多数情况。随着技术的进步,新版电子钱包不仅支持信用卡的 SET 机制支付,也支持更为简便、更有效率、更为普及的信用卡 SSL 机制支付。除此之外,日益成熟的电子现金、电子零钱、电子支票等其他电子货币也纷纷加入电子钱包应用的行列,为电子钱包的方便应用、集中管理提供支持。利用电子钱包的电子现金支付,除需认证客户与商家的身份外,还可直接从电子钱包中取出电子现金直接支付商家,无须银行的直接中介,效率更高,也没有图 5-13 所示的这么复杂。

5.2.3 电子钱包网络支付的特点

电子钱包的应用特点与功能都与人们生活中的钱包差不多,它可以存放各种电子货币与信用卡、个人信息卡等,进行集中管理;平时可收起来,要用时又自动打开。普通的网上消费者使用电子钱包获得的好处是很多的,正如很多人喜欢在生活中用钱包一样。当然,电子钱包毕竟是高技术的产物,在安全性能上远比生活中的钱包强,应用方法、表现形式上也有一些不同点，在用于网络支付与结算时的特点可归纳如下。

1）个人资料管理与应用方便

客户成功申请钱包后，系统将在电子钱包服务器上为其开立一个属于个人的电子钱包信息档案，客户借助客户端软件可在此信息档案中增加、修改、删除个人资料。当需要应用时，只需在网页上单击"钱包图标"，就能把这些每次重复的个人商务信息都安全发送商家网站，不用每次填写一些购物时的重复性信息，如姓名、送货地址、联系 E-mail、信用卡号等，让用户感到省心、简便而富有效率。

2）客户可用多张信用卡

很多持卡人都持有不止一张信用卡，不仅持有不同品牌的信用卡，如持卡人同时持有中国银行的长城卡、工商银行的牡丹卡、建设银行的龙卡等，也可能同时持有多张同一品牌的信用卡。许多人考虑将多张信用卡用于网络支付，在不同情况下，或者购买不同商品时，考虑采用不同的信用卡进行支付。电子钱包软件也考虑到持卡人的这一要求，不但可以使用多张信用卡，还可使用电子现金，并且可以让持卡人任意选择。

当然，客户使用多张信用卡的前提是，客户必须为电子钱包申请数字证书，以证实自己的真实身份。否则万一有安全问题，也是较大的损失。不过现在应用电子钱包除了设置电子钱包的用户名与开包密码外，取出信用卡应用时还有卡应用密码，具有多重保护机制。

3）使用多个电子钱包

在中国，虽然拥有计算机的家庭越来越多，但每个家庭成员想各自拥有一台计算机也比较困难，即使在经济发达国家，许多家庭还是全家合用一台计算机。就像生活中一样，一旦把电子钱包安装在计算机里，还是很少有人愿意与别人合用，所以，软件供应商提供的电子钱包客户端软件一般都具有能使用多个钱包的功能。换句话说，就是一个电子钱包软件可以让多人各自授权使用，互不干涉。当启动电子钱包后，只要输入不同的用户名与开包密码，就能打开不同的钱包。每位用户只能打开自己的钱包取出自己的信用卡等，而无法打开别人的钱包。

4）购物记录的保存与查询

电子钱包软件每进行一次交易，无论成功或失败，都会将结果记录下来，供客户进行查询。电子钱包能够帮助客户记下所有网络交易情况，包括在哪家商店买了什么东西，花了多少钱，一目了然，客户借助电子钱包可对自己的网上消费情况知道得清清楚楚。例如，网上购物一般都是商户送货上门的，客户在网上购物且支付后，如果不能记录下来，时间一长就可能记不清几月几号买了一件什么东西，万一商家又没给你送来，那就白白浪费钱财了。

5）多台计算机使用同一套电子钱包，共用同一张数字证书

许多客户家里有一台计算机，出差时，往往带一台笔记本电脑。借助电子钱包软件与计算机的非对应性，这两台计算机都可运用自己的电子钱包软件上网购物。在家时，用家里的台式计算机，出差时则用"迅驰"笔记本电脑移动上网购物。目前，几乎所有的电子钱包软件一般都提供此类功能。客户可以选择此项功能，如将数字证书复制到软盘上，然后在另一台计算机中也安装一套电子钱包软件，选择将软盘中的证书数据装入电子钱包的功能，将数字证书复制到另一台计算机的电子钱包软件中去。另一台计算机就可使用同一张数字证书了。

6）不管应用何种电子货币（特别是信用卡），都具有较强的安全性

一般来讲，电子钱包用户的个人资料存储在服务器端，可以通过技术手段确保安全，而且不在个人计算机上存储任何个人资料，避免资料泄露的危险。同时，网络支付传输采用 SET 协议安全机制，安全可靠。

7）快速而有效率

应用电子钱包节省了很多信息的重复填写，速度较快，因而交易效率较高。

8）对参与各方要求较高

使用电子钱包进行网络支付，需要在一整套电子钱包服务系统中进行，并且客户需用配置电子钱包客户端软件才可使用，给客户带来一定的不便。

5.2.4 电子钱包网络支付的解决方案与应用情况

电子钱包最早于 1997 年由英国西敏史银行开发成功，经过几年的发展，电子钱包已经在世界各国得到广泛使用，特别是预付式电子钱包，即 IC 卡式或智能卡式电子钱包的应用更为普及。纯软件电子钱包方案由于只能在 Internet 平台上应用，投入较大，配置麻烦，所以成本较高，应用范围上有些局限性。目前世界上最主要的三大电子钱包解决方案是 Visa Cash、Mondex 和 Proton，不过多是基于卡式的，既可用于传统 POS 支付，也可用于 Internet 平台上网络支付。纯软件形式的电子钱包解决方案，如支持电子现金与电子支票等进行网络支付的解决方案，各个银行也在发展与试运行中，应该说还在发展成熟中。

电子钱包在中国的应用是从中国银行开始的，中国银行把长城借记卡和电子钱包结合起来，提供这种"中银电子钱包"的网络支付结算。还有一些商业银行在某些地域结合自己发行的信用卡提供电子钱包业务，如中国工商银行把牡丹灵通卡和电子钱包结合起来在上海地区提供基于 Internet 平台上的网络支付服务。更多的银行则采用智能卡式电子钱包完成电话费、交通管理收费、预付（加油加电）钱包、停车收费、路桥收费功能以及汽车保养、修理和汽车会员费等功能。

总之，电子钱包特别是 IC 卡的电子钱包将大大促进整个社会的信息化建设与应用水平。目前，世界各国都在全力推动电子钱包项目的试验，可以预期，在不远的将来，电子钱包将会成为在传统专用网络平台上与 Internet 公共网络平台上对金融机构、商家与普通客户都十分有利、有用的支付与结算工具。

5.3 智能卡网络支付方式

本节在对智能卡的基本特征进行简介的基础上，描述智能卡的网络支付运行模式及其应用特点、应用状况。

智能卡是结合信用卡的便利、集信息存储与计算机编程等多个功能的综合体，用在网络支付上也表现出多种特征。智能卡本质上是硬式的电子钱包，它既可支持电子现金的应用，也可与信用卡一样应用；既可应用在专用网络平台上，也可用在基于 Internet 公共网络平台的电子商务网络支付中。因此，本节叙述的智能卡的应用与前面的电子钱包应用是类似的，请读者注意互相参考。

5.3.1 智能卡简介

1. 智能卡的定义

近几十年来，随着集成电路、计算机技术的飞速发展，以及信用卡的普及应用，极大地提高了整个社会的信息化程度。将集成电路技术应用到传统的基于磁卡技术的信用卡上——两种技术的结合，导致了智能卡的诞生。

所谓智能卡，英文描述为 IC 卡（集成电路，Integrated Circuit），就是外形上类似信用卡大小、形状，但卡上不是磁条，而是计算机集成电路芯片（如微型 CPU 与存储器 RAM 等），用来存储用户的个人信息及电子货币信息，且可具有进行支付与结算等功能的消费卡。由于 IC 卡是在 IC 芯片上将消费者信息和电子货币存储起来，因此不但存储信息量大，还可用来支付购买的产品、服务和存储信息等，具有多功能性。

由于 IC 卡功能的多样化，应用起来自动处理能力强，对用户大多透明，所以又称为智能卡，英文为 Smart Card。IC 卡于 20 世纪 70 年代中期在法国问世，经过 20 多年的发展，现在的 IC 卡以其存储信息量大、使用范围广、安全性能好、自动编程处理而逐渐受到人们的青睐，成为名副其实的智能卡。

由于智能卡结构上安装嵌入式微型集成电路，能够储存并且处理比较丰富的数据，如持卡人的位置、客户的身份证号码、客户的地址、客户持有的电子货币信息（如信用卡号码与电子现金等），这是一般的磁卡力所不及的。对智能卡卡上的存储信息还可设置一个安全的个人识别码（PIN）保护，只有得到授权的消费者才能访问它，因此智能卡是非常安全的。典型的事例就是现在的 GSM 手机，核心部件就是带用户信息的智能卡，开始时就可设置 PIN 码进行保护，中国移动的"神州行"手机卡，其应用与付款方式就是智能卡的典型支付模式。

目前，多功能的智能卡内还嵌有高性能的 CPU，并且配备独自的操作系统，能够像个人计算机那样自由地进行编程，增加和改变智能卡功能，日趋智能化。图 5-34 为一个智能卡示意图，圈中部分就是集成电路。这种智能卡还设有"自爆"装置，如果犯罪分子想非法打开智能卡获取信息，卡内软件上的内容将立即自动消失。因此作为智能卡本身，其安全性、技术水平、功能上均比传统磁条信用卡好得多，它是目前卡系列服务发展方向。中国普及应用的第二代个人身份证就是 IC 卡式的，能记录中国公民的几乎所有的关键信息，如个人身份情况、医保号码、信用卡号码、电子现金等。这种 IC 卡既能证实身份，又能用于商务支付，还可以去看病，真正体现了"一卡多用"、"持卡在手，走遍天下"的作用。

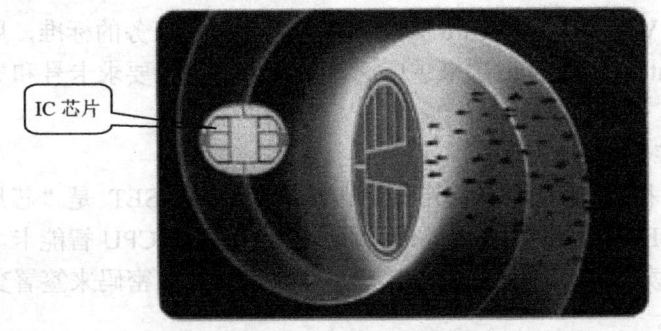

图 5-14 智能卡示意图

2. 智能卡的应用功能及技术标准

目前智能卡在专用网络平台如金融专用网与公共网络平台如 Internet 上均能支持很多种应用，其主要的应用范围涉及如下四个方面。

（1）传统的电子支付：在一些专用网络上的支付，如 IC 电话卡、IC 卡电表、IC 路费卡、IC 卡月票（像北京城铁使用的 IC 卡月票）等。

（2）Internet 上的网络支付：充当硬式电子钱包，存放信用卡号、存折号、电子现金等电子货币及个人的相关信息，在 Internet 上支付。

（3）电子身份识别：能把相关授权信息存放在卡里，控制对门户、应用信息系统、计算机等入口访问。很多银行把网络银行业务中证实客户身份的数字证书等信息也常常做成 IC 卡式，里面的密钥、密码等就更安全了。

（4）信息存储：适时存储和查询持卡人的相关信息，如存储和查询病历、目标跟踪信息或处理验证信息。IC 卡身份证、学生证中就存储了大量这种信息。

智能卡的应用面很广，社会上各种类型的智能卡也非常多。为了规范智能卡的应用，方便智能卡应用服务的普及，特别方便其电子支付与网络支付，国际上一些专业机构近年来制定了很多相关智能卡的技术与应用标准。

1）ISO 7816 标准

ISO 7816 标准是国际上最广为人知的智能卡技术与应用标准。中国已采用其第 1、2、3 部分作为中国标准，即主要定义构成智能卡塑料基片的物理和尺寸特性（7816/1 部分），触点的尺寸和位置（7816/2 部分），信息交换的底层协议描述（7816/3）。7816/4 部分论述了跨行业的命令集。

2）CEN 标准

专用于智能卡作为硬式电子钱包应用的是 CEN 标准（TC224，WG10），它描述卡的数据和指令存储格式，以及相关的交易和应用方法。

3）EMV 规范

EMV 规范是由世界主要信用卡联合体 Visa、Mastercard 和 Europay 于 1996 年修订完毕的。此规范定义了银行用带 CPU 智能卡的协议、数据和指令，提供了除智能卡内部安全保护机制之外的附加安全措施。

4）ETSI 标准

ETSI 标准是用于统一欧洲的数字蜂窝通信标准，其中涉及蜂窝电话中 IC 卡的应用。这已得到欧洲所有移动通信网的支持，将在世界范围内进一步扩大影响。

5）SET 标准

SET 标准是由 Visa 和 Mastercard 共同制定的用于电子商务的标准，用于智能卡的网络支付。目前在 Internet 上使用越来越广泛，系统将向用户要求卡号和失效日期，然后信息被加密和核实。

6）C-SET 标准

C-SET 标准是和 SET 类似的标准，它由法国制定。C-SET 是"芯片安全交易"的缩写（Chip-Secure Electronic Transaction），面向法国银行的 CPU 智能卡。该标准使用与计算机连接的小型读/写器识别用户身份，用户需要另外输入密码来签署交易。C-SET 和 SET 具备互操作性。

7) 中国智能卡系列标准与规范

为了规范中国智能卡发展，本着符合国际标准，与国际通用的 EMV 规范兼容的原则，近年来，中国银行先后组织开发与制定了《中国金融 IC 卡系列规范》、《中国金融智能卡卡片规范》、《中国金融智能卡应用规范》和 POS 设备的规范等。另外，国家金卡工程办也相继制定了《全国智能卡应用发展规划》、《智能卡管理条例》、《集成电路卡注册管理办法》及《智能卡通用技术规范》等。这些标准和规范的制定，为国内 IC 金融卡跨行、跨地区通用、设备共享及与国际接轨提供了强有力的支持，为智能卡在金融业的大规模使用提供了安全性、兼容性的保障。智能卡也为电子商务中网络在线支付提供了从支付手段到交易流程的解决方案，且为各种电子支付系统的规范化和兼容化提供契机，使得用中国标准金融智能卡作为电子商务中的支付前端成为最终、最安全和最直接的解决方案。

5.3.2 智能卡的网络支付模式

智能卡的一个主要功能就是进行电子支付，包括基于 Internet 平台为电子商务服务的网络支付。发展到现在，在用于支付上，智能卡比较成熟的是类似电话 IC 卡这样基于专线的电子支付。在 Internet 上，虽然智能卡的电子身份识别与信息安全存储功能（如各银行发行的 IC 卡数字证书等）应用比较多，但智能卡的网络支付功能还在推广应用中。可以认为，在 Internet 上，智能卡基本具备两种网络支付模式，即智能卡的在线支付模式和离线支付模式，而且这两种支付方式均是相当安全的，都用到私有/公开密钥加密技术、数字签名、数字摘要以及数字证书技术等。比较特殊的是，智能卡的应用大多还需要一个特殊的智能卡读卡器，以读取智能卡的信息用于网络支付与验证身份等。

1. 智能卡的在线支付模式

智能卡的在线支付模式根据获取智能卡信息的手段而不同，可以分成带读卡器的智能卡网络支付模式和不带读卡器的智能卡网络支付模式。由于智能卡的在线支付模式和电子钱包（信用卡）的 SET 协议支付模式基本相同，两种原先存放在计算机（软件）里的一些个人信息与电子货币信息是存放在智能卡 IC 芯片上，更加安全。因此，在此对智能卡在线支付模式的处理流程只做简单介绍，其支付过程中相关安全认证技术的运用可以参考前面所述的信用卡 SET 协议网络支付模式或者电子钱包的支付模式。

1) 带读卡器的智能卡网络支付模式

使用这种模式进行网络支付时，客户需要购买一个专用的智能卡读卡器，安装连接在上网的客户计算机上，这需要增加一定成本；其操作由于是智能卡硬件的自动化操作，所以不但更加安全和保密，而且减少了客户的一些重复劳动。Mondex 智能卡的支付就属于这种形式。带读卡器的智能卡网络支付模式基本流程如下。

（1）客户在连网的 PC 上启动 Internet 浏览器，进入商家网站进行购物，双方认证，填写订单，并且选择智能卡支付。

（2）如果利用智能卡里的银行资金账号支付，可借助安装在 PC 上的智能卡读卡器，登录到相应银行 Web 站点上，智能卡自动告知银行有关客户的真实身份、银行账号（如信用卡账号或存折账号）、密码和其他一切加密信息。

(3) 银行根据客户的要求从客户资金账号转移资金到商家的收单银行账户上，通知商家确认客户的订单并发货，由此完成了网络支付。

(4) 如果利用智能卡里的电子现金支付，则智能卡在对商家身份认证后，直接把相应数目的电子现金发送给商家，商家接收后借助银行审核，确认订单并发货。

2）不带读卡器的智能卡网络支付模式

有的银行发行的智能卡均有一个智能卡卡号，即拥有智能卡的顾客在发卡行同时拥有一个与这个智能卡对应的资金账号。当此智能卡号用于网络支付结算时，该种智能卡的网络支付模式类似信用卡的网络支付模式。即当用智能卡进行网络支付时，其实是用这个资金账号进行支付，它类似于网络银行账号。在这种方式下，客户不用购买一个专用的智能卡读卡器连接在上网的计算机上，而是通过直接在网络页面上填写智能卡号与应用密码来支付，这样做的缺点是势必牺牲智能卡本身的安全保密度，因此目前智能卡很少采用这样的网络支付方法。

不带读卡器的智能卡网络支付模式的基本流程，与信用卡的网络支付模式一样，可以采取 SSL 协议机制支付方式，也可采用 SET 协议机制支付方式。

(1) 客户在连网的 PC 上启动 Internet 浏览器，进入商家网站进行购物，双方认证后，填写订单，选择智能卡支付。

(2) 类似前面的信用卡支付步骤，填写智能卡的号码和使用密码，然后加密登录到相应银行 Web 站点上，准备进行支付。

(3) 银行通过持卡客户的身份认证，确认智能卡号码与密码无误后，根据客户的要求从客户资金账号转移资金到商家的收单银行账户上，通知商家确认客户的订单并发货，就完成了网络支付。

随着技术的进步，非接触式智能卡正逐渐投入应用。如果说这种非接触式智能卡用于网络支付，并不一定属于不带读卡器的智能卡网络支付模式，那是因为其智能卡信号是无线传播的。

2. 智能卡的离线支付模式

由于智能卡的存储能力强大，其卡中可以存入电子现金这样的网络货币，因而持卡人就可使用智能卡进行离线支付。

所谓离线支付，不是说智能卡与持卡客户或商家的计算机离线，而是指使用智能卡进行网络支付时，智能卡的读卡器不需要和发卡银行的网络实时连接，即无须银行的实时中介支付处理，而直接通过读卡器的读/写功能完成支付结算。

智能卡的离线支付使得持卡人的网络支付行为不再受到网络好坏与银行处理效率的影响，使支付更加方便快捷，扩大了智能卡的使用范围。不过离线支付必须使用读/写卡设备，而且基本上只适用于在卡内存放电子现金、电子零钱等网络货币的智能卡，因为只有这些网络货币的转让不需要银行的实时中介。

利用电子现金的智能卡离线网络支付模式的流程示意如图 5-15 所示。

(1) 智能卡持卡客户到发行电子现金的银行申请电子现金，将电子现金下载存入智能卡。

(2) 持卡客户在网上商家网站选订购买的商品，填写订单，选择智能卡支付。

(3) 支付时将智能卡插入智能卡读卡器中。

（4）客户输入智能卡 PIN，确认支付金额。

（5）读卡器对客户输入的 PIN 与卡中的 PIN 自动比较，如果一致，打开智能卡，受理支付请求。

（6）读卡器将客户智能卡中的电子现金发送商家（或许商家也应用智能卡存放电子现金）。这个过程中读卡器需要进行查对黑名单、核实资金是否够用、对支付后的余额进行更新等处理，且将交易记录登记到自身的日志文件和客户的智能卡中。

（7）商家收到电子现金后，确认客户的订单并且发货。可用收到的电子现金继续进行其他网络支付业务，也可以到发行电子现金的银行进行兑换。

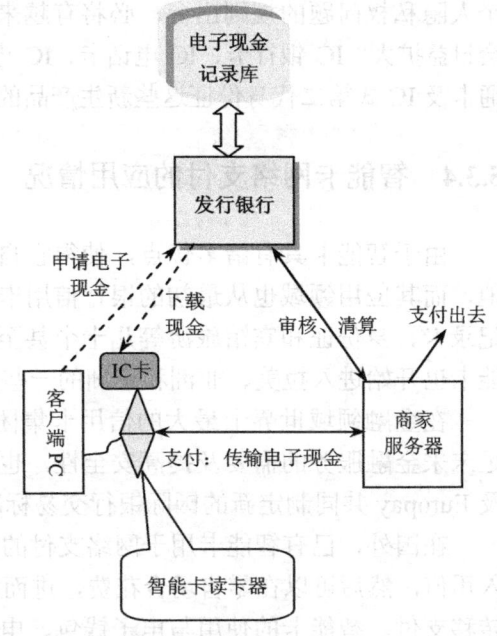

图 5-15　智能卡的离线网络支付模式流程示意图

5.3.3　智能卡的应用特点

由于采用当今最先进的半导体制造技术和信息安全技术，智能卡相对于其他种类的卡（如磁卡式信用卡）具有以下四大特点。

（1）存储容量大。其内部有 RAM、ROM、EEPROM 等存储器，存储容量可从几个字节到几兆字节，而且卡上可以存储文字、声音、图形、图像等多媒体信息。

（2）安全性高。智能卡从硬件和软件等几个方面实施其安全策略，可以控制卡内不同区域的存取特性，并都设有安全密码。如果试图非法对智能卡的存储数据进行存取，则可设置卡片自毁，不可进行再读/写。

（3）对网络性能要求不高。智能卡的安全可靠性使其在应用中对计算机网络的实时性、敏感性要求降低，十分符合中国当前的国情，有利于在网络质量不高的环境中应用。

（4）智能卡体积小，质量轻，抗电磁干扰能力强，便于携带，易于使用。

具体到网络支付中，更能说明智能卡的上述优点。

（1）智能卡使得电子商务中的交易变得简便易行。它消除了某种应用系统可能对消费者造成不利影响的各种情况，它能为消费者"记忆"某些信息，且以消费者的名义提供这种信息。

（2）智能卡在网络支付中不但减少了现金处理的支出以及被欺诈问题出现的可能性，很安全，而且还提供优良的保密性能，可存放多种电子货币，网络支付灵活。因此，作为电子商务中的支付前端有可能成为最终、最安全和最直接的网络支付解决方案之一。

当然，智能卡也存在不足，其发展并非一帆风顺，并非所有的商家和银行都积极投身这一市场。原因之一是，要通过在线或专用读卡器实现智能卡支付，使银行能够处理这类交易，就必须先投入资金安装一套软/硬件基础设施。另一项阻碍智能卡市场发展的障碍是用户的个人隐私权问题。用户的哪些个人信息可以存入智能卡，目前还缺少法律依据。

随着刷卡点的普及，最新技术的发展为信息安全性提供越来越大的保障，以及有关个人隐私权问题的规则出台，必将有越来越多的用户被吸引到智能卡市场中来，应用面会日益扩大。IC 银行卡、IC 电话卡、IC 电表卡、健康卡、移动支付、IC 数字证书、IC 交通卡及 IC 式第二代身份证这些新生产品的不断涌现，正说明了智能卡的良好发展前景。

5.3.4 智能卡网络支付的应用情况

由于智能卡具有诸多优点，使得它自诞生以来就备受重视，其市场迅速遍及世界各地，而其应用领域也从最初的银行信用卡单一领域，渗透到包括保安、付费电话、健康记录卡、身份证和宾馆旅游等几十个甚至上百个领域。目前除了许多发达国家以外，智能卡也开始进入拉美、非洲和亚洲的一些发展中国家，大有一发不可收的气势。

在金融领域世界上最大的信用卡集团——VISA 卡集团，为扩展金融服务范围，满足未来金融服务的需要及提高安全性，也开始准备转向智能卡。VISA 还和 MasterCard 及 Europay 共同制定新的国际银行交易标准，这将极大拓展世界性的智能卡应用范围。

在国外，已有智能卡用于网络支付的实例，如 Mondex 系统中，预先在智能卡中载入币值，然后可以在零售场合花费，进而实现币值从一张 Mondex 芯片到另一张芯片的转移支付。智能卡的使用与电子钱包、电子现金的使用是紧密联系在一起的，目前世界上 Visa Cash、Mondex、Proton 三大类电子钱包其实都是智能卡式的电子钱包。

Visa Cash 电子钱包已在下列国家和地区得到应用：阿根廷、澳大利亚、巴西、加拿大、哥伦比亚、德国、中国香港、爱尔兰、以色列、意大利、日本、墨西哥、挪威、波多黎各、俄罗斯、西班牙、中国台湾、英国、美国。例如，Visa Cash 电子钱包在西班牙的许多场合得到应用，如停车、打电话等，马德里和巴塞罗那在试验将 Visa Cash 用于公共交通电子车票中，并且采取非接触的方式。目前，拥有 5 000 万张电子钱包卡的西班牙是全球为数不多的几个电子钱包应用较为成功的国家之一。

Mondex 电子钱包在英国、法国、挪威、澳大利亚、新西兰、哥斯达黎加、中国香港、菲律宾、以色列、加拿大、美国等国家和地区得到广泛的应用。美国的两大金融机构 KeyCorp 和 Comerica 在 1999 年 5 月购买了 Mondex 授权，在美国试验推广 Mondex 电子钱包。中国香港地区发行了 18 万张 Mondex 电子钱包卡，这些电子钱包可在 700 多个 ATM 机上充值，有 7 000 多商户接受 Mondex。日本的 Sanwa 银行和 JCB 信用卡组织在 1999 年获得 Mondex 授权，计划提供基于 Multos 平台的 Mondex 电子现金。韩国的 Kookmin 银行发行了 2 万张基于 Multos 的 Mondex 电子钱包，可在汉城的一个主要的会议中心 COEX 使用。Mondex 还计划在网络支付领域大力推广 Mondex 智能卡式电子钱包。为促使更多的人使用 Mondex 电子钱包进行网上购物，Mondex 计划免费在全世界散发上百万个与 PC 相连的智能卡读卡器。

Proton 电子钱包在荷兰、比利时、瑞典、瑞士、澳大利亚、马来西亚、菲律宾、巴西、智利、墨西哥、美国等国家也得到较好的应用。特别是在欧洲，Proton 是使用最广泛的电子钱包。Proton World 还与 Sun 公司签署了合作协议，向其用户提供基于 Java 卡技术的多应用智能卡平台的 Proton 电子钱包。

在中国内地，目前银行发行的用于网络支付的主要还是普通信用卡，用于网络支付结算的智能卡还未真正普及，智能卡的大规模应用首先是在移动通信网上，在广东、上海邮电局开通的移动通信网已经使用带 CPU 的智能卡。上海工商银行发行了浦江智能卡，它是兼有磁条和集成电路的复合卡，集储蓄、消费转账、ATM 服务、工资转存、公用事业转账、异地通兑、电子钱包功能于一体。智能卡式电子客票即"市政交通一卡通"已在北京所有的轨道交通线上大规模应用，以方便市民的出行。

不管怎么说，中国政府牵头的金字工程将直接推动智能卡的发展，而 IC 芯片的记忆及处理功能的增强也会使智能卡的性能越来越完善。因此，智能卡在中国的应用前景是令人振奋的，在未来的 10~20 年内，智能卡将被人们广为使用，同时也将更广泛地应用于中国电子商务与电子政务的资金结算中。

5.4 支付宝、贝宝与安付通第三方支付工具

基于银行业的电子化与网络化应用基础，为最大限度地保证网上交易的安全，一些著名企业如阿里巴巴、淘宝网和易趣网等，联合银行，纷纷推出了一些第三方支付工具，如支付宝、贝宝、安付通及世界知名的 PayPal 等。这些第三方支付工具常常带有信用中介的性质，应用方便简单，自推出服务以来便受到了中国广大网民的热烈欢迎，特别是"支付宝"在中国的应用，不但支持近几年淘宝网的发展壮大，而且中国几乎所有 B2C 电子商务网站也支持用"支付宝"支付结算。

这类第三方支付工具，体现为一种金融增值服务，一般用来支持小额的网络支付，支持 B2C 或 C to C 电子商务的运作，但也可用来进行额度较大的网络支付，从而支持 B2B 电子商务的运作。

下面分别简介国内流行的支付宝、贝宝与安付通，其他的类似。

5.4.1 支付宝

1）支付宝简介

支付宝，是由全球最大的 B2B 网上商务平台阿里巴巴公司旗下的支付宝公司针对网上交易而特别推出的第三方安全网络支付服务，它主要提供支付及理财服务，包括网购担保交易、网络支付、转账、信用卡还款、手机充值、水和电使用等的缴费、个人理财等多个领域。在进入移动支付领域后，为零售百货、电影院线、连锁超市和出租车等多个行业提供服务。还推出了余额宝等理财服务。详细信息可参阅支付宝网站（www.alipay.com）。

支付宝公司与国内网络支付领先的网络银行深入合作，为买卖双方提供支付信用中介，确保网上购物诚信与支付安全。这些银行的代表为中国工商银行、中国建设银行、广东发展银行、深圳发展银行、招商银行、中国农业银行、兴业银行、上海浦东发展银行与中国民生银行等。支付宝同时也与 VISA、MasterCard 国际组织等机构建立战略合作关系，成为金融机构在电子支付领域最为信任的合作伙伴。

支付宝工具已在阿里巴巴旗下网站淘宝网 www.taobao.com 及大量电子商务网站大量应用，截至 2014 年 12 月 31 日，支付宝的实名用户已经超过 3 亿户，支付宝日交易总额达到 38 720 亿元人民币，日交易笔数更是超过 9 000 万笔。目前支付宝不收取任何

费用,是一种营销策略,但确实扩大了影响,推广很快。

2)支付宝的应用特点与流程

在应用上,用户使用支付宝之前必须在一家合约银行开通网络银行服务,通常是办理一个能够进行网络支付服务的银行卡。用户的 E-mail 地址或手机号码通常可作为支付宝账户,在支付确认时,只需借助 E-mail 地址或手机号码即可完成支付,应用非常简单。

以淘宝网为例,当买家选择支付宝账户余额付款时,支付宝的应用流程如图 5-16 所示。

(1) 开通网络银行账号(设定网络银行登录密码和网络银行支付密码,一般是银行卡账号);

(2) 开通支付宝(设定支付宝登录密码和支付宝支付密码);

(3) 在淘宝网上将银行卡里的钱充值到支付宝中;

(4) 买家订购确认后将货款打给支付宝,等待卖家发货;

(5) 买家确认收货后,淘宝网再借助支付宝打款给卖家相应网络银行账号,如遇交易不成功,可通过退款手续自动返回货款。

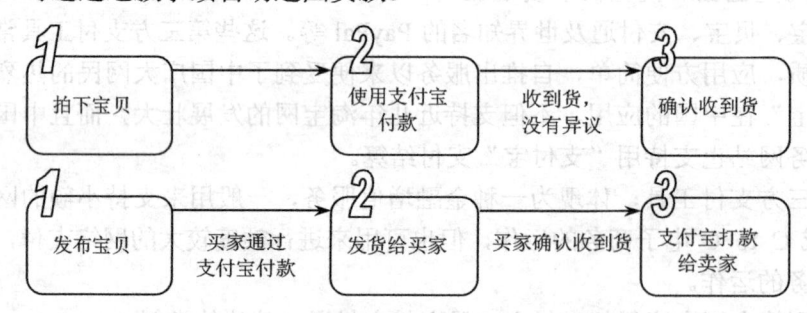

```
1 拍下宝贝 → 2 使用支付宝付款 →（收到货,没有异议）→ 3 确认收到货

1 发布宝贝 →（买家通过支付宝付款）→ 2 发货给买家 →（买家确认收到货）→ 3 支付宝打款给卖家
```

图 5-16 支付宝应用流程

5.4.2 贝宝

eBay 易趣(www.ebay.com.cn)网是中国较大的网上购物社区(主要为 C to C 业务),每天在线商品数十万件,包括计算机、手机、MP3、数码相机、服饰和收藏品等。为强化安全交易与安全支付功能,该网站采用了贝宝与安付通两种第三方安全网络支付工具。买家可根据自身需要选择使用贝宝或安付通支付货款。

1)贝宝简介

贝宝是由上海网付易信息技术有限公司与世界领先的网络支付公司 PayPal 公司合作为中国市场度身定做的一种第三方网络支付工具。贝宝利用 PayPal 公司在电子商务支付领域先进的技术、风险管理与控制及客户服务等方面的能力,通过开发适合中国电子商务市场与环境的产品,为电子商务的交易平台和交易者提供安全、便捷和快速的交易支付支持。

上海网付易信息技术有限公司成立于 2004 年 8 月,注册于张江高科技园区的浦东软件园,已同国内多家主要银行及中国银联支付服务公司(Chinapay)等结成战略合作伙伴,为网上交易的个人与企业提供支付服务。PayPal 公司成立于 1998 年 12 月,是美国 eBay 公司的全资子公司。PayPal 利用现有的银行系统和信用卡系统,通过先进的网络技术和网络安全防范技术,在全球 190 个国家和地区为超过 2.2 亿人及网上商户提供安全便利的网上支付服务。

2）贝宝的应用特点与流程

在应用上，只需要拥有一个邮件地址，任何人或企业在互联网上就可通过贝宝收取或者支付交易款项，比较快捷简单。贝宝有人民币 2 000 元的买家保护方案来保护交易的安全。因此，如果用户在易趣购买价值低于人民币 2 000 元的在线商品，应用贝宝还是相当安全的。在安全技术应用上，贝宝从不与买卖双方共享财务信息，同时采用 128 位 SSL 加密技术来确保用户数据的安全，同时贝宝服务系统还配置了先进的欺诈防护系统，以及时发现欺诈行为并预警。

贝宝的支付结算流程分为买方支付流程和卖方收款流程，如图 5-17 所示，详情参考 http://pages.ebay.com.cn/help/community/paypal.html。

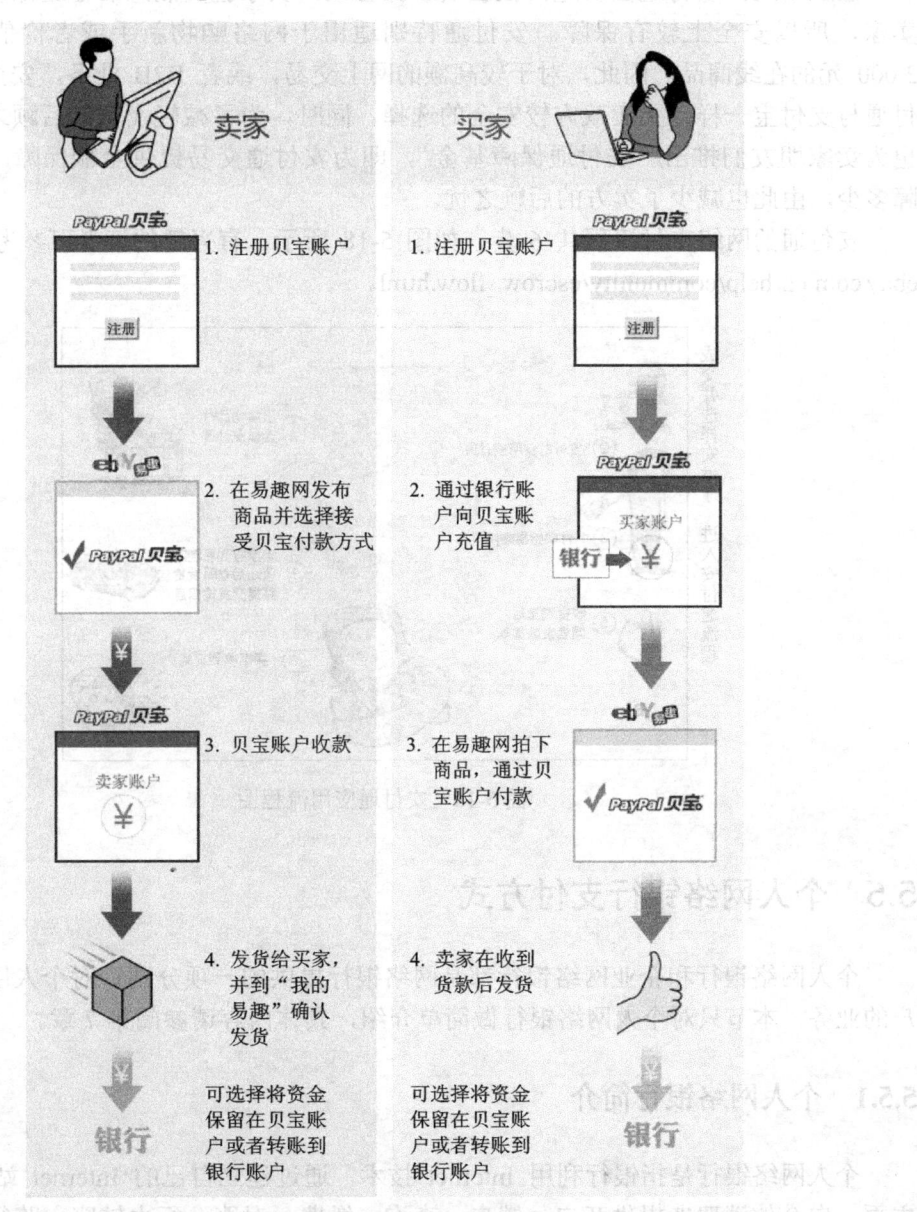

图 5-17 贝宝应用流程图

5.4.3 安付通

1) 安付通简介

安付通是由易趣网联合中国工商银行、中国建设银行、招商银行和银联网络支付服务有限公司提供的一种促进网上安全交易的支付手段。其应用原理类似前面所述的支付宝，因为易趣网在交易过程中自始至终充当值得信赖的第三方中介并且控制付款流程，只有买家收到物品后决定将货款支付给卖家，易趣网才会严格遵照买家意愿和安付通的流程规定实施放款。

2) 安付通的应用特点与流程

在应用上，安付通由易趣网担当货款保管人，买家验货满意后才通知易趣网放款给卖家，所以安全上较有保障。安付通特别适用于网络购物新手或者价值超过人民币 2 000 元的在线商品。因此，对于较高额的网上交易，或者 B2B 业务，安全、快捷的安付通与支付宝一样是买卖双方较安全的选择。同时，为了减轻卖家的后顾之忧，易趣网也为卖家朋友们推出"安付通保障基金"，即为安付通交易提供全额保障，交易多少保障多少，由此也减少了卖方的后顾之忧。

安付通的网络支付流程共 6 步，如图 5-18 所示，有兴趣的读者可参考 http://pages.ebay.com.cn/help/community/escrow_flow.html。

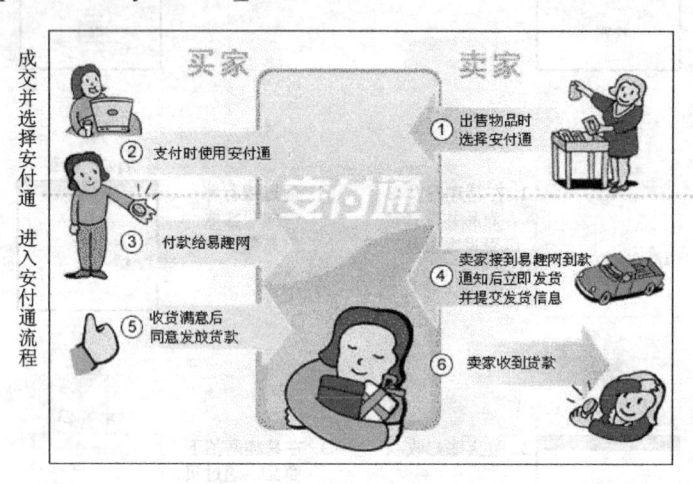

图 5-18 安付通应用流程图

5.5 个人网络银行支付方式

个人网络银行和企业网络银行都是网络银行提供的一项分别针对个人用户和企业用户的业务，本节只对个人网络银行做简单介绍，具体内容请参阅第 7 章。

5.5.1 个人网络银行简介

个人网络银行是指银行利用 Internet 技术，通过建立自己的 Internet 站点和 WWW 主页，向个体消费者提供开户、销户、查询、缴费、对账、行内转账、跨行转账、支付结算、信贷、网上证券、投资理财等传统服务项目，使消费者足不出户就能安全便捷地管理活期和定期存款、支票、信用卡及个人投资等，它是网络银行提供的一种针对个人用户的业务。

个人网络银行一般提供两种不同权限的服务形式，即个人银行（大众版）和个人银行（专业版）。只要在银行开立普通存折或信用卡账户，完成一定的注册手续，就可以享用到个人银行（大众版）的服务，即可通过 Internet 查询账户余额、当天交易和历史交易、网上转账、缴费和修改密码、计算按揭贷款月供金额等个人普通银行业务的处理。

个人银行（专业版）服务建立在严格的客户身份认证基础上。银行需要对参与交易的客户发放数字证书，交易时需要验证数字证书，只有申请了个人银行（专业版）服务，并经过银行的认证后，客户才能通过网络银行进行支付结算和理财等服务。

5.5.2 个人网络银行支付模式

利用个人网络银行支付的流程一般描述如下：
（1）顾客在个人网络银行开设个人账号，得到账号号码和密码。
（2）在账号上存钱。
（3）利用此账号借助个人网络银行系统的支持，进行安全网络支付。

个人网络银行的网络支付通常是结合信用卡（银行卡）账号进行的，特别是在中国，个人网络银行支付模式的实质还是信用卡网络支付。

目前个人网络银行日益成为个人客户的网上资金业务处理中心，2012 年后其业务功能进一步丰富，现可以进行支付、缴费、查询、转账、汇款、贷款、证券、黄金买卖、货币买卖、基金及特色理财产品买卖等，本质上都体现为客户资金在银行内外不同账号间的转移，反映在账号内资金信息的变化。图 5-19 至图 5-22 是中国工商银行个人网络银行"金融@家"的一些网上业务处理页面。

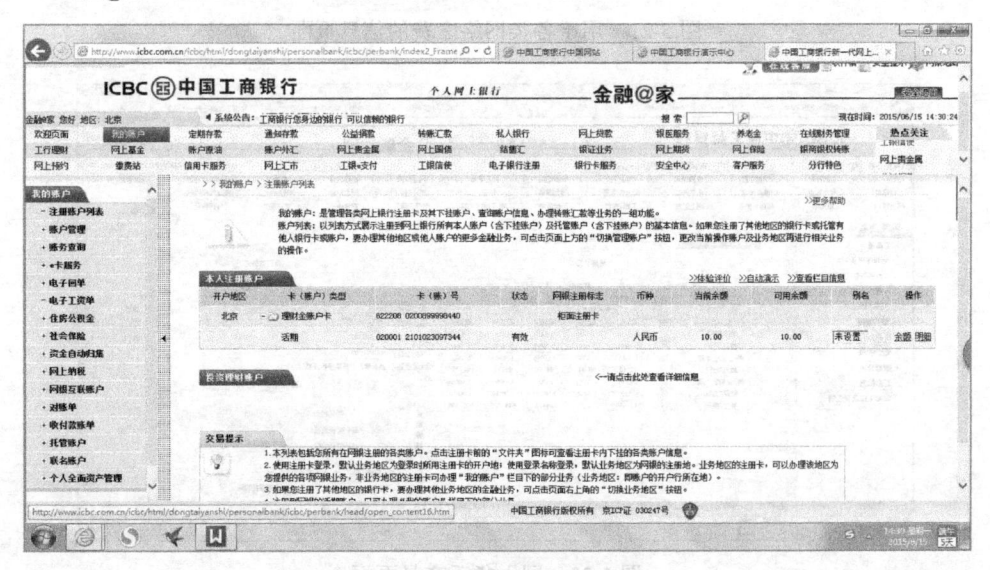

图 5-19　个人账户中心页面

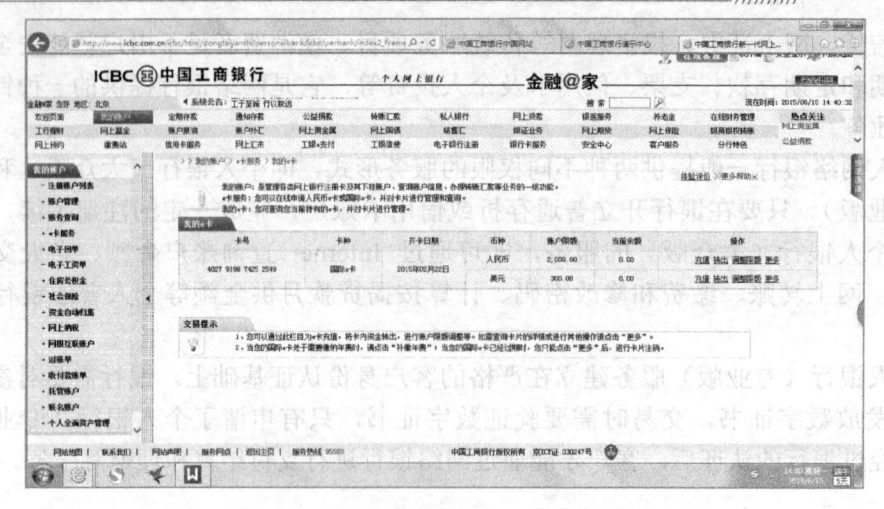

图 5-20 用于网络支付的 e 卡信息页面

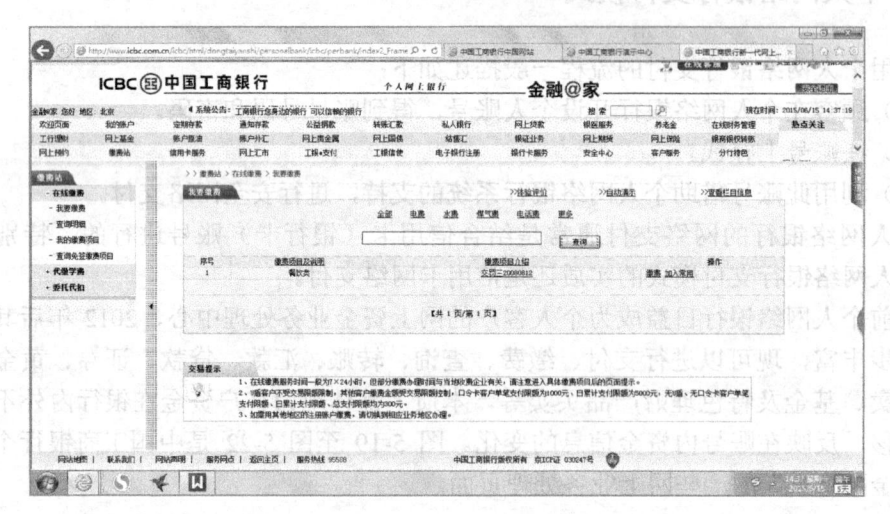

图 5-21 用于各类网络缴费的信息页面

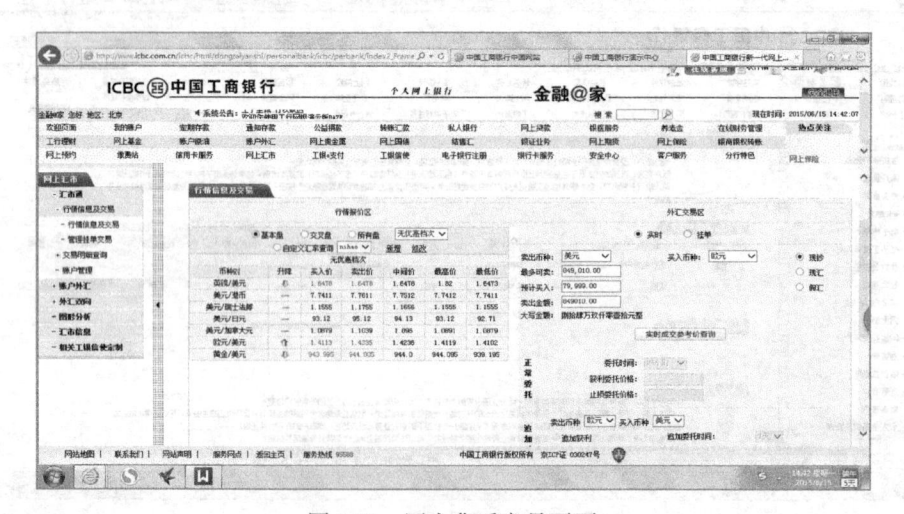

图 5-22 网上货币交易页面

5.5.3 个人网络银行的应用情况

1996 年 6 月,美国有三家银行联手在 Internet 上创办世界上第一家新型的网络银行,称为"安全第一网络银行",这也是在 Internet 上提供大范围和多种银行业务的第一家银行,其前台业务在 Internet 上进行,后台处理集中在一个地点进行,业务处理速度快,服务质量高,服务范围广。作为第一家网络银行,仅仅在它开业后的短短几个月,即有近千万人次上网浏览,给金融界带来极大震撼。许多银行立即紧跟其后在网络上开设银行,随即此风潮逐渐蔓延全世界,网络银行走进了人们的生活。例如,恒生银行的个人网络银行服务于 2000 年 8 月推出以来,已有 21.5 万客户登记使用。2002 年 7 月,网上交易及查询总数高达 430 万宗。网上交易占该行总交易量的一成,网上证券交易则占该行总证券交易量五成以上。

截至 2014 年年末,中国个人网络银行客户就已超过 6.65 亿户,比 2008 年增长了 4 倍,反映了中国个人网络银行业务发展的后发优势。

本章小结

通过前几章的学习,让读者对网络支付与结算的发展背景、安全技术及内容有了基本的了解,认识以 Internet 为主要平台的网络支付与结算服务的发展,符合国家金融电子化与信息化的总体发展战略,也是银行在新时期向客户提供随时随地、方便快捷服务的新方式。虽然目前这一代基于 IPv4 协议版本的 Internet 安全性较差,但基于众多实用先进的安全技术和工具的不断出现与应用,以及下一代基于 IPv6 协议版本的 Internet 的逐渐成熟和普及,网络支付已经具备安全可靠的技术基础。

本章主要叙述的是几种典型的 B2C 型网络支付方式,如信用卡、智能卡、电子钱包、第三方支付工具及个人网络银行服务等。由于信用卡(包括储值型银行卡等)的传统专线支付结算在全世界得到很好的普及,其应用一般涉及普通消费者客户,特别适用于 B2C 型电子商务与 C to C 型电子商务,因此本章的重点内容是信用卡的网络支付方式。

本章介绍了信用卡的定义、标准与功能等基本知识,主要从应用流程、特点以及应用状况等方面重点叙述基于 SSL 协议机制的信用卡支付模式与基于 SET 协议机制的信用卡支付模式。针对目前基于 SSL 协议机制的信用卡网络支付方式在全球、特别是在中国处于信用卡网络支付方式的主流地位的情况,利用中国工商银行牡丹灵通卡的一次网络支付服务为实例,具体描述了信用卡的网络支付流程。

本章后几节还分别从支付流程、应用特点与应用状况等方面详细描述了电子钱包、智能卡及个人网络银行服务这几种正在发展中的网络支付方式,还特别介绍了"支付宝"等在中国应用非常普及的第三方网络支付工具。

复习思考题

1. 上网调研分析中国目前几种常见的信用卡(包括储值型的银行卡)的网络支付

的应用与技术特点。说明你喜欢用哪种？为什么？

2. 请分析在文中描述的工商银行牡丹灵通卡的网络支付流程中是如何应用第 4 章叙述的一些安全技术的？

3. 调研"支付宝"的发展过程并分析"支付宝"成功的原因。

4. 调研总结智能卡已经应用在生活中的哪些方面？展望其应用前景。

5. 请选择文中叙述的一种网络支付方式进行一次网上购物的实践，以体验网络支付的具体流程，谈谈体会。

6. 有兴趣的读者可以结合前面课程的知识，开发一个信用卡或电子现金的网上模拟支付系统。

第 6 章 典型 B2B 型网络支付方式述解

随着电子商务规模的扩大，越来越多的企业与政府组织部门拓展电子商务及电子政务，B2B 或 B to G 等网络交易加速发展，G to G 或 G to B 等电子政务逐步付诸实施，这些均迫切需要发展适合中大额网络交易与服务的网络支付手段。很显然，信用卡等网络支付结算方式面对这些业务需求有些勉为其难，需要发展与应用更加安全可靠的、快速的、跨区域的，并且适合较大金额资金转账的 B2B 型网络支付结算方式。这正是本章叙述的内容。

结合中国实际发展情况，本章主要叙述几种典型的 B2B 型网络支付方式，包括线下与线上方式，如电子支票，电子汇兑系统，国际电子支付系统 SWIFT 与 CHIPS，中国国家现代化支付系统 CNAPS，金融 EDI，企业网络银行与支付宝等的技术与应用特征、运作模式及其应用状况。

不过，这些远距离较大额度的支付手段大多运行在专用的金融通信网络平台上，但这并不妨碍它们为企业间、企业与政府部门间的网络交易与服务提供支付结算支持，因为从第 3 章的叙述可知，专用金融通信网络平台本身就是目前电子商务业务网络平台的一部分。况且，随着网络社会的深入，专用金融通信网络有向新一代 Internet 融合靠拢的趋势。当然，为促进 B2B 交易中资金流与订单/信息流的统一，从而方便收款企业的对账发货，也是企业非常现实的需求，2005 年后国内一些第 3 方的商业组织陆续向市场推出了一些在线 B2B 型网络支付工具如"支付宝"和"国付宝"等，国外的网络支付服务提供商如荷兰的 Global Collect 也在超过 200 个国家与地区提供在线的 B2B 交易支付解决方案。这些工具与方案均帮助用户丰富了对 B2B 交易的选择，促进了 B2B 商务的快速发展。

6.1 电子支票网络支付模式

传统的纸质支票是商务中广泛应用的支付与结算工具，在西方发达国家特别是美国，支票有个人支票与企业支票等多种，可以用于个人与个人、个人与企业、企业与企业、企业与政府组织或部门间的小、中、大额资金支付与结算。在中国，支票一般用于企业或组织间的中、大额资金支付与结算。电子支票是在类似传统纸质支票应用的基础上发展起来的，尤其适用于 B2B 等大额电子商务交易，结合中国的实际应用情况，本书把电子支票划归为 B2B 型网络支付结算方式，这也是 B2B 型网络支付方式中比较重要且有较好发展潜力的一种。

本节在对电子支票简介的基础上，描述电子支票的网络支付运行模式及其应用特点和应用情况。

6.1.1 电子支票简介

1. 电子支票的产生与定义

以信用卡网络支付方式为代表的小额支付结算方式已经基本上满足了电子商务中 B2C 型网络支付的发展要求，而传统纸质支票，作为目前企业间最主要的商务支付结算手段是否能很好地满足 B2B 电子商务加速发展的需要呢？

首先看看传统纸质支票的支付流程，如图 6-1 所示。客户（如北京交通大学）在自己的开户银行申请一个支票账户，通过这个账户借助支票支付各种商务支出。整个过程是这样的，客户先从客户开户银行申领授权支票本；当从商家购物时（如在联想集团购买计算机），客户在支票上严格填好有关的信息，如金额、用途等，签上名字，需要盖章的还要盖章；然后客户把填写好支付金额的支票交给商家；商家拿到支票并初步检查通过后，先背书，然后把支票交给自己的开户银行，要求入账；商家开户行在确认支票真实性后，如果商家和客户都在一个银行开户，那么银行操作起来非常简单，直接把有关的金额从客户账户上转移到商家账户上就行了；如果商家和客户不在一个银行开户，那么商家开户行根据支票信息借助资金（票据）清算系统与客户的开户行在银行后台进行资金清算，然后客户开户行从客户账户中拨出相应资金，拨付给商家开户行的商家资金账户；商家开户行通知商家相应资金到账，这次商务的支票支付与结算过程结束。

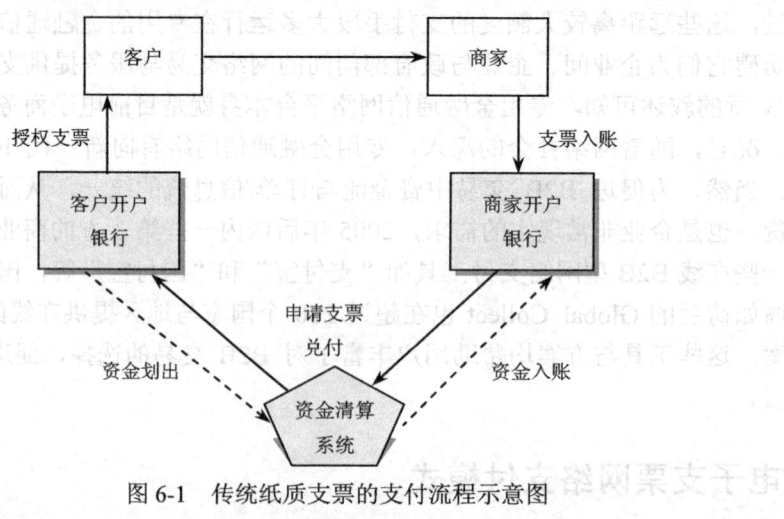

图 6-1 传统纸质支票的支付流程示意图

上述纸质支票支付过程中，银行间的清算是很关键的环节。传统的清算是通过手工进行的，耗费大量的人力、物力。出现自动清算所以后，通过专业电子设备进行清分、结算，则大大节省了费用，提高了效率。一般来讲，目前一个国家的中央银行提供一个全国的清算系统，先将纸质的支票进行清分结算，再通过银行间的金融专用网络系统在各个银行之间划拨资金余额，使不同层次、不同地区的票据结算和资金划拨有效地进行。因此，发展到现在，传统的支票实际上已经是纸票和电子化相结合的产物了。

不过，传统支票支付方式在应用端仍然离不开纸质的支票，因此存在费时费力、安全性较差、使用区域受局限等诸多不足。如果借助目前以 Internet 为代表的信息网络技术，发展一种客户在使用方法上与传统支票比较类似，其应用流程模拟传统支票支付结算流程、用户熟悉的纯电子形式的支票，将会大大促进信息社会中商务经济的发展。这就是电子支票的发展需求。

所谓电子支票，英文一般描述为 E-Check，也称数字支票，是将传统支票的全部内容电子化和数字化，形成标准格式的电子版，借助计算机网络（Internet 与金融专网）完成其在客户之间、银行与客户之间以及银行与银行之间的传递与处理，从而实现银行客户间的资金支付结算。简单地说，电子支票就是传统纸质支票的电子版。它包含和纸支票一样的信息，如支票号、收款人姓名、签发人账号、支票金额、签发日期、开户银行名称等，具有和纸质支票一样的支付结算功能。电子支票系统传输的是电子资金，它排除了纸面支票，最大限度地利用当前银行系统的电子化与网络化设施的自动化潜力。例如，借助银行的金融专用网络，可以进行跨省、市的电子汇兑和清算，实现全国范围的中、大额资金传输，甚至在世界银行之间的资金传输。

中国招商银行企业网络银行服务中的企业之间资金网络转账采用类似电子支票的支付方式，其电子支票示意图如图 6-2 所示，它其实就是一个能在网络上安全传递的、特殊的、可编辑的图形文件，相当于传递了用户的资金支付指令。

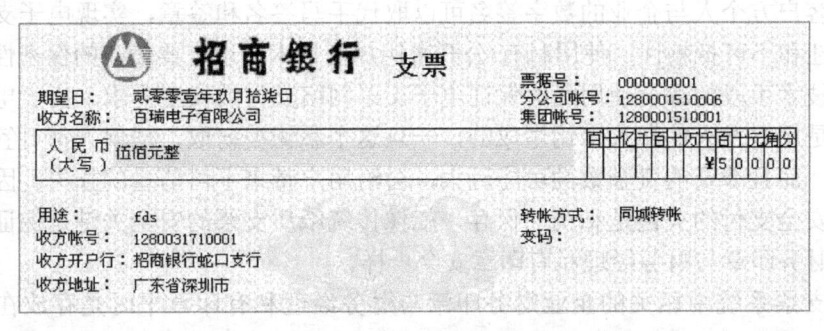

图 6-2 电子支票的示意图

信息网络技术与安全技术的进步和普及为纸质支票转化为电子支票创造了良好条件。早在 1995 年，由美国一些大银行和计算机公司组成的金融服务技术联合会开发并且公开演示使用 Internet 进行的电子支票交易系统，预言"这个系统可能引起银行交易发生革命"。电子支票的出现实际上使支票的概念发生了彻底的变革，完全脱离了纸质媒介，真正实现了资金转移的无纸化和电子化。

2. 电子支票的属性

电子支票从产生到投入应用，一般具备下列属性。

（1）货币价值。电子支票像电子现金一样，必须有银行的认证、信用与资金支持，才有公信的价值。

（2）价值可控性。电子支票可用若干种货币单位，如美元电子支票、人民币电子支票，并且可像普通的纸质支票一样，使用户可以灵活填写支票代表的资金数额。

（3）可交换性。电子支票可以与纸币、电子现金、商品与服务、银行账户存储金额、纸质支票等进行互换。

（4）不可重复性。同一个客户在已用某张票号的电子支票后，就不能再用第二次，也不能随意复制使用。发行银行有巨大的数据库记录存储电子支票序列号，应用相应的技术与管理机制防止复制或伪造等。

（5）可存储性。电子支票能够在许可期限内存储在客户的计算机硬盘、智能卡或电子钱包等特殊用途的设备中，最好是不可修改的专用设备，也可直接在线传递给银行要求兑付。

（6）应用安全与方便。电子支票在整个应用过程中应当保证其安全、可靠、方便，不可随意否认、更改与伪造，易于使用。

3. 电子支票的安全解决手段与电子支票簿

电子支票的应用系统可以建立在传统纸质支票系统基础上，但纸质支票系统中的签字、盖章、笔迹等安全与确认机制对电子支票系统已不适用。由于电子支票中的所有信息都以电子数据文件的形式存储、传送，有可能被涂改而不留任何痕迹。因此在电子商务中，电子支票的传输平台如果是基于 Internet，还存在安全风险问题和可靠性问题。所以电子支票必须采取先进实用的安全技术手段，满足网络支付的安全需求。

电子支票系统中通常也采用第 4 章所述的安全技术，解决其安全性问题。类比传统纸质支票采取的安全手段，在电子支票系统中，使用数字证书可以实现身份识别与认证；使用客户方个人与企业的数字签名可以取代手写签名和签章，实现电子支票包含信息的完整性和不可抵赖性；使用私有/公开密钥加密技术实现支票信息的保密性，等等。这些安全技术手段的综合使用足够保证电子支票网络支付的安全需求。由于电子支票的数字签名是用签发人的私人密钥生成的，一旦这个私钥被窃取，任何人都可签发和使用电子支票，而且涉及的资金数额可能巨大，会给用户带来不可估量的损失。因此，实现电子支票安全支付的关键是私钥的保存，就像传统纸质支票的安全关键是保证签发支票用的企业财务印章与财务经理私有印章安全一样。

传统支票系统中相关的企业财务印章与财务经理私有印章平时是存放在保险柜中的，以保证其安全使用。类似于此，目前电子支票系统中签名私钥的保护是通过电子支票簿技术实现的。下面简介电子支票簿。

1）电子支票簿简介

电子支票簿其实是一种硬件和软件装置，可以实现电子支票的签名、背书等最基本功能，具体来说就是保护电子支票中签名私钥的安全系统。它具有防篡改的特点，并且不容易遭到来自网络的攻击。常见的电子支票簿有智能卡、PC 卡、PDA 等。

智能卡是目前最常用的电子支票簿装置。以智能卡为例，用做电子支票簿的智能卡借用其包含的芯片存储用户的私人密钥；应用芯片编程，执行电子支票的数字签名、背书并存储签名日志等功能。智能卡是非常安全的，从而保证签名私钥与电子支票的安全。

2）电子支票簿的生成过程

以智能卡式电子支票簿为例，其产生过程一般可描述如下。

（1）执行智能卡式电子支票簿的初始化程序，激活卡内芯片，调用密钥生成程序，生成加密和签名的密钥对。私钥保存在卡内，公钥可从卡内导出。

（2）发行电子支票与相应智能卡的银行对支票账号、智能卡信息及持卡人进行登记。

（3）用户的公钥可以安全的方式从卡中导出发送给银行 CA，银行 CA 把公钥、一定的支票账号和持卡人即用户进行映射。

（4）银行 CA 验证所有的账户信息和公钥后，给作为电子支票簿的智能卡发放一张用银行私钥签名的带银行公钥的数字证书。

（5）软件系统确认银行颁发的数字证书的完整性，把证书及一些账户信息（如支票账号、支票限制信息等）存入智能卡内。

（6）借助软、硬件系统生成智能卡式电子支票簿，并在卡面上打印银行的标识、持卡人姓名、识别码等。

（7）随机生成初始 PIN（个人身份识别码），安装到智能卡芯片中。

（8）把与电子支票对应的智能卡式电子支票簿和被覆盖的 PIN 发给电子支票用户。用户收到后在己方安装对应的软、硬件，就可以应用智能卡式电子支票簿了。

3）电子支票簿的功能

同样以智能卡式电子支票簿为例，电子支票簿主要有以下三类功能。

（1）密钥生成。系统执行标准的加密算法，在智能卡内生成所需的密钥对。其中，公钥可以对外发放，私钥只保存在卡内。除非密钥恢复时能得到私钥的备份，否则，其他任何地方都无法获取私钥。

（2）签名和背书。用户通过执行智能卡内 ROM 芯片中的加密程序与私钥实现对电子支票信息的加密和签名。

（3）存取控制。用户通过输入 PIN，激活电子支票簿，确保私钥的授权使用。系统根据不同的控制级别分别有三种 PIN。第一种 PIN 可实现填写电子支票、对支票签名、背书支票、签发进账单、读取日志信息、更改该级别 PIN 等功能；第二种 PIN 除执行第一种功能外，还增加了对电子支票簿的管理功能，如增加、删除证书和公钥、读取签发人的公钥和签发人的个人信息，更改管理者的 PIN 等；第三种 PIN 用做银行相关电子支票系统的初始化，包括初始化密钥对和初始化签发人的个人数据等。

4）电子支票簿的优点

应用电子支票簿技术可以辅助电子支票在电子商务中的应用。首先，保证用户签名私钥的安全性；其次，标准化和简化密钥的生成、分发和使用机制，使电子支票的用户不需要专门的技能和培训就能很方便地应用电子支票，建立很高的信任机制；再次，电子支票簿能够理解电子支票的语法，对电子支票的关键数据建立日志并且保存；最后，帮助随机自动生成递增的、唯一的"电子支票号"，杜绝由于网络传递出现问题或人为原因造成的电子支票副本，防止对同一张电子支票的多次使用与兑现。

电子支票簿技术的研发与应用，特别是智能卡式电子支票簿的出现，不但充分保证了电子支票的安全性，并且使电子支票系统应用更为简单、快捷，提高了电子支票系统的技术成熟度，方便了电子支票投入实际应用。

6.1.2 电子支票的网络支付模式

电子支票一般由客户计算机内的专用支票软件结合电子支票簿生成,也可以由银行端专门软件生成特殊电子支票文件,传递给客户进行数字签名后形成电子支票。电子支票的一般组成部分包括支付数据(支付人、支付金额、支付起因等)、支票数据(出票人、收款人、付款人、到期日等)、客户的数字签名以及数字证书、发行银行证书等内容。电子支票系统一般包含三个主要的直接参与实体,即客户(电子支票发送方)、商家(电子支票接收方)和金融机构(即双方的开户银行及后台清算机构等)。

一张电子支票中必须包含某些必选的信息和可选的信息,以及数字签名,所以,电子支票在国际上主要使用金融服务标识语言 FSML(Financial Services Markup Language)书写。FSML 同 HTML 类似,其文档结构和数据条款都有标记限定,这两种标识语言都由标准通用标识语言 SGML(Standard Generalized Markup Language)设定。设计 FSML 用来支持电子支票的数据结构和数字签名,也可以被扩展为其他金融服务文档。用 FSML 书写的电子支票包含所有普通纸质支票中所具有的全部信息,包括手写的、打印的、印刷的甚至利用磁条和条形码所代表的信息。另外,电子支票中还可包含一些纸质纸票中所不能包含的一些信息,如与电子订单和票据的接口信息等。在 FSML 中还包含签名块,用于支持 FSML 文档块的增加和删除,支持多种签名方式和协同签名等,也可以被依次处理电子支票的交易方背书该电子支票。另外,FSML 结构和签名机制同样提供封装和加密粘贴其他文档的能力,给收款人提供支付建议、订货单和汇款等信息,以使收款人能把支票存储在合适的银行账号中。

目前,电子支票系统主要通过专用金融网络、设备、软件及一套完整的用户识别、标准报文、数据验证等规范化协议完成数据传输,从而控制安全性。这种方式已经较为完善,类似金融 EDI 模式。成本更低、跨区域、应用更为简单的、基于 Internet 平台的电子支票系统正在快速发展中,因为这种形式更适合目前网络经济社会里电子商务的发展需要,常用来处理 B2B 电子商务中的网络支付功能。当然,基于专用金融网络平台的类似金融 EDI 的电子支票系统也可离线解决企业间电子商务的支付结算,只不过把电子商务交易环节与支付环节分离处理而已。二者应用原理上差不多,只是网络平台不同,前端基于 Internet 平台的电子支票系统更能与整个电子商务业务过程集成在一起处理。下面主要以基于 Internet 平台的电子支票系统为例来叙述。

所谓电子支票的网络支付,就是在网络平台如 Internet 上利用电子支票完成商务伙伴间的资金支付与结算。具体到电子商务来说,就是利用电子支票完成电子商务交易中的资金流动,提高效率,方便电子商务的开展。

电子支票与纸质支票工作方式大致相同,简单来说就是客户向商家发出电子支票,商家将其存入银行,以兑付现金。在电子支票用于网络支付过程中,如果客户的开户银行和商家的开户银行是同一家银行,那么金融机构就只有一家银行参与,结算非常简单,直接在双方资金账号间转拨资金;否则,则借助第三方独立的票据交易所清算系统进行银行间的资金清算,在不同银行资金账号间转拨资金,以达到支付的目的。

电子支票的网络支付模式,按照参与银行的情况,可分为同行电子支票网络支付模式和异行电子支票网络支付模式两种。

1. 同行电子支票支付模式

像传统纸质支票的应用一样，同行电子支票的应用由于只涉及同一个银行的资金结算问题，比较简单、方便与可靠。因此，同行电子支票的支付流程示意图也比较简单，如图 6-3 所示。

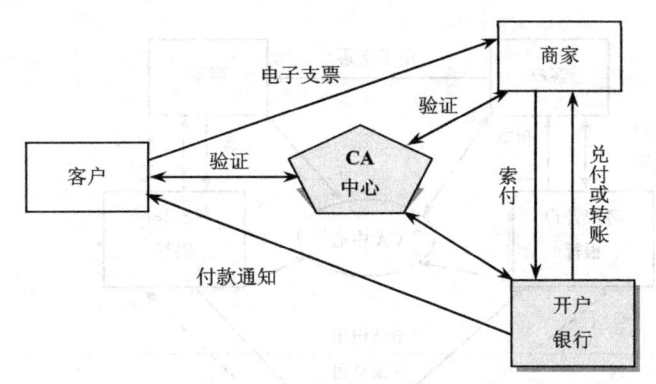

图 6-3　同行电子支票的支付流程示意图

（1）预备工作。客户（如企业、学校或政府部门等组织）与开户银行、商家与开户银行之间密切协作，通过严格的认证阶段，如相关资料的认定、数字证书的申请与电子支票相关软件的安装应用、电子支票应用的授权等，以准备利用电子支票进行网络支付。

（2）客户和商家达成网上购销协议，并且选择使用电子支票支付。

（3）客户通过网络向商家发出电子支票。

（4）商家收到电子支票后，通过认证中心 CA 对客户提供的电子支票进行初步验证，验证无误后将电子支票送交开户银行索付。

（5）开户银行在商家索付时通过认证中心 CA 对客户提供的电子支票进行最后验证，如果有效即向商家兑付或转账，即从客户资金账号中转拨相应资金余额到商家资金账号。如果支票无效，如余额不够、客户非法等，即把电子支票返回商家，告知索付无效消息。

（6）开户银行代理转账成功后，在网上向客户发出付款成功通知消息，方便客户查询。

2. 异行电子支票支付模式

异行的电子支票由于涉及两个或多个银行，以及中间的用于银行间资金清算的票据交易所（资金清算系统），所以流程较为复杂一些，但实施技术难度上与同行的电子支票应用并无大的区别，需要银行间、银行与票据交易所间在电子支票的应用上达成协议就可以了。因此，一个完整的异行电子支票网络支付业务的支付流程也是比较复杂的，如图 6-4 所示。

异行电子支票的支付流程，除包含与前面所述一样的电子支票应用预备工作阶段外，一般可分成三个不同阶段，即客户的购买阶段、商家索付阶段和行间清算兑付阶段，每个阶段又由若干个步骤构成。

1）客户的购买阶段

（1）客户借助网络访问商家的服务器，浏览商家的服务器中推荐的货物，达成购买意向，选择使用电子支票支付。

(2) 客户利用自己的私钥对填写的电子支票进行数字签名后,向商家发出电子支票。

(3) 商家收到电子支票后,通过 CA 中心及其开户银行对支付进行认证,验证客户电子支票的有效性。

(4) 如果收到的电子支票是有效的,商家接收客户的该项业务,发出确认消息。

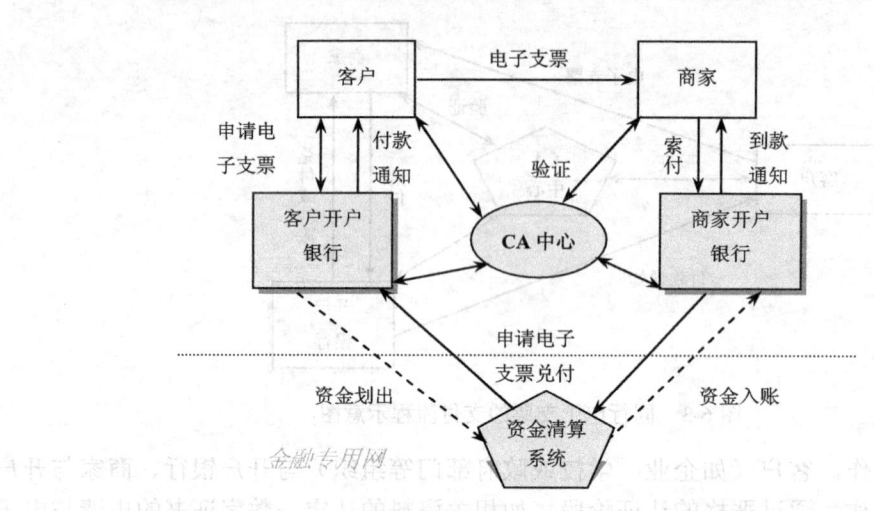

图 6-4　异行电子支票网络支付业务的支付流程示意图

2) 商家索付阶段

商家把电子支票发送给它的开户行。当然,商家可以根据自己的需要,何时发送电子支票由其自行决定,只要在期限内就行。

3) 行间清算兑付阶段

(1) 商家的开户行把电子支票发送给票据交易所的资金清算系统,以兑换资金,进行清算。

(2) 票据交易所向客户的开户行申请兑换支票,并且把兑换的相应资金发送商家的开户银行。

(3) 商家开户银行向商家发出到款通知,即资金入账,而客户的开户银行则向客户发出付款通知,即为客户下账。

实际业务处理中,由于电子支票正在发展中,特别是在 Internet 平台上的应用还不太成熟,因此不同的银行业务流程处理、电子支票形式与发送方式以及技术应用可能有所差别,需要在管理与技术上进一步规范化。

6.1.3　电子支票网络支付的特点

电子支票是电子银行与新兴的网络银行服务中常用的一种电子与网络支付工具。与传统的纸质支票支付相比,电子支票的网络支付具有如下一些主要特点。

(1) 电子支票在内容、外观、支付流程上均与传统支票十分相似,就像图 6-2 所示的那样,客户比较熟悉,易于接受该方式而不需要再重新进行培训,同时电子支票还提供更强大的功能和更安全的鉴别手段,所以电子支票的未来发展趋势较好。

(2) 电子支票较好地支持了企业与企业间、企业与政府部门间的电子商务市场。在线的电子支票可在收到支票时验证出票者的签名、资金状况，避免收到传统支票时发生的无效或空头支票现象，减少了风险。由于支票内容可以附在贸易双方的汇票资料上，所以电子支票容易和金融 EDI 应用的应收账款结合。金融 EDI 即是 FEDI，它是 EDI 的一种形式，是专门用来进行电子支付的系统。FEDI 通常建立在银行与它们的合作客户之间，银行可以通过 FEDI 收到付款人的付款授权，并向收款人付款，银行之间的资金转移一般通过银行自己的网络进行。因此电子支票支付系统非常适合 B2B 电子商务的中、大额支付结算。

（3）电子支票技术可以较好地结合 Internet、金融机构和票据交换机构等组织，以达到通过公众网络理解现有付款体系，最大限度地开发现有银行系统潜力的目的。例如，借助 Internet 的跨区域、全天候特征，方便实现全国乃至全球范围内的资金传输以及大额资金（从几万元到几亿元）在海内外银行之间的资金传输与结算。

（4）通过应用数字证书、数字签名以及各种加密/解密技术，采用唯一电子支票号码检验技术，提供比纸质支票中使用印章和手写签名更加安全可靠的防欺诈手段。加密的电子支票也使它们比电子现金更易于流通，买卖双方的银行只要用公开密钥认证确认电子支票即可，数字签名也可以被自动验证。正是电子支票的良好安全性，使企业网络银行服务常与电子支票的应用融合在一起，如招商银行的企业网络银行账号间的资金转账就像利用电子支票转账一样。

（5）电子支票不但可在任何时间、地点通过 Internet 进行传递，而且使用电子支票者只需要与银行打交道，而不用与大量的金融机构进行交涉，打破了地域的限制，可以说最大限度地提高了支票的收集速度，减少了在途资金。

（6）电子支票使得整个支票处理过程自动化与网络化，而且更加环保，也帮助银行缓解了处理支票的压力，节省了大量的人力和物力，极大地降低了处理成本。由于电子文档可以取代纸质文档，而数字签名可以替代手写签名，因此使用电子支票取代纸质支票，基本不需要创建一个全新的支付手段，它可以充分利用现有的支票处理基础设施（如法律政策和商业环境等），减小对付款人、收款人、银行和金融系统带来的影响。

（7）第三方金融服务者不仅可以从交易双方处抽取固定交易费用或按一定比例抽取费用，还可以提供存款账目查询服务，因此它可以提高客户满意度，给金融机构带来新的收益。

另外，电子支票也可用于 B2C 支付，特别是随着中国个人支票领域的拓展，它有可能是未来最有效率与发展前途的网络支付手段。

6.1.4 电子支票的应用情况

电子支票的运作理念早在 20 世纪 90 年代初就在专用网络上进行了试验，目前在国外也主要是在金融专用网络上应用，基于 Internet 平台的电子支票应用还在试验与发展成熟阶段中。不管是在专用网络还是在 Internet 上，电子支票的运作模式、实施技术基本差不多，因此前期在专用网络上的电子支票系统为基于 Internet 平台的电子支票应用奠定了良好的基础。例如，美国著名的 eBay 网站就与 WellsFargo 银行合作推出了电子支票的网络支付手段，以限制减少造假者在 eBay 网站上的虚假投标。

目前，电子支票主要遵循国际金融服务技术联盟（Financial Services Technology

Consortiu，FSTC）提出的 BIP（Bank Internet Payment）标准（草案）。除 FSTC 电子支票外，典型的电子支票系统还有 NetCheque，以及由美国匹兹堡的 Carnegie Mellon 大学研发的 NetBill 系统等。

1）FSTC 电子支票

FSTC 成立于 1993 年，它共有 60 多个成员，包括美洲银行、化学银行和花旗银行等。1995 年 9 月，FSTC 给出了一个示范性的电子支票概念。和纸质支票一样，电子支票包含给付款人银行的支付指令，用来向被确认的收款人支付一笔指定数额的款项。由于这种支票是电子形式的，并且通过计算机网络来传送，给支票处理带来更大的灵活性，同时也提供了一些新的服务，如可以立即验证资金的可用性。数字签名的确认增强了安全性，使支票支付能够很容易地与电子订单和票据处理一体化，等等。

付款人在签发支票时，需要提供的信息与使用纸质支票时所提供的信息一样多。所有能够签发电子支票的个人都拥有基于某种安全硬件的电子支票簿设备。在 FSTC 系统中，支票簿是电信设备公司生产的称做"智能辅币机"的安全硬件设备。该设备的功能就是安全地存储密码和证书信息，保持最近签发或背书过的支票的记录。支票在某种安全信封中被传送给收款人，这种信封将以安全电子邮件方式或双方之间已加密过的交互对话方式进行传送。

收款人收到支票后，也将使用某种安全硬件设备对支票进行背书，把支票发送收款人银行。收款人银行收到支票后，将利用自动清算所来清分支票。相应地，资金从付款人银行账户转账到收款人银行账户。

2）NetBill

NetBill 是由美国匹兹堡的 Carnegie Mellon 大学开发的一种电子支票网络支付系统。该系统参与者包括客户、商家以及为他们保存账户的 NetBill 服务器。这些账户可与金融机构中的传统账户相连。客户的 NetBill 账户可以从其银行转账注入资金，而商家的 NetBill 账户中的资金可以存入其银行账户。NetBill 通过与客户服务器协作，利用各种文库来提供对交易的支持。客户文库称做"支票簿"，而服务器文库称做"收款机"。支票簿和收款机分别依次地与客户应用和商家应用进行通信。两者之间所有的网络通信均经过加密，以防止入侵者的进入。

NetBill 目前也仅是一个研究计划，其具体应用还有待时日。

3）NetCheque

NetCheque 是由美国南加州大学信息科学协会开发的一种电子支票系统，图 6-5 所示为 NetCheque 电子支票介绍页面。

NetCheque 包含 NetCheque 服务器，它提供分布式清算账目服务，同时也允许用户在可信性、易接近性、可靠性等原则的基础上挑选其中意的银行。系统利用 Kerberos（一种身份认证协议）标签产生数字签名，并对支票进行背书，其内容包括支票数额、货币单位、日期、账户号码、收款人、客户签名以及商家和银行的背书等域。其中前五个域是明文，对于支票持有人来说是可读的，而后两个域对于收票行来说是可验证的。

假如客户和商家使用不同的银行，商家银行则向商家发送一条指示，指出该支票被存收款。如果该支票必须在多个银行之间进行清算，每个银行都把其背书附加到支票上，一旦该支票被客户银行清算，所附写的背书用来追踪原来的路径到商家账户，并最终贷记其账户同样的数额。

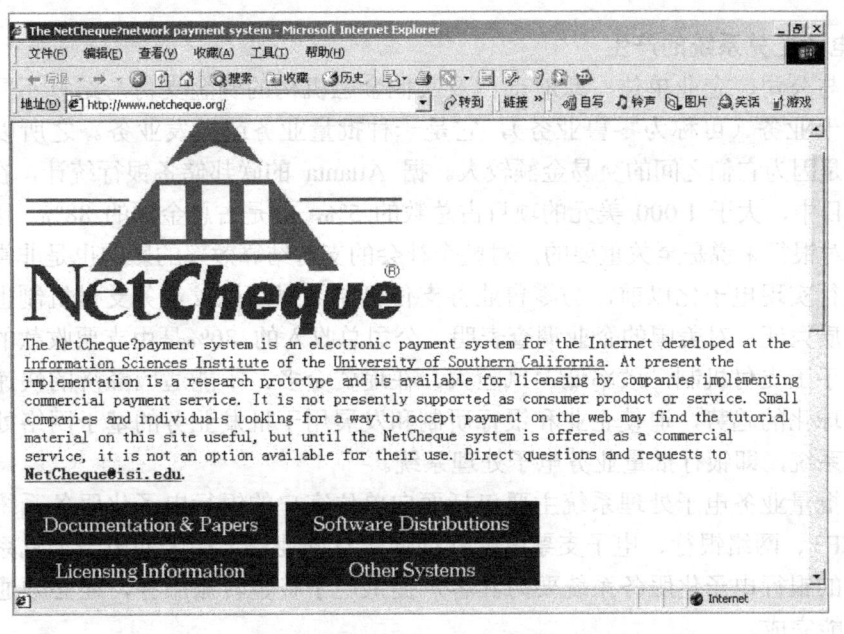

图 6-5 南加州大学研发的 NetCheque 电子支票介绍页面

总的来说，中国在电子支票研究与应用上均落后于发达国家，这有待进一步加快中国的金融信息化进程。目前基于 Internet 的电子支票系统在国际上也仍然是新事物，因此中国也有相当的发展机会。尽管金融专用网上运行的 EFT 和 SWIFT 系统其实与电子支票的应用原理差不多，但转移到 Internet 上实际应用还有一个过程。

随着数字签名、数字证书和加密解密技术日趋完善，实际的中大额网络支付应用需求已经出现，而且在电子商务飞速发展的形势下，B2B 电子商务已成为网上交易的主流，考虑其研发的前瞻性，中国开展电子支票研发的时机已经成熟。特别是对于银行来说，中国已加入 WTO，金融机构必将与国外的金融机构在提供现代化的金融服务方面展开激烈的竞争，因此研发中国自己的电子支票系统也就显得特别紧迫与必要。

6.2 电子汇兑系统

目前世界各地运行中的电子汇兑系统主要基于专用金融网络，没有运行在 Internet 平台上。一方面，借助专用网上的电子汇兑系统，可以间接地为电子商务的发展服务，且它比传统的纸面票据支付结算效率要高；另一方面，从第 3 章讲述的网络支付结算的支持平台组成部分可以了解到，其实银行内部、银行之间的专用金融网络能够通过与公众的 Internet 相连共同完成一项支付结算业务（特别是跨行、异地的资金支付结算），所以金融专用网本身已成为网络支付平台中涉及银行这一方的重要组成部分。

随着金融信息化的进一步发展和 Internet 的应用，银行逐渐转移自己的业务至 Internet 平台上，这将为 B2B 电子商务下的网络支付提供一种快捷安全方式。网络银行业务正与电子汇兑业务趋向融合，如中国招商银行的 Internet 上的电子汇兑应用就说明了这一点。

6.2.1 电子汇兑系统简介

1. 电子汇兑系统的产生

银行与公司、企业单位、政府部门及其他金融机构的资金支付与结算不同于面向大众的银行卡业务（可称为零售业务），它是一种批量业务或批发业务。之所以称之为批量业务，是因为它们之间的交易金额较大。据 Atlanta 的联邦储备银行统计，在商业银行处理的项目中，大于 1 000 美元的项目占总数的 5%，但是占总金额的 88%。因此，这种批量业务对银行来说是至关重要的，对整个社会的支付结算效率的影响也是非常重要的。

在银行实现电子化以前，与零售业务支付机制类似，批发业务支付机制也主要基于支票等纸质凭证。对美国的企业调查表明，公司总收入的 80%是由支票收款的。这种基于纸质的手工支付机制，效率低，风险大，在途资金多，不能适应经济的快速发展要求和经济全球化的趋势，迫使企业和银行研制和发展用于批发业务的基于网络处理的电子资金转账系统，即银行批量业务电子处理系统。

银行批量业务电子处理系统主要包括面向单位客户的银行电子化服务系统（如电子银行及 EFT、网络银行、电子支票等）和面向银行同业资金往来的电子汇兑系统。面向单位客户的银行电子化服务系统要为其客户提供电子资金转账服务，还必须通过电子汇兑系统才能完成。

2. 电子汇兑系统的含义

所谓电子汇兑，英文为 Electronic Agiotage 或 Electronic Exchange，即利用电子手段处理资金的汇兑业务，以提高汇兑效率，降低汇兑成本。

广义的电子汇兑系统，泛指客户利用电子报文的手段传递客户的跨机构资金支付、银行同业间各种资金往来的资金调拨作业系统，具体来说，就是银行以自身的计算机网为依托，为客户提供汇兑、托收承付、委托收款、银行承兑汇票、银行汇票等支付结算服务方式。

任何一笔电子汇兑交易，均由汇出行（Issuer Bank）发出，到汇入行（Acquirer Bank）收到为止。其间的数据通信转接过程的繁简，视汇出行与汇入行（也称解汇行）两者之间的关系而定。

根据汇出行与汇入行间的不同关系，可把汇兑作业分成如下两类。

（1）联行往来汇兑业务：汇出行与汇入行隶属同一个银行的汇兑，属于银行内部账务调拨，必须遵守联行往来约定，办理各项汇入和汇出事宜。

（2）通汇业务：资金调拨作业需要经过同业多重转手（多个银行参与）处理才能顺利完成，称为通汇业务。通汇业务是一种行际间的资金调拨业务，如本国通汇和国际通汇。跨行或跨国通汇，因涉及不同银行间的资金调拨，参与通汇的成员必须签署通汇协定，才能保证作业系统的正常运行。

3. 电子汇兑系统的特点

电子汇兑系统的用户主要是各个银行，终端客户主要是企业、政府机构等组织，社会大众用得很少。这种系统与个人自助银行系统相比，具有交易额大、风险性大、对系统的安全性要求高、跨行和跨国交易所占比重大等特点。因此，国外把前者划归批发银行系统，把后者划归零售银行系统。中国则把前者划归大额支付系统，把后者划归小额支付系统。

电子汇兑系统的汇兑金额一般较大，用户转账时最关心的是安全，其次才是及时送到。为了系统的安全，在设计电子汇兑系统时，信息的传输方式几乎都是先存后送，确保信息在传输过程中所通过的每个站点都有确切的记录，万一中途汇兑业务出现问题，也能迅速找到出事点。

由于电子汇兑业务中的跨行和跨国交易所占比重很大，因此在设计电子汇兑系统时，应适应国际上通行的各种标准、规格和要求。只有遵守这些标准，才能顺利进行国际资金的电子汇兑业务。

4．电子汇兑系统的类型

为适应国际与国内贸易快速发展的需要，国际上许多国家以及一些国际组织建立了许多著名的电子汇兑系统。这些系统所提供的功能不尽相同，按照其作业性质的不同，可把电子汇兑系统分成三大类，即通信系统、资金调拨系统和清算系统。

（1）通信系统（Communication System）主要提供通信服务，专为其成员金融机构传送与汇兑有关的各种信息。成员行收到这种信息后，若同意处理，则将其转送到相应的资金调拨系统或清算系统内，再由后者进行各种必要的资金转账处理。这种系统的典型实例是 SWIFT 系统，它把原本互不往来的金融机构全部串联起来。中国国家金融通信网 CNFN 也基本属于这种类型。

（2）资金调拨系统（Payment System）是典型的汇兑作业系统，具体负责资金的支付。这类系统有的只提供资金调拨处理，有的还具有清算功能。属于这类系统的代表性系统有美国的 CHIPS 和 FEDWIRE，日本的全银系统，中国各商业银行的电子汇兑系统，中国人民银行的全国电子联行系统等。

（3）清算系统（Clearing System）主要提供银行间的资金清算处理。如果汇入行与汇出行之间无直接清算能力，则需委托另一个适当的清算系统进行处理。以美国为例，CHIPS 除可做资金调拨外，还可兼做清算，但对象仅限纽约地区的银行。纽约以外的银行清算则要交由具有清算能力的 FEDWIRE 进行处理。中国的异地跨行转汇，必须经过中国人民银行的全国电子联行系统，才能最终得以清算。其他如英国的 CHAPS（Clearing House Automated Payment System）、新加坡的 CHRIS（Clearing House Interbank Transfer System）和日本的日银系统，则是纯粹的清算系统，负责行际间的所有账务清算工作。

6.2.2 电子汇兑系统的运作模式

电子汇兑系统运作过程是比较复杂的。尽管目前电子汇兑系统的种类很多，功能也不尽相同，但是汇出行和解汇行的基本作业流程及账务处理逻辑还是很相似的。图 6-6 所示为电子汇兑系统的运作模式示意图。

以一笔电子汇兑的交易为例，除涉及银行到客户端的支付结算方式，如电子支票、金融 EDI、网络银行等外，真正在银行系统间处理资金的汇兑流程，由汇出行启动至解汇行收到为止，不论点对点传送，还是通过交换中心中转传送，汇出行与解汇行都要经过以下几个基本作业处理流程：
(1) 数据输入（Input Source）；
(2) 电文的接收（Message Receipt）；
(3) 电文数据控制（Data Control）；
(4) 处理与传送（Process & Transfer）；
(5) 数据输出（Out Destination）。

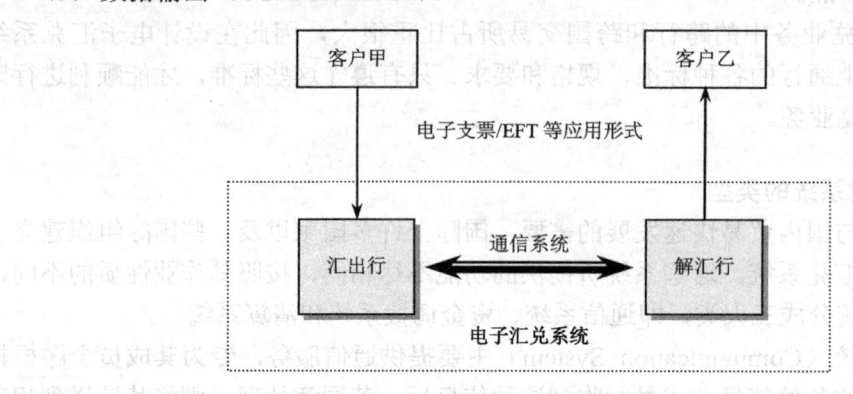

图 6-6　电子汇兑系统的运作模式示意图

在电子汇兑系统中，一个银行既可作为汇出行，也可作为解汇行。电子汇兑系统中银行内部处理流程示意如图 6-7 所示。

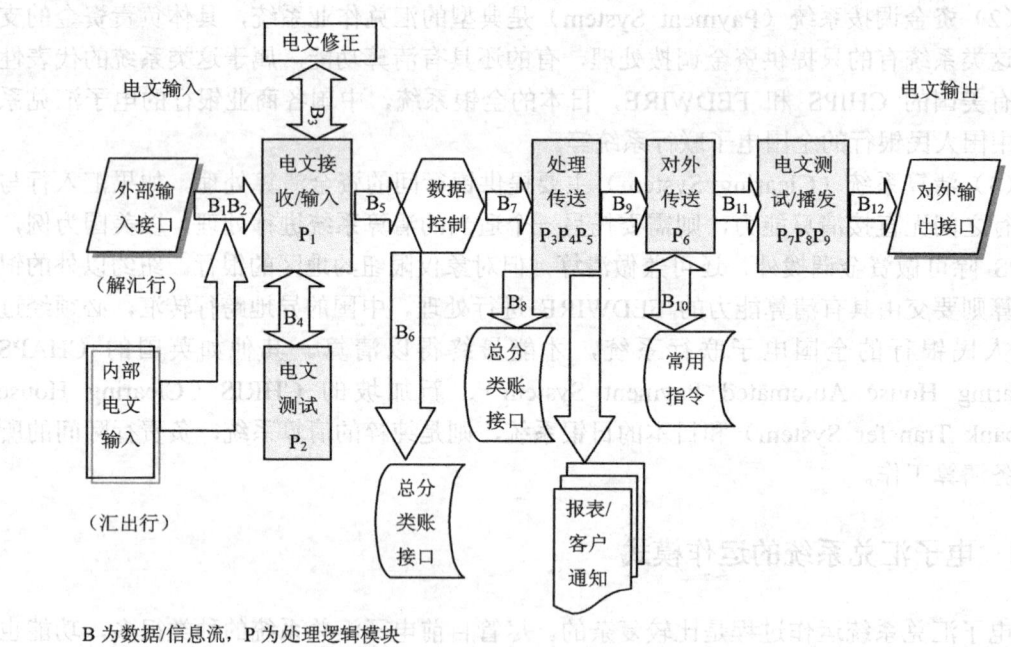

B 为数据/信息流，P 为处理逻辑模块

图 6-7　电子汇兑系统中银行内部处理流程示意图

(1) 银行作为解汇行（汇入行）时，经外部输入接口接收电文，对接收的电文做必要的检测，证明无误后，对接收的电文添加必要的信息，做必要的相应处理，将数据送会计系统进行账务处理，并且通知客户做相应的账务处理。

（2）银行作为汇出行时，由内部输入电文，经有效性检测无误后，可做必要的处理，如分配输入顺序号、存档，必要时还要做账务处理等操作，最后经对外输出接口发送出去。

（3）在整个处理流程中，对每个边界点要做相应的检查，进行边界控制，防止错误的信息进入。当信息通过边界检查进入各子系统后，各子系统根据相应的指令执行其分内的工作。在做这些处理工作时，必须进行有效的处理控制，以确保系统正确地执行处理操作。

（4）通过系统中上述双重控制，即边界控制和处理控制，可使各类交易电文正确无误地从一个端点传输到另一个端点。

后面叙述的内容包括 SWIFT、CHIPS 和 CNAPS，企业网络银行甚至金融 EDI 等，其系统内部运行模式与上述电子汇兑系统差不多，电文均遵守一定的标准格式，逻辑处理也有严密的步骤，只是支持通信的网络平台和具体的应用形式有些差别而已。

6.2.3 电子汇兑系统的应用情况

银行业自 20 世纪 70 年代起，就借助计算机通信网络技术开发与应用电子汇兑系统了，国内外应用均比较广泛。

1. 国际上著名的电子汇兑类系统

国际上著名的电子汇兑类系统有国际环球银行间金融通信系统 SWIFT，国际银行同业支付结算系统 CHIPS，美国联邦储备局清算系统 FEDWIRE，日本全银系统和日银系统，英国的 CHAPS 等。在 6.3 节中将详细介绍作为国际支付结算用的 SWIFT 和 CHIPS 系统，这里对著名的 FEDWIRE 做简要介绍。

1）FEDWIRE 简介

美国联邦储备局清算系统，英文为 FEDWIRE，是美国的第一个国家级电子支付与清算网络系统，也是美国境内最大的资金调拨网络系统。这个系统可以接收和处理各种形式的电子现金、电子信用卡和电子支票等电子货币，能够实时处理客户之间的资金转账，实时处理美国国内大额资金的划拨业务，并且可以逐笔清算资金。借助此系统，每天平均处理的资金及传送证券的金额超过 1 万亿美元，每笔金额平均为 300 万美元。该系统提供电子支付服务和各种其他支付网络的电子资金划拨服务，还能提供大量金融信息服务，是美国可以实现最终清算的网络系统。

FEDWIRE 系统属于美国联邦储备局（Federal Reserve System）所有，并由其进行管理。FEDWIRE 系统把美国境内分成 12 个储备区进行管理，目前共有 1 万多家银行参加 FEDWIRE 系统的连网。

FEDWIRE 系统是从银行支票托收系统发展起来的，从 1966 年开始酝酿，1971 年开始建设，到 1976 年才开始全面应用。当时的网络称为 FRCS-70，其网络结构属于集中控制的星形网结构。开始时，网络的转接中心（或称网络交换中心）设在 Richmond 州的联邦储备银行里，后来又移到 Virginia 州的 Culpeper。随着分组交换数据网技术的成熟，美国联邦储备体系又着手将 FRCS-70 改造成 FRCS-80。FRCS-80 是一个分布式的分组交换网，于 1983 年投入运营。它由 14 个基本通信网络处理中心（结点）构成。这

14个结点位于全国12个储备区的联邦储备银行、董事会和Virginia州的Culpeper。FRCS-80不像FRCS-70那样只有单一的Culpeper转接中心，它的每个结点都可进行网络的转接工作。网络的管理中心由位于Culpeper的结点承担，以协调整个网络的操作。较大的成员银行同其所在地的储备银行具有联机实时的计算机接口；较小的成员银行则采用计算机终端的方式；边远地区的小银行，可以通过电话进入FEDWIRE，或者通过客户成员银行进入FEDWIRE进行资金转账。

近年来，FEDWIRE采用了综合业务数据网ISDN技术，增强了系统的通信能力，提高了系统的安全性和可靠性，降低了成本，降低了由于多区账务交叉引起的资金风险。它将12个处理中心合并成3个，分别设在纽约、达拉斯和里斯满。资金转账在纽约处理中心运行，其余业务在达拉斯和里斯满两地平均进行分配。3个处理中心之间采用高速链路连接，以便共享数据和实现互为备份。

全世界各国和各地的不同的银行，可以通过在美国境内的联邦储备局开立账户的银行注册该系统。这些已经注册的在美国境外的银行，可在FEDWIRE系统的成员银行下开立美元账户，可以指示FEDWIRE系统的成员银行经过FEDWIRE清算系统直接把头寸调拨到与另一家FEDWIRE系统成员银行有关系的收款银行，以便达到美元的最终清算。因此，FEDWIRE系统已经成为全球性的美元清算和资金调拨系统。

通过FEDWIRE系统结算的资金立即有效并且立即可用，资金转账从寄出方发出，到接收方收到，最少几秒钟、最多几分钟也就完成了。

2）FEDWIRE的功能

FEDWIRE的功能齐全，可为世界范围内提供资金调拨处理、清算等功能和大额资金支付功能，还具有跨国、跨地区、跨行进行转汇、最终清算以及各种金融信息处理功能，它无疑也可以为电子商务中的大额资金支付与结算提供服务。

通过FEDWIRE系统可以完成多种功能，这主要体现在传送和处理的信息不同上，信息主要有如下五类。

（1）资金转账信息。即可以将储备账户的资金从一个金融机构划拨到另一个金融机构的户头上，通常这些资金几乎都是大额资金。

（2）传送美国政府和联邦机构的各种证券交易信息。

（3）传送联邦储备局的管理信息和调查研究信息。

（4）完成自动清算业务。

（5）进行批量数据传送。

利用FEDWIRE系统进行的资金转账过程，是通过联邦储备成员的联邦储备账户实现的。因此，资金转账的结果将直接影响各个成员行持有的联邦储备账户的储备余额水平。

3）FEDWIRE系统的金融风险

通过FEDWIRE系统进行的资金转账所引起的金融风险，主要是由于寄出行弥补日间透支失败而产生的。允许白天透支，是美国联邦储备局为了提高国家支付系统的有效性和可靠性而采取的一项合理措施，联邦储备局对此也要承担一定风险。为了进行有效的风险控制，联邦储备局为FEDWIRE系统制定了相应的规章和作业通告，以此保护自己。

联邦储备局的风险控制方法是针对资金寄出银行的。如果寄出行不能弥补日间透支，则联邦储备银行对寄出行在联邦储备银行的所有资产有扣押权。纽约联邦储备银行于1982年11月发布了"关于通过FEDWIRE进行资金转账的日间透支协定"的作业通告，该协定要求银行签署一封给联邦储备局的信件，以银行的资产作为它通过FEDWIRE系统资金转账的抵押品；协定要求银行向联邦储备局表明，它将保证有效控制日间透支；协定还允许联邦储备局根据该银行的资产、资本、总的金融条件、可用的附属担保品和网络传输量，制定该银行的最高转账金额。初始的最高转账金额是该银行资本的50%。1985年5月，董事会发表大额电子资金划拨的政策宣言，其中包括允许透支限额以及第二天必须补上资金的条款，以确保FEDWIRE系统对大额资金支付的安全，避免对美国国家的货币和经济系统产生不良的后果。

4）FEDWIRE系统的美元清算过程与清算方法

FEDWIRE系统的美元清算方法与后面要讲的CHIPS系统的美元清算方法的主要区别在于FEDWIRE系统对收付交易逐笔进行清算，而CHIPS系统属于净差额清算。这里假设美国境外的某银行A（汇款银行）汇一笔美元到美国境外的另一家银行D（收款银行），FEDWIRE系统的美元清算过程如下：

（1）美国境外的银行A发电文指示给在美国境内属于FEDWIRE系统的成员银行B，银行A在美国的银行B开设有FEDWIRE系统银行的用户识别号（UID清算账号），即银行B是银行A的境外美元账户银行。

（2）银行B收到银行A汇一笔美元到美国境外的另一家银行D的支付指示（电文）后，通过FEDWIRE美元清算网络系统，将汇款直接调拨FEDWIRE系统成员银行C，银行C必须是收款银行D在美国境内的美元账户银行和FEDWIRE系统成员银行。

（3）银行C收到汇款通知单后，立即通知美国境外的收款银行D进行接收，完成汇款。FEDWIRE系统的运行时间为美国东部时间，每天上午8:30开始，截至时间区内为下午6:00，跨地区为下午5:00，通常要求付款银行提前半小时发出付款指令。在美国境外的银行都可采用不同的方法和途径，对每一笔美元进行清算。它们通常可以利用各种通信技术与设备，例如，银行自己的电传机、在美国境外账户行的专用终端电话、邮件、银行自己建立的SWIFT系统与世界性的金融银行网络连网，将一笔付汇指令发给美国的某家账户行或者代理行。

在美国境内的这家被委托的银行可以根据不同的付汇过程或付汇路径，与美国境内的FEDWIRE系统、美国纽约市的CHIPS系统、内部转账系统、支票支付系统清算之后，通过各种不同方式通知要求付汇银行。在美国境外银行委托美国境内的银行进行美元清算时，如果因付款指令出现任何错误而引起的罚息，均由委托行承担。

清楚了解美元清算各种方法和美元清算的全过程，不仅能够很好地完成中国银行对境外美元的支付，避免在支付过程中出现损失，也有利于创建中国的电子汇兑系统的建设与国际接轨，为中国的国际贸易提供服务。

2. 国内著名的电子汇兑类系统

国内最著名的电子汇兑系统要数中国人民银行的全国电子联行系统。此系统用于异地资金的划转和传送，可在20个城市和所辖48个县实现大额逐笔实时清算、小额批量处理和清算账户处理。全国电子联行系统是中国银行业异地资金划汇的主渠道，现在每年转发往账业务数千万笔，总金额达数十万亿元。

自1996年年底起，中国四大国有商业银行，即工商银行、农业银行、中国银行、建设银行，都用电子汇兑系统取代原来的手工联行。2/3 以上的异地支付业务是由这些电子资金汇兑系统处理的。各商业银行的电子资金汇兑系统具有大致相同的框架结构，业务处理流程也基本相同。当然在网络结构、技术平台等方面，各系统不尽相同。与原来的手工联行相比，电子支付指令经各级处理中心进行交换，取代了在发起行和接收行之间直接交换纸票据，因而支付清算速度大大加快。净额资金结算依然和手工联行时一样，定期经中国人民银行办理，这主要是因为商业银行分/支行的清算账户开设在中国人民银行分/支行的缘故。

例如，工商银行电子汇兑系统是以工商银行全国计算机网络为依托开发的，采用小额批量传送银行汇兑数据的方式和分级处理的系统。该系统可以处理包括全国和省辖汇兑在内的国内全部异地结算业务，实现全行系统范围内汇兑资金 24 小时到达并完成入账处理功能。同时，工商银行还在 330 个二级分行开通了电子实时汇兑系统，保证了资金的及时到达。

正在发展中的运行在 CNFN 上的中国国家现代化支付系统 CNAPS 是中央银行为各金融机构提供支付服务、完成最终结算的先进系统。该系统包括大额实时支付、批量电子支付、银行卡授权、政府证券簿记、同城自动化清算系统等应用系统。中国现代化支付系统建成后，它与各商业银行的电子银行与网络银行系统一起，构成中国的电子资金转账体系。

随着网络经济时代的到来，Internet 引起了整个社会的变革，其中包括金融服务方式的变革。虽然目前电子汇兑系统运行在金融专用网上，但银行在对客户服务上正逐渐趋向网络银行服务的方式，这正说明金融专用网与 Internet 的配合应用，并可方便完成 B2B 电子商务的网络支付结算。随着信息技术的发展与进步，金融专用网与 Internet 将会走向融合。也就是说，电子汇兑系统将逐渐转移到 Internet 平台运作，这对电子商务的发展是有利的。

6.3 国际电子支付系统 SWIFT 和 CHIPS

进入 21 世纪后，中国经济正以很快的速度融入国际经济。因此有必要时刻了解国际金融电子化与信息化方面的竞争情况，特别是支撑国际贸易发展的跨区域国际资金支付结算应用系统，这方面电子化网络化的进程必然促进方兴未艾的国际企业间电子商务的发展。

为了了解国际电子支付机制，首先必须了解提供国际金融通信服务的 SWIFT 和提供国际电子资金转账服务的 CHIPS。它们应都属于 6.2 节所述的电子汇兑系统，也就是 B2B 型网络支付模式支持平台的一个重要组成部分。

SWIFT 只完成国际间支付结算指令信息的传递，而真正进行资金调拨的是 CHIPS，两者相互协作才能完成跨区域的国际资金支付与结算。

6.3.1 SWIFT

1. SWIFT 简介

SWIFT，英文全称为 Society for Worldwide Interbank Financial Telecommunication，

中文一般翻译为环球同业银行金融电信协会或环球银行间金融通信协会，是国际银行同业间的国际合作组织，也被称为 SWIFT 组织。这是一个国际银行间非营利性的国际合作组织，它依据全世界各成员银行金融机构相互之间的共同利益，按照工作关系将其所有成员组织起来，按比利时的法律制度登记注册，总部设在比利时的布鲁塞尔。

SWIFT 组织建设和管理的全球金融通信网络系统，为全球范围内传送金融指令与信息服务，所以也称国际环球银行金融通信系统。

SWIFT 组织成立于 1973 年 5 月，当时包括 19 个国家的 239 家欧美银行，主要研究世界银行间标准化外汇处理业务，到 1977 年 5 月正式开通全球 SWIFT 业务。1996 年 6 月 SWIFT 已经连接 139 个国家的 2 945 家银行，其全球计算机数据通信网分别在比利时、美国、荷兰建立了三个系统控制中心 SCC（System Control Center），并采用 X.25 网络相连接，美国与荷兰操作中心主要进行业务处理，比利时操作中心主要进行文件传递和财务信息的备份。它在各会员国设有地区处理站。

SWIFT 的传输网络分为网络管理中心、核心网络、校验网络和界面网络四个层次，操作中心备有双重后备发电机、继电器设施、电信网络及 24 小时的查询服务。网络和系统管理设置在美国和荷兰操作中心，遇故障时，另一个中心网络智能工作台可以照顾整个 SWIFT 网，网络的设置及更改由比利时网络操作中心统一运筹管理。银行本地线路、校验站由当地处理站处理。银行用户可用电话、电传等方式查询网络状况。

SWIFT 系统利用高度尖端的通信系统组成国际性的银行专用通信网，且在会员间转递信息、账单和同业间头寸划拨，即为全世界各个成员银行提供及时、良好的通信服务和银行资金清算等金融服务。SWIFT 系统的使用，可使银行的结算提供更为安全、可靠、快捷、标准化、自动化的通信业务，从而大大提高了银行的结算速度。SWIFT 的电文格式非常标准化，因而在金融领域广泛应用，如银行信用证主要采用的就是 SWIFT 电文格式。

SWIFT 正式投入运行以来，以其高效、可靠、完善的通信服务和金融服务，在加强全球范围内的银行资金清算与商品流通，促进世界贸易的发展，促进国际金融业务的现代化和规范化等方面发挥了重要作用。现在，SWIFT 系统日处理 SWIFT 电信 300 万笔，高峰时达 330 万笔。SWIFT 和 CHIPS、CHAPS、FEDWIRE 等银行金融网络系统一样，已经成为全世界著名的银行金融通信和银行资金清算的重要系统。

2．SWIFT 的发展

在 20 世纪 60 年代后期，资本主义国家的银行金融业发展很快，为了提高效率，降低运作成本，开始大量使用电子计算机处理银行业务，进行银行间的信息交换、票据交换与资金清算，强化银行的金融服务方法，增强银行金融业务的竞争能力。计算机与信息技术的大量应用，加速了银行客户的资金周转，可让银行向客户提供更好的服务。另外，随着国际贸易活动的急剧增加，特别是经济全球化的发展带来金融与支付清算的全球化，一些跨国商业集团的业务日益增多，使国际间的银行信息传递频繁，国际金融业务日趋繁忙。这就是 SWIFT 产生的背景。SWIFT 的整个发展过程简介如下。

（1）1969 年到 1970 年间，由七家欧洲银行提出建设共用国际金融通信网络系统的构想，银行界的反应强烈。

（2）1971 年 6 月，60 家银行合作进行称做"信息交换计划"的研究，试图估计该系统的可行性、功能及其成本。

（3）1973年5月，来自12个国家的239家银行正式成立环球同业银行金融通信协会SWIFT组织。

（4）1974年8月，SWIFT与美国宝来公司签署合约，开始建设SWIFT系统。经过两年多的建设，于1976年10月正式在多个国家进行试运行，利用一些试验性的信息做正常操作。

（5）1977年5月，SWIFT系统正式投入使用。当时有比利时、法国和英国等22个国家的30多家银行使用。该年度网络的正式用户增至518家。为了扩大系统的功能，增加更多的为客户服务的功能，1982年8月，与宝来公司签订SWIFT II工程合同及ST 200合同，SWIFT二期工程开始建设。

（6）1980年，SWIFT连接到香港。中国银行于1983年加入SWIFT，是该组织的第1034家成员行，且于1985年5月正式开通使用，成为中国与国际金融接轨的里程碑。

（7）1990年，综合了一、二期工程的新SWIFT系统运行，这时有83个国家的3 049家银行参加SWIFT系统。

（8）1997年，SWIFT的用户包括了164个国家的6 176家单位。SWIFT每星期运行7天，每天运行24小时。1997年SWIFT安全地传送全球报文8亿多个，这些报文保证平均每日进行2万亿美元金额的交易。

（9）2007年，SWIFT的服务已经遍及207个国家，接入的金融机构超过8 100家。

（10）今天，SWIFT除拥有近10 000多个银行会员单位外，还吸收大量的非银行金融机构的参加者。这些参加者包括证券商、经纪人、投资管理人、清算组织和证券交易机构等。

3. SWIFT的目标、任务和服务

SWIFT的目标是在金融领域为其成员提供低成本、高效率、跨区域、安全的通信服务，以满足成员金融机构及其终端客户的需求。

SWIFT的主要任务为：

（1）提供安全、可靠、高质量、低成本的金融数据传输和处理服务；

（2）通过用户与用户之间金融数据的自动化与网络化处理，保证用户的业务活动；

（3）提出世界性金融网络数据传输的标准；

（4）带领世界金融业进行金融数据处理的专业化工作，保证有效性及安全性。

SWIFT为了实现上述目标和任务，向其会员提供多种服务，服务内容详见表6-1。需要特别指出的是，SWIFT仅仅为全球的金融机构提供通信服务，不直接参与资金的转移处理服务。也就是说，SWIFT在网络支付机制中起传递支付结算电文的作用，并不涉及支付电文收到后的处理细节。

SWIFT提供的服务可以归纳为金融数据传输服务、增值处理服务和接口软件支持服务三大类。

1）金融数据传输服务及SWIFT报文

金融数据传输服务即FIN，是SWIFT提供的核心服务。它是通过全球性的SWIFT网络系统接收、确认、存储和传递数据，进行各种金融业务处理和服务。SWIFT可以提供的金融业务主要有客户汇款（Customer Transfer）、银行汇款（Bank Transfer）、外汇买卖和货币市场确认（Foreign Exchange & Money Market Confirmation）、贷款/存款（Loans/Deposit）、托收（Collections）、证券交易（Interbank Security Trading）、黄金及贵金属交易（Gold/Precious Metal Trading）、跟单信用证（Document Credits）、旅行支票（Travelers Cheques）、报告或确认（Statements/Confirmation）、担保（Guaranties）以及银团（Syndication）等。

表 6-1　SWIFT 提供的服务内容

SWIFT	支　付	外汇交易、货币市场及衍生产品	证　券	贸易金融
全球报文服务	FIN（具有自动化处理能力的结构化金融报文传输处理）			
	IFT（大型文件传输服务）			
	FIN Copy（应用于清算、结算支付、证券及其他金融的存储服务，第三方公证）			
信息服务	BIC Database Plus（世界金融结构地址码资源库）			
	ECU-Netting	Accord		
	SWIFT	SSI/FX Directory		
	Payment	FX for Corporates		
界面及应用软件	SWIFT Alliance			
	Entry：小型用户使用，运行于 Windows NT 平台			
	Access：大型会员使用，运行于 UNIX 平台（IBM、SUN and Windows NT）			
	Gateway：高级用户使用，用于大量用户的接口			
	PC Connect：PC 用户使用的 SWIFT 报文信息处理系统，用于信息量较小的远距离部门			
支持服务	全天 24 小时支持服务			

SWIFT 在具体处理以上业务时，将这些业务按性质和所处理数据的结构特点以及 SWIFT 所制定的一套分类标准，划分为 10 大类标准，对应 10 类报文。所有报文都以报文类型 MT（Message Type）为报文头，分别为 MT000，MT100，MT200，…，MT800，MT900。对每一类报文，有一系列相互配套的针对具体应用进行处理的报文格式。例如，客户汇款与支票报文名为 MT100，其中又包括 MT100，MT102～MT111，MT112 等多个具体格式报文。

SWIFT 报文类型的通用表达式为 MTn××。其中，MT 表示报文头，n 为 0～9 中的一位数字，表示 SWIFT 报文类型，×× 为两位数字，表示在 n 类型中的具体分类，即 SWIFT 报文块的分类号。因此，SWIFT 报文的标准电信格式共分为 10 大类 120 多种。10 大类 SWIFT 报文块类型的型号 n（n 表示 0～9）取值如下。

第 0 类：0××，SWIFT 系统的报文和广播信息（Message）。
第 1 类：1××，客户的汇款与支票（Customer Transfers Cheques）。
第 2 类：2××，银行头寸调拨（Financial Instiution Transfers）。
第 3 类：3××，外汇买卖和存贷款（Foreign Exchange Deposit Loans）。
第 4 类：4××，托收（Collections Cash Letters）。
第 5 类：5××，证券买卖（Securities）。
第 6 类：6××，贵金属交易和银团交易（Precious Metalsand Syndications）。
第 7 类：7××，信用证业务和保函（Documentary Creditsand Guarantees）。

第8类：8××，旅行支票（Travellers Cheques）。
第9类：9××，银行账单及报表（Statement）。
上述10大类信息中应用较多的是第1，2，3，5，7，9类型。

SWIFT报文符合一个国际标准，报文类型是由专业标准研究部门和SWIFT成员银行共同研究制定的，SWIFT成员银行都认可。SWIFT报文内容包括各种同业银行的业务及公共信息，采用约定格式或自由格式，比较规范，既全面又方便实用，深受世界各国欢迎，成为各国中央银行的支付系统所遵循的信息格式标准。

这些SWIFT电文中专门有支持大额资金支付结算的支付指令电文或转账电文，为国际性的电子商务发展服务。中国正在建设的现代化支付系统的报文也兼容SWIFT标准。

2）增值处理服务

SWIFT可以提供多种信息与网络增值服务，目前SWIFT提供的网络增值服务占其业务量的50%左右。主要增值服务有货币的结算和清算服务（Clearing and Settlement），即对金融协会成员之间通过SWIFT传输的货币支付信息进行复制，发送中央计算机；外汇自动撮合与货币市场确认服务（Automatic Matching of Foreign Exchange and Money Market Deal Confirmation）；双边外汇额咨询服务（Advisory Bilateral Foreign Exchange Netting Service）；行际文件传送IFT（InterBank File Transfer）服务；金融电子数据交换FEDI（Financial Electronic Data Interchange）服务，即金融EDI。

3）接口软件支持服务

随着SWIFT系统的不断完善和发展，SWIFT组织为其用户（即成员行）提供网络应用开发和SWIFT接口软件服务，还提供IFT财务报告、信贷分析、支票交易的文件传递软件，本地大额付款交收系统，外汇及金融市场交易确认配对及面对银行用户的接口软件等。随着国际银行金融业的高速发展，SWIFT不断选择和推出许多新的服务，开发多种新的产品，向用户提供更多的低风险、低成本和高效率的服务。所以，SWIFT的内容也是不断拓展的。

SWIFT系统提供的各类电文通信服务，全部采用标准化的处理程序和标准化的电文格式。这样，SWIFT系统的通信服务直接由计算机自动化处理，中间不必经过转换和重新输入。这种从端到端的自动处理实现，可以大大减少出错概率，提高交易处理效率和自动化水平，降低交易成本，减少风险。通常，一笔通信服务在10分钟内就可提交，传输一笔交易电文仅收费0.36美元。如1999年时SWIFT的年通信量为10亿笔，平均每天传送的电文超过418.5万笔，每日通过SWIFT传送的支付电文的平均金额超过5万亿美元。为了与SWIFT接轨，中国的金融网络和金融应用系统的电文，或者直接采用SWIFT格式，或者基于SWIFT格式。

4. SWIFT的安全控制

由于金融业务的敏感性，如果没有安全，所有SWIFT服务就无从谈起。SWIFT主要从下面三个方面进行了安全控制，由此保证报文的可靠、完整和安全传输。

（1）用户身份与操作合法性验证：通过逻辑读/写控制进行登录的用户并进行密码验证。

（2）对传输的数据进行验证：数据完整性控制主要是对自然突发性错误进行验证后反馈校验，对蓄意篡改性错误进行宏观检查校验。

（3）数据安全性控制：进行数据加密处理，防止网络传输中的"窃听"，这主要应用于 SWIFT 网络中的传输过程控制，在一定条件下也应用于用户与 SWIFT 网络之间的传输控制、电文路由（Message Routing）服务，并具有冗余的通信能力。

5．SWIFT 的系统架构

目前 SWIFT 网络覆盖全球绝大部分地区，并且随着经济全球化的深入进一步扩大。

早期的 SWIFT 网络构架如图 6-8 所示，图中实线为主线路（全双工），而虚线为备用线路。该网络开始时有三个操作中心 OC（Operating Centers），操作中心也称交换中心（Switching Centers），是 SWIFT 的通信处理核心，分别是 Belgium OC（在比利时的布鲁塞尔）、Netherlands OC（在荷兰的阿姆斯特丹）和 USA OC（在美国弗吉尼亚州的 Culpepper）。SWIFT 通过这三个 OC 将发报行和收报行连接起来。OC 之间通过全双工链路连接成一个环，必要时可相互备援，并且每个 OC 都有足够的冗余设备。一旦在用计算机系统失效，就立即启用备用系统。如果一个 OC 出故障，该 OC 的通信工作转由另一个 OC 处理。

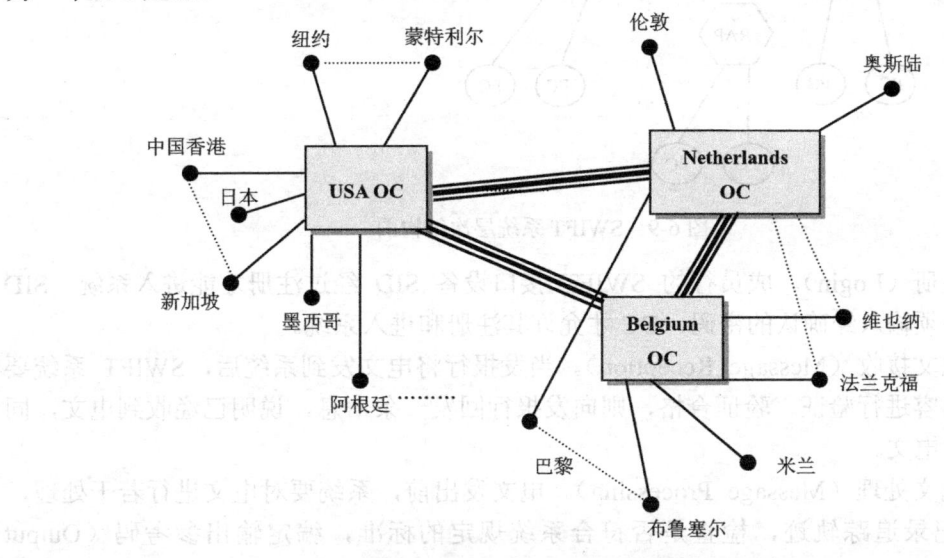

图 6-8 早期 SWIFT 的网络构架示意图

1986 年 SWIFT 关闭了 Belgium OC，并将其业务转移到新建的 Netherlands OC，故现在有美国和荷兰两个操作中心。

目前的 SWIFT 系统组成上基于四层结构，图 6-9 所示为 SWIFT 系统层次结构图。其中网络控制由设置在系统控制中心 OC 的系统控制处理机 SCP 完成，它控制和监测网络片的片处理机 SP，片处理机 SP 通过区域处理机 RP 进行发送和存储事务，区域处理机 RP 经过 SWIFT 访问点 SAP 连接到用户终端 PC 上。

1）操作中心 OC（Operating Centers）

目前，整个 SWIFT 网络的业务处理集中在美国和荷兰两个操作中心。SWIFT 通过这两个 OC 把发报行和收报行连接起来，OC 之间通过全双工链路连接，必要时可以互相备援。如果一个 OC 出现故障，该 OC 的通信工作转由另外一个 OC 处理。SWIFT 网络的所有处理机都集中在这两个操作中心，它主要执行下述六种主要功能。

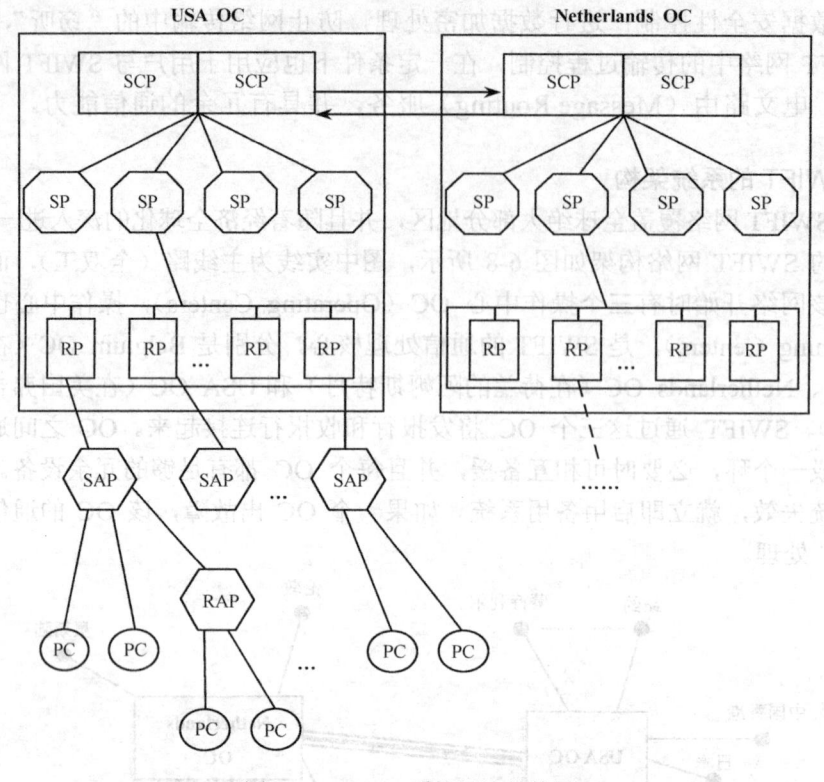

图 6-9 SWIFT 系统层次结构图

（1）注册（Login）。成员行的 SWIFT 接口设备 SID 经过注册才能进入系统。SID 的使用者必须输入经确认的密码，OC 才允许其注册和进入系统。

（2）电文接收（Message Reception）。当发报行将电文发到系统后，SWIFT 系统要对电文的内容进行验证。验证合格，则向发报行回发一条信息，说明已经收到电文，同时准备转发电文。

（3）电文处理（Message Processing）。电文发出前，系统要对电文进行若干处理，主要包括记录追踪轨迹，检查是否符合系统规定的标准，编定输出参考码（Output Reference Number）及系统参考码（System Reference Number）。其中，输出参考码包括收报行终端机代码及系统编定的输出电文序号 OSN；系统参考码包括发报行终端机代码及发报行编定的输入电文序号 ISN。上述参考码都是追踪电文在网络中运行的重要数据。

（4）电文提交（Message Delivery）。发报的准备工作，主要检查到目的地的路由是否畅通。若畅通，则将收到的电文转发到收报的 SID。除了系统电文（System Message）和紧急电文（Urgent Message）可享受发送优先权外，一般正常的交易电文采用先到先发的原则。通常，电文收到 10 分钟内就可发出。

（5）检索功能（Retrieval Function）。向成员行提供查询系统数据文件功能。但是严禁查询与自身无关的其他数据。

（6）网络控制（Network Control）。SWIFT 系统中的每个 OC 都有一部主机负责与另一个 OC 及各 RP 之间的线路连接。该主机自动检测每条线路的负荷，若发现某条线路有超载现象，则自动使电文绕道转送。若检测到某线路故障或 RP 故障，亦将自动执行侦测功能，判断问题的原因，做出必要的恢复处理。

2）系统控制处理机 SCP（System Control Processor）

SCP 负责整个 SWIFT 网络的正常运行，不断监测、控制网络中的各种设备、线路和用户访问。在美国、荷兰的操作中心，各有两台 SCP，在任何时刻，只有一台 SCP 处于激活状态，控制整个网络，其余三台 SCP 处于热备份状态。在处于激活状态的 SCP 出现故障时，备份 SCP 被激活，保证网络的安全可靠性。

3）片处理机 SP（Slice Processor）

SP 负责电报的存储转发和控制电报的路由选择。目前两个操作中心各有两台 SP 处于激活状态，同时每个激活的 SP 都有一台同型号的 SP 进行热备份。为了适应发报量不断增长的需要，还要陆续增加 SP。目前 SWIFT 采用的是 UNISYS 公司的 A 系列主机作为 SCP 和 SP。

4）地区处理机 RP（Reginal Processor）

RP 是连接 SWIFT 网络终端（Computer Based Terminal，CBT）与 SWIFT 系统的安全有效的逻辑通道，运行在 RP 上的软件与运行在 CBT 上的接口软件通信。所有用户发出的电报都由 RP 对其格式、地址代码等进行审核，合格后才能发往 SP，在电报即将出网进入 CBT 前，也暂时存放在 RP 上，等待送达接收用户。

每台 RP 基本上承担一个国家的电报处理，所以称为地区处理机，所有的 RP 都在美国和荷兰的两大操作中心内。OC 通过全双工国际数据通信链路与 RP 连接，各成员行则通过国内数据通信链路与 RP 连接。RP 担任的工作类似于网络集线器，成员行的所有进出电文，全部通过 RP 送入或发出。

为进一步提高系统的运行可靠性，在各 RP 之间还设有备用链路，如图 6-8 中用虚线表示的链路。如果主链路出故障，该 RP 通过另一个 RP 连接到某个 OC 去。

5）SWIFT 访问点 SAP（SWIFT Access Point）和远程访问点 RAP（Remote SWIFT Access Point）

SAP 是连接 SWIFT 骨干网 STN（SWIFT Transport Network）的分组交换结点机，它们把 SWIFT 系统的各种处理机（SCP、SP、RP）和遍布世界的 SWIFT 用户连接到 STN 网上。目前，SAP 采用北方电信公司的 DPN100 交换机，整个 SWIFT 骨干网有 150 台左右 DPN100 交换机（包括备份）。根据入网用户数量和发报量的大小，SAP 的配置不尽相同。除了少数用户数和发报量很大的国家和地区外，多数国家采用远程 SAP 方式（即 RAP），采用一个统计时分多路器，将几个用户连到一个多路器上，通过一条专线连到邻近国家或地区的 SAP 上，这个多路器称为远程 SWIFT 访问点 RAP。

1995 年以前，中国地区的远程 SWIFT 访问点在北京中国银行大楼内，几家商业银行通过一个统计时分多路器，复用一条 9 600 b/s 的卫星线路连接到香港的 SAP 上。20 世纪 90 年代以后，中国 SWIFT 用户和发报量增长很快，原来的 RAP 不能满足需要。1995 年，RAP 升档为中国 SAP，并迁入北京电报大楼内，同时在上海电信局内也设立了同样型号的 DPN100。北京的 SAP 通过卫星线路连接到新加坡的 SAP，上海的 SAP 连接到香港的 SAP。北京和上海的 SAP 用 9 600 b/s 的光缆互连，公共数据网 CHINAPAC 使用 19 200 b/s 连接北京的 SAP，使国内 SWIFT 用户使用 SWIFT 更加安全可靠。

6）用户与 SAP 的连接

根据发报量的大小、SAP 的位置以及对费用的权衡，用户与 SAP 有三种连接方式,即专线连接、通过公共电话线的拨号线连接和通过公共数据网连接。为了增加安全性,避免由于设在本国的 SAP 出现故障时引起用户通信中断,备份线路直接连接某个境外的 SAP。用户访问 SWIFT 系统需要有一套计算机系统与 SWIFT 系统连接,这套计算机系统即是 CBT,即图 6-9 中的 PC。CBT 中运行的 SWIFT 接口软件与 SWIFT 系统通信。目前有多家计算机公司开发运行在多种平台上的 SWIFT 接口软件。

6．SWIFT 系统的电文传输

这里以在中国香港的一家成员银行(源行,即业务发生行)欲通过 SWIFT 向伦敦的一家成员行(目标行,即业务结束行)发送一份汇款电文为例,叙述 SWIFT 系统的电文传输过程。

整个过程可简要描述为,源行的计算机系统首先将电文通过香港的 SAP 发往香港的区域处理中心 RP,经由 USA OC 和 Netherlands OC 发往伦敦 RP,再由后者将电文经由伦敦的 SAP 发送到目标行的计算机系统中去。这份汇款电文要经过两个 OC 转接才能到达目标行,这个经过两个 OC 转接的 SWIFT 电文传输流程如图 6-10 所示。

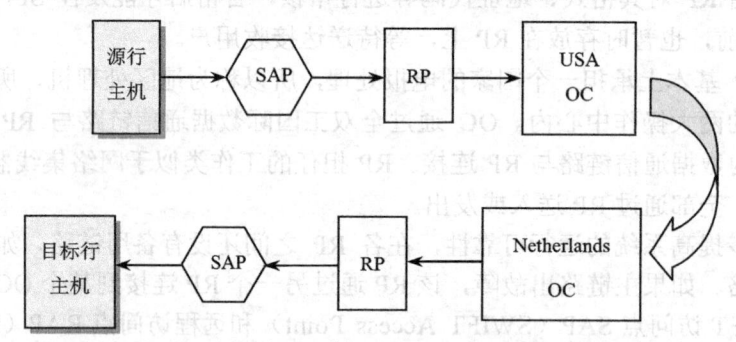

图 6-10　经过两个 OC 转接的 SWIFT 电文传输流程图

用户发送电文可有两级优先权,即正常的和紧急的,它们的提交时间分别为 10 分钟和 1 分钟。一旦收到发来的电文后,就会向发信行发回一个通知,表示电文已经收到。对于紧急电文,发给发信行的提交通知中,还要指出提交时的时间。如果一份紧急电文在输入系统后,5 分钟内还没能被提交,OC 就给发信行发送一条警告信息,说明队列的长度,以及还需要等待几分钟才能提交,或者说明不能提交的原因(如终端失效等)。由于在 SWIFT 系统内不能删除一条电文,因此当延迟提交的电文最终被提交时,要在该电文的尾部做个标志,并将提交通知发给发信行,表示电文已经提交。

为便于系统检查,所有输入 SWIFT 系统的电文,全部要由发报行编上流水号,即输入电文序号 ISN(Input Sequence Number)。同样,所有由 OC 提交的输出电文,由 SWIFT 系统编上流水号,即输出电文序号 OSN(Output Sequence Number)。

7．SWIFT 的应用特点

(1) SWIFT 需要会员资格。SWIFT 协会会员仅限于国际银行及金融机构,申请加入协会的会员银行必须首先填写申请,购买股份,由一年召开四次的年董事会审议批准,才能成为股东和会员,董事会成员根据各会员国及会员银行持股份额,经董事会提名、全体大会通过产生。具有最高权力的董事会下设七个部门,即银行协调部、业务操

作部、终端服务部、研究发展部、软件开发部、产品计划部、财务及行政管理部。中国的大多数商业银行都是其成员。

（2）SWIFT 的安全性较高。SWIFT 的密押比电传的密押可靠性强、保密性高，且具有较高的自动化。SWIFT 网络系统的安全率达 99.78%，SWIFT 总部的计算机操作中心与地区接收站，严格复核并且监察上网的不同公司的软件，要求上网的软件对于每份发送和接收的业务电信编押、加押、核押，而且全部都要计算机自动完成，发出的信息确保业务的密押交往绝对安全，不出差错。一般要求操作员应有两级登录密码，一级为自身密码，一级为权限密码，权限密码为两级授权，输入、核对、发送分人管理，每份报文发后注明输入、核对、发送人员名单存入美国操作中心。

（3）SWIFT 的格式标准化。对于 SWIFT 电文，SWIFT 组织有统一的要求和格式。电文标准化后可以实现端对端自动处理，提高处理效率，简化处理程序类似于 EDI。

（4）传送速度快，费用低。电信速度比普通电传速度快 48～192 倍，办理一笔业务，只需 30～50 秒就能收到处理站发回的电文。与用户电报相比，成本低得多，速度却快得多。同样多的内容，SWIFT 的费用只有电传的 18%左右，只有电报的 25%左右。比如，一笔 SWIFT 传输业务，普通业务约为 4 元（人民币，下同），加急业务约为 6 元；如果采用电报传输，则一笔业务的费用约为 18 元，如果采用电传则约为 21 元。SWIFT 通信费是基于路由和通信量定价的，对通信量多的大户可打折扣，最高可折让 50%，对发展中国家则减半收费。SWIFT 每年年底还根据经营情况向成员行返还部分（如 20%）收费，并根据其业绩向成员行发放红利。

（5）全天候服务。系统每周提供 7×24 小时的通信服务。SWIFT 还在荷兰、中国香港、英国和美国建立用户服务中心 CSC（Customer Service Center），向全球提供超过 10 种语言的全天候的用户支援服务。

（6）核查和控制管理方便。来电和去电的交换电文 SWIFT 都有详细的记录，以便核查。

（7）SWIFT 本质的特征是基于网络的自动化信息处理，可以跨区域、跨时间地为不同客户提供高质量的服务，它适合于电子商务的发展需求。特别是企业与企业间国际电子商务的发展需求。SWIFT 的应用可为跨时空 B2B 电子商务中的中、大额的资金支付与结算提供强有力的支持。

8. SWIFT 在中国的发展

中国银行作为中国的外汇外贸商业银行于 1983 年 2 月加入 SWIFT，成为中国第一家会员银行，1985 年 5 月 13 日，中国银行正式开通 SWIFT。中国金融体制改革后，中国工商银行、中国农业银行、中国建设银行、交通银行也可开展外汇外贸业务，这几个商业银行也相继加入 SWIFT 组织，开通 SWIFT。这个时期是中国 SWIFT 发展的初级阶段，各行采用 ST 200 单机，以单点形式与 SWIFT 连接，只限在各商业银行总行使用，收发 SWIFT 报文需手工处理，SWIFT 收发报量小，缺少应用接口，手工处理多，使用业务范围小。

从 20 世纪 90 年代开始，中国所有可以办理国际金融业务的国有商业银行、外资和侨资银行以及地方银行纷纷加入 SWIFT，SWIFT 发报量增长很快，传统的电传方式收发电报正在逐年下降。1990 年 9 月 SWIFT 召开董事会议，一致通过接收中国工商银行为 SWIFT 正式银行会员，银行的标准代码为"ICBKCNBJ"，其中，"ICBK"代表中国工商银行名称，"CN"为中国，"BJ"为总行所在地北京。中国工商银行有近百家分行注册 SWIFT 银行的标志代码，各个分行的标志代码设定方法为在中国工商银行的标准代码"ICBKCNBJ"的后面加设分行代码。例如，中国工商银行北京分行的标准代码为"ICBKCNBJ BJM"，天津分行的标准代码为"ICBKCNBJ TJN"等，拥有 SWIFT 标志代码的分行也可以和总行的 SWIFT 系统联机、连网，国外的 SWIFT 成员行也可通过这些标志代码地址与中国工商银行总行和分行直接进行业务往来和资金结算。1996 年，中国 SWIFT 发报增长率为 42.2%，在 SWIFT 全球增长率排名第一，中国银行在 SWIFT 前 40 家大用户中排名第 34 位。

目前，中国银行每日 SWIFT 发报量达 3 万多笔，采用 SWIFT 方式进行收发电报已占到全行电信总收付量的 90%。SWIFT 网络已成为中国商业银行进行国际结算、收付清算、外汇资金买卖、国际汇兑等各种业务系统的通信主渠道，部分业务实现了自动化处理。

6.3.2 CHIPS

由于 SWIFT 只完成国际间支付结算指令信息的传递，因此真正进行资金调拨还需另外的一套电子业务系统，这就是 CHIPS。CHIPS 主要用来完成资金调拨，即资金的支付结算过程。

1．CHIPS 简介

20 世纪 60 年代末，随着经济的快速发展，纽约地区资金调拨交易量迅速增加。纽约清算所于 1966 年研究建立了 CHIPS 系统，并于 1970 年正式创立。

CHIPS，英文全称为 Clearing House Interbank Payment System，中文一般翻译为纽约清算所银行同业支付系统，它主要以世界金融中心美国纽约市为资金结算地，具体完成资金调拨即支付结算过程。

因为纽约是世界上最大的金融中心，国际贸易的支付结算活动多在此地完成。因此，CHIPS 虽然运行在小小的纽约，但涉及全世界范围的资金结算业务，也就成为世界性的资金调拨系统。现在，世界上 90%以上的外汇交易是通过 CHIPS 完成的。可以说，CHIPS 是国际贸易资金清算的桥梁，也是美元供应者进行交易的通道。

CHIPS 的参加银行主要包括如下三类。

（1）纽约交换所的会员银行。这类银行在纽约联邦储备银行有存款准备金，具有清算能力，并且都有系统标识码，作为收益银行的清算账号。CHIPS 会员银行的系统标识码以符号 CP 为开头的 ABA 三位数字码来标示。

（2）纽约交换所非会员银行。这类银行称为参加银行，参加银行需要经过会员银行的协助才能清算。CHIPS 的参加银行，除了利用该系统本身调拨资金外，还可接收往来银行的付款指示，透过 CHIPS 将资金拨付给指定银行。

（3）美国其他地区的银行及外国银行。它主要包括美国其他地区设于纽约地区的分支机构，它们具有经营外汇业务的能力；外国银行设于纽约地区的分支机构或代理行。这些外国银行可以选择 CHIPS 会员银行为代理行，参加 CHIPS 同业清算，它们在代理行设定用户识别号（UID）号码，UID 号码以字母 CH 为开头，后面有 6 位数字。

CHIPS 采用这种层层代理的支付清算体制，构成庞大复杂的国际资金调拨清算网，因此，它的交易量非常巨大，而且在逐年增加。1982 年时，CHIPS 成员行只有位于纽约地区的银行 100 家，而到 20 世纪 90 年代初，CHIPS 就发展为由 12 家核心货币银行组成、有 140 家金融机构加入的庞大资金调拨系统。

2．CHIPS 系统的运作架构

应用 CHIPS 系统的资金清算处理过程并不复杂，可把整个流程分为两部分，即第一部分是 CHIPS 电文的发送，第二部分是在实体银行间完成最终的资金清算。

例如，美国境外的某国银行甲（汇款银行）汇一笔美元到美国境外的另一家银行乙（收款银行），则利用 CHIPS 的国际资金调拨流程如图 6-11 所示。

（1）美国境外的某国银行甲经国际线路，如 SWIFT 网（CHIPS 交易数量的 80%是靠 SWIFT 进入和发出）向其在纽约市内的参加 CHIPS 美元清算的成员银行 A 发送电子付款指示，要求 A 行于某日（即生效日）扣其往来账，并将此款拨付给在纽约银行 B 设有往来账户的他国乙银行。美国境外的某国甲行在纽约市内的银行 A 开设有用户识别号（UID 清算账号）。

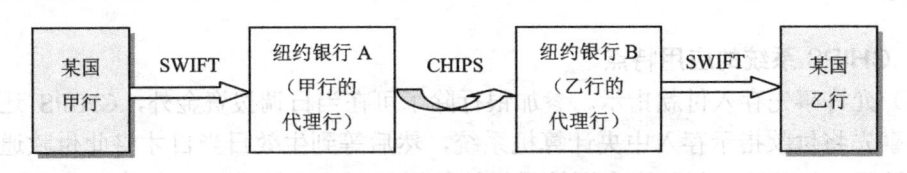

图 6-11 利用 CHIPS 的国际资金调拨流程图

（2）纽约市内的银行 A 收到电文后，核对电文的信息识别码（MAC）无误，即交与终端操作员处理。操作员根据电文，依据纽约清算所规定的标准格式，将有关数据（包括 A 行、B 行、甲行和乙行的编号，付款金额，生效日等）录入计算机终端。该电文经 CHIPS 网络传送到 CHIPS 中央计算机系统中存储起来。该中央计算机系统必须接到 A 行稍后下达的"解付"（Release）命令后，才将此付款通知传送到开设在纽约市内的另一家 CHIPS 成员银行 B 的计算机终端上，其中，收款银行乙是在银行 B 开设了用户识别号（UID 清算账号）。

（3）纽约市内的 CHIPS 成员银行 B 通知美国境外的银行乙接收汇款，完成汇款。

（4）接着进行日终结算。CHIPS 的成员银行 A，将每天收到的不同的境外委托银行的付款单交给在纽约市内的能够直接进行清算的银行，进行净差额借记清算，在纽约市内能够直接进行清算的银行共有 20 家。

（5）直接进行清算的银行在日终与 FEDWIRE 进行清算。

（6）CHIPS 的成员银行 B 要与直接进行清算的银行进行净差额贷记清算。

总之，利用 CHIPS 系统的清算过程，凡是在纽约市内的 CHIPS 的成员银行之内开设了用户识别号 UID 号码的美国境外银行，都可以经过 CHIPS 的成员银行，将资金调拨指示经 CHIPS 美元清算系统支付给另一家接收银行。在进行日终结算时，在纽约市内的 CHIPS 的成员银行，要经过直接进行清算的银行与美国联邦储备局清算系统进行清算。与此同时，在纽约市内的 CHIPS 的成员银行，将代理委托在 CHIPS 成员银行开设了 UID 号码的美国境外银行，全部完成各个银行之间的美元支付，并且通过电子网络将支付结果通知被委托的银行，整个支付过程只需几秒钟。

CHIPS 系统美元清算时间为美国纽约时间上午 7:00 至下午 4:30，假日后第二天上午 5:00 至下午 5:00。在下午 5:00 与美国联邦储备局清算系统进行清算，在收汇终止时间后直接参加清算的成员银行为直接清算成员银行，委托其他成员银行代理清算的银行为非清算成员银行。

中国工商银行就是通过开设在纽约市内的 CHIPS 成员银行的账户进行美元清算的。例如，美国美洲银行的 CHIPS 成员银行账号为 CP959，SWIFT 银行的标识码为 BOFAUS3N，中国工商银行总行和全国其他分行在美国美洲银行开设 6 位数的 UID 代号。在进行美元清算时，特别要注意查阅每年都更新的 CHIPS 手册资料，正确选择每一家的清算代号，以便确保付汇路线的质量和美元支付与清算的准确性。

从上述处理过程看出，利用 CHIPS 进行国际间的资金转账是很方便的。因此，各国银行在纽约设有分行者，都想加入 CHIPS 系统。面对日益增多的参加银行，为了清算快速完成，纽约清算所决定，由该所会员银行利用其在纽约区联邦储备银行的存款准备金账户，代理各参加银行清算。因此，在 CHIPS 清算体制下，非参加银行可由参加银行代理清算，参加银行又由会员银行代理清算，层层代理，构成了庞大复杂的国际清算网。

3. CHIPS 系统的应用特点

（1）允许事先存入付款指示。参加银行除了可在当日调拨资金外，CHIPS 还允许参加银行事先将付款指示存入中央计算机系统，然后等到生效日当日才将此付款通知传送到收款银行。如前述，任何资金调拨需经拨款银行下达"解付"命令后，CHIPS 的中央计算机系统才会于解付日将此付款通知传送收款银行。未下达解付命令前，拨款银行有权取消该笔付款指示。

（2）完善的查询服务功能。系统即时将每笔资金调拨情况存入文件，因此各参加行可随时查询自己银行的每笔提出或存入的金额，并及时调整自己的头寸。

（3）自动化程度高。CHIPS 设计了一个灵活的记录格式，以方便发报行和收报行进行自动处理。这样，参与行的支付信息可在不同系统之间流动，而无须人工干预。例如，CHIPS 接收 SWIFT 的标识码，且可自动地与 CHIPS 的通用标识码相互参照。

（4）安全性好。CHIPS 将四台大型计算机组成两套系统，两套系统互为备份，每套系统又是双机互为备份。两套系统分别安装在不同的地方，且用高速线路连接。为了保证不间断的电源供应，由蓄电池储备，还有两个内燃发电机保证。CHIPS 还有很好的保密性，主要通过保密模块、保密设备和一系列规定来实现。每个成员行均有一台专门设计的保密机，该保密机遵守 ANSI X9.9 金融机构保密检测标准。付款电文都经保密机加密且加 MAC 传送，以保证电文的传输安全。

6.3.3 国际资金电子支付的运作模式

国际贸易通过国际电子汇兑系统完成国际资金电子支付与结算。国际汇兑信息或指令通常是通过 SWIFT 系统传输的，而国际资金结算通常是通过 CHIPS 系统来完成的。因此，SWIFT 和 CHIPS 是国际资金调拨的两个最重要的系统，两者的结合构成了国际资金电子支付的运作框架,其实也是网络支付,只不过是基于专用网络如 SWIFT 网络。

1. 国际资金电子支付机制

由于国际电子支付过程的复杂性,随源行(业务发生行)和目标行(业务结束行)之间的关系差别很大。一笔国际电子汇兑过程,往往经过不同国家多个同业的转手才能完成。目前主要应用的是"SWIFT+CHIPS"的配合机制,即通信传递用 SWIFT,到纽约进行 CHIPS 同城结算。

举例来说,若甲银行的客户 A,要求甲银行的企业银行系统代为支付一笔款项给某国乙银行的客户 B。甲银行接到这个请求后,根据甲银行与乙银行之间的不同关系情况,有许多不同的做法。

如果甲、乙银行之间并非往来银行,则需通过另一个与甲、乙银行都有往来关系的第三者协助处理。譬如,甲、乙银行均与 Citibank 有往来关系,而且甲银行与 Citibank 均为 CHIPS 的会员银行,则甲银行可通过 CHIPS 将款汇至 Citibank,Citibank 再将该款项转入其客户乙银行的户头中,并且通知乙银行知晓该款项的受款人为客户 B。乙银行接到通知后,则通过自身的企业银行系统通知客户 B 汇款已达账。

客户 A 与客户 B 间的国际电子支付结算流程如图 6-12 所示。该图所示的这次资金调拨过程,涉及三个银行。这三个银行可以分属不同的国家,也可属于同一国家。

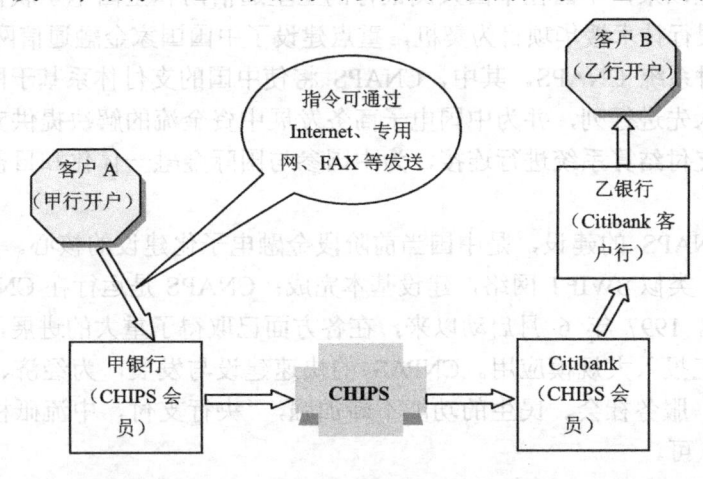

图 6-12 客户 A 与客户 B 间的国际电子支付结算流程图

2. 国际大额资金电子支付的运作现状

国际大额资金电子支付的运作流程类似于图 6-12,只不过进行资金调拨结算的不但可以是 CHIPS,也可以是 FEDWIRE 等系统。

汇款客户即图中的客户 A,通常是公司客户、银行和政府部门,个人客户为数很少。汇款客户要把一笔款项汇给受益方,必须向其开户银行(如图 6-12 中的甲银行)发出汇款指令。发指令的机制很多,除可步行到银行办理外,还可通过 Internet、专用网络、邮寄、电话、电报、FAX 等办理。随着网络的发展和企业网络银行系统的推广应用,客户越来越多地通过 Internet、专用网络发送汇款指令,特别是应用更加普及简单的 Internet,将有力支持国际间 B2B 电子商务的开展。

开户银行接到客户的汇款指令后，先要验证汇款客户和汇款指令的真实性。验证方法取决于所采用的发令机制。例如，对于邮寄指令，银行必须检验发令方的签字；对于电话指令，必须回打给发令方予以验证；通过 Internet、企业网络银行系统传送的指令，需要检验用户名、口令、数字签名和信息识别码。

在验明身份和指令的真实性和完整性后，银行进行支付处理和提交处理。在美国，跨行的大额汇兑主要是通过 FEDWIRE、CHIPS 或 SWIFT 等网络进行电子资金转账的。银行与这些系统有接口，就可自动接收这些系统发来的汇兑信息。一旦发生一笔资金转账，收款银行就通知受益方。通过电子资金转账的资金，一般当天或第二个商业日就可解付。

上述汇兑过程的复杂性，随汇兑方和受益方两者开户银行之间的相互关系而异。地区性和国内型的电子资金转账的运行体系比较简单，通常一个或两个银行就能独立完成各项金融服务。国际性的资金转账服务的运行体系则复杂得多，有时，需要同业多重转手，才能完成一笔国际汇兑，可使汇兑过程变得非常复杂。

6.4 中国国家现代化支付系统

进入 21 世纪以来，中国在中国人民银行的卫星通信网和全国电子联行系统建设的基础上，以世界银行技术援华项目为契机，重点建设了中国国家金融通信网 CNFN 和中国国家现代化支付系统 CNAPS。其中，CNAPS 将使中国的支付体系基于网络化与电子化处理，从而跨入先进行列，并为中国电子商务发展中资金流的解决提供支撑，同时与国际电子或网络支付结算系统进行连接，为中国参与国际金融一体化和日益繁荣的国际贸易服务。

CNFN 和 CNAPS 的建设，是中国当前阶段金融电子化建设的核心。其中，CNFN 是通信基础设施，类似 SWIFT 网络，建设基本完成；CNAPS 是运行在 CNFN 上的具体金融业务系统，自 1997 年 6 月启动以来，在各方面已取得了重大的进展，在功能上也已经比较完善，正投入大规模应用。CNPAS 的快速建设与发展，为经济、金融发展不断注入新的活力，服务社会、民生的功能不断加强，"央行支付，中流砥柱" 的公益形象已逐渐被社会认可。

本节主要介绍中国国家现代化支付系统 CNAPS 及其运行网络平台——中国国家金融通信网 CNFN。

6.4.1 中国国家金融通信网 CNFN

1. CNFN 简介

中国国家金融通信网，英文为 CNFN，全称是 China National Financial Network，就是把中国中央银行、各商业银行和其他金融机构有机地连接在一起的全国性与专业性的金融计算机网络系统。

CNFN 建设的主要目标有如下五个方面。

（1）向金融系统用户提供专用的公用数据通信网络，通过文件和报文传输向应用系统（如电子支付系统）提供服务。

（2）相关金融机构通过该网络连接全国各领域成千上万个企事业信息系统，为广大的客户提供全面的支付结算服务和金融信息服务。

（3）作为 CNAPS 的可靠网络支撑（物理结构上有点类似 SWIFT 网络）。

（4）具有普通公用网的高可靠性和强稳定性，还具备专用网的封闭性和高效率。

（5）采用开放的系统结构和选用符合开放系统标准的设备为基础，使大量用户的各类计算机处理系统方便地接入 CNFN。

2. CNFN 的网络结构

为了充分发挥金融通信网的投资效益，实现一网多用，在规划 CNFN 的网络建设时，将通信子网与资源子系统分离，建设独立于应用的全国金融通信网络。

CNFN 的网络框架示意如图 6-13 所示。

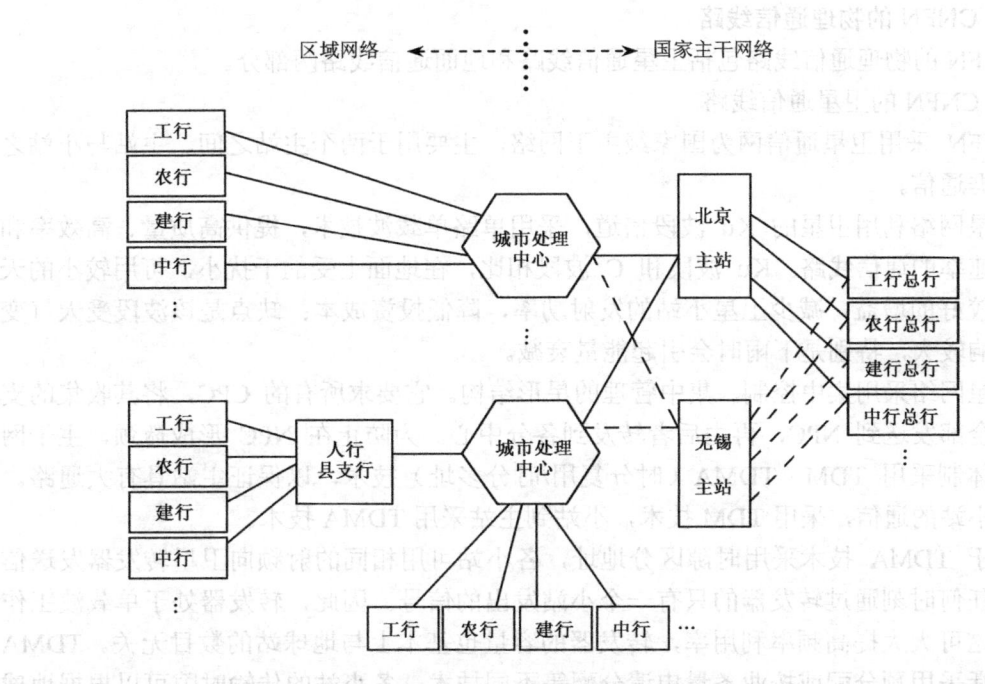

图 6-13　CNFN 网络框架示意图

（1）CNFN 分设两个国家处理中心 NPC（National Processing Center），即北京主站和无锡主站，两者互为备份，有同样的结构和处理能力。两个 NPC 之间由 SCPC（单路单载波）高速卫星线路（通信传输速率为 512～2 048Kb/s）和地面高速 E1 线路（通信传输速率为 2.048Mb/s）相连。在正常工作情况下，由主用 NPC 即北京主站控制、管理全网。一旦发生灾难，备用 NPC 即无锡主站就接管瘫痪了的主用 NPC 的所有业务，直至北京 NPC 恢复使用。

（2）CNFN 整个网络分为二级网络、三层结点。网络的三层结点中，一级结点是国家处理中心 NPC，二级结点是城市处理中心 CPC（City Processing Center），三级结点是中国人民银行县支行处理结点 CLB（Country Level Bank）。CPC 也称小站。这三层结点组成一个二级网络，即由 NPC 与 600 个 CPC 构成国家主干网络，而 CPC 与几千个 CLB 构成区域网络。

（3）二级网络中，国家主干网络是以中国人民银行的卫星通信网为主体，以中国金融数据地面通信骨干网和邮电部门的公用数据通信网 DDN 为辅助信道。卫星网与地面网互为备份，相互补充。而区域网络的物理线路，则根据当地通信状况可选用中国金融数据地面通信骨干网、DDN、X.25 或 PSTN 等，少数边远地区及交通不便或有特殊需要的地区，也可采用卫星通信网构成区域网络。

（4）CNFN 低层向上层提供以帧中继为主协议的接口，同时支持 X.25 和 SDLC 链路层协议。传输网络以 TCP/IP 为主协议，也支持 SNA 协议。

（5）各商业银行总行采用 DDN 线路与 NPC 连接。CPC 与当地商业银行的连接，可以根据当地通信状况选用中国金融数据地面通信骨干网、DDN、X.25 或 PSTN 等。CLB 与当地商业银行的连接，可以采用拨号线路、租用线路、无线通信等多种通信媒体。

3. CNFN 的物理通信线路

CNFN 的物理通信线路包括卫星通信线路和地面通信线路两部分。

1）CNFN 的卫星通信线路

CNFN 采用卫星通信网为国家级主干网络，主要用于两个主站之间、主站与小站之间的数据通信。

卫星网络利用卫星的 Ku 波段信道，采用单路单载波技术，提供高质量、高效率和高传输速率的通信线路。Ku 波段和 C 波段相比，在地面上受的干扰小，可用较小的天线取得较好的增益，减少卫星小站的发射功率，降低投资成本；缺点是该波段受天气变化的影响较大，特别是下雨时会引起能量衰减。

卫星网络采用集中控制、集中管理的星形结构。它要求所有的 CPC，将其收集的支付业务全部发送到 NPC，再由后者转发到各分中心。为防止在 NPC 形成瓶颈，主干网的通信体制采用 TDM／TDMA（时分复用/时分多址）技术，以保证主站具有大通路。主站到小站的通信，采用 TDM 技术，小站到主站采用 TDMA 技术。

由于 TDMA 技术采用时隙区分地址，各小站可用相同的射频向卫星转发器发送信息，而任何时刻通过转发器的只有一个小站发出的信号。因此，转发器处于单载波工作状态，这可大大提高频率利用率，转发器的容量也基本上与地球站的数目无关。TDMA 允许灵活采用预分配或按业务量申请分配等不同技术，各小站的传输时隙可以根据地球站业务忙闲程度自动改变。

CPC 通过卫星通信网向 NPC 发送信息时，采用 TDMA 技术，依据信息量的需求用多个较低传输速率（64Kb/s～128Kb/s）通道，以突发形式实时发出；而从 NPC 向 CPC 发信息时，采用 TDM，用高速（512Kb/s）数据通道通过分时方式逐个向各个 CPC 传输信息。主用 NPC 与备用 NPC 之间交换所有的业务信息和大部分的控制信息，通信量非常大，采用单路单载波 SCPC 方式实现点对点通信。

2）CNFN 的地面通信线路

CNFN 的地面通信线路主要由中国金融数据地面通信骨干网和邮电部门的公用数据通信网（X.25 和 DDN）组成。CNFN 的地面通信线路，一方面作为卫星通信线路的备用信道，另一方面主要是构成 CNFN 的区域网。

中国金融数据地面通信骨干网，是由原邮电部和金融机构共同投资建设的。该网由设置在全国 300 多个大中城市的帧中继交换机、网管中心和租用中国电信长途数字中继电路组成。到 1999 年年初，该网已覆盖全国 200 多个城市。中国金融卫星通信网和中国金融数据地面通信骨干网的基本建成，将为 CNFN 的建设打下坚实的基础。

邮电部门的数字数据网 ChinaDDN，正向光纤网发展，可为广大用户提供高质量的数据通道。中国国家分组交换网 ChinaPAC 已在全国范围展开，客户可以租用 ChinaPAC 端口，用自己的分组交换机组成自己的基于 X.25 的专用网络。中国国家公用电话网 PSTN 连接全国各地，客户可以通过租用专线或拨号的方式，用 Modem 组成区域网，这种方式适合于业务量小的地区。

4. 三级结点的处理功能

在 CNFN 的三级结点中，NPC 负责整个系统的控制和管理及应用处理，CPC 和 CLB 主要完成信息采集、传输、转发及必要的应用处理。

1）NPC 的功能

NPC 是 CNFN 的全国管理中心，也是 CNAPS 各业务应用系统的全国处理中心。因此 NPC 是 CNFN 的心脏，它的主要功能包括如下四种。

（1）数据库管理。负责保持完整的 CNAPS 账户数据库。

（2）完成交易处理。来自业务发起行的所有支付信息，都要通过 CNFN 网络发送相关业务系统按要求进行处理，再转发到接收行。

（3）NPC 作为 CNAPS/CNFN 的通信主站和控制中心，负责系统管理和网络管理。

（4）实现灾难恢复。发生灾难时，保证将事务处理从在用 NPC 切换到备用 NPC。

NPC 主要由中国金融软件开发中心（CFDC）、系统控制中心（SCC）、网络控制中心（NCC）、数据库管理中心（DBMC）和应用系统控制中心（ASC）部门组成。

（1）CFDC 的任务是研制和开发 CNAPS 应用软件系统，全面支持 CNAPS/CNFN 的运行、维护和管理等软件版本的升级和配置。

（2）SCC 的主要功能是终端用户管理，提供专门的应用支持服务；应用软件和网络软件管理，提供与软件开发中心的接口；远程应用软件的分配和配置管理；提供应用系统与终端用户之间的支持接口；对网络和应用系统进行计费统计等。

（3）NCC 的主要功能包括网络监控，网络故障诊断和恢复，卫星通信网络和地区通信网络的集成网络管理，网络用户监管等。

（4）DBMC 主要对各种数据库进行集中安全管理。

（5）ASC 分为四个分中心。其中资金清算处理分中心集中管理、控制全国清算账户，统一处理同城、异地的大额、小额批量支付系统资金清算和日终对账等业务；银行卡全国授权处理分中心负责跨行银行卡授权信息的交换处理和财务统计，传送查询授权信息和止付名单等业务；政府债券簿记系统处理分中心负责无纸政府债券的报价、交割清算和托管处理业务；管理信息处理分中心负责宏观货币政策信息的采集、分类、汇总和统计处理业务。

2）CPC 的功能

对 CNFN 来说，CPC 是国家主干网络与区域网络的交汇结点，是区域网络内终端用户访问主干网和 NPC 的登录、分发结点。

CPC 的主要功能包括提供金融业务处理纸票据截留服务，各种传输信息的登录和分发，区域内一级和三级结点的信息转发，必要的业务、会计财务处理，区域通信网的控制和管理等。

CPC 由物理分离的如下应用处理分中心组成，即同城清算所、城市清算处理中心、城市银行卡授权中心、城市政府债券簿记中心、城市金融管理信息处理中心。

3）CLB 的功能

CLB 的主要功能包括金融业务处理纸票据截留服务，各种传输信息的登录和分发，县内金融信息向二级处理结点转发，必要的业务和会计财务处理，必要的通信控制和管理等。

由于 CLB 的通信量和业务处理量都不大，在满足性能的前提下，处理结构以简单为好。通信量大的 CLB，采用双桥局域网客户/服务器结构，不同客户机处理不同的金融业务，建立综合性数据库（或文件）服务器；通信量较小的 CLB，采用单局域网客户/服务器结构，不同客户机处理不同的金融业务，建立综合性数据库（或文件）服务器。

5．CNFN 的安全情况

1）CNFN 的安全设置

通过 CNFN 传送的信息日通信量和业务处理笔数都很大，而经其处理的信息都是影响金融宏观货币政策决策的重要金融信息，因此必须确保 CNFN 的安全。

CNFN 的资源包括软硬件资源、数据资源和人员资源。CNFN 的安全系统对所有这些资源实行可靠保护。

为了保证系统的物理资源安全，在系统的结构设计、设备的配置和选型上，必须冗余、安全、可靠；必须确保系统内所有计算机、通信设备、通信线路和机房环境等的物理安全；在系统的运行管理上，必须确保系统的安全、可靠运行；系统还要有故障动态检测和故障联机恢复等功能。

在 CNFN 的资源中，数据是最重要的资源，因此 CNFN 安全的重点在于对数据资源实施保护。在 CNFN 中，数据安全主要由安全访问控制和保密子系统组成。安全访问控制将对所有访问 CNFN 网络的用户名、用户标志、用户口令进行检查，防止非法入侵；对不同用户，授权不同的等级权限，以防止用户越权使用系统资源（包括程序、数据文件、数据库等）；对网上传输的信息进行保护，防止中途被篡改；提供审计跟踪记录。保密子系统则由软件和硬件组成，对网上传输的信息提供加密保护。

2）CNFN 的性能设计

NPC 处理小额批量电子支付系统（BEPS）的设计能力指标为每天处理的业务量为 1 000 万笔，小时峰值为 500 万笔，日峰值为 2 000 万笔。

处理大额实时支付系统（HVPS）的设计能力指标为每天处理的业务量为 100 万笔，小时峰值为 20 万笔，日峰值为 200 万笔。

6.4.2 中国国家现代化支付系统 CNAPS

1．CNAPS 简介

支付系统是金融业赖以生存、发展和参与竞争的基础，同时也是国家经济顺利开展的基础。因此，支付系统的建设向来受到各国的特别关注。为适应中国市场经济的发展与网络经济社会的特点，特别是电子商务的发展，迫切要求建立高效、安全可靠的跨区域跨行通信网络,实现支付系统的现代化、电子化与网络化。

中国国家现代化支付系统,英文为 CNAPS(China National Advanced Payment System),是在吸取世界各国电子支付系统建设经验的基础上,结合中国经济、技术和金融业发展的国情,以中国人民银行的全国电子联行系统为基础,集金融支付服务、资金清算、金融经营管理和货币政策职能为一体的综合性金融服务系统。可以说,CNAPS 是目前中国运行的所有电子与网络支付结算系统的综合集成,如服务于企业间中大资金支付结算的全国电子联行系统和各商业银行的电子汇兑系统等的融合。

CNAPS 是运行在中国国家级金融通信网 CNFN 上的应用系统,由 CNFN 提供标准的接口、应用软件开发平台以及联机事务处理(OLTP)环境等。

CNAPS 所有终端系统的时间响应指标为:系统注册必须在 3s 内完成,送到系统的报文应在 5s 内完成接收和确认工作。

为了积极参与经济全球化带来的金融全球化趋势,CNAPS 的报文信息格式,基本采用 SWIFT 报文格式标准。这样,CNAPS 的用户也可方便地借助 SWIFT 进行国际金融服务,如支付结算服务。

2. CNAPS 的参与者

CNAPS 的参与者分直接参与者和间接参与者两类。

(1)直接参与者:中国人民银行的各级机构,在中国人民银行开设资金清算账户的商业银行与非银行金融机构的各级分支机构。

(2)间接参与者:是指没有在人民银行开设资金清算账户,而委托直接参与者代理其进行支付清算业务的单位和个人。间接参与者可以是银行、非银行金融机构、在商业银行或非银行金融机构开设账户的广大银行客户,包括工商企业、政府机关、公共事业单位和个人。

CNFN 的一级、二级和三级结点即 NPC、CPC 和 CLB 结点都允许商业银行登录 CNFN,因此它们都可以是支付交易的发报行。CNAPS 中的业务发起行,通常是指各商业银行和其他金融机构的基层单位,如分理处和营业部等。若这些发起行的客户(如间接参与者)需要办理异地汇款业务(汇出款项),把款项汇给另一个客户时,则汇款客户称为业务发起人,收款客户称为受益人。汇款客户委托的商业银行(或其他金融机构)的基层单位,是支付系统中的业务发起行;收到划汇业务(接收汇款)的商业银行(或其他金融机构)的基层单位(受益人的开户行)称接收行,接收行是支付系统中的业务结束行。发起行和接收行必须是 CNAPS 的直接参与者。

发起行所在的 CNFN 处理中心称为发报行,接收行所在的 CNFN 处理中心称为收报行。NPC 是 CNAPS 的全国处理中心,它控制 CNAPS 的运行,是管理 CNFN 通信、接收、结算、清算支付业务的国家处理中心。

3. CNAPS 的业务应用系统

CNAPS 的业务应用系统主要包含:

(1)大额实时电子支付系统 HVPS;

(2)小额批量电子支付系统 BEPS;

(3)银行卡授权系统 BCAS;

(4) 政府证券簿记支付系统 GSBES；

(5) 金融管理信息系统 FMIS；

(6) 国际支付系统 IPS。

其中，HVPS 和 BEPS 可以用来支持企业或组织间的资金调拨与支付结算，HVPS 是支付应用系统的核心。考虑它的重要性，这一系统由中央银行拥有和运行。2007 年 6 月在全国推广使用的 CNAPS 支持的全国支票影像交换系统，综合运用影像技术将实物支票转换为电子支票影像信息，实现了纸质支票的截留，从而实现了支票在全国的通用，这对完成全国范围内的网络支付发挥了重要的作用，丰富了 HVPS 和 BEPS 的功能。下面分别进行介绍，其中着重对 HVPS 和 BEPS 介绍。

1) 大额实时支付系统 HVPS

大额实时支付系统 HVPS，英文全称为 High Value Payment System，是逐笔实时处理的全额清算系统，主要用于行际和行内的清算资金余额转账、企业之间的资金调拨、投资支付和其他大额资金支付以及处理时间紧急的其他贷记业务。

在中央银行开设备用金或清算账户的金融机构，都可通过 HVPS 系统及时划拨大额资金，如证券市场和货币市场的资金调拨与结算，银行内部和银行之间的资金头寸调拨等。这种支付活动金额大、风险大，要求实时、逐笔、全额最终完成。由于 HVPS 对中国社会经济、支付体系和金融体系本身的平稳运作关系重大，所以对 HVPS 的安全性要求非常高。特别是异地的大额支付，经过的结点多、链路长，安全的难度更大。为了保证系统的绝对安全，每笔支付过程经过的每个结点，要有严格的报文登录控制手段，登录操作者的身份鉴别，每笔支付报文的有效性、合法性检查，对支付报文和确认报文进行严格的跟踪、法律确认，保证交接的严密性。发生一笔异地大额划汇业务时，其应用 HVPS 的异地大额划汇业务处理流程如图 6-14 所示。

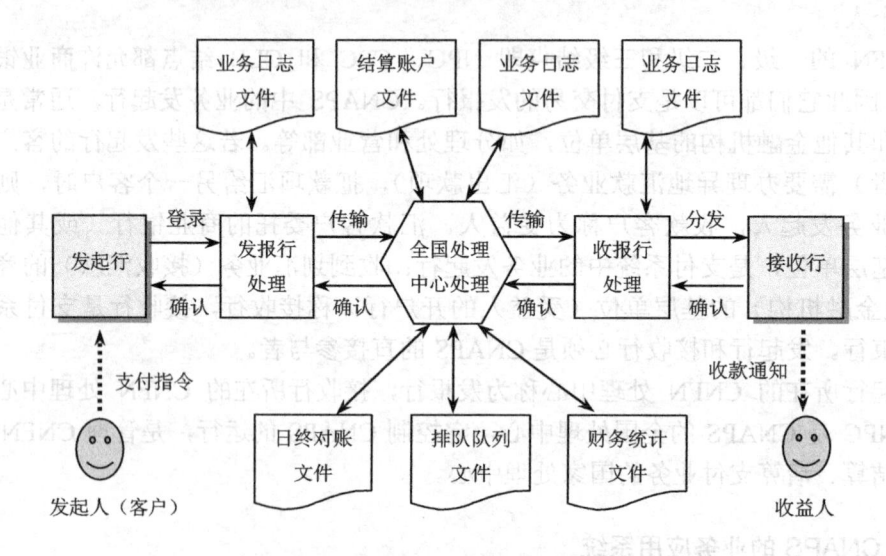

图 6-14 HVPS 的异地大额划汇业务处理流程图

（1）借助 Internet、专用网络等方式，发起行收到发起人（客户）发来的支付指令，经检验无误后，借记发起人账户，立即将支付指令逐笔发送给发报行；发报行收到发起行发来的支付指令，经检验无误后，以排队顺序逐笔定时转发全国处理中心 NPC；

NPC 处理结算，并将支付指令定时转发相应地点的收报行。

（2）收报行收到支付指令，检验无误后，将其发送到相应接收行；接收行收到支付指令，检验无误后，贷记收益人账户，并且通知收益人，同时，以反向顺序向发起行发送完成支付的确认信息。至此，应用 HVPS 的一笔异地大额划汇业务基本完成。

大额实时支付系统的风险控制比较复杂。由于该系统处理的每笔支付交易金额都很大，由全国处理中心逐笔全额清算，实时最终完成，所以中央银行允许清算账户在限额内出现日间透支，但是不允许出现隔夜透支。对账户余额不足的支付指令，采用排队等待机制，当有足够的资金进入该账户时，则自动支付。为了确保支付安全，在每日营业结束前 1 小时，停止接收大额支付交易，以便结算账户余额不足的银行有足够的时间拆借资金，保证支付的完成。由全国处理中心完成全额结算、分发的所有大额支付交易，一律不能撤销。

2）小额批量电子支付系统 BEPS

小额批量电子支付系统 BEPS，英文全称为 Bulk Electronic Payment System，它是指应用电子网络方式处理诸如从付款到收款存在时间差的支付、预先授权的循环支付（如代发工资、代付房租、水电费、电话费、税金、保险费等）及截留票据的借记和贷记支付等金融业务的系统。由于这类支付金额一般不大，时间性要求不高，但是交易笔数大，为了提高效率和降低成本，一般采用批处理方式并净额结算资金，所以称为小额批量电子支付系统。

BEPS 可以有效地加快资金流动，减少现金、支票和各种票据的流通量，降低风险性，节约转账成本，方便客户。它可处理同城和异地的跨行与行内的电子支付服务。由于大量的 B2B 电子商务的支付结算金额属于中小额性质，而且业务笔数较多，因此 BEPS 的发展与应用将为电子商务业务的支付结算提供有力支持。目前，各银行开发的基于 Internet 平台的企业与个人网络银行系统的中小额度网络支付功能在银行后台的处理基本就是这种方式。

BEPS 系统的输入方式，既允许纸凭证（如支票等）输入，也允许基于脱机或联机的电子输入。如果采用纸凭证输入，最佳的方案是先经票据自动清分机阅读和清分，将这些物理凭证转换成逻辑凭证，然后再以电子的方式进行电子支付处理。最有效率、成本最低的方式是采用联机电子输入，比如借助 Internet 方式或专用客户网络终端传输支付指令等。

该系统的客户，可以是直接参与者，即在中央银行开设结算账户的金融机构，也可以是由直接参与者代理的间接参与者。

BEPS 的主要处理流程中涉及的实体与 HVPS 差不多，但输入/输出方式较多，中间处理文档也较多，较为复杂一些，BEPS 业务处理数据流程如图 6-15 所示。

（1）发起行将支付指令按小额贷记（如汇兑、委托收款划汇等）、事先授权借记（如银行汇票、承兑汇票、银行本票和旅行支票等）和定期借记（如收取税款、水电费、房租等）进行分类。对当日发送的小额贷记和事先授权借记支付，分别借记、贷记发起人账户。对定期借记支付记入定期借记登记簿，待生效日未被退回时，销去登记簿，贷记发起人账户；对生效日前被退回的定期借记支付，销去登记簿中相应的支付指令。完成上述账务处理后，向发报行发送支付指令。

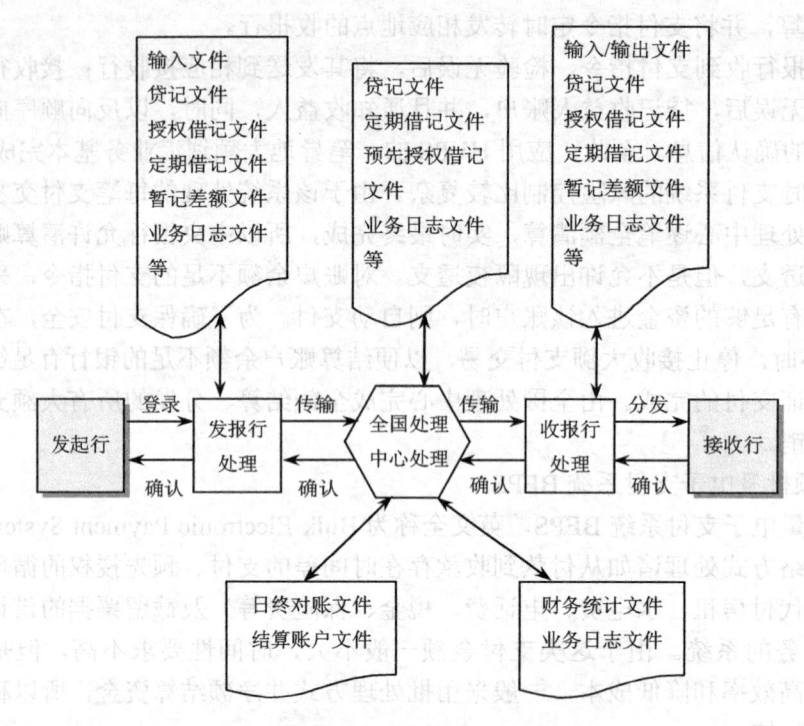

图 6-15　BEPS 业务处理数据流程图

（2）发报行收到支付指令后，按规定的时间批量发送到全国处理中心 NPC 处理。

（3）NPC 对收到的支付指令，进行有效性和合法性检查，按借记、贷记合计金额、笔数进行支付业务确认。对于确认无误的 BEPS 支付交易文件，按接收行清分，批量发送给收报行。

（4）收报行将收到的支付指令转发相应接收行。

（5）接收行对收到的小额贷记、事先授权借记和定期借记，分别贷记、借记接收账户并且通知接收人。对不属于本行事先授权的借记支付，发起人与接收人之间无协议，接收人存款不足的定期借记支付，应于收到支付指令的当日 16:30 前退回收报行。收报行于 18:00～21:00 按批发送 NPC。

（6）日终时，中国人民银行分（支）行对当天收到和发出的小额贷记、事先授权借记和当日生效的定期借记支付，按清算账户计算应收、应付差额，发送给 NPC，由 NPC 进行日终对账和清算处理（清算账户统一保持在 NPC），借记或贷记清算账户。对当日发送和收到的定期借记支付分别按直接参与者记入定期借记登记簿，对生效日前被退回的定期借记支付，销去原登记。

为了控制小额批量电子支付系统的风险，人民银行的收报行，将所接收的所有支付业务按商业银行进行轧差处理，每日营业结束前 1.5 小时，将差额送 NPC，再由后者进行净额资金清算处理。考虑贷记支付、定期借记支付和预先授权借记支付的支付风险不同，支付生效日分别为第二天和第三天，以保证支付的安全。

3）银行卡授权系统 BCAS

银行卡授权系统 BCAS，英文全称为 Bank Card Authorization System，设有全国性的银行卡授权中心和二、三级处理中心。其中，二、三级处理中心是当地区域范围内的银行卡授权系统的信息交换中心,通过 CNFN 将全国各地的区域性银行卡授权系统互连成全国性银行卡授权系统,以推动全国共享的自助银行体系的建立和发展,特别是推动跨行和异地 ATM 服务和 POS 服务的发展,真正实现"持一卡走遍神州"的理想。最近中国银联公司的成立与带"银联"标志的银行卡的应用,标志全国共享的银行卡支付消费体系的初步建成,大大方便了小额的跨区域、跨银行的支付与转账,提高了人们对银行卡的应用热情。

4) 政府证券簿记支付系统 GSBES

政府证券簿记支付系统 GSBES,英文全称为 Government Securities Book Entry System,它是证券信息的存储、传递系统,可用于所有形式证券的保管和交易。中央银行作为国家的财政代理,只提供政府债券的发行和清算服务,包括报价、交割、清算、托管等的簿记。通过该系统进行债券交易处理,以电子与网络方式完成债券结算和过户。中央银行通过买入和卖出政府债券,实施其货币政策。政府债券的买卖都是大宗交易,由该系统所做债券交易的资金结算部分的业务,是通过大额支付系统完成的。因此,该系统必须与大额支付系统有接口,在证券簿记系统进行证券交易的同时,通过大额实时支付系统完成资金从买方到卖方的转移,以做到证券交割和资金结算同步完成。

5) 金融管理信息系统 FMIS

金融管理信息系统 FMIS,英文全称为 Financial Management Information System,它负责采集、汇总、加工、提炼通过支付与结算业务处理过程产生的大量信息,以及广泛收集的其他各类金融、经济信息,进行分析,提高中央银行的决策科学性,从而加强中央银行的宏观调控能力。借助该系统,能够及时、全面、准确地收集各类金融信息,如信贷资金信息、流动资金信息、货币发行回笼信息、财政金库信息、外汇管理信息、物资与资金流向信息、国内资金市场信息、国际资金市场信息等。中央银行应用这些信息进行金融经济分析,通过修订和控制法定准备金率、贴现率,加强储备金的管理,对商业银行进行监督和检查,从而加强中央银行对国民经济的调控作用。

6) 国际支付系统 IPS

国际支付系统 IPS,英文全称为 International Payment System,它是中国与外国进行支付往来的外汇资金支付系统。IPS 系统采取兼容 SWIFT 的报文通信标准,可以方便地通过系统中的 SWIFT 接口与 SWIFT 系统连接,让相关国际支付信息与指令通过 SWIFT 网络传送,通过国外代理银行账户,完成世界范围的资金结算,走向金融全球化。

4. CNAPS 的支付风险控制策略

所谓支付风险,是在支付过程中,由于伪造支付指令、付款行清算资金头寸不足或支付系统环境失误等原因,使支付交易延误和失败而引起的。

支付风险的存在,给资金的安全带来很大的威胁。支付风险存在下面一些特征:

(1) 不同的支付工具,可能产生的支付风险差别很大。

(2) 使用同一种支付工具,在不同的支付环境下,采用不同的处理方法和处理过程,可能产生的支付风险也各异。

(3) 参与支付清算的金融机构,可能由于一家出现支付风险,波及另一家,因而也产生支付风险,这种风险连锁反应,可能危及整个支付清算秩序,从而给整个国民经济带来严重的后果。

因此，采用有效的支付风险控制机制，是保证支付系统的安全，可靠完成支付交易的基础。CNAPS 作为电子与网络支付系统，电子信息技术在带来高效率、低成本的同时，也带来了过多依赖信息网络技术的风险，有时甚至是致命性的全国或全球瘫痪。因此，采取有效的安全策略，保障 CNAPS 的安全可靠运行，是至关重要的。

CNAPS 的安全可靠运行，将有效保障中国网络支付的安全，减少风险，促进电子商务的业务拓展，这也是政府、企业、个人关注与建设的热点。

目前，CNAPS 采取的支付风险控制策略，主要包括清算账户集中管理和清算时效控制两种。

1）清算账户集中管理

合理配置和管理清算账户，对所有清算账户的余额进行有效的监督和控制，是实施风险控制的基础。

为了加强对清算账户的集中监督和管理，提高异地资金清算处理的效率，并为建立全国统一的支付系统准备条件，CNAPS 的账户管理方式采用逻辑上分散而物理上全部集中到 NPC 的做法。就是说，在中央银行分/支行管辖的地区内，商业银行的所有当地机构，都必须在当地中央银行开设一个结算账户，由当地中央银行办理开户、销户，进行储备金管理、透支限额设定等账户管理和跨行支付结算，商业银行可以通过该系统查询自己的账户；所有开设在各地中央银行的结算账户，都必须物理地集中在 CNAPS 的全国处理中心。这样，全国各地所有通过 CNAPS 的资金清算，全部集中到全国清算处理中心，进行全额或净额清算账务核算处理。

2）清算时效控制

CNAPS 的清算账户处理系统 SAPS 是一个标准的通用会计账务处理系统。该系统的功能包括支付业务的清算、清算账户的管理、清算资金的核算、资金周转状况的统计分析与实时控制等。

SAPS 提供实时全额与批量净额两类程序接口。大额实时支付系统 HVPS、小额批量电子支付系统 BEPS、分行会计系统和其他应用系统等，都可通过这些接口，调用 SAPS 功能实现资金清算。SAPS 通过对日间透支限额的管理和监视，对清算失败的通知和监视，以及对相关贷款历史的监视，实现清算风险监控。SAPS 管理所有记账交易，对历史数据进行存储、统计和分析，为金融宏观调控提供管理信息。

SAPS 的处理方式分为联机处理和批处理两类。其联机处理功能包括存取款交易、记账、账户管理、查询、监视、对账等；批处理功能包括同城清算系统记账、清算窗口、数据库生成、记录数据文件生成等。

5. CNAPS 的建设与进展情况

中国国家现代化支付系统 CNAPS，作为非常庞大的一个复杂的金融系统工程，从开始立项就得到世界银行技术援助项目的支持，从 1991 年开始建设，原计划用 13 年时间完成，最终的完成时间现在看来可能要稍微延后一点。

CNAPS 试点工程于 1997 年 6 月 1 日正式开工，1998 年年底完成测试验收。其试点工程的目的是建立现代化的支付系统，以利于实施货币政策，改善金融宏观调控，防范支付风险，改善对商业银行的服务，满足社会各种支付清算活动的需求，并且进一步加速资金的周转，提高社会资金的使用效率。在此试点工程阶段，初步建成了在 CNFN 上运行的 HVPS 系统与 BEPS 系统。该系统覆盖全国一期工程 20 个城市、80 个县，能够处理同城和异地纸票据截留后的所有支付服务，并从 1999 年开始试运行。试运行时，试点城市停止运行电子联行业务，并把同城支付业务纳入 CNAPS 的支付系统进行处理。

为了加快 CNAPS 的建设，中国人民银行决定，在试点工程实施过程中，从 1998 年 4 月开始启动 CNAPS 向全国扩展的工程项目。为确保 CNAPS 的实施与正常运行，各试点城市、各商业银行正在加紧做好与 CNAPS 衔接的各项准备工作。为了充分发挥各商业银行现有金融电子业务系统的作用，又能逐步过渡到 CNAPS 系统，在对各商业银行的需求进行仔细分析后，中国人民银行模拟银行实验中心在中国人民银行支付科技司及全国清算总中心的大力支持下，与中国人民银行清算总中心一起共同开展了"CNAPS 与商业银行接口"软件系统的研究工作。"CNAPS 与商业银行接口"系统的基本目标是将各商业银行现有的支付交易电子数据准确、安全、实时地转换成 CNAPS 的电子数据格式，以使 CNAPS 及时地为其进行支付交易与清算服务。"CNAPS 与商业银行接口"系统同时也为各商业银行提供访问 CNAPS 电子数据的手段，达到 CNAPS 系统与商业银行现有金融业务系统双向通信的目的。CNAPS 自 1997 年 6 月启动以来，在各方面已取得了重大的进展，在功能上也已经比较完善，正投入大规模应用。2009 年以来，中国人民银行在第一代支付系统运行 10 年的基础上，不断优化系统性能，丰富系统功能，开发建设了第二代支付系统，于 2013 年 10 月 8 日在人民银行城市处理中心（CCPC）上线运行；2014 年，第二代支付系统开始在银行业金融机构逐步上线推广；同年 9 月 22 日，甘肃农信社、甘肃银行、兰州银行接入第二代支付系统。

CNPAS 的大规模应用使中国的电子与网络支付体系跨入世界先进行列，为中国实现跨区域、大规模的电子商务下网络支付提供了强大支撑，极大地提高了中国金融电子化与信息化的水平，而且也将以电子商务为契机促进中国国家信息化、企业信息化的进程，为网络时代新经济的发展提供巨大动力和良好环境。

6.5 电子数据交换 EDI

EDI 的本质是将企业与企业间的商业往来信息借助专用计算机业务系统，转换成标准化、规范化的电子化文件格式，通过通信网络系统在商业伙伴间直接进行业务信息交换与处理，以提高效率与效益。这种 EDI 贸易方式其实就是 B2B 电子商务的雏形，现在有人把 EDI 贸易方式直接认为就是电子商务，只不过是在专用网络平台上。如果通信网络系统采用 Internet 平台，即 Web 式 EDI，那么它就是 B2B 电子商务的一种开展形式。

当企业与企业之间进行贸易时，如果借助 EDI 方式交换的是发票报文、汇款通知报文、支付通知报文等，其实就是借助网络完成了企业与企业之间的支付结算，也是金融 EDI 即 FEDI。前面所述的"SWIFT＋CHIPS"国际支付机制可以就是金融性的类 EDI 应用机制，特别是 SWIFT 电子报文传递机制。当然，EDI 的应用行业广泛，如物流、贸易、金融、生产、政务等领域，都遵循 EDI 的基本应用原理与形式，其中 FEDI 与 SWIFT 机制差不多。

如果 EDI 的网络平台是 Internet，则 EDI 借助这些金融报文的交换，可提供一种很好的 B2B 型网络支付方式，这也是目前 EDI 应用的一个热点。本节主要介绍 EDI 的基本运作模式，并应用于网络与电子支付领域，详细的 EDI 资料请查阅相关 EDI 书籍。

6.5.1 EDI 简介

EDI 是 20 世纪 80 年代发展起来的、融现代计算机技术和远程通信技术为一体的产物，它是一项涉及面极广、影响力极深、正在蓬勃发展的电子信息应用技术，是当前最先进的贸易方式。

最早的计算机主要用于科学和军事领域，在 20 世纪 60 年代计算机通过电子记账机首次进入商业应用领域。随着经济的发展，待处理支票的大量增长，使得银行手工难以正常应付，而引进电子记账机后使得这一工序变手工为自动化。美洲银行是第一家使用计算机的银行，以前 50 个人才能完成的工作使用计算机后只用 9 个雇员就能够完成。随着各行各业使用计算机管理账目、制作行政报表、生成管理报告和安排生产等，计算机的商业应用迅速铺开。不久企业界与学术界以及一些国际组织提出采用标准化、格式化的计算机文件在贸易企业之间交换相关商贸信息，进而完成高效率的贸易，出现了 EDI。

EDI 作为企业间商务往来的重要工具，最早用于制造业、运输业等大型企业，在 20 世纪 80 年代得到真正发展。随着 21 世纪基于 Internet 的电子商务的迅速发展，结合经济全球化的深入，EDI 又得到了除大企业之外中小企业的关注。

1. EDI 的定义

所谓 EDI，英文全称为 Electronic Data Interchange，中文常翻译为电子数据交换，是一种在贸易企业之间传输订单、发货通知、运单、装箱单、收据发票、保险单、进出口申报单、报税单、缴款单等作业文件的电子化手段。在 EDI 系统中交易信息是根据国际标准协议进行格式化的，并且通过计算机通信网络对这些数据进行交换和自动处理，有机地将商业贸易过程的各个环节（包括海关、运输、银行、商检、税务等部门）连接起来，实现包括电子与网络支付在内的全部业务很大的自动化与网络化处理。

由于使用 EDI 可以减少甚至消除贸易过程中的纸面文件，EDI 又被人们通俗地称为"无纸贸易"，这与今天的电子商务的本质差不多，可以说 EDI 代表了电子商务真正的开端。港、澳及海外华人地区称为"电子资料通联"，一些权威的国际组织也纷纷给出了 EDI 的定义，供大家参考。

国际标准化组织 ISO（International Standard Organization）："EDI 是将贸易（商业）或行政事务处理按照一个公认的标准形成结构化的事务处理或信息数据格式，从计算机到计算机的电子传输。"

国际电信联合会 ITU（International Telecommunication Union）："EDI 是从计算机到计算机之间的结构化的事务数据互换。"

联合国标准化委员会及联合国贸发会给出的 EDI 的最新定义："EDI 是用户的计算机系统之间的对结构化的、标准化的商业信息进行自动传送和自动处理的过程。"

EDI 这种工具和方式的实质在于"数据不落地"，采用的技术涉及多个方面，包括计算机技术、通信技术、信息处理技术、现代管理技术等。在 EDI 工作方式中，传统贸易方式中所使用的各种书面的单证、票证等全部被电子化的数据所代替，书面单证票证通过邮局和传真进行交换的方式被借助网络的电子数据传送所取代，原来由人工进行的单据和票证的核对、入账、结算、收发等事务，全部由计算机网络系统自动进行。

可以说，EDI 的广泛应用将对各行各业产生巨大的影响，不仅提高工作效率，减少错误，降低成本，更重要的是促进了整个社会的信息化进程，对全社会的经济发展产生了极大的推动作用，所以是国际贸易组织 WTO 推荐的商务方式。

2. EDI 的作用

1）缩短事务处理周期，降低成本

从 EDI 的定义可以看出，EDI 是在应用级层次上自动地完成格式化商业数据的交换。这些商业数据可以包括销售订单和发票等，交换发生在一个制造商和其原料供应商、客户、银行以及其他相关的贸易伙伴之间。公司采用 EDI 可以更快速、更便宜地传送发票、采购订单、顾客文件、运输通知和其他商业单证，提高快速交换单证的能力，从而加快商业业务的处理速度。同时提高结汇的安全性，缩短和减少结汇清算的时间，加速贸易资金的周转。有数据表明，使用 EDI 技术之后，国际事务处理的周期平均缩短 40%。

2）降低错误率，提高总体质量

EDI 通过对数据进行电子式的记录，可以减少由于重新输入数据、人员耐力等原因可能出现的一些输入错误，将错误率减少 50%以上，从而提高业务的总体质量，降低数据对人的依赖性。

3）减少库存

缩短贸易事务处理的周期，意味着降低了库存，增加了流动资金，加快了订单任务的完成等。这对一个 EDI 用户来讲，是极其重要的。像著名的 IT 巨头美国 Dell 公司在与全球众多供应商的业务往来上完全采用 EDI 等电子贸易方式，不但做到快速反应，提高效率，也帮助实现了"零库存"的理念，极大提高了 Dell 公司的核心竞争力。

4）为商业增加效率提供可能性

由于 EDI 存储了完备的交易信息和审计记录，可对这些有价值的信息进行统计分析、多维分析以及数据挖掘（DM），从而为管理决策提供更好的信息，为商业增加效率、减少成本、降低经营风险提供更大的可能性。

5）EDI 取代纸面贸易，体现电子交易的形式，趋向是电子商务，是贸易方式的变革

据美国国际贸易单证委员会的调查表明，美国过去出口一批货物要打印编制 46 种单证，连同正、副本一共要 360 份，制单需要 36 小时之多，单证费用一般占货物价值的 7.5%左右，因此，采用 EDI 不仅节约纸张成本消耗，也可取得可观的收益。

6）在贸易伙伴间帮助建立更好、更密切的关系

由于 EDI 可使企业内部动作过程更加合理化，增加了贸易机会，提高了服务质量，因此它使企业之间的对立关系变成合作关系，使贸易过程变成没有输家的、每个企业均可从中获利的过程，同时极大增强了企业自身的发展能力。

3. EDI 的分类

根据 EDI 系统的功能可将其分为以下四类。

1）订货信息系统

订货信息系统是最基本的也是最知名的 EDI 系统，可称为贸易数据互换系统 TDI (Trade Data Interchange)，它用电子数据文件传输订单、发货票和各类通知。

2)电子金融汇兑系统

电子金融汇兑系统也称为电子转账系统 EFT,即在银行和其他组织之间实行格式化的电子资金汇兑。EFT 已经使用多年,仍在不断的改进中,最大的改进是与订货交易系统联系起来,形成一个自动化水平更高的贸易系统,即电子商务系统。EFT 可以说属于目前的金融 EDI 即 FEDI,就是 EDI 在金融领域的应用。

3)交互式应答系统

交互式应答系统 IQR(Inter-active Query Response),主要应用在旅行社或航空公司的机票预订信息系统。这种专业 EDI 系统在应用时需要询问到达某一目的地的航班,要求显示航班的时间、票价或其他问题,然后根据旅客的要求确定所要的航班,打印机票。

4)带有图形资料自动传输的 EDI

这类系统中最常见的是计算机辅助设计 CAD(Computer Aided Design)图形的自动传输。比如,设计公司完成一个厂房的平面布置图,将其平面布置图传输给厂房的主人,请主人提出修改意见;一旦该设计被认可,系统将自动输出订单,发出购买建筑材料的报告;在收到这些建筑材料后,自动开出收据。目前国际分工越来越单一、具体,像美国硅谷的产品设计中心、印度班尔加罗的软件开发中心、中国广东的硬件生产中心,三者的密切配合可以快速、高质量地向世界推出新产品,中间的信息传输就大量采用 EDI 技术。

EDI 应用推广近 20 年来,目前使用 EDI 较多的产业主要有以下四类。

(1)制造业。辅助实现即时响应 JIT(Just In Time),以减少库存量及生产线待料时间,降低生产成本。

(2)物流或贸易运输业。实现快速通关报检、经济使用运输资源,减少贸易运输空间、成本与时间的浪费。

(3)商品流通业。快速响应,减少商场库存量与空架率,以加速商品资金周转,降低成本。建立现代化的物资配送体系,完成产、存、运、销一体化的供应链管理。

(4)金融业。实现 EFT,减少金融单位与其用户间交通往返的时间与现金流动风险,缩短资金流动所需的处理时间,提高用户资金调度的弹性,在跨行服务方面更使用户享受到不同金融单位提供的服务,以提高金融业的服务品质。

4.EDI 的运行环境

EDI 包括各种商业单证标准的电子格式(交易集),如询价单、采购订单、采购变更单、提货单、到货通知和发票。这六种单证约占商业交易相关的正式通信的 80%。这些交易集允许一个公司的计算机与另一个公司的计算机对话,而不需要纸面单证。一个公司使用 EDI,必须要有计算机化的会计记录且与愿意使用 EDI 交易的贸易伙伴建立 EDI 联系。也就是说,EDI 的运行环境主要涉及以下三个方面。

(1)需要进行信息交换的某个应用领域,如国际贸易、国内贸易、医院工作、图书馆工作、项目管理等。它限定了有哪些信息需要传递,在哪些地点之间进行传递。

(2)信息交换的流程和规则,即 EDI 的过程。它反映实际领域的业务过程以及与之相伴的信息流程。例如,在贸易过程中,从调价、报价开始,直到付款、交货,中间涉及供应者、购买者、银行、运输公司、保险公司等多种贸易实体,先后有几十种信息交换业务需要执行。在实际工作中,这种流程体现一系列规则与标准。

（3）信息交流的工具手段，包括计算机硬件设备、通信设备以及软件，即 EDI 的技术实现。从目前来看，计算机设备和通信设备比较普遍，通信线路可以使用已有的各种解决方案，从最简单的电话线到租用卫星专线。针对某个领域的应用，遵从特定的标准，需要有一套专门的软件。

应该说，自 20 世纪 70 年代起到现在，由于 EDI 的应用平台已发展多年，因此技术相当成熟，它一般只用于企业和企业间的贸易信息交换，并基于专用的通信网络，应用条件苛刻而且昂贵，用户面较窄。目前较大企业之间的国际贸易甚至国内贸易大多数还是通过 EDI 系统进行，在金融支付领域也是这样。随着新一代 Internet 技术的进一步成熟与应用，EDI 的技术平台将逐渐向 Internet 靠拢与融合，其应用环境更趋向简单、经济，EDI 将在支付、贸易、物流、生产、政务等领域，为更多的各类组织与企业所接受。

6.5.2 EDI 的技术要素

从 EDI 的定义可以看出，EDI 包含下面三个方面的技术要素：
（1）计算机应用软件与硬件；
（2）通信网络；
（3）数据标准化。

其中，计算机应用软件与硬件是 EDI 的条件与应用工具，通信网络是 EDI 应用的基础，数据标准化是 EDI 的典型特征。这三方面要素互相衔接、相互依存，构成 EDI 的基础技术框架。EDI 系统模型如图 6-16 所示。

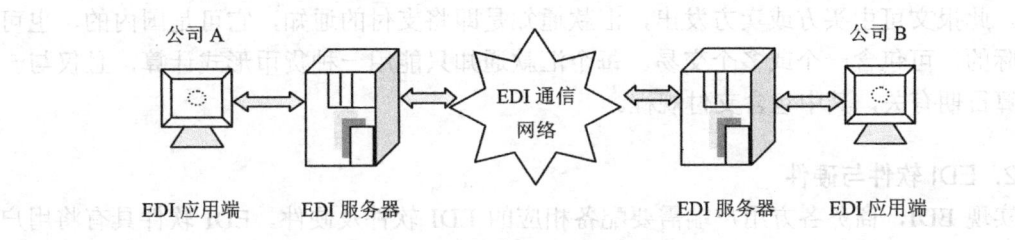

图 6-16　EDI 系统模型图

1. EDI 的数据标准

EDI 标准是由世界各企业、各地区代表共同讨论后制定的电子数据交换共同标准，它可以使各组织之间的不同信息文件格式，通过共同的标准采用，达到彼此文件方便交换的目的。EDI 之所以能够在较短的时间内被广泛地接受和使用，除了在世界范围计算机的应用普及和网络技术的迅速发展等因素外，最重要的一点就是在全世界范围内 EDI 标准的及时制定，而且 EDI 标准的结构化具有较高的科学性、较大的通用性和兼容性。

EDI 标准体系中最重要的标准有如下三类标准。
（1）EDI 基础标准。它主要提供语法规则、数据结构定义、编辑规则和协议以及已经出版的公开文件，还包括一系列电子数据交换的标准、指南和规则。目前国际上最流行的 EDI 基础标准是由联合国欧洲经济委员会（UN/ECE）制定颁布的《行政、商业和运输用电子数据交换规则》，即 EDIFACT 标准，以及美国国家标准局特命标准化委员会第 12 工作组制定的 ANSI.12 标准。这两个标准都包括 EDI 基础标准的三要素，即数据元、数据段和标准报文格式的内容，目前被更多个国家采用的是联合国的 EDIFACT 标准，这两个标准也有融合之势（我们主要讲的是 EDIFACT 标准）。

（2）EDI 管理和规则类标准。它主要涉及 EDI 基础标准维护的有关评审指南和规则。这些标准主要来自 EDIFACT 的制定机构，同时结合各国标准管理的实际情况。

（3）EDI 报文标准。它是 EDI 的应用标准，就是根据 EDIFACT 的规则设计不同报文的格式。由于在 EDI 工作环境中，所有数据的传输都以报文的形式发出或接收，所以从用户的数据格式到平面文件，再到报文转化的过程和此过程的逆过程是 EDI 方式标准化方面最重要内容之一。可以说，EDI 报文标准是 EDI 标准的实质内容。

为了满足不同领域具体业务的需要，目前已有的 EDIFACT 联合国标准报文（UNSM 报文）数量近 200 个。它们分别涉及行政管理类的海关报文、退休金报文、卫生报文、社会保障报文、法律报文、就业申请报文、统计报文、财务账户报文；商业类的交易报文、旅游报文、生产和后勤报文、保险报文、金融报文、建筑工程报文等；运输类的通用运输报文、集装箱运输报文、危险品报文、转运报文。与电子支付关系最为密切的两种报文是发票报文（INVOICE）和汇款通知报文（REMADV）。

发票报文由供货方向客户发送，它申明在买方与卖方间提供的商品和服务费用。该报文在确定正确数据后，具有预开发票、借记和贷记通知的功能。卖方可就若干交易中的一个或多个订购单、交货说明、取消等事宜开出发票。此发票可以包含支付条款、运输细目及有关附加信息，在跨国交易中还包括海关或统计信息。

汇款通知报文是买卖双方在通知中指明提供产品或服务的详细财务信息或其他财务信息。此报文可由买方或卖方发出，汇款通知是即将支付的通知，它可是国内的，也可是国际的，可包含一个或多个交易。每个汇款通知只能用一种货币形式计算，且仅与一个结算日期有关，其中包含支付规程。

2．EDI 软件与硬件

实现 EDI，商务各方用户端需要配备相应的 EDI 软件及硬件。EDI 软件具有将用户数据库系统中的信息译成 EDI 的标准格式，以供传输交换的能力。虽然 EDI 标准具有足够的灵活性，可以适应不同行业的众多需求，然而，每个公司有其自己规定的信息格式。当需要发送 EDI 电文时，必须用某些方法从公司的专有数据库中提取信息，并且把它翻译成 EDI 标准格式，进行传输，这就需要 EDI 相关应用软件的帮助。

EDI 应用软件由转换软件、翻译软件和打包/拆包通信软件三部分构成，它们各自发挥不同的功能。EDI 软件构成如图 6-17 所示。

（1）转换软件可以帮助用户将原有计算机系统的文件，转换成翻译软件能够理解的平面文件 Flatfile（中间文件），或者将从翻译软件接收来的平面文件，转换成原计算机系统中的文件。

（2）翻译软件将 Flatfile 翻译成 EDI 标准文件，或将接收到的 EDI 标准文件翻译成 Flatfile。实际上，翻译器可使企业的应用程序不受编程变化的影响，可以采用多个标准或不同版本的标准。

（3）打包/拆包通信软件在 EDI 标准格式的文件外层加上通信信封（Envelope），送到 EDI 系统交换中心的邮箱 Mailbox；或由 EDI 系统交换中心，将接收到的文件取回。

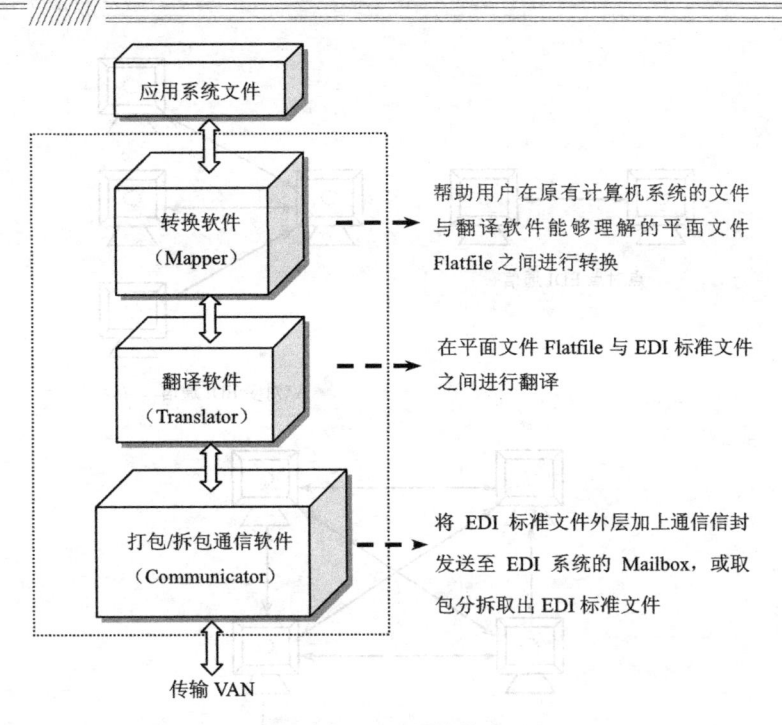

图 6-17　EDI 软件构成图

EDI 所需的硬件设备包括计算机、网络连接设备及网络连接电缆。

（1）计算机：无论 PC、工作站、小型机、主机等均可利用。

（2）网络连接设备：由于使用 EDI 进行电子数据交换，需要通过通信网络，必然需要网络连接设备。

（3）网络连接电缆：一般最常用的是宽带线路，如果在传输时效及资料传输量上有较高要求，可以考虑租用专线以及其他宽带介质。

3．EDI 通信网络

应用 EDI，必须在贸易伙伴间建立计算机网络通信系统。EDI 通信方式有多种，常用的通信方式有直接连接通信方式和增值网络（VAN）通信方式。图 6-18 所示为 EDI 的直接连接通信方式。

EDI 的直接连接通信方式只有在贸易伙伴数量较少的情况下使用，中小型企业较为适用。随着贸易伙伴数目的增多，特别是全球化经济环境下国际、国内贸易的发展，当多家企业直接进行计算机通信时，会出现由于计算机厂家不同、通信协议相异以及工作时间不易配合等问题，产生相当大的困难。

为了解决这些问题，目前许多应用 EDI 的大型企业借用第三方公共网络平台，与贸易伙伴进行通信，这就是 VAN 方式，图 6-19 所示为 EDI 的 VAN 通信方式。

随着公用网络传输质量、速度、可靠性的提高，VAN 的应用越来越广泛。下面简要介绍用于 EDI 业务的 VAN 技术。

1）VAN 的构成

所谓 VAN，英文全称是 Value Added Network，中文称为增值网络，它是用现有通信平台增加 EDI 等增值服务功能的计算机网络。

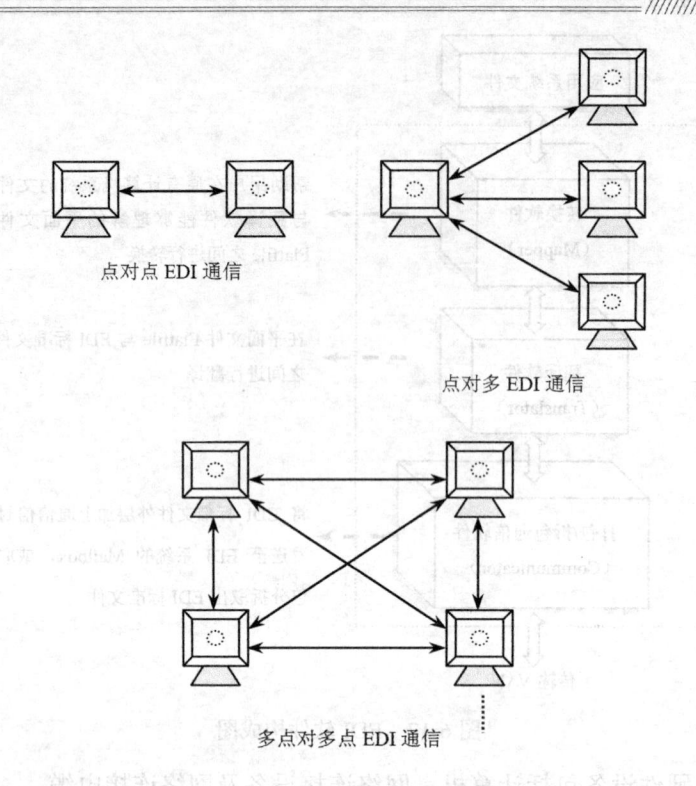

图 6-18　EDI 的直接连接通信方式

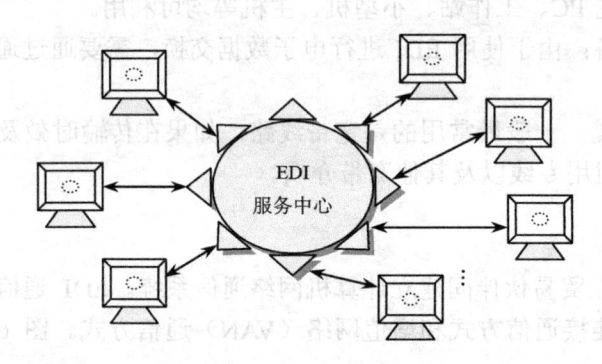

图 6-19　EDI 的 VAN 通信方式

VAN 可用的各种通信网包括：
（1）分组交换数据网 PSDN；
（2）电话交换网 PSTN；
（3）数字数据网 DDN；
（4）综合业务数字网 ISDN 与 BSDN；
（5）卫星数据网 SDN；
（6）移动数据通信网以及无线网络 WLAN 等。

因此，VAN 并不是一种新型的通信网，而是在现有通信网络的基础上，增加 EDI 服务功能的计算机网络，类似于经济信息网、教育科研网等。增值网络的构建一般是向增值数据业务（VADS）公司租用信箱，进行协议和报文格式的转换而实现的。由于各增值网的 EDI 服务功能不尽相同，对全球 EDI 通信而言，EDI 报文格式目前也有多种，所以系统必须支持不同标准的 EDI 报文交换。又由于各种网络的协议和报文格式的差异，多个 EDI 用户组织之间的信息交换必须采用相当多的网关和网桥，因此增加了网际交换的复杂性和技术难度。

2）EDI 服务中心

在 VAN 中，EDI 系统采用存储转发的通信方式，需要 EDI 服务中心管理整个通信网络。EDI 服务中心为每个加入该中心的用户开设一个 EDI 报文邮箱。贸易伙伴交换信息时，发送方只要把信息送入对方的电子邮箱，接收方从自己的邮箱中接收信息即可。EDI 服务中心可以根据个别贸易团体的特定要求而建立，也可利用 VAN 建立。使用某个网络的企业，也可以和使用另一个网络的贸易伙伴进行通信。

EDI 服务中心承担的最重要的任务是网络管理功能。网络管理包括 EDI 业务资源的监视、控制和协调，并为这些资源的有关通信信息提供协议标准。EDI 服务中心的主要功能除提供包括网络的故障管理、配置管理、计费管理、性能管理和安全管理外，还应提供以下七种功能：

（1）提供 EDI 服务，如信箱管理、格式管理、安全管理、数据库管理、审计和计费管理及增值等功能，具备高性能和高效率的信息交换能力。

（2）提供 EDI 顾问服务、教育、培训、技术支持和号码簿等服务。

（3）提供 EDI 命名的信息树，分配 EDI 用户的标识符和口令等。

（4）提供 EDI 用户的设备配置和设备安装，支持远程操作服务。

（5）协调各部门、各地区的 EDI 用户。

（6）提供与国际 EDI 增值网的连接，实现与国际贸易伙伴间的报文传递。

（7）可按 EDI 用户的特殊要求，提供相应的增值服务。

EDI 系统中 VAN 的作用类似于邮局，通过 VAN 传送 EDI 文件，可以大幅度降低相互传送资料的复杂度和困难度，大大提高 EDI 的效率。

6.5.3　EDI 与 FEDI 的应用模式

1. EDI 的一般应用模式

当今世界通用的 EDI 通信网络，是建立在报文处理系统 MHS（Message Handle System）数据通信平台上的信箱系统。其通信机制的实质是信箱间信息的存储和转发，即在数据通信网上加挂一个用于 EDI 服务的大容量信息处理计算机，在计算机上建立信箱系统，通信双方需要申请各自的信箱，其通信过程就是把文件传送到对方的信箱中。文件交换由计算机自动完成，在发送和接收文件时，用户只需进入自己的信箱系统就可以了。

具体来说，用 EDI 方式交换数据时，是利用现有的计算机及通信网络，按照通用标准格式，将数据结构化后，以报文为载体，再在报文上加通信信封，通过通信网络在参与方的计算机系统之间传输。

EDI 报文应该是按照标准进行格式化的结构化数据，但 EDI 用户的应用系统可能是不尽相同的数据库中的数据格式。因此，在报文传送到网络之后，必须将它翻译成标准的 EDI 文件格式，才能方便用户间的信息交换。在实际应用中，系统是将无格式的数据文件添加到 EDI 报文的相应字段中，完成翻译过程的，这种无格式的数据文件又称平面文件即前面讲过的 Flatfile，也称中间文件。用户实际应用系统的数据文件并非平面文件，而是格式不尽相同的数据库文件，需要一个映像程序（Mapper）作为用户数据库和翻译软件包的接口程序，它的作用是将用户的格式数据文件与平面文件进行转换。

在发送方与接收方应用 EDI 交换信息时，如交换用于支付结算用的金融报文时，完整的 EDI 工作流程图如图 6-20 所示。

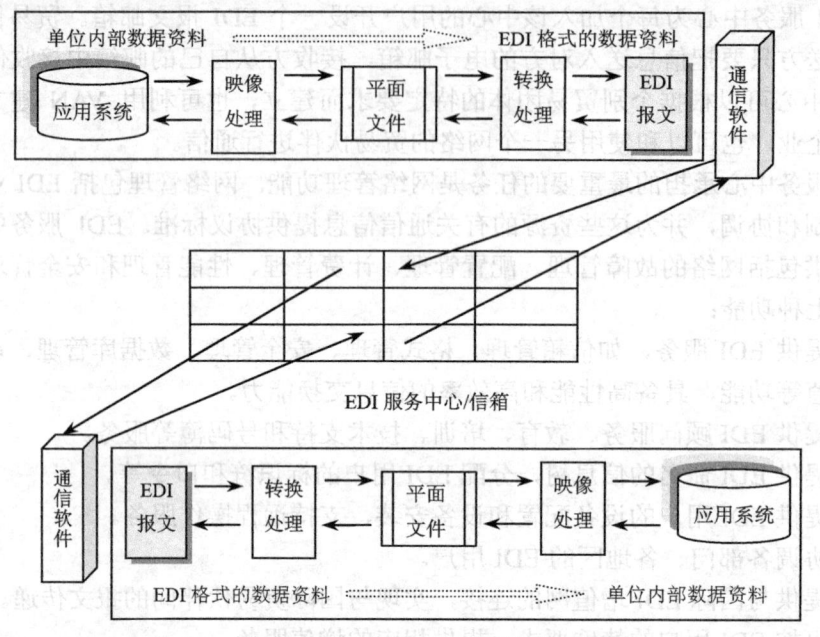

图 6-20 完整的 EDI 工作流程图

（1）发送方用户的应用系统从单位内部数据库取出用户格式数据，通过映像程序处理，将用户格式的数据展开成平面文件，以便翻译器进行识别。

（2）翻译器即转换处理程序按照 EDI 标准将平面文件翻译转换成标准 EDI 报文，并且组成 EDI 信件。

（3）发送方的通信软件将形成的 EDI 信件通过网络和通信线路传送到 EDI 服务中心的接收方的信箱。

（4）接收方的通信软件通过通信线路从 EDI 服务中心自己的 EDI 信箱收取信件，并可同时通过通信网络自动告知发送方信件已经收到。

（5）接收方将信件拆开，取出具有 EDI 标准格式的数据（即 EDI 报文），经过 EDI 翻译器转换成平面文件。

（6）将平面文件进行映像程序逆处理，最终形成接收方的实际格式数据，发送到接收方信息系统中进行处理。由于 EDI 服务方式不同，平面转换和 EDI 翻译转换可在不同位置（用户端，EDI 增值中心或其他网络服务点）进行。

2. FEDI 的应用模式

EDI 具体用于电子与网络支付时，就是金融 EDI，与普通的 EDI 应用方式没有大的区别，原理与应用过程基本是一样的，只是上述的 EDI 报文是专用于用户间支付与结算用的金融报文。

所谓金融 EDI，英文为 FEDI（Financial EDI），它是指 EDI 技术在金融领域上的专业应用，能够实现银行和银行、银行和客户间的各种金融交易单证的安全有效交换，如付款通知、信用证等。FEDI 是目前实施企业间电子商务的关键，也是银行提供金融电子商务服务的重要领域。FEDI 的实施能够提高银行在资金流动管理、电子对账和网络支付结算等方面的业务处理效率。例如，广州市电信局与广东发展银行合作，已经应用 EDI 技术处理话费的托收业务，不但实现了计算机自动进行托收单证的处理、传输，避开了人工干涉，减少了人为差错，节省了人力和纸张费用，而且实现了托收单证处理自动化与网络化，大大提高了效率，整个业务处理时间由原来的一个星期减少到几个小时，加快了广州电信资金的周转速度，增加了经济效益。

这里以广州电信为例，叙述 FEDI 的工作模式与流程，一个典型的 FEDI 业务流程如图 6-21 所示。

其中①～⑥步骤中传递的相关 FEDI 报文均采用统一的国际标准，方便整个系统的自动化处理，提高电子（网络）支付的效率与质量。

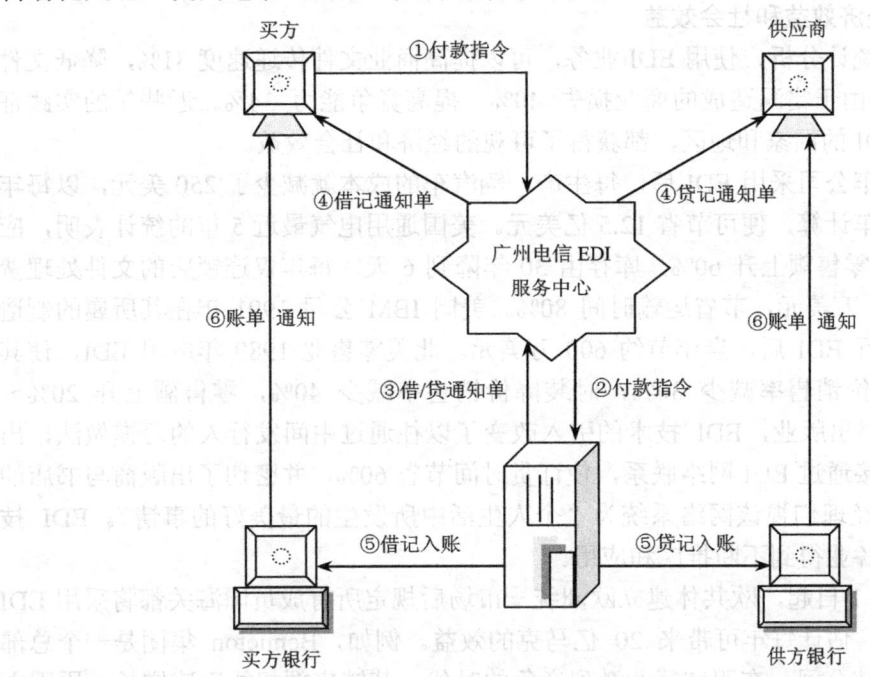

图 6-21　一个典型的 FEDI 业务流程图

6.5.4　EDI 的优势和效益

1. EDI 的应用优势

EDI 与现有的一些通信手段，如传真、用户电报、电子邮件等，有着很大的区别，其优势主要表现在以下七个方面。

（1）EDI 传输的是格式化的标准文件，并且具有格式校验功能。传真、用户电报和电子邮件等传送的是自由格式的文件。

（2）EDI 是实现计算机到计算机的自动传输和自动处理，其对象是计算机系统，因而大大提高了效率，减少了人为错误。传真、用户电报和电子邮件等的用户是人，接收的报文必须人为干预或人工处理。

（3）EDI 对于传送的文件具有跟踪、确认、防篡改、防冒领、数字签名等一系列安全保密功能。传真、用户电报没有这些功能。虽然电子邮件具有一些安全保密功能，但它比 EDI 的层次低得多。

（4）EDI 文本具有法律效力，而传真和电子邮件则没有。

（5）传真建立在电话上，用户电报建立在电报网上，而 EDI 和电子邮件都是建立在分组数据通信网上的。

（6）EDI 和电子邮件都建立在计算机通信网开放式系统互连模型（OSI）的第七层上，且都建立在 MHS 通信平台之上，但 EDI 比电子邮件要求的层次更高。

（7）传真目前大多为实时通信，EDI 和电子邮件都是非实时的，具有存储转发功能。因此，不需用户双方联机操作，解决了计算机网络同步处理的困难和低效率。

2. EDI 的经济效益和社会效益

据有关机构统计分析，使用 EDI 业务，可以提高商业文件传递速度 81%，降低文件成本 44%，减少由于错漏造成的商业损失 40%，提高竞争能力 34%。近些年的实践证明，凡是采用 EDI 的国家和地区，都获得了可观的经济和社会效益。

美国通用汽车公司采用 EDI 后，每生产一辆汽车的成本就减少了 250 美元，以每年生产 500 万辆汽车计算，便可节省 12.5 亿美元。美国通用电气最近 5 年的统计表明，应用 EDI 使其产品零售额上升 60%，库存由 30 年降到 6 天，每年仅连锁店的文件处理费用一项就节约 60 万美元，节省运输时间 80%。美国 IBM 公司 1991 年在其所属的制造商、供应商中推行 EDI 后，当年节约 600 万美元。北美零售业 1989 年应用 EDI，使其季节性商品的降价销售率减少 30%，时装降价销售率减少 40%，零售额上升 20%～30%。在美国图书出版业，EDI 技术的引入改变了以往通过中间发行人的习惯做法，出版商和零售商直接通过 EDI 网络联系，使订货时间节省 60%，并密切了出版商与书店的关系，致使书店经理们视该网络系统为"个人生活中所发生的最美好的事情"。EDI 技术也由此在各行各业得到不断推广和应用。

1993 年 1 月 1 日起，欧共体建立欧洲统一市场后规定所有成员国海关都将采用 EDI 技术，仅此一项，估计每年可带来 20 亿马克的效益。例如，Benneton 集团是一个总部设在意大利的服装公司，在服装行业激烈竞争的时代，其销售额却能迅速增长，原因之一，就是采用 EDI 与世界各地的经销商保持着紧密的商务联系，订单和发货票可以及时穿梭往来。即当顾客需要最新款式的时装时，EDI 系统可以帮助公司及时地供货。

日本东芝公司在使用 EDI 之前，每笔交易的文件处理费用平均是 1 500 日元，实施 EDI 后则降到 375 日元，仅为原来的 1/4。新加坡为了期望取代中国香港成为亚洲最大的经济、金融和转口贸易中心，花两年多的时间建成全国性的 EDI 贸易信息网 TradeNet，它把贸发局、海关、船运公司等单位连接在一起，从而实现无纸贸易环境。TradeNet 每年可为新加坡节省约 10 亿新元的文件处理费用。中国台湾地区海关采用 EDI 后，清关时间从原来的 2 天降至 15 分钟左右，大大缩短了贸易周期，提高了效率。

必须看到，采用 EDI 进行贸易的真正价值是贸易方式的变革，从而产生巨大的社会效益，这是其间接效益所在。EDI 与电子商务的形式是一样的，是当前政府、企业关注与实践的热点。据估计，使用 EDI 的间接效益达到其全部贸易价值的 3%～5%。这些间接效益主要通过各 EDI 伙伴间的业务环节更加密切的协调和一致，促使资金流动、库存、成本和服务等方面的改善而获得的。

总之，由于 EDI 从根本上改变了现代产业结构、组织管理和贸易方式，特别是在国际贸易领域，因此 EDI 被认为是一场全球性的商业大革命。随着经济全球化进程的加快，国际贸易迅速壮大，西方 EDI 专家曾说，"未来做生意，如果没有 EDI，将很快像没有电话一样。"日本 EDI 专家也指出，"EDI，正像电力、煤气、水和电话一样，成为日本经济的基础设施的组成部分。"当 EDI 的应用网络平台与 Internet 融合在一起时，EDI 与今天方兴未艾的电子商务也就融合在一起了，体现了一种崭新的贸易形式。

中国加入 WTO 以后，国际贸易、国内贸易也迅速扩大，EDI 正在中国迅速普及与应用，这必将极大地提高中国的商务处理效率，降低整个商务交易成本。

6.5.5 从 VAN 式 EDI 到 Internet 式 EDI

VAN 是目前普遍采用的 EDI 应用通信模式。它可以使不同的计算机之间实现数据传输、数据文件转移以及远程数据库的访问，消除了点对点应用方式的弊端。但是传统的 VAN 本身也存在很大缺陷，如贸易伙伴可能选择不同的 VAN，但 VAN 服务商之间可能因为竞争等原因而不愿意互连；同时传统的 VAN 本身有一个致命的问题，即它只实现在计算机网络的下层协议，相当于 OSI 参考模型的下三层，而 EDI 往往是发生在异种计算机的应用软件层之间，所以，EDI 软件与 VAN 的联系比较松散，需要大量中间件进行转换工作，效率低。

VAN 的中心业务只不过是把信息从一个地方传送到另一个地方，也就是仅能进行数据变换，而在实际的贸易过程中，单纯的 EDI 文本信息是远远不够的，必须制作带有多媒体信息的电子样本，才能使商务伙伴（如批发商）随时获得最新的商品信息，有效地向零售商推销。对原来的 VAN 来说，进行多媒体信息的传输和处理，无论从技术方面还是从成本方面几乎是不可能的。

蓬勃发展的 Internet 的多媒体、互连互通、低费用的应用模式正好满足了 EDI 的这种发展趋势，因此大有取代 VAN 之趋势。EDI 和 Internet 的结合将使 EDI 的发展前景更加光明，其实质就是企业组织间电子商务的开展。

IBM 公司 2002 年宣布，IBM 将协助零售业巨擘沃尔玛建立一个基于 Internet Web 技术的 EDI 系统，以使沃尔玛数千家的国内外供应商能够快速、经济、安全、可靠地交换诸如采购订单、发票和预先发货通知等重要数据。新的系统将用 Internet 传输传统的 EDI 报文信息，这有望成为零售业供应商与分销商之间传递 B2B 信息的重要手段。沃尔玛希望供应商从目前所使用的传统电话网络和 VAN 转型，鼓励供应商接受基于 Internet 的 EDI 系统（也称为 EDIINT）。

1. 基于 Internet 的 EDI 实施优势

Internet 取代 VAN 的主要原因在于如下三个方面。

（1）基于 Internet 的 EDI 通信费用低廉，特别是利用企业既有的 Internet 网络线路，外加 Internet 传输，不需从头采用费用较高的 VAN。这样，大约节约 75%的 EDI 实施资金，改变过去 EDI 是"企业的高消费"现象。

（2）基于 Internet 的 EDI 系统容易实现，技术上不复杂，应用简单。

（3）一般来讲，通过 VAN 建立全球的 EDI 系统是列入"Fortune 1000"的大型企业才真正用得起。通过 Internet，中小企业也能方便地建立自己的全球 EDI 系统，大大扩大了应用面。

可以看出，基于 Internet 的快速拓展，在 Internet 上实施 EDI 是一种必然趋势。虽然有些用户对 Internet 上的安全性有一些疑虑，但借助虚拟专用网 VPN 技术可以通过加密使用户更安全地在 Internet 上传输自己的私有数据，特别是新一代更加安全的基于 IPv6 的 Internet 正在拓展应用中。预计使用基于 Internet 的 EDI 的比例将越来越高，目前 Internet 式 EDI 的主要形式有 Web_EDI 和 XML/EDI。

2．Web_EDI

EDI 与 Internet 相结合，产生了 Web_EDI。Web_EDI 的目标是减少中小企业实现 EDI 的费用，即允许中小企业通过 Web 浏览器和 Internet 连接，执行 EDI 报文交换。

这里，Web 是 EDI 报文的接口。一般情况下，其中一个参与者是比较大的企业，针对每个 EDI 报文开发或购买相应的 Web 表单，改造成适合自己的译文，然后把它们放在 Web 站点上。此时，Web 表单成为 EDI 系统的接口。另外一个参与者是较小的公司，它登录到 Web 站点，选择所感兴趣的表单填写，填写结果递交给 Web 服务器后，通过服务器端程序进行合法性检查，把它变成通常的 EDI 报文。之后，报文的处理就与传统的 EDI 报文处理一样。为了保证报文信息从 Web 站点返回它的参与者，报文还能转变成 Web 表单或 E-mail 的形式。因此，对所有的交易，EDI 相关的费用转换只发生一次，对所有的参与者来说都发生在 Web 站点上。

Web_EDI 是不对称的。建立 EDI 服务 Web 站点的实施企业或组织作为一方实现 EDI 交换，承担所有实现 EDI 的费用，从而享受 EDI 带来的所有好处；另外一方只参与 EDI 交换，但是从 EDI 中得到的好处甚微，他们自身不需要任何翻译或者转换处理。

3．XML/EDI

XML 即 eXtensible Markup Language，中文称为可扩展置标语言，它是最近几年出现的新兴 Internet 应用语言。它的诞生可以说引发了一场 Web 技术的革命，从此 EDI 将获得基于 Internet 的新生。

XML 作为可扩展的置标语言，是 HTML 的变体。HTML 确定网页的外观，而 XML 将表明页面的数据代表什么内容。例如，当浏览器的一个页面上显示"878.9 美元"时，浏览器知道它是价格数据。因此，借助 XML，买主可以更为容易地在许多商务网站之间比较产品和服务，可以方便地将网页转换成商务文件。目前，这种语言的标准还在制定中，但已经比较成熟，应用正在快速拓展中。

XML/EDI 的工作也在进行中，基本的技术已经成型，得到工业界的广泛支持。但是，许多实现的细节还要定义。XML/EDI 方式同 Web_EDI 的区别也是它的目标，即所有的参与者都从 EDI 中得到好处，不像 Web_EDI 只有实施方得到好处。

为了达到这个目的，XML/EDI 着重解决 EDI 的最主要的问题，即转换问题。XML/EDI 的应用原理主要是引进模板（Template）的概念，模板描述的不是报文的数据，而是报文的结构以及如何解释报文，做到无须编程就可实现报文的转换。在客户端的计算机上，安装一个模板的软件代理（Agent），它用最佳方式解释模板并且处理报文，然后自动完成转换，产生正确的报文。同时，软件代理可以帮助用户完成一个 Web 表单。可以说，模板概念的引入解决了 EDI 从用户数据到 EDI 标准报文的映射问题，这使实施 EDI 的复杂度及费用大大降低。

XML/EDI 的实现过程主要有以下三个步骤。

（1）数据采集。用户从自己的本地数据库中提取单证所需的数据并且将其转化为标准的 XML 文件；为了便于用户与伙伴间的数据交换，在这个提取数据并且将其转化为 XML 文件的过程中，需要双方按照约定建立一套 XML Schema。

（2）数据传输。用户端的应用系统利用 XML 解析器将用户数据生成 XML 文件后，通过 HTTP 协议传送到交换伙伴的电子邮箱。

（3）数据处理。交换伙伴从电子邮箱接收 XML 文件后，按照约定的 XML Schema 对传来的数据进行校验。如果校验通过，就将 XML 文件中的单证数据用解析器解析出来，保存到自己的应用系统中。

6.5.6　EDI 在中国的应用

为了满足国内企业对 EDI 的需求，当时的中国邮电电信总局于 1996 年 7 月 26 日开始筹建 ChinaEDI，即中国公用电子数据交换。ChinaEDI 业务网是由新建的北京、沈阳、天津、武汉、西安、郑州、南京、杭州、广州、海口、长沙 11 个结点，以及原有的上海、青岛和深圳 3 个结点共 14 个 EDI 结点，结合 30 000 多个电子信箱共同构成的。各结点之间以系统内部的 OTX 协议经分组网互连，而与国外 EDI 网相连采用 X.400 协议。ChinaEDI 全网实行一级交换，并在北京设立全国网管中心，负责全网的系统管理。

ChinaEDI 网是一个全国性的大网，设有专门的入网特别服务号，凡有电话网或分组网的地方，用户均可上网进行 EDI 应用，入网方便，费用经济。ChinaEDI 的入网方式灵活多样，包括电话网拨号上网、分组网拨号上网、分组网专线上网、DDN 专线上网、帧中继上网等。随着业务发展的需要，还将逐渐提供 ISDN、Internet 等方式上网。

现在，ChinaEDI 网可以面向全社会的各个行业提供高质量服务，并可作为专用 EDI 网的公共转接和交换中心。这样，可以实现全国性的、各行业的数据信息大流通、大交换，让用户开展 EDI 应用将不受地理、行业的限制。

ChinaEDI 网还设有国际和港澳出口，国内 EDI 用户可以通过它与国外 EDI 用户通信，不必自己租用国际电路与国外 EDI 业务网相连，节省了大笔费用。

发展中的广州企业电子商务中心（http://www.ec-gz.com）就是一个基于 ChinaEDI 交换平台的企业电子商务网站，它向用户提供一个到 ChinaEDI 系统的 Web 界面，其提供的网页可让用户和他们的贸易伙伴管理 EDI 报文或单证。用户可以查看从贸易伙伴收到的报文，通过此界面发送报文、查看贸易伙伴关系、追踪报文等。该网站可用标准的 HTML 处理报文或使用用户端的 Visual Basic 专用客户端程序显示 EDI 表单，支持 EDIFACT 和 ANSI X.12 两种标准的 EDI 单证。

本章小结

随着电子商务规模的扩大，越来越多的企业与政府组织部门拓展了电子商务以及电子政务，B2B 或 B to G 等网络交易正加速发展，G to G 与 G to B 等电子政务也在逐步付诸实施，这些均迫切需要发展适合中、大额网络交易与服务的网络支付手段。由于中、大额网络交易与服务（如 B2B 业务）的特殊性，其交易环节与支付环节往往是脱离的，因此这些较大额度的支付手段大多运行在专用的金融通信网络平台上，但这并不妨碍它们为企业间、企业与政府部门间的网络交易与服务提供支付结算支持，同时，体现订单信息流与资金流统一的在线 B2B 型支付方式近年来得到了快速的发展，也逐渐被大家认可和接受。可以说，专用金融通信网络平台本身是目前电子商务业务网络平台的一部分，只不过在银行后台处理。随着 Internet 技术的进步，专用金融通信网络有向新一代 Internet 融合靠拢的趋势。目前在中国的企业间或企业与政府部门间的传统商务支付结算中主要采用纸质支票、电子汇兑手段，国际贸易上多用 SWIFT 与 CHIPS 手段，因此本章也有针对性地叙述了几种典型的 B2B 型网络支付方式，如电子支票、电子汇兑系统以及 SWIFT 与 CHIPS、中国国家现代化支付系统 CNAPS、金融 EDI、企业网络银行等。

鉴于支票在中国企业支付中的应用普遍性，本章重点描述了电子支票的网络支付运行模式，即同行电子支票网络支付模式和异行电子支票网络支付模式，以及应用特点和应用情况。介绍了目前银行广泛应用的电子汇兑系统的基本内容，详细描述了电子汇兑系统的基本运作模式，并以著名的美国联邦储备局清算系统 FEDWIRE 为例说明了电子汇兑系统的基本应用特点。在此基础上，详细描述了用于国际电子支付的 SWIFT 与 CHIPS 和用于国内电子支付的正在完善中的 CNFN 与 CNAPS 的定义、任务、内容与应用流程，使读者基本知晓目前跨区域的、甚至跨全球的电子与网络支付过程。鉴于经济全球化背景下电子数据交换 EDI 在各行业、各领域越来越广泛的用途，本章还叙述了 EDI 的技术要素、效益及其在金融领域的应用，即 FEDI 的应用模式与工作流程。

除了上述几种方式外，企业网络银行是目前解决这种中大额网络支付的最新手段，比较快捷方便，近年来也取得了很大进步，其功能正在快速拓展和完善中。

复习思考题

1. 简述电子支票与 FEDI 在应用上的关联。
2. 电子支票还没有大规模地出现在 Internet 平台应用，你认为原因是什么？
3. 调研并简介中国主要商业银行正在应用中的电子汇兑系统。
4. 分析在 Internet 平台上实现电子汇兑系统的应用还需要完善哪些方面？
5. 调研目前 SWIFT 系统与中国金融机构的业务活动。
6. 为什么 CHIPS 作为美国纽约市的银行同业清算支付系统，却成为一个世界性的资金调拨系统？
7. 图文举例叙述应用 SWIFT 与 CHIPS 的一次国际支付的运作流程。
8. 简介 CNAPS 的建设状况与应用特点。
9. 调研分析在金融全球化背景下的中国网络支付结算的发展策略以及其对中国电子商务发展的影响。

第 7 章 网络银行及其支付

网络银行是如今网络经济时代的一个新兴术语，是一种崭新的金融商务形式，可以说是银行电子化与信息化建设的高级阶段。随着 Internet 应用的深入，网络银行越来越广泛地影响着人们的生活与工作。随着人们的思想观念和传统工作方式的改变，对网络平台依赖性的逐步增强，网络银行客户群将稳定发展。截至 2014 年年末，中国网络银行个人客户数达到 9.09 亿户，新增 1.5 亿户；交易笔数达 608.46 亿笔。网络银行交易额已达 1 100 万亿元。到目前为止，中国几乎所有的商业银行均开展了实质性的网络银行业务。网络银行已成为中国各商业银行实现业务创新、提升品牌形象、提高综合竞争力的主要方式。

一方面，网络银行服务是银行业开展电子商务的主要领域；另一方面，对其他行业的电子商务来讲，基于网络银行的网络支付与结算服务是目前比较新颖、方便的网络支付方式。应该说，网络银行体现了综合的网络支付特点，个人的网络银行可以进行小额的资金支付结算，属 B2C 型；企业网络银行则可进行企业或组织间中大额度的资金支付与结算，属 B2B 型。

本章结合中国实际发展情况，分别介绍网络银行的概念、特征与分类，网络银行的系统建设与系统结构，网络银行的网络支付模式及网络银行在国内外的发展状况。

7.1 网络银行概述

随着时代的进步与经济的发展，整个社会的经济活动包括政府部门、企业与普通个人越来越依赖银行业的参与，一个国家、一个地区、一个城市市场经济的活跃也直接体现在其金融业特别是银行业的活跃与支持上。同时，银行为加强自身的竞争优势，在提高服务质量的前提下不断推出更多的金融服务产品来满足客户的需求。而近年来 Internet 在全社会的迅速普及应用也给银行业带来新的挑战与机遇。网络银行就是基于这种背景，在世界金融领域特别是银行业近年出现的新生事物，它对银行业务与电子商务的发展具有巨大的影响。本节主要介绍网络银行的概念、特征、分类及其发展。

7.1.1 网络银行的概念

第 2 章中曾讲过，网络银行是在 Internet 时代里金融电子化与信息化建设的最新内容，是电子银行的高级发展阶段，它是伴随 Internet 近年来在全世界的广泛深入应用而出现的新术语与新商务形式。网络银行毕竟是个新生的事物，有关的名称、定义、内涵等有很多种，运作模式、技术应用上目前也没有统一的标准，正在发展中。下面给出目前国际上对网络银行比较流行的定义。

所谓网络银行，英文为 Internet Bank 或 Network Bank，有的还称为 Web Bank，中文还叫做网络银行或在线银行。它是指一种依托信息技术和 Internet 的发展，主要基于 Internet 平台开展和提供各种金融服务的新型银行机构与服务形式。也可以说，网络银行是银行利用公用信息网 Internet 将客户的计算机终端连接到银行网站，实现将银行的金融服务直接送到客户办公室、家中和手中的金融服务系统。网络银行可向客户提供开户、销户、对账、行内转账、跨行转账、信贷、网上证券、投资理财、账务查询、网络支付、代发工资、集团公司资金头寸管理、银行信息通知、金融信息查询等传统金融服务项目。

因此可以说，网络银行既是一种新型银行机构，也是崭新的网上金融服务系统。它借助 Internet 遍布全球及其不间断运行、信息传递快捷且多媒体化的优势，突破实物媒介等传统银行的空间与时间局限性，拉近客户与银行的距离，为用户提供全方位、全天候、便捷、实时的快捷金融服务。

网络银行的应用目标，是在任何时候（Anytime）、任何地方（Anywhere），以任何方式（Anyhow）为客户提供金融服务，所以网络银行也称 AAA 银行或 3A 银行。

随着网络全球化的到来，网络银行在成本、效率、服务质量等方面表现出越来越大的优势。例如，仅拿成本来说，据美国一家咨询公司 Booz & Hamilton 所做的调查表明，在美国，一桩通过 Internet 完成的银行业务成本仅为 1 美分，而通过 ATM 或出纳员完成交易的成本分别为 27 美分与 1.07 美元。可见，成本的优势是明显的，网络银行代表着银行业全新的业务模式和未来的发展方向，本身也是电子商务的一个领域。

可以说，网络银行是在 Internet 上的虚拟银行柜台，它直接把触角伸展到客户桌面上，大大延伸了银行业务的范围。它除了提供传统的商业银行业务外，还必须进行网络支付与结算，直接为电子商务的发展服务，否则仅进行形象宣传和业务介绍的银行，充其量只能算实体银行上网，而非网络银行。有些地方把网络银行叫做电子银行（E-bank），但实际上这种说法不完全准确，因为这把基于 Internet 平台的银行业务与传统的基于通信专线的电子银行服务 ATM、CD、HB 等完全混为一谈。应该说，网络银行是电子银行发展的高级阶段，是 Internet 时代的电子银行。当然从广义上讲，网络银行与电子银行都是建立在电子信息技术基础上的，从这个角度也可把网络银行看成电子银行。在本书中，网络银行（或网络银行）是指基于 Internet 平台的银行服务。

7.1.2 网络银行的产生与发展

20 世纪 90 年代中期，随着 Internet 的普及应用，商业银行开始驶上网络快车道，银行经营方式也呈现了网络化趋势。尽管距离世界上第一家网络银行即"安全第一网络银行"在1995年10月18日的诞生仅仅不到20年的时间,但它却以几何级数的形式扩展,大有取传统银行业务方式而代之的发展趋势。

1. 网络银行的发展阶段

要是追溯历史,网络银行也不完全是新生事物,其运行模式早在20世纪50年代就有类似雏形,只是那时并没有Internet,而是在专用网络上进行,它的发展是伴随着银行的电子化与信息化的发展进程而发展的,网络银行的发展可以分为如下三个发展阶段。

1)计算机辅助银行管理阶段

这个阶段始于20世纪50年代至80年代中后期。20世纪50年代末,计算机逐渐在美国和日本等国家的银行业务中得到应用。但是,最初银行应用计算机的主要目的是解决手工记账速度慢、提高财务处理能力和减轻人力负担的问题。因此,早期的金融电子化基本技术是简单的计算机银行数据处理和事务处理,主要用于分支机构及各营业网点的记账和结算。商业银行的主要电子化设备是管理存款、计算本息的一般计算机,财务统计和财务运算的卡片式编目分类打孔机,由计算机控制的货币包装、清点机,鉴别假钞、劣钞的鉴别机,以及计算机打印机等。此外,也开始利用计算机分析金融市场的变化趋势供决策使用。

20世纪60年代末兴起的电子资金转账EFT技术及应用,为网络银行的发展奠定了技术基础。电子资金转账改变了传统的手工处理票据模式,可以快速、有效地处理支付信息,降低处理成本、票据纸张费用等交易成本。电子资金转账还有效地降低了支付时间的不确定性,保证了款项及时转账,提高了现金管理质量,提高了支付效率,如美国联邦储备银行支付系统FEDWIRE和环球银行金融电信网络SWIFT。

2)银行电子化或金融信息化阶段

随着个人计算机PC普及率的提高,商业银行逐渐将发展的重点调整为PC银行,即以PC为基础的电子银行业务。20世纪80年代中后期,在世界各国的国内各银行之间的网络化金融服务系统基础上,形成了不同国家银行之间的电子信息网络,进而形成了全球金融通信网络。在此基础上,出现了各种新型的电子网络服务,如以自助方式为主的在线银行服务(PC银行)、ATM、家庭银行系统和企业银行系统等。

银行电子化使传统银行提供的金融服务变成了全天候、全方位和开放型的金融服务,电子货币成为电子化银行的依赖货币形式。例如,ATM技术从最初只能提供少数几种交易发展到可以处理100多种交易,如花旗银行的ATM已经可以处理150多种交易,从现金存取到共同基金投资,从处理股票交易到处理保险业务等;利用ATM和计算机无线网络技术的移动,银行可将银行服务延伸到偏远乡村,它具有更高的电子化和智能化处理水平,客户通过与数据库连网的计算机终端,可以完成现金存取、转账、支付和货币兑换等交易,实现对分行的部分替代效应和提高各营业网点的业务速度;中国招商银行提供的"一卡通"金融服务业务,提供的服务包括现金、存款和贷款、信用卡、支票结算、投资、共同基金、信用和非金融服务等,不仅可以在ATM和POS上运行,而且适合于在移动电话、可视电话等各种电子设施中使用;家庭银行也成为银行电子化的重要内容,它可为家庭提供财务管理和一系列金融配套服务。

随着银行电子化的发展,电子货币转账逐渐成为银行服务中的主要业务形式。电子货币以分布在金融机构和服务网点的终端机(如POS或ATM)及计算机网络为物质条件，以现金卡、信用卡、IC 卡和电子支票等形式为媒介，使货币以电子数据的形式在银行网络间进行传递，从而形成电子货币流通系统。中国的银行其实基本还处在这个阶段。

3）网络银行阶段

20 世纪 90 年代中期以来，伴随 Internet 在各行各业中的广泛应用，银行为满足电子商务发展和金融行业竞争的需要，纷纷借助 Internet 及其他网络开展各种金融业务，以达到拓展业务、降低运营成本、满足顾客个性化需要的目的，直接导致基于 Internet 平台的网络银行的出现。网络银行的出现是使银行服务完成从传统银行到现代电子银行的一次重大变革。2000—2005 年，国内部分大型商业银行在市场的驱动下，利用网络银行服务和运营成本低廉的优势，快速发展网络银行客户，并将大量传统业务功能搬上网络银行，强调交易相当量（替代率），代替传统网点。网络银行增加了转账支付、缴费、网上支付、金融产品购买等交易类功能。

2005 年至今，银行的最大转变是真正以客户为中心，因需而变。这一特征在华夏银行推出的网络银行产品中得到体现。例如，"集付快线"可以让用户在办理付款业务时，像群发短信一样，同时完成向多个收款人支付款项的结算业务，从而大大提高了工作效率，降低了企业成本。这一阶段网络银行的典型特征是业务创新，不再仅仅是将传统的业务功能搬到网上，对网络银行的考核从单一的替换率向销售收入发展，网络银行也正在日益成为一个银行重要的战略业务单元。在这一阶段，查询类的服务得到了优化，转账和理财等类别的网上交易迅速普及开来。网络银行的盈利能力增强，把成本中心变为利润中心逐渐成为银行努力的方向和目标。

总之，网络银行是网络时代的产物。目前，网络银行正处在迅速发展变化的进程中，网络银行服务的内容在不断创新，以在互联网金融大潮中寻找自己的立足点和支撑点。

2. 网络银行产生的分析

网络银行毕竟是新生事物，但发展速度如此之快，有多方面的原因。

1）网络银行是网络经济发展的必然结果

电子商务需要处理好信息流、商流、资金流和物流中的各个环节，才能健康运行和发展，真正体现电子商务的效率。资金流作为电子商务以及传统商务流程中的一个关键环节，其高效率、低成本、安全可靠的运作是商务发展的需求。顺应这种需求，结合信息网络技术特别是 Internet 技术的应用，网络银行就产生了。

在网上首先发展信息流，进而开展网上交易，有商品或服务的交换也就必然带来资金的支付活动，由此而产生网上资金流。信息流、商流、资金流、物流四大流的相互配合构成了网络经济。网上有了资金流的需求，也就成为网络银行发展的源动力。一个高水平的电子商务系统要求商场、厂家、政府管理部门（税务、工商、海关等）、银行以及认证机构借助网络连接起来，促使信息流、商流、资金流和物流的流动通畅。而资金流是否通畅，在四流中至关重要，网络银行的产生和发展可以很好地解决这一问题。

2）网络银行是电子商务发展的需要

无论对于传统的交易，还是新兴的电子商务，资金的支付都是完成交易的重要环节，所不同的是，电子商务强调支付过程和支付手段的电子化与网络化处理。在电子商务中，作为支付中介的商业银行在电子商务中扮演着举足轻重的角色，各类网上交易都需要银行借助电子手段进行资金的支付和结算。商业银行作为电子化支付和结算的最终执行者，是连接商家和消费者的纽带，是网络银行的基础，它所提供的电子与网络支付服务是电子商务中的最关键要素和最高层次，直接关系到电子商务的发展前景。商业银行能否有效地实现支付手段的电子化和网络化是电子交易成败的关键。因此，网络银行是电子商务的必然产物和发展需要。

3）网络银行是银行自身发展并取得竞争优势的需要

电子商务的发展给全球经济和贸易带来重大影响，而作为经济领域中的银行业必然被波及，银行不得不重新审视自身的服务方式，为在激烈的竞争环境中取得竞争优势并适应电子商务的发展，必须利用现有条件，创新服务手段，提供更加便捷迅速、安全可靠、低成本的支付结算服务。近年来，银行物理分行的开设逐渐减少，ATM 的增长率亦相对减缓，而基于 Internet 平台的银行业务和使用则大幅度增加。

特别是 2012 年以来，伴随着电子商务的迅猛发展，银行自身也得到了长足的发展，这也为网络银行的发展奠定了基础，创造了条件。它主要表现在如下六个方面。

（1）客户获得银行电子化服务的工具发展很快。随着各种电子化、自动化金融工具的大量研制与应用，面向广大客户的电子化和自动化的银行服务工具也在不断改进、更新和发展。例如，面向网络银行服务的电子化工具主要有电子现金、电子钱包、电子支票、电子银行卡、电子资金转账系统、智能卡、智能电话、电子零钱等。

（2）面向普通消费者的银行设备在不断更新和发展。目前，ATM 已经连成网络，使用也越来越普遍。POS 与银行的计算机相连，各种各样的自动点钞、自动出纳机等都得到广泛应用。这些均表明人们接受电子化、信息化的金融服务意识在增强。

（3）各种现代化的银行金融支付与清算系统等得到广泛应用。各种现代化银行支付系统、大额在线实时支付系统、各种小额批量支付系统、电子联行系统、自动化清算系统、自动化对公业务系统、银行储蓄通存通兑系统、银行卡网络支付系统和安全电子交易系统等得到广泛应用。特别是 SWIFT 与 CHIPS 系统的拓展，CNAPS 系统的研发与应用，均说明金融服务的网络化进程在加快。

（4）网上金融信息服务发展很快。银行利用自己的信息优势，借助网络特别是 Internet，越来越多地向客户提供金融信息增值服务。金融在线信息服务的特点是具有交互功能，金融在线客户能够主动接受或选取金融信息，也可主动发布金融信息，它有利于客户借助网络远程快速获取金融信息和对金融信息的及时发布。

（5）现代金融计算机系统发展很快且得到广泛应用。随着信息网络技术的飞速发展，在银行金融业，金融计算机信息服务系统普及推广很快，银行金融业的经营管理也全面实现了系统化、科学化和现代化，整个银行金融业正全面向数字化、网络化和信息化发展，并提供金融风险预警功能。

（6）银行金融业全能化和国际化趋势明显。随着国际贸易的繁荣与发展，跨国投资的迅速增加，以及银行国际业务的迅猛发展，使得银行之间的竞争加剧，各银行都在向全能化、国际化、集约化和多样化方向发展。因此，世界各银行都十分重视科学技术进步。现代高新技术的高速发展，尤其是计算机科学和信息科学的进步为银行的变革创造了有利的条件。虚拟现实信息的发展和应用、网络银行的出现与发展，满意地向人们回答了明天银行的发展方向问题，基本统一了人们的思想。有报告称，"Internet 无疑将会在很短的时间内成为传递金融信息的极好渠道。最终，所有银行服务都将出现在网上，如今，几乎所有银行拥有进行大部分传统银行事务处理的高级 Web 站点。"

可见，网络银行的产生有其必然性，发展趋势不可逆转。虽然今天的网络银行服务给银行业并没有带来巨大的利润，但前景看好，更关键的是，不开展网络银行服务的银行正面临在产品种类、客户服务、运作成本等方面全面落后的危险。

3．中国网络银行发展现状

在互联网时代，中国拥有着后发优势，以 1998 年 4 月招商银行率先推出的部分具有网络银行功能的网上支付业务，并为企业提供企业对企业的资金结算业务为标志，到目前为止发展了十多年，随着各行电子银行功能的不断完善、安全性能的不断提高，电子银行突破时空界限，全天候、跨地域、广辐射的优势日益被客户认识，其安全便捷的服务吸引着越来越多的客户。可谓起步晚发展快，据统计，截至 2011 年年底，在互联网设立网站的中资银行达 100 多家，占国内现有各类银行的 56.7%，同时有多家中、外资银行向人民银行申请开办网络银行业务。向客户发卡达到 24 亿张，某大银行每日通过网络银行的交易量为 80 亿元，日均点击率高达 1 800 万次，发展网络银行业务的空间仍很巨大。

从 2013 年起，腾讯公司、阿里巴巴集团、苏宁易购申请涉足银行业务的消息就已经尽人皆知。支付宝和微信也开通了理财服务，高过一般金融机构的收益率在很短时间内就积累了上亿的用户。2014 年 7 月，银监会正式披露了批准三家民营银行筹建申请的消息，这三家民营银行分别是由腾讯公司、百业源公司、立业集团为主要发起人设立的深圳前海微众银行，由正泰集团、华峰氨纶公司为主发起人设立的温州民商银行，由华北集团、麦购集团为主发起人设立的天津金城银行。而腾讯公司成为这批获准进入真正意义上的银行业的互联网公司，这无疑实现了中国互联网行业进军银行业的梦想。接下来则将会有更多实力雄厚的互联网公司进入银行业。

在开放的互联网环境下，竞争没有终点，中国的银行企业还需不断地创新，特别是在商业模式上进行创新。因为在互联网的免费模式挑战下，中国的银行业并没有多少优势可言。未来几年，中国的网络银行业还要继续加油。

7.1.3　网络银行的特征

网络银行与传统的物理银行一样能够面向客户提供各类金融服务，而在金融信息服务、便利性方面优势更为明显。作为信息时代的产物，网络银行具有六种明显特征。

1）以客户为中心，以技术为基础，体现品牌独特性

网络银行服务并不需要直接面对面地与客户接触，交易和沟通通过 Internet 进行。这就要求网络银行的营销理念从过去的注重金融产品的开发和管理，即产品注重型，转移到以客户为核心上来，即根据每个客户不同的金融和财务需求"量身定做"相应的金融产品并提供银行业务服务。网络银行应将客户作为一个有个性的个体来对待，在为客户解决金融疑问和困难的时候，使客户感到解决方案是按自己的想法和愿望而形成的，并且最适合自己的需求；同时也要使客户感到自己能够自由和灵活地控制自己的资金。这就是"创建独特品牌"的内在含义之一，同时，也是成熟市场客户的要求。

2）业务信息系统的管理控制能力要求高，集成性强，追求信息管理与知识管理

网络银行的全部业务，如贷款申请、网络支付、发行信用卡、开设存款账户等均通过 Internet 进行并由信息系统软件处理。业务信息系统是网络银行顺利运作的核心，因此它的维护和管理就显得十分重要。如果计算机系统发生故障，一切无从谈起。所以，强有力的信息系统管理与维护能力是保障网络银行安全运作的关键。

3）需要良好的社会基础设施与客户的网络应用意识的支持

网络银行的平稳运作要有高度发达的跨区域通信设施支持，要有技术及开发能力强、了解银行业务的软件公司、Internet 服务提供商（ISP）及数据处理和储存公司的通力合作。社会资信咨询公司 CRA（Credit Reference Agency）则是网络银行业务运作，特别是贷款业务运作的重要保证。它不仅是网络银行，也是西方国家商业银行进行个人风险评估和控制的重要手段之一。社会资信咨询机构作为商业银行开展个人信用的重要金融基础设施，也是中国目前急需建立的机构之一。先进的工具与服务需要有先进意识的客户来应用，因循守旧、抵制变化是中国发展网络银行服务的主要问题之一。

4）网络银行服务无须物理的银行分支机构，它具有人员少，运作费用低，无纸化操作的特点，可实现有效成本控制，产品价格竞争力强，并体现绿色银行的理念

网络银行与其他商业银行相比，容易进行成本控制，因为只需建立基于 Internet 的客户中心和数据收集、处理及储存库。因此，其成本比一般的传统商业银行要低 1/4，而其交易成本（根据英国保诚集团旗下网络银行 Egg 的总裁 Mike Harris 的统计）是电话银行的 1/4，是普通银行的 1/10。

5）强调信息共享与团队精神

网络银行的业务操作和处理可以形象地比喻为一条生产流水线，银行内部各岗位、各部门之间需要通力密切配合和协助，以一个界面、同一 Web 页面窗口来为客户提供一致的服务。任何个人和部门因为个人或小集体的利益而出现扯皮现象都将影响网络银行服务的质量与效率。因此员工之间、员工与上司及各部门之间需要建立沟通和协调的良好渠道和机制。同时，各部门要大量收集客户及有关方面的信息，经过相关业务信息系统进行加工和处理后，通过内部网络进行信息共享（包括社会信息的共享），以达到提高效率、提高服务水平及客户满意程度的目的。

6）跨区域的 24 小时服务

由于网络银行所拥有的信息技术优势，使其承诺并且保证为客户提供每天 24 小时、每周 7 天、全年 365 天的全天候跨区域服务，这也是实现个性化服务的重要保障。

7.1.4 网络银行的分类

网络银行的理论、应用体系、形式其实都在发展中，因此世界上出现一些网络银行的不同称呼，涉及网络银行的分类问题。目前，网络银行主要有两种分类方式。

1. 按网络银行的主要服务对象分类

网络银行按照服务对象分类，可以分成企业网络银行和个人网络银行两种。

1）企业网络银行

企业网络银行主要适用于企业与政府部门等企事业组织客户。企事业组织可以通过企业网络银行服务实时了解企业财务运作情况，及时在组织内部调配资金，轻松处理大

批量的网络支付和工资发放业务，并可处理信用证相关业务。对电子商务的支付来讲，一般涉及的是金额较大的支付结算业务，因此对安全性的要求很高。

例如，中国工商银行企业网络银行是中国工商银行为企业客户提供的网上自助金融服务，它受到企业界的瞩目。图7-1为工商银行企业网络银行的演示页面。

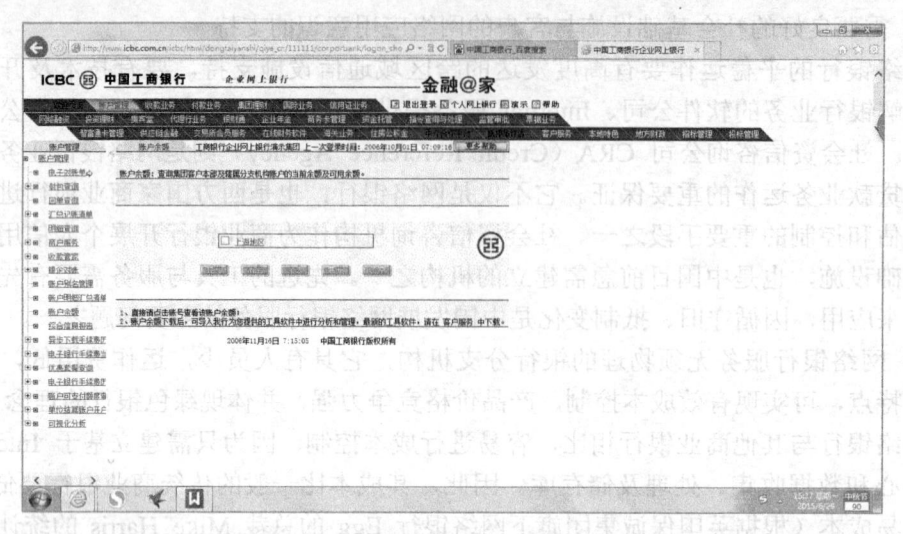

图7-1　工商银行企业网络银行的演示页面

2）个人网络银行

个人网络银行主要适用于个人与家庭的日常消费支付与转账。个人客户可以通过个人网络银行服务，完成实时查询、转账、网络支付和汇款功能。个人网络银行服务的出现，标志着银行的业务触角直接伸展到个人客户的家庭 PC 桌面上，方便实用，真正体现了家庭银行的风采。

中国工商银行个人网络银行是中国工商银行为个人客户提供的网上自助金融服务，近年来在广大的个人客户群体中影响日益加大，越来越多的个人成为工商银行个人网络银行的注册客户。图7-2为工商银行个人网络银行的演示页面。

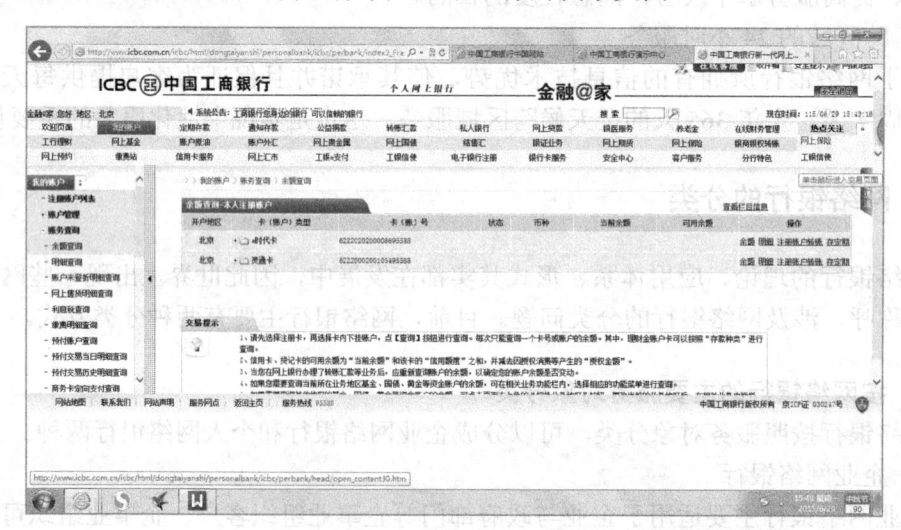

图7-2　工商银行个人网络银行的演示页面

2. 按网络银行的组成架构分类

网络银行按照组成架构分类,可以分成纯网络银行和以传统银行拓展网络业务为基础的网络银行两种形式。

1) 纯网络银行

纯网络银行是一种完全依赖于 Internet 发展起来的全新网络银行,也叫虚拟银行。这类银行开展网络银行服务的机构除后台处理中心外,没有其他任何物理上的营业机构,雇员很少,银行的所有业务几乎都在 Internet 上进行。

纯网络银行又分成两种情况,一是直接建立的独立的网络银行,二是以原银行为依托,成立新的独立的银行来经营网络银行业务。如美国安全第一网络银行 SFNB(Security First Network Bank)、Telebank 等就属于纯网络银行,它们可以通过 Internet 提供全球性的金融服务,提供全新的服务手段,客户足不出户就可进行存款、取款、转账、付款等业务。图 7-3 为美国安全第一网络银行的一个服务页面。

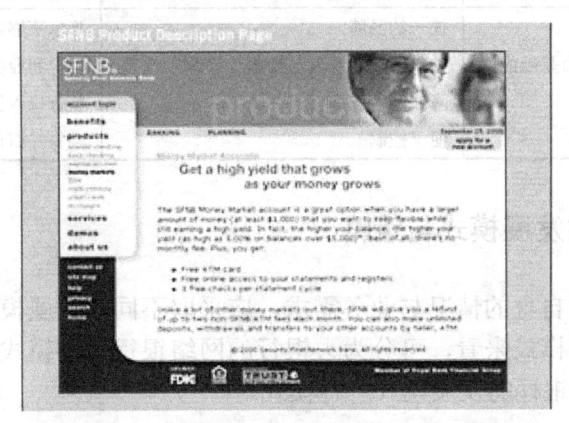

图 7-3 美国安全第一网络银行的一个服务页面

纯网络银行最大的优点就是节省费用,运作成本低。纯网络银行无须开设分支机构,雇员极少,如美国安全第一网络银行员工只有 19 名,此银行行长估计他们的管理费用只占总资产的 1%,而一般的传统银行则要达到 3%～3.5%,由此省下的巨额资金可以用来提高银行的利息,在增加客户收益的同时,扩大了银行的客户基础。例如,美国花旗银行的储户必须在活期账户上有 6 万美元余额,才能获得 1%的利息,而亚特兰大网络银行规定的最低限额是 100 美元,存款所付利息为 4%。另以一年定期存款的利率为例,花旗银行为 4.8%,而亚特兰大网络银行为 6%。

2) 以传统银行拓展网络业务为基础的网络银行

这种网络银行是指在传统银行基础上运用公共的 Internet 服务,设立新的网络服务窗口,开展传统的银行业务交易处理服务,并且通过发展个人网络银行、企业网络银行等服务,把传统银行业务延伸到网上,在原有银行基础上再发展网络银行业务,是实体与虚拟结合的银行。这种形式与前一种形式的不同之处在于,它是利用 Internet 辅助银行开展业务,而不是完全电子化与网络化。

在传统银行服务的基础上,提供网上服务已经成为银行国际化和先进性的一项重要标志,美国花旗银行集团、美洲银行、威尔士法戈银行等老牌银行纷纷推出自己的网络银行服务。1995 年 10 月,资产达 2 000 亿美元的老牌巨头美国花旗银行(National City

Bank of New York）也推出了网上业务，它早期的经营方式就是将其正常的柜台业务搬到网上来做，除去应用了网络，本质上没有任何改变。现在，全世界最大的 100 家传统银行均开设了网络银行业务。目前中国的网络银行业务也属于这类网络银行，如中国工商银行网络银行及招商银行网络银行等。

纯网络银行与以传统银行拓展网络业务为基础的网络银行，这两种网络银行形式的比较如表 7-1 所示。

表 7-1 网络银行两种形式的比较

形 式	有 利 条 件	不 利 条 件
纯网络银行	鲜明独立的品牌 明确的客户和业务定位 价格优势 发展自由、不受传统银行体制束缚	客户和业务需要从头积累 初始投入成本较高 资金来源有限、抗风险能力差 若有母体，不利于母体的电子化转型
以传统银行拓展网络业务为基础的网络银行	统一的品牌 共享客户、业务与技术等资源 降低经营成本 便于控制	形象不够鲜明 客户和业务的集中度弱 整合投入较高 容易受旧体制的束缚

7.1.5 网络银行的发展模式与策略

不同的银行根据自身的情况与业务需求，应采取不同的发展模式或策略。就目前国际上网络银行的发展模式来看，可分为大银行的网络银行发展模式、社区银行的网络银行发展模式和纯网络银行的发展模式三种模式。

1. 大银行的网络银行发展模式

对于大银行而言，网络银行通常是一个独立的事业部或者是财团控股的子公司，这成为其发展新客户、稳定老客户的手段。实践中，这些虚拟机构几乎总比大银行中其他部门发展快得多。以加拿大的历史最悠久的银行——蒙特利尔银行为例，拥有 34 000 名员工、1 250 个分支机构和 700 万名顾客的蒙特利尔银行在 1996 年 10 月设立了名为 Mbanx 的网络银行，仅几年时间，目前其网络银行的客户已达到几千万户。

大银行在发展网络银行业务时一般可以通过如下两种模式进行。

1）收购现有的纯网络银行作为自己的分支

加拿大皇家银行 RBC（Royal Bank of Canada）是加拿大规模最大、营利能力最好的银行之一。在超过一个世纪的时间里，加拿大皇家银行在美国只从事金融批发业务。1998 年，加拿大皇家银行以 2 000 万美元收购了美国安全第一网络银行 SFNB 除技术部门以外的所有部分，此时 SFNB 的客户户头已有 1 万个，其存款余额早在 1997 年就超过 4 亿美元。

在加拿大皇家银行收购安全第一网络银行的时候，后者的发展已经出现了停滞的迹象，那么为什么还要收购呢？加拿大皇家银行的战略目的，一是在于扩大其在美国金融市场的业务和份额，以收购 SFNB 的方式步入美国金融零售业务的市场，利用 SFNB 吸收的存款投资于加拿大的中小企业，获取收益；更重要的一点是，加拿大皇家银行利用这次收购，将业务拓展至一个新兴的、飞速发展的领域，特别是拓展到美国这样信息网络技术发达的国家。这次收购使加拿大皇家银行立即站在网络银行发展的最前沿，况且在美国设立一家传统型分行平均需要 200 万美元，而维持 SFNB 这样一个 10 人机构的费用要远远低于任何一家传统分行，所以这是一次低成本、高效益兼并的典范。

在收购之后，为了吸引更多的客户，加拿大皇家银行利用自身雄厚的资金实力，在市场营销方面采取两种策略。第一，它提高了支票账户的存款利息，允诺最先申请网络银行账户的 10 000 名客户可以在年底之前享受 6%的优惠利率，因此在信息公布后的前 6 个星期，账户的申请者已经达到 6 500 人；第二，购买了超级服务器（fat server），让客户可在瞬时传输电子数据和检查网络银行资金账户目前及历史情况。

2）成立与发展自己的网络银行

威尔士·法戈银行（Wells Fargo）是这方面典型的例证。这个位于加利福尼亚州的银行，是美国最大的银行之一，在美国 10 个州拥有营业机构，管理 1 009 亿美元的资产。早在 1992 年，威尔士·法戈银行就开始建设其自己的、以网络银行服务为核心的信息系统。实际上，威尔士·法戈银行真正的网络银行开业要比安全第一网络银行早几个月。至 1997 年 12 月，借助传统银行业务的良好基础，通过网络与威尔士·法戈银行交易的客户超过 43 万，远远多于安全第一网络银行。

威尔士·法戈银行建立网络银行的战略目的在于适应客户变化了的交易偏好和降低了经营成本。在开发其网络银行业务时，威尔士·法戈银行通过调查发现，客户不仅需要查询账户余额、交易记录、转账、支付票据、申请新账户和签发支票等基本网络银行业务，而且需要一种有关账簿管理、税收和财务预算的服务。于是他们便在 1995 年，与 Microsoft Money、Intuit 和 Quicken 等建立了战略联盟，利用他们的软件包提供这方面的服务。在降低成本方面，每天有 40 多万客户通过网络与威尔士·法戈银行进行交易。据银行自己估计，每 200 万笔交易从银行柜面服务转向网络服务将节省 1 500 万美元，即每笔交易节省 7.5 美元。随着更多客户从分行向低成本的网络转移，威尔士·法戈银行节约了大量的费用。

2. 社区银行的网络银行发展模式

信托银行（Entrust Bank）是一家位于美国肯萨斯州的社区银行，类似中国的城市银行，该行的价值为 17 亿美元。信托银行建立网络银行的战略目的是为了与美洲银行（Bank of America）等大银行在竞争中维持均衡态势，起到战略防御作用，将网络银行视为其防止当地客户流失的一种手段。信托银行作为一家社区银行，一直将目标客户市场定义为当地的客户。当新兴的网络银行出现，并且对以地理位置确定目标客户市场的策略产生强大冲击时，发展自己的网络银行以保证在目标客户市场中的份额，是信托银行最好的选择。今天信托银行的网络客户已可以进行远程交易，实时检查交易情况。客户们不仅可在网络上看到自己信用卡的使用情况，而且可以看到该行经纪人服务所提供的投资计划。信托银行积极通过运用新科技而获得了可观的市场的馈赠，这种馈赠并不是新技术本身，而是客户的信赖，这正是最有价值的回报。

3. 纯网络银行的发展模式

对于纯网络银行的发展模式而言,也有两种不同的理念。一种是以印第安那州第一网络银行 FIBI（First Internet Bank of Indiana）为代表的全方位发展模式；另一种是以休斯敦的康普银行（Computer Bank）为代表的特色化发展模式。

1）全方位发展模式

对于应用这种发展模式的网络银行而言,纯网络银行完全可以取代传统银行,提供传统型银行所提供的一切金融服务。这些纯网络银行一直致力于开发新的电子金融服务,以满足客户的多样化需要。比如,为了吸引客户和中小企业,印第安那州第一网络银行正准备推出"中小企业贷款服务",改变纯网络银行没有企业在线贷款的历史。

2）特色化发展模式

持有这种观点的纯网络银行也许更多一些,它们认为,与传统型银行相比,纯网络银行提供的服务要少得多,毕竟具有局限性。例如,因为缺乏分支机构,纯网络银行无法为小企业提供现金管理服务,也不能为客户提供安全保管箱。因此,纯网络银行若想在竞争中获取生存,必须创新地提供特色化的服务。这类银行的代表就是康普银行,这家位于休斯敦的纯网络银行只提供在线存款服务。在康普银行的高级管理人员看来,纯网络银行应该专注于具有核心竞争力的业务发展,至于其他的业务可以让客户在别的银行获得。

除此以外,其他纯网络银行的特色化发展模式也具有借鉴价值。像耐特银行（Net Bank）是美国仅次于安全第一网络银行的纯网络银行,在 1999 年一季度末,存款已经达到 3 亿美元。在后者被收购以后,它成为纯网络银行业的领头羊,其服务的特色在于以较高的利息吸引更多的客户。最高执行官 G.R.Grimes 认为,每个纯网络银行的客户都是从其他银行吸引过来的,所以吸引客户在纯网络银行的战略中应是第一位的,而利息则是吸引客户的最佳手段。在这种理念的指引下,在 1999 年的一季度末,他们的客户接近 25 000 人,是前一年的 3 倍,而且这个增长速度还在加快。目前,耐特银行在 Gomez 的综合排名栏中仅次于安全第一网络银行和威尔士·法戈银行,位列第三。

7.2 网络银行的系统建设与系统结构

开展网络银行业务对银行来说是一个崭新的系统工程,也是银行信息化建设的最新内容,应该说没有太多的标准模式可以参考。因此,在大体遵循一般业务信息系统建设原则的情况下,可以结合银行自身的技术、人员、资金、业务等各方面的实际情况以及 Internet 技术的特点,做好网络银行业务的需求分析,确定建设目标,依据建设目标设计网络银行的系统结构,再进行系统实施。

网络银行的系统架构是关键点之一,它主要通过技术架构、管理架构、业务拓展来描述,也基本从这三方面进行系统建设。本节介绍网络银行的总体建设目标与建设原则,在此基础上详细叙述网络银行的系统结构。由于中国一般以传统商业银行拓展网络业务为基础来构建网络银行,因此,本章后述主要以此类型网络银行为例,纯网络银行的架构其实也差不多,只是不涉及与传统业务系统的接口问题。

7.2.1 网络银行系统的总体建设目标与建设原则

一个高水平的综合型网络银行应该是将各类金融业务处理、智能化经营管理和客户服务集成为一体的金融信息系统，以全面改善银行的经营环境，增强银行在数字经济与网络经济环境下的竞争力。具体来说，网络银行的总体建设目标主要包括如下四个方面。

（1）实现金融业务的网络化、综合化与低成本运作，如实现方便、安全、快捷的网络支付与结算业务。建立具有集中财务结算处理的全面、完整的基于信息网络技术的银行综合应用系统，保证银行现代化、电子化和信息化的持续发展。

（2）体系结构的适应性要强，富于拓展性，保证银行不断拓展新业务，使银行长期处于电子商务和各种服务新领域的前沿，更具竞争力。

（3）在银行电子化的基础上，借助 Internet，实现银行的信息化管理并且提供信息增值服务，改善银行的经营环境，对银行的运营进行科学分析，为银行的发展提供及时、准确、科学的决策支持，降低金融风险。

（4）随着网络银行建设的不断完善与发展，在时机和条件成熟时，将网络银行建成全面的金融服务中心，提高客户的满意度与忠诚度。

为了达到上述网络银行的建设目标，在具体实施上必须把网络银行系统当做一个系统工程来对待，遵循科学的建设原则。从本质上来说，网络银行系统也是一个业务信息系统，或者说是一个综合的金融 MIS（Management Information System，管理信息系统），但具有更强的数据统计分析、多维分析甚至数据挖掘功能。

因此，MIS 的开发策略、原则与步骤，比如生命周期法、原型法等也是指导网络银行系统建设的总体原则。这里，结合银行业务的特点，在下述四方面需要特别强调。

（1）保证系统的可扩展性。随着业务的发展特别是电子商务发展的需求，网络银行系统应具有调整和扩充系统功能的能力，保持应用和数据的一致性，以适应不同应用环境和不同应用水平的需要。

（2）保证系统的可管理性。网络银行系统作为金融服务体系，要对结构复杂、分布广泛、计算机应用水平各异的所有客户和所有业务系统，进行统一、安全的管理，确保业务的正常运行和系统的安全稳定。

（3）保证系统的安全性。安全是网络银行客户最关心的问题，因此保障系统的安全是基础。系统安全主要包括业务数据的安全管理、支付结算处理的安全控制、数据传输的加密/解密和数据完整性控制、交易过程中的安全认证等，借助数字摘要、数字签名、数字证书、数字信封、防火墙等多项技术，实现系统的安全性。

（4）坚持集成性与兼容性原则。确保网络银行系统与现有电子银行业务信息系统如信用卡账号、POS 应用、EFT 等实现有机的集成与兼容，以便为客户提供全天候、全方位和个性化的银行综合服务。集成性原则还应体现在业务服务、经营管理和客户服务三者的集成。

7.2.2 网络银行的系统结构

总结目前世界上众多网络银行的组成框架，概括来说，网络银行的系统架构主要由网络银行技术架构、管理架构、业务平台架构三部分组成，与电子银行的架构相似，只是增加了 Web 技术与相应工具的应用。当然，随着未来网络银行业务的进一步拓展，相应的系统结构也将可能调整与拓展，但核心框架在可预见的将来不会有太大的变化。比如，无线网络技术的应用将支持无线或移动金融业务（如移动支付、移动办公）的开展，相应的网络银行系统框架中将加入移动金融业务支持模块。

1. 网络银行的技术架构与业务处理流程

网络银行的技术架构是根据银行的业务需求及其现有 IT 系统，基于 CA 证书安全体系的网络银行建设架构。它采取"客户/网络银行中心/后台业务系统"三层体系结构，提供信息服务、客户服务、账务查询和网络支付转账功能，其中信息服务和客户服务由银行指定管理部门在全行范围内规划、运作和管理，网络银行中心具体实现账务查询和实时交易功能，并实现银行后台业务主机系统与网络银行中心的实时连接，为网络银行中心开展网络金融业务提供支持。

网络银行中心是网络银行顺利运作的核心，其架构一般由 Web 服务器、应用服务器、数据库服务器（DB 服务器）、路由器、防火墙及内部管理和业务操作工作台组成。网络银行系统的具体业务功能，通常由银行端 Web 服务器和两台互为备份的应用服务器及数据库服务器完成，在银行系统建立一个统一的网络银行中心，不仅有利于提高网络银行的管理效率和网络银行系统的安全系数，也有利于网络银行向客户提供更高质量的金融服务。

一个典型的网络银行技术结构如图 7-4 所示。

1）客户

网络银行系统的客户端包括外部和内部两种用户。外部客户是寻求银行提供存款、取款、支付转账、贷款等金融业务的用户，而内部客户主要是银行内部员工与管理人员等。网络银行的外部客户体现为 Internet 用户，通过浏览器软件或专用客户端软件及移动客户端如手机或平板计算机软件等访问网络银行的 Web 服务器（网站），需要通过外层防火墙的认证，才可登录到网络银行系统。网络银行的内部客户体现为 Intranet 用户或 Extranet 用户，访问系统也要通过内层防火墙认证。防火墙将 Intranet 用户与系统外界隔离开，以保护其安全性。特别是，为了保证安全，在后台的应用服务器与外部客户之间设置两重或多重防火墙。

网络银行系统可有多种接入方式，客户端可应用 DDN、局域网 LAN、无线网 WLAN 或 ADSL 等方式接入，应用方式采用专用客户端软件的 C/S 模式或基于 Web 应用的 B/S 模式。为了防止监听、中途截取等非安全情况发生，银行应与国内外权威安全认证中心协作并应用数字签名等手段。只有认证的用户才可进入网络银行系统，传送敏感数据时必须以密文传送。

2）路由器与防火墙

路由器与防火墙对流入网络银行系统的数据流进行过滤，并且隔离银行内部网络与非安全的 Internet。一般来说，目前的网络银行系统通常采用两层防火墙。外层防火墙将 Web 服务器同外部网段隔离，以阻止非法的访问者和数据的进入。

内层防火墙 1 用于隔离网络银行的 Web 服务器与应用服务器，在软件上可以增加管理手段，如内部数据库可设定只对从特定接口来的请求做出反应，对其他的 IP 地址则不理会，以保证数据和文件的保密性。通过内外两层防火墙隔离 Internet 和网络银行的核心业务系统，内层和外层防火墙配合形成"非军事化"区，形成对 Internet 访问的双重隔离，使网络体系结构受到更好的保护。Web 服务器放在"非军事化"区内，其他应用和数据库服务器等均位于内部应用区，该区主机不允许外部用户直接访问。

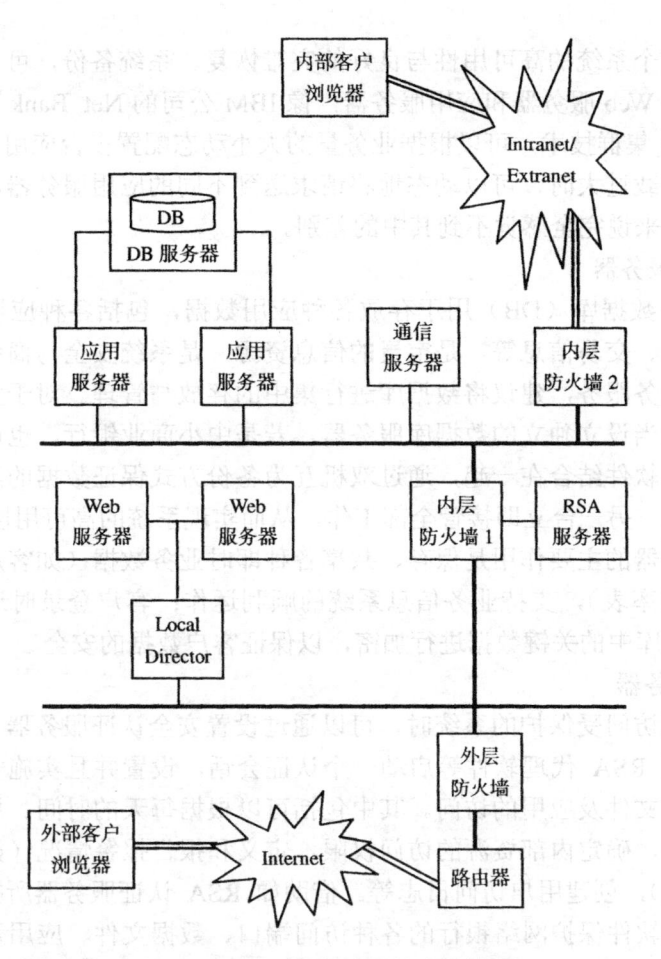

图 7-4 典型的网络银行技术结构图

内层防火墙 2 用来阻止非法用户和数据通过金融专用网、Intranet 或 Extranet 进入系统，主要是行业内部用户。

3）Web 服务器

Web 服务器存放和管理 Web 网页内容，向前台提供客户交易界面，同时对外提供基本的静态信息传递服务，管理包括网络支付与结算等业务信息系统在内的相应网页文件以及其他银行信息的发布。应该说，Web 服务器是网络银行内外的接口，是银行外部客户的主要应用界面。虽然其安全性没有后台的业务信息系统的要求高，但有更大的访问量需求，因此将其设置在外层防火墙的后面。Web 服务器借助 WWW 应用与客户的桌面浏览器（如 IE）进行标准的通信连接。

4）应用服务器

网络银行的所有具体业务应用程序均安装在此服务器上，它支持 ASP（Active Server Page）、JSP（Java Server Page）等业界标准的服务器端应用，与 Web 服务器一起构成网络银行金融业务（如网络支付与结算、网络转账、网络理财、网络企业财务等）应用系统的运行环境，实现网上交易业务的逻辑控制和流程处理，完成与 Web 服务器之间和与数据库服务器之间的信息交换。可以说，网络银行的业务处理核心就是这个应用服务器。

为了保证整个系统的高可用性与良好的灾难恢复、系统备份，可以根据业务量的大小决定采用多台 Web 服务器和应用服务器，像 IBM 公司的 Net Bank 系统软件就充分利用其 Web Sphere 集群技术，可以根据业务量的大小动态配置多台应用服务器，当一台应用服务器不能负载过大时，可以动态地将请求送到不同的应用服务器，这就是所谓均衡负载，对于客户来说完全感觉不到其中的差别。

5）数据库服务器

银行的业务数据库（DB）用于存放各种应用数据，包括各种应用系统参数、客户信息、账户信息、交易信息等，是宝贵的信息资源，是系统安全与商务安全的焦点。为便于发展综合业务服务，建议将数据库进行集中的存放与管理。对于大的商业银行，由于数据量大，应当设立独立的数据库服务器。若是中小商业银行，也可以将数据库服务器与应用服务器软件结合在一起，通过双机互为备份方式保证数据的高可靠性。一旦其中一台意外停机，另一台立即接管全部工作，从而实现系统的高可用性与维护性。

数据库服务器的主要作用是保存、共享各种即时业务数据（如客户中支付金额）和静态数据（如利率表），支持业务信息系统的顺利运作；客户登录时进行客户的合法性检查，并对数据库中的关键数据进行加密，以保证客户数据的安全。

6）RSA 服务器

当用户试图访问受保护的系统时，可以通过设置安全认证服务器，如 RSA 认证服务器，应用相关 RSA 代理软件等启动一个认证会话，设置并且实施安全策略，保护对专用网络系统、文件及应用的访问。其中包括可以根据每天的时间、周期或根据小组或用户定义的权限，确定内部资源的访问权限，定义和报告报警情况（如某个网络端口访问失败重试次数），创建用户访问日志等。借助如 RSA 认证服务器所提供的功能，银行可用 RSA 代理软件保护网络银行的各种访问端口、数据文件、应用及其他资源。它还针对外部攻击和员工的恶意破坏，提供重要保护能力。

7）通信服务器

为了网络银行系统有更好的扩展性，在网络银行总中心还可放置一台加密和通信服务器，负责与各计算机中心连接，通信协议可采用 TCP/IP。客户的交易请求都通过此服务器分发到各计算机中心的通信服务器上，所以此服务器的设计必须满足一对多的要求。

通信服务器的主要作用有如下三个方面。

（1）均衡负载。此服务器处理所有的通信请求，进行进程控制。当客户交易请求的数量突然增大时，可以将请求排队的请求数量控制发往分行通信服务器，以保证系统在高负载的情况下保持稳定性和可靠性。

（2）加密和解密。为了保证客户数据在银行内部网络传输时的安全性，建议加密在两台通信服务器之间传输的数据，加密方法可以选用软件加密或硬件加密。软件加密可采用传统的 DES 算法，各通信服务器之间定期同步更换密钥。如果采用硬件加密，需根据不同加密卡制定不同的操作方法。

（3）可扩展性。网络银行系统为了满足与其他外界系统的连接，可在通信服务器上增加服务端口，如银行与某证券公司需要进行银证转账服务。

8）内部管理和业务操作工作站

网络银行系统中的内部管理和业务操作工作站主要是供银行内部系统管理员和业务操作员使用的 PC。系统管理员负责对网络银行系统的管理和维护，银行业务操作员对某些需要落地处理的业务，如各种申请表单的处理，进行下载或打印处理等。

根据上述网络银行的技术构架，可以大约规划网络银行的一般业务处理流程（主要是 B/S 应用模式，当然也支持 C/S 应用模式）如下。

（1）客户登录网络银行的 Web 服务器，借助 Web 页面发出相关的网络金融服务请求（如网络支付结算请求）。

（2）当 Web 服务器接收到客户的交易或服务请求后，先进行一系列的安全检查，包括密码核验、Session 检查等，只有通过安全检查后的交易请求才转发至应用服务器。

（3）由相应应用服务器将交易请求送交后台业务处理模块，完成相应账户的借贷、转账、信息更新操作及其他有关处理。

（4）数据库服务器将更新相应的数据库表。

（5）最后由应用服务器的业务处理系统（如网络支付结算系统）将交易结果经过 Web 服务器返回客户端浏览器。

2. 网络银行的管理架构

当前网络银行业务部门的形成主要有三种基本方式，一是从银行原有的信息技术部演变而来，二是创立新的网络银行部门，三是对原有的信息技术部或科技发展部、银行卡/信用卡部和服务咨询部等若干个部门的相关业务人员进行整合而形成。

网络银行业务部门的目标是为银行的各种业务活动提供硬件和软件服务，使银行内部与外部的业务活动信息安全、快捷、准确地传递与共享，从而保证银行业务的顺利进行。

网络银行的管理结构主要体现为人员与部门的组成架构，一般按照系统结构、应用结构、数据结构和网络结构为原则设置管理部门，使软件运行与硬件维护获得良好的支持。参照目前一些商业银行的网络银行业务部门的管理架构设置，一个典型的网络银行管理架构如图 7-5 描述。

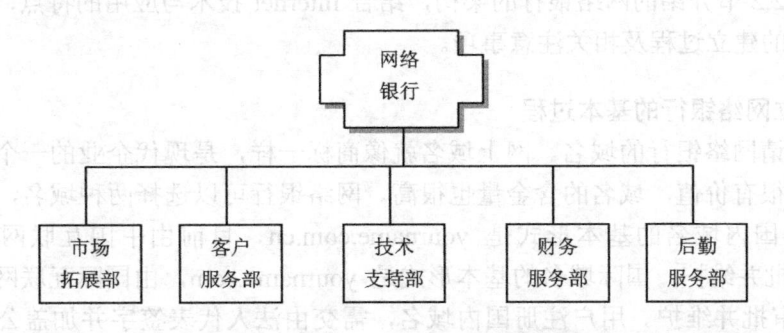

图 7-5 典型的网络银行管理架构图

（1）市场拓展部（也称市场部）。网络银行市场部专注于从事网络金融品种及网上金融服务市场的开拓和发展，不断对网络金融品种及服务进行创新，形成适合于网络经济与电子商务发展的各种金融服务营销方式和理念。

（2）客户服务部（也称为客户部）。客户部可以由原来的信用卡/银行卡部等进行合并，主要负责对网络银行的网络客户提供包括信用卡网络业务在内的各类技术支持和服务咨询，密切银行与客户的联系，把握客户对网络金融服务需求的变化趋势。

（3）技术支持部（也称技术部）。网络银行的技术部不仅需要负责对网络银行的软、硬件系统设备进行维护，而且需要对银行内部和外部非网络银行领域的信息技术管理提供服务和技术支持，还可直接负责相关金融服务产品的开发。

（4）财务服务部（也称财务部）。财务部负责对网络银行的硬件和软件的投资、服务资金、成本和收益等财务指标进行控制。

（5）后勤服务部（也称后勤部）。后勤部负责对网络银行服务活动过程中的各种后勤需求提供支持，如文件打印、购买消耗品和邮寄账单等业务。

3．网络银行的业务架构

网络银行根据主要客户的需求变化，设置网上的金融服务品种和业务流程；根据服务品种和业务流程，构筑网络银行的具体业务内容。当然，网络银行的业务领域也会随着网络银行的发展和不断完善而更加丰富多彩。

总结国内外网络银行业务的开展情况，目前的基本业务架构可包含如下三部分。

（1）基本技术支持业务。基本技术支持业务如网络技术、数据库技术、系统软件和应用软件技术的支持，等等，特别是网络交易安全技术的支持是最基本的要求。

（2）网上客户服务业务。网上客户服务业务如客户身份认证、客户交易安全管理、客户信用卡/银行卡等电子货币管理及客户咨询业务，还有结算中心、业务代理、业务调度、客户服务、统计查询、决策支持等业务。

（3）网上金融品种及服务业务。这是网络银行的核心业务，具体涉及网上金融品种及服务业务，如电子货币业务、网络支付与结算业务、网上股票交易、网上财经信息查询、网上理财及综合网上金融服务等业务。

7.2.3 网络银行的建立过程及注意事项

根据 7.2.2 节介绍的网络银行的架构，结合 Internet 技术与应用的特点，本节简要介绍网络银行的建立过程及相关注意事项。

1．建立网络银行的基本过程

（1）申请网络银行的域名。网上域名就像商标一样，是现代企业的一个非常重要的标志。域名很有价值，域名的含金量也很高。网络银行可以选择两种域名，国内域名或国际域名。国内域名的基本形式是 yourname.com.cn，目前由中国互联网络信息中心（Cnnic）审批并维护；国际域名的基本形式是 yourname.com，由国际互联网络信息中心（Internic）审批并维护。用户注册国内域名，需交由法人代表签字并加盖公章的国内域名申请表（打印件）、营业执照复印件、委托某代理公司代办域名的介绍信等书面文件；注册国际域名时，只要提供由法人代表签字并加盖公章的国际域名申请表（打印件）即可。

（2）确定与配置网络银行服务器。确定与配置相关网络服务器（小银行也可以租用服务器或租用足够的服务器空间），在服务器空间配置自己网络银行的 Web 服务端软件，选择足够的配套服务与安全认证服务（如从著名的 CA 中心申请数字证书与数字签名服务及 E-mail、基本培训、用户密码设置等）。

（3）确定服务内容。确定网络银行服务的业务种类及其功能，按此选择、设计、安装相应的金融服务软件系统，然后放置在应用服务器中，并建立网上数据库系统。之后，银行就可通过 Web 站点向广大注册客户提供相关网络金融服务了。

2. 注意事项

1）注意页面的易用性与演示系统建设，及时维护与更新网站内容

由于网络银行的业务处理流程非常新颖，系统的易用性与演示系统的建设在目前还是非常必要的，对吸引客户也非常重要。因此 Web 网站页面内容还要不断地维护和更新，保证把网络银行最新的信息放到网上，如果更新不及时，就可能引起客户的疑虑，失去大量客户，因为客户对金融类业务的信息是比较敏感的。建立、维护和更新一个网站及其内容是一个经常性的工作，有必要选择一个稳定、可靠、连接速度快的服务器，安排经验丰富的专职人员。

2）宣传自己的网络银行，做好网络营销

网络银行是新兴事物，需运用各种方法最大限度地向全世界宣传自己的网址与网络金融服务产品，树立自己的形象，努力吸引各种客户，通过网络银行获得更多的点击率，以争取获得更多的收益，取得更大的成功。这方面，银行的传统资源如信用卡业务等均可借用，像中国的银行采用把个人网络银行账号与信用卡账号绑定在一起，既方便客户应用，也是很好的营销与宣传方式。还可以向网上一些著名的搜索引擎提交自己的网址，在能覆盖自己用户群的一些网站上宣传、链接自己的网址。

3）密切注意吸引新客户和留住老客户

在广泛深入发展电子商务的过程中，各个网络银行都要与主流金融机构互相联系，特别是与第三方网络支付平台厂商（如首信网络支付平台）密切配合，尽量为应用本网络银行支付结算工具（如信用卡）的电子商务商家提供较为透明的、便利的支持服务。反过来，客户也借助第三方网络支付平台可以方便地享受与选择众多不同银行信用卡的网络支付服务，这对整个网络银行服务的拓展是非常有好处的。因此，争取主要金融伙伴的支持，建立良好的在线网络支付处理系统，努力提高自己的网络银行进行在线结算的速度和能力，是取得客户满意度进而提高忠诚度的前提。

4）密切注意网络支付的安全及其宣传，以取得客户信任

网络支付的安全包括支付的认证是商家与客户对网络银行服务的主要关注点，担心网络支付得不到保证而不敢应用或消极对待，是网民的主要心态。这与银行的有关网络银行服务的营销措施不力相关。其实，网络银行服务已经采用很多安全的技术与管理措施，比如招商银行网络银行的安全措施是相当严密的。但众多客户对此并不了解，银行的配套认证服务以及宣传也不多，相关前台业务人员素质不高，对本行的网络银行服务不了解，都造成了客户的疑惑，从而不信任网络银行服务。因此，现阶段银行有必要采取各种措施保证网络支付的安全及其宣传，以取得客户信任，这是网络银行服务能够大规模成功拓展的基础。

7.3 网络银行的金融业务与网络银行支付

目前,网络银行提供诸多金融业务,如借助 Internet 进行网上理财、网上证券、网上转账及网络支付结算等。本节主要讲述网络银行提供的网络支付与结算业务。

7.3.1 网络银行的金融业务

网络银行根据服务对象的不同可以分为企业网络银行和个人网络银行。由于商务的性质不同,企业网络银行和个人网络银行虽然在应用模式上基本类似,但在应用条件、业务功能上也还存在很多不同的地方。下面分别介绍这两类网络银行的金融业务。

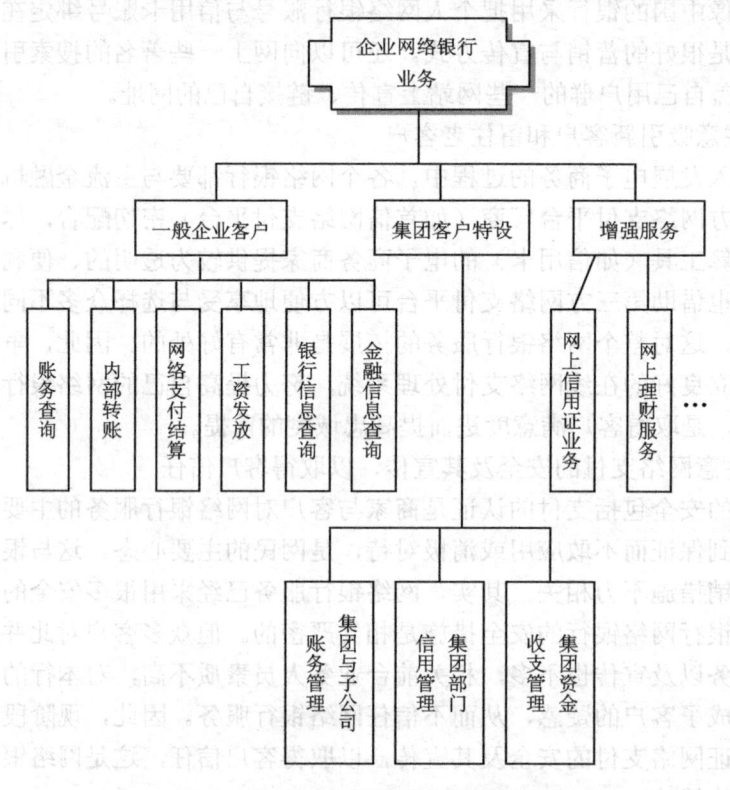

1. 企业网络银行的金融业务

企业网络银行将传统银行服务和现代新型银行服务结合起来,利用成熟先进的诸多信息网络技术,以保证企事业单位客户使用的安全性和便利性。企业网络银行的金融业务主要包括账务查询、内部转账、对外支付、代发工资、信用管理、集团支付、定/活期存款互转、B2B 电子商务、银行信息通知等功能,几乎涵盖并延伸了现有的对公银行业务。无论中小型企业还是大型集团公司,企业网络银行都可以使企业随时掌握自己的财务状况,轻松处理大量的支付、工资发放、大额转账等业务。

一般来说,企业网络银行的金融业务内容如图 7-6 所示,当然随着业务的发展需要,会不断地拓展新的业务领域。不同的企业网络银行根据各自的业务倾向,在金融业务开展内容上或名称上均有所选择和不同。

图 7-6 企业网络银行的金融业务内容

图 7-6 所示的内容主要包括三部分。

1) 企业网络银行面向一般企业客户提供的基本功能

(1) 账务查询：包括账户余额明细，账户当天、历史交易明细，收付款方信息以及协定存款明细等信息查询。集团公司可以根据协议查看子公司的账务信息，方便财务监控。

(2) 内部转账：用于在网络银行开户的本单位账户之间的资金划拨。

(3) 网络支付结算：向在本行或他行开户的其他企业进行网络支付结算，直接服务于 B2B 电子商务的资金结算。

(4) 工资发放：用于向本单位员工发放工资。

(5) 银行信息查询：银行通过网络系统将信息通知特定客户。比如，定期存款到期通知、贷款到期通知、开办新业务通知、利率变动通知及相关账务信息等。

(6) 金融信息查询：提供实时证券行情、利率、汇率、国际金融信息等丰富多样的金融信息。

2) 企业网络银行面向集团客户的特设功能

(1) 集团与子公司的账务管理：实现集团公司对多个子公司账户资金收付的统筹管理，由银行后台通过子公司账户和集团公司结算中心账户之间的关联关系自动进行账务处理，提高集团公司资金的使用效率。

(2) 集团部门信用管理：查询在网络银行信贷管理系统内的信用情况以及借款借据的当前状态和历史交易。集团公司根据协议可以查询各地子公司在银行的信用情况。

(3) 集团资金收支管理：对于实行资金集中式管理的公司，集团公司可以根据协议实现分支机构货款向总部的迅速回笼和集中，也可集中向分支机构支付各种费用。

3) 企业网络银行的一些增强服务功能

(1) 网上信用证业务：向客户提供网上申请开立信用证和网上查询，打印信用证功能，辅助实现 B2B 电子商务的在线中大额支付。为了保证网上信用证的有效性，应当遵照国际或国内相关的通用信用证结算标准。

(2) 网上理财服务：可为企业的剩余资金提供在线的投资咨询等理财服务，增加企业的资金收益。

2. 个人网络银行的金融业务

个人网络银行主要面向个人及家庭，它体现了网络时代的特点和满足了顾客个性化的需求。个人网络银行将传统银行面向个人的金融服务和现代信息网络技术结合起来，真正把银行办公桌面直接送到客户家里，既便利又快捷。在中国，为节省运作成本与方便管理，充分利用银行的各种资源，个人网络银行账户通常与银行卡账户绑定在一起。

个人网络银行的金融业务主要包括账户账务查询、转账、汇款、缴费、自助贷款、网络支付、证券服务、个人理财等功能。借助个人网络银行都可以使客户随时掌握自己的财务状况，轻松处理大量的生活费用支付、消费、转账等业务。

一般来说，个人网络银行的金融业务内容如图 7-7 所示。随着业务的发展需要，它也会不断地拓展新的业务领域，更好地满足客户的个性化需要。不同的个人网络银行根据业务重点的不同在金融业务开展内容或名称上均有所选择和不同。

(1) 账户账务查询功能：包括查询账户信息、查询当日账务信息、查询历史账务信息、查询网络支付记录等。

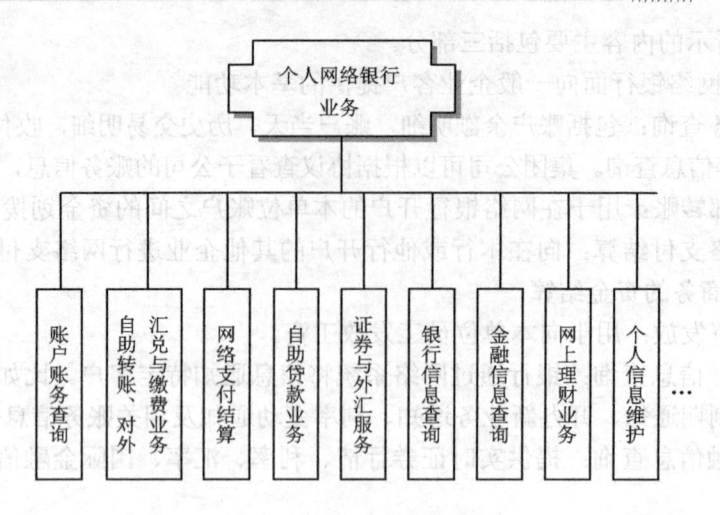

```
                    ┌──────────────┐
                    │ 个人网络银行  │
                    │    业务      │
                    └──────┬───────┘
   ┌────┬────┬────┬────┬───┼────┬────┬────┬────┐
  账户 自助 汇兑 网络 自助 证券 银行 金融 网上 个人
  账务 转账 与缴 支付 贷款 与外 信息 信息 理财 信息  ···
  查询 、对 费业 结算 业务 汇服 查询 查询 业务 维护
       外   务              务
```

图 7-7 个人网络银行的金融业务内容

（2）自助转账、对外汇兑与缴费业务功能：包括定/活互转、同城转账、异地汇款、批量转账汇款、查询转账汇款记录、收款方信息编辑、话费转账、自助缴费等。

（3）网络支付结算功能：结合银行卡、电子现金等电子货币提供电子商务的网上小额支付结算。

（4）自助贷款业务功能：包括申请贷款、申请转期、债务转化、还款、查询贷款情况、查询贷款额度等。

（5）证券与外汇服务功能：包括银证转账、外汇与国债等交易服务。

（6）银行信息查询功能：银行通过网络系统将信息通知特定客户。比如，定期存款到期通知、贷款到期通知、开办新业务通知、利率变动通知及相关账务信息等。

（7）金融信息查询功能：提供实时证券行情、利率、汇率、国际金融信息等丰富多样的金融信息。

（8）网上理财业务功能：可为客户的剩余资金提供在线的投资咨询、财务分析等理财服务，增加客户的资金收益。

（9）个人信息维护功能：提供在线的注册、挂失、修改密码等业务功能，包括挂失信用卡、修改查询密码与取款密码等。

7.3.2　网络银行的业务申请程序

网络银行经过短短几年的发展，其业务功能非常多，提供的服务领域日益丰富，应用也日渐普及。那么，用户（政府部门、企业或个人）如何享受网络银行的网上服务呢？一般网络银行均有网络银行的业务程序规定。

目前，世界上的主要国家均有网络银行服务。由于每个国家的管理制度和国情等不一样，不同国家的网络银行的业务申请程序各有不同，没有完全一样的严格格式，甚至一个国家的不同网络银行也有差别。对于同一个网络银行，其推出的多种网络银行产品服务，由于安全要求、金额、业务用途等的不同，其业务程序也可能不同。比如招商银行个人网络银行与企业网络银行的业务程序就有些差别，甚至招商银行的个人网络银行又分为大众版和专业版两个版本，业务程序上也有一些差别，但差别不大。

虽然业务处理程序没有规定严格的格式，但基本的业务程序设置上还是比较相似的。下面以中国目前出现的网络银行服务为例，介绍网络银行的业务申请程序。

1. 个人网络银行的业务申请程序

一般个人客户只要拥有银行的资金账户（包括储蓄账户、定期账户或银行卡账户），就可以在网上或营业柜台填写开户申请表单，成为网络银行的客户。有些银行的个人网络银行客户类别不一样，应用权限也不一样，申请流程上也有一些差别。

招商银行个人网络银行提供两种不同权限的服务形式，即个人网络银行（大众版）和个人网络银行（专业版）。

（1）个人网络银行（大众版）只要用户在银行开立普通存折、信用卡账户或一卡通账户，就可享用众多日常服务，如通过 Internet 查询账户余额、当天交易和历史交易、转账、缴费和修改密码、计算按揭贷款月供等进行个人银行业务的处理。个人网络银行（大众版）的这些服务无须另行申请，上网即可享用。

（2）个人网络银行（专业版）服务则建立在严格的客户身份认证基础上。银行需要对参与交易的客户发放认证客户真实身份的数字证书，交易时需要验证数字证书。只有安装了专业客户端应用程序，经过银行的认证，客户才能通过网络银行进行支付结算。

这里以招商银行个人网络银行（专业版）为例，介绍其客户申请步骤如下：

（1）访问招商银行的各地网站（如北京分行站、上海分行站，也可直接访问招商银行总行网站 http://www.cmbchina.com），选择"个人网络银行（专业版）"，进入个人网络银行专业版 7.0 下载页面，单击"立即下载"按钮，即刻进行下载操作，如果下载安装出现问题，可单击"安装登录出现问题"项。

（2）进入安装界面，确认安装目录。

（3）单击计算机桌面"招商银行专业版"图标，运行专业版程序。将"优KEY"插入计算机 USB 端口，设置网络银行专业版的用户密码（6~8 位数字或字母，请务必牢记），单击"登录"按钮。

（4）输入关联一卡通的取款密码，关联一卡通至专业版。

（5）登录体验安全、强大的专业版服务。

（6）为保证客户权益，网络银行专业版默认未开通转账、汇款和网上支付功能，客户登录后可进入"功能申请"菜单自行开通！

2. 企业网络银行的业务申请程序

企业申请成为网络银行客户的步骤，与个人网络银行（专业版）客户申请程序步骤类似，在开户申请中要如实填写营业证号、对公账户等相关资料，并且下载数字证书即可（浏览器方式只需申请数字证书，如果是客户端方式的则还需下载客户端程序）。与个人网络银行客户申请不同的是，企业申请的网络银行账户必须到银行柜台签约验证以后，才能开通相应的网上金融服务，它主要涉及企业相关资料，如营业执照、公章等资料的真实性验证与备份。

这里以招商银行企业网络银行的业务申请程序为例，介绍其客户申请步骤如下（政府部门需携带相关印章和单位证明）。

（1）开立对公账户：申请开通网上企业银行 U-BANK 需要首先在招商银行开立对

公结算账户,详情可咨询当地的招商银行网点。

(2) 填写申请表/协议:开立对公结算账户后,客户可亲自至账户行领取《招商银行网上"企业银行"服务协议》和《招商银行网上"企业银行"申请表》,或者下载打印(一式三份)。按格式填写后在每一份"协议"上加盖公章,并在"申请表"上加盖预留印鉴(如果客户的多个账号使用不同印鉴,则必须分别填写多份申请表)。客户在选择好使用的 U-BANK 版本和登录方式,并确定需开办的业务后,将申请表和协议书提交给账户行。

(3) 银行受理审核:账户行受理客户的申请后,将核对客户的身份,并检查申请表和协议是否填写正确。

(4) 客户服务中心维护:客户服务中心收到账户行审核过的申请资料后,完成网上企业银行开户操作,并制作提供系统管理员密码信封、USB-KEY 及 USB-KEY 密码信封等。

(5) 程序安装:客户在获取管理员密码信封、USB-KEY、USB-KEY 密码信封后,需下载最新版的网上企业银行 U-BANK 安装程序,并按照操作提示进行安装。如果需使用的不是 33 型免驱动 USB-KEY,则需下载相应的 USB-KEY 驱动程序(http://www.cmbchina.com/webpages/corporate/cardreaders.htm)事先进行安装。

(6) 进行系统设置:如果客户的计算机是在局域网内使用代理服务器上网,则可能需要设置通信参数,设置菜单需在 U-BANK 登录窗口单击"通信设置"项选择。

(7) 使用 U-BANK:完成以上步骤后,客户就可以享受招商银行提供的 U-BANK 网上企业银行服务了。但在初始使用前,还需用户详细阅读《初次使用指南》(http://live.cmbchina.com/webpages/firmbankweb/zhiyin.htm)。

7.3.3 网络银行的网络支付模式

网络银行毕竟是新生事物,刚开始应用于基于 Internet 的电子商务网络支付结算,在全世界根本没有一个统一的模式与流程,一般由各银行根据使用相关工具的不同,制定相应的网络支付模式与流程。

根据前面所述网络银行的技术与应用上的特点,网络银行的支付模式应该分为个人网络银行的网络支付模式与企业网络银行的网络支付模式。两者由于进行支付的客户性质和应用的工具不同,支付模式存在差别,并且不同的网络银行版本,根据版本功能级别的不同,其支付模式也有一些细微差别,如招商银行的网络银行应用就有专业版与大众版的差别。

不过,各类网络银行在技术应用上基本相同,因此,用于网络支付结算时还是具有类似的流程与特点。下面主要以中国目前网络银行的应用方式为例,叙述网络银行的网络支付模式。

1. 个人网络银行的网络支付模式

个人网络银行的网络支付模式一般包括两种形式,即基于信用卡账户的网络支付模式与基于网络银行独立账户的网络支付模式。

1）基于信用卡账户的网络支付模式

个人网络银行的资金账号与客户的信用卡（银行卡）资金账号在技术与应用上本质是一样的，都代表一个用户 ID。目前，支持信用卡应用支付结算的银行后台信息网络系统建设已经完成，而且相当成熟。为了节省运作成本，方便银行管理与客户应用，充分利用银行已有资源，目前国际上个人网络银行的网络支付常常结合信用卡账号进行。换句话说，常把个人网络银行的账号与客户信用卡的账号绑定集成在一起。中国目前的个人网络银行用于网络支付结算时基本就是这样，因此，在中国基于个人网络银行的网络支付的实质就是信用卡网络支付。也就是说，这种方式的个人网络银行网络支付其实就是应用客户的信用卡账号进行支付，因此其支付模式与第 5 章的信用卡网络支付模式基本相同，读者可以参考。

招商银行的个人网络银行（专业版）的支付模式就是结合"一卡通"账户的网络支付模式，其简要流程如下。

（1）在网上商店选购商品，按商店提示，选择招商银行网上支付付款。这时浏览器将自动以安全连接方式（SSL 连接）连接到招商银行网站，屏幕出现付款页面。

（2）在付款页面中单击"招商银行个人银行（专业版）"项，浏览器将弹出一个登录窗口。图 7-8 所示为招商银行个人网络银行专业版应用页面。

（3）在登录窗口中输入用户名和密码，进入个人银行（专业版）。图 7-9 所示为招商银行个人网络银行专业版登录页面。

图 7-8　招商银行个人网络银行专业版应用页面 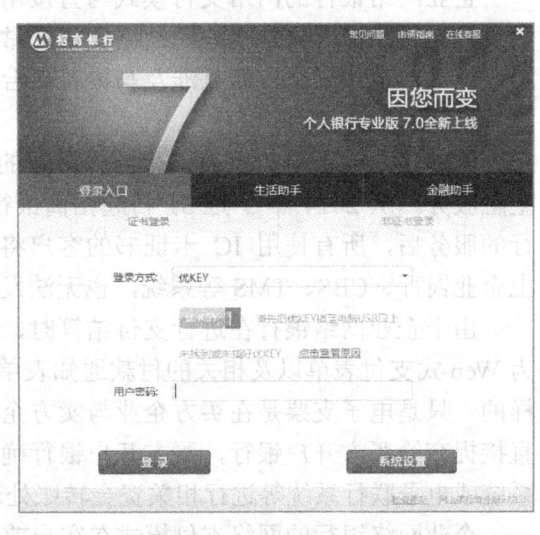　　图 7-9　招商银行个人网络银行专业版登录页面

（4）在个人银行（专业版）中可以看到网上商店的名称、订单号、日期、金额等信息，选择准备用来付款的一卡通，并输入该一卡通取款密码，单击"确定支付"按钮，系统把付款资料传送到银行，完成一次网上交易的网络支付。图 7-10 所示为招商银行个人网络银行专业版网络支付页面。

（5）不管付款成功或失败，都可看到招商银行或商店返回的提示信息，其过程都是在安全加密通道中进行的。

2）基于网络银行独立账号的网络支付模式

基于网络银行独立账号的网络支付模式只要把网络银行独立账号当做资金账号，当在网络支付时出现要求输入资金账号的窗口时，输入此独立账号与密码即可，就像输入信用卡密码一样。

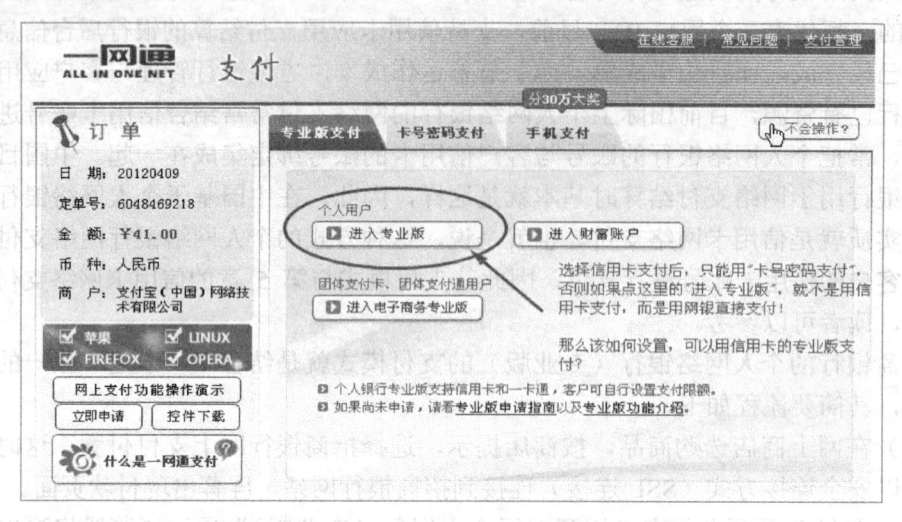

图 7-10 招商银行个人网络银行专业版网络支付页面

2. 企业网络银行的网络支付模式

企业网络银行的网络支付模式与直接用个人网络银行（专业版）账号进行支付结算的过程比较相像，只是企业的网络支付通常涉及中大额的资金转移等，采用的安全防护手段更多，更加安全，而且涉及与银行后台的基于金融专用网的电子汇兑系统、行间结算系统等的配合使用。

随着技术的更新，招商银行推出最新的 USB-KEY，以提供更高效、便捷、安全的金融服务。从 2014 年 3 月 31 日起招商银行停止了企业数字证书 IC 卡登录网上企业银行的服务后，所有使用 IC 卡证书的客户将无法通过数字证书用户方式登录招商银行网上企业银行、CBS、TMS 等系统，也无法发起业务经办。

由于企业网络银行在进行支付结算时，实质上在后台传递的也是支付的指令，体现为 Web 式支付表单以及相关的付款通知表单，这与第 6 章讲的电子支票传递本质上是一样的。只是电子支票是在买方企业与卖方企业间进行直接传递，而网络银行支付表单则直接提交给买方开户银行，买方开户银行确认真实、有效后，直接在后台利用电子汇兑系统或电子联行系统等进行相关资金转账处理。

企业网络银行的网络支付模式在客户前台是基于 Internet 平台，采用数字签名、数字证书等相关安全技术，以保证支付表单的真实性与有效性；该模式在银行后台则是基于金融专用网络，类似电子汇兑系统的后台处理方式，即类似"SWIFT+CHIPS"的应用方式。

企业网络银行的网络支付模式流程描述如图 7-11 所示。其中，买方企业开户银行与卖方企业开户银行不是同一个银行，即该图为异行的企业网络银行支付流程示意图。如果买方企业开户银行与卖方企业开户银行是同一个银行（如招商银行），那就更为简单方便、速度更快，这时只需利用银行后台的同行资金转账系统就可以了，即把图 7-11 中的买方开户银行框与卖方开户银行框合为一个。

第 7 章　网络银行及其支付

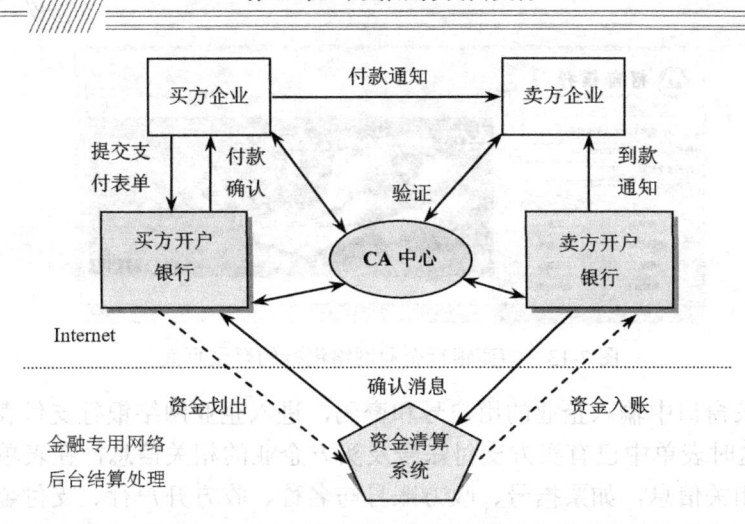

图 7-11　企业网络银行网络支付模式流程示意图

进入企业网络银行的网络支付模式流程前，买方首先需要申办网络银行服务的客户手续，配置企业网络银行客户端软件，安装数字证书，可能还需做企业内部财务软件数据接口配置等预备工作。

进行网络支付时一般分成三个不同阶段，即买方的购买阶段、买方的支付阶段、银行后台清算兑付阶段。其每个阶段又由若干步骤构成。

1）买方的购买阶段

（1）买方借助网络访问卖方的服务器，浏览卖方服务器中推荐的货物，达成购买意向，签订电子合同，选择使用企业网络银行方式进行网络支付，产生支付页面。

（2）系统自动启动企业网络银行的应用页面（参见图 7-12）。

图 7-12　招商银行企业网络银行的应用页面

2）买方的支付阶段

（1）出现企业网络银行系统登录页面（参见图 7-13），选择相应的登录工具继续。

图 7-13　招商银行企业网络银行的登录页面

（2）在登录窗口中输入企业的用户号和密码，进入企业网络银行支付表单页面（参见图 7-14）。这时表单中已有买方支付账号及买方企业的相关信息，在表单中再填入卖方以及支付的相关信息，如票据号、收方账号与名称、收方开户行、支付金额、支付期限等信息，就可确认支付。确认支付的过程（如单击图 7-14 中的"经办"按钮）就是把相应的支付表单借助相关安全手段安全提交给买方开户银行，同时给卖方发送一个付款通知。

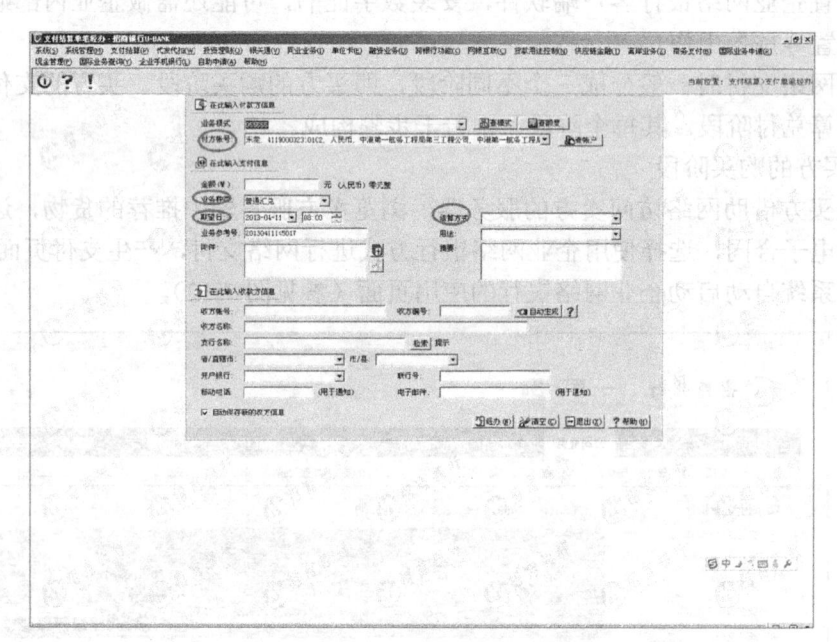

图 7-14　招商银行企业网络银行的单笔支付表单页面

3）银行后台清算兑付阶段

（1）买方开户银行（即企业网络银行）收到买方提交的支付表单后，通过 CA 中心对买方身份、支付表单内容的真实性与有效性进行认证，如果验证不能通过，则回送买方拒绝处理消息。

（2）上述验证通过后，则买方开户银行向买方企业发出支付表单确认通知，利用后台的资金清算系统，向卖方开户银行的卖方资金账号划出相应资金金额。

（3）卖方开户银行确认卖方资金账号按相应金额收到款后，向买方开户银行回送收款确认消息，同时向卖方企业发出到款通知。

（4）买方开户银行收到卖方开户银行发来的收款确认消息后，向买方企业发出付款确认通知。整个网络支付流程结束。

实际业务处理中，包括企业网络银行支付在内的金融服务，特别是在 Internet 平台上的应用，还需要在业务流程、技术应用、法律保护等方面进一步规范，也需要银行后台基于金融专用网络的业务系统的良好接口与支持。当然，属于 B2B 网络支付的企业网络银行支付方式在支付结算时间上、一次支付金额上与 B2C 型网络支付方式（如信用卡、电子现金等）均有所区别。例如，企业网络银行的支付可与签订合同等交易环节分离进行，也就是说，买方企业也可以在商家网站签订订货合同后，单独登录网络银行进行支付，也可以分几次支付完毕，这与 B2B 的商务特点是吻合的。

不管怎么说，企业网络银行的出现给信息网络时代的商务贸易特别是 B2B 电子商务提供了一个方便快捷、低成本的支付手段。目前，国际上均已在企业网络银行中开发了企业网络银行的支付结算功能，而中国的招商银行、工商银行等也都提供企业网络银行的支付服务，其中招商银行企业网络银行的应用页面如图 7-12 所示。

当买方企业客户登录进入企业网络银行系统后，进行相应资金转账与支付结算还是相当方便的，这主要体现在相关支付表单的填写上。图 7-14 为招商银行企业网络银行的单笔支付表单填写页面，它非常类似电子支票填写页面。这个支付表单意欲处理的是借助招商银行企业网络银行完成的单笔支付，它只需在对应空白域中填写相关内容，单击"经办"按钮就可完成支付指令的提交，然后在银行后台清算系统辅助下完成网络支付。

中国招商银行在企业网络银行业务的开展中算是比较好的，已经形成"一网通"品牌。中国工商银行企业网络银行也提供类似功能，发展也很快，具体应用工商银行企业网络银行进行网络支付或转账的流程，读者可以上网参阅其演示流程（www.icbc.com.cn）。

7.4 网络银行与传统银行的比较

网络银行是银行适应网络时代的发展需要推出的新型金融服务方式，特别在电子商务的发展浪潮中，网络银行具有强大的网络支付结算功能，以其高效率、低成本、简单方便代表着将来商业支付结算的趋势与方向。随着信息网络技术的进步，包括有线网络与无线网络的广泛应用，网络银行正引起和影响着传统银行的变革与发展。但是与传统银行相比，新兴的网络银行除具有许多优势外，也存在法律等相关方面的一些问题。

7.4.1 网络银行对传统银行的影响

网络技术的发展对传统银行业的经营模式和理念形成巨大冲击，网络银行对传统银行的影响主要体现在以下七个方面。

1) 网络银行改变了传统银行的经营理念

网络银行的出现改变了人们对银行经营方式的理解以及对国际金融中心的认识，一系列传统的银行经营理念将随之发生重大转变。例如，一直被当做银行标志的富丽堂皇的高楼大厦将不再是银行信誉的象征和实力的保障，那种在世界各地铺摊设点发展国际金融业务和开拓国际市场的观念将被淘汰，发展金融中心必须拥有众多国际金融机构的观念及标准也将发生重大调整。借助网络，一个银行即使没有高楼大厦也能提供跨区域的品牌服务，因而突破了时空局限，改变了银行与客户的联系方式，从而削弱了传统银行分支机构网点的重要性，取而代之的将是支持银行业务开展的信息设备。

2）网络银行改变了传统银行的营销方式和经营战略

网络银行能够充分利用网络与客户进行沟通，使传统银行营销以产品为导向转变为以客户为导向，通过提供更迅捷和高效的服务，以速度赢得客户，变被动为主动。网络银行将业务重点转为向客户提供个性化服务，通过积极与客户联系，获取客户的信息，了解不同客户的不同特点，提供更为个性化的服务，同时也能处理与客户的关系，将服务转向"人际化"，如咨询和个人理财业务，向客户提供更加具体、全面的服务。

据美国一家顾问公司调查，2000年与1993年相比，各种传送渠道所进行的银行业务发生了下列变化：传统分行由1993年的42%降至2000年的22%，自动柜员机从33%降至30%，电话银行从23%升至35%，网络银行服务则从0上升到13%；2000年后这种趋势更加明显。因此，传统的商业银行必须适应这个趋势，迅速进行战略调整。比如，英国Barclays Bank宣布关闭50家物理分行，用此资金发展网络银行业务。而美国权威金融机构也估计，在未来10年内美国银行业的分支机构将减少一半。中国招商银行通过采取这种网络营销战略，也已经取得了一定的竞争优势。

3）网络银行改变了传统银行经营目标的实现方式

银行经营目标实现方式的改变主要体现在安全性、流动性上。从库存现金向电子现金的转变使安全概念也发生转变。因为电子货币的使用使银行资金的安全已经不再是传统的保险箱或者保安人员所能保障的，对银行资金最大的威胁是"黑客"的偷盗，很可能不知不觉间资金已经丢失。因此，银行必须转变安全概念，从新的角度特别是保护信息资源的角度确保资金安全。电子货币的独特存取方式也带来流动性需求的改变，电子货币流动性强的特点取消了传统的货币层次的划分，更不可避免地导致银行的流动性需求发生改变。

4）网络银行服务的开展促使银行更加重视信息的作用

在信息社会里，银行信用评估的标准正在发生改变，表现为银行获取信息的速度和对信息的优化配置将代表信用。在如今的电子商务时代，银行获取信息的能力将在很大程度上体现其信用，而电子商务也要求传统银行在信息配置方面起主导作用。信息配置较之传统经济学中的资源配置，将发挥同样巨大甚至更大的作用，对经济学的发展也是一个推动，这也将是银行信用的一个重要方面。

5）网络银行加快金融产品的创新

网上金融产品易诞生也易消亡的特点对银行的金融产品创新提出了更高的要求。在网络时代，新的金融衍生工具创造将翻倍加速，但也可能被淘汰、消失得更快。这一方面为银行突破传统的历史阶段性发展模式而利用技术创新进行跳跃式发展提供了可能，另一方面则对银行自身的创新能力提出更高的要求。如果银行自身没有具备创新的实力，就有可能长期处于"跟随者"的不利地位，时刻有被淘汰的危险。

6）网络银行正改变传统银行的竞争格局

基于Internet平台的网络银行提供的全球化服务，使金融业全面自由和金融市场全球开放，银行业的竞争也不再是传统的同业竞争、国内竞争、服务质量和价格竞争，而是金融业与非金融业、国内与国外、网络银行与传统银行等的多元竞争。

由于网络银行进入的壁垒相对较低,会使一些非银行金融机构利用其在技术和资金上的优势从事银行业务,甚至一些大的航空公司和零售公司也在计划进军网络银行业。网络银行可以通过网络将触角伸向全世界,把眼光瞄准全球,把地球上每个公民都作为自己的潜在客户去争取未来市场的份额,这使银行竞争突破了国界并演变为全球性竞争。

在传统银行规模效应继续发挥作用的同时,网络化已经带来"新规模效应"。银行营业网点的扩张不再是规模效益的代名词,网络银行第一次为中小银行提供了可与大银行在相对平等条件下竞争的机会。因为借助 Internet 提供的银行服务,只要提供足够的技术处理能力,不论银行大小,都是处在同一起跑线上。同时,网络银行将以其高质量和方便快捷的服务方式吸引大批高层次客户。例如,在英国,网络银行信用卡利率一般在 9%~10%,而其他商业银行则在 13%~15%,上下相差 6%,而且网络银行信用卡保证赔偿客户的信用卡诈骗损失。这种服务势必提高网络银行在同业竞争中的实力,吸引一大批传统银行的"黄金客户"。根据预测,那些不提供 Internet 服务的银行,将在未来 5 年中,每年流失约 10%的客户。可见,网络银行会使 21 世纪的银行竞争由表层走向深层,由一元化(同业内)走向多元化(同业内外、国内外、网内外)。

7) 网络银行将给传统的金融监管带来挑战

由于网络的广泛开放性,网络银行可在全球范围内经营,这也给金融监管带来新的课题。目前巴塞尔委员会及各国银行监管当局正密切关注网络银行的发展并进行研究,但尚未就此监管立法。因此,网络银行的监管更加需要国际合作,做到信息共享。

7.4.2 网络银行的优势

时至今日,网络银行对传统银行经营理念的挑战已经非常明晰,它将取代国际金融界长期以来一直讨论而未具体实施的家庭银行(Home Bank)、企业银行(Firm Bank)等而成为银行最便利的服务手段,这种趋势随着 Internet 应用的普及与技术进步更加明显。新兴的网络银行较之传统银行具有很多优势,归纳起来有以下六大优点。

1) 网络银行实现了无纸化网络化运作,大幅提高了服务的准确性和时效性

网络银行要求一切交易、银行的各种业务和办公基本或完全实现无纸化、电子化和自动化,它是以前各种电子化银行如电话银行、家庭银行、自助银行、机器人银行、电子货币银行、自动化银行和自我服务银行的深入发展。

(1) 网络银行使所有以前传统银行使用的票据和单据全面电子化,如电子支票、电子汇票和电子收据等。

(2) 网络银行不再使用纸币,并全面改变纸币为电子货币,如使用电子钱包、电子信用卡、电子现金和安全零钱等。

(3) 网络银行的一切银行业务文件和办公文件完全改为电子化文件、电子化凭据,签名也用更加安全的数字签名技术。

(4) 网络银行不再以邮寄的方式进行银行与客户相互之间纸面票据和各种书面文件的传送,而是利用计算机和数据通信网传送,如利用 EDI 进行往来结算。

网络银行的无纸化运作大幅度提高了银行业务的操作速度和操作水平,大幅度降低了服务成本,提高了服务的准确性和时效性,从而提高了服务质量。它使"瞬间传递"变为现实,其采用的电子手段可在几秒内把大批资金传送到全国各地或世界各地。

2）网络银行通过 Internet 提供内容更加丰富的高质量金融服务

由于计算机网络具有资源共享、实时通信的特点，因此网络银行不但可以对外提供快速便捷的信息，还能向客户提供更直接、更多样化的各种服务。网络银行在 Internet 上所提供的金融服务大致分为两大类。

一类是信息咨询服务。这是目前国内外网络银行普遍提供的服务，包括对银行历史、业务状况、营业网站、利率、汇率等公共信息及针对客户个人的账户余额、交易明细额、应缴本息等私人信息进行查询，通过 E-mail 对客户存款到期、放款缴息信息进行通知等。网络上的查询可以有文字、语音、影像、动画等多媒体功能，使各种服务更加丰富多彩，使服务质量有了质的飞跃。

另一类是进行实际资金交易，即通过网络进行账务处理。例如，提供网络支付结算、网络存放款、网络转账服务等。这是目前网络银行的核心业务，世界各大银行对此都极为重视，加紧开发。欧洲著名的荷兰银行集团于 1996 年率先进行了网络支付的试验，花旗银行目前也尽全力开发网络货币系统，以供普通消费者和企业在世界各地通过网络进行收付款或转账。

可见，网络银行可以充分利用 Internet 的互动与多媒体性，以丰富的服务内容吸引更多的客户，为金融机构赢得更高的市场占有率，并且提供方便、快捷、高效的"AAA"式服务，满足客户的多样化与个性化需求，使得更具个性化和人情味。

3）网络银行打破地域与时间限制，实现银行机构虚拟化，优化传统金融机构的结构和运行模式

传统银行机构的扩展是通过增设实体的分支机构和营业网点来实现的，而网络银行则只需通过扩展支行和营业的 Internet 网站来实现。银行机构的虚拟化对于促进网络银行的迅速扩展起着极其重要的作用，而网络银行又可以很方便地设立或增加虚拟支行，这是因为创办一个虚拟银行比较方便，通常只要有 20 平方米的场地和 2 名员工就可以了。对于网络银行来说，银行的物理结构和物理建筑几乎成了不必考虑的问题，而是重点研究提高网络银行的高新技术含量和技术水平，即使把网络银行设在很廉价的地段或位置上，也同样能够面向全世界开展各种银行金融服务。因此，网络银行能使银行的房地产投资和人员投资大幅度减少，并使金融机构不再有规模上的大小之分，而无处不在，无时不在。

网络银行的跨时空运作也为客户带来了方便。无论顾客有多少，无论业务量有多大，无论什么时间，无论什么地方，只要能够上网都可以立即根据需要跨进网络银行的"大门"，到里面去漫游和接受各种所需的金融服务，无线网络服务的应用有力支持了网络银行服务的便利。正如 SFNB 总裁 James Mahan 所言，"任何人，只要有一台计算机与数据机，都是我的潜在客户"。

4）网络银行降低了银行的金融服务成本，简化了银行系统的维护升级

现代商业银行面临的是资本、技术、服务和管理水平全方位的竞争。根据英国艾伦米尔顿国际管理顾问公司调查，利用网络进行付款交易的每笔成本平均为 1～13 美分，而利用银行本身软件的个人计算机银行服务为 15 美分，ATM 机为 27 美分，电话银行服务为 54 美分，银行分支机构服务则高达 108 美分。金融电子化的引入和深化持续降低了银行的经营成本，并使网络银行的经营成本只占经营收入的 15%～20%，而相比之

下传统银行的经营成本则占经营收入的 60%左右。

网络银行采用的大量开放技术和软件，也能降低银行软、硬件的系统开发和维护费用。这是因为网络银行的客户端由标准 PC 与浏览器软件组成，主要采取 B/S 应用模式，便于维护。另外，客户使用的也是公共 Internet 网络资源，因而使银行避免了建立专用通信网络所带来的成本及维护费用。而且网络银行的系统维护升级也变得相当简单，如在升级应用系统或安装新产品时只需简单地更新或升级服务器应用程序即可，而无须对客户端做任何变动。

5）网络银行可以拓宽银行的金融服务领域

网络银行能够融合银行、证券、保险等行业经营的金融市场，减少各类金融企业针对同样客户的劳动重复，拓宽金融企业的创新空间，向客户提供更多量体裁衣式的金融服务。今后，银行将能从事全能银行业务，借助自身的网点和网络，从事如资信评估、气象发布甚至联合其他实体的网络从事旅游组团、商品零售等，开展"保姆行"业务。这正如广告语所说，在人们将来的生活中，"有病找医生，有纠纷找律师，其他都可以找银行"。

6）网络银行能够辅助企业强化金融管理，科学决策，降低经营风险

银行业务的电子化、网络化运作使客户的信息容易收集，也便于银行与客户间的互动，使双方更加了解。银行对各种信息进行统计、分析、挖掘的结果，有助于强化银行的金融管理，提高管理的深度、广度和科学性。

综上所述，基于 Internet 平台的网络银行能够比电话银行、ATM 和早期的企业终端服务提供更丰富、快捷、方便的金融服务。与银行的物理营业点相比，网络银行提供的金融服务更加标准化、规范化，运作成本更低，效率更高。因此，和传统银行相比，网络银行作为一种高科技的产物具有相当明显的优势。

7.4.3　网络银行的法律、标准等问题

尽管与传统银行的经营模式相比，网络银行具有明显的竞争优势，但是，因网络银行立足于信息网络技术的应用，仍摆脱不了大量信息网络技术的应用带来的固有缺陷与风险，因此也存在许多需要认真对待的问题。

1）立法与规范问题

网络银行是新兴事物，相应法律法规制定滞后。尚存在一些立法与规范问题，这些问题主要包括，由谁来发行电子货币，如何控制电子货币的发行量，如何确定设立网络银行的资格，怎样监管网络银行提供的虚拟金融服务，如何评价网络银行的服务质量，以及对利用网络银行进行金融犯罪的行为如何进行惩罚和制裁等。

与传统银行服务方式相比，网络银行的技术性特征使得对网络银行的法律规制更加需要相应的技术支持。因此网络银行立法应当遵循和反映一定的技术规则，应坚持遵循网络银行与电子商务的客观规律，依法促进网络银行的发展。这既要从各国的现实情况出发，又要充分借鉴国外先进的立法经验，与国际主流立法趋势接轨，制定出既具有本国特色又符合国际潮流的包括网络银行业务在内的电子商务法的指导思想。

总结起来，包括网络银行业务在内的电子商务立法必须遵循开放与中立原则、协调原则、安全原则、鼓励与引导原则四个方面。

中国为了适应电子商务与网络银行发展需要，颁布了不少相关的法律法规，如2005年实施的《中华人民共和国电子签名法》、2008年由国家商务部起草的《电子商务模式规范》、《网络购物服务规范》和2010年6月由国家工商总局出台的《网络商品交易及有关服务行为管理办法》。2005年4月1日，对中国信息化特别是包括网络银行业务在内的电子商务发展来说，意味着一个新时代的开始，《中华人民共和国电子签名法》的颁布实施标志着从这一天起网络银行及电子商务将告别过去无法可依的历史，该法律实施后，电子签名将与传统的手写签名和盖章具有同等的法律效力。虽然说《中华人民共和国电子签名法》只是中国电子商务历程中一部从局部入手的法律，但是它的诞生说明了中国在包括网络银行在内的信息化领域探索法治管理的良好开端。

《中华人民共和国电子签名法》共分5章36条。该法立法的直接目的是为了规范如网络银行服务中的电子签名行为，确立电子签名的法律效力，维护各方合法权益；立法的最终目的是促进电子商务和电子政务的发展，增强交易的安全性。《中华人民共和国电子签名法》重点解决了五个方面的问题，一是确立了电子签名的法律效力；二是规范了电子签名的行为；三是明确了认证机构的法律地位及认证程序，并给认证机构设置了市场准入条件和行政许可的程序；四是规定了电子签名的安全保障措施；五是明确了认证机构行政许可的实施主体是国务院信息产业主管部门。

不过，中国的网络银行与电子商务目前还处在初步发展阶段，很多领域还未可知，或者说知之甚少，相关法律条文也只是基于目前的认识所做出的规定，而且《中华人民共和国电子签名法》适用的行业非常宽，各个行业的情况特点又很不一样，对网络银行发展仍缺乏一定的可操作性和指导性。因此《中华人民共和国电子签名法》在解决网络银行服务纠纷事件时还将会遇到不少新问题。

当然，具体针对包括网络银行服务在内的电子商务立法，包括美国、日本、欧盟、新加坡等国家与地区也制定了一些相关法律，但遇到的问题与中国类似。

可见，网络银行的发展有赖于新的商业法律法规的建立，或者说，网络银行的发展要求先进的信息技术与一系列法律法规与之配套。因此，网络银行提供的各种金融服务不是一下就可以实现的，需要经历一个较为长期的商业法律和商业习惯的适应过程。进一步说，中国网络银行近几年虽然得到了很大的发展，但仍然处于起步阶段，所以这更需要引起中国的注意。

2）技术标准化和行业管理标准问题

如何逐步在技术上形成网络银行的统一标准，确保网络银行的建设和扩展能够顺利进行，确保软件、硬件、客户应用技术及网络通信协议的兼容性，这需要各商业银行之间进行广泛的技术和管理合作。这项工作主要应该由大型国际商业银行结成行业战略联盟的形式来完成，也可以由硬件和软件供应商、系统集成商和银行界联合采取行动达成行业标准协议。中国尚未就网络银行业务制定一套执行性比较强的技术指标标准和统一的规划。对于身份认证的权威性，数字证书的独立性、数据的安全性、密码的强度、商用密码的产品安全特性、网络通信安全控制措施等网络银行业务的核心技术，传输数据的格式和用户接口（如IC卡）的标准等关系的技术参数，可以说都还没有正式制定相应的符合国家的标准，而且各家银行的管理及技术标准又不一样，并且互不兼容，这极大地影响了网络银行在中国的健康发展。

例如，2015 年 2 月 15 日，中国工商银行就针对其网络银行的服务制定了《中国工商银行个人电子银行交易规则》、《中国工商银行电子银行个人客户服务协议》等行内标准；2014 年 10 月 5 日，中国交通银行发布了最新的《交通银行个人网络银行交易规则》等行内标准，这些标准在很多服务细节上就不一样。

3) 安全性问题

网络银行运行中的核心问题，是如何降低网络金融服务的各种风险，其中之一是管理风险和操作风险。网络银行的安全性主要包括如下三方面的内容。

（1）信息的保密性，即只有合法的接收者才能解读信息。

（2）信息的真实完整性，即接收的信息确实是由合法的发送者发送的，且内容完整一致，没有伪造与未授权的修改等。

（3）信息的不可否认性，即发送之后不可否认发出的信息，如支付表单。

英国巴林银行倒闭事件就有这样一个重要的教训。巴林银行的业务信息系统没有对银行职员里森的越权交易做出及时、有效的反应和控制，从而使百年老店巴林银行毁于一旦，最终而被收购。因此，针对网络银行的管理风险和操作风险，商业银行推出网络银行服务品种时，需要在金融电子化工程中进行严密的技术设计及研制周全的预控措施，以维护金融网络运行的有效性和安全性。

目前，网络银行一般将 Java 软件作为比较安全的通用工具软件，并且通过设计网络安全协议的方式加强网络的安全性。网络安全协议主要有 SSL 协议、SET 协议、CA 协议等。虽然这些协议的应用基本上能够保证网络银行的安全，但是风险仍然时时存在，比如密钥管理机制差，资源权限设置不合理，存在虚假网站及虚假链接、新的黑客攻击手段，对电子技术手段过分依赖，甚至连切断电源等都能形成网络隐患致使系统瘫痪。绝对的安全是没有的，但积极改进网络银行的各种安全措施可以保证网络银行业务的顺利开展。

4) 信息技术与银行业务的融合问题

在网络银行服务中，虽然可以通过对通用信息技术的改造，形成一系列面对网络银行的专业应用技术，但是，网络银行管理中依然存在如何使信息技术特别是 Internet 与金融服务业务相互融合的问题。随着网络银行技术的进步，信息技术与金融服务品种之间将更加趋于一致和协调，使得银行与客户进行面对面接触的时间越来越少。在这种情况下，银行如何加强与客户的联系，通过怎样的措施吸引客户，这些问题都属于网络银行服务中技术与服务如何融合的问题。这需要银行在技术应用、流程重构、网络营销上积极创新。

5) 需要较多的技术和设备投资，也需要注重培养银行业务与管理人员的素质

建立网络银行初期时，除应用以前的信息化资源外，仍然需要较多的技术和设备投资，这需要银行高层把握时机，选择适当的切入点。另外，面对全新的网络银行流程，银行业务与管理人员的观念与业务素质均需较大的提高，在中国目前的银行业中从业人员的素质并不足以满足网络银行业务开展的需要。因此，加强银行业务与管理人员的素质培养已经是一个迫切问题。

虽然网络银行作为新生事物还存在这样或那样的问题，但在与传统银行的比较中优势非常明显，其低成本、方便快捷、高效高质、跨时空的运作特征，也给银行带来了新的利润增长点，并为电子商务的发展提供了坚实的基础。

7.4.4 中国网络银行发展的问题与有利条件

随着 2002 年后中国经济的快速发展，中国内地银行业也在积极利用先进的信息网络技术工具并在经营理念上与国际接轨，这为网络银行在中国的快速发展奠定了基础。到现在为止，中国（以下若无特殊说明，均指中国内地）网络银行在发展环境和技术水平等方面均有了显著的提高，在面临挑战的同时也拥有很好的机遇。

1. 中国网络银行发展中存在的问题

在中国的网络银行的迅速发展过程中，除了存在网络银行发展的一般问题（如业务体系和标准不健全）外，还存在一些基于中国社会经济、科技条件下的特殊问题，值得相关部门与企业注意。

1）CA 认证问题

CA 是保证电子商务及网络金融业务安全运作的核心。目前国内出现的 CA 机构可以划分为三个体系，即银行、行业和地方体系，其中银行是指银行系统的 CA，它肩负着国家认证体系骨干框架的建设，涉及资金流的问题，具有足够的权威性，如中国金融认证中心（CFCA）；而行业特指国内的商务部、中国电信及地方政府组织等发展的 CA 认证体系，这类认证体系具有丰富的网络优先资源或公信力，以及与大用户端联系紧密的优势；地方体系是指地方政府和网络服务商提供的认证系统，如北京认证中心（BJCA）和中国南方认证中心等。

这几种 CA 中心可能都认为自己的 CA 会成为未来中国电子商务的"根 CA"，却忽视了不同银行间认证存在的交叉和混乱现象，以及面临着许多相互认证时的问题，包括影响了网络银行的服务效率和可靠性，形成了身份认证系统不完善、不统一的局面。

从规范的角度讲，只有国家出面建设统一公用的认证机构体系，才能起到认证机构中立、权威的作用。如果各银行或地区都自己建立认证机构，即使先建设后统一，也容易出现交叉认证的问题，阻碍网络银行业务的快速发展，以及导致重复建设和资源的浪费。

2）法律问题

中国到目前为止，其计算机网络技术的发展已相当成熟了，但是相关的法律工作却没能跟上步伐，这涉及计算机网络领域的立法工作，而有关对网络银行的网络安全进行规范化的金融法律法规显得更少。

像目前网络银行采用的规则都是协议，它是在与客户言明权利义务关系的基础上再签订合同，出现问题时需要通过仲裁解决，这种情况下，因缺乏相关的法律依据，所以问题涉及的责任认定、承担，仲裁结果的执行等复杂的法律关系便难以界定。另外，目前的新合同法中虽然承认了电子合同的法律效应，却并没有完全解决可操作性问题。这些无形中都增加了银行与客户在网上进行金融交易的麻烦和风险。

3）金融科技人才问题

科技人才是建立与发展中国网络银行的必要保证。中国 20 年的金融电子化建设工作，培养了一大批既掌握信息网络技术又懂金融业务知识的科技人才，他们有能力开发中国的网络银行系统。然而金融信息化的发展需要的不仅是宏观经济环境和基础设施与国际的接轨，更关键的还有相关人才的储备。目前国内金融行业，尤其是外资金融机构的介入提升了对金融信息人才的需求，但培训体系还远远跟不上行业的发展。同时，中国的银行又面临相关人才市场的激烈竞争，这是因为目前外资银行已在中国经济发达地区抢滩登录，以高薪为代价向中国金融行业展开了强大的"抢人"攻势，从而网罗了一大批国内高水平的金融业高技术人才。面对日益激烈的市场人才竞争，中国的银行必须要从政策上稳定人才，集聚人才，充分发挥人才的作用，用长远、战略的眼光看问题，才能为网络银行系统的开发应用做好人才上的准备。

4) 银行与客户观念问题

当前，银行和客户均尚未完全转变观念，很多银行还未充分认识到网络银行的发展趋势，而管理部门、众多客户也未意识到网络银行服务的作用，网上金融服务供求不平衡。到 2014 年年初，上网企业超过百万家，这些潜在客户又有多少能够对网络银行的业务提出具体需求尚难以预料。可以预测，网络群体的扩大并发展到一定阶段，随着观念的转变及一些外力的触动，网络银行服务的拓展与需求都将呈现指数级增长的趋势。此外，在中国各金融行业之间的发展还有不平衡的问题，这也影响了客户对其的选择。从目前金融行业各构成部分看，证券、银行、保险、信托和租赁五个子行业中，金融电子商务的发展整体上表现为证券领先、银行居中、保险等子行业滞后的特点，说明有关观念还需转变，认识仍有待提高。

5) 信用、技术等其他问题

目前网络银行业务还面临网上信用问题。在欧美国家中，企业间的信用支付已占到 80% 以上，纯粹的现金交易越来越少。而在中国最近几次全国性的商品交易会上，很多企业宁愿放弃大量的订单和客户，也不肯采取客户提出的信用结算方式。这与中国的企业和个人信用体系建设刚刚起步，客户担心网络金融服务的安全与质量问题有关。2009 年，央行最新研发的标准化跨银行网上金融服务产品，通过构建"一点接入、多点对接"的系统架构，实现企业"一站式"网上跨银行财务管理。"超级网络银行"的央行第二代支付系统于 2010 年 8 月 30 日正式上线，将开通实时跨行转账及跨行账户查询等功能。14 家银行接受了央行的验收，然而第三方支付企业并未参与。另外还有包括网络支付在内的网络银行服务标准，各银行均有不同，使用的安全协议也各不相同，增加了实现跨行支付的难度。

总之，由于网络银行在中国刚起步不久，其在发展中面临的问题仍需一个艰难而漫长的过程来解决。无论如何，随着电子商务的发展，特别是中国加入 WTO 后，网络银行的建设既是大势所趋，又是必然结果。但同时，中国网络银行的发展也要符合中国的国情，既要走自己的发展道路，也要多借鉴其他国家网络银行业务的发展经验。中国的商业银行必须加速金融服务的电子商务化过程，以提高自身的竞争力，迎接全球信息化、金融全球化的挑战。

2. 中国开展网络银行的有利条件

与发达国家相比，中国网络银行无论技术水平方面，还是在市场规模与营销方面，都还处于相对落后的水平。对于中国来说，发展网络银行，是中国银行实现"跳跃式"发展，赶上发达国家银行发展水平的良机，同时这也是一个非常艰巨的任务。发展网络银行业务是大势所趋，在承认差距的同时，应该看到目前发展国内的网络银行具备以下四方面的有利条件。

1）中国基本具备适合网络银行发展的 Internet 环境且发展潜力巨大

截至 2013 年年底，中国网民规模达到 6.18 亿人，较 2012 年增长 9.5%，互联网普及率达到 45.8%，略高于全球平均水平（40%）。继 2008 年 6 月中国网民规模超过美国，成为全球第一之后，中国的互联网普及再次实现飞跃，赶上并超过了全球平均水平。随着各项 Internet 设施的改善，未来中国 Internet 信息服务业与电子商务将更快地发展，同时近年来中国企业信息化应用水平和 Intranet 建设方面取得了巨大的进步，包括银行在内的越来越多的企业通过建立 Intranet 提高自己的信息化水平及管理决策水平，通过 Internet 在世界范围内宣传企业形象并且开展网上业务，接受电子商务的交易方式，给中国网络银行的发展带来巨大的机遇。

2）中国金融电子化的稳步发展，为网络银行的建立奠定了坚实的物质基础

中国金融电子化建设工作经过近 20 年的全力推进，已有了较大的发展，无论是在基础设施方面，还是在应用开发方面，都开创了新局面。近年来，中国政府相继实施的"金桥"、"金卡"、"金关"、"金网"等系列金字工程取得丰硕成果，金企工程、金卫工程、金税工程、金邮工程（绿卡工程）等金字号工程也都在迅速发展。目前，金融业务的手工处理已全部由计算机所取代，大中城市商业银行电子化进程也经历了从单用户到多用户分布式处理的过程，目前正向数据集中方式迈进。金融电子化建设在银行业务开展中起着越来越重要的作用，CNFN 与 CNAPS 的建设并大规模投入应用，会为中国网络银行业务的开展提供宝贵的实践经验和硬件方面的物质基础。

3）国外网络银行的成功运作和中国国内各个信息网的开通，给中国网络银行的建设提供了宝贵的经验

世界上虽然从起步到现在很多年间已有 2 000 多家银行利用了 Internet，但真正提供在线业务服务的网络银行，只不过是近 10 年才开始的事。据调查表明，通常一项传统金融创新产品平均只能保持 3 个月的优势，现代金融（尤指网上金融业务）创新的产品将更易于模仿。利用这一特点，中国在发展网络银行时可以充分借鉴发达国家取得的经验和各大银行趋于成熟的网上金融产品及服务，吸取相应教训，避免走弯路，以迅速缩小与它们的差距，这既避免了直接开发的高额成本，又可将更多的资金和人力投入自身的创新，对于提高投资效益和投入效率很有好处，还可以充分利用后发优势。

4）国家的政策支持和客户对金融创新产品需求的日益增长，为网络银行的发展提供了良好的外部环境

国家对电子商务和网络化金融业务的政策支持与客户对金融创新产品的日益增长的需求不断增加，为商业银行发展网络化业务、开办网络银行提供了一个良好的外部环境，并为其顺利开展网上业务提供了新的契机，使得商业银行能够在一些未能涉及的领域以最快的速度发挥自己的优势，如提供各种网上证券、信息咨询服务、网上理财服务及各种新兴服务。此外，中国的金融系统有数万名科技人员，各种通晓多学科知识的综合性复合型人才也在逐年增多，这也是中国创建网络银行的骨干力量和主力军，是中国加速实现金融电子化的可靠保障。

7.5 网络银行开展实例

7.5.1 美国安全第一网络银行 SFNB 的系统实施

作为网络银行典型形式的纯网络银行完全依赖于 Internet 平台运作，除了后台处理中心外，没有其他任何物理上的金融营业机构。可以说，纯网络银行的所有业务都完全在 Internet 上进行。下面将以美国安全第一网络银行为例，简要介绍纯网络银行的系统实施。

1995 年 10 月 18 日，伴随 Internet 风卷全球的发展浪潮，全球首家以网络银行冠名的完全基于 Internet 运作的金融组织，即美国安全第一网络银行 SFNB 打开了它的"虚拟之门"，从此一种崭新的银行商业模式诞生，并对 300 年来的传统金融业产生了前所未有的冲击。SFNB 没有任何的物理营业网点，也没有 ATM 等电子设备，仅借助 Internet 与后台的技术与管理中心，以较低的成本和较少的业务人员，为众多客户提供存款、贷款、网络支付、网络转账、网络理财等金融服务。这种新型的、虚拟的网络金融服务机构很快在全球金融业，特别是银行业形成了一股开展网络银行服务的潮流，不但出现许多类似 SFNB 的纯网络银行机构，如美国印第安纳州第一网络银行 FIBI，一些著名的传统大银行如美国花旗银行、瑞典银行等也开始大规模涉足网络银行服务。可见，SFNB 是网络银行业务的开路先锋。

SFNB 采用了美国 HP 公司的 Virtual Vault 交易服务器系统作为其系统架构，主要组成部分包括前台 Web 信息服务器、路由器、Virtual Vault 交易服务器、数据库服务器、应用服务器以及网关等。

1）Web 信息服务器

SFNB 的 Web 信息服务器主要负责提供 SFNB 的 Web 信息服务，也是银行与客户的信息接口，供客户了解各种公共信息并且提供进入交易系统的链接。Web 信息服务器本身仅存放非机密性、非交易型或即使窃取也不会带来太大损失的信息。

2）路由器

SFNB 系统的路由器采用具备路由过滤功能的路由器。它除了作为 Internet 和银行网络之间路由选择外，还对流入银行的数据流进行安全过滤，将相关交易数据流送交易服务器，将访问 Web 信息服务器的数据流送 Web 信息服务器，其他的数据由路由器挡回去，相当于在路由器上加装了一台防火墙系统。

3）Virtual Vault 交易服务器

这是 SFNB 提供网络金融服务的核心。Virtual Vault 交易服务器的操作系统 VVOS（Virtual Vault OS）是符合美国国防部安全标准的可信操作系统，还有两份支持 SSL 3.0 版的 Web 服务器软件。接收客户请求后，Virtual Vault 交易服务器进行一系列安全检查。只有在完全确认一切正常后，才会将客户的交易请求如转账支付通过特定的 CGI 代理程序送至内部应用服务器进行后续处理。

4）数据库服务器

SFNB 的数据库服务器主要采用成熟稳定的 Oracle 大型数据库作为服务器软件。该数据库上存放的数据包括 SFNB 客户的开户信息、系统参数，以及与客户定制服务相关的信息。这是 SFNB 的信息资源平台，直接关系到 SFNB 运作的质量。

5）应用服务器

SFNB 的应用服务器采用运行业务处理系统的 IBM 大型主机及一些 UNIX 小型机，与交易服务器协同应用。交易服务器接收客户的请求后，及时查询、更新相关数据库，并通过银行内部网络网关与应用服务器相连。

6）网关

网关连接 SFNB 的交易服务器和应用服务器，主要实现不同通信协议的转换和应用系统之间的接口。

相关图形可参考图 7-4 所示的网络银行技术结构，读者也可以自己画出 SFNB 的系统结构图。

7.5.2 中国招商银行的"一网通"服务

中国目前没有类似 SFNB 这样的纯网络银行，现在的网络银行基本上都是在原有传统银行的基础上发展起来的。中国的一些主要银行如中国银行、中国工商银行、中国建设银行、中国招商银行等近几年陆续推出的网络银行服务，发展势头迅猛。其中，中国招商银行的网络银行业务不但开展比较早，而且金融产品种类多，服务质量比较高，因此吸引了众多的政府部门客户、企业客户及个人客户。其"一网通"网络银行品牌在中国颇具影响，已取得较好的经济效益，使招商银行进入 21 世纪后在激烈的同业竞争中克服物理营业网点较少的不足，充分利用信息网络技术而取得一定的竞争优势。

下面以中国招商银行的知名金融品牌"一网通"为例，介绍招商银行的网络银行开展实例。

1．招商银行网络银行开展概况

中国招商银行成立于 1987 年 4 月 8 日，总行设在深圳，是中国第一家完全由企业法人持股的股份制商业银行。招商银行 2014 年年度报告显示，2014 年实现主营业务收入 1 685 亿元，实现净利润 560 亿元。总体上看，招商银行的经济效益稳步增长，资产质量继续好转，业务结构得到进一步的改善，并已经步入效益、规模、质量协调发展的快车道。2011 年，在英国《银行家》杂志"世界 1 000 家大银行"排名第 56 位。到 2014 年，经过 27 年的发展，招商银行已从当初偏居深圳蛇口一隅的区域性小银行，发展成为了一家具有相当规模与实力的全国性商业银行，在国际上也有一定的影响，初步形成立足深圳、辐射全国、面向海外的机构体系和业务网络。

招商银行坚持"科技兴行"的发展战略和"因您而变"、"因势而变"的经营服务理念，坚持走技术领先型的发展道路，立足于市场和客户需求，充分发挥拥有全行统一的电子化平台的巨大优势，充分利用网络特别是 Internet 带来的机遇，率先开发了一系列具有高技术含量的金融产品与金融服务，打造了"一卡通"、"一网通"、"金葵花理财"、"点金理财"等知名金融品牌，树立了技术领先型银行的社会形象。

从 1997 年开始，招商银行便把目光瞄向刚刚兴起的 Internet，迅速取得国内网络银行发展的优势地位。1997 年 4 月，招商银行开通了自己的网站 http://www.cmbchina.com （这也是中国银行业最早的域名之一）。1999 年 9 月，招商银行在国内首家全面启动网络银行服务，建立的"一网通"（All In One Net）网络银行服务品牌，无论在技术性能还是在业务量方面在国内同业中都始终处于领先地位,被国内许多著名企业和电子商务网站列为首选或唯一的网上支付工具,招商银行的金融电子服务从此进入"一网通"时代。目前,招商银行的"一网通"已形成了网上企业银行、网上个人银行、网上商城、网上投资理财和网上支付等在内的较为完善的网上金融服务体系。

经过十几年的快速发展,"一网通"在国内网络银行领域始终占据着领先地位,无论是在技术领先程度还是在业务量方面,均在国内同业中具有明显优势。新浪等超过95%以上的国内电子商务网站都采用"一网通"作为支付工具,中国人民银行等众多政府机构和联想集团等大型企业都选择了"一网通"进行财务管理。在网上个人银行方面,截至2010年年底,网上个人银行有效客户累计超过1 000万个,年交易笔数约3亿笔,交易金额超过10万亿元,非现金业务替代率达到82%。"一网通"使招商银行在一定程度上摆脱了网点较少对规模发展的制约,为招商银行在网络经济时代实现传统银行业务与网络银行业务的有机结合,进一步加快发展步伐奠定了坚实的基础。

2. "一网通"的服务内容

目前,招商银行的"一网通"已经形成以企业、个人网络银行及移动端的网络银行、在线服务、实时金融信息三大系统为主的较为完善的网络银行服务体系。图7-15所示为招商银行"一网通"页面。

图 7-15 招商银行"一网通"页面

1) 企业网络银行

企业网络银行是招商银行面向企业或政府部门,通过 Internet 平台或其他公用信息网,将客户的计算机终端连接至银行主机,实现将银行金融服务直接送到客户办公室、家中或出差地点的银行对公服务系统,使客户足不出户就可享受招商银行的网络金融服务。招商银行企业网络银行将传统银行服务和现代新型银行服务结合起来,利用完善的高科技手段,保证使用的安全性和便利性,包括账务查询、内部转账、自助贷款、委托贷款、全国代理收付、信用管理、国际结算融资业务、网上安全账户管理、定/活期存款互转、用于 B2B 电子商务网上信用证支付、度身定制银行信息主动通知等功能,涵盖并且延伸了现有的对公银行业务。无论中小型企业还是大型集团公司或者政府部门，招商银行企业网络银行都可以使客户随时掌握自己的财务状况，轻松处理大量的支付和发工资等业务。

2008年5月，招商银行发布网上企业银行全新品牌"U-BANK"，并推出U-BANK 6.0（这里尊重招商银行的称呼，把企业网络银行称为网上企业银行）。2010年10月，推出网上企业银行U-BANK 7.0。"网上企业银行U-BANK"是招商银行网络银行"一网通"的重要组成部分，它是通过Internet或其他公用信息网，实现将银行服务直接送到客户办公室、家中或出差地点的银行对公服务系统。

U-BANK是全面的、综合化的网上业务平台，"智慧"的网上企业银行U-BANK 7.0从"云计算"的核心技术、"绿色低碳"的财资运营理念，到全面智能化的用户应用体验、全球化的金融掌控能力及移动化的商务运营服务，全面创立了企业金融服务的新标准，汇集了70余项银行产品和100余项业务功能，崭新推出网络银行互连、人民币国际结算、自动透支、ECD电子票据、离岸金融、自助结汇、代理清算等十余项全新产品，并整体升级了网上结算、电子商务、业务自助申请等多项网络金融服务功能，更建成了专业售后服务团队、电话客服专线、客户端在线咨询、网络社区等多方位、立体化的网上企业银行专属售后服务体系，为企业在新经济时代下的发展注入崭新活力。具体功能描述如下：

（1）集团公司母子公司作为一个客户整体，给予全面唯一客户号，开通唯一的网上企业银行服务，实现集团公司内部统一的资金结算管理和提供高效的集团理财支持，以及灵活的子公司账户远程控制与管理。实现全国范围内"集团公司母子公司账户业务集中开通和集中操作"、"母公司统收统支"、"母公司授权子公司额度内或超额度自主支付"、"子公司网上申报母公司逐笔审批"等集权程度不同的集团资金管理模式，以及强大的集团结算中心功能。

（2）实现了全国范围内实时集团账务信息查询、资金余额汇总、内部资金实时调拨、对外集团支付等多种功能。

（3）具有创新的集团财务中心管理功能。通过全新的"自助贷款"、"自助委托贷款"等信用业务功能，母公司统筹运用集团公司资金，可实现母子公司、各子公司之间有偿资金调拨和头寸调剂；实现了子公司共享集团公司统一授信额度；实现了母公司对子公司的"零余额"资金管理和名义资金管理，以及集团资金定期回笼和下划的"限额"管理；可强力支持集团理财。

U-BANK秉承"因您而变"的服务理念，充分契合不同类型企业的管理模式，提供个性化的企业网络银行解决方案，可根据企业的不同需求，度身定制灵活多样的网上企业银行组合功能，便于企业合理配置内部资源，适应网络经济发展的要求，使企业网络理财得心应手。同时，U-BANK7.0继承原有网上企业银行系统安全性的特点，采用数字证书安全机制，其新版网上企业银行只对涉及资金交易等敏感业务的经办要求数字签名，因而业务授权更加方便和灵活，而且该系统与人民银行现代支付系统实时对接，使得跨地区资金调拨、集团理财等功能的快捷性、高效性有了显著提高。

图7-16为招商银行网上企业银行U-BANK的登录页面。大家可以链接招商银行网站下载U-BANK体验相应的应用。

图 7-16　招商银行网上企业银行 U-BANK 登录页面

从技术角度来看，招商银行的企业网络银行系统主要由其内部的技术力量自行开发完成的，具有一定的特殊性，易于使用，界面友好。它是一个典型的多层结构系统，可以分为：

（1）前端，包括客户端和银行端各子系统；
（2）Web 层，包括 Web Server 和运行于同机的 JIS（Java Information Server）；
（3）SNA 层，包括 IBM SNA Server 和运行于同机的 SSC（Sna Server Controller）；
（4）后端，应用 IBM 系列主机。

这种采用多层结构的系统，各层之间相对独立，因而提高了系统的可靠性和适应大负载的能力，同时使系统具有良好的伸缩性。系统内还设置运行了监测子系统，用于监测企业网络银行系统的运行情况，包括通信是否畅通，当前系统的负载，一段时间以来系统的运行状态图表，并可以对各类请求数量进行统计，以方便管理层的科学决策。

2）个人网络银行

个人网络银行是招商银行面向家庭与个人，通过 Internet 平台或其他公用信息网，将客户的计算机终端连接银行主机，实现将银行金融服务直接送到个人家中的对私服务系统，使客户足不出户就可享受招商银行的服务。招商银行自 1997 年 4 月推出个人网络银行服务以来，功能不断增加，其功能主要包括账务查询、个人转账、自助贷款、用于 B2C 电子商务的网络支付、网上缴费、网上证券、网上理财、银行信息通知、修改密码等功能。

为了满足不同客户的需要，招商银行个人网络银行提供"大众版"和"专业版"两个版本。

招商银行个人网络银行大众版是招商银行基于 Internet 平台或其他公用信息网开发的，通过互联网为广大客户提供全天候银行金融服务的自助理财系统。只要客户是招商银行的银行卡客户或存折客户，就可以通过网上个人银行大众版办理查询账户余额和交易明细、转账、修改密码等自助业务。另外，客户还可以通过网上个人银行大众版申请网上支付卡、自助充值和缴费、投资国债、申请个人消费贷款等功能。

招商银行个人网络银行专业版是招商银行基于 Internet 平台或其他公用信息网开发的网上个人银行理财软件，该软件建立在严格的客户身份认证基础上，对参与交易的客户发放证书，交易时验证证书。这类功能适合业务种类需求较多、强调安全的客户。客户如持有招商银行卡，可通过互联网使用个人网络银行专业版进行资金调拨、全方位理财。最新推出的专业版（7.0），支持免驱动移动数字证书"优 KEY"，可为客户提供全面的理财服务，让客户时刻享受"银行随我而动、理财自在精彩"的乐趣。图 7-17 所示为招商银行个人网络银行（专业版）系统的下载页面。

图 7-17　招商银行个人网络银行（专业版）系统的下载页面

3）网络支付

网络支付服务是招商银行向个人提供的用于 B2C 电子商务的在线支付与结算服务。目前招商银行已在全国多个城市开通了基于"一卡通"和网上支付卡的网络支付业务服务，具有安全、便捷的特点。其中，安全主要体现在其网上支付卡和"一卡通"实行账户分立，密码分设，网上传输的信息采用随机密码机制，每次传输使用不同的密码，支付信息直接发送银行而不经过商家，并且以国际流行的 SSL 协议加强信息传输的安全性，以及完善的事后追溯能力；便捷主要体现在网络支付系统已经全国连网，使网上消费没有地区的限制，结算快速，直接在浏览器上使用，无须安装附加软件。这项网络支付功能可以单独基于"一卡通"处理，实质上也已经集成在招商银行个人网络银行系统中，类似其大众版的使用。

4）网上商城

招商银行的网上商城系统可以容纳两部分网上商家，一是自建网上销售系统的特约商家，二是通过招商银行网上销售平台上网的商家。截至 2014 年 8 月底，"一网通商城"的特约商户已超过 500 家，一网通网上支付系统运行稳定，全国通用且清算效率高，同时提供"马上申请、立即使用"的"网上支付卡"和通过专业版数字证书保证安全性和灵活性的"一卡通活期网上支付"两种付款方式供购物客户选择，是网上商家和网上购物客户的最佳选择。图 7-18 所示为招商银行"一网通商城"的首页面。

图 7-18　招商银行"一网通商城"首页面

5）实时金融信息

招商银行提供的金融信息服务内容主要有：利率，包括储蓄及对公活期、本/外币存款利率；汇率，各种主要外币对人民币汇率；股市行情，沪、深两地股市实时行情；黄金市场行情；理财产品净值/基金净值；大额存单；服务价格；另外，还有一些其他信息，如招商银行简介信息，包括招商银行的经营范围、发展历史、组织架构等；招商银行的业务品种介绍，包括各种对公及个人业务的服务品种；机构网点，包括全国所有营业网点、自主设备、特约商家信息；客户服务信息，包括留言板和招商银行论坛等。

3．"一网通"的安全机制

为了确保网络银行交易的安全，针对企业用户和个人用户的不同特点，招商银行为"一网通"设计了严密的安全机制。

1）招商银行企业网络银行的安全机制

U-BANK 继承了招商银行原有网上企业银行系统安全性的特点，采用数字证书安全机制，新版网上企业银行只对涉及资金交易等敏感业务的经办要求数字签名，使业务授权更加方便、灵活，而且该系统与人民银行现代支付系统实时对接，使得跨地区资金的调拨和集团理财功能等的快捷性、高效性有了显著提高。

（1）传输安全。在企业网络银行的客户端和银行服务器之间传输的所有数据经过两层加密。第一层加密采用第 4 章所述的 SSL 协议，该协议能够有效地防破译、防篡改、防重发，是一种经过长期发展且被实践证明安全可靠的加密协议。第二层加密采用私有的加密协议，该协议不公开、不采用公开算法且有非常高的加密强度。这两层加密确保了企业银行的传输安全。

（2）病毒防范。在可靠的数据传输安全机制的保障下，企业网络银行客户端和银行服务器之间传输的是有特定格式的数据而不是程序。企业银行服务器严格检查接收的数据的格式是否合法，校验码是否正确。这些措施确保任何病毒都不可能侵入企业网络银行系统。

（3）严格的授权管理。对于网络支付、转账和工资分发这类涉及资金交易的敏感业务，招商银行企业网络银行系统控制客户必须按照业务管理要求，经过按相应程序的经办和授权步骤系统才会接受。这类业务除要满足相应的授权条件外，还需使用变码印鉴（类似数字签名）对每笔交易签上一串数码（变码）加押，确保企业网络银行的交易安全与交易不可抵赖。

（4）交易安全采用指纹数字证书体系，各类在线服务享有"指纹认证+密码认证"双重保障；其语言支持中文简体版、中文繁体版和英文版；地域支持内地版、香港版、纽约版；更有针对专门用户的中小企业版、超级版和同业版；接入渠道支持客户端、手机、电话和浏览器等多种形式。

2）招商银行个人网络银行的安全机制

（1）网站认证。招商银行的服务网站安装了世界著名的 CA 中心美国 VeriSign 公司发放的安全证书，它有效地防止了网站被假冒。其数据传输采用先进的多重加密技术，所有数据均经过加密在网上传输，客户计算机不存储个人账户信息和交易信息，防止他人窃取。

（2）传输安全性。招商银行个人网络银行的交易采用国际通行的 SSL 协议加强信息传输的安全,在传输数据时使用加密的 Internet 安全传输协议 HTTPS。在一个会话过程开始时,HTTPS 先在客户端和银行端的 Web Server 之间用 1 024 b 的 RSA 算法交换一次加密密钥,以后 HTTPS 就用该加密密钥并用 40b 的 RCA 算法对所有往来于客户端和银行端的数据进行加密,因而具有很高的安全性。

(3) 客户身份认证。客户进行个人网络银行操作需要输入账号和密码来确认身份,网上账务查询需要输入查询密码,转账交易需要输入交易密码,进行网上消费支付需要输入"网上支付"密码,通过电话银行向网上账户转账需要输入转账密码。如果客户连续输错 5 次密码,其账户将会被银行冻结。招商银行还积极参加中国人民银行的 CFCA 建设工作,作为第一批试点行,向客户发放 CA 证书,进一步加强身份认证机制。个人网络银行交易的后台转账、支付资金都在银行主机系统内封闭流通,网上转账只能转向客户指定的招商银行账户,网络支付的资金只能划入商家指定的结算账户,不会流向非法账户。由于银行主机系统的封闭性,任何人都不可能通过网络侵入银行系统盗用资金。

(4) 网络支付的信息保护。招商银行客户使用"网上支付卡"付款时,浏览器自动把客户的付款指令用一个 HTTPS 命令从商家的网站引导到招商银行的网站,招商银行的网站处理完付款指令后把处理结果回送客户,这种机制保证了客户付款时输入的支付卡卡号和支付密码只能由银行得到,商家不可能获取持卡人的支付信息,从而保证了支付过程的安全性。

另外,招商银行的个人网络银行还倾力打造了"一网通网盾"网络银行安全体系,提供八重安全防御,从管理上提高系统的安全性。

(1) 网上个人银行专业版——网络银行安全避风港。

招商银行网上个人银行专业版,是基于独立客户端方式的网络银行系统,其建立在严格的客户身份认证基础上,采用严密的 X.509 标准数字证书体系,通过国家安全认证,并运用数字签名技术和强加密通信信道,具有高度安全性,是客户日常理财的好帮手。

(2) 免驱动"优 KEY"——网络银行安全守护神。

招商银行"优 KEY"是一种运用在网上个人银行专业版中的新型移动数字证书。它采用精进的加密技术,独有的"免驱动"特点(即无须安装专门的驱动软件),让客户真正体验"银行随我而动、安全自在无忧"的感受。

(3) 限额控制——账户资金防护墙。

通过网络银行大众版或专业版申请的网上支付、手机支付功能,使客户可自行设置每日消费限额;通过营业网点或专业版申请的网络银行大众版转账汇款、手机银行转账汇款功能,客户可自行设置每日转账限额,确保能更加顺畅地享受支付服务。

(4) 支付保护期——新用户的安全岛。

通过网络银行大众版申请的网上支付、手机支付功能,银行系统自动设置支付保护期。使在保护期内,网上支付、手机支付的交易每日不得超过规定限额,从而最大限度地降低了客户的意外泄露账号密码情况下的资金风险。

(5) 密码安全控件——账户密码铁将军。

招商银行网上个人银行(包括大众版和专业版)在所有密码输入区域都设置了密码安全控件,有效防范了黑客程序窃取账号密码,大大提高了交易的安全性。

(6)"一网通网盾"安全软件——虚假网站露原形。

招商银行的"一网通网盾"安全软件能够自动识别针对招商银行网络银行的钓鱼网站和伪冒邮件,并及时进行风险提示或阻止在可疑网站提交账号密码,可有效协助客户防范网络欺诈。客户可随时登录招商银行主页下载"一网通网盾"安全软件。

(7)动态验证码——网上冲浪无忧虑。

在客户操作网上支付、手机支付、网络银行大众版转账汇款、手机银行转账汇款或网络银行专业版证书恢复时,招商银行将通过客户预留的手机号码,实时发送"动态验证码",进行身份验证,此举有效保证了该操作是经客户本人确认的。

(8)交易短信和邮件通知——账户变动及时通知。

若账户发生网络银行大众版网上支付、手机支付、网络银行大众版转账汇款、手机银行转账汇款或网络银行专业版大额转账交易,招商银行将以短信或邮件形式发送交易信息至客户预留的手机或邮箱上,让客户及时了解账户变动情况,核实每笔交易。

4. "一网通"的典型客户

经过几年的快速发展,招商银行的"一网通"网络银行服务在国内网络银行领域占据了领先地位。新浪网、西单电子商务、当当网等超过95%以上的国内电子商务网站都支持"一网通"个人网络银行服务并将其作为网络支付工具。

国内外众多大型企业及国家政府部门已选择"一网通"企业网络银行服务进行财务管理。这些客户中,新技术类企业主要有朗讯科技公司、联想集团、华为公司、创维集团、爱立信公司、诺基亚公司、阿尔卡特、宏碁电脑、新浪在线、搜狐在线、中信国安集团、北大方正集团、四通科技公司、广东移动通信公司、中汽虹网公司、中华医科百年网等;商业企业主要有家乐福和沃尔玛等;证券公司主要有国通证券、平安证券、国泰君安、大鹏证券等;大型公司主要有中国远洋集团、中国华能集团公司、中国有色金属、神华集团、中国国际海运集装箱(集团)公司、新华人寿保险公司、长安铃木汽车公司等。

"一网通"使招商银行在一定程度上摆脱了网点较少对规模发展的制约,已经成为在国内外具有一定影响的著名金融品牌,这为招商银行在网络经济时代实现传统银行业务与网络银行业务的有机结合,进一步加快发展步伐奠定了坚实的基础。

7.5.3 阿里和腾讯的网络银行

1. 腾讯的微众银行、阿里的网商银行

随着腾讯的微众银行、阿里的网商银行试营业的消息相继传出,互联网络银行这一"无网点、无柜台、无财产担保"的划时代的"三无银行"在一片喧嚣和观望中正式起航了!

尽管早在2015年1月4日,腾讯旗下的前海微众银行就已经在李克强总理按下"回车键"时,放出了象征意义的第一笔贷款,但直到1月18日,前海微众银行才正式对外公布开始"试营业"。

即使是这个"试营业",严格意义上来讲,也只能算是邀请制的内部系统测试,因为这期间能够参与到前海微众银行进行开户和办理业务的，只有被邀请的部分银行股东和银行员工们，外界普通企业和个人并不能真正参与其中。

此次"试营业"，前海微众银行的真正目的是对内部系统功能、产品、流程、安全机制、风控系统等进行"拟真实环境"的线上测试，以便确保在未来正式对外营业的时候，不出现问题。另外，前海微众银行也借此让商业银行过来把把脉，顺便建立未来可能的合作关系，比如一些中间业务和代收业务等。

现在的消息是，前海微众银行已经于 2015 年 1 月 4 日对外试营业，而一向在互联网络银行行方面就慢腾讯半拍的阿里网商银行正式对外营业的时间会更晚，按照目前的进度，是在 2015 年 3 月份向监管部门提交验收报告，2015 年 5 月 28 日获批开业。

现在可以基本确定的是，未来的互联网银行，尤其是腾讯旗下的前海微众银行和阿里旗下的网商银行，肯定是采取"没有线下网点、没有营业柜台、没有现金往来"的"三无"纯线上业务模式。在这一点上，阿里网商银行相对更坚持一些，而腾讯旗下的前海微众银行的态度稍显模棱两可，据称它们未来不排除可能会设立少量的线下网点作为补充。

2. 未来纯线上模式的互联网银行业务逻辑

以号称"互联网银行史上第一笔业务"的"卡车司机徐军通过微众银行拿到 3.5 万元贷款"为例，他就是通过人脸识别技术和大数据信用评级发放贷款的。听着很新奇，下面简单说明一下这种业务逻辑。

客户通过互联网（PC、手机、平板等上网设备）接入互联网银行办理业务，互联网银行通过摄像头对客户"刷脸"进行人脸特征识别和身份认证，系统识别出身份后，做三个关键动作：①自动与公安部身份数据进行比对；②接入人民银行的征信系统读取该客户的征信信息；③通过互联网银行自身大数据、互联网和社交媒体大数据等进行客户信用评定；④最后综合上述三类认证和信用评估后，给出客户信用评级和风险评级，进而给客户办理各类相应业务和授权。

这样做的好处很明显，从客户角度讲，以后可以足不出户、随时随地、高效方便地办理银行业务了，再也不用受传统商业银行驱车数公里、再拿号排队几小时的痛苦了。而且，以互联网思维的创新个性看，未来互联网银行势必会推出诸如一元钱起存起贷、无抵押信用贷款、远程"刷脸"开户等更多花样。

3. 互联网银行的监管限制和风险控制

然而，跟以前大家使用支付宝、余额宝、微信支付、发红包不同，一旦这个业务被定义为"银行业务"，那么严肃性和风险程度就立即被放大无数倍。恐怕这种纯线上操作、"资金虚拟化"（只见数字，不见现金）、买卖双方不见面的方式，并不是所有人，尤其是一些年龄偏大的人能够接受和愿意尝试的。

还有一点，虽然互联网银行一出生就是顶着为广大草根服务的头衔，但不要以为任何人都可以在互联网银行上办理业务。互联网银行的业务基础和大数据来源还是基于人民银行的征信系统，腾讯旗下的前海微众银行行长曹彤就说过：在人民银行征信系统上找不到痕迹的客户，可能前海微众银行也不一定能够服务。所以，那些信用低下、习惯性老赖或者各种不靠谱的企业和个人，指望转战到互联网银行来借钱发财，那就趁早死了这条心吧。

尽管外界对即将到来的互联网银行充满期待，但互联网银行从出生开始，就将面临监管限制和风险控制这两把大铁锁！

首先，"面签"能否打破、如何打破，就是互联网银行还未诞生就已经开始头痛的问题。按照央行有关规定，在商业银行（互联网银行也是商业银行属性）进行开户等业务操作时，必须经过"面签"流程（即客户必须到银行网点的柜台去跟银行柜员当面办理）。虽然后来随着互联网的发展和网络银行的兴起，央行下发了《关于规范银行业金融机构开立个人人民币电子账户的通知》征求意见稿，提出"未在银行柜台与个人见面认证开立的电子账户，被界定为弱实名电子账户，可通过远程进行开户"，算是网开一面，但这类客户"只能用于购买理财产品，不能转账结算、交易支付和现金收付"。

换句话说，时至今日，至少在明文的政策上，央行还没有放开"面签"这道限制。而互联网银行本身没有网点、没有柜台，那要如何"面签"呢？网络视频算不算合规？这些都是互联网银行眼下面临的非常棘手的难题。

其次，完全线上操作、虚拟化的业务，如何切实做到银行级别的风险控制？

尽管如上文提及，互联网银行未来会通过线上视频的人脸身份识别（当然还可以包括指纹、声音等技术手段验证）外加"三个关键对比动作"的方式，对客户身份和信用等进行识别和判定，但这种基于纯高科技手段的玩法本身就令人担心！一旦遇上反技术欺诈，系统的可靠程度将备受考验。另外，这类高科技手段是以前传统商业银行没有触及的；一方面，确实需要权威机构的验证及大面积实际应用的考验；另一方面，监管部门是否认可这种做法也还是个未知数。

最后，最关键的争议是，未来的银行法规和政策监管，究竟是一碗水端平呢，还是实行双轨制？

一碗水端平的话，那就意味着互联网银行可能采用的"非面签"、"虚拟化"、"高科技验证"等做法，传统商业银行也可以采用。但这些新玩意儿的可行性、风险度到底如何，还需要时间和实践去检验，以工、农、中、建等传统大银行目前的天文数字的资金存量和以 10 亿计的海量用户数，央行有胆量这么冒险放开吗？

但实行双轨制的话，首先面临的就是不公平竞争的质疑了。传统商业银行是效率低、成本高、门槛高，但这样做的好处却是风险完全可控。对银行这个特殊行业来说，"不出事"几乎就是最大的成就和底线。而如果让互联网银行低门槛了，"随随便便"了，传统商业银行势必不可接受，央行是否能抗住这排山倒海般的压力，大家可以拭目以待。

本章小结

第 5 章与第 6 章在介绍典型的网络支付方式时都分别提到新兴的个人网络银行服务与企业网络银行服务，本章比较全面、详细地叙述了网络银行这种新型的网络金融服务形式。

网络银行越来越成为人们生活与工作不可或缺的一部分，金融业方面的一个网络银行时代已经来临。不管是在发达国家和一些新兴国家与地区，还是在包括中国在内的广大发展中国家，网络银行发展的势头都很强劲。网络银行服务既是银行业开展电子商务的主要领域，也能体现出综合的网络支付特点，如个人网络银行服务可以进行小额的资金支付结算，属 B2C 型网络支付，而企业网络银行服务则可进行企业或组织间中大额度的资金支付与结算，属 B2B 型网络支付。

本章给出网络银行的流行定义及英文称谓——Internet Bank 或 Network Bank，并且分别叙述了网络银行的特征、发展背景与模式，以及主要的分类。内容主要从技术架构、管理架构、业务拓展三方面描述了网络银行的系统结构，结合 Internet 的技术与应用特点，简要介绍了它的建立过程及相关注意事项。从个人网络银行与企业网络银行两个方面介绍了目前网络银行的业务申请程序与诸多金融业务，如网上理财、网上证券、网上转账等，其中重点描述了网络银行在应用于网络支付结算业务时的具体业务流程，并以中国招商银行目前实施的相应业务为例进行了说明。本章针对网络银行的良好发展趋势，还叙述了网络银行对传统银行的影响，分析了网络银行的运作优势及目前还存在的问题。最后，以美国安全第一网络银行、中国招商银行的"一网通"业务及新兴的腾讯和阿里的互联网银行为实例，阐述了网络银行的发展过程及未来的发展方向。

网络银行已经表现出巨大的发展潜力和良好的发展前景，必然带来银行业的业务与管理的变革。

复习思考题

1. 阐述目前世界上网络银行的发展特点及对电子商务发展的影响。
2. 搜寻更多的有关网络银行的不同定义，分析出你认为比较科学、完整的说法。
3. 分析目前中国网络银行的发展模式并总结相应的发展策略。
4. 调研描述中国工商银行网络银行的系统结构，进行小组讨论，指出你认为应该加以改进的地方。
5. 简述招商银行个人网络银行的业务申请程序。
6. 以招商银行的个人网络银行业务为例，说明一些信息与网络安全技术的运用。你认为招商银行的个人网络银行业务安全吗？
7. 有条件的读者可以开设一个网络银行个人账户，应用于实际业务处理，如同学间网上借钱，然后谈谈体会。
8. 组成小组，结合多人力量，设计开发一个简单的班级个人网络银行模拟系统。

第 8 章
移动支付
与微支付

进入 21 世纪，随着手机或移动电话（Mobile Phone）、个人数字助理（PAD）、笔记本电脑（NB）及其他的手持式智能设备在人们生活中扮演的角色不断丰富，移动商务的需求日益强烈。面向金融业的移动商务需求就是移动金融服务，其中移动支付是主要内容。商务的日益繁荣与 Internet 的广泛应用也使人们在生活或工作中经常发生一些微额的资金支付，如网上下载一段音乐、发送一条短消息、在线阅读一篇学术论文、在线观赏一部电影等，由于成本和便利性等原因，本书前面所述的网络支付方式较难适应这些微小金额结算的要求，迫切需要有效的微支付方式。当前的移动支付中，特别是手机费用支付，大多属于微支付的范畴。因此，移动支付与微支付成为目前支持电子商务深入发展的热点功能之一。

由于移动支付与微支付在目前还属于新兴的支付方式，支持它们发展的各种无线互连网络新技术、电子零钱技术等刚刚发展起来，在技术、安全、标准与管理机制，客户接受程度等方面相对来说还有待完善，因此本章在现有移动商务的背景下分别对移动支付与微支付的相关内容做基本叙述。但是，随着 3G、4G 网络先后在中国正式进入规模化商用及智能手机的广泛普及，明确预示着中国移动商务、移动支付的规模化、普及化发展已经拉开帷幕。

8.1 移动商务

进入 21 世纪，科学技术特别是通信业与信息业的迅猛发展，让网络经济在世界范围内发挥着日益明显的作用，电子商务也在日益完善并大规模地实现商务活动向 Internet 转移。紧随有线网络应用之后的新型移动计算与移动商务的理念正影响着社会各个领域和阶层，移动商务业已成为当今广义 Internet 领域炙手可热的话题之一。手机、PAD、笔记本电脑等智能移动设备正逐渐成为人们生活与工作中的必备工具，为帮助客户在任何时候（Anytime）、任何地方（Anywhere）、使用任何可用的方式（Anyway）得到任何想要的商务服务，商务与移动 IT 正走向结合，形成一种新的商务趋势，即移动商务。商务必然涉及资金流的安全流动，移动商务同样需要移动支付的支持，这给包括银行在内的金融业带来新的机会，同样也带来了挑战。移动支付与移动商务的特点就是强调移动性，它涉及大量的移动信息的传递、交换与处理，需要相应的移动计算技术的支持，即相关的无线互连技术，如蓝牙技术（BlueTooth）、无线局域网络技术（WLAN）、无线广域网络技术（WWAN）和无线应用协议（WAP）等。

本节主要介绍移动商务的背景及支持移动商务的几种典型无线互连技术；在结合目前国内移动商务发展状况的基础上，对其未来的发展做出展望。

8.1.1 移动商务的背景

移动商务的出现有来自技术进步和市场需求两方面的原因。

自从 Internet 的商业价值在 20 世纪 90 年代初被人类发现后，人类对它的经济发掘越来越深入。与此同时，许多人还在探讨有线 Internet 的价值时，无线 Internet 技术却在取得突飞猛进的发展。可以说，最初有线的、窄带的 Internet 仅仅拉开了人类应用 Internet 的序幕，有线的宽带 Internet 的应用正是当前 Internet 技术与应用的热潮，同时无线 Internet 特别是无线宽带 Internet 的技术正在成熟，正在开创互联网产业的一个新时代，也就是无线 Internet 技术的突破将带来一个全新的产业应用。著名的 Intel 公司在 2003 年发布的新一代移动芯片"迅驰"（Centrino），以及相匹配的 Wi-Fi（无线保真）服务，作为一种崭新的无线移动计算平台，成为无线互连产业 2003 年早春三月中的最亮色。更为轻便、强调移动的基于"迅驰"的笔记本电脑信息的相继发布，也迅速成为市场热点。而"迅驰"笔记本电脑的支撑技术之一就是内置了 WLAN 模块，它可使"迅驰"笔记本电脑随时随地以无线的方式接入网络。

在这种形势下，移动通信技术的发展与应用一样一日千里，手机使用者的不断增加和手机终端的高速替换呈现多年的高速增长态势，从最初的模拟技术到今天基于数字技术的 GSM、GRPS 与 CDMA 通信，以及从 2009 年就已经投入商用的 3G（第三代）移动通信技术和正在普及的 4G 移动通信技术，从单纯的语音通信到今天的包括数据交换在内的多媒体通信，使用户手中的手机越来越像一个综合性、智能化的商务与事务处理工具，成为人们生活与工作离不开的一部分。仅在中国，据工业和信息化部发布的最新的通信业发展数据，截至 2014 年 12 月底，全国移动电话用户数达到了 12.86 亿户，在 2014 年 1~7 月份移动电话用户累计净增 2 813.6 万户，呈高速增长的势头，其中包括大量 3G 与 4G 客户。这些日常使用的手机中，大多具有数据通信功能，手机特别是 4G 网络的手机已经可以与 Internet 进行高性能的信息集成应用。

数据处理与移动性的结合成功，为当今的电子商务赋予了新的含义，使移动商务应运而生。在移动商务环境下，销售人员或客户只需借助移动设备如手机、PDA、笔记本电脑等，就可随时随地访问本公司或商家的网络商务系统，输入订单或查询信息，整个过程在鼠标点击之间即可完成。基于这些移动数据通信的无线科技应用，移动商务的应用已远远超出销售领域的范畴，它可广泛地应用于学习、娱乐、证券、保险、银行、医院管理、交通管理及宾馆饭店等领域，迅速形成一个新的产业（或引起产业的变革），体现了技术与产业的互动。

在这里先探讨产业与技术的关系。在人类历史上，技术与产业的关系不是非常及时互动的，如铁的发明并没有改善当时每个农民的生产工具，而纸的问世也没有给每个人带来阅读智慧。原因很简单，就是缺乏有效的、广泛的传播手段，使新的工具得到及时的、大范围的应用。比如，在过去的环境中，在北京发明的铁，也许要经过几十年才可能传到山西一个偏远地区的农民家中。换一个角度审视，那就是传播成本太高、效率太低。当人类进入工业社会后，由于交通工具和通信手段的改善，技术的传播速度越来越快，因而使技术对经济的影响越来越明显与强大。如电视的问世，就是以极快的速度形成了一个庞大的电视产业，而且这个产业还在迅速国际化。巨大的、不断增长的用户群体，长期的稳定收益和不断扩展的网络，是这些新技术形成新产业的共同特征。今天，借助 Internet、新兴的移动通信与计算技术，无线互联网产业正好符合这些爆发性产业的特征，而且这个产业本身就是传播业。传播业的改善，不只是改善自身，更多的是改善相关的产业，最终形成一个不断扩展的市场，即移动商务的不断壮大。这是一片巨大的、肥沃的"新大陆"，使得通信业和信息产业不可避免地面临一场大融合、大"洗牌"。

除了上述技术的发展因素之外，来自市场的需求因素同样也在催生移动商务的出现。如传统有线 Internet 的最大问题就在于固定性，上网受到局限，用数学的语言讲，有线网络是一维空间，信息都分布在一维的点上，因而使用户无法随地、随意地存取与共享有线网络的业务信息，而且有线网络布线环节复杂，环境凌乱，拓展与应用相对来说就有很大局限性，如图 8-1 所示的有线网络应用那样的场面。

图 8-1　有线网络的应用示意图

在今天的信息化社会里，不但市场竞争越来越激烈，而且各种业务处理对信息的依赖程度越来越高，业务形式多样化、个性化与高效率趋势越来越明显。这些均要求企业的员工或者个体户可在任何时间、任何地点得到整个网络提供的信息，保证随时随地进行信息交流，有线的相对固定的商务显然不能完全满足现代商务的发展需求。例如，2003 年中国大地上出现的小小 SARS 改变了人们早已格式化的生活，使人们的生活习惯也有了变化，对网络应用有了更充分的认识，对 SARS 后的网络生活有了更高的憧憬和要求，自然反过来要求企业或政府部门提供三维立体的服务，如移动缴费、移动学习、移动娱乐、移动证券等。

而借助无线互连技术，特别是无线 Internet，可将分布在一维的点上的信息，跨过二维的面，直接发布到三维的立体空间中去。使每个人可以在任何时间、任何地点得到整个网络提供的信息，这不但意味商业机会的多样性，也使 AAA 式的信息交流提升了需求的多样化，还开拓了新的服务，促进电子商务的多样化和高效性。可以说，技术形态的无线互连技术特别是无线 Internet 正在超越传统有线的束缚，像技术的进步一样，这些来自客户与市场的需求作为另一种新的商业动力正催生移动商务的出现。

8.1.2 移动商务的含义

目前，移动商务的理念已基本成形且广为大众所接受，但由于支撑移动商务的新技术与新工具不断出现，很难明确界定移动商务的涵盖范围，只可以比较模糊地把握移动商务的内涵，大体上把握这个新兴商业模型，移动商务的出现极有可能重构目前基于 Internet 的商业生态系统。

所谓移动商务，简单来讲，就是指用户在支持 Internet 应用的现代无线通信网络平台上，借助手机、PDA、笔记本电脑等移动终端设备完成相应商务产品或服务的购买或消费行为的社会经济活动。可见，移动商务最大的特色就是应用了连通网络的各种移动设备，如手机、PDA、笔记本电脑等，而采用的网络连通技术以无线技术为特色，如目前的 GSM、GPRS 和 CDMA1X，无线局域网技术及 3G、4G 等无线广域网技术等。同时，移动商务中的商务所涵盖的也不仅是有形产品，还包括各种各样的无线服务，如证券交易、彩票购买、全方位的个人信息管理、个性化与位置化信息服务、网络银行服务、网络娱乐与教育服务等。特别是，支付活动作为商务的一个重要流程，移动商务不可避免地促进了移动支付的出现与应用。

从技术角度来看，移动商务可以看做电子商务的一个新的分支，但是从应用角度来看，移动商务是对有线商务的整合与发展，是电子商务发展的新形态，即对电子商务的整合、发展和冲击。其中，整合是将传统的商务和已经发展起来的、但是分散的电子商务整合起来，将各种业务流程从有线网络进一步向无线互连延伸，这是一种新的突破，代表了前面所述的 AAA 商务理念。

因此，有专家很形象地以一个公式来大体描述移动商务的内涵，即

$$移动商务＝商务＋Internet＋无线网络技术$$

这里要注意的是，目前普遍的认识是，一提起移动商务，就想到是指通过移动端上网的商务，如 3G 手机应用。但 3G 只是一种支持高速数据传输的蜂窝移动通信技术，是众多移动互连技术的一种，随着通信技术和互联网的迅速发展，更多的无线技术将得到应用，如目前正在广泛推广的集 3G 与 WLAN 于一体的 4G 无线通信技术，这必然会极大地拓展移动商务的内涵，所以应从新的范围来认识移动商务。

8.1.3 移动商务的特点

对日益追求舒适的人们来说，移动商务提供了更加个性化的服务，因而意味着可以随心所欲要求的情景服务。增加移动性和体现个性化是移动商务两个基本的特点，它正迎合着优质生活的需要。未来的通信将使人与人的通信变为机器与机器的通信，移动商

务不再只是一种概念，而是被广泛应用于生活的方方面面。

虽然目前移动商务兴起的时间还不长，但其优势却很明显，主要体现在获取信息的方便性、基础设施成本、市场开发以及市场规模上。

（1）时空优势。它可以真正实现随时随地获取所需的服务、应用、信息和娱乐，使人不用依赖于时间地域的限制，相较于传统的电子商务更加方便和快捷。

（2）后发优势。相对有线商务依赖的有线互联网络平台而言，基于无线互连的移动商务由于无线网络市场充分看好，且技术上正日益成熟，因而使用户对新应用的需求被逐渐激发出来，在建设开发上具备后发优势。移动电子商务领域因涉及 IT、无线通信、无线接入和软件等技术，并且商务方式更具多元化、复杂化，因而在此领域内很容易产生新的技术，这也为许多企业提供了新的机遇。

（3）规模优势。目前的手机用户远远超过上网人数，再加上 PDA 的用户越来越多，能移动连网的笔记本电脑带动移动商务的热潮，移动商务在潜在客户规模上也具有明显的优势，市场启动迅速。

（4）渠道优势。移动商务与有线商务并不对立，反而可以充分利用传统渠道进行市场开发。

（5）应用优势。目前应用无线技术的用户特别是移动手机客户已经对移动的服务消费有了一定的认识与体验，比如红遍中国南北东西的手机"短消息"服务，本来就是基于无线技术的增值服务，却带给各类用户不同寻常的应用体验。由此，用户容易想象到更多的移动商务便利性，更易于接受移动商务。

当然，目前的移动商务也有一些不足，主要是无线网络技术应用规范还有待进一步成熟，在安全、稳定可靠、抗干扰、速度等方面还逊色于有线商务。

8.1.4 移动商务技术

移动商务充分体现了现代信息网络技术、无线通信技术与商务的融合，特别是其支持 Internet 的移动应用。结合目前的应用状况与未来的发展趋势，支持移动商务开展的几种主流的无线互连技术主要有蓝牙、无线局域网技术、无线广域网技术等，它涉及了 WAP、WLAN、GSM、GPRS、CDMA 及 CDMA1X 等。

1. 蓝牙

蓝牙，一个曾经风光无限的名称，在 20 世纪 90 年代后期曾被美国《网络计算》杂志评为十年来十大热门新技术之一。

所谓蓝牙，来自于英文 BlueTooth，取自 10 世纪丹麦国王哈拉尔德的别名，是基于无线个人域网络 WPAN（Wireless Personal Area Network）的无线网络连接技术，它以短程无线电收发技术为固定与移动设备通信环境建立了一个短程无线电的特别连接，属于低成本、低功率的短程无线"线缆替代"技术，它能使电话、笔记本电脑、PDA 和外设等设备通过短距离无线信号进行互连。

蓝牙技术是在 1998 年 5 月由瑞典爱立信、芬兰诺基亚、日本东芝、美国 IBM 和英特尔这五家著名厂商在联合开展短程无线通信技术的标准化活动时提出的，其宗旨是提供一种短距离、低成本的无线传输应用技术，以"结束现代设备间的线缆连接噩梦"。

1999 年下半年，著名的业界巨头微软、摩托罗拉、3Com、朗讯与蓝牙特别小组 BlueTooth SIG 共同发起成立了蓝牙技术推广组织，从而在全球范围内掀起了一股蓝牙热潮。

蓝牙的有效传输距离大约为 10 m，在配备功率放大器时，传输距离可以扩大。蓝牙在技术标准上使用全球通行的、无须申请许可的 2.4GHz 频段，可实时进行数据和语音的传输，传输速率一般为 1Mb/s，最高可达 10Mb/s，在支持 3 个语音频道的同时还支持高达 723.2kb/s 的数据传输速率。也就是说，在办公室、家庭和旅途中，无须在任何电子设备间布设专用线缆和连接器，通过某个蓝牙遥控装置便可以形成一点到多点的连接，即在该装置周围组成一个"微网"，即个人域网络，网内任何蓝牙收发器都可与该装置互通信号，还可自动配对连接。这种连接无须复杂的软件支持。

蓝牙可以作为用户连接 Internet 的一段无线媒介，比如可用 PC 通过蓝牙自动连接到移动电话上，接着通过后面讲的 GPRS 服务连接到电信提供商，使数据能经由 Internet 或 VPN 传输到公司办公室。

目前 IEEE 已将蓝牙技术标准（即 IEEE 802.15.1 标准），划分为 802.15.3 及 802.15.4 两个新标准。蓝牙和后面讲的 IEEE802.11b 标准无线局域网技术虽然都工作在 2.4GHz 频段上，但蓝牙技术面向的却是移动设备间的小范围连接，因而从本质上说，它是一种代替电缆的技术，并不支持更多的移动计算。目前由于诸如 IEEE802.11b 标准无线局域网技术的成熟与应用，以及频段上的干扰以及蓝牙芯片成本较高等问题，使蓝牙技术正面临边缘化的危险。不过，许多厂商也已经开发出融合这两种技术的设备。

2. 无线局域网技术

在 2003 年春夏，无线网络应用已经成为国际上 IT 领域最令人兴奋的话题，特别是无线宽带技术的发展和应用，给业界和用户带来无限遐想。其中，Intel 公司发布的新一代移动芯片"迅驰"（Centrino），以及相匹配的 Wi-Fi 无线服务，正成为无线互连产业 2003 年早春三月中的最亮色。随着"迅驰"笔记本电脑快速成为市场的主流产品，无线局域网正在以飞快的速度向更为广泛的应用市场普及。

1）无线局域网简介

所谓无线局域网，英文简称为 WLAN（Wireless LAN），是指利用无线通信技术在局域范围内进行互连的一组计算机和相关设备构成的网络，以减少或消除有线线缆连接，实现方便的移动计算。WLAN 技术在应用模式上很简单，即接收正常网络线缆中传输的信号，转换成为无线电波（通过专用调制使其成为高频载波），由小型发射器发送，而移动计算机类设备的无线网卡将接收无线信号，完成信息通信。无线局域网技术将首先应用于企业的会议厅和部门办公室，以及饭店、机场、车站等公共部门，随着其使用的深入，最终将应用于社会的每个角落，帮助实现随时随地的移动应用。小企业和家庭用户也将使用无线局域网代替有线网络，从而获得无线局域网提供的在"无线"安装和维护方面带来的节约。

图 8-2 所示为 WLAN 的应用模式示意图。无线接入点 AP（Access Point）指将无线设备或客户机连接到网络的通信基站，一些接入点还拥有内建服务，如路由器、防火墙、DHCP 和打印服务器等。无线热点（Hot Spot）指通过无线接入点为移动用户提供局域连网或 Internet 服务的区域，这些公共热点常建立在图书馆、机场、车站、会议

室、酒店甚至咖啡厅和餐馆中。

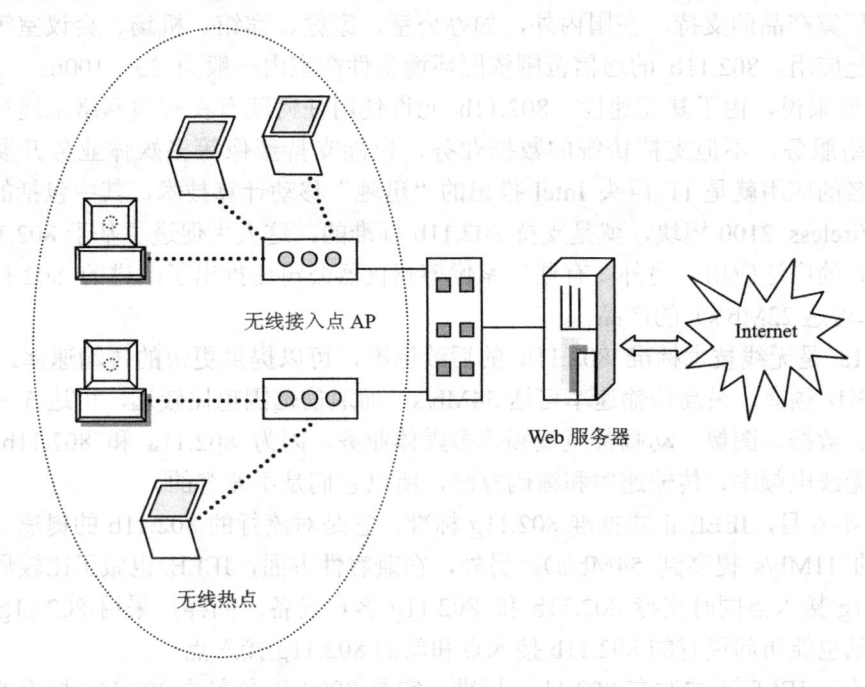

图 8-2　WLAN 的应用模式示意图

其实，无线局域网本身并不是个新兴事物，早在有线局域网出现时业界就有这个想法，开发出许多无线通信技术。但是以往的无线局域网由于传输速率低、成本高、产品系列有限，且很多产品不能相互兼容，因此发展缓慢，推广应用困难。例如，以前无线局域网的传输速率只有 1~2Mb/s，而许多商业应用是根据有线网的 10Mb/s 以太网传输速率设计的，从而限制了无线产品的应用种类。

近年来，针对现在高速增长的数据业务和多媒体业务，无线局域网的发展取得了巨大的进展，关键在于高速的新协议标准的制定，以及基于该标准的 10Mb/s 甚至更高传输速率产品的出现。特别是作为 Wi-Fi 服务标准的 IEEE 802.11b 协议集，从根本上改变了无线局域网的设计和应用现状，是真正的无线宽带，满足人们在一定区域内实现不间断移动办公的需求，为用户在局域范围内创造一个自由的空间。

2）无线局域网的技术标准与特点

众多的无线网络标准都是由国际电气电子工程协会 IEEE 批准和发布的，适用于无线网络的 IEEE 标准是 802.11，支持无线局域宽带的是称为 802.11x 的一系列标准。在这个 802.11x 标准下，又有几种不同的变体，其中最普遍的是 802.11a、802.11b 以及新兴的 802.11g 标准子集，更新的 802.11h 和 802.11i 标准在 2004 年仍在研发中。下面分别简要介绍 802.11、802.11b、802.11a 和 802.11g 四个标准。

802.11 作为第一个无线标准，其工作在 2.4GHz 的频率时的传输速率为 1~2Mb/s，通信范围大约 100m，应该说速度不是很快，不能支持企业日益增长的多媒体应用，通常只能较好地支撑数据业务。

802.11b 也称为 Wi-Fi，即"无线保真"，工作在 2.4GHz 频率时的传输速率为 11Mb/s（在有干扰或信号质量差的情况下，会下降到 5.5Mb/s、2Mb/s 或 1Mb/s）。

IEEE802.11b 是目前主流并且相对成熟的 WLAN 协议标准，真正实现了无线宽带服务，得到众多厂家产品的支持，在国内外，如办公室、家庭、宾馆、机场、会议室等众多场合得到广泛应用。802.11b 的通信范围依照环境条件在室内一般为 35～100m，室外可达 300m。一般来说，由于其高速性，802.11b 允许使用任何现有在有线网络上运行的应用程序或网络服务，不但支持传统的数据业务，也能支持影像等多媒体业务开展。这其中，最著名的应用就是 IT 巨头 Intel 推出的"迅驰"移动计算技术，其中包括的无线网络 PRO/Wireless 2100 模块，就是支持 802.11b 标准的，这大大促进了基于 802.11b 标准的 WLAN 的广泛应用。另外，有些厂家像德州仪器公司还推出了改进的 802.11b+标准（传输速率可达 22Mb/s）的产品。

802.11a 是无线技术标准 802.11b 的后续标准，可以提供更快的传输速率。802.11a 工作在 5GHz 频率，最高传输速率可达 54Mb/s，而通信范围也比较远，可达 5～10km，支持语音、数据、图像、动画甚至视频等多媒体业务。因为 802.11a 和 802.11b 设备使用不同的无线电频率、传输速率和编码算法，所以它们是不兼容的。

2003 年 6 月，IEEE 正式批准 802.11g 标准，它是对流行的 802.11b 的提速（速度从 802.11b 的 11Mb/s 提高到 54Mb/s）。另外，在兼容性方面，IEEE 也做了比较周到的考虑，802.11g 接入点同时支持 802.11b 和 802.11g 客户设备。同样，采用 802.11g 网卡的笔记本电脑也能访问现有的 802.11b 接入点和新的 802.11g 接入点。

2012 年，IEEE 正式发布 802.11ac 标准。它是 2009 年发布的 802.11n 标准的潜在替代者，当使用多基站时将无线速率提高到至少 1Gb/s，将单信道速率提高到至少 500Mb/s。802.11ac 使用更高的无线带宽（80MHz～160MHz）（802.11n 只有 40MHz），更多的 MIMO 信道（最多 8 条信道），更好的调制方式（QAM256）。Quantenna 公司在 2011 年 11 月 15 日推出了世界上第一台采用 802.11ac 的无线路由器。Broadcom 公司于 2012 年 1 月 5 日也发布了它的第一个支持 802.11ac 的芯片。802.11ac 标准的应用，将进一步推动 802.11 标准无线局域网飞速的发展。

预计未来几年，IEEE 将推出 802.11ad 标准。802.11ad 工作在 57～66 GHz 频段，从 802.15.3c 演变而来，标准尚在指定讨论中。802.11ad 草案显示其将支持近 7GB 的带宽，这将极大促进 WLAN 业务的发展。

3）无线局域网的应用与发展

在支持 Internet 的应用上，无线局域网类似蓝牙，可以作为用户连接 Internet 的一段无线媒介，即主要是借助后台无线局域网与有线局域网的连接而连接 Internet，支持移动商务的开展。

2003 年 3 月，麦当劳表示与 Intel 公司合作在其部分餐厅推出无线连网服务，随后麦当劳就在曼哈顿地区的 10 家餐厅推出了 Wi-Fi 服务。此前麦当劳已经在美国旧金山地区的大多数餐厅里安装了无线上网装置，以确保用户一边就餐一边利用笔记本电脑无线上网，方便移动商务的开展。除麦当劳公司外，许多有敏锐商业嗅觉的服务业商人们也看到了无线 Internet 业务给他们带来的商机。美国"博德斯"连锁书店从 2003 年夏季开始在书店内推出无线 Internet 接入服务。希尔顿、万豪、喜来登和威斯汀等酒店业巨头则打算在美国、加拿大、英国和德国的酒店推出无线 Internet 接入服务，美国达拉斯沃思堡机场和旧金山机场也计划为在机场候机的乘客推出此类服务。法国巴黎作为世界旅游热点城市，正积极利用无线技术在城市各个角落布置无线热点，争取成为全球首批可以在任何一个角落无线接上 Internet 的城市之一，这样人们从塞纳河左岸到新凯旋门都可以收发 E-mail 和上网浏览，从事商务活动。

在中国国内，中国电信、中国网通、中国移动、中国联通等电信服务运营商都竞相在全国各大城市的商务热点地区设置无线热点，建设无线局域网，并且提供无线 Internet 服务。国内无线上网的网络应用环境正逐步成熟，特别是安装"迅驰"技术模块的笔记本电脑的大量运用将加快这个进程。例如，Intel 与中国移动 2003 年召开了联合产品演示会，结合 Intel 的"迅驰"移动计算技术与中国移动的"随 e 行"业务，在国内的机场、宾馆、会议中心等公共"热点"推广基于 802.11 系列标准的无线网的部署和应用，从而推动了全新的移动计算生活模式在中国市场的普及。上海火车站每到节日期间就把基于 WLAN 技术的移动售票车开到站前广场上为客户提供即时的移动票务服务，取得了旅客的好评。

图 8-3 为 Intel 宣传"迅驰"技术与移动计算应用的示意图。

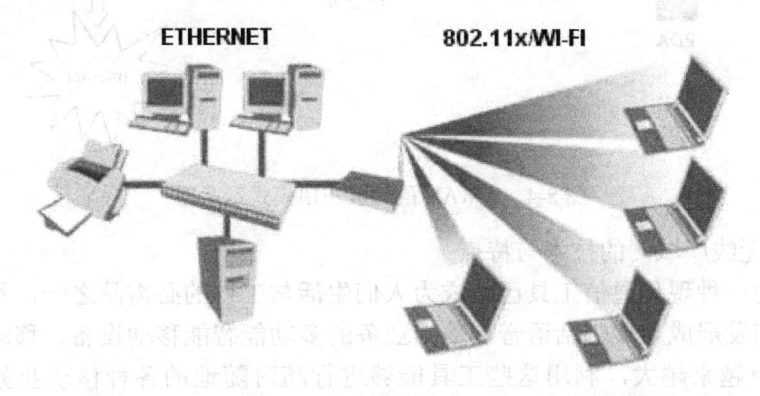

图 8-3　Intel 宣传"迅驰"技术与移动计算应用的示意图

3．无线广域网技术

2003 年，在无线网络应用中除前面叙述的 WLAN 应用外，结合手机业务的快速增长，功能更多并且支持广域范围内 Internet 应用的有关 GPRS、CDMA1X、3G 等无线广域网技术也是国际上 IT 领域最令人兴奋的话题。WLAN 技术的应用以及更高质量、更方便移动商务的需求也给无线广域网技术的发展带来了契机。

1）无线广域网简介

所谓无线广域网，英文简称为 WWAN（Wireless WAN），是指利用无线通信技术在一个广域范围内（跨城区、跨省、跨国家）进行互连的一组移动智能设备（如手机、PDA、笔记本电脑），它可交换与共享语音等信息，实现方便的移动业务处理。

WWAN 技术在应用模式上与 WLAN 类似，即接收正常网络线缆中传输的信号，并转换成无线电波（通过专用调制，使其成为高频载波）且由发射器发送，而如手机、移动计算机类设备的无线处理单元将接收无线信号，完成信息通信。目前，WWAN 技术的最广泛应用就是支持手机应用的移动通信网络，并已从开始的单纯语音通信，逐步增加各类数据（如短消息、图形图像等）的通信处理功能，向支持良好的 Internet 应用迈进。随着 WWAN 主要应用设备即手机的飞速发展与应用普及，WWAN 以其跨区域性而真正应用于社会的每个角落，帮助实现了随时随地的移动应用。虽然 WWW 在数据技术上目前还有不如意的地方，但随着 2.5G、3G 等新一代 WWAN 技术的发展，结合 WLAN 技术，一个真正的高性能的移动计算与移动商务时代正在来临。手机、PDA、笔记本电脑等智能化移动设备也在技术上、形式上走向融合，同时，专用移动通信网与 Internet 的应用也在进一步融合。图 8-4 所示为 WWAN 的一般应用模式示意图。

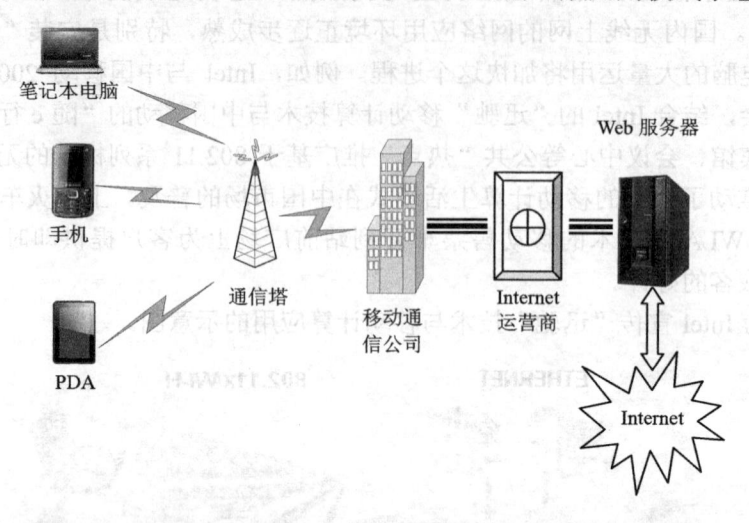

图 8-4　WWAN 的一般应用模式示意图

2）几种无线广域网的技术与特点

手机作为一种现代通信工具已经成为人们生活与工作的必需品之一，早已从最初单纯的语音通信发展成今天包括语音、数据业务的多功能智能移动设备，移动笔记本电脑的应用规模也越来越大，利用这些工具能够进行随时随地的各种移动业务的高质量处理，因而成为信息网络时代的热点需求。为了应对这种需求，近年来，以支持手机的移动应用特别是移动 Internet 业务为焦点，无线广域通信技术也获得了快速的发展，目前已发展到第三代，即所谓的 3G（3 Generation）移动通信。下面以无线广域网技术的主要应用设备，即手机在语音业务与数据业务特别是其 Internet 业务的开展为例，简要叙述流行的几种无线广域网技术。

模拟移动通信技术。它主要是指通信信号依靠模拟调制，属于走向民用的第一代移动通信技术，即 1G，如 TACS 和 AMPS 系统等。这一代手机也就是当时在中国俗称的"大哥大"出现的时期，在 1987—1995 年在中国的普及应用，主要是语音业务，语音质量一般，价格昂贵，二三万元一部的手机并非普通人用得起。

GSM 技术与 WAP 应用。GSM 是 1992 年由欧洲标准化委员会统一推出的新一代移动通信体系，看成第二代即 2G 移动通信体系。GSM 英文全称为 Global System For Mobile Communications，中文翻译为全球移动通信系统，它是体现更高通信质量、更加安全的数字移动通信技术的开始。GSM 成为目前世界上最主要的无线通信标准，迄今为止，在 184 个国家有 550 个网络，遍布全球的 75 000 多万消费者。中国移动的网络（139、138、137、136、135 网）和原中国联通的网络（130 网）均采用的是 GSM 体系。GSM 网主要在 900MHz 频段下运作，利用时分多址（TDMA）和频分多址（FDMA）技术，其容量超过模拟网络的 2～3 倍。GSM 网络也存在一些不足之处，比如它的传输模式对无线电频率有干扰，严重的甚至影响空中航线；它的切换控制技术复杂，通话时会出现掉线、被干扰等现象，通话质量明显不如有线电话；另外，有关长时间使用 GSM 手机究竟会对人脑产生多大危害目前仍无定论。因此，发展第三代更先进的移动通信技术是大势所趋。不管怎么说，GSM 体系仍是目前的主流移动应用体系，占据全球数字移动通信市场的 60%以上，这些年在语音通信的基础上，陆续开发了风靡全球的短信服务（Short Message Sevice，SMS）、信息查询等数据服务。特别是前两年借助无线网络应用协议 WAP（Wireless Application Protocol），人们使用的 WAP 手机，它通过 GSM 网络可以访问 Internet，虽然传输速率较慢（9.6kb/s），但仍可共享一定内容的 Internet 应用服务，直接促使移动商务理念的提出。当然，WAP 的应用很有局限性，并不足以提供人们日益需要的图像、视频和多媒体业务，除了上网浏览文字信息，几乎找不到其他的应用。随着新技术的出现，WAP 应用已经慢慢消退了。

CDMA 技术。 CDMA 中文翻译为码分多址技术，是英文全称 Code Division Multiple Access 的缩写，与 GSM 同属第二代移动通信技术，它最早由美国高通公司（Qualcomm）于 1985 年推出。这项新技术的出现源自人类对更高质量无线通信的需求。第二次世界大战期间因战争的需要而研究开发出 CDMA 技术，其初衷是防止敌方对己方通信的干扰，因而在战争期间广泛应用于军事抗干扰通信，后来由美国高通公司更新成为商用蜂窝电信技术。应该说，CDMA 技术比 GSM 的 TDMA 与 FDMA 要先进一些，它是在数字技术的分支扩频通信技术上发展起来的一种崭新而成熟的无线通信技术，体现出通话质量好、掉线少、网络容量大、建网成本低、健康环保等特点。虽然 CDMA 原理上可以实现模拟网和 GSM 网均不能做到的提供图像、视频和多媒体业务，但早期的 CDMA 网络应该说还是一种窄带网络，属于 2G，它与 GSM 网络支持的应用类似，在数据业务功能方面并不强大。几年前，在全球许多国家和地区，包括中国香港、韩国、日本、美国都已建有 CDMA 商用网络，特别在美国和日本，CDMA 一时成为主要的移动通信技术。然而随着 3G 和 4G 时代的到来，全世界有越来越多的国家和通信公司已经关闭了 CDMA 网络。当然被时代淘汰的第二代移动通信网络，除了 CDMA 之外还有之前提到的 GSM 网络。美国最大的移动运营商 AT&T 之前已经宣布，2016 年会彻底关闭 GSM 网络，腾出频率资源用于 4G 建设。

GPRS 技术。 GPRS，中文直译为通用分组无线业务，是英文 General Packet Radio Service 的简称，它是在现有 GSM 系统上发展出来的一种新的承载业务，目的是为 GSM 用户提供方便快捷的分组形式的数据业务，以满足日益增多的 Internet 业务需要。由于 GPRS 的数据传输速率比原先的第二代 GSM 网络快不少，因此有人将其称为 2.5G 移动通信技术。准确地说，GPRS 只是一种对于 GSM 网络的扩充，从 GSM 转到 GPRS 只需要在原有基站上增加一些模块，并且对软件进行升级即可，目前已被配置在全球多达 200 多个网络上。GPRS 应用上的主要优点是在对数据业务的支持上，并且随时在线，虽然实际使用传输速率不超过 40kb/s（理论速度可达 168kb/s），但已经基本满足 Internet 浏览的需求。通过数据线或者红外方式，将手机与笔记本电脑相连，利用 GPRS 服务就可实现随时随地上网。当然，GPRS 毕竟还是 2.5G 技术，对于用户需求的多媒体或者视频网络服务，GPRS 显得有些力不从心；用户越多，每个用户获得的带宽也就越少。中国移动曾效法日本 NTT Docomo 公司，推出与 I-Mode 类似的无线上网平台即"移动梦网"（Monternet），就得到 GPRS 强有力的支撑，用户可以通过"移动梦网"取得更多的娱乐内容、股市报价、彩信等应用服务。2009 年，移动梦网的用户人数达到 9 000 万户。但随着 3G 和 4G 技术的更新和发展，这一趋势也趋于平稳。

CDMA 1X 技术。CDMA 1X 技术也称 CDMA 2000 1X，它是 CDMA 网络的升级版，与从 GSM 升级的 GPRS 技术一样，属于移动通信 2.5G 技术，主要解决窄带 CDMA 在移动数据业务处理上的局限性。同 GPRS 一样，CDMA 1X 带给用户的最大乐趣就是随时用手机直接上网浏览、下载图片铃声和游戏、网上聊天、编辑发送 E-mail 以及位置服务等，也可用 CDMA 1X 把手机与笔记本电脑连接，进行网上冲浪，满足用户对移动数据业务处理的需求。CDMA 1X 网络所能提供的数据业务，无论在传输数据速度、业务品种、容量方面都较 GPRS 更有优势。比如在传输速率上，中国联通推出的 CDMA 1X 无线上网速度在理论上可达 153.6kb/s，实际应用可达 90kb/s，虽然距无线宽带还有一定距离，但已能支持较多的网上多媒体应用。CDMA 1X 作为一个先进的移动技术，在韩国和日本已取得了成功的商用。韩国是目前世界上最大的 CDMA 1X 商用市场之一，据悉，北美和南美、亚洲的印度、泰国、印度尼西亚都在进行 CDMA 1X 网络的建设。在韩国，SK 电信拥有自己的研发中心和自己的网络运行中心，是世界上最早开通 CDMA 全国性服务的运营商，也是韩国三家移动运营商中最大的一家。目前基于 CDMA 1X 的 SK 电信在韩国可以提供理论传输速率达到 144kb/s 的移动视频服务，也就是说，其用户通过 SK 电信的服务可以初步使用手机观看电影、MTV 或者进行 VOD 视频点播。2003 年 3 月 28 日，原中国联通的 CDMA 1X 网络正式在京、津、沪、渝和全国各省会城市开通，迈入 2.5G 时代，并且将与中国移动的 GPRS 网络展开直接竞争。中国联通的 CDMA 1X 将以"U-MAX（联通无限）"为总体品牌，首先推出五项移动数据业务，包括包罗万象的网上信息、互动内容为主的互动视界业务；可与所有电子邮箱通信、支持 5 000 汉字以内的长文本和多媒体附件互传的"彩 e"业务；可以下载各种应用软件，实现手机升级的"神奇宝典"业务；借助数据线或者无线上网卡，帮助笔记本电脑或 PDA 等实现高速移动上网的"掌中宽带"业务；提供位置查询、交通导航、找朋友等位置服务的"定位之星"业务。特别是，高通公司正在研发试验的 GSM 1X 技术，以在 CDMA 网上实现数据服务功能，解决长久以来困扰中国联通的 GSM 向 CDMA 迁移的难题。

3G 技术。3G 技术即第三代移动通信技术，体现为移动宽带无线接入，在国际上统称为 IMT-2000，简称 3G，是 ITU（国际电信联盟）在 1985 年提出的工作在 2 GHz 频段的 21 世纪商用的系统。3G 技术的主要特征是真正提供移动的多媒体业务，其中高速移动环境下至少支持 144kb/s 的传输速率，步行慢速移动环境支持传输速率达 384kb/s，在室内支持 2Mb/s 的数据传输速率。借助 3G 技术，除语音、可视电话、视频会议电话及多媒体业务外，E-mail、WWW 浏览、电子商务、电子贺卡等业务均能与移动网络相结合。移动办公业务、股票信息、交通信息、气象信息、位置服务、网上教室、网上游戏等移动应用将极大地丰富人们的生活。据《2013—2017 年中国 3G 行业市场研究与投资预测分析报告》统计，中国正处于 3G 技术的商业应用的高速发展阶段，中国于 2008 年对电信业进行重组成立了新的中国移动、中国联通、中国电信 3 家巨大的电信运营商，2009 年 1 月 7 日 14:30，工业和信息化部为中国移动、中国电信和中国联通发放了 3 张第三代移动通信（3G）牌照，此举标志着中国正式进入 3G 时代。截至 2011 年 5 月月底，中国 3G 基站总数达到 71.4 万个，其中中国移动、中国电信和中国联通的 3G 基站分别达到 21.4 万、22.6 万和 27.4 万个。目前，中国 3G 网络已发展较为成熟，各大电信运营商均已建成自身的 3G 标准，其中由中国移动主推的 TD-SCDMA 标准，是一项以中国知识产权为主的、被国际上广泛接受和认可的无线通信国际标准，它的建立是中国电信史上重要的里程碑。

4G 技术。4G 即指第四代移动通信技术。2012 年 1 月 18 日，ITU（国际电信联盟）在 2012 年无线电通信全会全体会议上，正式审议通过将 LTE-Advanced 和 WirelessMAN-Advanced（802.16m）技术规范确立为 IMT-Advanced（俗称"4G"）国际标准。第四代移动通信技术在业务上、功能上、频带上都与第三代不同，能在不同的固定和无线平台及跨越不同频带的网络运行中提供无线服务，更接近于个人通信。4G 技术具有更高的信息传输能力，且抗信号衰落性能更好，其最大的传输速度可以达到"I-Mode"服务的 10000 倍，可实现三维图像高质量传输。除此之外，它还包括高速移动无线信息存取系统、安全密码技术及终端间通信技术等，具有极高的安全性。

4G 技术可以支持交互式多媒体业务，如视频会议、无线互联网应用等，能提供更广泛的服务和应用。4G 系统可以自动管理、动态改变自己的结构以满足系统变化和发展的要求。用户可能使用各种各样的移动设备接入到 4G 系统中，各种不同的接入系统结合成一个公共的平台，它们互相补充、互相协作，以满足不同业务的要求。

与 3G 技术相比，4G 具有以下突出的优点：

（1）通信速度快。以移动通信系统数据传输速率为例，第一代模拟式仅提供语音服务；第二代数位式移动通信系统传输速率也只有 9.6kb/s，最高可达 32kb/s；第三代移动通信系统数据传输速率可达到 2Mb/s；而第四代移动通信系统传输速率可达到 20Mb/s，甚至最高可以达到 100Mb/s，这种速度相当于 2009 年最新手机的传输速度的 1 万倍左右，第三代手机（3G 手机）传输速度的 50 倍。

（2）网络频谱宽。要想使 4G 通信达到 100Mb/s 的传输，通信营运商必须在 3G 通信网络的基础上，进行大幅度的改造和研究，以便使 4G 网络在通信带宽上比 3G 网络的蜂窝系统的带宽宽出许多。据 AT&T 的执行官们说，每个 4G 信道会占用 100MHz 的频谱，相当于 W-CDMA3G 网络的 20 倍。

（3）通信灵活。严格意义上说，4G 手机的功能，已不能简单划归"电话机"的范畴，毕竟语音资料的传输只是 4G 移动电话的功能之一而已，因此未来 4G 手机更应该算得上是一台小型计算机了，而且 4G 手机从外观和式样上，会有更惊人的突破，人们可以想象的是，眼镜、手表、化妆盒或旅游鞋，以方便和个性为前提，任何一件能看到的物品都有可能成为 4G 终端，只是人们还不知应该怎么称呼它。

（4）智能性能高。第四代移动通信的智能性更高，不仅表现于 4G 通信的终端设备的设计和操作具有智能化，如对菜单和滚动操作的依赖程度会大大降低，更重要的是 4G 手机可以实现许多难以想象的功能。

（5）频率效率高。第四代移动通信技术在开发研制过程中使用和引入许多功能强大的突破性技术，如一些光纤通信产品公司为了进一步提高无线互联网的主干带宽宽度，引入了交换层级技术，这种技术能同时涵盖不同类型的通信接口，运用以路由技术

(Routing)为主的网络架构,让更多的人在使用与以前相同数量的无线频谱的同时做更多的事情,并且速度更快。

2013年12月4日下午,工业和信息化部(以下简称"工信部")向中国移动、中国电信、中国联通正式发放了第四代移动通信业务牌照(即4G牌照),中国移动、中国电信、中国联通三家均获得TD-LTE牌照,此举标志着中国电信产业在2009年进入3G时代的短短4年之后正式进入了4G时代。

2013年10月,中国移动在全国326个城市开展TD-LTE扩大规模试验,在全国范围内启动了TD-LTE的商用部署工作,并将努力推动4G的融合发展。

2013年11月,中国电信已完成了其4G试点城市中TD-LTE基站示范站的安装及开通调测,开通了在试点城市的首个TD-LTE示范站,实现了基础数据业务的服务。

2014年3月,中国联通合作伙伴大会召开。会上,中国联通宣布在25个城市开展4G网络服务,还公布了4G发展战略、推出了"4G/3G一体化套餐"方案,发布61款4G LTE、42M和创新型产品。

2014年1月,京津城际高铁作为全国首条实现移动4G网络全覆盖的铁路,实现了300km/h高铁场景下的数据业务高速下载,一部2GB大小的电影只需要几分钟。

2014年是中国正式进入4G运营的一年,手机上网再也不用因蜗牛速度而捶胸顿足了,在未来的几年内,4G技术将会更加平民化,人们也将跑步进入真正的移动宽带时代。

5G技术。关于5G,目前国内外不少机构和运营商确实抢先公布了5G网络计划细节,主要方式是计划通过使用大量的无线元件来实现高频带宽的信号传输,相对4G网络传输来说,5G网络将会比4G网络传输快100倍。此前,华为、三星、爱立信等企业均提出过5G网络的初步设想,而实际能够有结果的时间,多数预测为2020年。

其他。例如,原中国电信、原中国网通在一些城市开通的小灵通技术服务(PHS)。PHS原本是日本采用的一种小蜂窝、微小蜂窝的无线通信技术,由于所用的基站数量很大,无法在高速移动环境下保证业务质量,所以其商业市场逐渐萎缩。2011年,小灵通业务正式退市,以确保不对1 880MHz~1 900MHz频段TD-SCDMA系统产生有害干扰。

总之,第四代移动通信是移动通信技术上的巨大进步,也是移动通信发展的必经之路。虽然目前第三代通信技术仍然占据着市场的较大份额,但第四代通信技术所具有的技术优势则是4G市场得以开启并且渐成热潮的重要基础,它所提供的网络承载能力为更多网络应用特别是移动商务带来了更大的发展空间。

4. WWAN与WLAN的融合发展

WLAN的出现和普及,给3G带来了很大的挑战,但是WLAN并不是3G的终结者。相反,WLAN的低价格、高带宽、有限的覆盖范围、简单的网络架构,使其成为3G的一个很好的补充,反过来促进了3G的迅速普及应用。如果Wi-Fi的普及程度能够提高,那么数据服务的市场空间将会全面加速增长,进而催生出对信息更大的需求以及更多的服务模式,推动无线互连产生和发展新的价值链,积累无线网络运营和信息服务的更多经验和资本,为3G的成熟和普及奠定更坚实的基础。WLAN技术毕竟是局域网技术向无线应用的一种拓展,具有短距离服务的特点,但缺乏WWAN的真正随时随地的应用特征。因此,WLAN可以作为3G系统在某些特定场合下的有益补充。从技术上讲，WLAN 本身还有一个继续完善的过程，从应用的环境、系统成本等多方面考虑，也不具备取代 3G 技术的条件。对于 4G 技术，它集 3G 技术与 WLAN 于一体，并能够传输高质量视频图像，值得一提的是，4G 网络的图像传输质量与高清晰度电视相比，不相上下。显然，相对于 3G 网络来说，它有着不可比拟的优越性。然而由于资费与技术等问题，使得现在的 4G 网络无法替代现在的 WLAN。

当用户进入一幢建筑物后，手机将会连接到一个 WLAN 基站；走出这幢建筑物后，手机又将连接一个 3G/4G 网络，而在进入那些信号比较差的地区，手机还可连接基于旧标准的网络。可见，WLAN 和 3G/4G 不是替代关系，两种技术间存在互补性，需要协调发展。

随着 2003 年年初 Intel 公司"迅驰"芯片的发布，更对全球与中国无线上网的发展起到了推波助澜的作用。2009 年起，Intel 公司将整合移动计算平台，芯片组不再授权其他厂家制造，并大力推广旗舰品牌"酷睿"（Core），原"Centrino"（迅驰）将逐步退出 PC 平台直至消失，并过渡为支持 Wi-Fi 和 WiMAX 无线技术的产品。如今用户不仅可以通过手机，还可通过笔记本电脑及其他移动设备享受这一服务。因此，对于网络运营商及其他电子商务企业来说，无异于发现了极具诱惑力的"金矿"，即移动商务的巨大市场，对这一市场的竞争将有可能成为业界下一步关注的焦点。

今天，信息通信从窄带向宽带、从有线向无线转变乃大势所趋。语音业务与数据业务的融合，3G 网络乃至 4G 网络的规模应用，注定会使未来的移动网与固定网相融合。因此有理由相信，代表固定宽带无线接入的 WLAN 与代表移动宽带无线接入的 WWAN 在未来技术上、业务上也会不断融合与统一，形成一个广阔的无线通信网。

8.1.5 移动商务的发展

无线互联网络给人们带来了新生活、新思维，通过它不仅可以获得信息，而且无线互联网络还必然融入经济、娱乐、商务等活动中，促进移动商务的兴起与壮大。

移动商务体现了目前商务从以 PC 为中心（第一阶段，客户需要到有计算机的地方寻求帮助），向以客户为中心（第二阶段，有客户的地方就有计算机等智能移动设备）的移动模式的转变。这种演进带来的最有意义的经济效果就是将增强企业与客户、企业与员工以及企业与供应商之间的实时交互。国家政府部门与企业管理层必须充分估计以客户为中心的大趋势将如何改变其现存的商业模式，如何推动企业发展，以获得由技术性变革所带来的最大利润。所有这些变化对商务意味着在未来十年中，移动计算机设备将变得像宽带接入一样普通，新型无线网络的应用将日益广泛。计算机技术和无线技术的最终融合，对从汽车到玩具等一切事物都将产生深远的影响。

所以有人说，移动商务可能带来 21 世纪初期最大的商机，其原因就是移动商务的发展速度比有线商务要快得多。

仅拿中国的手机发展来说，2014 年全国移动手机用户总数达 12.86 亿户，是上网人数 6.49 亿人的两倍，其中 6.49 亿人的互联网上网人数中，手机上网人数达到 5.57 亿人，占比 85.82%。在可预见到的未来它还会保持增长，只是增速可能会有所放缓。很多手机用户本身还是网民，即 Internet 用户，这方便了手机与电子商务应用的融合。而移动手机用户，也是中国最大的、最具消费潜力的群体。因此，掌握移动手机用户，在一定程度上可以说掌握了商业未来。与此同时，各种 PDA 设备、笔记本电脑用户数也在快速增长。可以说，一个电子商务公司，特别是从事 B2C 电子商务的企业，在今天如果没有移动商务的话，不敢说它会倒闭，但是至少会丧失很大部分的业务。这对于一些有较强时空特征的服务来说，更是如此，如各种票务、旅游、证券交易、网络娱乐及交通向导服务等。

在日本、美国、韩国、英国等发达国家，移动商务也一样展现出其良好的发展态势。以全球移动电子商务发展最快的日本为例，NTT DoCoMo 公司，从 1999 年 2 月开始基于手机推出 I-Mode 无线数据多功能增值服务，用户的数目到 2003 年已迅速突破 4 000 万。这意味着，短短 4 年内之内，每 3 个日本人中就有 1 个人在使用 I-Mode 业务。

近几年中国移动商务发展势头也十分迅猛，据易观智库发布的 2014 年度中国互联网产业核心数据盘点报告指出，中国 2014 年移动网购呈爆发式增长态势，2014 年全年移动网购交易规模达 8 616.6 亿元，增速达 229.3%，其中消费者向移动端的迁移和渗透是支撑移动网购高速发展的主因。目前，中国凭借 12 亿多的移动手机用户和越来越多的移动笔记本电脑用户，已在全球无线互联网经济中占据举足轻重的地位，并且这种趋势还在不断扩大，这些数据均直接预示着一个无限友好和诱惑的无线互联网与移动商务时代的到来，追求个性、自由的人类当然会欢呼雀跃，因为可以真正做到"随时、随地、随身、随心所欲"地掌握自己的信息。

8.2 移动支付

有商务就涉及资金流的流动，因而也必然包含支付这个流程。移动商务的主要优点之一就是要实现随时随地的商务处理，表现出方便、快捷的特点，这就要求支持移动商务开展的支付也应该是可以随时随地处理的，也同样表现出方便快捷的特点。可以想象，当想利用手机、笔记本电脑很方便地在火车上上网订购以求在线欣赏一部 MPEG 电影或聆听一首 MP3 歌曲时，却因现场无法支付而导致娱乐不成，或下车后再去商家补款，客户是怎样的心情呢？由于支付处理的不便或效率不高带来的必然结果，使客户对所谓的移动商务的兴趣大减。可见，移动支付处理得不好将直接影响移动商务的拓展。客户在任何时候、任何地方、使用任何可用的方式都可得到任何想要的金融服务的强烈需求，可以通过金融业与移动 IT 的结合而实现，即形成一种新的趋势，发展包括移动支付在内的移动金融服务。

8.2.1 移动支付的定义与应用

移动支付与移动商务一样，都是近年因无线互连与信息技术的发展而出现的新的商务形式，其都在发展与成熟中，内容上也不断丰富。因此，目前国际上很多相关叙述并没有移动支付的标准定义，但大致的内涵是可以确定的。笔者在这里给出一个定义，供参考。

移动支付是在商务处理流程中，基于移动网络平台特别是日益广泛的 Internet，随时随地地利用现代的移动智能设备如手机、PDA、笔记本电脑等工具，为服务于商务交易而进行的有目的的资金流流动。移动支付本质上符合前面章节叙述的支付的特点，是移动金融服务的一种，必须安全可靠。移动支付应该属于电子支付与网络支付的更新方式，主要支持移动商务的开展，具有强烈的无线网络计算应用的特点。

随着信息技术的不断发展，近几年来移动支付得到了迅速发展，2014 年可以说是全球移动支付大爆发的一年。在 2014 年全球移动支付交易规模达到了约 3 250 亿美元，与 2013 年 2 354 亿美元的交易价值相比，增长达 38%，而在可预见的未来，全球移动支付市场仍将维持一个较高的增长速度持续发展下去。在中国，由于 4G 技术的不断发展和普及，移动互联网也在迅速崛起。截至 2014 年年底，中国网民规模达到了 6.49 亿人，较 2013 年新增 3 117 万人，其中手机网民规模达 5.57 亿人，较 2013 年新增 5 672 万人，网民中使用手机上网的人群占比由 2013 年年底的 81%提升至 85.8%，手机网民规模继续保持稳定增长。手机网民的庞大基数，是移动支付发展的必要基础。

现实生活中，移动商务与移动支付的应用已经有很多事例。拿手机短消息服务来说，其实质就是移动商务，如今的人们可以在任何地方、任何时间利用手机发送与接收短消息，成为一种消费时尚，深受普通百姓的欢迎，如在 2014 年中秋节一天内，全国就发送了几亿多条短信，此举也成为中国移动、中国联通的主要盈利点之一。特别需指出的是，依靠移动支付的方式是手机短消息服务取得如此成功的主要原因之一，如"神州行"手机每发送一条短消息的一角钱费用可以直接在用户预付资金账号（以手机号为账号）中扣除，非常方便快捷。可以想象，如果每发送一条短消息，需要用户去营业柜台交一角钱费用或运营商派人上门收款，在支付上如此麻烦，人们还会喜欢应用 SMS 服务吗？运营商能够负担起这个结算的成本支出吗？

目前在中国移动支付方式中使用最多的当属支付宝支付和微信支付。支付宝成立于 2004 年 12 月，目前已发展成为全球领先的第三方支付平台。截至目前，支付宝实名用户超过 3 亿户，支付宝钱包活跃用户超过 2.7 亿户，单日手机支付量超过 4 500 万笔，超过 2013 年双 11 创造的单日手机支付 4 518 万笔的全球峰值纪录。2014 年仅双 11 全天，支付宝手机支付交易笔数达到 1.97 亿笔。目前，支付宝已经跟国内外 180 多家银行及 VISA、MasterCard 国际组织等机构建立了深入的战略合作关系，成为金融机构在电子支付领域最为信任的合作伙伴。微信支付是在微信基础上衍生出来的一个服务，覆盖 6 亿户的微信客户端，使微信支付一经推广便得到了迅速发展，目前微信支付已实现刷卡支付、扫码支付、公众号支付、APP 支付，并提供企业红包、代金券、立减优惠等营销新工具，能满足用户及商户的不同支付场景的需求。凭借数目如此之多的微信客户端的推广，未来微信支付的发展前景令人期待。

近期，一种全新的支付工具 Apple Pay 进入了大家的视线。Apple Pay 是苹果公司在 2014 苹果秋季新品发布会上发布的一种基于 NFC 的手机支付功能，并于 2014 年 10 月 20 日正式上线。Apple Pay 的目的就是取代信用卡，只要消费者把信用卡上的信息存储到 iPhone6/plus，就可以在超市、商场、餐厅、公交系统等线下场景中对着支付终端使用手机进行支付。目前，苹果公司正在致力于将这项功能拓展到更多的国家，在中国随着苹果与阿里的合作及对中国银联支付体系的支持，Apple Pay 的影响力正在不断放大。

其他像手机银行与掌上银行业务在世界及中国均已经开展起来。比如中国招商银行的手机银行服务（Mobile Banking Service）就包括移动支付的业务，可查询和缴纳手机话费、水、电、煤气等各类日常费用，也可直接用手机完成商户消费的支付结算，是当今继信用卡之后最新的支付手段之一。

8.2.2 移动支付的应用模式

目前移动支付根据使用的移动商务工具不同、应用的网络技术不同，在细节与业务流程处理上存在很大差别。作为新兴的支付方式，移动支付的体系标准还没有建立起来，仍在探索发展中，这成为了目前制约移动支付发展的主要原因之一。到目前为止，国际上没有一家机构和组织能够提供一个为多方所接受的移动支付技术。这里只简单介绍移动支付的一般应用模式框架，更详细的分析叙述有待将来进一步的工作。

移动支付的一般应用模式框架如图 8-5 所示。需要注意的是，中间的通信塔不仅仅是 WWAN 服务中的通信设备，它也包括 WLAN 的无线接入点等。

从图 8-5 所示框架可以看出，移动支付的参与方一般涉及移动用户、网上商家、无线通信服务提供商、公共 WAN 平台（如 Internet）、移动支付受理银行等，在相关的支付信息传递过程中还涉及多方的安全控制体系以及相应的加/解密操作，实现在移动支付流程中对移动终端的信息加密、身份验证和数字签名等功能。

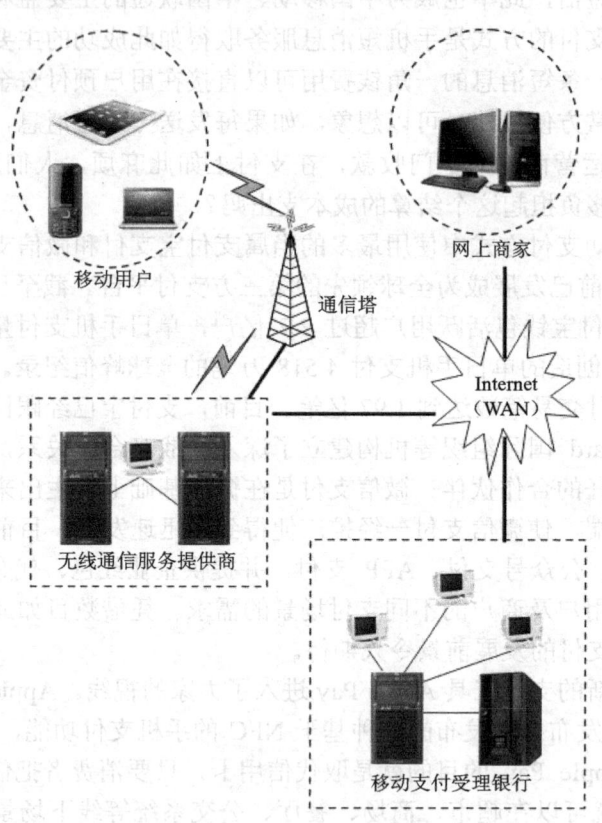

图 8-5 移动支付的一般应用模式框架图

8.2.3 移动支付的应用类别

移动支付按完成支付所依托的技术条件可以分为近场支付和远程支付两种。所谓近场支付，就是消费者在购买商品或服务时，即时通过手机向商家进行现场支付，使用手机射频（NFC）、红外、蓝牙等通道，实现与自动售货机及POS机的本地通信，其支付在线下进行，不需要使用移动网络。目前常见的近场支付方式有以下三种。

（1）红外线支付方式。红外线支付方式是目前比较成熟的一种非接触式移动支付技术，利用具有IrDA（红外线点到点通信技术）端口的移动终端设备通过红外线发射与接收实现信息传递，从而完成交易。红外线支付方式具有能耗低、价格便宜、传播速率高和技术发展成熟等优点，但由于其是一种视距传输技术，在进行数据传输时中间不能有阻挡物，且其耐用性不强，阻碍了其在移动终端设备中的广泛推广。

（2）蓝牙支付方式。利用软件控制蓝牙终端设备，通过蓝牙链路传送银行卡号、交易金额、密码等信息以完成交易，使移动终端成为一个可以放进无数张银行卡的"电子钱包"。2001年，爱立信与Eurocard AB在瑞典开始测试基于蓝牙的移动支付系统，将具有蓝牙支付功能的手机与信用卡账号进行了绑定。蓝牙技术具有功耗低、抗干扰性强，以及优越的安全保密性及支持多设备同时通信等许多功能上的优点，在对数据安全性与可靠性有很高要求的电子支付系统中可以得到很好地应用。目前大多数的移动终端都拥有蓝牙设备，这对蓝牙支付技术的推广奠定了很好的基础。该项技术目前还停留在推广阶段，阻碍其发展的最大障碍是价格过于昂贵，但随着技术的发展，其优越的性能将使其拥有很好的发展前景。

（3）NFC支付方式。近距离无线通信（NFC）是目前近场支付的主流技术，是一种短距离的高频无线通信技术，它允许电子设备之间进行非接触式点对点数据传输交换数据。该技术由RFID射频识别演变而来，并兼容RFID技术，其最早由飞利浦、诺基亚、索尼等公司主推，主要用于手机等手持设备中。相较于前两种支付方式，NFC支付对终端的依赖性更低，且更为安全和便捷。近几年，NFC支付方式得到了快速发展，据知名信息技术咨询公司Gartner的一项调查显示：2013年年度，NFC支付方式进行的结算金额比例约为2%；在中国，据银联发布消息，截至2014年一季度末，全国"闪付"NFC终端已有近300万台可支持金融IC卡和受理NFC手机支付。随着移动支付的不断普及，NFC近场支付在未来将有巨大的潜在市场需求空间。

远程支付不受地理位置的限制，是指消费者利用移动终端，借助通信网络，通过移动运营商的SMS、IVR、WAP、USSD等服务向远程商家传递支付信息完成支付行为，其中移动运营商通过手机号码来确认消费者，并通过手机手动发送的密码确认整个支付过程的真实性。远程支付实际上是基于移动互联网把PC端照搬过来的模式，支付方式有手机银行转账支付、手机话费支付、第三方账户支付及充值卡支付等，按实现技术的不同主要分为以下几种。

（1）SMS支付方式。SMS是Short Message Service的缩写，是一种短信存储和转发服务。基于SMS的移动支付是用户向特定号码发送支付短信，支付平台据此扣除其话费账户或者银行卡账户内相应金额的一种支付方式，是最早的移动支付模式。使用话费账户进行支付的形式不会涉及银行的参与，其费用直接从用户的话费中扣除，安全性取决于短消息的安全度，比较适合金额数目较小的支付，目前主要用于支付手机上的一些基本服务。使用银行卡账户进行支付需要将银行卡与手机账号进行绑定，用户在进行交易时，通过短信传输密码和支付确认信息，以此完成交易扣款流程，这一方式在公共事业缴费、航空购票等领域有较多应用。近年来，随着智能终端和移动互联网的快速发展，基于 SMS 的移动支付方式发展速度开始放缓。

（2）IVR 支付方式。IVR 即 Interactive Voice Response 的缩写，基于 IVR 的移动支付方式是语音通信业务的扩展，其支付形式与基于 SMS 的移动支付类似，只不过 SMS 支付方式借助的是短信传输支付信息，而 IVR 支付方式借用的是语音通信。IVR 的接入方式在传统呼叫中心系统发展得已非常成熟的今天，具有一定的优势，相对其他方式而言，其具有更高的稳定性和实时性，且为大家所广泛熟悉和接受，但由于相对简单，在支付的安全性上还难以得到很高保障，一般也只应用于小额支付。

（3）USSD 支付方式。USSD，是英文 Unstructured Supplementary Service Data 的缩写，即非结构化补充数据业务，是一种基于 GSM 网络的新型交互式数据业务，它是在 GSM 的短消息系统技术基础上推出的新业务，当然也可用于支付业务的处理。与传统的 SMS 支付方式相比，USSD 支付方式在通话状态下使用独立专用控制信道 SDCCH，数据传输速率大约为 600b/s，在非通话状态时使用快速辅助控制信道 FACCH，数据传输速率大约为 1kb/s，且其提供透明通道，不进行存储转发，传输速率更高，响应速度更快。基于 USSD 的移动支付方式还具有操作简便、费用低廉的特点，很适合用于小额交易。目前，这种业务在香港特区、新加坡等国家和地区已有广泛的应用，在中国也有广阔的应用前景。

（4）WAP 应用支付方式。WAP 是一项全球性的网络通信协议，它使移动互联网有了一个通行的标准，其目标是将移动互联网的丰富信息及先进的业务引入到移动电话等无线终端之中。通过 WAP 这种技术，可以将移动互联网的大量信息及各种各样的业务引入到移动电话、PALM 等无线终端之中。无论在何时、何地只要需要信息，打开 WAP 手机，用户就可以享受无穷无尽的网上信息或者网上资源。WAP 协议的开发原则是独立于空中接口的，因而可应用于各种无线承载网络之上，具有很广泛的实用性和实用性。借助 WAP 的应用，可以实现基于 WAP 服务的手机在线支付。

（5）WWAN 应用支付方式。针对利用 WWAN 技术特别是 3G 技术与 4G 技术的手机、PDA 及笔记本电脑等智能移动设备连接互联网后的在线支付，流程上与有线互联网应用差不多，但是需要采取适合移动通信的安全防护措施，实现在移动支付流程中对移动终端的信息加密、身份验证和数字签名及信息传递过程中的安全。这也是目前研究的热点问题之一，安全的 WWAN 应用支付将大大扩大移动商务的发展规模。

8.2.4 移动支付的商业模式

移动支付涉及交易金额、付款解决机制和支持技术，其利益相关者主要是技术提供商、服务提供商及移动支付使用者。其中技术提供商包括网络运营商、相关金融机构、移动技术开发者和移动设备制造者等；服务提供商包括移动内容开发者、移动内容整合者、采用移动支付的商家和机构、其他中介机构（如安全服务提供者）、移动支付解决方案提供者等；移动支付使用者是指接受移动支付的顾客，包括使用移动内容的顾客、使用移动支付方式购买传统服务的顾客及接受现有服务移动版的顾客等，三者均是移动支付业务的主要参与者，对移动支付产业的发展起着基础性的作用。

对应以上的利益相关者，形成了移动支付业务的金融机构、移动运营商和第三方支付平台三大关键实体。三者在争夺移动支付业务的过程中相互角力,形成了四种主要的商业模式,即金融机构主导的运营模式、移动运营商主导的运营模式、第三方支付平台主导的运营模式及金融机构和运营商合作的运营模式。由于移动支付业务涉及的利益相关者较多,三大关键实体的任何一方独立进行移动支付操作都比较困难,因而形成的商业模式主要是由一方或几方主导。

下面将对四种主要商业模式一一进行介绍。

1. 金融机构为主导的商业模式

金融机构为主导的商业模式,指的是金融机构与移动运营商之间进行系统接入,用户可以直接通过银行卡账户支付款项,也可以将银行账号与手机账号绑定在一起进行支付。在这种商业模式中,移动运营商基本不参与,仅仅是为用户和金融机构提供通信通道,金融机构在其中起主要作用,需要为用户提供付款途径和相应的交易平台。例如,中国银联推出的银联手机支付就是以手机中的金融智能卡为支付账户载体,以手机为支付信息处理终端的创新支付方式,它不仅将手机与银行卡合二为一,还把银行柜台"装进"持卡人的口袋,让用户可以随时随地登录中国银联手机支付客户端。这一方式为移动支付提供了一种更为安全、便捷的新型支付平台,使用户可以利用计算机(Web)、电话(IVR、WAP、SMS)、柜台(面对面)等多种途径进行支付,并通过移动电话进行实时信息互动,确保用户支付的安全。其于 2011 年推出的 NFC-SD 卡更是功能强大,将 NFC 技术与 Micro SD 卡进行了整合,使可以同时实现现场支付与远程支付,目前已可以实现包括缴纳水、电、气费和话费充值,电影票的购买及机票预订等在内的多项移动支付业务。

在这种商业模式下,金融机构的主要收入来源是从商家获得的每笔交易的服务佣金,移动运营商的主要收入来自消费者的通信费和金融机构支付的专网使用或租借费。以金融机构为主导的商业模式的缺陷是:资源浪费严重,每个银行均需要购买自己的设备并开放支付系统,成本比较高;对终端的要求高,要使用该移动支付业务,需要更换手机或者 STK 卡,用户的使用成本上升;银行之间互连互通较差,不利于该支付形式的长远发展。

2. 移动运营商为主导的商业模式

移动运营商为运营主体的商业模式,由移动运营商在手机账户中设置专门的账户作为移动支付账户,直接从用户的话费中扣除移动支付所需的交易费用。这种商业模式的特点是运营商直接与用户和商家建立连接,无须银行等金融机构的参与,技术成本很低。但是由于只是在话费中直接扣除,且很难区分手机话费和移动支付的其他费用,因而一般只用于小额支付。由于账户是支付过程的核心环节,因而运营商都倾向于建立自有账户,由运营商自身对账户进行管理和进行资金划账等。比如,用户下载手机铃声、游戏、小说等服务时,通过 SMS 或者 WAP 计费,将费用从用户的手机话费中直接扣减。这也是目前移动互联网行业中各公司,如新浪网和搜狐网等进行业务收费时主要采取的模式。但由于与国家金融政策发生冲突,无法进行大额支付,因此一般只支持小额支付,对于金额较大的支付,需要与银联或者第三方支付平台合作予以实现。

在这种商业模式下,收入主要来源于从商家获得的服务佣金和从消费者处获得的通信费,如果涉及金融机构的话,还需与金融机构按一定比例分成。该商业模式的优点是技术实现方便、操作简单；主要缺陷是不适用于对较大金额交易进行支付。

3. 第三方支付服务提供商为主体的商业模式

第三方支付服务提供商是独立于移动运营商和金融机构之外的经济实体，有着独立的经营权，它一方面起着桥梁的作用，负责连接移动运营商、金融机构和用户，另一方面负责划分和结算用户银行账户和服务提供商账户。以第三方支付服务提供商为主导的商业模式是指由独立于银行和移动运营商的第三方运营商利用移动运营商的通信网络资源和金融组织的各种支付卡，借助银联跨行结算合作门槛高的特点，与银行和移动运营商开展合作，借助手机的移动上网功能，利用手机客户端软件来实现无线支付，从而提供综合性的结算服务。在这种模式下，第三方企业相当于是建立了一个移动支付平台，只要用户通过平台进行注册，便可获得其提供的移动支付服务。例如，目前国内最大的第三方支付平台支付宝推出的手机客户端，便可实现查询、交费及转账等多种支付服务。用户只需在该支付平台上注册账号，将自己的手机和银行卡与其绑定，便可享受该平台提供的多种支付服务。目前，在中国以支付宝、财付通为主的第三方支付平台正在依靠庞大的用户群不断发展成为控制终端消费人群的支付工具。2010年6月，央行公布《非金融机构支付服务管理办法》，规定未经中国人民银行批准，任何非金融机构和个人不得从事或变相从事支付业务。该方法自2010年9月1日起正式施行，表明对国内第三方支付行业正式实施监管。

在这种商业模式下，第三方支付服务提供商的收益来源主要是用户的业务使用费和银行、移动运营商和商户的设备、技术使用许可费，其中收取的用户业务使用费还需与银行和移动运营商进行分成。相较于前两种商业模式，第三方支付服务提供商为主体的商业模式最大的优点是能利用其支付平台，将移动运营商、服务提供商、金融机构和平台运营商进行明确分工，优化各参与者之间错综复杂的关系从而提高整体运作效率；与各金融机构和运营商开展合作，能为消费者提供跨银行和运营商的移动支付服务；缺点就是需要协调各方资源和利益的关系，无形中增加了自身的运营成本和工作量，且在市场、资金、技术和能力等方面均对第三方有较高的要求。

4. 金融机构与运营商合作模式

以运营商与金融机构为主的合作模式是目前使用最为广泛的，且在日本和韩国已经取得了成功。这种模式下的运营商借助自身拥有的用户优势保障通信技术的安全，银行则负责提供安全的移动支付和信用管理服务，这样既可以增强风险的承受力，又可以放宽支付额度，有利于在市场的推广。这种模式下的一般流程是，用户先将自己的手机号和银行卡等用户支付账号进行绑定，然后在交易过程中通过WAP、语音、短信等多种方式，利用银行卡等账户进行支付。其中，移动运营商是技术方面的强者，银行是信用管理方面的强者，两者合作属于强强联手，优势十分明显。中国国内典型的案例就是由中国移动和银联联合推出的"手机钱包"业务。它将客户的手机号码与有银联标志的借记卡进行绑定，通过手机短信等操作方式便可以随时随地为拥有银联标志借记卡的中国移动手机用户提供方便的个性化金融服务和快捷的支付渠道。同时，它也具备手机支付账户的基础功能，即利用绑定的银行卡可以为手机支付账户充值以实现移动支付。该项业务是基于无线射频识别技术（RFID）的小额电子钱包业务，用户在开通该业务后，即可在中国移动营业厅更换一张手机钱包卡（支持 RFID 功能的专用 SIM 卡，该卡比原 SIM 卡增加了终端刷卡功能），凭此卡可以使用手机在布放有中国移动专用 POS 机的商家（如便利店、商场、超市和公交车）进行现场刷卡消费。目前其支持的业务已涵盖软件付费、邮箱付费、数字点卡的购买、手机保险、电子杂志等多个领域。

该商业模式下的收益来源与移动运营商为主导的商业模式下的收入来源类似，均是从商家获得的服务佣金和从消费者处获得的通信费，两者按一定比例进行分成。该模式的优势是合作双方均有核心产品，两者建立战略合作关系能增强对移动支付产业链的控制力度，有利于移动支付业务的长远发展。

8.2.5 移动支付的发展展望

中国的移动支付起步较早，但发展较慢。早在 1999 年国内就有了移动支付的概念，但直到今天，相较其他发达国家而言，中国移动支付的市场覆盖率仍较低，还存有很大的发展空间。国内移动支付的发展大致可分为移动互联网远程支付、O2O 电子商务支付及近场支付三个阶段。

1）移动互联网远程支付

移动互联网远程支付是移动支付发展之初的主要形式，主要基于 SMS、IVR 接入方式的移动支付模式，操作相对简单，基本不会涉及金融机构的参与，在安全性上没有较高保障，主要用于一些小额支付，典型代表是短消息的实时支付。

随着移动支付技术和互联网技术的发展，开始出现了一些基于移动互联网把 PC 端照搬到移动终端的支付模式，如基于 WAP 应用、WWAN 应用、WLAN 应用等接入方式的移动支付模式。在这一阶段，金融机构开始参与进来，移动支付的安全性开始上升，交易也不再只局限与小额支付。典型的代表为支付宝手机客户端、银行网络银行手机客户端等。

2）O2O 电子商务支付

目前互联网支付巨头纷纷针对 O2O 电子商务支付领域推出一些创新支付形态，从而为移动支付产业带来一个短期的高速增长态势。该类支付技术的典型代表主要有二维码支付、声波支付、手机刷卡器支付和基于 LBS 技术的 iBeacon 支付四种。

二维码本身是一种可读性的条码，终端设备在扫描和识别了这些数据之后取得支付数据，并借助网络实现远程支付，过程简单，对设备要求低，因而应用最为广泛，但带来的问题是安全风险较高。

声波支付利用声波的传输，完成两个设备的近场识别，进而借助网络实现支付，目前支付宝钱包和中国银行"中银易商"客户端已运用该功能。

手机刷卡器是读取磁条卡信息的外接设备，通过手机设备上的 3.5mm 音频插孔来传输数据，刷卡器本身没有支付功能，需借助支付软件的配合才能完成支付和收单功能。目前推出手机刷卡器产品的公司国外有 Square，国内有拉卡拉和盒子支付等，但国内因收单方 POS 端受到管制，因此只能在个人客户中应用。

LBS（Location Based Service，基于位置的服务）技术以 iBeacon 为代表，是基于蓝牙 4.0 低能耗版协议所开发的技术，商家可通过部署 iBeacon 基站实现室内定位，但定位精度最高只能达到 1m，定位精度的不够导致其在支付领域困难重重。目前 iBeacon 在支付领域的应用尚处在构想状态。

此外，O2O 电商支付技术中的二维码、声波、手机刷卡器支付功能均需借助网络才能实现，因此其连接速度也受到网络限制，用户体验差强人意。

3）近场支付

近场支付是近年来新兴的一种移动支付方式，由于具有对终端依赖性低、耗电小、操作简便等优点，在市场上得到了快速发展。典型代表即 NFC 支付技术，目前全球成功的案例为日本最大运营商 NTT DoCoMo 推行的手机钱包业务"Osaifu-keitai"，2013 年其手机钱包用户渗透率已超过 70%。

当前中国移动支付市场正处在第二阶段向第三阶段转变的时期，现存的二维码、声波、LBS 等移动互联网交互技术都只是实现 NFC 等近场支付方式全面推广前的过渡手段。

纵观移动支付的发展史，支付模式一直在向更方便和灵活的方向发展，但在安全性上，还有待进一步完善。长期以来，安全问题一直是阻碍移动支付业务向前发展的主要因素，而在中国，传统的现金交易观念依然深入人心。如何让更多用户接受移动支付方式，这是拓展移动商务的关键。

这方面目前已有一些成功的事例。

相较于中国移动支付发展的缓慢速度，在日本，移动支付早已达到了很高的普及率，远远超过美国和欧洲，且已具有比较成熟的商业模式。日本的移动运营商在全球是属于最早进入移动支付领域的，是移动支付产业的主导者，它们推出的手机支付几乎覆盖了日本所有的便利店、地铁和餐馆等，在日本，手机就是钱包。

日本移动支付市场有三大主要运营商，即 NTT DoCoMo、KDDI 和软银，其中在移动支付业务上开展得最好的当属 NTT DoCoMo，它是日本最大的移动运营商，其推行的"Osaifu-keitai"成为了全球最成功的手机钱包业务，早在 2013 年这一手机钱包的用户渗透率就已经超过 70%。

这里引用 2015 年 5 月 15 日在搜狐网上登载的一篇标题为"推出全球第一款虹膜支付手机的 NTT DoCoMo 公司 可不简单"的新闻报道来对日本的 NTT DoCoMo 公司进行介绍，以通过此使对日本移动支付业务的发展进行一定的了解，为国内相关行业的发展提供借鉴。

推出全球第一款虹膜支付手机的 NTT DoCoMo 公司 可不简单

九个头条网讯：近日，日本运营商 NTT DoCoMo（都科摩）和富士通推出了世界上第一款使用虹膜技术的智能手机——Arrows NX F-04G。用户只需要直视前置摄像头就能给手机解锁和授权支付，手机的摄像头会扫描你的眼睛，对虹膜图像进行解码。

是不是听起来很酷炫的样子？其实，更牛逼的是 NTT DoCoMo 这家公司本身。

1. 推出的 I-Mode 模式曾影响全球移动互联网

在 2008 年 iPhone 于日本销售之前，三大运营商 NTT DoCoMo、KDDI 和软银是这个移动通信市场上毫无疑问的霸主。1999 年 2 月，NTT DoCoMo 推出了 I-Mode 服务模式，使得日本移动互联网发展到顶峰，成为全世界争相顶礼膜拜的对象。

所谓的 I-Mode，就是让用户在手机上享受各种丰富的上网服务，包括收发邮件、收看新闻资讯、接收气象信息、接受订票服务和进行网上购物等。虽然现在看来这些功能微不足道，但那可是在 20 世纪 90 年代，中国还处在寻呼机的时代。

NTT DoCoMo 的 I-Mode 模式形成了"网络服务—终端—平台—业务—渠道"的完美封闭体系，在很长一段时间里，让日本的手机支付、手机音乐、手机游戏、手机阅读、手机广告等领域，都一度在全球遥遥领先。苹果公司后来的 App Store+iPhone 体系与之高度相似，而中国移动也借鉴它，衍生至后来救活了一批互联网企业（如腾讯网、新浪网、网易网、搜狐网等）的移动梦网。

2. 疯狂的收购和发力移动支付

在 I-Mode 推出后，NTT DoCoMo 一跃成为全球 IT 产业的明星公司，股票开始飞涨。同时，财大气粗的 NTT DoCoMo 在全球大肆收购，出资 98 亿美元收购了 AT&T16%的股份；在亚洲，投入巨资持有了香港和记电信公司 24.1%的股份，持有台湾远传电信公司 4.7%的股份，持有菲律宾运营商 Long Distance Telephone 14.1%的股份；在欧洲，NTT DoCoMo 先后和英国、法国、西班牙、意大利、希腊、荷兰等国的运营商展开合作。

此外，当人们的支付宝和微信还在拼杀移动支付的入口时，日本早在 2004 年就开始大面积普及手机近场支付了。根据当时官方的数据显示，彼时日本移动互联网用户已经高达 7 515 万户，占总人口的 70%左右。而日本移动支付的崛起，NTT DoCoMo 也发挥了极其重要的推动作用。

3. 与 iPhone 的对抗

随着软银开始在日本销售 iPhone，到了 2012 年，iPhone 已经成为日本市场名副其实的手机霸主。NTT DoCoMo 对此的反击是"去电信化"，即运营商向电信周边的产业去扩展。从 2010 年开始，NTT DoCoMo 就逐渐向金融及结算业务、多媒体业务、商业服务、医疗与健康服务、物联网、集成与平台化业务、环保服务、安全安保服务这八大领域去扩张。

并且，NTT DoCoMo 还推出了手机钱包业务，多年来已在日本得到广泛普及。如今，NTT DoCoMo 围绕着电信行业，基于其自己的云计算平台，借力便利的支付手段，打造了一个巨大的生活圈，涵盖人们的衣、食、住、行各个方面。

4. 不断推出新手机

近日，在 NTT DoCoMo 春夏季发布会上，夏普公司推出了一款超窄边框的新机 Aquos ZETA SH-03G，该机最大的亮点除了超窄边框，还有边框会发光功能。在国内小米、华为、魅族等企业的产品都追求更大、更薄、像素更高的氛围下，DoCoMo 的做法可谓是独树一帜。

有专业人士表示，虽然日本的移动互联网发展之迅猛令人咋舌，总体领先于中国 5~7 年，但也存在非常典型的"加拉帕戈斯综合征"特征，即离开本土就很难生存，不具备可复制性。而这点从此次这款虹膜支付手机暂时并打算走出日本上，就能得到一定印证。但相信，这并不妨碍接下去会有更多厂商推出相关产品，虹膜支付手机在中国推出可能也不远了。

除了以上这些，日本的 NTT DoCoMo 公司还在不断推行新的服务，如与高通合作，以 Sense ID 指纹识别技术提供手机支付服务、启动 5G 标准化工作等。

在中国，移动支付行业也在快速发展，2015 年春节的全民抢红包背后就是互联网巨头企业阿里巴巴和腾讯在抢夺移动支付的用户与市场份额。移动支付的浪潮正在带动近场支付（NFC）产业的快速发展。随着 Apple Pay 的兴起，谷歌、三星、支付宝等国内外企业纷纷加大在 NFC 的布局力度，Android Pay、Samsung Pay，就连 Swatch 手表和阿迪达斯等企业都宣布要在新产品中配备 NFC 功能。越来越多的厂家和消费者将加入到移动支付的行列中来。中国三大运营商在近场支付产业的竞争中，中国移动明显占据了先机。中国移动是最早对近场支付进行布局的运营商，在标准上就领先于其他两家运营商，并取得了较大的自主权。中国联通和中国电信则紧随其后，与中国移动一起拓宽近场支付的产品种类，现已涵盖了公共交通、银行业务、优惠券业务等多个领域。相对于其他两家运营商而言，中国移动在推行移动支付上具有强大的用户优势。据最新的数据显示，2014 年，在用户数量方面，中国移动新增移动用户数达 3 942.8 万户，在 4G 网络用户方面，中国移动全年新增超过 9 000 万户，几乎是中国电信和中国联通之和的 10 多倍。庞大的用户数量能为其近场支付业务的发展奠定坚实的基础，在带动 NFC 用户增量上有极大的发展潜力。在支付宝支付、微信支付和二维码支付逐渐得到普及的情况下，NFC 也不甘落后，并逐渐发展成为手机品牌的标配。中国移动在推广 NCF 的过程中，也在不断创新，从 2014 年开始就力推 NFC 终端及 NFC-USIM，现在中国移动又有了新措施。据中国移动官网上的消息，目前中国移动已经启动了 2015 年 NFC USIM 全卡产品集采工作，即这些 SIM 卡将具备 NFC 特性，这样只要用户换上这类卡，即使在没有 NFC 模块的手机上也可使用 NFC 的近场通信功能，这将加大对近场支付的推广。总体上看，在三大电信运营商的大力推动下，国内 NFC 近场支付已经逐渐融入到普通消费者生活的方方面面。未来，支付宝、财付通、拉卡拉等企业将会继续抢占线下的支付市场，无论是打车、餐饮、市场及超市，还是医疗、交通和金融等领域，更多的实体场所将能接受手机钱包的付款方式。可以预测，不远的将来，移动支付将逐步发展成可替代银行卡、现金的支付工具，而 NFC 近场支付将为线下移动支付的发展带来更多的想象空间。

总之，随着无线技术的进步，特别是在越来越普及的 4G 网络移动用户最多的中国的全面实施，移动支付会逐渐做到安全可靠和快捷方便，用户也会越来越接受这种方式，未来的移动支付涵盖范围将越来越广泛。有人乐观地表示，有了移动支付支持的移动电子商务将成为未来电子商务的主流发展形式。

8.3 微支付

信息网络时代里还存在大量的又经常发生的微额支付，特别是在电子商务中，基于成本、速度、方便性等因素，B2C 型网络支付不太适合需要，本节所述的微支付方式是一个有效的应对方法。

8.2 节所讲的移动支付，特别是应用手机的移动支付方式快速发展的主要原因之一，就是要满足这些微小金额商务的支付结算需求，如手机支付一次停车费，可以说它是一种较好的微支付方式。

本节介绍微支付方式的需求背景、定义以及设计目标与需求，在此基础上，以业界领先的 IBM 微支付系统为例，叙述微支付的应用模式。

8.3.1 微支付简介

1. 微支付的发展背景

进入信息网络时代,高新技术发展与应用日新月异,世界经济有了长足的发展,人们的生活日益富足,各种消费欲望也日益加强。为了应对这种需求,在政府、企业等组织的努力下,各种新兴的、多样化的产品与服务正纷纷推出,特别是基于 Internet 的产品与服务,比如网上在线聆听一首歌曲、观赏一部电影、阅读一部小说、浏览一个收费链接、有偿搜索一个产品、寻求一次位置定位、发送一则消息,以及各种传统票务、电子票务等,正快速进入人们的生活与工作。这些商务有一个共同点就是,对客户来讲均是较小的商务,资金结算金额较小,但次数颇多,消费频繁。

B2C 型网络支付方式或传统的现金支付方式在技术上是可以支持上述微小商务的支付结算的,问题是,一次总金额总共只有 2~3 元人民币的商务,当利用信用卡等 B2C 型网络支付方式在线支付或去商家当面交付现金,未免成本上高了一些,速度上也慢了一些,方便性差了一些,正如利用信用卡或纸质现金去支付一次 0.1 元的手机短消息服务的费用一样。因此,面对这些微小金额的商务,发展快捷、简单易用、成本低廉的网络支付方式是商家与用户的共同要求,于是微支付方式的研发应用提上了日程。

2. 微支付的定义与应用目标

所谓微支付,英文为即 Micro Payment,简单来讲是用款额特别小的电子商务交易,类似零钱应用的网络支付方式。支付数额上,具体按美国情况发生的支付金额一般在 5 美元以下,中国相应为 5 元人民币以下,但这不是标准。目前的手机移动支付比较符合这种应用状况。另外,一些企业还开发了电子零钱系统,也是实现微支付的方式之一。例如,Millicent 钱包用的就是能够在 Web 上使用的一种叫做 Script 的电子令牌或电子零钱。Script 可被安全地保存在用户的 PC 硬盘上,用口令对其加以保护,可以像电子现金一样实现在线的灵活支付。电子现金或装在 IC 卡上的电子现金有时也用于微支付。

IBM 公司为电子商务中这种小额支付提供了较为成熟的微支付解决方案,有兴趣的读者可以登录 IBM 电子商务服务网站浏览相关内容。其实手机短消息支付就是微支付,一般每条 SMS 费用为人民币 0.1 元左右。

随着有线与无线宽带接入越来越普及,而 Internet 上这种微额商务越来越多,用户也越来越喜欢与依赖网络生活,微支付发生的次数越来越多,使用频率也就越来越高,因此,方便有效的微支付方式也是促进电子商务普及开展的重要因素。

微支付方式虽然属于电子或网络支付方式,但鉴于微支付的特殊应用目的,微支付方式设计与应用上必须达到以下目标。

(1)很低的运作成本。这是首要解决的问题,要在支付机制上努力降低或取消不必要的费用,比如由商家直接控制退款,建立预先支付账户,在通信、处理、存储过程中减少计算量等。

(2)结算快捷,即延迟可以达到忽略的程度。减少像信用卡支付中使用大量密钥运算、银行授权等导致延迟情况的发生,比如离线授权,每次购买过程中只有一个或没有公钥操作,把支付信息附在 Internet 标准的信息请求中以减少额外通信,批量购买等。

（3）操作简单方便，实现"单击就可支付"，无须额外窗口。界面设计上尽量简单实用，交互次数少。

（4）普遍性和可伸缩性。可以支持互操作性系统、使用多种货币结算等功能。目前在中国支持人民币就够了，在2008年北京奥运期间可考虑支持多货币及货币转换问题。

（5）购买、销售、管理均很容易。比如借助手机存储、充值等就是不错的方法。

（6）用户易于接受，保证一定的安全。可以结合其他营销方式等来优化用户的应用感受。

8.3.2 IBM微支付系统及应用模式

IBM是电子商务的倡导者，也是包含网络支付在内的全球电子商务解决方案的领先供应商。其中，IBM的微支付系统解决方案已在全球许多电子商务企业中应用，因此在整个技术体系上比较成熟。

下面以IBM微支付系统为例，介绍基于Internet平台的微支付应用模式。

1. IBM微支付系统的应用框架

IBM微支付系统一般由4~6个参与实体组成。图8-6所示为较为常用的五个实体的IBM微支付系统应用框架。

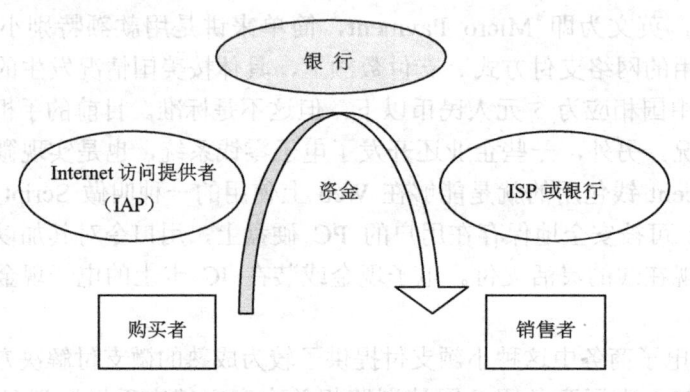

图8-6 IBM微支付系统应用框架示意图

（1）购买者：在其计算机上运行微支付客户端软件作为微支付钱包（类似电子钱包）。

（2）销售者：网上产品或服务提供商。

（3）Internet访问提供者：IAP（Intenert Access Provider）作为购买者的记账系统。

（4）ISP或银行：ISP（Internet Service Provider）即Internet服务提供者，作为销售者的记账系统，不过也可能是个银行或作为一个IAP。

（5）银行：连接购买者的记账系统与销售者的记账系统的中间交换者，典型的是一个银行或其他金融机构。微支付也支持图中IAP与ISP间的直接连接，或多个中间交换者。

如图8-6所示，微支付建立了在IAP与购买者之间的现有账户和记账关系，以及销售者和ISP的关系上的支付方式，同时也扩展了这些关系。作为交换者的银行可使用现有关系和IAP与ISP的关系，提供资金转账服务。

2. 微支付的一般应用模式

为了简化，这里只考虑四个参与实体（没有资金转换者）来描述最重要的微支付业务处理流程，即微支付的一般应用模式。微支付的一般业务处理流程示意如图 8-7 所示。

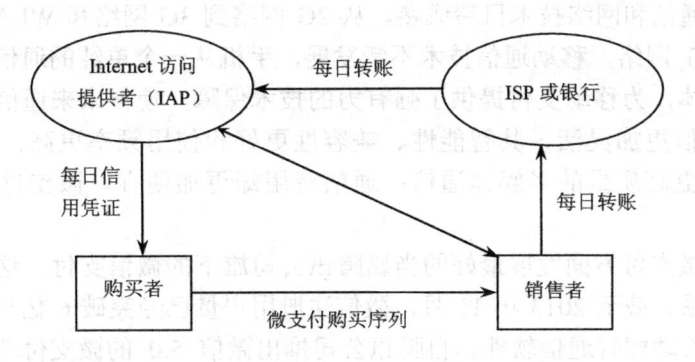

图 8-7 微支付的一般业务处理流程示意图

在上述微支付业务处理流程中，可以优化整合最频繁的购买，把微支付信息附在 Internet 购买序列中以减少额外通信，并在保证一定安全的前提下最小化密码处理，以提高支付效率。通常，微支付购买不涉及任何额外信息。

购买者应用微支付系统时，将向销售者发出一个带有数字签名的微支付购买序列，并附加在一般的 GetURL 消息中。支付序列（Payment Order）也包括一个每日证书（Daily Certificate），每天由 IAP 提供。销售者可以验证这个证书中 IAP 的数字签名，从而确认购买者是有效的，并取得购买者的公钥，以加密关键的交互信息。

在一个不太长的周期内，销售者集中所有购买者的所有支付序列，形成单个的带有销售者数字签名的转账消息（Deposit Message），发送 ISP，这是清算处理的开始。

ISP 定期收集其负责的所有销售者的支付，将这些支付转到相应的 IAP，借助批量的处理方式，可以降低处理的费用，类似支票的使用。

总之，在 Internet 今后的发展中，随着网络产品与服务的大大丰富，专门针对网上微额支付结算的微支付方式的发展与应用前景极为广阔。移动通信技术的进步促进更加新颖的移动商务的发展，使移动支付方式也迅速发展。很多的移动支付方式，如手机的短消息支付与 STK 支付均是很好的微支付方式，IC 卡应用日益广泛，也可作为电子零钱的存储与应用媒介而用于微支付，使微支付方式日益多样化，方便消费者的使用。

8.3.3 中国的微支付发展现状

中国三大电信运营商在支付领域早已布局多年。2011 年上半年，陆续成立独立支付公司，2012 年已经全部获得第三方支付许可牌照。国内越来越多的第三方支付公司已开始布局网游、手机网购、SNS 社区、手机应用等微支付市场，如腾讯公司旗下的财付通、盛大网络集团的盛付通、网易旗下的网易宝及易宝支付和浙江移动等都先后推出了微支付平台。

使用手机完成移动支付有着自身独特的优势：

（1）中国人口众多，手机客户数量巨大，客户群体稳定。据国家统计局于 2012 年 2 月发布的 2011 年统计公报显示，新增移动电话用户 12 725 万户，年末达到 98 625 万户，其中 3G 移动电话用户为 12 842 万户。如此巨大的客户数量和稳定的客户群体，随着网络软/硬件设施的不断发展和完善，手机上网将会变得越来越普遍，这也为微支付的发展奠定了坚实的基础。

（2）移动通信和网络技术日臻成熟。从 2G 网络到 3G 网络和 WLAN 技术，再到越来越成熟的 4G 网络，移动通信技术不断发展，手机从一个单纯的通信工具变成一个多功能的应用实体，为移动支付提供了强有力的技术保障，使得未来通信速度更快，网络频谱更宽，通信更加灵活，其智能性、兼容性更好和使用频率更高；能够提供各种增值服务，实现更高质量的多媒体通信；通信费用却更加便宜，微支付也就更加便捷且费用低廉。

目前中国微支付方面发展最好的当属腾讯公司旗下的微信支付。这与微信的蓬勃发展有很大的关系。截至 2013 年 11 月，微信注册用户量已经突破 6 亿户，是亚洲地区最大用户群体的移动即时通信软件。自腾讯公司推出微信 5.0 的微支付功能以来，其开始通过与打车软件公司、传统零售商及大型购物中心等合作的方式，砸下重金，大力推广微支付。在不到一年的时间里，无论用户还是企业，对微支付的接受度和依赖度持续增强。

随着微支付用户黏性增大，微支付平台上积累数据的增多，以微支付为突破口，加速构建电子商务 O2O 生态圈，是腾讯公司部署移动支付的目的所在。由此可见，腾讯公司重金布局移动支付，目的是将阿里巴巴的"平台+金融+数据"的战略进行线下复制，动的就是阿里巴巴集团的"奶酪"。试问用户天天离不开、时时要打开查阅的是微信还是支付宝？

阿里巴巴集团自然不能坐以待毙。根据外媒报道，阿里巴巴集团和苹果公司已就引进移动支付服务达成合作协议，据称该服务或为 Apple Pay。中国是苹果公司的第二大市场，预计未来几年将取代美国成为该公司第一大市场。Apple Pay 借助 NFC 技术，能让 iPhone 用户轻松支付。iPhone 用户只需用手机的顶部对着信用卡的读卡器，手机就会自动弹出 Passbook 中默认的那张信用卡，只需使用 Touch ID 确认支付就能完成整个支付过程。

微支付市场如此激烈的竞争也能从侧面反映出微支付的巨大发展潜力。不管前景怎样，推动电子商务的发展是终极目标，在此过程中，面临市场定位挑战的第三方支付商若想提高自己的地位，得到认可，就必须对金融增值服务进行精心设计，解决电子商务支付环节中产生的交易成本、适用性、方便性与有效性的问题，在电子商务发展的产业链中体现自己独特的存在价值。

8.3.4 微支付市场面临的问题

微支付市场面临的问题主要包括如下五个方面。

1）安全性保障问题

移动微支付和其他电子商务交易一样，安全问题是其发展所要解决的首要问题。手机支付过程中的信息传送依赖于移动通信网络和互联网来完成，支付信息包含客户的银行卡卡号、密码及个人隐私信息，在传输过程中可能被窃取、篡改或丢失，若被非法分子利用，可能会造成一定损失。

2）移动支付行业的政策管制

移动通信企业需要与金融机构合作，共同开展手机支付业务，合作也使得双方互相牵制和制约，共赢的同时都期望获得更大的利润，政府需要加强对非法收入的政策管制。

3）客户的传统支付理念影响

移动微支付是否能取得成功，关键还在于用户能否接受和认同这种支付方式，对于国内普通消费者，传统的"一手交钱，一手交货"观念根深蒂固，人们已经习惯了用现金、信用卡等方式来进行支付，对于通过移动网络发送自己的资料，还心存疑虑，因此移动运营商和金融机构如何进一步提高移动微支付在公众中的市场认知程度，也成为一个不可忽视的问题。

4）缺乏统一的行业标准

企业微支付业务大多是自行设计、推广和收取费用，不同品牌的手机，其支付设备没有统一的标准接口，软/硬件的兼容性较差，不能通用。

5）移动终端的硬件问题

在目前移动商务的微支付的发展中，移动终端尤其是手机在移动商务大规模应用中，还存在自身硬件的约束和限制，比如屏幕小、存储空间小、待机时间短等问题，没有与移动服务接轨，还不能很好地满足用户的需求，这都会制约着移动商务的发展。

随着智能手机的普及，移动近距离通信技术（NFC、RFID等）的应用，以及手机无线上网用户规模的增加，微支付也会随之发展。虽然目前遇到了一些困难和问题，但是这并不能阻碍手机成为未来移动支付行业的领军者。随着移动通信行业和金融行业的进一步深入合作，随着行业标准的统一，随着广大客户对于这种新兴支付方式的接纳，手机微支付业务在手机支付业务中定有一席之地。

8.4 移动支付开展实例

近几年，移动支付在国内得到了迅猛发展，仅支付工具就发展出了数十种，其主流的移动支付工具主要有微信支付、移动支付宝、银联推出的"闪付"卡、各种手机钱包等，国外则有 Square、Google Wallet 和 Apple Pay 等。其中，支付宝在中国起步最早，发展最快，已成为当前全球最大的移动支付厂商。微信支付虽然起步较晚，但发展迅猛，借助对社交网络的融入及微信原有客户端规模的推广，很快就从众多的支付工具中脱颖而出。下面将以国内目前发展较火的移动支付工具支付宝和微信支付为例，简单介绍中国移动支付的开展情况。

8.4.1 支付宝

支付宝公司，成立于 2004 年，是国内领先的第三方支付平台，自成立以来一直致力于为用户提供"简单、安全、快速"的支付解决方案，目前其旗下有"支付宝"与"支付宝钱包"两个独立品牌。截至 2013 年年底，支付宝实名用户已近 3 亿户，其中超过 1 亿的手机支付用户在 2013 年完成了 27.8 亿笔、金额超过 9 000 亿元人民币的支付，支付宝由此成为了全球最大的移动支付公司。

支付宝主要提供支付及理财服务，范围涵盖网购担保交易、网络支付、转账、信用卡还款、手机充值、水电煤缴费、个人理财等多个领域。在进入移动支付领域后，还先后为零售百货、电影院线、连锁商超（商场和超市）和出租车等多个行业提供服务。目前，支付宝的实名用户已超过 3 亿户，支付宝钱包活跃用户超过 2.7 亿户，单日手机支付量超过 4 500 万笔，超过 2013 年双 11 创造的单日手机支付 4 518 万笔的全球峰值纪录，而在 2014 年仅双 11 一天的支付宝手机支付交易笔数便达到 1.97 亿笔。支付宝公司稳健的作风、先进的技术、敏锐的市场预见能力及极大的社会责任感，赢得了银行等合作伙伴的广泛认同。目前，支付宝公司已经跟国内外 180 多家银行及 VISA、MasterCard 国际组织等机构建立了深入的战略合作关系，成为金融机构在电子支付领域最为信任的合作伙伴。

1. 支付宝公司的发展历程

支付宝公司的发展历程是一部简短未完的中国第三方支付产业历史的缩影，差不多诞生于被称为中国"支付元年"的 2005 年，目前已经成长为业务规模占据整个行业份额一半以上的领先者。支付宝公司在移动支付领域的推广使其成为了全球最大的移动支付公司，据艾瑞咨询发布的 2014 年移动支付报告显示：2014 年，中国第三方移动支付市场交易规模达到 59 924.7 亿元，同比上涨 391.3%，交易规模继续呈现超高速增长状态，其中仅支付宝一家企业的市场份额就达到了 82.8%，表明中国第三方移动支付在市场份额上呈现出了集中趋势。2014 年，中国第三方移动支付交易规模市场份额分布如图 8-8 所示。

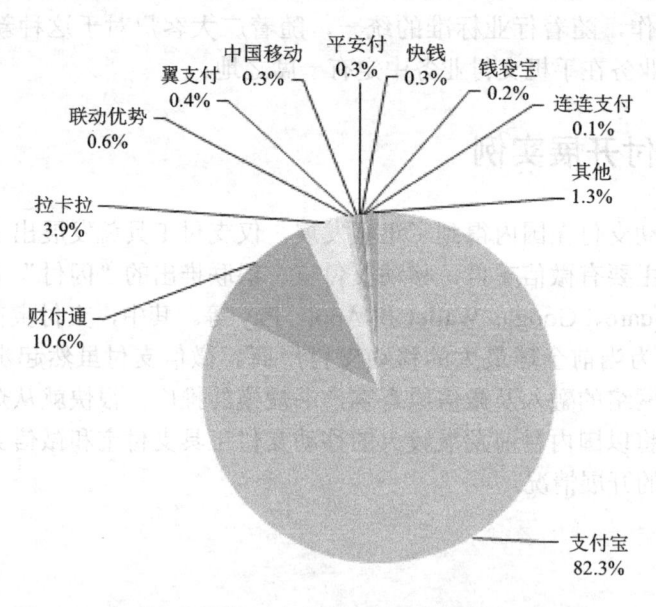

图 8-8 2014 年中国第三方移动支付交易规模市场份额分布

支付宝公司的发展历程从总体上看可以分为三个阶段。

第一阶段是 2003—2006 年，属于支付宝公司的起步发展期。虽说支付宝公司成立于 2004 年，但支付宝最早投入使用是在 2003 年 10 月，且其最初上线的主要目的是解决淘宝上购物的信用问题，这与同期大多数凭借独门的技术优势进军第三方支付产业的逐浪者有很大不同，它有紧密结合的应用场景——网络购物和清晰的客户需求——破解了网上购物的信任问题。2004年，在支付宝初步解决了淘宝信用瓶颈后，阿里巴巴管理层认识到"支付宝或许可以是个独立的产品，成为所有电子商务网站一个非常基础的服务"。于是，同年12月支付宝从淘宝网分拆，通过浙江支付宝网络科技有限公司独立运营，开始由淘宝网的第三方担保平台向独立支付平台发展。2005年，支付宝公司开始着手对其安全性进行保障，并于2月推出了全额赔付制度，提出"你敢用，我敢赔"的承诺。随后，支付宝公司加强了与各方的战略合作，先后与中国工商银行、农业银行、VISA等达成战略合作伙伴协议，加强了与各方在电子商务领域和支付领域合作的广度和深度。但由于当时的网络消费仍处于初步发展阶段，支付宝公司外部拓展空间有限，淘宝网依旧是其单一客户。处于这一阶段的支付宝的重心主要放在完善各项功能上，同时配合用户的不同需求添加新功能以实现推广。截至2006年年底，使用支付宝作为支付工具的非淘宝网商家，如数码通信、游戏点卡等企业已经达到30万家以上，支付宝公司独立支付平台的身份也开始被外界所接受。

第二阶段是2007—2008年，是支付宝公司的扩展阶段。在这一阶段，支付宝公司凭借着发展初期获得的客户基础，开始不断向外拓展业务。不再只局限于自身和集团内部，开始积极与更多的B2C购物网站展开合作，譬如苏宁电器和卓越、当当网等。在2007年，支付宝公司全年交易额达476亿元人民币（占整个电子支付市场47.6%的份额），其中有30%左右来自外部商家，淘宝网已经不再是其单一客户。此外，2007年支付宝公司也开始针对商家（与淘宝网和阿里巴巴网站的交易除外）展开收费。顺应移动支付的发展趋势，2008年2月27日，支付宝公司发布移动电子商务战略，并推出手机支付业务。8月，支付宝公司用户数突破1亿户，超越淘宝网的8000万用户，占网民总数的40%。2008年10月25日，支付宝公司的公共事业缴费正式上线，可以支持水、电、煤、通信等多项缴费业务。在2008年，支付宝公司全年交易额达到了1 300亿元人民币以上，出现了飞速发展。

第三阶段是2009年至今，属于升华阶段。在这一阶段，支付宝公司继续拓展应有行业，不断与外部商家达成合作，截至2009年12月底，支付宝公司外部商家已经增长到46万家，全年交易额达2 871亿元人民币，市场份额达49.8%，到2010年12月，支付宝公司的用户已突破5.5亿户，除淘宝网和阿里巴巴网站外，支持使用支付宝交易服务的商家超过46万家。除此之外，支付宝公司还在不断进行战略转型，从以前的仅提供"缴费服务"向"整合生活资源"拓展，不断扩展线上服务领域。随着近场支付方式的推广，支付宝公司又于2011年7月推出了手机支付产品——条码支付（Barcode Pay），即用远程支付模拟近场支付，向线下支付市场进军。这一阶段的支付宝公司开始逐步走出国内、走向国际，并慢慢渗透到人们生活中的方方面面，提升人们对其的依赖度。

2. 支付宝公司的服务内容

支付宝公司自2004年成立以来，提供的服务内容一直在拓展，从最初仅提供第三方担保交易到现在已经能提供付款、提现、收款、转账、担保交易、生活缴费、理财产品（主要是保险）等多项基本服务，基本涵盖了生活的方方面面。图8-9所示为网页版支付宝首页，图8-10为手机客户端版的支付宝首页。下面将对支付宝公司的一些主要服务内容进行介绍。

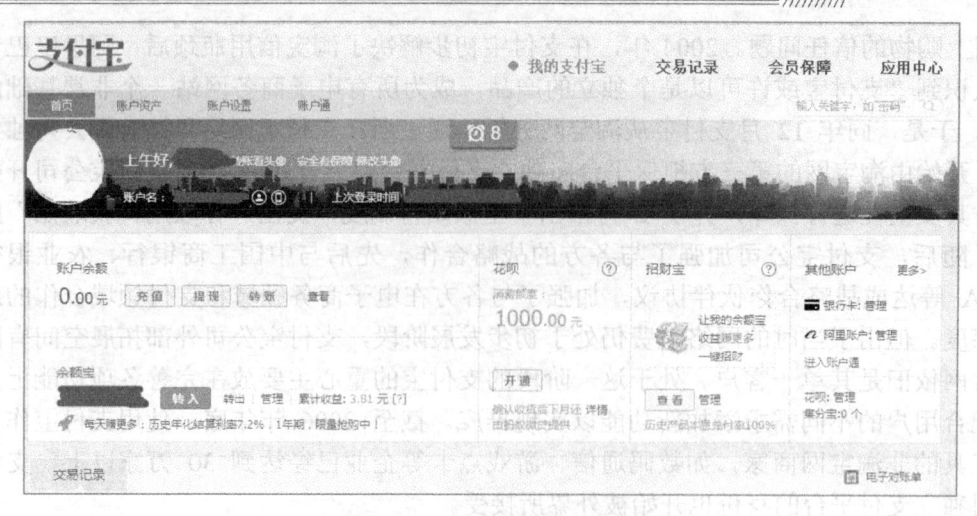

图 8-9　网页版支付宝首页

图 8-10　手机客户端版支付宝首页

1）担保交易

担保交易是支付宝公司最初上线的主要原因。当时的支付宝公司只是淘宝网旗下的一个部门，并没有什么长远发展目标，只是一款专为淘宝网的发展需要打造的支付工具，主要面向淘宝网提供担保交易，解决淘宝网发展的支付瓶颈问题。支付宝公司是根植于淘宝网购需求而发展起来的，反过来淘宝网的发展也为支付宝公司带来了源源不断的用户，支付宝的担保交易服务不仅促成了支付宝公司的成立，也为支付宝公司后期的发展奠定了基础。

支付宝公司的担保交易是为解决网络交易中买卖双方互不信任的问题，由支付宝公司作为信用中介建立的交易，最初是由淘宝网和支付宝公司配合完成的。这一"中国特色"的交易与支付方式解决了网购时的信任问题，并由此推动了中国电商行业的进程。现已成为国内 C2C 行业的标准。

以用户在淘宝上买东西为例，其交易流程如图 8-11 至图 8-16 所示。

（1）选择要购买的商品，填写购买数量，在确认无误后，单击"立刻购买"按钮。

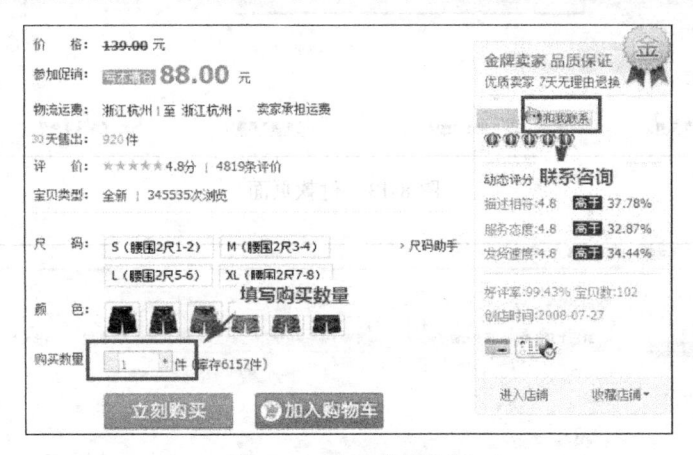

图 8-11 购买商品选择

（2）填写订单信息，确认收货地址、购买数量、运送方式等要素，单击"提交订单"按钮。

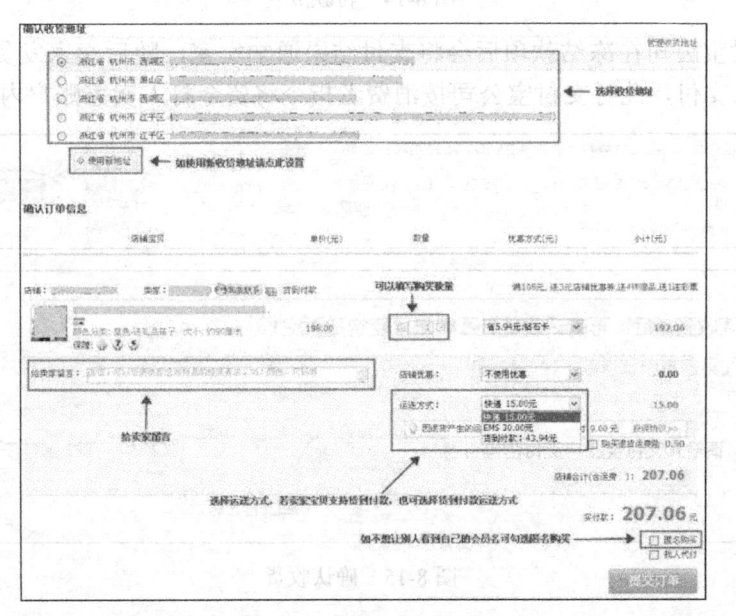

图 8-12 填写订单信息

（3）进入付款页面，付款成功后，交易状态会显示为"买家已付款"。此时这笔资金被支付宝公司冻结。

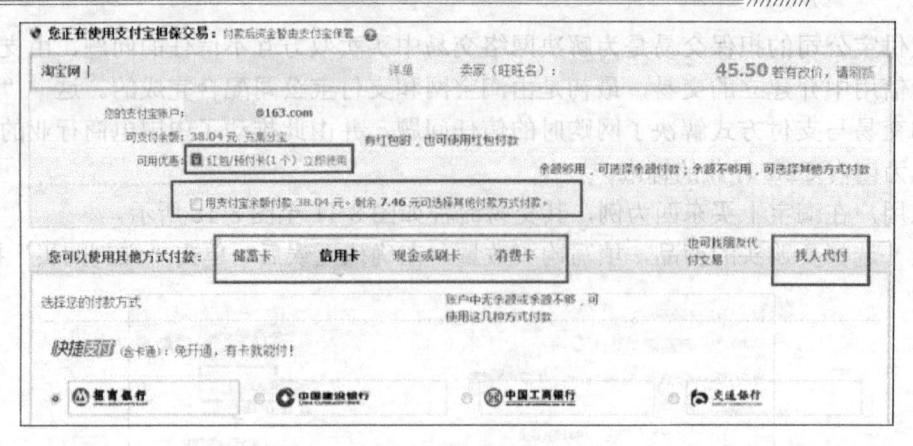

图 8-13 付款页面

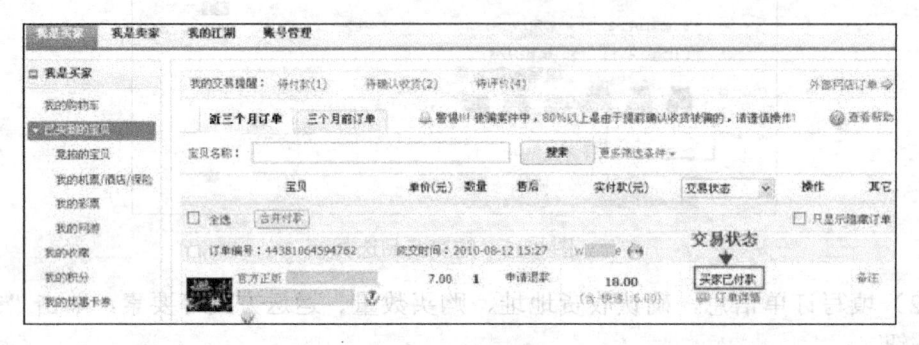

图 8-14 付款成功

（4）支付宝公司在冻结款项后会将支付结果通知卖家，随后卖家发货，消费者在收到货物后确认支付，此时支付宝公司按消费者指令将资金打入卖家账户内，交易完成。

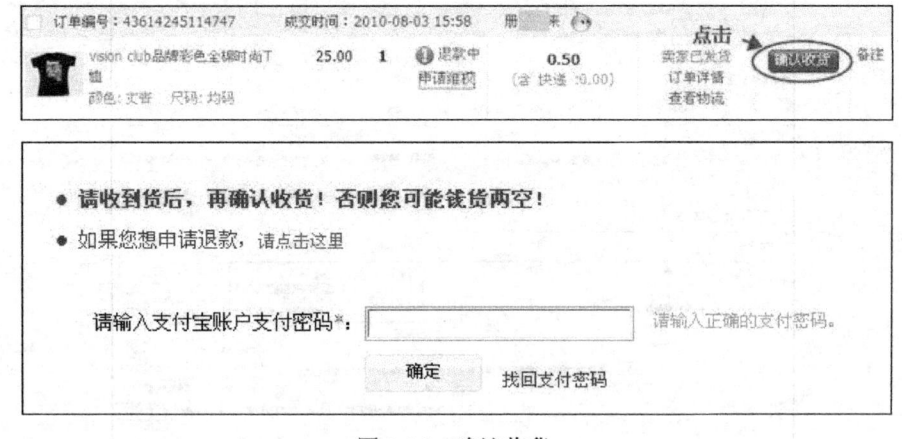

图 8-15 确认收货

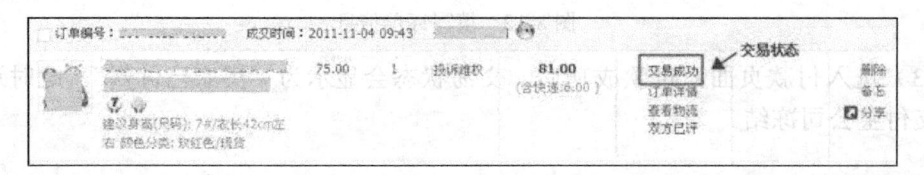

图 8-16 交易完成

2）支付宝钱包

支付宝钱包实质就是支付宝的移动客户端，是支付宝在移动支付上的推广。支付宝钱包具有计算机版支付宝的功能，且借助手机的特性，增添了更多创新服务，如"当面付"、"二维码支付"等。目前，支付宝钱包已成为国内领先的移动支付平台，内置余额宝、信用卡、转账、充话费、缴水费、电费、燃气费等多项功能，且这些服务内容还在不断向外扩充，逐渐向人们的各项日常生活深入。在 2014 年 12 月 9 日，支付宝钱包开通了苹果手机的指纹支付功能，使用 iPhone 5s 及以上手机型号，操作系统在 iOS8 以上的用户即可升级支付宝钱包至最新版，开通指纹支付功能；在 2015 年 1 月 26 日，支付宝钱包 8.5 版正式上线，增加了新春抢红包功能，四种抢红包的玩法活跃了社交关系链。同时基于钱包好友和手机通信录的聊天功能"我的朋友"也开始上线，供用户实时聊天。支付宝钱包也在不断扩充服务范围，加强安全保障，提高服务水准。

除此之外，支付宝钱包还可以通过添加"服务"提升个性化，但目前支付宝钱包主要在 iOS、Android 系统上使用，iPad 版与 WP 版还正在开发中。支付宝钱包的发展速度十分迅猛，自 2013 年第二季度开始，支付宝手机支付活跃用户数就超过了 PayPal，位居全球第一。其后，虽然受到微信支付等众多移动支付方式的冲击，但依然稳占中国第三方移动支付的鳌头。

支付宝钱包的支付流程如图 8-17 至图 8-22 所示，以充话费为例，其他的缴费、转账业务都与之类似。

（1）打开支付宝客户端，输入客户的支付宝账号和密码进行登录。

（2）在如图 8-17 的支付宝首页各项功能中，第二行第二个为"手机充值"图标，单击其进入。

（3）单击进入后，即为手机充值页面，如图 8-18 所示。其中，第一栏为选择输入手机号码，也可单击右侧的通信录 按钮，在通信录中查找要为其充话费的手机号。

图 8-17　支付宝客户端首页　　　　　　图 8-18　手机充值页面

（4）设置好要充值的手机号后，单击第二栏，设置要充值的钱数为多少，此时下方出现选择列表，如图 8-19 所示，可以自行选择，然后单击"完成"项即可。

（5）两项都设置好后，即可选择"立即充值"按钮，弹出确认付款页面如图 8-20 所示。在此页面中可选择支付方式，单击右侧" > "箭头，弹出支付方式选择页面如图 8-21 所示，可选择支付宝或与支付宝绑定的各个银行卡号。选择好后，单击"返回"项，然后再选择确定输入支付密码，即可完成话费充值。

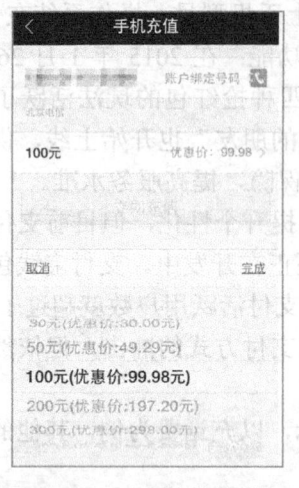

图 8-19 选择充值钱数 　　　　　　图 8-20 确认付款页面

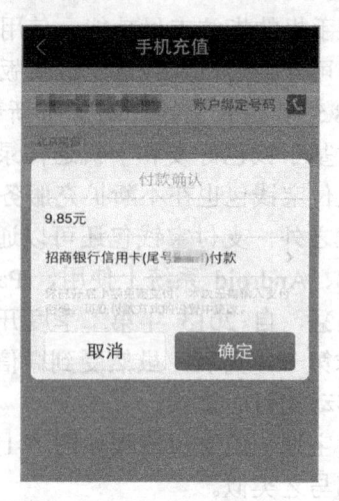

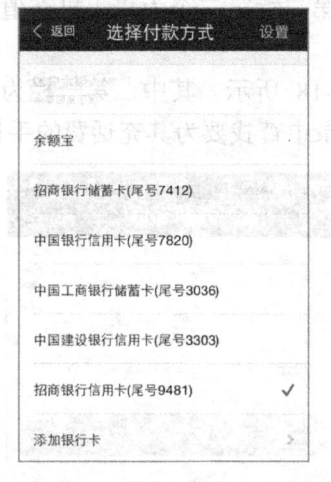

图 8-21 支付方式选择页面 　　　　图 8-22 充值成功

3）余额宝

余额宝是支付宝公司推出的余额增值服务。把钱转入余额宝即相当于购买了由天弘基金公司提供的余额宝货币基金，由此可获得收益。余额宝内的资金还能随时用于网购支付或灵活提取等。余额宝支持支付宝账户余额支付、储蓄卡快捷支付（含卡通）的资金转入，且不收取任何手续费。通过"余额宝"，用户存留在支付宝的资金不仅能拿到"利息"，而且与银行活期存款利息相比收益更高。

余额宝于 2013 年 6 月 13 日上线，上线之初便出现了用户数的强劲增长，截至 2013

年6月月底，余额宝的累计用户数已经达到251.56万户，累计转入资金规模为66.01亿元。受益于余额宝用户数的强势增长，天弘增利宝货币基金公司在全国货币基金公司中的排名飞速上升，一跃成为国内规模最大的基金公司，并创下了新的历史纪录，成为了国内基金史上首只规模突破千亿关口的货币基金公司。根据彭博资讯统计，截至2014年1月14日，天弘增利宝货币基金公司的规模在全球货币基金公司中可排第14位。截至2015年第一季度末，天弘基金公司的总规模达到7 274.04亿元，稳坐基金市场头把交椅。此外，余额宝也顺利晋升为全球第二大货币基金。

4）其他

支付宝公司除提供以上三大类服务外，还提供快捷支付、专卡支付、找人代付、海淘、国际航旅、退税、淘宝保险等多项服务。支付宝已不再仅满足于国内客户群，开始将业务往海外拓展。

3. 支付宝公司的盈利模式

支付宝公司的盈利模式是典型的有电子交易平台支持的第三方支付网关模式，主要承担中介和担保职能。表面上看，客户从支付宝公司获取的服务都是免费的，但实际上支付宝公司也有一套自身的盈利模式。支付宝公司的盈利模式不仅多样，且收入也十分可观，其收益来源大致有广告费、手续费、服务费和沉淀资金的使用四种途径。

1）广告费

广告费是支付宝公司最显著、最直接的收益。登录到支付宝的页面，无论是网络版还是移动端，都能看到广告，形式有横幅、按键、插画等多种，但由于页面有限，大多占据空间小，针对性强，内容简要明确。广告服务是淘宝网官方宣布的第一个盈利模式，也是支付宝公司最直接的盈利来源，支付宝公司利用网页上投放的各种广告代理费用获取利润。

相对而言，网页上的广告还是十分有限，支付宝公司能从中获取的费用也十分有限，甚至相对每年的支出来说并不丰盈，支付宝公司仍需通过其他方式获取收益。

2）手续费

传统的第三方支付的主要盈利途径就是收取支付手续费，即第三方支付机构与银行确定一个基本的手续费率，缴给银行，然后第三方支付机构在这个费率上加上自己的毛利润，向客户收取费用。

支付宝公司作为一个新兴的互联网金融服务平台，在某种程度上，就像是一个在网络中搭建的银行，它与银行之间及与其他第三方支付工具之间的转账活动犹如现实世界中的跨行转账活动，收取手续费是大势所趋。虽然，支付宝公司在成立之初很多费用都不收取，但这只是支付宝公司的一种战略手段，这种免费的竞争战略可以让起初不为人知的支付宝快速走入用户的视野，让广大网民慢慢习惯这种网络交易模式，适应支付宝公司这种支付方式，使支付宝产品能迅速在第三方支付行业站住脚，并在不知不觉中实现规模的扩大。随着支付宝公司经营规模的不断扩大和发展，其必然会对所提供的免费服务做出一些调整。目前还只是一个过渡期，实行的是优惠期收费标准，对一些刚开始进行收费的项目还是给了一定范围的免费额度，但对于超过免费额度的这部分，支付宝公司已经开始收取服务佣金，这部分收入也构成了支付宝公司的盈利收入来源之一。

目前，支付宝公司的收费范围如下：
（1）转账（至银行卡）。自 2013 年 12 月 3 日起，支付宝公司开始对转账业务收取手续费。收费标准如表 8-1 所示。

表 8-1　支付宝转账业务收费标准

支付终端	用户类型	账户类型	免费交易流量	超出金额服务费率	服务费上限	服务费下限
手机钱包	所有用户	全部类型	免服务费	免服务费	无	无
计算机端	淘宝卖家、支付宝公司未签约站内转账的商家	实名认证用户	10 000 元/月	0.50%	25.00 元/笔	1.00 元/笔
		非实名认证用户	1 000 元/月	0.50%	25.00 元/笔	1.00 元/笔
	普通用户（除以上类型）	全部类型	无免费流量（均需收费）	0.10%	10.00 元/笔	0.5 元/笔
	支付宝公司有签约的支付宝站内转账产品的商家		按照签约费率收费，关联账户间不享受免费流量			

注：不足 0.5 元按 0.5 元收费。

（2）快速提现。目前支付宝公司对于支付宝钱包的两小时到账提现不收取手续费。
（3）缴费。支付宝公司一般对缴费业务不收取手续费，除了部分由支付宝公司合作商户提供的缴费项目，每笔需收取手续费 1 元。该代缴服务是由支付宝公司及支付宝委托的代办人（自然人或商户）共同完成的，1 元手续费最终由代办人收取，支付宝公司并不收取其中的费用。
（4）安全产品。例如，短信校验服务，单笔付款金额超过 500 元或每日累计付款超过 1 000 元的免费，除此之外的额度，其费用为 0.6 元/31 天。
（5）信用卡支付，包括但不限于信用卡分期、信用卡支付[（用户在淘宝网（域名为 taobao.com）、天猫（域名为 tmall.com）及未签约信用卡的卖家处使用信用卡）和信用支付[用户在淘宝网（域名为 taobao.com）、天猫（域名为 tmall.com）及未签约信用卡的卖家处使用信用支付]。
（6）国际支付。使用在非中国大陆地区发行的信用卡、借记卡、预付卡或在非中国大陆地区开立的银行账户等进行支付的，包括但不限于中国香港 PPS、境外信用卡支付或境外信用卡快捷支付等。

3）服务费
服务费包括理财相关业务的服务费和代缴费业务中对合作商户收取的服务费。
（1）理财相关业务的服务费。2013 年 6 月 17 日，支付宝公司正式宣布推出一项全新的余额增值服务——余额宝。
对于推出的这种全新理财产品，支付宝公司对其收取的服务费如下：
以日均保有量计算，无论是哪种类型的产品，淘宝网销售 1 亿元以下的基金，向基金公司收取 20 万元服务费；销售量为 1 亿元～3 亿元，收取 50 万元服务费；销售量为 3 亿元～5 亿元，收取 90 万元服务费；销售量达到 5 亿元～10 亿元，收取 150 万元的服务费；销售规模为 10 亿元～20 亿元，收取 250 万元的服务费；销售超过 20 亿元，则收取 400 万元的服务费封顶。

从这项服务费的收取中，可以看到支付宝公司从中获得了非常可观的收益。这项服务的推出引发了其他第三方支付机构的纷纷效仿，财付通和快钱等纷纷在其网页上推出相关理财产品，甚至淘宝、苏宁易购、微信、新浪微博等也在网页上挂出了几十家基金理财产品，一时间引起了基金公司与第三方支付机构及各大网站的合作浪潮。

（2）代缴费业务中对合作商户收取的服务费用。支付宝公司的合作商户一般需向支付宝公司缴纳服务费。例如，支付宝公司的增值业务中的缴纳水/电费、医院挂号、校园一考通等功能，实际生活中并不是支付宝公司为用户缴费，而是支付宝公司与第三方商户合作，由第三方商户为用户缴费。在这里第三方商户通过向支付宝公司缴纳代理服务费来完成整个缴费过程。

4）沉淀资金的使用

由于互联网购物有一个物流配送的周期问题，使得买家与卖家到货及收款之间有一个时间差，因此在支付宝公司的支付账户中就会有一部分的沉淀资金。

2012 年，淘宝网在"双 11"促销这一天，支付宝公司总销售额为 191 亿元，同比增长 260%，先不考虑淘宝网其他时间段交易的滞留资金是多少，单就"双 11"一天的 191 亿元放入银行存活期，按 0.36%活期存款利率也可以挣得 6 876 万元的利息。

虽然第三方支付机构没有公开是否对沉淀资金进行利用，但是如果对沉淀资金进行一定的操作还是会有相当可观的收入的。

8.4.2　微信支付

微信支付是由腾讯公司微信及第三方支付平台财付通联合推出的互联网移动支付创新产品，目的是向广大微信用户和微信商户提供安全快捷的支付服务。微信用户只需在微信中关联一张银行卡，并完成身份认证，即可将装有微信的智能手机变成一个全能钱包，用于购买合作商户的商品及服务。在支付时，用户只需在自己的智能手机上输入支付密码，无须任何刷卡步骤即可完成支付，整个过程简便流畅。借助微信客户端的强大用户基础和传播功能，微信支付自推出以来便得到了迅猛发展，目前其在线交易规模仅次于支付宝公司，成为了中国第二大移动支付平台。

1．微信支付的发展历程

微信支付依托于微信而生，它的发展与微信密不可分。腾讯公司于 2011 年 1 月 21 日正式发布了类 KIK 的应用软件——微信，之后微信就得到了快速发展，据 2013 年 7 月工业和信息化部发布的数据显示，2013 年上半年中国微信用户超过 4 亿户，截至 2013 年 11 月，已突破 6 亿户，成为了中国，甚至整个亚洲首屈一指的移动即时通信软件。截至 2014 年年底，微信海内外活跃用户总数已突破 7 亿户，微信的用户规模还在不断扩大。

微信的快速发展为微信支付的迅速推广奠定了基础，2013 年 8 月 5 日腾讯公司正式发布微信 5.0 版本，在以前的版本上增添了微信支付的新功能，正式开启了微信支付模式。自该支付功能推出以来，微信就加紧了与各商户在支付上的合作。2013 年 11 月 28

日，微信与小米合作在微信上推出了小米手机 3 的专场抢购，不到 10 分钟，15 万台小米手机 3 就被抢购一空，刷新了移动电商抢购的"神速度"，同时也使微信支付的用户数量实现了继首发突增之后的又一次突增。2014 年 1 月 6 日，滴滴打车接入微信，虽然相对于快的打车接入支付宝的时间晚了半年多，但凭借微信强大的社交平台，很快其规模就与支付宝公司有一拼。在经历了数轮的补贴大战之后，截至 2014 年第一季度，滴滴打车用户数量已经过亿。除此之外，"微信红包"的推出也大大推动了微信支付用户的增长。2014 年 1 月 25 日晚，微信推出"新年红包"，与支付宝公司再次上演了一场"红包战"，凭借着强大的社交能力，微信红包得到了病毒式的传播。据统计，仅除夕和大年初一两天，参与抢微信红包的用户就超过了 500 万户，平均每分钟就有 9 412 个红包被领取。而支付宝公司由于缺乏社交基础，在这一次的"红包战"中并未引起多大反响。

微信强大的社交功能和财付通完备的安全体系使微信支付具备很多第三方支付所没有的竞争优势，其中最大的优势就是对社交功能的接入。微信的高使用频率和不断增强的用户黏度很容易使用户形成相对稳定的品牌忠诚度，同时微信强大的社交功能也使微信支付具备了更高的商业价值基础——强大的传播功能。此外，借助微信公众平台和微信支付功能，形成了一个完整的从微信账号登录、微信支付购买到微信通知互动、消费者主动传播分享的用户体验闭环，更有利于给消费者带来价值。

随着微信的发展，目前微信支付已实现刷卡支付、扫码支付、公众号支付、App 支付等多种支付方式，并提供了企业红包、代金券、立减优惠等营销新工具，能满足用户及商户的不同支付环境的需求。

2．微信的支付方式

微信支付自推出以后主要有公众账号支付、扫二维码支付、App 支付和刷卡支付四种支付方式。

1）公众账号支付

用户在微信中关注商家的公众账号，从中选择自己喜爱的商品，提交订单，在商家的公众账号内完成支付，如通过关注小米公众账号完成对小米手机的购买。

2）扫二维码支付

扫二维码支付分为线上扫码支付和线下扫码支付两种，线下扫码支付是指用户在线下选中某些商品后，会生成一个支付的二维码，用户只需要扫描这个二维码，即可在手机终端确认支付，从而完成整个支付过程，如在上品折扣百货。线上扫码支付是指接入微信支付的商家在支付时会在 PC 端生成一个二维码，用户只需要扫描 PC 端的二维码，便会跳转到微信支付的页面，完成交易流程。

3）App 支付

App 支付即第三方应用商城的支付。第三方应用商城平台只需要接入微信支付，用户便可在其平台进行网络交易时通过调用微信支付功能来完成交易。其整个流程是，用户在第三方应用商城平台中选择商品和服务，通过选用微信支付完成支付。

4）刷卡支付

刷卡支付是微信 5.4 版本后又推出的一项新的支付功能。用户在支持刷卡的商家购物时，商家只需使用带有扫码功能的 POS 机扫描微信用户的（刷卡页面）二维码/条形码，便可完成支付的功能。为了资金安全，微信刷卡条形码页面会每分钟自行变换一次，这大大提高了安全支付保障。微信刷卡可自行选择使用"微信零钱包或储蓄卡"支付，但目前这项功能还不支持信用卡。

3．微信支付流程

微信的支付流程如图 8-23 至图 8-32 所示，下面以第一次使用微信支付为例，包括银行卡的绑定和微信支付。

（1）使用微信"扫一扫"功能、扫描商品二维码或直接单击微信官方认证公众号的购买链接，如图 8-23 和图 8-24 所示。

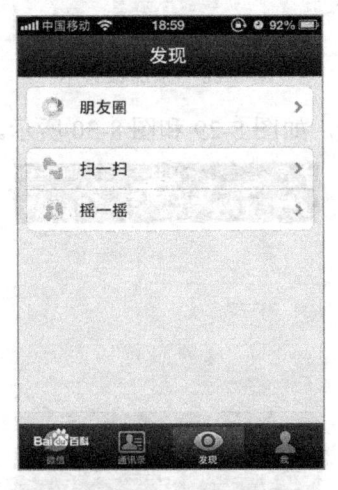

图 8-23 "扫一扫"页面

图 8-24 公众号购买链接

（2）单击"立即购买"按钮，首次使用会有微信安全支付页面弹出，如图 8-25 和图 8-26 所示。

图 8-25 微信支付购买页面

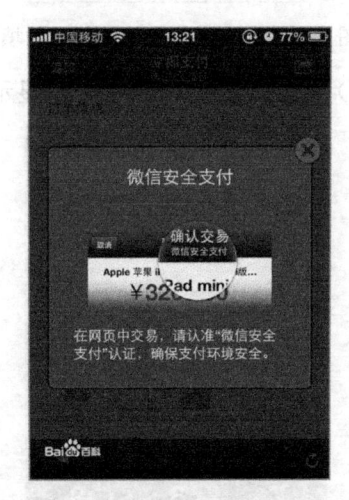

图 8-26 微信安全支付页面

（3）单击"立即支付"按钮，即弹出提示添加银行卡页面，如图 8-27 和图 8-28 所示。

图 8-27　微信支付页面　　　　　　　　图 8-28　添加银行卡

（4）依次填写绑定银行卡相关信息及验证手机号，如图 8-29 和图 8-30 所示。

图 8-29　绑定银行卡相关信息的填写　　　　图 8-30　手机号验证

（5）完成支付密码设置后，显示交易成功页面，如图 8-31 和图 8-32 所示。

图 8-31　支付密码设置　　　　　　　　图 8-32　交易成功

目前微信支付虽然得到了快速发展，但由于发展时间较短，能提供的消费场合还比较少，但是其在促进用户与商户之间进行沟通方面更具优势，未来如果微信能在平台里集中更多消费场合，并且做到较好的兼容，将大大增强其核心竞争力。

本章小结

电子商务的日益繁荣与 Internet 的广泛应用使人们在生活或工作中要经常发生一些微额的资金支付，如客户柯小麦需要在网上下载一段音乐、发送一条短消息、在线观赏一部电影等，由于成本、便利性等原因，本书前面章节所述的网络支付方式就很难适应客户这些微小金额结算的要求，迫切需要有效的微支付方式。而在当前快速拓展的移动商务中，特别是手机的数据服务中，大多涉及移动支付业务，很多也属于微支付的范畴。因此，移动支付与微支付就成为目前支持电子商务进一步深入发展的热点之一，可以作为众多网络支付方式的补充。同时，移动支付与微支付分别涉及的各种无线互连新技术、电子零钱技术等，也是目前 IT 业发展较快的领域。

本章在简介移动商务的发展背景后给出了移动商务的一般释义，即指用户在支持 Internet 应用的现代无线通信网络平台上，借助手机、PDA、笔记本电脑等移动终端设备完成相应商务产品或服务的购买，或实现消费行为的社会经济活动。说明了移动商务是对有线商务的整合与发展，是电子商务发展的新形态，并总结了目前移动商务的特点与应用状况。本章对支持移动商务开展的几种主流无线互连技术，包括蓝牙、WAP、WLAN、GSM、GPRS、CDMA、CDMA 1X、3G 及 4G 技术等分别进行了介绍，其中重点叙述的是无线局域网络 WLAN 技术与无线广域网络 WWAN 技术。结合上述无线互连技术的特点，比较详细描述了移动支付的定义、应用模式、应用类别、商业模式，且以日本的 NTT DoCoMo 公司为例简要描绘了移动支付的良好发展前景。然后，本章以前面介绍的手机支付方式为切入点，叙述了目前经常发生的微支付方式的需求背景、定义及设计目标与需求，在此基础上，以业界领先的 IBM 微支付系统为例，叙述了微支付的应用模式。最后，以目前在中国移动支付业务中发展比较火的两种移动支付工具——支付宝和微信支付为例，对中国移动支付业务的发展情况进行了简要介绍。

WLAN 和 WWAN 等移动通信技术的进步促进了移动商务的发展，使移动支付方式也迅速发展。很多的移动支付方式，如手机的短消息支付与 STK 支付同时也是很好的微支付方式。此外，IC 卡的应用，也可作为电子零钱的存储与应用媒介而用于微支付，使微支付方式日益多样化，方便消费者的使用。移动支付与微支付毕竟发展时间不长，在技术、安全、标准、管理机制等方面相对来说还有待进一步完善。

复习思考题

1. 简述移动商务的快速发展对电子商务的影响。
2. 结合中国的实际，分组讨论哪几种移动商务内容在今后几年会有较大的发展。

3. 调研 WLAN 技术在中国的应用事例，并分析应用效果。
4. 简述 Intel 公司推出的"迅驰"技术与 Wi-Fi 技术的联系。
5. 调研分析近年来的中国移动、中国电信、中国联通各自主推的 4G 网络的发展状况。
6. 画出手机 STK 移动支付方式的应用示意图，并加以简要说明。
7. 展望分析应用 4G 技术的移动支付方式可能存在的问题。
8. 叙述 IC 卡应用方式与微支付方式的关联。
9. 不限商务内容，设计一个大学校园微支付方式应用的技术方案。
10. 展望中国移动支付未来的发展趋势。

参考文献

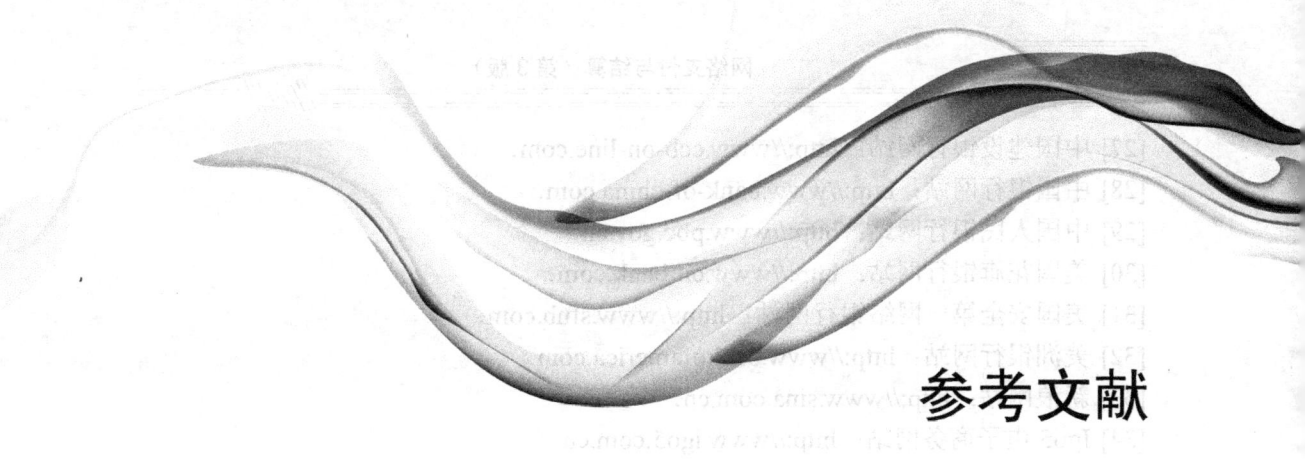

[1] 李翔．电子商务．北京：机械工业出版社，2002．
[2] 张润彤．电子商务概论．北京：电子工业出版社，2003．
[3] 李琪，等．电子商务图解．北京：高等教育出版社，2001．
[4] 张炯明．安全电子商务实用技术．北京：清华大学出版社，2002．
[5] 韩宝明，等．电子商务安全与支付．北京：人民邮电出版社，2001．
[6] 张卓其，史明坤．网上支付与网络金融业务．沈阳：东北财经大学出版社，2002．
[7] 书缘工作室．电子商务交易．北京：人民邮电出版社，2001．
[8] 纪香清．网络金融实务．北京：电子工业出版社，2002．
[9] 黄孝武．网络银行．武汉：武汉出版社，2001．
[10] 许榕生，蒋文保．电子商务安全与保密．北京：中国电力出版社，2001．
[11] 陈如刚，杨小虎．电子商务安全协议．杭州：浙江大学出版社，2000．
[12] 方美琪．电子商务概论（第 2 版）．北京：清华大学出版社，2002．
[13] 陈淑仪．EDI 技术．北京：人民邮电出版社，1997．
[14] 晓兴．银行电子化．北京：中国金融出版社，1995．
[15] 朱旭红．宽带 CDMA：第 3 代移动通信技术．北京：人民邮电出版社，2000．
[16] 陈景艳，荀娟琼．电子商务技术基础．北京：电子工业出版社，2003．
[17] Debra Cameron．Electronic Commerce: The New Business Platform for the Internet. Computer Technology Research Corporation，1997．
[18] Ravi Kalakota．e-Business:Roadmap of Success．Addision Wesley Longman，Inc.1999．
[19] H.M.Deitel．e-Business and e-Commerce for Managers．Prentice Hall，2001．
[20] Ke Xinsheng．Research on the Development Strategy of Individuated E-commerce for Chinese Enterprises，Proceedings Of 2001 International Conference On Management Science & Engineering．哈尔滨：哈尔滨工业大学出版社，2001．
[21] 中国互联网信息中心：http://www.cnnic.com.cn.
[22] 东南大学电子商务论坛：http://ebi.seu.edu.cn/ebiz.
[23] IBM WebSphere：http://www-4.ibm.com/software.
[24] IBM 红皮书：http://www.redbooks.com.
[25] 中国招商银行网站：http://www.cmbchina.com.
[26] 中国工商银行网站：http://www.icbc.com.cn.

[27] 中国建设银行网站：http://www.ccb-on-line.com.
[28] 中国银行网站：http://www.bank-of-china.com.
[29] 中国人民银行网站：http://www.pbc.gov.cn.
[30] 美国花旗银行网站：http://www.citibank.com.
[31] 美国安全第一网络银行网站：http://www.sfnb.com.
[32] 美洲银行网站：http://www.bankofamerica.com.
[33] 新浪网站：http://www.sina.com.cn.
[34] Igo5 电子商务网站：http://www.igo5.com.cn.
[35] Intel 公司网站：http://www.intel.com.
[36] VeriSign CA 认证中心网站：http://www.verisign.com.
[37] 中国金融认证中心网站：http://www.cfca.com.cn.
[38] 北京数字证书认证中心网站：http://www.bjca.gov.cn.
[39] 美国南加州大学信息科学协会电子支票网站：http://www.netcheque.gov.
[40] 新加坡联合早报网站：http://www.zaobao.com.
[41] 君思电子商务世界网站：http://www.juns.com.cn.
[42] 中国移动通信公司网站：http://www.chinamobile.com.
[43] 淘宝网网站：http://www.taobao.com.
[44] 阿里巴巴网站：http://www.alibaba.com 与 http://www.alibaba.com.cn.
[45] 中国银联网：http://www.chinaunionpay.com/.
[46] 海尔网上商城网站：http://www.ehaier.com.
[47] 柯新生，韦桂丽．网络支付与结算模拟实验教程．北京：电子工业出版社，2007．
[48] 柯新生．电子商务——运作与实例．北京：清华大学出版社，2009．
[49] 柯新生．企业信息资源规划理论与方法研究．北京：电子工业出版社，2013．
[50] 马梅，朱晓明，周金黄，等．支付革命：互联网时代的第三方支付．北京：中信出版社，2014．
[51] 海天理财．一本书玩转移动支付．北京：清华大学出版社，2015．